大众传播

生活在
媒介世界（第8版）

MASS COMMUNICATION
LIVING IN A MEDIA WORLD

拉尔夫·E.汉森[Ralph E. Hanson] ● 著
段鹏 ● 译

中国传媒大学出版社
·北京·

图书在版编目（CIP）数据

大众传播：生活在媒介世界：第8版/（美）拉尔夫·E.汉森著；段鹏译．——北京：中国传媒大学出版社，2024.10
ISBN 978-7-5657-3402-1

Ⅰ．①大… Ⅱ．①拉…②段… Ⅲ．①大众传播—美国—通俗读物
Ⅳ．① G206.3-49

中国国家版本馆 CIP 数据核字（2023）第 030399 号

Copyright © 2022 by SAGE Publications, Inc.
MASS COMMUNICATION：Living in a Media World（8th edition）by Ralph E. Hanson
ISBN 9781544382999（paperback）
ISBN 9781544383033（loose-leaf）
Chinese Language Edition Published by China University of Communication Press.
本书简体中文版专有出版权由 SAGE Publications，Inc. 授予中国传媒大学出版社，在中国大陆地区（不包括香港、台湾、澳门地区）出版。未经出版者书面许可，不得以任何形式抄袭、复制或节录本书中的任何部分。
北京市版权局著作权合同登记图字：01-2023-5213。

大众传播：生活在媒介世界（第8版）
DAZHONG CHUANBO: SHENGHUO ZAI MEIJIE SHIJIE（DI-BA BAN）

作　　者	拉尔夫·E.汉森（Ralph E. Hanson）
译　　者	段　鹏
责任编辑	欧丽娜
封面设计	郭　琳
责任印制	李志鹏

出版发行	中国传媒大学出版社		
社　　址	北京市朝阳区定福庄东街1号	邮　编	100024
电　　话	86-10-65450528　65450532	传　真	65779405
网　　址	http://cucp.cuc.edu.cn		
经　　销	全国新华书店		
印　　刷	北京中科印刷有限公司		
开　　本	787mm×1092mm　1/16		
印　　张	39.75		
字　　数	868千字		
版　　次	2024年10月第1版		
印　　次	2024年10月第1次印刷		
书　　号	ISBN 978-7-5657-3402-1/G·3402	定　价	138.00元

本社法律顾问：北京嘉润律师事务所　郭建平

译者序

2020年春季突如其来的一场新冠肺炎疫情（COVID-19），对全球格局、技术权力、传播秩序带来的结构性影响是巨大且深远的。传染性极强且不断变异的新型病毒在不断扩展其肆虐路径、侵蚀全球版图之时，也与政治、经济、文化等社会因素持续地发生碰撞，弥漫于人们线上和线下的话语空间，使得"人类命运共同体"成为真实的叙事景观。在这个互联互通、休戚与共的"地球村"中，各国紧密相连，人类命运与共。后疫情时代，面对国际局势动荡和潜在的话语纷争，我们必须无畏险阻、迎难而上，始终坚持你中有我、我中有你的命运共同体意识，树立大家庭和合作共赢的理念，在尊重各国自主选择的发展道路和模式的同时，也要不断加强对外讲好中国故事的能力。正如习近平总书记在中共中央政治局第三十次集体学习时强调的，要全面提升国际传播效能，建强适应新时代国际传播需要的专门人才队伍。要加强国际传播的理论研究，掌握国际传播的规律，构建对外话语体系，提高传播艺术。要采用贴近不同区域、不同国家、不同群体受众的精准传播方式，推进中国故事和中国声音的全球化表达、区域化表达、分众化表达，增强国际传播的亲和力和实效性。可见，切实地提高文化叙事的传播效能的首要工作就是能够真正认识和了解世界文化格局和叙事体系、知晓外国民众话语风格和生活习惯。周有光先生曾经提倡"要从世界看国家，不要从国家看世界"的理念，放开格局、打开眼界、知己知彼，才能在既合乎规范又共情知理的情况下，将我们的文化精神精准有效地传递出去，并以此实现正能量的集聚和共鸣。综上，对于《大众传播：生活在媒介世界》这本书的翻译是恰逢其时的。

一方面，本书高度响应当前国家所提倡的加强区域国别国际传播研究的总体号召。名为传播学教材，实则可谓是一部了解美国媒介与消费社会的百科全书。这部教材竟达令人惊叹的近七十万字，内容涉及围绕美国所有各类媒体展开的政治、经济、文化、技术等方方面面的社会公共议程，不仅是介绍媒体本身，而且还透过传统媒体、新媒体与广阔的社会环境产生深层勾连和互嵌，以此呼应世界范围内不断聚焦的"媒体融合"主题。诚如作者汉森教授所指出的："我们世界中的媒体不是以某种方式对我们'做些什么'的孤立机构，而是我们如何生活、工作和娱乐的核心力量。媒介不是外在的影响力；它们是我们自身的一部分。"本书是一部面向新闻传播学专业教师和学生的教材类读物，而我所翻译的第八版（最新版本）在结构组建和内容叙事上都因应不断动态演化的社会环境做出了一些调整和改善：在结构层面更加凝练和清晰，顾及传者、渠道、内容、受众和效果五个重要维度的同时，也注意结合媒介持续衍生的新形态和新的应用方式（如新增的社交媒体和电子游戏等部分）；既有对于媒介世界的客观讲述，也包含了相应的批判性思考和治理策略，更以"七个秘密"（Seven Secrets）串联起各个维度的阐释和辨析，使全书在整体性、系统性、连贯性上都增色匪浅。另外，本书在内容叙事风格上也紧密结合近两年全球格局调整和时事的更新变动，特别新增了新冠肺炎疫情发生以来的社会现实，选取了贴近美国社会真实的故事桥段，如：疫情对于美国媒体及其关联的民众日常生活的影响；"黑人的生命也很重要"（Black Lives Matter）事件在西方社会所掀起的社会风暴及其在传播学视角下相应的解读和分析；在无数生命因病毒而消逝后，美国媒介社会如何历经和面对新的考验，迎来新一轮的转型。本书的内容叙事在高度契合章节结构铺陈的同时，力求做到旁征博引、新颖独特，还在每个章节开始和收尾之处辅以"学习目标""媒介素养测试""章节回顾""问题反馈"等板块，以此检验读者对于章节内容的掌握程度，也可以引导读者进行良好的学理反思和批判性的辨证思考。

另一方面，书籍翻译在全面贴近原文的基础上，力求切实满足国内读者的研究参考需要和文化理解需求。具体可以从三个方面来理解：（1）翻译高度贴近原著。我国清末新兴启蒙思想家严复先生曾在《天演论》的"译例言"中讲道："译事三难：信、达、雅。求其信，已大难矣！顾信矣，不达，虽译，犹不译也，则达尚焉。"21世纪以来，英语教育已经在我国高度普及，据2019年发布的《第九版英孚英语熟练度指标（EF EPI）》报告显示，中国英语熟练度得分为53.44分，首次晋级中等熟练度。在全球100个母语非英语的国家和地区中排行第40位。在此情形下，本书翻译的目标主要以"信"和"达"为主，不悖原文且通顺明白。不过分追求"雅"，也就是没有做出更多译者的主观修饰，是并不想对万千读者的个人理解进行过多的干预，充分尊重各位读者的主观思考能力。（2）标注参考清晰。书中大部分专有名词（包括人名、地名、机构名、单位名、国家和地区名称等）以及一些学术性的关键词后面均有相应的原文标注，以期助推读者的中英文互译理解。书中的章节注释也保留原有样式，以便读者可以按图索骥地查找相关的专业文献，更加有效便捷地整体提升研究水平。（3）通过"译者注"加强理解。书中对于一些在西方社会耳熟能详但令我国读者感到陌生的案例或专用名词均有添加"译者注"，方便读者更好地加以理解。比如：第四章的案例摘录中谈到了"伍迪"（Woody）、巴斯（Buzz）和安迪（Andy），该专有人名后面紧跟的"译者注"中就有所解释："伍迪和巴斯是美国著名动画片《玩具总动员》中的主人公，他们是牛仔玩偶和太空人玩偶，而安迪是他们的主人。"这样，读者就可以快速方便地在头脑中搜索自身的媒介经历和体验，脑海中所勾勒出来的故事场景可以更好地与书中展示的内容相契合。

"不忘初心，方得始终。"我们只有在守住中华文明和文化遗产的基础上不断拓展全球视野和汲取西方文化，取其精华、弃其糟粕，才能在对西方文化叙事风格熟知的前提下，有效精准地助推我国优秀的传统文化走出国门，从单向推广宣传转向双向互动传播，实现文化信息内容的分享传递，力求以温声细语的方式深入人心，这才是我们所亟须构建的国际传播成功路径。这部煌煌七十万言的译著如能对我们认知真实的美国媒介世界、做好我国的国际传播事业有所裨益，也可谓不负译者三百多个不眠之夜焚膏继晷般付出了。唯期读者诸君，幸垂教焉。

段鹏
2022年3月3日于北京同福夹道

序 言

我们生活中的许多决定性时刻都来自我们与媒介的共同经历。这些经历可能是在电视和社交媒体上目睹席卷美国各地的"黑人的命也是命"(Black Lives Matter)抗议活动,在各种新闻媒体上看到有关新冠肺炎疫情大流行的可怕消息,也可能是在互联网上观看世界杯赛事的激动心情,去同最新的漫威电影(Marvel Cinematic Universe)进行第一次约会,或是倾听那年夏天你刚满十六岁时的"那首"歌曲。对于我们这一代人来说,观看电视屏幕上的月球行走是最为难忘的媒介经历了。那一天,美国各地的父母都让他们九岁的孩子熬夜观看他们人生中最重要的电视节目——阿波罗11号宇航员尼尔·阿姆斯特朗(Neil Armstrong)和巴兹·奥尔德林(Buzz Aldrin)登上月球。

2001年9月11日,我的大儿子和他的五年级同学坐在电视机前,全神贯注地观看民航飞机撞向世贸中心双子塔(the World Trade Center Twin Towers)、五角大楼(the Pentagon)和宾夕法尼亚州西南部田野(a field in southwestern Pennsylvania)的新闻报道。一些家长质疑是否应该让他们的孩子收看这些新闻事件,但我儿子却说:"我们恳求老师把电视机开着。我们应该也必须知情。"当我写这篇序言的时候,我的儿子已经获得了硕士学位,并相继在加拿大、欧洲和亚洲居住生活,他所具有的全球视野在某种程度上正来自2001年那个重大的日子。在2021年秋天,我将迎来一批新学生,对他们来说,"9·11"事件是他们出生之前就发生的事情。但这将是一个令人永生难忘的事件。现在他们最难忘的媒体记忆可能是看《汉娜·蒙塔娜》（*Hannah Montana*）［麦莉·赛勒斯（Miley Cyrus），真的是你吗？］以及皮克斯的《海底总动员》（*WALL-E*），或者坐在父母的车里听乡村音乐并跟着哼唱。

此后，我们日常生活中无数个琐碎的方面都源于我们与媒介相伴的时光：通过餐馆点评网站Yelp寻找一家颇受好评的早午餐咖啡馆；在新冠疫情暴发后的网络音乐节期间，在水雷舰艇游戏网站（the Minecraft game site）上，观看"美式足球"乐队的音乐节，或者在社交媒体上争论谁应该是你的梦幻篮球联盟的最佳人选。

我们所处的媒介世界在不断变化，正如我们与媒介的关系一般。在我作为大学教授的第一份工作当中，我教授过一门媒介效果课程。在上课的第一天，一名学生举手问道："我们什么时候开始讨论电视如何将人们变成僵尸这一议题？"他的问题一直困扰着我，因为这一话题也代表了许多人对媒体的看法。这个学生的态度受到了一些媒体评论家的影响，他们的目的是竞选公职、让法规获得批准、推广某一种产品，甚至是推动一项道德议案。长期以来，我一直认为，成功的大众传播也是一段自我认知的旅程。我们都是媒介的学生，也是媒介世界的玩家。

本书的方法

詹姆斯·波特博士（Dr. James Potter）在他所著的《媒介素养》（*Media Literacy*）一书中谈道，人们平均每天花费12小时1分钟的时间与各种形式的大众媒体进行互动。就时间而言，位居第一的媒体是电视，但就增长而言，在线媒体特别是移动媒体才是首屈一指的。然而，人们的大部分时间都是多种任务同时进行的，比如一边看电视一边用手机互动。这就可以解释人们是如何挤出那么多时间与媒体打交道的。

本书认为，我们生活在一个媒介世界，这些媒介不是以某种方式对我们"做些什么"（do something）的孤立机构，而是我们如何生活、工作和娱乐的核心力量。媒介不是外在的影响力；它们是我们自身的一部分。从移动媒体设备到流媒体视频，大众媒体遍及我们的日常生活，这使得我们理解媒体丰富的技术、文化、社会学、政治、经济和艺术成就的能力变得复杂。大众传播显示了驱动整个行业的力量，同时也激励读者对消费媒体的方式进行思考。它运用从日常生活中萃取的引人入胜的故事和例子，鼓励读者由内而外地衡量媒体产业，以此来探索在我们社会中运行的大众传播的多个维度。

近些年，我的学生们告诉我，如果以故事形式信息呈现，他们会对其印象更加深刻，所以，我努力地成为一个故事讲述者。尽管其中的一些故事是令人不快的、丑陋不堪的，但这并不意味着我们不需要告诉他们。本书的叙事风格有助于激励学生们阅读材料和回忆内容。"测试你的媒介素养"这类练习是基于我在课堂环境中布置的写作任务以及更加注重写作的在线教学环节。这些练习将书籍内容与学生日常所接触的媒体相关联，同时学生们也认为，这些作业让他们真正思考自己是如何体验媒体的。

结 构

之前版本的读者会注意到，这一版的结构有了很大的调整，包括取消了以往的杂志章节以及增加了关于社交媒体（social media）和电子游戏（video games）的独立章节。删除杂志章节是一个困难的决定，但我们可以清晰地看到，许多传统杂志行业正在消亡。前杂志巨头——时代华纳集团（Time Inc.）被华纳媒体（WarnerMedia）出售，一些杂志被取缔，其中旗舰杂志《时代》周刊（*Time*）被卖给了一位个体投资人。这似乎渐渐造成一种困境，即一方面要试图保持刊物内容的时新性，而另一方面也要面对每月都有另一种出版物完全数字化或停刊的消息。许多关于杂志如何影响我们文化的内容在其他章节中也有所体现。这为读者多年来一直想要的内容腾出了空间：一个关于电子游戏和社交媒体的独立章节。

本书从结构上可以分为五个部分，每个部分均是构建全球大众传播的重要维度。第一部分"媒介导论"介绍媒介的机构体系、社会影响以及商业运作，此为理解大众传播的基础。第二部分"传统媒体"，探讨媒介素养和大众传播以及传统纸质媒体的发展，包括报纸和书籍，还有传统音视频媒体，如音频、电影和电视。但是，这些媒体现今已经逐渐呈现出数字化的传播形式。第三部分"数字化和全球化媒体"，涵盖互联网、社交媒体、电子游戏以及对各国媒体规范理论的批评；此部分关注的是全球媒体运作的方式。第四部分"策略型传播"，对广告和公关行业进行深度探索。第五部分"媒介的管理和控制"，着眼于监管美国和世界各地媒体的机构、惯例和规则。

关于个人媒体的大部分章节（第二、三部分）都是基于共同的框架构建的。以下是四个主要部分的简要概述。

1. 媒介随着社会和文化变迁演化的方式。这一部分不仅是对于媒介历史的探究，还有对社会、文化和技术元素如何共同创建现代媒介的思考。

2. 媒介在行业和社会环境中运行的方式。这一部分关注媒介在我们的经济中有如此表现的原因。

3. 媒介和社会之间存在的议题和争议。这些议题常常涉及媒介效果，例如：关注在媒体上看到与你相似的人的重要性。

4. 媒介的未来，包括移动技术及其长尾效应。

第8版的更新

2021年的媒介世界与2015年或2010年有很大的不同，同时也与2000年世纪之交的景象有难以想象的差异。"假新闻"（Fake News）过去常常指的是《周六夜现场》（Saturday Night Live）或《每日秀》（The Daily Show）的深夜讽刺喜剧。现在，这个词被用来攻击新闻媒体，或者是用来描述欺骗性的社交媒体宣传。过去，有影响力的人物出人意料地出现在新闻中，常常意味着他们已经完成一些巨额的商业交易或者去世了；而现在则通常意味着他们被指控性行为不端。过去谈论嘻哈音乐（hip-hop）常常是在谈BET视频，而现在却是在讨论百老汇热播剧《汉密尔顿》（Hamilton）或由肯德里克·拉马尔（Kendrick Lamar）所创作的普利策获奖专辑DAMN。

在《大众传播》（Mass Communication）第7版中，我着重强调了代表性、包容性和多样性，并同时强调了谁的声音会被听到（whose voices get heard）。我是一个虔诚的信徒，我相信每一件事情都可以用嘻哈音乐剧《汉密尔顿》来诠释和解析。在这种情况下，歌词末尾有句话出自乔治·华盛顿（George Washington）总统，他问了一个音乐问题："谁生，谁死，谁来讲述你的故事？"（Who lives, who dies, who tells your story?）在第8版中，我们将视线投注于"黑人的命也是命"（Black Lives Matter）这一事件，看看媒体是如何报道警察、记者和抗议者之间的冲突的。在我写这篇序言时，距离美国开国元勋、财政部部长亚历山大·汉密尔顿（Alexander Hamilton）去世几乎整整过去了216年。没有人质疑我为什么要提到他，其实是因为罗恩·切尔诺（Ron Chernow）写了一本精彩的汉密尔顿传记，林-马努艾尔·米兰达（Lin-Manuel Miranda）以此为基础创作了一部音乐剧。汉密尔顿，他的宿敌亚伦·伯尔（Aaron Burr），他的妻子伊丽莎（Eliza），还有他的嫂子安杰莉卡（Angelica），因为我们活了下来——我们讲述了他们的故事。

2020年，我们开始听闻一种骇人的新兴病毒的故事，而这种新冠肺炎（COVID-19）病毒很快就席卷全球，在这本书的写作过程中，已经有20多万的美国人离世了。此次疫情迫使许多美国人失业，当然有一些人也能幸运地在家工作。为了减缓病毒的传播速度，学院和大学的课程几乎都转移至线上。媒体行业也受到了很大的影响，美国几乎所有的电影院都至少歇业三个月。电影公司尝试绕过影院，以付费视频点播（premium video on demand）的方式发布首轮电影（first-run movies）。所有级别的体育活动均被叫停，许多流行的电视节目也进行了大幅度削减。当地媒体失去了大量的广告，导致员工裁员和休假，一些媒体甚至不得不永久停业。

另外，我们还持续地听闻女性遭受好莱坞、政界和商界权贵骚扰和侵犯的事情。在此我想说的是，我们在媒体上谈论的内容都是很重要的，我们所议论的故事也是被拿来讲述的事情。

新篇章——开篇。其中七个章节以全新的故事为特色，讲述了媒体关键人物和议题，为每一章节的主题提供了强有力的叙事线索。这些小故事通过那些深受媒体影响的人，传达了媒介研究和批判性调查的兴奋度和相关性。新的故事段落包括：2020年年初，一种新型冠状病毒如何悄然而至，人们随之怎样屈服于病毒的肆虐，而病毒又是如何导致千万条生命的消逝并让美国经济陷入崩溃的；亚马逊创始人杰夫·贝索斯（Jeff Bezos）是如何成为《华盛顿邮报》（*Washington Post*）的所有人，又为何没有将自己打磨成更知名的公众人物的；新冠肺炎病毒是如何促进电影业转型的，又是如何迫使电视体育节目采取重播以往的比赛、谈论体育赛事的回归，以及播放职业运动员比赛录像等方式生存的。

问题反馈。每一章节末尾所列出的核心观点被转化为问题反馈。这些问题鼓励学生们将批判性的思考方式应用于文学和流行文化的大众传播范例之中。

更新的章节。每一章节都会进行全面的更新，引入大众传播的新发展、新学识和近期发生的新事件。修订的重点内容如下所示：

● 第一章　生活在媒介世界（Living in a Media World）：开篇将视线投向2020年冬春之交的新冠肺炎疫情，关注其如何传播以及造成美国社会的转型。这场疫情开创了社交距离的新理念、在公共场所佩戴口罩的新规范，以及在各种媒体行业所掀起的重大变革。在撰写这些内容之时，美国已有20多万人因感染离世。另外，本章借鉴了詹姆斯·波特博士（Dr. James Potter）的前期研究，也有关于我们如何培养自己的媒介素养的新材料。

● 第二章　大众传播效果（Mass Communication Effects）：此章节的结构做了一定程度的调整，引入了之前在其他章节中出现的媒介效果相关素材，包括关于性别和种族问题的批判理论研究案例，这些议题在此前的杂志章节中有所提及。此处还有关于佩恩基金会（Payne Fund Studies）的研究，这部分内容曾在电影章节中出现过。最后，对直接和间接效果模型的历史也进行了一定的扩展。

● 第三章　媒介业务（the Media Business）：此部分更新内容着眼于Facebook如何平衡定向广告和尊重用户隐私之间的关系，关注许多媒体巨头发生的巨大变化，包括迪士尼收购福克斯的大部分产业，"迪士尼+"流线式服务的启动，过去的时代华纳（Time Warner）被美国电话电报公司（AT&T）收购成为华纳传媒（WarnerMedia），被期待已久的维亚康姆哥伦比亚广播公司（ViacomCBS）重新合并，谷歌的垄断行为和偏见指控受到调查，等等。

● 第四章　图书（Books）：本章持续关注进入词典中的新词汇，同时还探讨了在连锁书店陷入困境之时，独立书商是如何涅槃重生的，以及教科书行业所发生的重大变革。另外还包括，美籍日裔演员竹井乔治（George Takei）是如何通过一部新的漫画小说讲述他在二战集中营中的成长故事的。

● 第五章　新闻业（The New Business）：本章关注收购《华盛顿邮报》给这份报纸及其新主人——亚马逊创始人、世界首富杰夫·贝索斯（Jeff Bezos）带来怎样变革性的影响。此处还有一部分从其他章节挪过来的新内容，即杂志在新闻行业中的作用。最后，对本地新闻业的未来也给予了深度的展望。

● 第六、七章　音频和电影（Audio and Movies）：这两章都关注新冠疫情对音乐家生活和整个电影行业的影响。几乎每家剧院和音乐厅都在疫情期间歇业数月，此种情形迫使音乐和电影行业重新思考其如何迎回大众和增加收入的方式。音频章节还额外关注了智能音箱及其隐私议题。电影章节将思索延伸至更加广泛的议题，包括黑人演员/导演/制片人泰勒·佩里（Tyler Perry）在使乔治亚州成为电影制作的主要地点方面所扮演的角色。

● 第八章　电视和视频（Television and Video）：本章开篇就讨论了电视

直播如何应对2020年春季全球所有体育赛事因新冠肺炎病毒大流行而全面停播的问题。这一章节也做了一定的更新，继续探讨电视如何应对其缺乏多样性的问题，特别是亚洲角色相对匮乏，同时，也关注电视从广播、有线到流媒体模式的转变，以及流媒体是如何改变电视的经济模式的。

● 第九、十章　在线和移动媒体（Online and Mobile Media）、社交媒体和电子游戏（Social Media and Video Games）：在前几版中，这两章所涵盖的内容被归纳在单独的章节之中，专门探讨一系列的互动媒体。在这一版中，"在线和移动媒体"继续保留了一个章节，而更具互动性的"社交媒体和电子游戏"现在则有了它们自己的扩展章节。第九章关注的是对个人电子跟踪（electronic tracking of individuals）的讨论，既有真实的也有想象中的，同时也会对谷歌搜索算法的偏差（charges of bias in Google's search algorithms）进行指控。第十章在开篇部分植入了些许故事段落，对在社交媒体上发布不明智帖子的成本以及这些帖子如何改变人们的生活进行思考。本章继续审视近期的政治事件所导致的冲突是如何将具有特殊利益并处于不同地理社区的人们分隔开来的。

最后，新的章节还包含关于中国视频分享社交媒体"抖音"平台（TikTok）争议的讨论；电子游戏的详细发展历史以及它们重塑流行文化的方式；对总统如何利用社交媒体直接与选民沟通的看法；关于人们如何在社交隔离期间运用在线电子游戏平台进行社会互动的考量。

● 第十一章　全球媒体（Global Media）：本章内容做了略微调整，以适应从教材结尾到紧随其后的个人媒体章节的顺序，还有部分原因是凸显全球媒体的重要性。本章以"世界新闻自由指数"（the World Press Freedom Index）为基础，对世界各地的新闻自由进行了广泛的分析，其中包括对印度新闻自由如何衰退的最新看法。另外，有关国际隐私法（international privacy laws）的内容已经从法律章节调整到本章节，并同时增添了有关最近应对欧盟隐私规则（European Union privacy rules）变化的相关内容。

● 第十二章　广告（Advertising）：本章开头通过儿童玩具网红瑞安·卡吉（Ryan Kaji）及其父母的行为，重新审视YouTube网红在广告市场中的作用，这也是对儿童广告的最新看法。本章还进一步审视了公司针对LGBTQ[①]家庭投放广告可能面临的争议，以及他们如何应对这种批评。章节末尾有一个关于

[①] LGBTQ，网络流行语，中文又名"彩虹族""彩虹族群""性少数者"等，一般指女同性恋者（lesbian）、男同性恋者（gay）、双性向者（bisexual）、跨性别者（transgender）与酷儿（queer）——译者注。

社会市场营销的延展讨论部分,探讨范围从网络红人角色到运用推特销售鸡肉三明治。

- 第十三章 公共关系(Public Relations):本章探讨了航空巨头波音公司(Boeing)如何应对和沟通737 MAX飞机安全危机。
- 第十四章 媒介法律(Media Law):本章对媒介法律有一种全新的认识,包括回顾保守的美国最高法院(United States Supreme Court)大法官克拉伦斯·托马斯(Clarence Thomas)在《时代》周刊诉沙利文案(*Times v. Sullivan*)中对著作权的审议,以及一名高中生对多家全国性媒体的诽谤诉讼(libel suit)。
- 第十五章 媒介伦理(Media Ethics):本章涵盖一个关于新闻媒体如何处理错误和误判的扩展部分,包括新闻媒体如何处理NBA球星科比·布莱恩特(Kobe Bryant)去世的突发新闻。关于新闻媒体如何报道密歇根州弗林特市(Flint, Michigan)水危机,被从原来的新闻业务章节调整至这里。

重返收藏夹

本书的一些更新部分都在前面进行了论述,第八版还包含了许多已更新的功能特点和新闻报道,以便在现有的内容上进行增强和改进。

在第六版中,我们越来越清晰地看到,对于"七个秘密"(Seven Secrets)的更新是正当时的,可以更好地适应我们不断变化的媒介世界。这些更新的秘密均在应对什么是媒体、谁来控制媒体、媒体内容是如何选择的、为何媒体会如此行事以及社会和媒体是如何相互作用的。这七个秘密如下所述。

秘密1:媒介是我们日常生活的重要组成部分。

秘密2:没有所谓的"主流媒体"。

秘密3:一切事物都会从边缘向中心移动。

秘密4:没有什么是新鲜的:过去的一切都会再度发生。

秘密5:所有媒体都具有社交性。

秘密6:在线媒体是移动媒体。

秘密7:这里没有"他们"。

这些秘密将在第一章的最后部分进行深入介绍,并在后续章节中反复出现,以提醒学生这些概念,同时也作为讨论或写作任务的基础。之所以强调这些关于媒介素养的重要规则，是为了让人注意到七个秘密在章节中出现的地方，提醒读者对此进行关注和重视。

章节目标。在每个章节开头都会出现相应的学习目标，提示关键的主题，以便学生进行深入和集中的阅读。学生也可以将其当作研究指南。

测试你的媒介素养。要培养具有批判性思维的媒介消费者，没有比塑造批判性思维更好的方法了。这些模块将向学生展示当前与大众传播实践相关的研究、访谈和议题，并提出问题，以挑战学生对所述故事进行评估和分析的能力。这部分阅读是有趣味性的，但也很重要，这些问题不仅可以让学生总结他们所阅读到的内容，也鼓励他们进行更深入的思考。

测试你的视觉媒介素养。这些模块展现了来自各种媒体的图像——有时是有争议性的，有时是令人不安的——在提供背景和问题之前，寻求学生的本能反应，鼓励学生批判性地看待、解释图像以及它们背后更多的内容。这两个媒介素养模块均有最新的补充，进一步的相关信息可以查看我的博客：https://www.ralphehanson.com/.

章节小结。每章的小结部分均会有重要的观点归纳，以帮助学生回顾关键主题、事件和概念。

关键术语。每一章的末尾都会有一个关键术语列表和参考文献，以便学生进行词汇的查找和定位。

生活在媒介世界中的社交媒体

打开网页 https://www.ralphehanson.com/，我的博客"生活在媒介世界"覆盖了整个大众媒体。对你来说，访问该博客的一个最大好处就是你能通过它集中获取到有关本书所有主题的最新材料。它偶尔也会刊登专家就广泛媒体议题发表的客座文章。你可以把它想象成当前媒体新闻和专题的交流中心。此外，你还可以在博客上找到新作业的案例或新书的早期版本，以及与书籍材料相关的链接。

"生活在媒介世界"博客已经被其他几个社交媒体订阅加入。你可以在Twitter（https://twitter.com/ralphehanson）上关注我的每日媒体新闻链接以及我正在阅读的任何内容（期待网络漫画、摩托车新闻以及我正在访问的任何链接都能够出现）。我还有一个Tumblr（https://ralphehanson.tumblr.com），里面有很多很棒的可以作为课前预习材料的视频剪辑，还有我在网上找到的或自己创建的照片以及其他图片,包括音乐片段、病毒视频、表情包和对极客文化的评论。Tumblr上的内容往往没有博客那么主题集中,有时还会有我拍摄的照片。最后,这本书有一个Facebook页面(https: //www.facebook.com/livinginamediaworld),你可以在那里分享资料,并找到我在博客和Tumblr上发布内容的链接。

致 谢

像往常一样,我想要感谢内布拉斯加州立大学科尔尼分校(University of Nebraska at Kearney)的学生们,感谢你们让我对本书中的内容材料进行了验证。我还要感谢许多与我谈论他们工作的新闻记者、音乐家和媒体人朋友们,尤其感谢坎迪斯·罗伯茨(Candice Roberts)对于酷儿媒体的研究;被称为"野马乐队"的道格·威廉姆斯和特丽莎·威廉姆斯(Doug & Telisha Williams);奇普·斯图尔特(Chip Stewart)对媒体法律问题的反馈;杰瑞米·利陶(Jeremy Littau)对地方媒体经济学的研究;以及迈克尔·索科洛(Michael Socolow)在一系列新闻问题上的帮助。我要特别感谢内布拉斯加州立大学科尔尼分校的亚伦·布莱克曼(Aaron Blackman)对于电子竞技和电子游戏流媒体的研究工作,也很感谢他对个人媒体使用的分享。我还要感谢很多使用这本书的教授,他们邀请我进驻他们的在线课堂并向我提供了难以估量的帮助,尤为感谢的是克里斯·艾伦(Chris Allen)、罗斯玛丽·亚历山大-伊塞特(Rosemarie Alexander-Isett)、大卫·贝尔德(David Baird)、里克·贝博特(Rick Bebout)、伊莱恩·盖尔(Elaine Gale)、彼得·J.格洛维茨基(Peter J. Gloviczki)、马蒂·萨默内斯(Marty Sommerness)、杰夫·索思(Jeff South)、布赖恩·斯特芬(Brian Steffen)以及佩吉·瓦特(Peggy Watt)。

还有一组专家评审团对本书的发展方向起到了重要作用,我要感谢他们:

格伦达·J.阿尔瓦拉多(Glenda J. Alvarado),南卡罗来纳大学(University

of South Carolina)

赫伯特·埃米（Herbert Amey），俄亥俄大学（Ohio University）

蒂姆·J.安德森（Tim J. Anderson），欧道明大学（Old Dominion University）

卡尔·巴比（Karl Babij），德萨尔斯大学（DeSales University）

托马斯·巴格曼（Thomas Baggerman），博恩特帕克大学（Point Park University）

里克·贝博特（Rick Bebout），西弗吉尼亚大学（West Virginia University）

弗雷德里克·R.布莱文斯（Frederick R. Blevens），佛罗里达国际大学（Florida International University）

琼·布隆伯格（Joan Blumberg），德雷塞尔大学（Drexel University）

玛丽·A.博克（Mary A. Bock），库茨敦大学（Kutztown University）

杰夫·布恩（Jeff Boone），安吉洛州立大学（Angelo State University）

考特尼·C.博斯沃思（Courtney C. Bosworth），瑞德福大学（Radford University）

迈克尔·鲍曼（Michael Bowman），阿肯色州立大学（Arkansas State University）

斯科特·布朗（Scott Brown），加州州立大学北岭分校（California State University-Northridge）

拉里·L.伯里斯（Larry L. Burriss），中田纳西州立大学（Middle Tennessee State University）

帕特里夏·坎布里奇（Patricia Cambridge），俄亥俄大学（Ohio University）

道格拉斯·J.卡尔（Douglas J. Carr），埃尔帕索社区学院（El Paso Community College）

梅塔·G.卡斯塔芬（Meta G. Carstarphen），俄克拉荷马大学（University of Oklahoma）

亚伦·钦贝尔（Aaron Chimbel），德克萨斯基督教大学（Texas Christian University）

汤姆·克兰宁（Tom Clanin），加州州立大学富尔顿分校（California State University Fullerton）

兰斯·克拉克(Lance Clark)，亨廷顿大学(Huntington University)

理查德·T.克雷格(Richard T. Craig)，乔治梅森大学(George Mason University)

芭芭拉·J.德桑托(Barbara J. DeSanto)，梅利维尔大学(Maryville University)

罗杰·德斯蒙德(Roger Desmond)，哈特福德大学(University of Hartford)

朱尔斯·德·赫默考特(Jules d'Hemecourt，已故)，路易斯安那州立大学(Louisiana State University)

迈克尔·埃伯茨(Michael Eberts)，格伦代尔社区学院(Glendale Community College)

鲍比·艾森斯托克(Bobbie Eisenstock)，加州州立大学北岭分校(California State University-Northridge)

安东尼·J.费里(Anthony J. Ferri)，内华达大学拉斯维加斯分校(University of Nevada-Las Vegas)

弗雷德·费奇(Fred Fitch)，东肯塔基大学(Eastern Kentucky University)

詹妮弗·弗莱明(Jennifer Fleming)，加州州立大学长滩分校(California State University-Long Beach)

丹尼斯·欧文·弗罗利希(Dennis Owen Ffrohlich)，宾州布鲁姆斯堡大学(Bloomsburg University of Pennsylvania)

唐娜·高夫(Donna Gough)，东中央大学(East Central University)

卡拉·乔利夫·古尔德(Kara Jolliff Gould)，阿肯色大学(University of Arkansas)

克里斯托弗·古伦(Christopher Gullen)，韦斯特菲尔德州立大学(Westfield State University)

梅雷迪思·格思里(Meredith Guthrie)，匹兹堡大学(University of Pittsburgh)

路易莎·哈(Louisa Ha)，鲍灵格林州立大学(Bowling Green State University)

温迪·J.哈贾尔(Wendy J. Hajjar)，杜兰大学(Tulane University)

凯瑟琳·J.海德(Katharine J. Head)，肯塔基大学(University of

Kentucky)

亚伦·赫里斯科（Aaron Heresco），加利福尼亚路德大学（California Lutheran University）

赫洛伊莎·赫斯科维茨（Heloiza Herscovitz），加州州立大学长滩分校（California State University-Long Beach）

伊丽莎白·布兰克斯·辛德曼（Elizabeth Blanks Hindman），华盛顿州立大学（Washington State University）

莎朗·霍伦贝克（Sharon Hollenback），雪城大学（Syracuse University）

帕特里夏·霍姆斯（Patricia Holmes），路易斯安那大学拉斐特分校（University of Louisiana-Lafayette）

布赖恩·霍华德（Brian Howard），杨百翰大学爱达荷分校（Brigham Young University-Idaho）

詹姆斯·L.霍伊特（James L. Hoyt），威斯康星大学（University of Wisconsin）

汉斯·彼得·伊博尔德（Hans Peter Ibold），印第安纳大学（Indiana University）

金·马克·英尼斯（Kim Mac Innis），布里奇沃特州立大学（Bridgewater State University）

马西娅·拉登多夫（Marcia Ladendorff），北佛罗里达大学（University of North Florida）

金·兰登（Kim Landon），尤蒂卡学院（Utica College）

菲利斯·拉森（Phyllis Larsen），内布拉斯加大学林肯分校（University of Nebraska-Lincoln）

克里斯托弗·利（Christopher Leigh），查尔斯顿大学（University of Charleston）

小查尔斯·W.利特尔（Charles W. Little Jr.），圣安娜学院（Santa Ana College）

马丁·P.洛莫纳科（Martin P. LoMonaco），诺伊曼大学（Neumann University）

洛里·基多·洛佩兹（Lori Kido Lopez），威斯康星大学麦迪逊分校（University of Wisconsin-Madison）

阿尔弗雷德·L.洛伦茨（Alfred L. Lorenz），洛约拉大学（Loyola

University)

唐·洛（Don Lowe），肯塔基大学（University of Kentucky）

珍·伯利森·麦凯（Jenn Burleson Mackay），弗吉尼亚理工学院暨州立大学（Virginia Polytechnic Institute and State University）

斯蒂芬妮·马尔凯蒂（Stephanie Marchetti），瓦诺塞特山社区学院（Mount Wachusett Community College）

威利·特里·马什（Willie Terry Marsh），诺福克州立大学（Norfolk State University）

丹尼斯·马修斯（Denise Matthews），东康涅狄格州立大学（Eastern Connecticut State University）

凯伦·史密斯·麦格拉思（Karen Smith McGrath），圣罗斯学院（College of Saint Rose）

卡罗尔·麦克纳尔（Carole McNall），圣波拿文都大学（St. Bonaventure University）

迈克尔·梅多斯（Michael Meadows），格里菲斯大学（Griffith University）

艾伦·R.米汉（Eileen R. Meehan），南伊利诺伊大学卡本代尔分校（Southern Illinois University-Carbondale）

加里·梅茨克（Gary Metzker），加州州立大学长滩分校（California State University-Long Beach）

史蒂夫·米勒（Steve Miller），罗格斯大学利文斯顿学院（Livingston College of Rutgers）

詹姆斯·C.米切尔（James C. Mitchell），亚利桑那大学（University of Arizona）

安德鲁·莫梅卡（Andrew Moemeka），中央康涅狄格州立大学（Central Connecticut State University）

蒂莫西·C.莫利纳（Timothy C. Molina），西北维斯塔学院（Northwest Vista College）

詹妮弗·马伦（Jennifer Mullen），科罗拉多州立大学普韦布洛分校（Colorado State University-Pueblo）

玛丽·乔·尼德（Mary Jo Nead），托马斯莫尔学院（Thomas More College）

安德鲁·T.纳尔逊(Andrew T. Nelson),新奥尔良洛约拉大学大众传播学院(Loyola University New Orleans School of Mass Communication)

罗宾·纽科默(Robin Newcomer),奥林匹克学院(Olympic College)

桑迪·尼科尔斯(Sandy Nichols),陶森大学(Towson University)

雪莉·奥克利博士(Dr. Shirley Oakley),圣彼得堡学院(St. Petersburg College)

库尔特·奥登瓦尔德(Kurt Odenwald),温特沃斯理工学院(Wentworth Institute of Technology)

罗伊·奥弗曼(Roy Overmann),韦伯斯特大学(Webster University)

道格拉斯·帕斯泰尔(Douglas Pastel),邦克山社区学院(Bunker Hill Community College)

马丁·J.佩里(Martin J. Perry),圣约翰大学(St. John's University)

伊丽莎白·L.彼得伦(Elizabeth L. Petrun),肯塔基大学(University of Kentucky)

马克·普伦克(Mark Plenke),诺曼代尔社区学院(Normandale Community College)

泰里·F.赖利(Terri F. Reilly),韦伯斯特大学(Webster University)

康迪斯·D.罗伯茨(Candice D. Roberts),圣约翰大学(St. John's University)

里歇尔·罗杰斯(Richelle Rogers),洛约拉大学(Loyola University)

费丽茜娅·罗斯(Felecia Ross),俄亥俄州立大学(The Ohio State University)

马歇尔·D.罗索(Marshel D. Rossow),明尼苏达州立大学(Minnesota State University)

伊妮德·塞夫科维奇(Enid Sefcovic),布劳沃德学院(Broward College)

米切尔·E.夏皮罗(Mitchell E. Shapiro),迈阿密大学(University of Miami)

丹尼·希普卡(Danny Shipka),路易斯安那州立大学(Louisiana State University)

马丁·D.萨默内斯(Martin D. Sommerness),北亚利桑那大学(Northern Arizona University)

杰夫·索思(Jeff South),弗吉尼亚联邦大学(Virginia Commonwealth University)

卡西·施特布莱因(Cathy Stablein),杜佩奇学院(College of DuPage)

理查德·F.塔夫林格(Richard F. Taflinger),华盛顿州立大学(Washington State University)

克里斯托弗·R.特里(Christopher R. Terry),威斯康星大学密尔沃基分校(University of Wisconsin-Milwaukee)

菲利普·A.汤普森(Phillip A. Thompson),西切斯特大学(West Chester University)

迈克·特赖斯(Mike Trice),佛罗里达南方学院(Florida Southern College)

威尼斯·瓦格纳(Venise Wagner),旧金山州立大学(San Francisco State University)

伊薇特·沃克(Yvette Walker),俄克拉荷马大学(University of Oklahoma)

黑兹尔·沃洛蒙(Hazel Warlaumont),加州州立大学富尔顿分校(California State University-Fullerton)

帕齐·G.沃特金斯(Patsy G. Watkins),阿肯色大学(University of Arkansas)

温迪·温霍尔德(Wendy Weinhold),卡罗莱纳海岸大学(Coastal Carolina University)

马克·韦斯特(Mark West),北加利福尼亚大学阿斯维尔分校(University of North Carolina-Asheville)

瓦莱丽·惠特尼(Valerie Whitney),白求恩库克曼大学(Bethune-Cookman University)

简·惠特(Jan Whitt),科罗拉多大学博尔德分校(University of Colorado-Boulder)

达尼埃尔·E.威廉姆斯(Danielle E. Williams),佐治亚格威内特学院(Georgia Gwinnett College)

马文·威廉姆斯(Marvin Williams),金斯伯拉社区学院(Kingsborough Community College)

大卫·沃尔夫(David Wolfe),山景学院(Mountain View College)

尼莉莎·扬（Nerissa Young），俄亥俄大学（Ohio University）

约恩纳·鲁尔·齐尼耶尔（Jonna Reule Ziniel），瓦利市州立大学（Valley City State University）

我非常感谢《国会季刊》（*CQ Press*）和SAGE出版社的员工，他们抓住机会出版了一本与众不同的大众传播教材，它更有深度，也更有叙事风格。我要感谢组稿编辑莉莉·诺顿（Lily Norton）、高级内容开发编辑珍·约温-伯恩斯坦（Jen Jovin-Bernstein）以及高级编辑助理莎拉·威尔逊（Sarah Wilson）。我还要感谢这本书的封面和版面设计师珍妮特·基泽尔（Janet Kiesel）、文案编辑希瑟·克里根（Heather Kerrigan）以及制作编辑安德鲁·奥尔森（Andrew Olson），他们在过去的几个月里一直对我很包容，很有耐心。我要特别感谢项目策划编辑凯特·鲁西洛（Kate Russillo）的巨大帮助和解决问题的能力！

这一版本献给我的父亲罗杰·J.汉森（Roger J.Hanson），当我在2020年夏天写作这本书时，他已经迈入92岁高龄了。父亲是一位退休的物理学教授，他给我和我的兄弟姐妹们灌输了对世界的强烈的好奇心。我也要感谢我有幸与之谈论媒介素养的许多老师和学生。

最后，我要感谢我的妻子帕姆（Pam）、我的儿子埃里克（Erik）和安德鲁（Andrew）、我的儿媳贾斯明（Jasmine），还有我的岳母芭芭拉·安德鲁斯（Barbara Andrews）。我会永远感念我已故的母亲玛丽莲（Marilyn），感谢她对我的信任以及勉励我成为一名作家。

拉尔夫·E.汉森
2020年6月

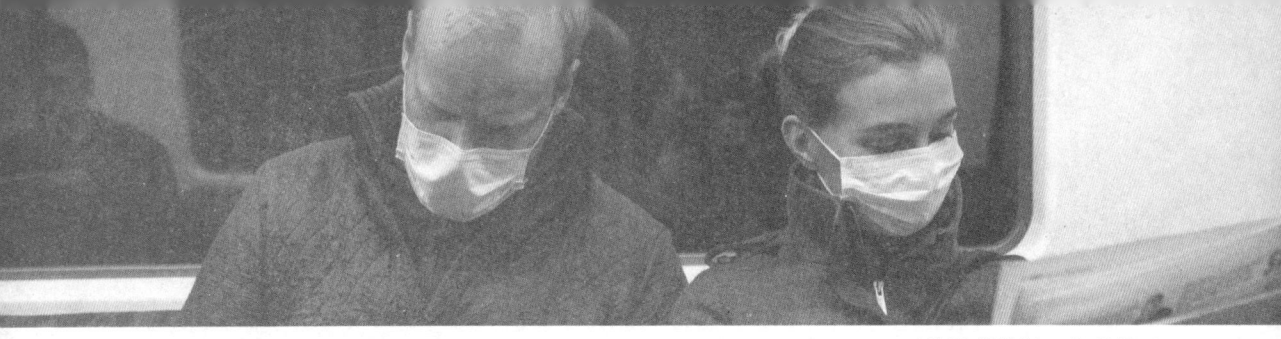

Justin Setterfield/ Getty Image News/ GettyImages

目 录 Contents

译者序 / 1

序 言 / 5
    本书的方法 / 6
    结 构 / 7
    第八版的更新 / 8
    重返收藏夹 / 12

致 谢 / 15

第一部分 媒介导论

第一章 生活在媒介世界：关于大众传播的介绍 / 3
    传播的四种维度 / 5
    理解我们的媒介世界 / 10
    大众传播的模式 / 14
    媒介世界的演变 / 18
    关于媒体"他们"不想让你知道的七个秘密2.0 / 23
    章节回顾 / 33

第二章 大众传播效果：社会和媒介互动的方式 / 37
    媒介效果研究的演化 / 39

Theo Wargo/Staff/Getty Images

  我们生活中的媒介效果　/ 44
  媒介与社会　/ 50
  批判/文化方法　/ 58
  章节回顾　/ 66

第三章　媒介业务：整合、全球化和长尾　/ 69
  美国传媒业　/ 72
  大型媒体：传统集团　/ 74
  大型媒体：新的玩家　/ 84
  媒体经济和长尾　/ 92
  章节回顾　/ 98

第二部分　传统媒体

第四章　图书：大众媒体的诞生　/ 103
  图书与大众传播　/ 105
  图书与大众文化　/ 110
  图书的购买和销售　/ 113
  图书和文化　/ 123
  图书与规制　/ 127
  图书的未来　/ 133
  章节回顾　/ 137

第五章　新闻业：民主社会的映射　/ 141
  发明现代报刊　/ 143
  播放新闻　/ 153

Taylor Hill / Stringer / Getty Images

  新闻业务 / 156

  新闻媒体、身份和政治偏见 / 161

  人们从哪里获得的新闻？ / 166

  新闻的未来 / 172

  章节回顾 / 178

第六章 音频：穿梭于媒介的音乐和谈话 / 181

  音频录制和传输的历史 / 184

  流媒体音频 / 195

  音乐、青年文化和社会 / 198

  音乐与长尾效应：声音的未来 / 214

  章节回顾 / 218

第七章 电影：大众生产的娱乐 / 223

  电影的发展 / 225

  制片厂制度 / 229

  大片时代 / 234

  电影与社会 / 245

  长尾与电影的未来 / 255

  章节回顾 / 259

第八章 电视和视频：广播电视和其他媒体 / 263

  广播电视 / 266

  有线电视和卫星电视 / 269

  不断变化的电视业务 / 275

  电视和社会 / 285

  重新定义21世纪的电视 / 292

  章节回顾 / 297

Drew Angerer / Staff / Getty Images

第三部分 数字化和全球媒体

第九章 在线和移动媒体 / 301

互联网的发展 / 303

蒂姆·伯纳斯-李：万维网的发明者 / 307

在线媒体：博客、播客和流媒体 / 314

互联网和社会：黑客伦理 / 318

互联网和社会：我们的网络世界 / 322

新旧媒体的融合 / 325

章节回顾 / 327

第十章 社交媒体和电子游戏：成为故事的一部分 / 331

社交媒体：在线分享我们的生活 / 334

电子游戏的发展 / 341

关于电子游戏的争议 / 348

作为大众传播媒介的电子游戏 / 351

作为一种观赏性体育项目的电子游戏 / 353

当代文化中的电子游戏 / 355

章节回顾 / 358

第十一章 全球媒体：世界范围内的传播 / 361

玛丽·科尔文在叙利亚遇害 / 361

世界各地的媒体理念 / 364

加拿大、西欧和英国的媒体 / 367

中美洲和拉丁美洲的媒体 / 375

伊斯兰国家和中东的媒体 / 376

非洲媒体 / 382

亚洲媒体 / 384

章节回顾 / 387

第四部分　策略型传播

第十二章　广告：信息售卖 / 391

广告行业的诞生 / 394

广告业务 / 400

当代广告文化 / 415

长尾理论与广告的未来 / 420

章节回顾 / 430

第十三章　公共关系：互动、关系与新闻 / 433

公共关系的发展 / 436

公共关系业务 / 442

公众 / 445

公共关系转向线上 / 453

公共关系和社会 / 458

公共关系和公民权利运动 / 462

章节回顾 / 464

ZUMA Press, Inc. / Alamy Stock Photo

第五部分 媒体的管理和控制

第十四章 媒介法律：言论自由和公正性 / 469

新闻自由的发展 / 472

诽谤与个人保护 / 475

隐私侵犯 / 480

新闻自由和公正审判 / 485

媒体控制 / 490

媒体行业的版权和监管 / 501

章节回顾 / 507

第十五章 媒介伦理：真实性、公正性与道德标准 / 511

伦理原则与决策 / 514

真实与新闻 / 521

新闻中的错误及其后果 / 529

伦理与说服性传播 / 537

媒体与代表性 / 542

章节回顾 / 547

关键术语 / 550

参考文献 / 558

第一部分

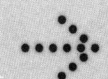

媒介导论

第一章　生活在媒介世界：关于大众传播的介绍

第二章　大众传播效果：社会和媒介互动的方式

第三章　媒介业务：整合、全球化和长尾

Justin Setterfield/ Getty Image News/ GettyImages

第一章 生活在媒介世界：关于大众传播的介绍

> **学习目标**

在学习本章节之后，你将能够：
1. 认知和描述传播的四个层次；
2. 定义术语"媒介素养"（media literacy），并理解媒介素养的四个维度；
3. 定义术语"大众媒体"（mass media），并理解大众传播的四种模式；
4. 解释媒介世界的历史演化进程；
5. 描述关于大众媒体的"七个秘密"（Seven Secrets）。

现在很难再回想起那段时光，那时我们大多数人都没有听说过新型冠状病毒（coronavirus）、新冠肺炎（COVID-19）、传染疫情（pandemic）、社区传播（community spread）、社交距离（social distancing）以及自我隔离（self-quarantining）等词汇。有一段时间，所有的线下课堂都突然间转移到了线上。[1]一种新出现的呼吸道病毒导致成千上万的人离世，迫使人们一连数周都在家进行自我隔离，同时，全球经济基本上陷入停滞状态。曾几何时，我们可以去任何我们想去的地方，任何时候都不用担心。那时，有关病毒的报道也不会接连数月地霸占我们的媒体。

随着疾病逐渐被确认为大流行的传染病，我们开始改变通常经由媒体获悉事件的范式。

2020年3月11日，NBA球星、意大利籍球员达尼罗·加里纳利（Danilo Gallinari）正准备在晚上俄克拉荷马雷霆队（Oklahoma Thunder）和犹他爵士队（Utah Jazz）的比赛中首发。但这场赛事却并未开始，因为犹他爵士队的全明星球员鲁迪·戈贝尔（Rudy Robert）刚刚透露，他的新型冠状病毒检测呈阳性，这种病毒会导致新冠肺炎（COVID-19）。对于加里纳利来说，取消比赛并不意外，因为这场疾病给他的祖国意大利造成了巨大的损失。[2]取消这场比赛预示着本赛季剩下的大部分比赛将被取消（截至撰写本书时，整个赛季似乎都将取消）。

紧接着，全美大学体育协会篮球锦标赛（NCAA basketball tournament），即众所周知的"疯狂三月"（March Madness），自1939年开始以来首次被取消。后来美国棒球大学联赛（The College World Series）也不得不取消，很大程度上是因为几乎没有球队能够参加常规赛。

不久之后，美国几乎所有的竞技运动，从职业篮球到青少年足球联赛，都因为可以预见的未来而被暂停。所有这些体育赛事的取消都对电视行业造成了巨大的影响。据估计，仅全美大学体育协会篮球锦标赛，每年就能为电视网带来8亿美元的收入。[3]考虑到全球范围内没有体育赛事可转播，娱乐体育节目电视网（ESPN）正计划为NBA球员举办一场H-O-R-S-E罚球比赛，让他们在自己的主场馆进行个人比赛。[4]

另外，这场疫情还对好莱坞影视行业造成了巨大的影响。像詹姆斯·邦德（James Bond）电影《无暇赴死》（*No Time to Die*）和漫威电影宇宙电影《黑寡妇》（*Black Widow*）等这样的暑期大片都推迟了2020年夏季的上映时间，而皮克斯的《向前进》（*Pixar's Onward*）从3月6日的院线上映推迟到3月20日的数字版本，并于4月3日登陆迪士尼的新流媒体服务端。从最初的发行到出现在流媒体服务端还不到一个月的时间。当然，截至2020年3月17日，大部分影院已经关闭。[5]

从3月12日开始，纽约百老汇剧院停止演出，结束了《汉密尔顿》（*Hamilton*）、《俄克拉荷马》（*Oklahoma*）和《冰雪奇缘》（*Frozen*）等热门剧目的演出。[6]但这些演出的明星们已经转向流媒体和社交媒体来保持热度。例如，百老汇关怀慈善机构（the Broadway Cares）将《汉密尔顿》中的歌曲《不停》（*Non-Stop*）制作成了一个众包版本。该剧的官方推特账号在2020年3月下旬（在百老汇关闭数周之后）发布了一条请求，要求粉丝提交他们演唱歌曲的全部或部分视频。随后，一位编辑将这些片段剪辑成一段视频，展示了数十名不同年龄段歌手的表演，作为慈善筹款活动的重要一环。[7]

2020年4月,也就是本书再度写作期间,美国几乎所有的大学课程都在使用远程教育技术教学——学生们被学校遣送回家。许多学生回家过春假,却被告知不允许返校。这给那些把书落在校园里、没有计划在假期学习的学生带来了一丝危机。针对于此,SAGE和其他教科书出版商在本学期剩下的时间里为学生们提供了免费电子书。

自2020年初开始的新冠肺炎疫情对人类社会造成了持续性的影响,成千上万条生命因此罹难,人们被迫待在家中,远离公共场所;我们的媒体行业也发生了巨大的变化。

不仅仅像新冠疫情这样的大规模社会混乱可以从围绕它们的媒体使用中获得意义,我们整个世界都是由我们接收信息、与他人分享信息并赋予其重要性的方式塑造的。在这一章,我们将通过报纸、电视、播客、流媒体视频和音频以及互动社交媒体,了解我们如何体验这个世界并对其进行定义的。

传播的四种维度

作为内布拉斯加大学科尔尼分校的法医学主任和传播学讲师,亚伦·布莱克曼(Aaron Blackman)在工作中和爱好方面都与他人做了很多沟通互动。他经常通过社交媒体平台与他人进行交流,比如Twitter、Discord、Instagram,偶尔也会通过Facebook。他通过这些渠道与朋友和家人保持联系,参加会议,并与世界各地的玩家们建立起新的联系。亚伦(Aaron)说道:

> 通过社交媒体与他人交流是我日常生活中的一部分。出于各种原因,我一整天都在查看各种形式的社交媒体。我最常使用推特来了解电子游戏新闻、时事政治和天气情况。我是一名自由职业的电子竞技记者,同时也是一名教练,所以在采访职业球员和评估球迷对职业比赛的反应时,Twitter是我的第一个联系平台。推特对于推广我的文章以及使用Twitch stream进行直播都很有用。我每周一晚上都会在Twitch上播放电子游戏[我最新的一款游戏是《无主之地Ⅲ》(*Borderlands 3*)],除了能接触到我的普通观众外,我还可以与我的朋友和家人(包括我不常见到的远在明尼苏达州的堂兄弟姐妹)谈论游戏和生活。

我也用Instagram，但主要是为了分享我们可爱的16岁杰克罗素梗犬贝利（Bailey）的照片。此外，我的爱好是十字绣电子游戏艺术，并开始画微缩模型，所以，我倾向于通过Instagram分享我的进度照片。我每天使用的另一项主要服务是Discord，这是一款语音/文本聊天应用，可以让我与各种游戏群组建立联系，是语音会议或电子游戏娱乐的一种绝佳选择。最后，作为自2005年起就注册的Facebook成员，尽管我没有经常性地更新自己的主页，但还是会不时浏览家庭成员、朋友和法医学界的动态。[8]

当亚伦活跃在社交媒体上的时候，他几乎参与了每一个层面的传播活动，但在我们试图对此做出分析之前，我们需要对传播本身进行界定。媒介研究学者乔治·格伯纳（George Gerbner）提出了一个较为简洁的定义：传播是"经由信息的社会互动"[9]。更坦率地说，传播是我们与整个世界互动的方式，无论它是通过口语、文字、手势、音乐、绘画、照片，还是经由舞蹈来呈现。在经典的传播学理论中，传播包括四个不同层次的交流：

（1）人内/内省（intrapersonal）——自己对自己；
（2）人际（interpersonal）——单人对单人；
（3）公共演说（public speaking）——单人对群体；
（4）大众传播（mass communication）——单人对多人。

重点在于，传播是一个过程，而非一个静态的事物。传播是一种互动，它允许个体、群体和机构分享观念。我们中的一些人每天、每时、每刻都在进行不同层次的交流，并且经常在各层次之间切换。正因如此，我们有必要了解这四种不同层次的交流是什么，以及我们如何与它们互动。

人内传播

传播最基础的层面是人内传播（intrapersonal communication），也就是自我传播。这是我们思考的方式，也是我们赋予生活中所有信息和事件意义的方式。人内传播包括从厨房闻到最喜欢的食物的香味时微笑的简单行为，到思考我们是否真的想要在Snapchat上分享一张照片。反馈或信息接收者的反应是恒定的，因为我们总是（或应该总是）反思我们做了什么，以及我们将如何作出反应。当亚伦思考是否要在Instagram上分享一张可爱的小狗贝利的照片时，他正在与自己的内心进行交流。我们自己的想法，我们想要直接或间接地与他人沟通，是作出重要决定的一部分，但这可能没有引起我们的足够重视。经常酗酒或食用致幻药片的人或许会饱受心灵内部沟通的摧残，这可能会导致他们参与更多的日后会感到后悔的公共交流。

人际传播

人际传播（interpersonal communication），或者说一对一传播，即"有意或无意地通过语言或非语言信息系统向另一个人传递信息"。[10]人际传播可以是与朋友的一次交谈，也可以是告诉妈妈你爱她的拥抱。类似于人内传播，当有其他人在周围的时候，人际传播是持续性的，因为我们不断地发送信息，即使这些信息只不过是表明我们想要独处的肢体语言。

内布拉斯加州大学科尔尼分校法医学主任亚伦·布莱克曼通过他的推特账户处理自己与朋友、同事甚至视频游戏流粉丝的沟通。

人际传播提供了多种反馈形式，比如，你的朋友点头、挑眉、碰你的胳膊，或者只是简单地回答你的问题。然而，并不是所有的人际传播都是面对面的。电话交谈、短信、电子邮件甚至贺卡都可以是人际传播，尽管在某种程度上，它们比面对面的谈话更富于感情。当亚伦通过Discord进行私人对话时，或者向编辑发送一封有关电子竞技的邮件，或者在晚餐时与妻子交谈，他都是在进行人际传播。

群体传播

群体传播（group communication）指的是一个人际网络的相互交流。也许在群体中会有一个主导传播的领导者，如教室中的老师。学生们在课堂上也有很多机会进行交流——提问，通过玩手机游戏甚至在教室后排睡觉打鼾来表达他们的无聊。但有时群体传播是更加均衡的互动，比如，一群朋友在讨论他们刚刚看的最新上映的影片。

还有一些情况在考验着群体传播的界限，比如肯德里克·拉马尔（Kendrick Lamar）在露天剧场或音乐厅的演出。有了扩音器和多个视频屏幕，就有了高水平的传播技术，但观众向表演者直接反馈的可能性有限。然而，说唱歌手和他的观众之间仍然有互动，包括欢呼、鼓掌和回应。这里的一个关键特征是，我们作为信息发送者和接收者的角色是不断变化的。这一刻我们在发送信息，下一刻我们在接收信息。亚伦在与他的法医团队会面时进行群体传播，在参加电子竞技活动时欢呼，或者在Instagram上分享照片。[11]

大众传播

大众传播（mass communication）是一个全社会共同参与的传播过程。在这个过程中，个人或机构运用技术将信息传送给大批的混合受众，并且他们中的大多数人，信息发送者是不知道的。政治家的全国广播演讲、报纸上关于犯罪的报道、流行的新小说都是大众传播的形式。从本质上来说，这种传播不同于之前的传播形式，因为信息发送者在空间上，或者可能在时间上，与信息接收者是彼此分隔的。此外，传播者并不真正了解受众。当传播者出现在电视上或为报纸撰写文章时，他（或她）并不知道谁会倾听或阅读。此外，受众由众多不同类型的人组成，他（或她）或许可能是某个正在监狱中服刑的年轻人、敬老院里的一名老妇、一个早餐吃脆谷乐的孩子，或许是正准备去办公室和他的演讲学生见面的亚伦。信息会被发送至上述所有人以及成千上万的其他人。[12]

传统上，大众传播仅为信息反馈提供非常有限的机会，因为传播渠道主要是单向的，然而，随着互动通信网络的崛起，赋予受众的反馈机会正在显著增加。比如，亚伦每天会消费各种各样的大众媒体，包括：在Netflix、Hulu和Disney+上刷剧；在Twitch上观看电子游戏直播和"守望先锋"（*Overwatch*）锦标赛；在Blizzard、Steam和PlayStation Network上玩电子游戏；通过YouTube或Spotify听音乐。亚伦说："我和我的妻子已经有好几年没有订阅过有线电视或卫星电视的服务了。除了《守望者》（*Watchmen*）、《西部世界》（*Westworld*）和《我们这一天》（*This is Us*）这类大片外，我们并不介意在首播几个月或几年之后再去追剧。娱乐应该适合我们繁忙的日程安排，而不是让我们去迎合它们。"[13]

混合层级一直都存在

不同层级的传播之间的区别非常明显，但不要假定每个传播实例都可以自动归入某个类别之中。在传播的层级上有频繁的交叉。就在线交流而言，通过Snapchat，你可以与朋友分享照片；通过Tumblr博客，你可以晒出最喜欢的图片和视频；有了内部网（intranet），雇主可以与世界各地的雇员交流；通过网站和播客，信息可以被传播至全世界。报纸也是如此，其中的分类广告可以刊登征婚启事、团体会议通知或政治宣言等。亚伦和朋友们外出聚餐，此时，ESPN电视网上播放的"守望先锋"电子竞技锦标赛正到了激动人心的时刻，他们一起欢呼，彼此谈论着竞争对手，同时进行着大众传播和群体传播。而当亚伦思考着他要对朋友说什么或者在社交媒体上分享什么的时候，他正在进行的是一种人内传播，或者说内向传播。

本书的目的是帮助你更好地理解大众传播和大众媒体。在本书的十五个章节中，我们探讨了各种各样的主题：

- 组建媒体的机构以及它们影响并作用于我们社会的方式；
- 媒介业务的所有者（owners）和掌控者（controllers）；
- 媒体本身，包括图书、报纸、音频、电影、电视、网络媒体和社交媒体；
- 媒介在世界上不同国家和不同文化中的作用；
- 支撑媒介的行业，包括广告业和公关行业；
- 规范和控制媒介的法律（laws）和伦理（ethics）。

当你完成对这些主题的探讨后，你就会更好地理解媒介是什么，我们如何与之互动，以及媒介在我们的生活中扮演怎样的角色。

丹·米德尔顿（Dan Middleton），以YouTube视频游戏主播DanTDM而闻名，他已经是一位非常出名的媒体明星，曾被邀请参加在伦敦举行的英国电影和电视艺术学院儿童奖（the BAFTA Children's Awards）颁奖仪式。

Mike Marsland/WireImage/Getty Images

理解我们的媒介世界

大多数人都对他们自己高水平的媒体应用感到很矛盾。詹姆斯·波特（James Potter）博士在他的《媒介素养》（*Media Literacy*）一书中写道，我们的社会处处充斥着通过虚拟消防水管喷射出来的媒体内容。它们包括：

- 每年超过700小时的故事片（想想每年有多少个小时的漫威宇宙电影上映）；
- 每分钟有超过300小时的视频内容上传至YouTube；
- 全球每年生产超过4800万小时的商业电视视频；
- 全球每天有超过1500种图书出版。

随着那些像是黏附在我们身体之上的移动设备的普及①，我们几乎无法摆脱这些内容，也很难脱离与他人共享这些内容能力的范围。与整个工业化世界联网是一种解放，但侵犯隐私的风险令人担忧。

研究表明，这种不断增长的混合性内容和便捷的访问渠道让我们花费越来越多的时间与媒体相伴，直至2017年，人均使用媒体的时间已经达到了12小时1分钟——几乎超过了我们一天之中一半的时间。[14]波特提出了一系列富有挑战性的问题：我们如何应对这种高压的内容流？我们如何选择消费的内容？我们如何处理这些内容？我们如何整合或将这些内容从我们的生活中剔除出去？也许最为重要的是，我们对自己做出的选择了解多少？本节讨论媒介素养的概念，并探讨了一些关于大众媒体的常见误解。

媒介素养指人们对于媒介是什么、媒介如何运作、媒介传递什么信息、媒介在社会中所扮演的角色以及受众如何回应媒介信息等方面的理解。波特对媒介素养进行了界定："媒介素养是我们主动使用的一系列观念视角，它将我们自身暴露在大众媒体面前，并解释我们所遇到的信息的意义。"

波特认为，媒介素养并不是我们自身所缺乏的；相反，它是我们每个人在不同层面上都拥有的东西。波特写道，媒介素养水平高的人可以在很大程度上控制他们通过媒体看到的世界，并可以自己决定信息的含义。相比之下，媒介素养水平低的人可能会夸大对社会问题的印象，即便这些印象并不符合他们自身的经历。例如，花费大量时间观看电视的媒介消费者，往往会因为他们在电视中所看到的图像而认为社会比现实更加危险、犯罪更加猖獗。[15]波特认为，那些媒介素养水平较低的消

---

① 我在书中也称之为"身体的"延伸——译者注。

费者常常会认为，媒介对他人的影响很大、很明显，而且大多是负面的，而对他们自身的影响很小、很有限。最后，那些媒介素养水平较低的人往往不愿意使用他们所掌握的媒介素养技能，因此这些技能也会随之荒废。

波特提出了媒介素养的四个基本视角或维度：

（1）认知的；

（2）情感的；

（3）审美的；

（4）道德的。[16]

认知维度

媒介素养的认知维度涉及对媒介传播的信息进行理性处理的能力，它包括对印刷页面文字意义的理解、对电影环绕音乐意蕴的赏析，或是对电视节目中时尚穿衣品位的欣赏。例如，《神奇女侠》（Wonder Woman）的神话故事已经被改编过多次——从漫画书、电视剧到现在的大制作电影。2017年的版本由帕蒂·詹金斯（Patty Jenkins）执导、以色列女演员盖尔·加朵（Gal Gadot）主演，该片大量地使用了古希腊和古罗马神话，给熟知此故事的人带来了深刻的影响。[17]

认知维度还包括访问媒体的必要技能：使用平板电脑，在超高清电视上观看4K超高清（UHD）节目，或者在图书馆看书，所有这些都是习得的技能。我们在学校学习阅读，从看过的电影中学习音乐韵律的含义，通过重复练习学习如何上网查找资料。

情感维度

媒介素养的情感维度包括媒介信息所产生的情感。有时，这种情感的力量会压倒一切。比如，小孩子观看恐怖电影时的恐惧，或是父母看到身陷险境的孩子获救的新闻报道时的欣喜。人们常常花时间与歌曲、电影、图书及其他媒体相伴，尤其是感受它们所产生的情感。[18]《神奇女侠》能成为票房冠军，部分原因是女性群体一起

在一个安全的环境中获得强烈的情感体验（如恐惧、恐怖、惊喜或浪漫等）是我们观看电影的一个主要原因。

去观看这部电影,有时还有专门针对女性的放映专场,从一个聚焦超级女英雄的故事中,她们体会到了一种被赋予权力的感觉。如果不是在观众中产生如此强烈的情感共鸣,那么许多真正的假新闻报道也不可能传播得如此之快。[19]

审美维度

媒介素养的审美维度包括以一种艺术或批判的视角来解读媒介内容。媒体制作工艺如何?在制作过程中使用了哪些技巧?与其他类似的作品相比,它的质量如何?透过现象看本质需要广泛地学习。《神奇女侠》无疑在商业上取得了成功,在很大程度上它也是一个批判性的成功案例。这部电影因主演盖尔·加朵和克里斯·派恩(Chris Pine)的出色表演而备受赞誉,也因罗宾·怀特(Robin Wright)〔她曾在1987年上映的影片《公主新娘》(The Princess Bride)中饰演巴特卡普公主(Princess Buttercup)〕出演骁勇善战的安提奥普将军(General Antiope)而受到好评。[20]然而,这并没有阻止评论家们对过于传统的电影结尾(两大巨头对战)展开批评。

道德维度

媒介素养的道德维度包括检验媒介或信息的价值。例如,在电视情景喜剧中,潜在的信息包括:机智是处理问题的重要工具,或者问题可以在短时间内得到有效解决。在动作片中,道德训诫可能是,要想取得成功就必须用暴力和权威。电影中的世界通常是险恶而危险的。大多数广告传达的道德信息是,问题可以通过购买商品得到解决。[21]根据《纽约客》(New Yorker)电影评论员理查德·布罗迪(Richard Brody)的说法,《神奇女侠》提出的最有力的问题之一是,邪恶并非来自"公开的可怕恶棍,而是源自人类自身"。[22]

培养我们自身的媒介素养

如同其他任何技能一样,培养媒介素养需要艰苦的工作和实践。波特曾在书中写道,这(指培养媒介素养)并不能一蹴而就。[23]相反,我们所拥有的各种技能都是我们在一生中慢慢培养起来的。

第一阶段是我们在襁褓期或蹒跚学步时学习的技能——获得沟通的基础。当我们还是婴儿的时候,我们就知道除了我们自己之外还有其他人,他们可以通过声音和动作与我们进行交流。这就是与他人交流的发现。

第二阶段是学习语言。年幼的孩子都知道，人们不仅可以通过微笑、皱眉、爱的呼唤、愤怒的叫喊等声音和表情来传达情感，而且声音还有其特殊的意义。他们学会了用声音与他人交流。除了语言之外，幼儿还可以发展音乐和其他声音的词汇；他们开始理解快乐和悲伤的音乐以及其他非语言声音的含义。

第三阶段是对叙事的探索和理解。一旦我们学会了使用语言，我们就开始理解故事的意义，包括小说和纪实作品的区别，以及故事是如何根据基本情节和时间顺序来进行讲述的。理解真实故事与虚拟故事之间的区别是一个基本的层面。在更高的层面上，我们能够理解编造的故事仍然可以告诉我们关于我们生活的真实状况。在另一个层面上，学习如何理解倒叙和故事中的不同观点，这对于媒介消费新手而言并不是立竿见影的。第一次看电影的人可能就很难理解电影导演克里斯托弗·诺兰在《敦刻尔克》（*Dunkirk*）和《盗梦空间》（*Inception*）中所使用的复杂的叙事时间线索。

第四阶段是学会质疑并养成质疑的习惯。当我们认真审视是谁向我们发送了信息时，我们就会利用这些知识来分析发送信息的人是如何试图说服我们的。当我们了解了广告和节目之间的区别时，我们就学会了不被广告中的宣传和促销方式所欺骗。当我们越来越了解我们进行信息消费的媒介渠道时，我们就会知晓自己应该采取什么样的怀疑态度。这个人是在向我们展示公正的信息，还是在努力地说服我们？

第五阶段是深度的开发。我们开始滋长想要深入学习的特定兴趣。我们通过最感兴趣的话题，开发复杂的思维结构。这让我们能够以更为复杂的方式来进行思考。比如，如果你对政治感兴趣，你就可能会寻找与你感兴趣的议题相关的报道，你也会比那些不关心政治的人更善于解读政治新闻。你对当前的政治了解得越多，你能记住的就越多，也就能更好地分析你所得到的信息。你对你喜欢的话题了解得越多，你就越擅长学习。

第六阶段是经验性的探索。我们消费不同类型的媒体和内容，是因为我们正在寻求不同类型的体验。之所以观看一部新上映的恐怖电影，可能是因为你正在寻求一种在安全的环境中受到惊吓所带来的兴奋感，体验那种肾上腺素激增的感觉。我们的反应和感觉并不是媒介消费的负面部分，它们往往是媒介消费的重点。

第七阶段是批判性的欣赏。我们开始能够分析媒介内容，而不是你自己对它的感觉。例如，你可能不是嘻哈音乐的铁杆粉丝，但你仍然可以分析和欣赏评论（commentary）和混音（sonic mix）中的复杂押韵（rhymes）和采样（sampling）。不一定只有喜欢才能去欣赏。同样，你会意识到，你喜欢某本书也并不一定意味着它写得很好。

第八阶段，也是最后一个阶段，是社会责任。随着我们媒介素养水平的提高，我们学会了用伦理道德而不是其他方面来评价某些内容的价值。我们意识到，媒体上的内容和我们对媒体的使用会对整个社会产生道德和伦理影响，通过我们的媒介决策，我们有能力让世界变得更美好。举个例子，你可能会在决定转发社交媒体上的某个煽动性帖子之前，总要核实一下它的准确性，而这些帖子可能来自机器人账户或网络喷子。即使一个模因（meme）①说了一些你完全同意的话，你仍然会在分享之前试图弄清楚它来自哪里。

大众传播的模式

尽管人们经常交替使用"大众传播"（mass communication）和"大众媒体"（mass media）这两个术语，但它们是截然不同的两个概念。大众传播是一个过程，而大众媒体仅仅是传送大众传播信息的技术工具。[24]在本章的开头部分，我们将大众传播定义为一种全社会共同参与的传播过程，在这个过程中，个体或机构运用各种技术将信息传送给大量不同的受众，并且他们中的绝大多数人，信息发送者是不知道的。关注大众传播的方式多种多样。媒介学者丹尼斯·麦奎尔（Denis McQauil）列出了四种模式，以帮助我们弄清楚关于大众传播本质的不同问题：

(1) 传输模式（transmission model）；
(2) 仪式模式（ritual model）；
(3) 宣传模式（publicity model）；
(4) 接收模式（reception model）。[25]

传输模式

有一种描述大众传播的传统方式，被称为"发送者—信息—渠道—接收者模式"（Sender Message Channel Receiver, or SMCR）或传输模式。传输模式并不能很好地反映大众传播过程的复杂性，因为它倾向于将大众传播描述为从发送者到接收者的单向信息流，而不是发送者和接收者不断变换位置的复杂互动。它所做的

---

① meme是一个网络流行语，指在同一个文化氛围中，人与人之间传播的思想、行为或者风格，译为"模因""迷因"等，但通常被直接称为"meme"——译者注。

是列出大众传播的关键要素。

发送者（Sender）是大众传播的信息源头。当评论家们说"媒体"是一股强大的力量时，这里的"媒体"通常指的是少数几家控制着我们主要商业渠道信息流动的大公司。但是，正如你所见，除了大型媒体集团以外，还有许多其他的信息发送者。比如，2020年1月，当《纽约时报》开始报道新冠肺炎疫情之时，他们是信息发送者。

信息（message）是由发送者传输且由接收者做出回应的内容。在信息被传递之前，它必须经过编码。编码至少需要经过两个步骤。首先，发送者的观点必须转化为信息——起草的视频脚本、创建的图形或撰写的推文。其次，信息必须为传播做好准备——脚本被记录下来，推文被发送出去，或者图像被放置在网络页面上。当各种职业联盟和大学体育联盟开始取消他们的赛季和比赛转播时，这才开始传递出新冠肺炎疫情可能有多严重的信息。但这些信息反映了发送者想要真实传达的意图吗？这是我们将在本章后面讨论的问题。

渠道（channel）是用来传送信息的媒介。回顾一下，大众媒体是一种技术工具。想想报纸，它由黑色和彩色油墨组成，被印刷在质量相对较低的纸张上。它携带方便、容易获得而且价格便宜。渠道包括图书、报纸、社交媒体、流媒体音视频或剧场电影。那么，电报、短信、信件和电邮呢？它们适合作为大众传播的渠道吗？这要视具体情况而定。如果你收到了你最喜欢的体育新闻服务机构以群发短信的形式发送的体育比分，那么此时短信当然是一个大众传播渠道。而当你给你的爱人发短信时，这更像是人际交流。当百老汇关怀慈善机构从音乐剧《汉密尔顿》中改编创作歌曲《不停》（*Non-Stop*）的众包版本时，他们的传播渠道是YouTube视频服务和各种社交媒体。

接收者（receiver）是接收大众传播信息的受众——对信息进行接收和解码的人。解码是将来自大众媒体的信号翻译成接收者能理解的形式的过程。然而，接收者并不总是从发送者那里得到明确的信息，有几种类型的噪声会干扰信息的传递：语义噪声，当接收者不理解信息的含义时就会出现（比如，因为不会说西班牙语，你就听不懂拉丁语音乐频道播放的音乐歌词）；机械噪声，当渠道传输信息有困难时，如你的位置离手机信号发射塔很远，你就无法在移动设备上加载网页；还有环境噪声，当接收器周围的动作和声音干扰了信息的接收时，就会产生这种噪声（比如你的室友玩电子游戏的声音太大，让你无法集中精力读《媒介素养》课本）。正是接收者最终为他们所接收的信息赋予了意义。发送者可能想要以笑话的形式幽默地传达信息，而接收者可能会把这个笑话理解为一个冒犯性的严肃声明。哪一种意思更为重要？由接收者赋予它的那个。

虽然SMCR模型能够有效阐释大众传播过程的各个要素，但它并不能解释大众传播如何在我们的生活中发挥作用。它主要从发送者试图影响接收者的角度来分析信息传递的过程。然而，在现实世界中，我们不断地在发送者和接收者之间切换，将信息从一个渠道转换到另一个渠道。随着信息的来回传递，它们的含义会根据接收者和发送者地位的不同而有所变化。

表1.1　大众传播模式

模式	传播者导向	接收者导向
传输模式	意义的转化	认知过程
仪式模式	表现或展演	共享经历
宣传模式	竞争性展示	注意力赋予的观看
接收模式	偏好的编码	不同的解码／意义建构

资料来源：丹尼斯·麦奎尔《大众传播理论》，第6版 (Thousand Oaks, CA: SAGE, 2010)，经SAGE许可转载。版权所有©Denis McQuail, 2005。

仪式模式

如果说传输模式关注信息如何被传送，那么仪式模式则将受众成员置于核心地位。仪式模式关注受众群体（接收者）消费媒介信息的方式和原因。这一模式认为，我们观看诸如《好声音》(The Voice)这样的节目，与其说是为了了解有抱负的歌手或接受广告宣传，不如说是为了与家人和朋友互动。许多人并不是橄榄球爱好者，但他们也会参加"超级碗"(Super Bowl)聚会，为了参与体育竞技、商务合作和烤鸡翅的仲冬庆典。因此，媒介消费也随之超越了简单的信息传递，成为一种能将我们作为一个民族团结在一起的共同体验。

来自内华达州里诺(Reno, Nevada)的16岁男孩卡特·威尔克森(Carter Wilkerson)在推特上保持着360万次转发和100万次点赞的纪录，因为他试图从温蒂餐厅(Wendy's)那里获得一年的免费鸡块。这家快餐连锁店声称，如果能够获得1800万次分享转发就能得到一年免费享用的鸡块。尽管威尔克森没能达到这一要求，但最终他还是得到了自己想要的炸鸡块。他在接受《纽约时报》采访时表示，不管怎样，他可能会把自己的经历作为其市场营销职业生涯的起点。他说："如果能在我的大学申请书上写明我是有史以来推特转发次数最多的人，那就太酷了！"[26]

宣传模式

有时,媒体并不是为了传达信息,而是想要吸引人们对特定个人、群体或概念的关注。根据宣传模式,媒体报道了某个话题,不管它是怎么报道的,都将使这个话题变得重要。例如,在2004年的超级碗比赛中场秀环节,当贾斯汀·汀布莱克(Justin Timberlake)一把撕下珍妮·杰克逊(Janet Jackson)的半边胸衣,导致其右胸短暂暴露在外时(9/16秒),人们纷纷指责哥伦比亚广播公司(CBS)正在降低美国年轻人的道德标准。杰克逊这一噱头的主要影响是,联邦通信委员会(Federal Communications Commission)对演出规范实行了越来越严格的规定。结果,至少有20家辛克莱旗下的美国广播公司分支机构(ABC affiliates)拒绝在接下来的11月播出"二战"电影《拯救大兵瑞恩》(Saving Private Ryan),因为他们担心会因为电影中的脏话而被罚款。其实在杰克逊向超级碗观众炫耀之前,人们对改变电视标准的担忧早已存在多年,但杰克逊事件使其成为焦点。[27]然而,到了2018年,汀布莱克在这件事中所扮演的角色似乎被遗忘了,因为这位歌手仍然受邀在超级碗中场秀上表演。而另一方面,杰克逊小姐却没有被邀请回去。

接收模式

接收模式使我们走出了社会科学分析的领域,进入批判理论的世界(我们将在第二章中详细讨论这一点)。接收模式并非关注信息如何影响受众或者说如何被传送者或接收者使用,它关注的是受众如何从媒介内容中获得和建构意义。接收模式认为,每个接收者都根据自己独特的经历、感受和信仰来解读信息,而不是将内容视为具有某种预定的、固定的含义。你可以拿一篇新闻报道给自由派和保守派的受众看,这两类受众都会认为这则新闻内容与他们的观点相悖。事实上,1982年

到19世纪80年代,纽约市的上空纵横交错地布满了电线,它们迅速地将信息传递到城市的各个角落、全国乃至世界各地。

的一项研究表明,记者越试图呈现一个问题的多个方面,问题的任何一方的党派就越认为这个报道有偏见。[28]

媒介世界的演变

我们的媒介世界是从哪里来的?它仅仅是20世纪末印刷品和电子信息不断流动涌现的产物吗?事实并非如此。我们周围相互连接和重叠的通信网络世界已经发展了数百年。在大众媒体出现之前,人们主要是面对面地交流。大多数时候,他们只和与他们自己有类似经历的人互动,很少与外界接触。但是,人们逐渐构建起网络,一开始是通过人际沟通渠道,随后依次是印刷媒体、电子媒体以及近些年运用最多的交互媒体。本节将探讨几个世纪以来各种各样的通信网络是如何发展形成我们现在所生活的这个媒介世界的。

在印刷术出现之前,西方世界的第一个主要传播网络早于大众媒体,是由罗马天主教会(Roman Catholic Church)在12—14世纪发展起来的。在那个时期,信息从意大利的梵蒂冈通过红衣主教(the cardinals)和主教(bishops),传递到欧洲各地大教堂和村庄的牧师,最后通过讲坛上的布道传递给会众。[29]

在教会之外,第一次主要的通信扩张借助于印刷机(特别是随着15世纪50年代实用活字印刷的发展以及随后的印刷材料的大规模生产)实现。大规模印刷使重大的社会变革成为可能,比如新教改革(Protestant Reformation),从其起源国传播到欧洲和世界其他地方。

虽然印刷机带来了信息的大规模生产,但印刷速度仍然相对缓慢,出版物仍然昂贵。1814年,人们给印刷机增加了蒸汽动力,这极大地提高了印刷材料的复制速度。电子通信的出现使媒介世界变得更加复杂。这种通信方式始于1844年,开通了从马里兰州的巴尔的摩(Baltimore, Maryland)到华盛顿特区(Washington, DC)的第一条电报线路。1866年,电报电缆跨越大西洋,克服了长期阻碍跨大西洋通信的看似不可逾越的障碍。位于大洋两岸的两个人可以通过电报进行对话,而不是通过为期两周的海上航行发送信息,然后以同样的方式等待回复。

19世纪80年代,埃米尔·贝利纳(Emile Berliner)发明了留声机(gramophone, or phonograph),它可以播放大量生产的碟片,其中包含大约3分钟的音乐。正如书籍使思想的储存和传播成为可能,留声机也使音乐表演得以再现。

19世纪末无线电的发明使电子通信摆脱了电报线的限制。信息可以随时传送到家,并且对于接收者来说,几乎没有任何成本,所需要的只是一台收音机,以便接收各种各样的文化内容、新闻和其他节目。

19世纪90年代末、20世纪初,电影首次在镍币影院(nickelodeon)上映,由全球发行电影的娱乐业制作。在美国俄亥俄州伦敦(London, Ohio)和英国伦敦约会的年轻情侣们可以观看同一部电影,模仿同样的着装风格,甚至练习他们在电影中看到的同样的亲吻动作。正是由于广播和电影的出现,媒介世界变成了一种由主要媒体公司为盈利而生产的共享娱乐文化。

1939年,纽约附近酒馆的顾客不再满足于在马球场播放洋基队(Yankees)比赛的广播。取而代之的是,吧台后面底座上的一台小型黑白电视机显示了这场比赛模糊而闪烁的图像。在第二次世界大战造成的一系列延迟之后,电视的普及程度超过了广播。人们待在家里观看电视所传递的图像,这也使得它成为争议的焦点。

经历了几十年的电视生活,人们已经习惯了这样一种想法:新闻、信息和娱乐可以神奇地被传送到他们的家中,尽管他们除了更换频道之外,几乎无法控制这种媒介传播的内容。然后,一种新的媒介出现了,它使信息发送者和接收者可以随时互换身份。互联网在20世纪90年代成为一种成熟的大众传播网络(尽管许多人并不知道早在1969年,互联网的第一个节点就已经连接在一起了)。新的计算机网络并非简单地让个人和组织更容易向大众发送信息,而是为双向通信而设计的。受众本身也成为信息提供者。

 **测试你的媒介素养:电视可以严肃地对待任何事物吗?**

早在1985年,纽约大学传播学教授尼尔·波兹曼(Neil Postman, 1931—2003)就出版了他的著作《娱乐至死》(*Amusing Ourselves to Death*)。在这本书中,波兹曼认为,电视的主要影响在于它改变了人们看待世界的方式;也就是说,有了电视,人们开始把一切都视为娱乐。年轻人以喜剧的形式获取新闻,看《斯蒂芬·科尔伯特深夜秀》(*The Late Show With Stephen Colbert*)就像看哥伦比亚广播公司(CBS)的新闻杂志《60分钟》(*60 Minutes*)一样。他们在播放职业足球比赛的同一频道了解政治。[30]

在《公民艺术评论》(*Civic Arts Review*)对罗伯特·尼尔森(Robert Nelson)的采访中,波兹曼描述了《娱乐至死》这本书的主要观点:

电视总是在某种程度上通过选择世界的某些部分并对其进行编辑,以此来再现世界景观。因此,电视新闻节目是由新闻导演和摄制组进行的一种象征性创作和建构……

美国人看电视不仅是为了娱乐,也是为了了解新闻、天气、政治、宗教、历史信息,所有这些都可以说是他们疯狂的娱乐。我想说的是，电视抢占了我们文化中最严肃的部分。一方面，电视为我们提供了有趣的题材；另一方面，电视上所有的主题都是娱乐性的，这完全是另一回事。从这个意义上可以说，电视会破坏任何对公共事务的明智理解……

更奇怪的是，广告可能出现在新闻报道的任何地方——在新闻报道之前、之后或中间，这样所有的事件都变得微不足道，也就是说，所有的事件都被视为公众娱乐的来源。墨西哥地震或贝鲁特劫机，如果以美国联合航空公司愉快的广告开头，以CK牛仔裤的广告结尾，又能有多严重呢？的确，电视新闻播音员给我们的语法添加了一个全新的词类，我们可以称之为"现在这个"（now this）。"现在这个"是一个连词，它没有把两个事物连接起来，相反，它切断了它们之间的联系。当新闻播音员说"现在这个"的时候，他们的意思是说，你刚刚听到或看到的与你将要听到或看到的内容无关。再残忍的谋杀、再代价高昂的政治失误、再具有毁灭性的轰炸，都能被新闻播音员一声"现在这个"从我们的脑海中抹去。新闻广播员的意思是，你已经在这个问题上想了很长时间，比如45秒，你不能近乎病态地全神贯注在这件事，比如90秒，现在你必须把注意力转移到广告上。在我看来，这种情况并不鲜见，说明美国人是西方世界中最无知的。[31]

谁是源头？

尼尔·波兹曼（Neil Postman，1931—2003），美国著名教育家、媒体理论家和文化评论家，在纽约大学创立了媒介生态学项目，并担任纽约大学文化与传播系主任。波兹曼写了18本书，并在《纽约时报》（the New York Times）、《大西洋月刊》（Atlantic Monthly）、《哈泼斯》（Harper's）和《华盛顿邮报》（the Washington Post）上发表了200多篇文章。他还主编了一本名为《ETC：一般语义学评论》（ETC: A Review of General Semantics）的杂志，同时他也是《国家》（the Nation）的编辑委员会成员。

他在说什么？

波兹曼认为，电视的主要影响在于它改变了人们看待世界的方式；有了电视，人们开始把一切都视为娱乐。相比之下，想想你自己的观看习惯。你会用观看《生活大爆炸》（Big Bang Theory）的方式来观看新闻吗？或在播放《老大哥》（Big Brother）的同一个频道了解政治时事吗？或者看到叙利亚战争的新闻，然后是达美乐比萨的广告？

他的书提供了什么样的证据？

波兹曼提供了什么样的数据来支持他的论点？他需要什么样的证据来支持这些说法？我们有证据反驳他的说法吗？你认为波兹曼的背景如何影响了他对电视的看法？

你或你的同学会怎样回应波兹曼的观点？

《娱乐至死》这本书的书名对你来说有什么意义？你认为电视是使重要问题变得无足轻重还是让它们变得更容易接受？你是否注意到波兹曼所描述的类似效果？你注意到新闻主播在从新闻到商业广告的转换过程中有什么不同吗？插播前/插播后的新闻与其他节目有什么不同？

这些都说得通吗？

你认为波兹曼的论点在今天仍然是正确的吗？2017年10月，CBS新闻频道急于公布摇滚传奇/艺人汤姆·佩蒂（Tom Petty）去世的消息，以至于其主播在下午早些时候就开始报道，比艺人实际去世早了近半天时间。随后，这一消息迅速传播到其他不想错过这一突发事件的主要新闻媒体，包括《娱乐周刊》（Entertainment Weekly）、《赫芬顿邮报》（the Huffington Post）和《滚石》（Rolling Stone）杂志。这也让诸如约翰·梅尔（John Mayer）、仙妮亚·唐恩（Shania Twain）、乔恩·邦·乔维（Jon Bon Jovi）等音乐明星纷纷表达了他们的哀悼。但是，在引起人们关注的一个小时内，据说是消息来源的洛杉矶警察局表示，他们并不能证实这个报道。最终，在10月2日晚上11点半，洛杉矶警方证实佩蒂已经去世。[32]

你认为这种对名人去世的狂热追逐能支撑波兹曼的观点吗？你表示赞同或否定的理由各是什么？你认为佩蒂之死有足够的新闻价值让媒体报道吗？还是说CBS与其他新闻频道只是想娱乐观众？

在线和移动媒体：互动传播

网络媒体的互动性是一种趋势的顶点，这种趋势使受众对他们的传播世界有了新的控制权。有线电视和卫星电视的发展，以及录像机（VCR）的出现，赋予观众更多的选择权和控制权，遥控器使他们不用离开座位就可以在几十个频道中进行选择。

2000年，皮尤研究中心（Pew Research Center）首次调查美国人对互联网的使用情况，当时上网的人数略多于50%。在随后的二十年中，这一数字稳步增长；2018年，大约有90%的美国成年人上网。[33]互动性的意义是很重要的，虽然商业媒体正在被越来越少的大公司所控制，但一个重要的大众传播渠道正以前所未有的方式向普通人开放。只要在移动设备或电脑上投入少量资金，个人就可以通过社交媒体和万维网，关注新闻和娱乐。

以艺术家达尼埃尔·科尔塞托（Danielle Corsetto）为例，她是流行网络漫画《带弹弓的女孩》（*Girls With Slingshots*，简称GWS）的作者。科尔塞托还在念高中时就开始用"榛子"（Hazelnuts）这个名字创作漫画；2004年10月，她的漫画粉丝问她什么时候可以出版她的漫画，于是她把作品放到了网上。科尔塞托在接受《弗雷德里克新闻邮报》（*the Frederick News-Post*）采访时说，《带弹弓的女孩》是一部关于生活的漫画，讲述了"暴脾气女孩"黑兹尔（Hazel）和她最好的朋友杰米（Jamie）之间的故事，而杰米是一个"性格活泼、生活自由自在的女孩"。[34]这部漫画最吸引人之处就是角色的多样性。梅洛迪（Melody）是听障者；素琳（Soo Lin）是视障者；达伦（Darren）是同性恋；艾琳（Erin）是性冷淡；麦克佩德罗（McPedro）是一个在黑泽尔（Hazel）喝酒时会说话的仙人掌。为*Bitch Media*撰稿的安娜·皮尔斯（Anna Pearce）说，她最喜欢这部漫画的一点是，它以残疾人的角度来看待残疾。"我喜欢这部连环画里的笑话是因为它们无处不在，有

飓风"玛丽亚"过后，波多黎各所有的电线杆都被刮倒了。Facebook发送"连接团队"承诺将帮助恢复岛上的通信，一些科技企业（包括特斯拉、谷歌、思科、微软）和一系列初创公司带来灾难应对建议，旨在让大多数手机和互联网服务启动并运行。

些是关于人们对失明的无知,有些是残疾人讲的与残疾有关的幽默。"[35]

尽管科尔塞托出版的漫画是网络漫画,但她还是习惯于手工作画。对此她解释道,"这样更加现实,也更少刻板印象。所有角色都有不寻常的关系,既有浪漫的,也有柏拉图式的……这不是你在情景喜剧中会看到的,但它写得像情景喜剧。我想让这些禁忌正常化。"

自2007年起,科尔塞托就以绘画和画漫画为生。除了《带弹弓的女孩》这部作品外,她还从事各种副业,包括撰写三卷本的《冒险时代》(*Adventure Time*)系列漫画小说。尽管《带弹弓的女孩》一开始规模很小,但科尔塞托的网站在巅峰时期每天吸引了大约10万名读者。2015年3月,科尔塞托为《带弹弓的女孩》画上了句号,其女主角黑泽尔终于与久违的父亲和解。考虑到这部漫画的主题、酒精和特殊语言的使用,科尔塞托不可能在传统报纸或杂志上发表她的作品。[36]

达尼埃尔·科尔塞托与其猫咪的自画像。

漫画完成后,科尔塞托开始了她所谓的"休假"模式,她致力于提高自身的艺术技能,教授艺术课程,编辑两卷本的精装版《带弹弓的女孩》,为高中生和大学生撰写性教育漫画读本,同时写了一本漫画小说并开始在她的Patreon页面上发布。科尔塞托表示,她目前的大部分收入都来自众筹平台Patreon的捐款。[37]

虽然科尔塞托靠她的艺术作品"谋生",但她最近在给Patreon支持者的一篇帖子中写道,对于不同的人来说,这可能意味着不同的东西:

> 我比普通教师挣得多,但比大多数会计师挣得少。我的收入每年都不稳定。我生活舒适,我感到富有……但我敢保证,如果我把我的记账方式展示给一位在20世纪90年代在报业集团大获成功的老派漫画家,他会认为我说自己"感觉很富有"是疯了。[38]

一些评论家会争辩说,有线电视台、网站和杂志的发展仅仅是构建了一种选择的幻象,因为它们大多数仍由同样的五六家公司控制。[39] 即便如此,这仍是一个新的媒介世界,在这里,受众正在选择他们将消费什么媒介内容以及何时消费。这是一个即使是媒介巨头也不得不适应的世界。

关于媒体"他们"不想让你知道的七个秘密2.0

媒介素养是一个棘手的话题,因为很少有人承认他们真的不了解媒体是如何运作的,以及信息、受众、渠道和发送者是如何互动的。毕竟,既然我们花了这么多时间与媒体打交道,我们就必须了解他们,对吧?例如,在大众传播导论课上,大多数学生会声称,媒体和媒体信息对他人的影响远远大于对自己的影响。媒介素养的问题也可能成为一个政治问题,其答案取决于你是自由派还是保守派、富人还是穷人、年轻人还是老年人。但在公众对媒介素养的讨论中,最大的问题是某些常规问题被反复讨论,而许多重大问题却没有被提出。

- 秘密1——媒介是我们日常生活的重要组成部分。
- 秘密2——没有所谓的"主流媒体"。
- 秘密3——一切事物都会从边缘向中心移动。
- 秘密4——没有什么是新鲜的:过去的一切都会再度发生。
- 秘密5——所有媒体都具有社交性。
- 秘密6——在线媒体也是移动媒体。
- 秘密7——这里没有"他们"。

在这本书之前的几个版本中,我首次提出了媒体"他们"(They)不想让你知道的七个秘密。这些都是我们通常不会在媒体上听到的事情,是秘密。也许是因为没有人能通过说这些话来吸引受众;也可能是因为这些想法很复杂,而我们不喜欢媒体带来的复杂性;或者可能是因为"他们"(不管"他们"是谁)不想让我们认识"他们"。

但是自从2006年首次披露这些秘密以来,媒介世界已经发生了巨大的变化,遥想2006年:

- Netflix尚未提供流媒体服务——仅仅是数字化视频光盘(DVD)邮件分发服务模式(DVD-by-mail)。
- 这里没有iPhone——带有小键盘的黑莓手机是智能手机技术的巅峰之作。
- 这里没有平板电脑。
- 蜂窝网络电话服务一般是以分钟计费的,且大多数移动套餐都对基本套餐中所包含的短信数量有所限制。
- 谷歌正在收购一家名为YouTube的手机视频共享服务商——由三名前PayPal员工创建。
- Facebook创建仅有2年,并且仅限于大学生使用。

- Instagram还没有上线——直到2010年才上线。到2018年的时候,它已经拥有8亿活跃用户。[40]

今天,我的学生们告诉我,他们大多使用Netflix流媒体来观看视频,几乎所有人都有一台智能手机和几个社交媒体账户,而且他们大多通过移动设备进行上网。

所以,很明显,是时候更新这"七个秘密"了,以更好地与目前的媒介世界相匹配——我们发布了媒体"他们"不想让你知道的七个秘密2.0。这些媒介素养的关键问题并没有得到应有的关注和讨论,这也为本书其余章节的写作奠定了基础("他们"到底是谁?让我们一起等待第七个秘密)。

秘密1:媒介是我们日常生活的重要组成部分

评论家们经常谈论媒体对我们的影响,就好像媒体是与我们的日常生活截然不同的东西。但与学生们的交谈让我确信,事实并非如此。每个学期我都会对学生进行调查,询问他们当天使用了哪些媒体,调查从午夜开始。我浏览了一下清单:查看Twitter、Snapchat或Instagram;听收音机;用移动设备查看天气;在Netflix上连续追剧;阅读玛格丽特·阿特伍德(Margaret Atwood)的最新小说;在iPhone上听Spotify。事实就是如此。事实上,关于媒体的使用可能是我的学生们所分享的最为普遍的经历。调查发现,在上早课的学生当中,从午夜开始,他们消费媒体内容的时间比吃早饭或洗澡的时间还多。媒体是我们生活中的一支重要力量吗?绝对是!但媒体对我们的影响不只是外在的,它们是我们日常生活的一部分。

想想我们是如何给那些原本没有意义的对象赋予意义的,比如把一条简单的黄色丝带扎成一个风格独特的蝴蝶结。你曾经见过成千上万这样的标语,而且你很可能知道它们代表什么——"支持我们的军队"(Support Our Troops)。但这并不一直是这个符号的含义。

黄丝带(yellow ribbon)在美国流行文化中有着悠久的历史。它在"二战"时期相当激进的进行曲《她戴着黄丝带》(*She Wore a Yellow Ribbon*)中发挥了作用。丝带象征着一个年轻女子对一名"遥

系成蝴蝶结的黄丝带的含义在过去的几十年中发生了多次改变。

iStockphoto.com/HildeAnna

远"士兵的爱,歌词中提到,她的父亲随身携带一支猎枪,让那个士兵离得"很远很远"。在约翰·福特(John Ford)的电影《她戴着黄丝带》(*She Wore a Yellow Ribbon*)中,黄丝带也是爱和忠诚的象征。20世纪70年代,这条丝带成为纪念被劫持为人质的伊朗大使馆美国工作人员的象征。其含义来自托尼·奥兰多(Tony Orlando)和道恩(Dawn)组合演唱的歌曲《在老橡树上系上黄丝带》(*Tie a Yellow Ribbon*)。这首歌讲述了一名囚犯希望他的女朋友不要忘记他。她可以通过展示黄丝带来证明她的爱。被释放的囚犯从监狱回到家,发现树上系着的不是一条而是上百条黄丝带。在一名人质的妻子开始在自家院子里挂黄丝带之后,绑在树上的黄丝带在报纸文章和电视新闻报道中变得司空见惯。

后来,在1990—1991年的海湾战争(Persian Gulf War)期间,美国人急于表达他们对海外作战部队的支持——即使他们不一定支持战争本身,风格化的丝带开始成为支持的象征。在"支持我们的部队"的黄丝带之后,是防治艾滋病(AIDS)的红丝带、防治乳腺癌的粉红丝带,以及其他各种颜色的丝带。那么,我们如何知道这些丝带的含义呢?我们通过媒体听到或看到关于丝带的讨论。丝带的意义是由其创造者所赋予的,而丝带的成功则取决于它的意义能否通过媒体分享。那么,是媒体创造了意义吗?并没有。但是,如果没有媒体,这些意义能在全国范围内进行分享吗?绝对不会。媒体可能不能定义我们的生活,但它们确实有助于把共同的意义从一个国家的一处传递到另一处。[41]

秘密2:没有所谓的"主流媒体"

我们经常听到对所谓的"主流媒体"(mainstream media, MSM)的讨伐。然而,这些主流媒体到底是谁呢?对于一些人而言,主流媒体是新闻业的重量级媒体,尤其是电视网和主要报纸,如《纽约时报》(*New York Times*)。而对于另外一些人来说,主流媒体是经营着许多媒体机构的大型集团公司。纽约大学新闻学教授兼博主杰伊·罗森(Jay Rosen)认为,MSM这个词经常被用来指我们不喜欢的媒体——"他们"。[42]主流媒体的构成并不总是很清楚,但总的来说,我们可以认为"他们"是老牌的传统媒体——大型商业报纸、杂志和电视。

但是,这些老牌的传统媒体是否比我们的另类媒体更主流呢?看看脱口秀。下午脱口秀节目主要由保守派政治脱口秀主持人主持,如拉什·林堡(Rush Limbaugh)和肖恩·汉尼提(Sean Hannity)。林堡喜欢抱怨主流媒体无法"理解"。但主流媒体到底有多主流呢?2019年,福克斯新闻(Fox News)在黄金时段的平均收视人数为249

万，位居有线电视基础网络的榜首；微软全国广播公司（MSNBC）在黄金时段的平均收视人数为173万，在有线电视基础网络中排名第二；美国有线电视新闻网络（CNN）的平均收视人数为97.1万，在有线电视基础网络中排行第七。[43]

伴随着有线电视新闻的讨论，人们很容易忘记一点，那就是传统广播网络也有大量观众：截至2019年的最后三个月，美国广播公司（ABC）有860万观众，美国全国广播公司（NBC）有780万观众，哥伦比亚广播公司（CBS）有550万观众（福克斯广播网没有夜间新闻广播）。[44]另一方面，《肖恩·汉尼蒂秀》（*The Sean Hannity Show*）平均每周有1400万广播听众，紧随其后的是《拉什·林堡秀》（*The Rush Limbaugh Show*，注意：电视观众和广播听众有不同的测量方式）。[45]所以，哪个更加主流呢？是一个每天听众众多的午后广播，还是一个观众人数较少的电视新闻？

还有电子游戏主播丹尼尔·米德尔顿（Daniel Middleton），又名DanTDM，他在YouTube上直播《我的世界》（*Minecraft*）和其他视频游戏，拥有超过2200万粉丝和超过160亿次浏览量。还有什么能比拥有2200万粉丝和160亿浏览量更主流的呢？[46]同样，这些数字不能直接与电视收视率相提并论——它们要大得多。YouTube声称其每月用户总数超过20亿。大多数视频并没有获得特别大的浏览量，但总浏览量是巨大的。[47]

因此，将一个媒体形容为主流而将另一个媒体视为非主流在很大程度上是没有什么意义的。它们都是我们世界上的重要存在。我们能够区分新旧媒体吗？也许吧。我们能说我们的传统消息来源比其他新闻和娱乐来源更重要吗？绝对不能。

秘密3：一切事物都会从边缘向中心移动

大众媒体，包括新闻和娱乐，经常被指责试图设置暴力、放纵、同性恋、吸毒、前卫时尚和非主流价值观的极端主义议程。

媒体行业的人，无论是娱乐界人士还是记者，都认为他们只是在"保持真实"，通过展示一些人想假装不存在的社会的某些方面来描绘这个世界的现状。有观点认为，他们没有议程；他们只是想描绘现实。目前，媒体报道的很多令人不安的事情都是真实存在的。另一方面，当电影导演和音乐家使用冒犯性的语言或描绘程式化的暴力与性感时，他们认为自己并不是在寻求震撼力，那就未免有点虚伪了。回想一下最近的几部恐怖电影：我们都知道青少年在初尝禁果后被变态杀手砍得体无完肤这个固定桥段，对吧？显然，电影制作人正试图通过提供非主流内容来吸引观众。

"保持真实"和"极端主义议程"之间争论的焦点在于其忽略了正在发生的事情。毫无疑问,观众追求的是主流媒体之外的内容。同样,非主流内容呈现得越多,似乎就变得越普通。这就是"秘密3"的含义——大众媒体对日常生活的一个最大的影响就是把文化从社会的边缘地带引入主流区域,或中心地带。这个过程可以将人、思想甚至个人的话语从小社区转移到大众社会。

我们可以从几个方面看到这一点。以1975年的邪典电影《洛基恐怖秀》(*The Rocky Horror Picture Show*)为例,该片讲述了一个男同性恋异装癖者弗兰克-N-福特博士(Dr. Frank-N-Furter)正在为自己打造一个肌肉强健的男友洛基(Rocky),此时,一对刚订婚的异性恋情侣出现在他的城堡门口,因暴风雨寻求庇护。虽然这部电影作为一部午夜电影在反主流文化群体中获得了成功,但它花了数年时间才转变了人们对它的看法——从一部失败影片转变为一部经典之作。

拉弗恩·考克斯(Laverne Cox)在福克斯翻拍的《洛基恐怖秀》中饰演疯狂科学家/外星人/异装癖弗兰克-N-福特博士,取代了蒂姆·库里。这部电影无疑是有史以来最受欢迎的一部邪典电影。

蒂姆·库里(Tim Curry)饰演弗兰克-N-福特博士。

但近年来,《洛基恐怖秀》已经从一部单纯的午夜电影转变为流行文化的核心元素。福克斯广播节目《欢乐合唱团》(*Glee*)曾在2010年的万圣节期间制作过一集《洛基恐怖秀》,同时该剧所属合唱团的孩子们也制作了一部同名高中音乐剧。但是在《欢乐合唱团》的版本中，由女演员安伯·莱利（Amber Riley）扮演弗兰克-N-福特博士，而男演员寇德·欧沃斯崔（Chord Overstreet）仍然扮演洛基。因此，中心情节从同性恋转向了异性恋。在《欢乐合唱团》的版本中，福特博士唱的是"Sensational, Transylvania"（《特兰西巴尼亚的轰动》），而不是"Transsexual, Transylvania"（《特兰西巴尼亚的变性人》）。有了这些变化，《洛基恐怖合唱团秀》（The Rocky Horror Glee Show）成为秘密3的完美例子。《洛基恐怖秀》最初是20世纪70年代的一部营地音乐剧，在反主流文化界获得了巨大的成功。但《欢乐合唱团》将它从一个跨性别同性恋文化的庆祝活动净化为一个异性恋者玩同性恋主题的大众市场故事。2016年，福克斯广播公司翻拍了《洛基恐怖秀》的完整版，于10月播出，由变性女演员拉文·考克斯饰演弗兰克-N-福特博士。《好莱坞报道》（Hollywood Reporter）评论员丹尼尔·芬伯格（Daniel Finberg）在2016年指出，该剧不再令人震撼，因为"音乐史上一个最非正统的角色已经变得异常传统"。[48]

另一种方法是观察媒体如何加速将激进主义语言纳入主流。以医学术语"完整扩张与吸取术"（intact dilation and extraction）为例，它描述了一种有争议性的孕晚期堕胎方式。一项对于LexisNexis新闻数据库的搜索显示，在六个月的时间里，报纸只使用了5次该医学术语。另一方面，反对堕胎者所使用的"半生产堕胎"（partial-birth abortion）一词在同一时期被超过125条新闻使用。反对者甚至在国会通过的一项法案的标题中使用了这个词，并通过反复公布法案的名称来使其成为主流。

这一过程不是新闻媒体自由派或保守派偏见的产物，它只是媒体反复使用这个词的结果。

秘密4：没有什么是新鲜的：过去的一切都会再度发生

秘密4与人们常说的"那些忽视过去的人注定会重蹈覆辙"有些不同。相反，它的意思是，随着技术的变化和新人的加入，媒体会反复面临同样的问题。

今天的唱片公司和文件共享商之间的竞争，其根源在于20世纪初音乐出版商和钢琴卷（player piano rolls）经销商之间的一场斗争。钢琴演奏是最早的再现音乐表演的技术手段之一，钢琴卷经销商会购买一份乐谱的拷贝，然后聘请一位熟练的钢琴师，把他或她的演奏记录在打孔纸卷上。然后，这卷录音带（和演奏）可以复制并出售给任何拥有钢琴的人，而无须向音乐的原始出版商支付更多费用。[49]

然后,在1984年,索尼(Sony)在与环球影业(Universal Studio)的一场诉讼中成功地为自己辩护,声称它有权向公众出售录像机(VCRs),因为这是合法的,是其对技术的合法使用。环球影业曾对销售商提出抗议,认为这些录像机可以用来复制其电影。没过多久,电影公司就放弃了禁止录像机的尝试,开始以合理的价格直接向消费者出售电影录像带。突然之间,电影公司有了一个新的主要收入来源。[50]

这也可以从多年来对新媒体技术的反复担忧中窥见一斑。20世纪30年代,人们担心看电影尤其是黑帮电影会导致早熟的性行为、青少年犯罪、标准和理想的降低以及不良的身心健康。20世纪40年代,大家开始关注人们对广播节目特别是肥皂剧的反应。[51]20世纪50年代,漫画书遭到了抨击。弗雷德里克·沃瑟姆博士(Dr. Fredric Wertham)的一本名为《诱惑天真无邪的心灵》(*Seduction of the Innocent*)的书让"漫画书是危险的"这一观念深入人心。沃瑟姆还在美国国会作证称,暴力和露骨的漫画书是引发青少年犯罪和性行为的原因之一。作为对这种批评的回应,漫画行业成立了漫画代码管理局(the Comics Code Authority),并停止出版流行的犯罪和恐怖漫画,如《地穴故事》(*Tales From the Crypt*)和《怪异科学》(*Weird Science*)。

20世纪80和90年代,攻击性说唱和摇滚歌词引发了争议。[52]这些争议反映了人们对歌曲中脏话和隐藏信息的普遍担忧。2009年,流行歌手布兰妮·斯皮尔斯(Britney Spears)在她的歌曲《如果你找到Amy》(*If U Seek Amy*)中毫不掩饰地提到了"F"开头的这个词。如果你大声说出这个名字,听起来就像你在拼出F, U……好吧,你知道。评论家们对这位流行歌星降低公众品位的例子感到震惊和沮丧。当然,这首歌并不是布兰妮自己创作的。许多摇滚和蓝调风格的歌手都使用过类似的歌词,比如《石板》(*Slate*)的作者杰

在20世纪50年代关于恐怖漫画的国会听证会上,图片显示了成年人是如何一直关注新媒体对儿童可能产生的影响。

西·谢德洛尔(Jesse Sheidlower)就注意到,詹姆斯·乔伊斯(James Joyce)在《尤利西斯》(*Ulysses*)中也使用了同样的基本歌词,当他让一群女人唱:

如果你看到凯（If you see kay）
告诉他可以（Tell him he may）
喝茶时见（See you in tea）
替我转告他（Tell him from me）

仔细阅读第三行，你就会发现第二个隐藏的淫秽内容。[53]

许多媒介批评家和学者认为，电视和电影扭曲了人们对世界的看法，使其看起来比实际情况更加暴力和危险。最近，移动设备被指责为一系列社会弊病的罪魁祸首——从看手机分心的司机引发的车祸，到色情手机短信和照片引发的滥交。

为什么人们对媒介可能产生的影响会有如此长期的、反复的担忧？媒介社会学家查尔斯·赖特（Charles R. Wright）表示，人们希望解决社会弊端；人们更容易相信贫穷、犯罪和吸毒是由媒体报道造成的，而不愿承认其原因复杂且未被充分理解。[54]

社会学家罗伯特·默顿（Robert Merton）和拉扎斯菲尔德（Lazarsfeld）在1948年的文章中指出了公众对媒介表示担忧的四个主要方面：

- 担心由于媒介无处不在，它们可能会掌控人类。这是传统恐惧的主要部分。
- 担心掌权者会利用媒介来强化现有的社会结构和减少社会批评。当批评人士对谁拥有和运营媒体表示关注时，这正是他们所担心的。
- 担心大众娱乐会为了吸引更多的受众而降低流行文化的品位和标准。对动作片（action movies）、肥皂剧（soap operas）和摔跤（wrestling）等取代健康娱乐（如莎士比亚戏剧）的批评是这种担忧的核心。
- 认为大众娱乐是浪费时间，会使人们从更有用的活动中分心。当你妈妈叫你关掉电视机到外面去时，这正是她所担忧的事情！[55]

秘密5：所有媒体都具有社交性

无论你正在使用什么样的媒介（传统报纸、电视台或诸如Facebook之类的社交媒体），你都是在社交层面与其进行互动——无论这种互动是面对面的交流，还是与朋友在Facebook上交谈，抑或者通过Twitter与整个世界进行对话。

举个例子，笔者去内布拉斯加大学奥马哈分校（the University of Nebraska at Omaha, UNO）听巴拉克·奥巴马（Barack Obama）总统演讲，我和妻子在排队入场时的自拍得到了意料之中朋友们的反应。我还在Twitter上分享了社交媒体大师杰里米·利普舒尔茨博士（Dr. Jeremy Lipschultz）关于总统访问的消息。当我出现在利普舒尔茨的推特页面上时，《奥马哈世界先驱报》(Omaha world-Herald)的气象记者南希·戈德尔（Nancy Gaarder）在推特上发布了我工作时的照片。她就坐在我身后，我们开始了交谈。但这只是当天众多基于社交分享新闻的第一次互动。

当现场的每个人都在等待总统出现时，我在推特上发布了一张被记者们团团包围的照片，并附上了#POTUSatUNO的标签，这是该活动所使用的几个标签之一。不久，我收到了《奥马哈世界先驱报》的多媒体记者玛乔丽·斯特金（Marjorie Sturgeon）的回复，她说她可以在我的照片中看到她自己。与此同时，我正在分享来自《奥马哈世界先驱报》、内布拉斯加大学奥马哈分校的学生记者和其他观察员的消息。媒介回忆研究（Media recall research）告诉我们，能让我们记住新闻的一个最好的预测因素就是我们所谈论的新闻。因此，我们在社交媒体上分享的新闻将成为对我们来说最重要的新闻。

当有重要新闻发生时，我们很可能会首先通过社交媒体得知消息。2017年10月，拉斯维加斯发生了一起大规模枪击案，至少造成58人死亡、500多人受伤，这时，在推特和其他社交媒体上流传着许多相互矛盾的事件报道。但随着所有的报道流传开来，很难说哪些报道是值得相信的。新罕布什尔州（New Hampshire）公共广播电台记者凯西·麦克德莫特（Casey McDermott）指出，美国国家公共电台在其关于枪击案的网络报道的最下方发表了以下声明：

> 这是一个持续发酵的故事。一些被媒体报道的事情在之后会被证实是错误的。我们将重点关注来自警务官员以及其他当局、可信新闻媒体和现场记者的报道。我们将跟随情况的发展来更新报道。[56]

秘密6：在线媒体也是移动媒体

互联网刚刚开始流行的时候，上网意味着一个人需要亲自到一个能将电脑连入以太网电缆的地方去。到了千禧年之交，上网则通常需要一条缓慢而嘈杂的拨号线路。然而，截至2019年，大约75%的成年人可以在家中接入高速宽带互联网，他们很可能使用的是有线调制解调器或基于固定电话的DSL服务。[57] 如今，越来越多的人使用智能手机上网；在世界上的许多地方，移动互联网是唯一的通信网络。

2007年1月，苹果公司发布了其标志性产品iPhone的第一代，移动互联网的

A small thing right now, but I really appreciate this disclaimer at the bottom of @NPR's report from Las Vegas. n.pr/2yiNzZY

This is a developing story. Some things that get reported by the media will later turn out to be wrong. We will focus on reports from police officials and other authorities, credible news outlets and reporters who are at the scene. We will update as the situation develops.

Twitter/@caseymcdermott

新罕布什尔州公共广播电台记者凯西·麦克德莫特指出，美国国家公共电台（NPR）在其关于拉斯维加斯枪击事件的网络报道的最下方发表了以上声明。

世界从此改变了。这并不是说iPhone是第一款接入互联网的手机。当时的黑莓手机（BlackBerry）已经问世8年了，它有一个小小的树胶键盘，但它始终是一款电子邮件和短信传递设备。[58]如果说黑莓手机看起来像一台华丽的寻呼机，那么苹果的iPhone看起来就像史蒂文·斯皮尔伯格的未来主义电影《少数派报告》（*Minority Report*）中的东西，它具有触摸屏界面和全网络接入功能。[59]采用谷歌移动操作系统的安卓（Android）手机于2008年10月在美国推出，它通过触摸屏和滑出式键盘弥补了iPhone和黑莓手机之间的差距。[60]

2013年，《华盛顿邮报》报道，随着越来越多的人使用更多的设备上网，全球移动互联网的使用量预计将以每年66%的速度增长。事实上，世界上在线设备的数量预计将超过地球上的人数（你想知道电脑什么时候会接管一切吗？它们的数量已经超过我们了）。[61]不仅如此，移动设备自2012年起在数量上就已经超过了传统的个人电脑。[62]

随着移动媒体的普及，我们不再用电脑上网；对，就是这样。在美国在线（AOL）和拨号上网的时代，上网需要在特定的时间和空间规划互联网的使用。随着宽带接入的到来，你可以随心所欲地上网，但你仍然被束缚在一个空间里。但自从有了移动互联网，网络世界就成了我们生活的地方。它无处不在。我们已经进入了这样一个世界：在这个世界上，我们不需要刻意上网，但需要刻意下线。

了解移动媒体日益增长的影响力的另一种方法是观察各种媒体渠道的用户规模。通过移动设备公开表达自己观点的用户比那些要求被动消费的媒体用户多得多。比如，Facebook每月有25亿活跃用户，YouTube有20亿，2019年超级碗（电视转播）有9820万观众。想想看，超级碗的观众规模还不到Facebook的4%。[63]

如果你把目光投向美国以外，移动媒体变得更加重要。在来自叙利亚和中东其他地区的难民中，移动媒体是人们唯一能接触到的媒体。在2011年的阿拉伯之春动荡期间，埃及的大部分新闻都是通过手机传播的。[64]

计算机和笔记本电脑仍然是上网的重要工具，但随着移动设备的性能、尺寸和实用性的不断优化，我们现在可以认为在线无处不在/每时每刻都在。

秘密7: 这里没有"他们"

如果你很长一段时间倾听媒介批判的声音,你会留意到一对词语被反复地使用:它们(they)和他们(them)。人们很容易抨击一些匿名的妖怪(anonymous bogeymen)——它们——代表着所有的邪恶。我甚至在这一节的开头提到了"关于媒体'他们'不想让你知道的七个秘密2.0"。

那么,"他们"是谁?不是一个人,而是我们每个人,一个我们想要责备但并不具象的人。每当我在新闻报道中使用"他们"时,我的高中新闻专业老师就会问"他们"是谁。这就是每当你听到对媒介的批评时,你都需要问的问题。很可能是这样。它可能适用于特定的媒体、特定的记者、特定的歌曲或特定的电影。但是,对于一个如此多样化的行业,我们几乎无法一概而论,因为它涵盖了从一家据报道称花费10亿美元生产《复仇者:无限战争》(*Avengers: Infinity War*)和《复仇者:终局之战》(*Avengers: Endgame*)的大型公司,到在Snapchat上发布照片和信息的年轻人。[65]这里无所不包,包括很多媒体,但没有统一的媒体。

▶ 章节回顾

章节小结

传播发生于不同的层面,包括人内传播(与自身)、人际传播(个体之间)、群体传播(两人以上)以及大众传播(在单个传者和大规模受众之间)。大众传播是一种覆盖全社会的过程,在这个过程中,个体或机构运用技术将信息发送给广大不同的受众群体。其中大多数受众并不为信息传播者所知。传播是一种交互性的过程,并且很少仅发生于单一的层面。

大众媒体的迅猛发展让公众与批评家开始质疑各种媒体对社会和个体的影响。有研究学者认为,控制媒体在我们生活中的影响的最好方式是发展更高阶段的媒介素养——理解什么是媒介、媒介如何运作、媒介在传递什么信息、媒介在社会中扮演什么样的角色以及受众群体如何回应这些信息。媒介素养涉及认知、情感、审美和道德四个维度。培养媒介素养需要锻炼个人在一生中的各种技能,包括获得沟通的基础、学习语言、学习对叙述的理解、培养怀疑主义精神、深度开发兴趣、经验探索、批判性欣赏以及社会责任。

大众传播可以从传播过程的角度来考察;围绕其消费的仪式;其信息对个人、群体或概念的关注;或者受众如何从媒体内容中创造意义。

早在12世纪,罗马天主教会就建立了第一个通信网络,方便其在欧洲各地可靠地传送信息。15世纪中叶,印刷术的发展使书籍和其他出版物首次大规模生产成为可能,并带来了很大程度上的文化革新。图书、杂志、报纸以及其他印刷品开始变得唾手可得，尽管在19世纪蒸汽印刷机普及之前，它们的价格仍旧昂贵。

19世纪中期，随着电报的发明，电子媒体出现了，随之而来的是录音、广播、电影和电视。这些媒介促进了流行文化的商业化生产，并能以相对低廉的价格将产品轻松便捷地传送至人们的家中。第一个交互型数字通信网络是互联网，它诞生于20世纪60年代末，但直到20世纪90年代才向公众开放。网络媒体在大众传播过程中增加了一个反馈渠道，引发了更高层次的受众反馈。网络媒体还允许个人在不耗费传统大众媒体资源的情况下传播自己的想法和信息。

以下七个原则可以指导你理解媒体的运行模式：（1）媒介是我们日常生活的重要组成部分；（2）没有所谓的"主流媒体"；（3）源于边缘的每件事情都会向中心移动；（4）没有什么是新鲜的：过去的一切都会再度发生；（5）所有媒体都具有社交性；（6）在线媒体也是移动媒体；（7）这里没有"他们"。

关键术语

传统媒体（legacy media）
传播（communication）
人内传播/内向传播（intrapersonal communication）
人际传播（interpersonal communication）
群体传播（group communication）
大众传播（mass communication）
媒介素养（media literacy）
大众媒体（mass media）
发送者—信息—渠道—接收者模式（SMCR）或传输模式（transmission model）
传送者（sender）
信息（message）
编码（encoding）
渠道或通道（channel）
接收者（receiver）
解码（decoding）
噪声（noise）
仪式模式（ritual model）
宣传模式（publicity model）
接收模式（reception model）

问题反馈

1.新冠肺炎疫情的蔓延是如何影响我们对大众媒体消费的方式和地点的？
2.传播的四个不同层次分别是什么？请解释我们与大众传播的互动涉及了哪些层次的传播。

3.大众传播的大众化要素是什么?你认为像Facebook这样的社交媒体属于大众传播吗?为什么?

4.一些人将互联网的发展比作活字和印刷机的发明。你认为它们具有同等的重要性吗?为什么?

5.请列出"七个秘密"中的两个秘密,并基于新闻报道提供当前相应的案例。

Theo Wargo/Staff/Getty Images

第二章 大众传播效果：
社会和媒介互动的方式

学习目标

在学习本章节之后，你将能够：
1. 讨论我们理解媒介效果的历史和发展；
2. 认知和描述四种大众媒体可能会对人们产生影响的类型；
3. 列举并描述拉斯韦尔的三大媒体社会功能；
4. 解释阿尔弗瑞德·班杜拉（Alfred Bandura）在社会学习中创建的三个步骤；
5. 描述批判/文化方法如何对谁在掌控媒体系统进行较为质化的检验。

2017年，对性骚扰和性虐待之类议题的关注，无论是耸人听闻的还是亟须重视的，都成为我们媒介的主要文化叙事。正如"秘密3"所指出的，这些报道将这个问题从社会的边缘转移到了中心。虽然在时间轴上，有许多重要时间点可以作为媒体关注性骚扰和性虐待的开始，但毫无疑问，当众多女性开始站出来讲述她们在好莱坞制片人哈维·韦恩斯坦（Harvey Weinstein）手中遭受虐待的故事时，这一事件就爆发了。

2017年10月8日，在韦恩斯坦向八名女性支付了财务和解金以使她们撤销诉讼的消息传出之后，韦恩斯坦公司（The Weinstein Company）将他从他帮助创建的电影制作公司解雇了。虽然这可能是大多数人关注这个故事的原因，但它肯定不是开始。据《纽约时报》（the New York Times）报道，有关韦恩斯坦的指控和谣言可以追溯到30年前，并不是说记者们不知道这些故事，只是它们没有被报道。[1]

2017年11月，《纽约时报》开始追踪自韦恩斯坦被解雇以来，因性行为不端指控而被解雇或被迫辞职的男性人数。[2] 截至2018年2月8日，《纽约时报》的统计数字已经达到了71位。该报还列出了第二份清单，其中包括28名面临性行为不端指控但仅被停职或受到类似较轻处罚的男子。这份名单囊括了娱乐圈、工业和政界的台前幕后的权势人物，其中包括前《今日秀》（Today Show）主持人马特·劳尔（Matt Lauer）和CBS首席执行官莱斯·穆恩维斯（Les Moonves）。[3][4]

因此，这给我们留下了一个问题：为何在多年的置若罔闻之后，各类新闻媒体突然开始关注这些指控和提出这些指控的女性呢？

多年来，尽管女性被有权势的男性性骚扰和性虐待的故事逐渐在媒体上深入发酵，但真正的爆炸性新闻是演员阿什莉·贾德（Ashley Judd）揭露20年前在自己身上发生的故事。2017年10月初，贾德告诉《纽约时报》的记者，她曾到一家酒店参加一个早餐会议，却被送到了韦恩斯坦的房间，他穿着浴袍迎接她，并提议要么给她按摩，要么让她"看他洗澡"。[5]

正是在这一点上，我们看到了叙事（narrative）的基本元素。贾德必须想办法在不得罪好莱坞最有权势的制片人之一的情况下走出房间。

《泰晤士报》（the Times）继续报道称，韦恩斯坦"至少与八名女性达成了和解"，付钱让她们放弃诉讼并保持沉默。当所有这些故事开始浮出水面，韦恩斯坦在给《泰晤士报》的一份声明中称：

> 我明白自己过去对待同事的方式确实给她们造成了很大的伤害，我真诚地向她们道歉。虽然我试着努力改正自己的错误，但我知道自己还有很长的一段路要走。[6]

贾德之前曾在2015年接受《综艺》（Variety）杂志采访时谈到她和韦恩斯坦之间发生的事情，但并没有提到他的名字。

贾德告诉《综艺》杂志的记者，她感觉很难过，是因为当时她没有采取任何举措：

我曾经抽打过自己，这是过程的另一部分。我们内化了羞耻，它真的属于侵略者。后来，当我看到发生了什么，我想：天哪，这是错的。这是性骚扰。这是非法的。我苛责自己，因为我没有通过说"好吧，混蛋，我要报警了"来摆脱他。[7]

贾德和其他自称受到韦恩斯坦虐待或骚扰的女性之间的共同点是：她们都没有对外声张，因为她们之间并不认识彼此；她们不住在相同的城市。然而，尽管她们没有公开谈论此事，但她们确实私下进行了交流。

那么，是什么阻止了这些女性的故事浮出水面？

许多妇女对发生在自己身上的这种事情感到尴尬，有时甚至怀疑自己是否该为此负责。

她们仍然想要在原来工作的地方工作，她们想要施虐者带给她们的机会。

她们担心，如果说出真相，自己会被列入某种形式的黑名单（韦恩斯坦的几名受害者都发生过这种事）。

她们担心别人再也不会相信自己。

在撰写本书时，哈维·韦恩斯坦在纽约市被判犯有两项性犯罪重罪，但对他的性侵犯指控却不成立。[8]在洛杉矶，他还面临着强奸和袭击的指控。[9]

在本章，我们将探讨大众媒体是如何与受众互动并影响受众的。我们将通过回顾哈维·韦恩斯坦这一事件以及有关强权人物虐待的爆炸性新闻来寻求相应的解释。问题不在于这些解释中哪一种是正确的，而在于这些理论教会了我们怎样去理解。在本章中，我们将回顾过去一个世纪以来我们对媒介及媒介效果研究的理解是如何演变的，并探讨几种媒介效果研究方法。

媒介效果研究的演化

正如我们在第一章媒介素养部分所讨论的，媒介消费者经常认为，媒介对人们施加了巨大的、明显的、普遍的负面影响，他们把复杂的社会问题归咎于媒介。[10]在本章中，我们将关注媒介效果研究以及这类研究在过去两百年间经历了怎样的演化过程。

19世纪之前，欧洲和北美地区的人大多生活在乡村，他们的邻居可能在民族、种族和宗教背景方面比较相似，邻里之间相互熟识。人们改变生活地位或了解外部世界的机会有限。但随着19世纪工业革命的崛起，大量的农村人口开始涌入城市，来自不同国家的人流向了美国。人们开始在工厂里与截然不同的人一起工作。随着工业化的发展，人们从彼此相识的小而联系紧密的社区进入了大众社会，他们通过大众媒体了解世界，比如新的廉价报纸、杂志和平装本小说。[11]

19世纪末，人们开始相信，教会、社区和家庭之间的传统连接纽带正在逐步瓦解，并失去了影响人们的力量。舒适的本地社区正被某种没有人情味的、复杂的东西所取代，并脱离了以前把人们联系在一起的传统；人们觉得他们的社区正被一种神秘的"他们"（they or them）所取代。关注此事的人们注意到，由于家庭的衰落和技术的发展，人们似乎变成了一个无名大众群体中被疏离、孤立且可互换身份的成员。那么，是什么将这种新型大众社会维系在一起？[12]越来越多的答案是，大众媒体正在取代教会、家庭和社区来塑造公众舆论。[13]这是关于"秘密7"的一个例子——这里没有"他们"（更多内容参见第一章）。

人们担心媒体信息会对受众产生强烈而直接的影响，这源于"一战"期间所有参战人员，以及20世纪30年代纳粹德国和意大利法西斯的宣传努力。批评人士担心，在缺乏家庭和社区影响的情况下，大众媒体信息可能会对人们产生颠覆性的作用。他们认为，随着传统社会力量的衰落，媒体将不可避免地成为社会中最强大的力量。

这种观点认为受众是被动的目标，就像打疫苗一样，他们会被击中或注射信息，然后以类似的方式影响大多数人。但是，寻找导致观点和行为改变的强大而直接的媒介效果研究通常都以失败告终。事实上，在20世纪40和50年代，研究人员有时会怀疑媒体信息是否对个人有任何影响。[14]虽然目前大多数学者专注于研究媒体对社会的间接影响而不是对个人的直接影响，但仍然保留了对后者的关注。

最大的问题是，直接效果法（the direct effects approach）将媒体信息视为一种刺激，认为它会导致可预测的态度或行为反应，在发送者和受众之间没有任何干预。然而，尽管人们拥有共同的生物遗传，但他们有着不同的背景、

旨在支持"一战"的盟军宣传海报不惮于运用对德国人强烈的负面印象。

需求、态度和价值观。简而言之，每个人的社交方式都不同。

有限效果模式

在第二次世界大战之前和"二战"期间，对媒介效果的研究表明，媒体信息对公众并不产生充满戏剧性的、可预测的或一致的影响，研究开始关注其更为有限的、间接的媒介效果。间接效果法（the indirect effects approach）考察信息对个体的影响，但它解释了受众如何根据个人差异有选择性地感知和解释这些信息。因为人们的感知是有选择性的，他们对信息的反应也各不相同。例如，一个正准备买车的人、一个刚买了车的人和一个不开车的人对汽车广告的反应各不相同。

佩恩基金会研究

研究人员很快就找到了一个研究媒介效果的绝佳的例子，一种重要的新文化形式——电影。20世纪20年代，随着电影越来越受欢迎，人们开始关注电影对观众尤其是年轻人的影响。电影行业认为，电影不会形塑社会；它们只是对社会的反映。然而，这一说法忽视了电影作为社会核心部分的事实，即便是镜子也会有影响。电影历史学家杰拉尔德·马斯特（Gerald Mast）认为："电影已经成为……一股非常强大的社会文化力量……它们产生了社会变革——在着装、说话和求偶方式方面。并且，它们也反映了社会变化——在时尚、性观念和政治原则方面。"[15]

研究学者经常引用电影中的例子来证实电影对社会的所谓影响。一部电影如何对社会产生重大影响的例子是2004年上映的科幻灾难片《后天》（*The Day After Tomorrow*）。这部电影的情节围绕着两位气候科学家展开，他们发现地球正在经历加速的气候变化，并试图警告公众全球变暖的潜在破坏性影响。随着电影情节的发展，全球各地出现了几场（在科学上难以置信的）风暴，引发了灾难性的洪水、冰雹和暴风雪，也证实了科学家的警告。在经历了几次冒险和灾难之后，电影以一幅从太空看到的地球被冰盖覆盖的画面结束。

虽然电影夸大了风暴的规模及毁灭程度，但它所传递的信息与我们许多人都极为相关：提高对气候变化的认识对拯救地球至关重要。那些观看了电影的人显然被这一信息所感动并采取了行动。例如，耶鲁大学的研究人员表示，参与者在观看这部电影后，似乎对环境有了更多的思考，并开始考虑自己的行为如何有助于防止一场灾难，就像电影中所描述的那样。研究人员一致认为，这部电影对他们研究的所有参与者都有很大的影响，在看完电影后，这些参与者更好地了解了全球变暖的风险。[16]

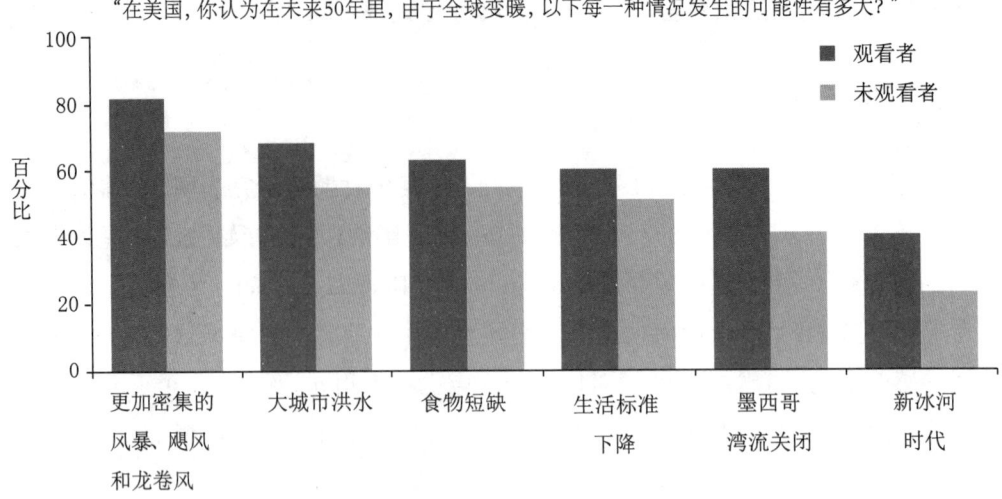

图2.1 在观看者和未观看者中发现每一项内容有多大可能的百分比

资料来源：Anthony A. Leiserowitz (2004) day After Tomorrow: Study of Climate Change risk Perception, Environment: Science and Policy for Sustainable development, 46: 9, 22–39, dOI: 10.1080/00139150409603663
备注：非观看者数量 (n=390)，观看者数量 (n=139)。

佩恩基金会（The Payne Fund）是一家研究媒介对公众影响效果的私人基金会，它赞助了一系列的13项研究，其中几项研究分析了电影的内容，谁将去看电影，以及电影对观众产生了什么样的影响（如果有的话）。研究学者发现，一小部分的基础主题持续地出现在电影当中：犯罪、性、爱情、神秘、战争、儿童、历史、旅行、喜剧以及社会宣传。在这些主题中，超过四分之三的电影涉及犯罪、性或爱情。

佩恩基金会的第二个主要发现是，即使在看过电影六个月后，人们也仍然能够记起他们在电影中所看到的大量内容。为什么回忆率如此之高？也许是因为当时电影很新颖，但另一种解释是，电影给了人们一些可以谈论的东西，从而刺激了回忆。

一些评论家认为，电影可能要为道德沦丧负责，其中一项研究考察了电影中所描绘的道德是否与观众的道德不一致。毫无疑问，电影中角色的道德标准往往低于观众的道德标准。毕竟，观看与我们行为不一样的人是一件非常有趣的事情。

著名社会心理学家赫伯特·布鲁默（Herbert Blumer）进行了一项重大研究，考察了年轻人的日记，这些日记记录了他们认为自己是如何受到电影影响的。他发现参与者会模仿在电影中看到的行为，并在游戏和玩耍中模仿他们最喜欢的明星的动作；他们把电影看作是动作、浪漫和审美标准的源泉。他们通过看电影来学习成年人的行为举止。[17]简而言之，布鲁默研究了社会互动如何影响年轻人对电影的反应，从而证实了"秘密5"——所有媒体都具有社交性。

人民的选择

除了担心电影对年轻人的影响外，评论家们还担心媒体报道的政治竞选活动会向人们"灌输"思想，从而产生其预期的行为，比如支持特定的候选人、意识形态或观点。在20世纪40年代和50年代的选民研究中，这种强有力的直接竞选效果模型在很大程度上受到了质疑，但它仍然很重要，因为许多人仍然认为它是准确的。[18]

作为一项较早开展的有关竞选影响的大规模社会科学研究，"人民的选择"（the People's Choice）聚焦于1940年美国总统选举中民主党人富兰克林·罗斯福（Franklin D.Roosevelt）与共和党人温德尔·威尔基（Wendell Willkie）之间的竞争。保罗·拉扎斯菲尔德（Paul Lazarsfeld）领导的一个研究小组考察了俄亥俄州伊利县的选民是如何决定投票给哪位候选人的。其团队发现，那些对竞选活动高度感兴趣、对媒体报道关注最多的人，最不可能受到竞选活动的影响。为什么？因为他们在竞选开始之前就已经决定了支持的对象。[19]

相比之下，在最后一刻作出决定的选民通常会向朋友或邻居，而不是媒体，寻求有关竞选活动的信息。总的来说，他们求助于那些密切关注竞选活动的人，这些人被拉扎斯菲尔德称为意见领袖（Opinion Leaders）。意见领袖是有影响力的社区成员——朋友、家人和同事——他们花大量时间与媒体打交道。拉扎斯菲尔德指出，信息从媒体流向意见领袖，再从意见领袖流向公众。请记住，意见领袖都是普通人，他们只是对某个话题感兴趣并参与其中。尽管这一发现并不在预料之中，但人际影响比媒体更重要，这一点也不应该令人感到惊讶。这里的想法很简单：群体中的人倾向于相互分享意见，当他们想要可靠的信息时，他们会求助于他们认识的人。这也说明了"秘密5"——所有媒体都具有社交性。即使在所谓的社交媒体（如Facebook和Twitter）出现的几十年前，人们也仍然会被吸引着长时间讨论新闻。

在今天漫长的竞选活动中，人们发现求助于人际关系比求助于丰富的媒体信息更容易。然而，这种发现并不新鲜。许多人认为我们的竞选活动在每个选举周期开始得越来越早，总统候选人威廉·詹宁斯·布赖恩（William Jennings Bryan）甚至在1896年大选后的一个月就开始了1900年的竞选活动！[20] 而早在19世纪30年代，当便士报刚开始发行的时候，总统竞选就可以持续两年之久。

"人民的选择"以及其他的早期选民研究发现，竞选活动通常会强化现有的政治倾向，很少有人会改变自己支持谁的想法。这有几个原因：
- 那些一开始就持有强烈观点的选民不太可能改变他们的观点；
- 最关注竞选活动的选民是那些有最强烈政治观点的人，因此，他们最不可能改变自己的观点；
- 最容易被说服的选民（那些信息最不灵通的人）不太可能关注政治传播，因此不会受到媒体对竞选活动报道的强烈影响。[21]

两级传播

拉扎斯菲尔德和他的同事们早在20世纪40年代描述的两级传播模式，在21世纪的社交媒体影响者时代仍然适用。一项针对中国微博网站"微博"（本质上相当于Twitter）意见领袖的研究发现，没有证据表明意见领袖的信息具有巨大的说服力，但这些信息确实强化了人们的主观态度和意见。[22]韩国的一项研究表明，意见领袖的信息比非意见领袖的信息更容易被分享。[23]

意义的重要性

我们研究大众传播的方法都属于第一章讨论过的传播模型。正如媒介研究学者詹姆斯·凯瑞（James Carey）所说，传输模式"由'传授'（imparting）、'传送'（sending）、'传输'（transmitting）、'向他人发信息'（giving information to others）等术语所定义"。[24]这些解释将大众传播视为一种交通运输的延伸；的确，在电子媒介出现之前，最快的运输形式也是最快的通信方式。

一方面，传输模式关注的是具有固定含义的信息的发送，而不是我们如何与之互动；另一方面，传输模式关注对意义重要性的解释，关注由谁来决定所要发送的信息，关注我们如何与这些信息互动以及我们如何探讨这些信息的含义。当我们审视传播的仪式模式时，我们思考的是我们如何用信息与周围的人互动，我们更关注的是互动，而不是信息本身。例如，接收模式着眼于如何从信息中衍生和创造意义，而不是将信息置于每个人都认为正确的范式中。[25]

我们生活中的媒介效果

整个20世纪，媒介学者致力于研究大众媒介对个体和社会所带来的影响，对媒介的各个方面质疑，包括发送的信息、发送信息的媒介、媒介所有者以及受众群体。[26]一些主要的媒介效果研究如下所示：

• 信息效果（Message Effects）——媒介信息如何改变人们的行为、态度或信仰；

• 态度效果（Attitudinal Effects）——对产品、个体或基于媒体内容的想法的感受变化；

• 行为效果（Behavioral Effects）——媒体内容可以影响购买产品、打电话、为候选人投票；

• 心理效果（Psychological Effects）——媒体内容可以激发恐惧、喜悦、厌恶、幸福或娱乐等情感；

• 介质效果（Medium Effects）——用来传递信息的特殊媒介；

• 所有权效果（Ownership Effects）——那些拥有和控制媒体的人所带来的影响；

• 积极受众效果（Active Audience Effects）——以个体身份积极响应，而非作为群体中毫无差别的普通一员。

信息效果

毫无疑问，对大众传播效果最早的关注集中在信息如何改变人们的行为、态度或信仰上。这些信息效果囊括了多种形式，具体可分为认知、态度、行为和心理等。

最常见和可观察到的信息效果是对信息的短期学习。这可能像学习一种新的医疗方法一样重要，也可能像记住一首流行歌曲的歌词一样微不足道。从媒体内容中获得的学习效果很大程度上取决于媒体消费者的动机。

政治学家多丽丝·格雷伯（Doris Graber）发现，那些希望能够与他人聪明地谈论媒体内容（无论是新闻、体育赛事还是娱乐节目）的人，从媒体中学到的东西要比单纯寻求娱乐的人多得多。这个例子印证了"秘密5"——所有媒体都具有社交性。请记住，你不需要使用Facebook或Twitter来使媒体社会化。研究还表明，人们会从自己认同的人身上学到更多东西，也会更关注自己认同的政治评论员，而不是自己不喜欢的人。[27]因此，最受欢迎的政治广播谈话节目，比如由保守派人士拉什·林堡（Rush Limbaugh）和肖恩·汉尼提（Sean Hannity）主持的节目，争论的都是单一而一致的观点，而不是提供一系列观点。[28]

态度效果

年轻人投票的最大受益者是伯尼·桑德斯（Bernie Sanders），他在艾奥瓦州和内华达州赢得了80%的年轻人投票。这位候选人更是互联网的宠儿，在Facebook、Tumblr、Instagram和Twitter上占据了主导地位。

人们会产生态度效果——基于媒体内容对某种事物、个体或想法的感受。观众可能会因为在电视广告、新闻广播或情景喜剧中看到的东西而决定喜欢某一种产品、政治候选人或发型。通常，让人们形成新观点比改变他们现有的观点要容易得多。[29]例如，政治广告通常试图改变那些尚未表态的选民的观点，而不是那些已经有强烈政治忠诚的选民的观点。在2016年的总统选举周期中，伯尼·桑德斯（Bernie Sanders）的竞选团队通过瞄准那些年轻的、未表态的选民，取得了巨大的成功，这些选民重视直接寻求他们的支持。[30]

行为效果

行为效果包括一些诸如从报纸上剪下优惠券、购买产品、拨打电话以及投票给候选人之类的行为，它们还可能包括模仿有吸引力的行为（例如：以某种方式梳妆打扮）。行为效果在很多情况下是最难以实现的，这是因为人们一般不太愿意改变自己的行为。然而，在某些时候，人们会在媒体中有意地关注某些行为且进行模仿，就像小孩子观看《蝙蝠侠》（Batman）的剧情并进行模仿，或像青少年观看电影并学习约会时的行为举止一样。[31]

心理效果

媒介内容可以激发恐惧、喜悦、厌恶、快乐或娱乐，以及其他情感。媒介内容，特别是暴力或色情内容，其所产生的一个主要的心理效果就是唤醒（arousal）。[32]唤醒的症状包括心率加快、肾上腺素水平提升或性反应增强。寻求心理反应是人们与媒体共度时光的常见原因，无论寻求的反应是放松、兴奋还是情绪释放。唤醒可以来自内容（动作、暴力、性、嘈杂的音乐或声音）和风格（动作、色彩的使用、新图像出现的频率和速度)。请注意,音乐视频通常很少提供学习方面的内容,却提供了许多这些元素。[33]

传奇电影作曲家约翰·威廉姆斯(John Williams)因其为电影《夺宝奇兵》系列(*Indiana Jones* series)①、《侏罗纪公园》系列(*Jurassic Park* series)甚至科比·布莱恩特(Kobe Bryant)的奥斯卡获奖动画短片《亲爱的篮球》(*Dear Basketball*)等创作的令人难忘的配乐而闻名。但毫无疑问,他最出名的是为九部《星球大战》(*Star Wars*)核心电影配乐。从开场的号角声到气势蓬勃的达斯·维达主题曲《帝国进行曲》(*Imperial March*),再到汉·索罗(Han Solo)和莱娅公主(Princess Leia)的爱情主题曲,这些旋律都是公认的文化标志。它们也是《星球大战》系列电影能够如此明目张胆地操纵我们情感的关键部分。

《纽约客》(*New Yorker*)的音乐评论家亚历克斯·罗斯(Alex Ross)写道,威廉姆斯在《星球大战7:原力觉醒》(*Episode VII: The Force Awakens*)中操纵了观众,他为卢克·天行者(Luke Skywalker)创作了一些隐约带有威胁性的音乐,让观众怀疑这位绝地英雄是否已经投靠了黑暗面。"这部新电影告诉我们的并非如此,"罗斯说,"但是在电影的大部分时间里,被流放的英雄笼罩在阴影中,让我们对创作者的意图感到怀疑。"[34]

介质效果

随着20世纪50年代大众媒体消费的增长,学者们也开始更多地关注用于传递信息的特定媒介。直到20世纪50年代,大多数的媒介效果研究都集中在发送者、信息和接收者之间的相互作用上,而忽略了媒介本身的影响。但是,用于传播的媒介是非常重要的。加拿大媒介研究学者马歇尔·麦克卢汉(Marshall McLuhan)认为,用于传输的媒

加拿大媒介研究学者马歇尔·麦克卢汉说过一句让人最为记忆犹新的话"媒介即讯息"。20世纪70年代,他成为一个流行文化人物,甚至在电影《安妮·霍尔》(*Annie Hall*)中客串出演自己(右一为麦克卢汉)。

---

① 一个说明其受欢迎程度的事实是:20世纪80年代和90年代,中国内地几乎所有颁奖典礼的音乐都来自这个系列——译者注。

介与信息本身一样重要,甚至更重要。麦克卢汉最著名的媒介论断是"媒介即讯息",这句话的意思是信息传输的方法是信息的关键部分。例如,电视在传递情感信息方面尤为出色,因为它同时包含了视觉(爆炸、豪华内饰)和听觉(笑声、恐怖音乐)效果以及文字。再来探讨一下增强电影声音的技术:环绕音响系统的设计旨在营造一种真实的体验,用五个不同的声音通道环绕观众,并用一个低音通道来产生震撼效果。这样做的目的并不是更好地传递信息,而是创造一种更具压倒性的体验。大屏幕高清电视机也是如此。相比之下,书籍和报纸更善于传播复杂的理性信息,因为这些媒体让我们可以以自己的节奏审视信息并思考其意义。[35]网络擅长提供晦涩的材料,吸引有限的、广泛分散的受众,并且,它让受众很容易对他们所看到或听到的信息做出回应。媒介研究学者现在认识到传播技术是社会的基本要素,新技术可以导致社会变革。[36]正如"秘密1"所指出的,媒体是我们生活的重要组成部分。

例如,媒介社会学者约书亚·梅罗维茨(Joshua Meyrowitz)认为,各种媒介的存在和发展可以导致社会的剧烈变革。他写道,16世纪印刷和书籍的发展使得新思想很容易被传播到其原创者之外,这往往会破坏君主和罗马天主教会对思想的控制。[37]

正如本章"媒介转型"部分关于爱德华·斯诺登(Edward Snowden)故事的讨论,目前数字文档、加密电子邮件和大容量U盘的存在,使得一小部分技术熟练的个人能够在世界各地传播新闻和文档,而政府却无力阻止他们。梅罗维茨还指出了特定媒体的一些社会影响。在《消失的地域》(No Sense of Place)一书中,他认为作为一种媒介,印刷品的主要影响是它根据受众的受教育程度、年龄、阶级和性别将其区隔开来。例如,青少年需要具备一定的阅读能力,才能理解针对青年男女的杂志内容,而这是儿童所无法理解的。相比之下,电视等电子媒体倾向于跨越人口统计学的界限。一个年幼而不能阅读杂志或书籍的孩子仍然至少可以理解一些针对成人的电视节目中的信息。[38]这就是为什么家长群体和儿童教育工作者希望在晚间电视节目中加入更多"适合家庭"的节目,以及为什么家长试图限制孩子的智能手机或平板电脑上的某些网站和应用程序。

所有权效果

一些学者没有关注媒体及其信息的影响,而将注意力转移到那些拥有和控制媒体的人身上。[39]之所以关注媒体所有者,是因为他们决定了哪些思想将由这些媒体产生和传播。在美国,媒体机构大多由少数跨国集团和新成立的媒体公司所有，如迪士尼（Disney）、新闻集团/福克斯公司（News Corporation/Fox Corporation）、华纳传媒（WarnerMedia）、维亚康姆哥伦比亚广播公司（ViacomCBS）、贝塔斯曼（Bertelsmann）、康卡斯特/NBC环球（Comcast/NBCUniversal）、谷歌（Google）和苹果（Apple）。一些观察家，如德国社会学家尤尔根·哈贝马斯（Jürgen Habermas），担心这些集团或公司正在成为一种统治阶层，他们会控制书籍出版、节目播放、电影生产以及新闻报道。[40]

媒介批评学者、前报纸编辑本·巴格迪坎（Ben Bagdikian）认为，媒介所有者的影响可以从新闻媒体如何选择报道的事件反映出来。他认为，大型媒体机构会删除那些对本集团不利的新闻报道和娱乐节目。这种趋势的根源可以追溯至摩根大通（J. P. Morgan）和洛克菲勒（Rockefeller）等行业巨头收购了批评他们的杂志，以平息对他们的负面报道。巴格迪坎说，我们最终看到的不是可怕的政府审查，而是"一个新的私人信息和文化部"，它让企业控制我们将看到、听到或阅读的内容。[41]然而，越来越多新的替代媒体正在提供一些渠道，让消费者能够绕开大媒体的控制（请参阅第三章的长尾媒体部分，了解这些新渠道如何使任何想要大规模分发内容的人都能做到这一点）。[42]像Brietbart和Daily Kos这样的网站，从党派的角度发表观点，除了作者的选择外，不受任何控制。还有一些受数据驱动的在线新闻来源，比如内特·西尔弗（Nate Silver）的FiveThirtyEight网站，有其潜在的政治观点，但仍致力于以可靠的数据为支撑的诚实报道。[43]

积极受众效果

早期关于媒体对受众影响的一些担忧源于这样一种信念：受众确实是一个没有个性、没有区别的群体——受众群体的特征同样适用于其个体成员。早期的批评家认为现代人是被疏远和孤立的个体，他们被家庭的衰落和技术社会的发展所分离，彼此之间没有交流。第二次世界大战后，大众受众的概念开始发生变化，学者们意识到，受众是由独特的成员组成的，他们作为个体而不是群体中毫无差别的成员来做出反馈。[44]

今天，传播学者、营销人员和研究学者均意识到，个人在不同的时间、出于不同的原因寻求和回应不同的信息。因此，他们或者根据地域和人们居住的环境，或者依据人口统计学特征，如受众的性别、种族、民族背景、收入、学历、年龄、受教育程度以及其他类似因素，或者按照心理学特征，如人口的生活方式和产品使用的组合来划分受众。因此，一名年轻女子买了一辆小型越野车带着她的山地车去山里，与一位母亲买一辆小型越野车，以便在冬季高峰时段安全地开车送她的孩子上学，二者是截然不同的广告信息。

受众也可以根据他们使用媒体的时间或目的来进行分类。不同的媒体受众会表现出不同的行为。以看电视举例,有些人每天都会收看他们最喜欢的肥皂剧或脱口秀,而且持续一个小时都不会换台。这就是所谓的预约观看。另一些人则用遥控器在多个频道上冲浪,寻找一些能够让他们感兴趣的东西。还有一些人在两个频道之间来回切换。

就电视而言,20世纪50—70年代,受众同时消费相同内容的概念在某种程度上存在,当时绝大多数受众只能访问三大广播网络①,但随着有线电视(cable)、卫星电视(satellite)、多点广播网络(multiple broadcast networks)、硬盘数字录像机(TiVo)、影碟机(DVDs)和录像机(VCRs)的出现,这一概念完全被瓦解。这个例子印证了"秘密7"——这里没有"他们"。

除了认识到不同的人以不同的方式使用媒介之外,学者们还意识到大众传播信息一般是通过其他层次的传播进行媒介化运作的。本书除了讨论大众传播之外,还探讨了人内传播、人际传播和群体传播,究其原因是所有这些层面的传播都作用于大众传播的运作方式。人们互相讨论政治新闻,在电视上观看曲棍球比赛时一起为自己喜欢的球队加油,并考虑股市信息将如何影响他们的投资计划。一个年轻人观看电影时对爱情场景的反应可能会有所不同,这取决于他是与一群朋友、与他的伴侣还是与他的父母一起观看。[45]

媒介与社会

与绝大多数科学研究很类似,大众传播研究在很大程度上取决于理论以及由这些理论抛出的问题。理解这些理论方法以及媒介效果如何不局限于个人或群体是很有帮助的。

研究人员们都知道,媒体上一些最有价值的信息会影响到我们的主要社交功能。根据媒介学者哈罗德·拉斯韦尔(Harold Lasswell)的说法,大众媒体仅仅是"社会一直需要的基本功能的延伸。早期社会有牧师、街头公告员、讲故事的人、唱民谣的吟游诗人以及从遥远国度带来消息的旅行者"。[46]

研究人员们还知道,传播既可以是功能完备的,也可能是功能失调的,但无论

---

① 指ABC、NBC和CBS——译者注。

哪种情况,它都是在社会系统中运行的。[47]例如,有些人对危险临近的消息反应不当。面对一场龙卷风的警报,他们没有去地下室(去地下室就是一种功能性的反应),而是携带摄像机出去拍摄风暴的画面。以上两种情况都是他们对暴风雪的消息作出的反应。

拉斯韦尔在书中提到了媒介所展现的三种主要社会功能:
1.环境监视,关注风险和机遇;
2.社会不同要素的相互关联,使社会各阶层共同努力工作;
3.文化代代相传。[48]

媒介社会学家查尔斯·赖特(Charles Wright)在上述功能的基础上增添了第四项——娱乐功能。[49]

环境监视

我们对世界的大部分了解都是通过媒介的监视实现的。媒介不仅向我们展示了我们的文化中正在发生的事情,而且将视角引申至其他社会。而让我们了解这个世界的唯一其他来源,则是我们自己的直接经历以及别人与我们分享的经验。例如,生活在中东地区的人通过使用社交媒体和诸如WhatsApp这样的直接通信软件,了解外界世界,这使他们能够绕过限制传统媒体的大部分当地审查。[50]

来自媒介的源源不断的信息使我们能够审视周围的环境。它可以向我们发出危险临近的预警——从天气变化到地震再到街头暴力。这种信息的流动对社会的正常运转至关重要。股票市场依赖于商务新闻;旅行者依赖于天气预报;杂货店的顾客想要知道本周有什么特价商品。

媒介的这种环境监视也可能对社会产生破坏性影响。例如,当贫穷国家的人们看到媒体上美国和其他西方工业化国家的生活状况时,他们可能会对现状感到不满,这可能会导致社会动荡和暴力。有关暴力的新闻也可能使人们更加担心自己的安全。

环境监视不只针对普通民众。世界各地的政府和行业领袖通过收看美国有线电视新闻网络(CNN)、有线卫星公众事务网络(C-SPAN),或阅读《纽约时报》(*New York Times*)、《金融时报*》(*Financial Times*),来了解其他政府领导人的言论和想法。

新闻也可以赋予个人地位。媒体的报道使其接触到了大量的受众,从而赋予其重要地位。这个过程被称为地位授予(status conferral)。一个相当极端的例子是,2004年,奥玛罗萨·马尼戈·纽曼(Omarosa Manigault Newman)在唐纳

奥玛罗萨·马尼戈·纽曼是地位授予的一个显著例子，她在2004年作为唐纳德·特朗普的电视真人秀《学徒》的参赛选手进入公众视野。后来，她成为特朗普白宫的通信联络办公室主任，在那里工作了几个月，直到2018年离开，作为《名人老大哥》的参赛者重返真人秀。

德·特朗普（Donald Trump）的真人秀《学徒》（the Apprentice）第一季中扮演了一个反派角色/竞争对手，并因此成名。在通过该节目成为名人后，她继续在一系列电视节目中亮相，这些节目主要是为那些在电视真人秀中崭露头角的人而设计的。然后，命运发生了奇怪的转折，马尼戈·纽曼成了特朗普总统的白宫通信联络办公室主任。在被白宫解雇后，她继续参演了CBS的热门真人秀《名人老大哥》（Celebrity Big Brother）。[51] 马尼戈·纽曼因此成为电视名人和国家政治人物，然后利用这一地位重返真人秀。

社会不同元素的相关性

相关性是对事件的选择、评价和解释，使新闻具有结构性。相关性是通过社论、评论、广告和宣传的说服性沟通来实现的。通过媒体提供的相关性，我们可以从中了解到什么？它将新闻分类并提供线索，说明每条新闻的重要性。它会出现在报纸的头版吗？它是广播的首播节目吗？杂志封面上有宣传这个故事的预告片吗？

尽管许多人说他们更喜欢事实，但实际上，唯一不提供对事件解释的新闻媒体是C-SPAN，它对如何报道每一个事件都有严格的规定。更多的观众选择能够提供一些解读的广播网络或有线新闻频道，而不是观看相对枯燥的、"只提供事实真相"的C-SPAN。[52]

通常我们很难对信息型传播和劝服型传播进行区分。编辑们总是在判断哪些新闻应该被报道，哪些应该被省略，哪些政治家的照片应该被刊登出来，或者应该写什么样的标题。因此，将监视和关联视为信息共享的两个功能是很有用的。

社会化和文化传输

社会化（socialization）是通过将价值观、社会规范和知识传递给群体中的新成员，使社会成员整合凝聚的过程。

正是通过媒体，以及通过我们的朋友、家庭、学校和教会，我们了解了我们社会的价值观。社会化不仅对成长中的年轻人很重要,对正在了解并融入新国家的移民、即将上大学的高中生和即将工作的应届毕业生来说同样也很重要。

以下是有关"秘密1"的另一个例子。

媒介以多种方式实施社会化:

- 通过娱乐节目树立的行为榜样;
- 通过媒介内容所展示的目标和期望;
- 通过新闻所描绘的公民价值观;
- 通过广告宣传在我们生活的不同阶段可能对我们有用的产品。

娱　　乐

娱乐主要是为了消遣休闲而设计的传播,虽然它也有其他功能,但似乎并未彰显。电视医疗剧会被视为娱乐节目,尽管它可能让人们了解医院的生活或重大疾病的症状。事实上,所有电视节目(包括娱乐节目在内)的一个主要特点就是让人们了解自己世界之外的生活是什么样子的。[54]

议程设置

尽管关于强大而直接的媒介效果的解释在研究检验中根本站不住脚,但人们仍然很难接受新闻媒体和政治运动对公众的影响很小或根本没有影响的论断。议程设置理论(Agenda setting theory)对此提供了另外一种解释,但并没有将媒体对社会的影响最小化。[55] 该理论认为,新闻媒体所描述的重要议题也会在公众中变得重要——也就是说,媒体为公共辩论设置了议程。如果媒体不能如直接效果模式所假定的那样告诉人们该怎样想,那它们可以告诉人们该想些什么。议程设置理论试图证明,那些对于媒体来说重要的议题,是否对于公众也同样重要。[56]

唐纳德·肖(Donald Shaw)和麦克斯韦·麦库姆斯(Maxwell McCombs)在北卡罗来纳州的教堂山进行了议程设置的初步研究。研究人员发现,在1968年总统选举的未表态选民中,媒体认为重要的议题和选民认为重要

记者罗南·法罗(Ronan Farrow)因报道哈维·韦恩斯坦(Harvey Weinstein)受到性侵指控而获得2018年普利策公共服务奖。他和其他人的报道引起了人们对这一问题的关注,帮助#MeToo运动进入了国家议程。

的议题之间存在着密切的关系。研究人员得出结论，由于这些选民还没有对即将到来的选举做出决定，他们最有可能的线索来源是大众媒体。这项研究比较了媒体的内容和选民的态度，发现了二者之间有很强的相关性。尽管研究人员没有发现媒体说服人们改变观点的证据，但他们确实发现，竞选活动和媒体报道的议题也是选民认为重要的议题。[57]

然而，议程设置理论的作用也存在一定的局限。如果一篇报道不能引起公众的共鸣，那么无论是媒体还是候选人都无法引起人们的关注。例如，有报道称，罗纳德·里根和南希·里根（Ronald and Nancy Reagan）在结婚前就怀上了孩子，但这似乎并没有对里根的形象造成任何影响；帕特·罗伯逊（Pat Robertson）牧师[①]和他的妻子在结婚纪念日的日期上撒了谎，以掩盖他们的第一个孩子是在婚前怀上的事实，而这也没有损害他在1988年参加共和党总统候选人竞选的活动。

我们与媒介的互动

通过扩大我们所接触的世界的信息，媒介在社会学习中发挥重要作用。学生和年轻的专业人士多次被警告过，要谨慎地对待他们在社交媒体上所发布的内容。例如，媒体报道了一位名叫贾斯汀（Justine）的公关从业者在社交媒体上的自我毁灭过程，帮助很多人避免了她犯的错误。就在她从伦敦飞往南非开普敦的12小时航班起飞前，贾斯汀发了一条推文："去非洲。希望我不会得艾滋病。只是开玩笑。我是白种人！"（Going to Africa. Hope I don't get AIDS. Just kidding. I'm white!）

她的推文以#HasJustineLandedYet为标签，引发了一场旷日持久的网络风暴。推特上的内容从嘲弄她的麻木不仁，到模仿她的叙述，再到表示受到冒犯和伤害。贾斯汀一着陆，她就知道自己被解雇了。尽管她起飞时只有大约500名粉丝，但她的推文却迅速传遍了全世界。通过#HasJustineLandedYet这样的案例，社交媒体用户可以从中认识到，一个女人本不必承受她所造成的所有后果。[58]

在你生命中的某些时刻，你可能听说过经验是最好的老师。虽然经验可能是一个好老师，但它也是一位严厉的老师，迫使我们从错误中吸取教训。幸运的是，根据社会心理学家阿尔伯特·班杜拉（Albert Bandura）的社会学习理论（social learning theory），我们不必让自己犯下所有的过错。班杜拉最为知名的是一项实验，即让孩子们观察一个成年人殴打一个充气（真人大小）的"波波"玩偶。在实验中，只有一些孩子看到大人因其过激行为而受到训斥，而另一些孩子则看到大人的

---

① 美国著名的电视传媒福音传道者——译者注。

行为没有承受任何后果。

班杜拉发现,当孩子们单独和充气娃娃待在一个房间时,那些看到大人"逃脱(惩罚)的"攻击行为的孩子,与那些看到大人受到训斥的孩子相比,更有可能表现出攻击性。简言之,班杜拉发现,孩子们的行为基于他们从观察成人行为中学到的东西。班杜拉写

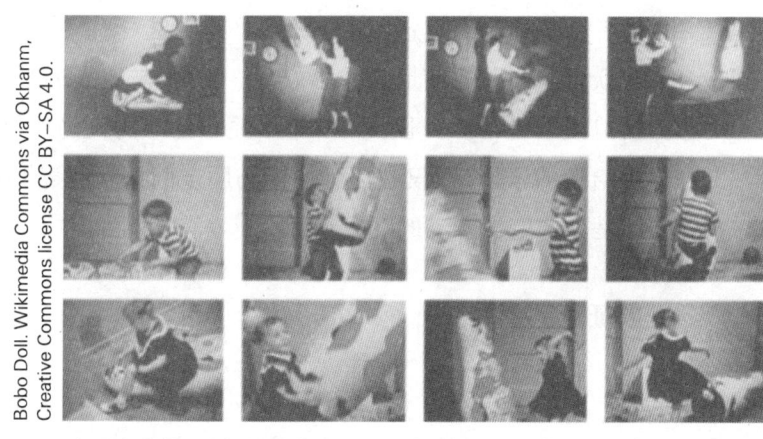

Bobo Doll, Wikimedia Commons via Okhanm, Creative Commons license CC BY-SA 4.0.

在阿尔伯特·班杜拉著名的"Bobo"玩偶实验中,这位社会心理学家发现,看到有攻击性行为的成年人"侥幸逃脱(惩罚)"的孩子,更有可能对真人大小的充气娃娃表现出攻击性。

道:"如果知识和技能只能通过直接经验来获得,那么人类的发展过程将会大大滞后,更不用说极其乏味和危险了。"[59]相反,他认为,我们能够通过观察别人做什么以及他们面临的后果来学习。

班杜拉认为,人类通过三个步骤来参与社会学习:

1.我们从观察到的情况中提取关键信息;

2.我们对这些观察结果进行整合,并构建出有关世界如何运行的规则;

3.我们运用这些规则去规范自己的行为,并对其他人的行为进行预测。

使用与满足理论

使用与满足理论颠覆了传统的媒介效果观。使用与满足理论并没有将受众视为被动接收信息的群体,而是将其视为自己选择信息的主动接收者。该理论基于以下假设:

• 受众群体是有期望和需求的积极接收者。他们会根据这些期望和需求来使用媒体。例如,电子游戏不会对孩子们做任何事情,但孩子们会喜欢玩电子游戏。

• 媒介会与许多获得满足感的方式竞争。例如,我可以在晚上看电视放松一下,也可以通过阅读杂志、散步、与儿子一起玩耍等其他休闲方式获得放松,电视与它们展开了竞争。

• 受众群体知晓这些选择,并有意识地做出这些选择。

• 我们对各种媒介价值的判断,应该来自受众的视角。[60]

使用与满足理论背后的理念是人们会不断地寻求满足感,而媒介也会竞相提

供各种各样的满足感。媒介研究学者阿瑟·阿萨·伯杰（Arthur Asa Berger）认为，观众可能寻求的满足感包括娱乐、审美、与他人分享经验、寻找模仿的榜样以及相信浪漫的爱情。[61]因此，一个不关心足球的人仍然可能观看电视比赛并享受足球带给他的乐趣，仅仅是因为他想与朋友们共度时光。尽管他也在消费媒体，但这并不是他与电视互动的真正意义。

象征互动

乔治·赫伯特·米德（George Herbert Mead）早在1934年就写道，将我们作为一种文化凝聚在一起的是我们在语言的互动或象征互动主义（symbolic interactionism）的基础上共同构建的社会。我们参与象征性的互动，在这种互动中，我们通过不断地告诉别人我们的感受，试图唤起别人对我们的感觉。

如果我们的语言可以被理解，那么我们就具备沟通交流的能力；另一方面，如果我们没有共享相同的意义，那么我们也就不会被理解。[62]迄今为止，大众媒体是我们这个世界上共享意义的最主要来源。以下就是一个例子，有关"秘密1"——媒介是我们日常生活的重要组成部分。

回顾一下我们在第一章对于黄丝带意义的讨论，你就会知道这里的意思了。我们从任意一个符号开始，比如黄丝带。我们赋予它意义，然后通过媒体的描述来传播这种意义。最终，环形丝带对几乎每个人都有了相同的意义，丝带成了支持的普遍象征——支持军队、疾病患者以及各种社会事业。

社会学家威廉·托马斯（W. I. Thomas）为我们提供了符号互动论中最常被引用也是最容易理解的一句话："如果人们将情境定义为真实的，那么它们的后果也将是真实的。"[63]如果我们忽略这句话中过时的性别偏见，那么还有很多东西需要分析。托马斯的意思是，如果人们将问题视为真实的，并表现出问题好像真实存在的一样，那么即使问题并不真的存在，它也会产生真实的后果。早在1938年，奥森·威尔斯（Orson Welles）就演播了一部著名的改编自赫伯特·乔治·威尔斯（H. G. Welles）的《世界大战》（War of the Worlds）的广播剧。该剧被一些人误解为一个真实的新闻故事，当时有很多报道称，人们因为害怕火星人入侵新泽西而惊慌失措，甚至自杀。从那以后，广播公司每次播出类似"世界大战"这种风格的作品时，都会非常小心地在广播中发布大量的免责声明，以确保听众不会感到恐慌。人们还普遍担心大众媒体可能对易受影响的受众产生强烈的影响。唯一的问题是当时关于"世界大战"恐慌（War of the Worlds panic）的研究存在严重缺陷，对这项研究的批评可以追溯至20世纪40年代，但它在很大程度上被忽视了，部分原因是相信"世界大战"效应的人太多了。事实上，当时人们对恐慌的感知要远远大于实际的恐慌。总而言之，现在恐慌是否发生已经不重要了，重要的是人们相信它是真的。[64]

培养分析

乔治·格伯纳（George Gerbner，1919—2005），最著名的电视暴力研究者，他不认为电视暴力会直接影响人们的行为，但他非常关注电视暴力对整个社会的影响。[65]格伯纳开发了一种替代传统信息效果研究的方法，称为培养分析。他的观点是，看大量的电视节目会培养一种与现实大相径庭的世界观。[66]

许多人认为是奥森·威尔斯（Orson Welles）引起的恐慌使《世界大战》（*War of the Worlds*）成为美国广播史上最臭名昭著的事件。

多年来，格伯纳和他的同事们分析了数千份网络电视节目的主题及其暴力程度。在始于1967年的一系列研究中，格伯纳的研究团队发现电视上的暴力行为很严重。他们将暴力定义为"公开表达意图伤害或杀害的武力"。[67]

电视台官员一直公开批评格伯纳，称他的研究并不能代表整个电视界，他对暴力的定义也毫无意义，因为他没有区分开动画片《跑路者》（*Road Runner*）中的幻想暴力与电影《锯》（*Saw*）或《旅馆》（*Hostel*）中更血腥的暴力。

格伯纳将电视上暴力事件的发生率和现实世界中暴力事件的发生率进行了比较。他的结论是，电视塑造了一种比我们生活的现实世界更加暴戾的世界观。暴力的性质也不同，大多数电视暴力只发生在陌生人之间，而不是像现实生活中的暴力那样多发生在家庭成员之间。格伯纳认为，正因为如此，经常看电视的人对世界的看法与很少看电视的人不同。经常看电视会产生一种反应，格伯纳称之为"险恶世界综合征"（the mean world syndrome）。

格伯纳解释了他认为的关于电视暴力影响的主要误解以及他的研究所表明的真实效果。他认为，观看大量的电视节目会培养一种与现实不符的独特世界观。

格伯纳认为，由于电视暴力，重度电视观看者更有可能：
- 高估他们遭受暴力的可能性；

- 认为他们的社区不安全;
- 声明对犯罪的恐惧是一个非常严肃的私人问题;
- 假定犯罪率在上升,而不管实际的犯罪率如何。[68]

格伯纳在国会作证时表示:

与看电视最惯常和普遍的联系是,人们对生活在一个充满暴力和危险的"险恶世界"的感觉增强了。恐惧的人更依赖他人,更容易被操纵和控制,更容易受到看似简单、有力、强硬的措施和强硬姿态的影响……如果压制能缓解他们的不安全感,他们可能会接受甚至表示欢迎。这是充斥着暴力电视的更深层次问题。[69]

格伯纳认为,电视暴力的影响并不在于它让孩子变得暴力,其真正的危害性更为复杂。暴力节目:

- 抛开其他描述冲突的方式;
- 剥夺了观众的其他选择;
- 促进受害者心态;
- 不鼓励制作替代节目。[70]

格伯纳的观点是,想象中最明显的效果可能不是最重要的实际效果。

批判/文化方法

在第一次世界大战和第二次世界大战之间的几十年里,一场被称为批判理论(critical theory)的社会科学思想革命兴起了。它由一群被称为法兰克福学派(Frankfurt School)的德国学者发起,他们试图理解一个不断变化的世界,这个世界让人们被疏远、剥削和压抑,却没有好的方法让人去理解正在发生的事情。这些学者中的许多人在政治和社会观点上都是马克思主义者,他们对第一次世界大战结束后带来的动荡深感忧虑。这些动荡导致法西斯主义在欧洲一些地区崛起,也让共产主义在另一些地区脱离了卡尔·马克思(Karl Marx)的思想。这种方法遵循以下几个关键原则:

- 由于剥削和劳动分工,人们面临着严重的社会问题;
- 人们被当作"东西"(things)来使用,而不是有价值的个体;
- 如果脱离历史背景,人们就无法理解思想和事件;
- 社会正逐渐被文化产业(大众媒体)所主宰,文化产业将文化思想转化为商品,并以利润最大化的方式进行销售,这就把思想和产生思想的人区分开来;

- 人们无法将事实与附加在其上的价值以及产生这些事实的环境分开。

政治学者斯蒂芬·布朗纳（Stephen Bronner）写道，正是从批判理论中，人们看到了环境主义（environmentalism）、种族平等（racial equality）、性别平等（sexual equality）、特权审查（the examination of privilege）的兴起。虽然批判理论并不总是帮助我们理解思想本身，但它可以帮助我们理解思想的来源："简单地说，批判理论可以为阿尔伯特·爱因斯坦（Albert Einstein）提出的相对论的历史起源和社会用途提供富有成效的视角，但它不应该试图对其真理作出哲学判断。"[71]

深受批判理论家影响的赖特·米尔斯（C. Wright Mills）认为，媒体对私人问题的报道有助于将其转变为重大的公共问题。布朗纳写道："女性已经将乱伦和配偶虐待从私人问题转变为公共问题；同性恋公民主张有必要立法打击"仇恨犯罪"（hate crimes）；有色人种正在挑战制度性种族主义；还有无数其他的尝试……让无数有权势的机构对无权者负责。"[72]

换句话说，这就是秘密3——一切事物都会从边缘向中心移动。

直到20世纪40年代，大多数关于大众媒体的研究都集中在媒体信息对群体和个人行为的直接和间接影响上。但是，另一种思想流派关注的是人们如何利用媒体来构建其世界观，而不是关注媒体如何改变人们的行为。批判/文化方法不是使用选民研究的定量数据分析，而是对传播发生的社会结构进行更定性的考察。它考虑了在社会中如何创造意义、谁控制着媒体系统以及媒体在我们生活中所扮演的角色。它关注的不是信息如何影响人，而是人如何使用和建构信息。[73]

媒介与身体形象

女孩和妇女的饮食失调通常由多种因素造成，其中之一就是渴望变瘦（a desire to be thin）。在美国，苗条等于美丽，这已经不是什么秘密了，很多女孩和年轻女性为了苗条而患上了饮食失调症。

不幸的是，最近几十年，这种将"过瘦"（excessive thinness）作为美丽标准的趋势日益突出。1972年，23%的美国女性说她们对自己的整体外貌不满意。到1996年，这一数字已经增长到48%。批评人士经常指责，时尚杂志（无论是广告还是内容）中那些骨瘦如柴的模特至少在一定程度上助长了极端消瘦的审美观念。1953年，当玛丽莲·梦露（Marilyn Monroe）首次登上《花花公子》（*Playboy*）杂志的封面时，她的身材是12码，接近当时理想的三围尺码36-22-35，以今天的标准来看，她绝对是一个过胖的大码模特。如今，频频上镜的詹妮弗·安妮斯顿（Jennifer Aniston）已经成为大多数女性无法想象的"零号身材"（size zero）。[74]

 **测试你的媒介素养：议程设置VS批判/文化理论**

到目前为止，在本章中你已经看到了七个秘密中的几个应用案例。你可能会想，哪个是最重要的？当你阅读这部分内容时，你可能会怀疑作者会提出的"秘密3"——一切事物都会从边缘向中心移动。

请注意关于这个秘密的介绍：

大众媒体对日常生活的一个最大影响是将文化从社会边缘带到主流或核心区域之中。这一过程可以将人、思想甚至个人的话语从小社区转移到大众社会。

因此，如果我们将这一秘密应用到本章开头的案例研究中，我们会遇到以下问题：

为什么在多年的置若罔闻之后，各种形式的媒体会突然开始关注这些指控和提出这些指控的女性？（想了解关于这个主题的更多内容吗？你可以在这里找到：www.ralphehanson.com/ tag/me-too/.）为什么这些故事会转移到中心？

到目前为止，前面介绍的两种理论可以用来解答这个问题。以下是每一项的简化摘要：

议程设置	批判/文化理论
● 新闻媒体中被描述为重要的议题，对于公众也开始变得重要。	● 由于剥削和劳动分工，人们面临严重的社会问题。
● 媒体不会告诉人们怎么想，但它们可以告诉人们想些什么。	● 人被当作"东西"来使用，而不是有价值的个体。
● 这一理论提出的问题是，人们是否从媒体那里得到线索，知道他们应该关注哪些最重要的新闻。	● 如果脱离历史背景，人们就无法理解思想和事件。
	● 社会正逐渐被文化产业（大众媒体）所主宰，文化产业将文化思想转化为商品，并以利润最大化的方式进行销售，这就把思想和产生思想的人区分开来。
	● 人们无法将事实与附加在其上的价值以及产生这些事实的环境分开。

谁是源头？

谁是性骚扰和性虐待事件的源头？谁在发布这些事件？这种信息源自哪里？

他们在说什么？

阅读开头的小插图或上面链接的一系列博客文章。当性骚扰/性虐待事件爆发时，消息来源给出了什么原因？他们说这是谁的责任？

有哪些证据存在？

新闻机构对新闻的传播感兴趣，那么新闻传播的证据是什么呢？有哪些证据表明，曾经被虐待的女性（或男性）为了让事件曝光而愿意说出真相？

你觉得该怎么解释发生的事？

你如何使用议程设置理论解释新闻的传播？如何使用批判/文化理论解释新闻的传播？你觉得哪个理论能更好地解释发生了什么？为什么？

多样性和尺码

丹麦模特妮娜·阿格戴尔（Nina Agdal）不是大码模特，但正如她所指出的那样，她没有传统模特的瘦削身材。在一次为杂志拍摄封面故事因无法适应样衣尺寸而被杂志社取消了拍摄后，据她所说，杂志社告诉她的经纪人：她"没有很好地反映我们杂志的特点"，"不适合他们（品牌方）的市场定位"。于是她决定把自己的愤怒发泄到社交媒体上。她在Instagram上发布了自己拍摄时的照片，展示了自己的容貌，并写道："如果有人对我感兴趣，他们知道我不是一个均码模特——我有运动型的身材和健康的曲线……有时我是样品尺寸，有时我是4号，有时是6号。我不是T台模特，也从来没有瘦过。现在，我比以往任何时候都更喜欢我的身材，我在健身房里努力锻炼，以保持身体强健，最重要的是保持理智。"[75]

她在接受《魅力》（*Glamour*）杂志采访时表示，她利用这一负面事件通过拍摄照片来提高身体的积极性："我觉得自己有责任，因为我是广告、杂志和商业广告中的一员。"作为对此事的回应，这位前维密内衣模特签约参加了由美国鹰内衣和泳装品牌发起的未经修饰的#AerieReal活动。[76]

一些欧洲国家已经制定了限制行业使用身材瘦削模特的法规。例如，法国规定了时装模特的最低体重标准，而英国则要求时装广告保持"对消费者的责任感"。虽然已经在不同层面引入了法律来规范时装模特的体重和健康，但拟议的法规似乎有可能违反《美国残疾人法案》（*American with Disabilities Act*）和《第一修正案》（*First Amendment*）。[77]

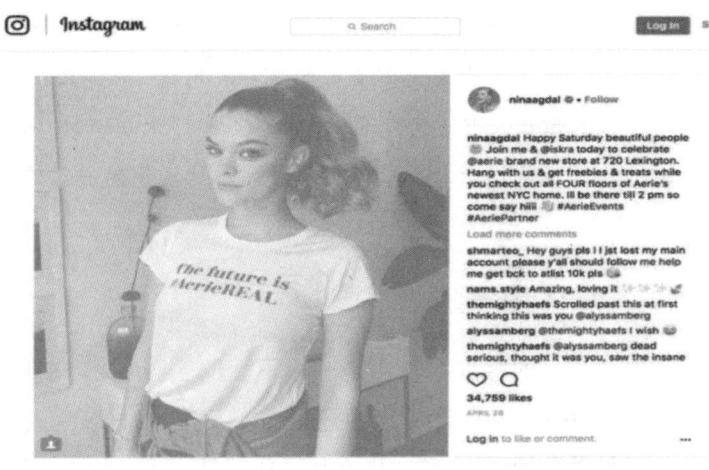

Instagram/@ninaagdal

妮娜·阿格戴尔因身材问题被模特工作拒绝后，她在社交媒体上宣传自己的身材。

还记得"秘密3"——一切事物都会从边缘向中心移动吗？与几年前相比，女性杂志使用不同尺码模特的意愿可能变得更加强烈。这一切都要追溯到2005年多芬的"真美运动"（the Dove Campaign for Real Beauty）和所谓的"胖女人"（Lumpy Ladies）。这则广告由摄影师安妮·莱博维茨（Annie Leibovitz）拍摄，各种尺码的漂亮女人在她面前摆出了身穿各式各样内衣的造型,并正式拉开了一场关于尺码(size)、美丽(beauty)和杂志内容(magazine content)的对话。我们会在杂志特写和广告中看到更多看起来很真实的女性形象吗?(当然,这就引出了一个问题:什么才是"真正的女人"?2码的女人不是真实存在的吗?还是中等身材的女性更容易被媒体所忽视)?[78]

多芬的活动为不同尺码的模特铺平了道路。在线出版物《大码模特》(*PLUS Model Magazine*)在一篇报道中凸显了大码模特和普通杂志模特之间的对比。报道刊登了一张大码模特卡蒂亚·扎尔科娃(Katya Zharkova)相对平和的裸照,在她的旁边是一位未具名的"直码"模特。《大码模特》杂志的主编玛德琳·琼斯(Madeline Jones)对此做出了如下解释:

> 这个问题的答案是,我们的身体没有问题。我们每天都被减肥广告轰炸,一天好几次,因为这是一个价值数十亿美元的产业,靠的就是人们对变胖的恐惧。并不是每个人都应该瘦,我们的身体很美,我们在这里讨论的不是健康,因为不是每个瘦的人都是健康的。
>
> 我们想要的是平等的购物和时尚选择,就像身材娇小的女性一样。对她们不能用大码女人的照片来推销,为什么我们要对6码和8码女性的照片做出反应?我们不!当大码模特行业盛行时,模特的尺寸从14码到18、20码不等。作为顾客,我们渴望那些认同模特并对购物感到满意的日子。[79]

代表的重要性

美的标准显然不是一成不变的。记者妮可·斯佩克特(Nicole Spector)写道,在20世纪90年代,当她还是个小女孩的时候,《人物》(*People*)杂志评选"世界上最美丽的人",榜单上的大部分都是白人(占76%)。一项使用医学肤色量表的分析发现,名单上只有12%的人拥有中等棕色到深棕色的皮肤。到2017年,有近30%肤色较深的人上榜。在线出版物《现代棕色女孩》(*Modern Brown Girl*)的创始人、拉丁裔作家加布里埃拉·加西亚(Gabriela Garcia)告诉斯佩克特,媒体对西班牙裔女性榜样的关注(比如2020年超级碗中场秀的主角詹妮弗·洛佩兹),对年轻的拉丁裔女性至关重要。

> 一个满头卷发且有着棕色皮肤的女孩首次成为潮流。她毫不避讳自

己的拉丁裔身份。我认为,她为其他类型的审美铺平了道路。直到媒体开始展示不同肤色、体型和文化的女性,我才开始意识到我是美丽的。虽然听起来很傻,但詹妮弗·洛佩兹(Jennifer Lopez)和金·卡戴珊(Kim Kardashian)这样的女性确实帮助那些身材不高挑、不是金发、肤色不白的女性提升了对身体的自信。[80]

斯佩克特的母亲是拉丁裔,虽然她对《人物》(People)杂志榜单评选出人物的多样性印象深刻,但令她感到困扰的是,2017年的榜单上只有12%的男性,而在1990年,榜单上近一半的人则是男性;因此,美貌和外表是我们用来评判女性而不是男性的特征。历史和女性研究教授凯瑟琳·凯里森博士(Dr. Catherine Kerrison)告诉斯佩克特,无论女性取得了什么样的成就,人们仍然会根据她们的外表对其进行评判。"任何一位公众眼中的女性都知道,以符合这一标准的方式展现自己,对她的受欢迎程度、她的成功至关重要……女性将受到美丽标准的评价,尽管这些标准在不断扩大,但它们仍然是我们成功的关键。"[81]

美丽的范围

年轻的阿诺克·艾(Anok Yai)并没能与那些浅肤色的模特一同出现在大多数杂志上,但自从摄影师斯蒂夫·霍尔(Steve Hall)为她拍摄的照片在2017年走红以来,艾的模特工作就接连不断,她也成为近二十多年来著名时装品牌普拉达(Prada)的首位黑人签约模特。

如前所述,差异性不仅局限于种族。即使在媒体报道的非裔美国人中,浅肤色的模特也比深肤色的模特更有可能出现在时尚界。阿诺克·艾并没有打算成为一名模特。她认为这可能是一个有趣的尝试,仅此而已。小时候,她和姐姐会观看由泰拉·班克斯(Tyra Banks)主持的全美超

年轻的阿诺克·艾并没能与那些浅肤色的模特一同出现在大多数杂志上,但自从摄影师斯蒂夫·霍尔为她拍摄的照片(上图)在2017年走红以来,艾的模特工作就接连不断,她也成为近二十多年来著名时装品牌普拉达(Prada)的首位黑人签约模特。

模大赛，但她不认为自己未来会有那种生活。阿诺克·艾有苏丹血统，出生在埃及，两岁时随家人移居美国。

随着她慢慢长大，人们告诉她，她很漂亮，她可以成为一名模特，照片可以刊登在杂志封面上。但是，阿诺克·艾看到的模特都是白人或浅肤色的黑人女性。[82]

阿诺克·艾说："当我很小的时候，我会因自己的皮肤而没有安全感，因为我看到媒体上呈现的人，虽然也会有黑人女性，但我从来没有看到有像我这么黑皮肤的黑人女性出现。"[83]

于是，阿诺克·艾前往新罕布什尔州普利茅斯州立大学（Plymouth State University）学习生物化学，目标是成为一名医生。后来一位朋友建议他们去参加霍华德大学的同学会。对于阿诺克·艾来说，这将是一个机会，可以让她沉浸在非裔美国学生的终极体验中。在朋友的强烈建议下，阿诺克·艾精心打扮了自己。我的朋友说："如果让我看到你穿着T恤和牛仔裤，我就不会和你一起走了。"[84]

随后，霍华德大学毕业生、时尚/黑人文化网站TheSUNK的摄影师史蒂夫·霍尔给她拍了一张照片。你不会认为这张照片会改变一个女人的一生。艾眼神直直地盯着镜头，她说，她觉得这张照片让她看起来像一只"车灯下的小麋鹿"。[85]

第二天早上，霍尔在Instagram网站上发布了这张照片，阿诺·艾的生活就此发生了改变。霍尔的照片很快就收获了超过1.9万个赞，阿诺克·艾的Instagram粉丝从300人迅速增长到5万多人。此后不久，模特经纪公司打来的电话和发来的电子邮件纷至沓来，她儿时想成为全美超模的梦想终于实现了。

阿诺克·艾最终与莱斯特模特管理集团（Next Management）签约。2018年2月，她成为自娜奥米·坎贝尔（Naomi Campbell）20多年前（1997年）为该品牌走秀以来首位登上该品牌秀场的黑人模特。她在接受《时尚》（*Vogue*）杂志采访时谈到了在米兰时装周走秀的这段经历："这是一种荣誉，很荣幸我能被选中担任开场模特，但这件事的意义远不止于此……为顶级时尚品牌走秀是向全世界宣告，尤其告诉众多的黑人女性：我们的美丽值得被称赞。"[86]

照片处理

杂志和社交媒体上的照片处理水平一直备受争议，像阿黛尔（Adele）、凯莉·克莱森（Kelly Clarkson）和凯特·温斯莱特（Kate Winslet）等演员的照片几乎都被拍得面目全非，这是因为摄影师和照片编辑试图让这些明星的曲线优美的身体符合时尚杂志的审美标准。

当HBO电视剧《都市女孩》（*Girls*）中的非传统明星莉娜·邓纳姆（Lena

Dunham）在著名摄影师安妮·莱博维茨（Annie Leibovitz）的指导下为《时尚》杂志拍摄封面照片时，人们对其照片的真实性提出了质疑。邓纳姆在《都市女孩》中以全裸而闻名，她的文身、浑然天成的身体，因打破好莱坞传统审美标准而受到褒贬不一的评价。

邓纳姆告诉 Slate 杂志的记者，她并不介意莱博维茨对她的照片进行了数字修饰处理，而且她理解并欣赏现实与时尚杂志上刊登的东西之间的差异。

> 时尚杂志就像一个美丽的幻想世界。《时尚》不是让我们去欣赏现实女性的地方，它让我们欣赏美丽服饰、奢华场所进而逃避现实。所以，我觉得如果这个故事中有我，而我恰好穿着一件漂亮的普拉达连衣裙，周围都是英俊的男人和狗，那又有什么问题呢？如果他们想看到我的真实面目，那就去看我每周制作的节目吧。[87]

奥斯卡影后凯特·温斯莱特与兰蔻（Lancôme）化妆品公司的合同中明确规定，该公司不能对她的外表进行数字化修改。在好莱坞女性活动上，温丝莱特说："这对我来说确实很重要，因为我认为我们对年轻一代的女性负有责任……我一直想告诉那一代人我是谁的真相，因为他们必须有坚强的领导者。"[88]

尽管人们一直以来都希望自己看起来像他们最喜欢的名人，但近期，年轻人希望自己在现实生活中看起来像他们在修饰过后的社交媒体照片中的样子，这引发了争议。人们甚至创造了一个术语来描述这种情况——"Snapchat畸形"[89]。身体畸形症（Body dysmorphia）是指一个人过分关注自己外表的某个缺陷而感到困扰。整形外科医生和心理学家都开始关注那些过分沉迷于模仿社交媒体名人或经过滤镜修饰自己的人。

虽然"Snapchat畸形"在大众媒体上得到了一定的关注，但人们还是对自己的滤镜照片看起来不像自己而感到不满，甚至权威期刊《美国医学会杂志》（*Journal of the American Medical Association, JAMA*）上还为此专门发表了一篇文章。[90] 除了社交媒体应用自带的滤镜外，还有一款名为"Facetune"的廉价应用程序，它可以让用户给自己的牙齿变白或让额头、鼻子或腰变小。*JAMA* 文章的作者之一、皮肤科医生尼拉姆·瓦希（Neelam Vashi）在接受《华盛顿邮报》（*Washington Post*）采访时表示："有时我的病人会说，'我要把每一个斑点都去掉，而且我希望本周或明天就能去掉'，因为这张经过修饰的照片就是这样呈现给他们的。这是不现实的。我不能那样做。"[91]

章节回顾

章节小结

从19世纪开始,随着大众社会的兴起和大众媒体的迅猛发展,公众、媒体评论家和学者都对各种媒体对社会和个人可能产生的影响提出了质疑。这些影响最初被认为是强烈的、直接的,而且对整体人口的影响是相对一致的。第一次世界大战后,批评人士担心以媒体为导向的政治竞选活动可能会对选民产生强有力的直接影响。尽管这种观点仍然很普遍,但在20世纪40年代和50年代所进行的选民研究中,这种观点在很大程度上遭到了质疑。这些研究发现,最有政治倾向的选民是最有可能关注竞选活动的人,因此也是最不可能受到其影响的人。同一时期的其他研究关注电影对年轻人的影响。最近,研究已经扩展到不仅仅关注媒介和媒介内容对个人和社会的影响,而且研究一个媒介无处不在的世界如何改变我们的互动方式和文化本质。

要理解媒介对个人和社会的影响,我们需要考察被发送的信息、传播这些信息的媒介、媒介所有者以及受众本身。这些影响可以是认知的、态度的、行为的或心理的。

媒介效果也可以在一些理论方法层面进行考察,包括功能分析、议程设置、使用与满足、社会学习、象征互动主义以及培养分析。

除了关注媒介和信息如何影响人们之间的互动之外,还有一种被称为批判理论的媒介研究正在兴起。这种方法关注社会中意义的建构方式、谁掌控着媒介系统以及媒介在我们生活中所扮演的角色。批判理论曾被用来探讨诸如媒介如何建立可接受的美丽、身材和肤色标准等议题。

关键术语

意见领袖(opinion leaders)
地理学(geographics)
人口统计学(demographics)
心理统计特征(psychographics)
监视/监控(surveillance)
地位授予(status conferral)
相关性(correlation)
社会化(socialization)
娱乐(entertainment)
议程设置理论(agenda-setting theory)
社会学习理论(social learning theory)

使用与满足理论（uses and gratification theory）
象征互动主义（symbolic interactionism）
培养分析（cultivation analysis）
险恶世界综合征（mean world syndrome）
批判理论（critical theory）
批判／文化方法（critical/cultural approach）
超大码模特（plus-sized model）

问题反馈

1.为什么在2017年10月，性骚扰和性虐待的新闻报道数量激增？对于当时发生的事情，至少有哪两种理论可以解释？

2.最初的媒介效果理论——直接效果模式，探讨的主要问题是什么？

3.媒介效果的四大类型是什么？请给出每一种类型的案例。

4.比较和对比直接效果模式和培养理论如何解释媒体暴力的影响。

5.批判理论最适合以及最不适合解答什么样的问题？

JIM WATSON/AFP/Getty Images

第三章 媒介业务：整合、全球化和长尾

学习目标

在学习本章节之后，你将能够：

1. 描述从殖民时期到互联网的诞生，作为私有产业，美国媒体是如何发展起来的；
2. 了解一些主要的传统媒介集团；
3. 解释为何康卡斯特、谷歌、苹果和其他科技公司可以被视为主要的媒体公司；
4. 认识到"大众文化时代已经过去，我们正在步入一个个人主义、较少以大众为导向的文化"这一论点背后的原因。

2004年，马克·扎克伯格（Mark Zuckerberg）在哈佛大学的宿舍里奇迹般地发明了"脸书"（Facebook）。脸书是什么取决于你相信谁。要么是帮助学生了解宿舍里的其他人而重新印制的纸质宣传册；要么是根据女孩的吸引力对其进行评分的一种方式。

新闻记者乔斯·安东尼奥·瓦尔加斯（Jose Antonio Vargas）（更多关于他的内容参见第十五章媒介伦理）对脸书做出如下总结：

> 该网站是一本世界人口名录，是私人构建公共身份的场所。你可以注册

并上传自己的个人信息：照片、工作经历等。甚至还有一些其他问题，比如：为什么你现在对来德爱公司（Rite Aid）的小熊软糖选择感到恼火？为什么你对中东和平前景感到乐观？[1]

当然，你真的不需要对此作出解释。很可能你曾经有过一个脸书账户，用来与你的朋友、兄弟姐妹、父母甚至祖父母分享家庭照片和故事（事实上，你的祖母正是你这些天基本上放弃了你的脸书账户的原因）。

扎克伯格对电脑和编程的迷恋从很小的时候就开始了。瓦尔加斯（Vargas）报告称，扎克伯格12岁时就写了一个早期的即时通信程序，用于他父亲的牙科诊所的通信沟通。

脸书的业务模式取决于我们分享一切事物的意愿。根据你的隐私设置，比如你的照片、你在哪里吃午餐、你在哪里购物、你对电影的看法以及你最近的政治言论，这些都被作为提供专门针对你这类人群广告的参考。

当你正在脸书上与朋友谈论一款新的小型SUV，突然间，你的社交媒体上就充斥着那辆可爱的小型SUV的信息。当你正在观看漫威宇宙电影的最新预告片，突然间，漫威其他电影的流媒体广告就会出现在你的推送中。

虽然脸书利用用户数据投放广告的行为给这家社交网络带来了一定程度的批评，但更多的批评则来自扎克伯格开放脸书与企业合作的决定。

这意味着当你选择在脸书上玩游戏时，或者参加一个小测试，填写在哈利·波特的世界里你属于霍格沃茨（Hogwarts）的哪个学院，或者填写一份关于你政治立场的调查，这些数据都不会留存在脸书上，而是会被分享给脸书的合作伙伴，他们会使用这些数据，或许还有你朋友的数据，将你的个人资料出售给其他公司和组织——甚至可能是你反对的政治候选人。

早在2016年，当政治研究公司"剑桥分析"（Cambridge Analytica）开始使用脸书收集数据时，民众对脸书的批评就逐渐升温。剑桥分析通过脸书上的一个测试应用程序收集了数千万美国人的数据，并将这些数据用于政治候选人助选，而这些候选人往往与参加测试者的价值观并不一致。在剑桥分析使用这些数据的行为被曝光后，脸书暂停了该公司访问这些数据的权限，围绕该事件的丑闻最终导致剑桥分析关停业务并申请破产。[2]

罗杰·麦克纳米（Roger McNamee）是脸书的早期投资人之一，也是扎克伯格的导师。他指出，脸书的业务模式建立在寻找尽可能多的用户信息的基础上，然后利用这些信息向用户投放微广告，或者直接把信息出售给其他公司。[3]

《华尔街日报》(Wall Street Journal)记者凯瑟琳·宾德利(Katherine Bindley)试图寻找一种既能使用脸书,又不会将自己的生活信息泄露给该公司的方法;但她没能做到。即使她关闭了定位服务(允许她的手机"告诉"脸书她在哪里),并明确要求脸书及其子公司Instagram不要利用她的网页浏览历史来"跟踪"她,但她还是不断地收到她所说的"诡异的相关广告"。例如,她在手机上下载了一个怀孕应用程序,但没有提供任何个人信息,甚至没有留下她的电子邮件地址。然而,不到12小时,她就在Instagram上看到了孕妇装的广告。请注意,宾德利并没有真的怀孕,也没有表现出任何兴趣,她只是刚刚下载了一个与怀孕相关的应用程序。她指出,她从未收到脸书/Instagram或应用程序提供商的任何解释说明,她是如何在设置了最高级别隐私后成为他们的目标的。[4]

2019年夏天,脸书与美国联邦贸易委员会(Federal Trade Commission)达成和解,除了支付50亿美元的罚款外,他们还承诺改善保护消费者隐私的记录。考虑到这家科技巨头公司的历史以及罚款不到其年收入10%的事实,这是否足以让它改变其行为还存在一些争议。[5]

截至2019年11月,脸书在全球拥有25亿月度活跃用户,这使其成为迄今为止最大的社交网络。除此之外,脸书报告称其每月至少有一款产品的用户达到了28亿,其中包括Facebook、WhatsApp、FacebookMessenger和Instagram。[6]

除脸书外,唯一与之接近的社交媒体网络是拥有15亿注册用户的谷歌YouTube和拥有11.3亿用户的微信(一家中国社交网站)。[7]相比之下,推特拥有3.3亿订阅用户,而作为社交网络新贵,Snapchat估计有3.14亿订阅用户。[8]

虽然脸书在所有媒体公司中拥有最多的受众,但它的财务规模并不是最大的。2018年,脸书的收入为558亿美元,净利润为221亿美元。这使得该公司的利润率达到了惊人的39.6%。[9]相比之下,有线电视服务的主要供应商、NBC环球(NBC Universal)的所有者——康卡斯特的营收为945亿美元,但利润率较低,只有12.3%;流行文化巨头——华特迪士尼公司的利润率为24%;苹果(2019年)的营收高达2600亿美元,利润率为21.2%。[10]

扎克伯格的脸书告诉我们,一个媒体机构的重要性和影响力可以从多个方面加以考量——引入多少资金、创造多大的利润、服务多少受众以及受众的参与度如何。这些只是我们在本章中试图回答的几个问题,因为我们将着眼于那些拥有和运营这些媒体的公司。

近年来,报纸、书籍和杂志出版商,唱片公司,电影公司以及互联网公司的所有权变得越来越集中,从创办它们的家族手中转移到少数几家大型公司手中。然而,企业家可以利用数字技术创造新媒体,这将颠覆大媒体公司专注于通过多年使用的工具和技术传播信息的做法。我们不是把"媒体"看作一个统一的整体,而是看谁拥有和控制着各种各样的大众媒体,以及新渠道是如何迅速出现的。

美国传媒业

美国传媒业在世界上是独一无二的,因为它几乎全部是私有的并以盈利为目的。即使是在大多数国家由政府严格管控的广播业,在美国也由私人企业运营。[11]

美国的传媒业及其组成公司有着悠久的私有制历史,可以追溯到17世纪40年代。事实上,传媒业是美国殖民地最早的产业之一:第一台印刷机于1638年来到马萨诸塞湾殖民地(Massachusetts Bay Colony)。它被用来建立剑桥出版社(the Cambridge press),出版了《诗篇全集》(*The Whole Booke of Psalmes*),更广为人知的名字是《海湾诗篇》(*Bay Psalm Book*)。这本书成为殖民地的第一本畅销书,甚至还被出口到英国和欧洲。从传统意义上来看,大多数早期出版的作品都是宗教小册子,例如布道书,并且是在殖民地政府的许可下印刷的。[12]

报纸在整个殖民地时期和独立革命时期都在出版,但它们不是我们今天所熟悉的那种大型的、大众化的出版物。相反,它们充斥着评论和小道消息,以迎合特殊政治群体成员的兴趣。1690年,本杰明·哈里斯(Benjamin Harris)在殖民地出版了第一份报纸,此外他还经营着一家咖啡馆,他的报纸《国内外公众事件》(*Publick Occurrences Both Forreign and Domestick*)刊载的内容与他在咖啡馆里的谈话很类似。这份报纸只出版了一期,部分原因是哈里斯没有获得出版许可证。

尽管殖民地时期的报纸比19世纪的报纸要小得多,但它们却很能盈利。出版商兼政治家本杰明·富兰克林(Benjamin Franklin)因出版《宾夕法尼亚公报》(*Pennsylvania Gazette*)而变得相对富有——尽管他的成功至少部分归功于他作为邮政局局长阻止竞争对手通过邮件分发报纸的权利。[13]和其他几家成功的出版商一样,富兰克林能够利用其报纸的盈利能力来改善出版物,从而促成了他的成功。他是一个强劲的竞争对手,与其他出版商在图书、报纸和杂志业务中争夺顶级作家和编辑。[14]在许多方面,他确立了一种模式,在接下来的两个半世纪里,媒体大亨们都在遵循这种模式。

尽管印刷媒体在18世纪的美国很普遍,但出版物订阅价格很高,需要由政党补贴。直到19世纪30年代便士报出现，新闻业才真正开始。这些价格低廉、流通广泛的报纸被大量出版，是美国最早的一批主要靠广告收入和大量读者支撑的报纸。[15]同样的由广告支持的媒体模式也引领了19世纪杂志行业的发展。

与其他大多数国家不同，在美国，从1844年华盛顿特区和马里兰州巴尔的摩（Baltimore, Maryland）之间的电报线开始，电子媒体一直是由私人所有的。1849年，电报已被用于定期传送消息。尽管电报在20世纪被更新的技术所取代，但它为电子媒体的私有制奠定了基础。[16]如今，美国的广播业主要是私营企业，但仍由政府进行监管。相比之下，虽然英国的商业广播蓬勃发展，但公共资助的英国广播公司（BBC）的影响力远大于美国公共广播服务公司（PBS）。而互联网作为最新的电子媒体，始于20世纪60年代和70年代军方和大学之间的合作，但它直到20世纪90年代才全面向企业和公众开放。

国家新闻的发展

19世纪和20世纪初，全国发行的杂志提供新闻和娱乐；20世纪30年代，广播网络开始播送全国性新闻；但直到20世纪50年代，日益普及的电视网络才给美国带来了真正的全国性媒体文化。有史以来第一次，人们习惯性地依赖全国性的媒体来获取新闻。1963年，美国哥伦比亚广播公司（CBS）和全国广播公司（NBC）电视网开始每日播出半个小时的晚间新闻节目；1967年，美国广播公司（ABC）对此也进行了效仿；1968年，CBS推出了每周一期的新闻杂志节目《60分钟》（*60 Minutes*）。1979年，当美国驻伊朗大使馆雇员被劫持为人质时，ABC推出了名为"美国人质"（*America Held Hostage*）的晚间滚动新闻。随着人质危机持续了444天，该节目演变为现在的《夜线》（*Nightline*）节目。

1971年，美国国家公共广播电台（NPR）开播了第一档节目。晚间新闻杂志《万事皆晓》（*All Things Considered*）于1979年推出了《晨间新闻》（*Morning Edition*），成为美国收听人数最多的早间新闻节目。[17]有线电视公共事务网C-SPAN于1979年开始通过有线电视播出节目。该网络由有线电视和卫星电视行业资助，对美国众议院进行全程直播和未经编辑的报道；1986年，C-SPAN2开始对参议院进行报道；2001年，C-SPAN3开始播出国会听证会和其他公共事务活动的报道。1980年，美国有线电视新闻网络（CNN）开播，承诺直到"世界末日也不会停播"。随后，CNN通过其国际频道（CNN International）和西班牙语频道（CNN en Español）走向全球。

所有这些都意味着,尽管只有少数几家公司拥有媒体资产,但美国人仍然可以接触到众多相互竞争的新闻来源。独立信息来源的绝对数量确实有所下降,但其可获得性却大大提高。[18]除了这些巨头之外,还有几家规模稍小的公司对媒体的运作产生了极其重要的影响。本章的重点是美国传媒业,我们将在第十一章对全球媒体进行更广泛的探讨。

大型媒体:传统集团

媒体记者肯·奥莱塔(Ken Auletta)指出,在过去的40年中,媒体行业发生了巨大的变化。1980年,录像机(VCR)还是一种稀缺的奢侈品,有线电视刚刚开始流行,个人电脑是为业余爱好者准备的,互联网只对学术界和军方开放,《今日美国》(USA Today)尚未出版,音乐电视频道(MTV)和CNN当时还没有有线电视网,同时也只有三个广播电视网,你买不到CD,移动电话与大盒子相连,只有富人和拥有移动办公室的人才能使用。

而到2010年年底,有超过6000万户家庭订阅了Netflix的流媒体视频服务,有2800万户家庭订阅了Netflix的竞争对手Hulu(请注意:这些订阅群体可能在某种程度上相互重叠)。[19]大约2/3的家庭用户拥有有线电视或卫星电视;无线电广播普遍存在;68%的美国成年人可以在家中接入宽带互联网,另有10%的人仅通过智能手机接入互联网;《华尔街日报》每天有250万纸质和数字读者;至少有6家全国性广播网络;在18—29岁的美国人中,超过90%的人拥有智能手机(这意味着他们可以随时在线)。[20]

既然媒体公司控制着公众可接触的大部分内容,那么我们有必要了解一下它们是谁,它们控制着什么,以及它们是如何为了适应21世纪的新媒体环境而不得不做出改变的。那些曾期望通过整合实现协同效应从而获得利润的企业,很可能既高兴又失望。一般来说,"协同效应"(synergy)指综合效应(a combination of effects)大于单个效应之和(the sum of the individual effects)。例如,两种药物一起服用的效果可能是两种药物单独服用的两倍多。在媒体行业,协同效应意味着合并后的公司可以提供比两家公司单独运营更多的价值、更加节约的成本或更为显著的优势。

这些传统媒介集团包括:

- 迪士尼(Disney);

- 新闻集团（NewsCorporation）/福克斯（Fox）；
- 华纳媒体（WarnerMedia）；
- 维亚康姆哥伦比亚广播公司（ViacomCBS）；
- 贝塔斯曼（Bertelsmann）。

迪士尼：那只不断长大的老鼠

迪士尼，也被称为"老鼠"（The Mouse），因其众多家喻户晓的角色，如米老鼠（Mickey Mouse）和唐老鸭（Donald Duck），而成为全球最著名的媒体公司。它也是传统媒体巨头中最大的一家，通过收购卢卡斯影业（LucasFilm）、漫威（Marvel），以及最近的21世纪福克斯（21st Century Fox）娱乐资产，其规模还在不断扩大。截至2018财年，迪士尼的销售额为524.7亿美元，利润为126亿美元。[21]

1928年，当沃尔特·迪士尼（Walt Disney）开始制作米老鼠动画的时候，迪士尼公司就应运而生了。前两部无声的米老鼠动画片并没有产生什么反响，但第三部，配有同步音乐和音效，一举大获成功。沃尔特·迪士尼制作了一百多部以米奇（Mickey）和他的朋友们为主角的动画短片。1937年，他推出了首部动画长片《白雪公主和七个小矮人》（Snow White and the Seven Dwarfs），将动画发展到了一个新的高度。这部影片是工作室的一大成功，在1939年《乱世佳人》（Gone With the Wind）上映之前，它一直保持着8000万美元的票房纪录。

20世纪50年代，迪士尼开始制作真人电影，并继续制作从20世纪40年代末开始拍摄的野生动物纪录片。[22]也是在这一时期，迪士尼在加州开设了第一家主题公园。

沃尔特·迪士尼是首批看到电视潜力的好莱坞电影制片人之一，他连续十多年为电视制作并主持了一档每周一期的节目。[23]他很早就理解了"协同效应"的概念，并利用他的电视节目来宣传他的电影和主题公园。迪士尼获得特许经营商品的时间比其他任何媒体公司都长。1930年，该公司签署了第一份米老鼠产品的国际授权合同；1933年，著名的米老鼠手表上市销售。到1954年，该公司销售了3000多种迪士尼产品，从睡衣到学习用品，应有尽有。[24]

从米老鼠到媒体巨头

沃尔特·迪士尼于1966年离世，这导致迪士尼公司几乎丧失了发展方向。[25] 1984年，曾供职于美国广播公司电视公司（ABC Television）和派拉蒙影业（Paramount Pictures）的迈克尔·艾斯纳（Michael Eisner）接任了该公司总裁一职，直到

2005年。

在艾斯纳的领导下,迪士尼制作了一系列受欢迎的动画电影,成立了新的电影公司,包括试金石影业(Touchstone Pictures)[该公司曾制作过成人电影,如《风月俏佳人》(Pretty Woman)],并进军电视行业。[26]

除了成为美国媒体的一支重要力量外,迪士尼还在欧洲和亚洲拓展业务。截至2016年,迪士尼约23%的收入来自北美以外的地区,但吸引国际观众的努力并不总是一帆风顺。[27]例如,巴黎迪士尼乐园(Disneyland Paris)于1992年开业,在实现盈利之前,它经历了四次更名和数次文化变革。1983年开业的东京迪士尼乐园起步缓慢,但很快其经营超过了加州迪士尼乐园。[28]

2017年的电影《寻梦环游记》(Coco)的一幅剧照,以米格尔(右,由安东尼·冈萨雷斯配音)和他的阿布拉·玛玛·可可(由安娜·奥菲丽亚·莫吉亚配音)为主角,捕捉了迪士尼不断变化的面貌。

21世纪的迪士尼

在过去的20年间,迪士尼发生了巨大的变化。20世纪末,迪士尼公司以儿童节目、主题公园和游轮以及拥有ABC广播电视网和ESPN有线电视网而闻名。但到了21世纪,它一直在努力成为电影业的主导力量,它从苹果创始人史蒂夫·乔布斯(Steve Jobs)手中收购了皮克斯动画工作室(Pixar animation studio),后又收购了拥有庞大漫威电影宇宙的漫威娱乐,从乔治·卢卡斯(George Lucas)手中收购了卢卡斯影业(LucasFilm)及其《星球大战》(Star Wars)系列资产,最近又收购了21世纪福克斯家族(The 21st Century Fox family)的娱乐产业。在收购21世纪福克斯后,迪士尼通过将X战警(X-Men)纳入旗下,获得了对漫威宇宙其余部分的控制权。后者还为迪士尼带来了著名的电视资产,包括《辛普森一家》(The Simpsons)、FX有线电视频道(FX cable channel)和《国家地理》(National

Geographic）。最后，这次收购让迪士尼获得了福克斯探照灯公司（Disney Fox Searchlight），该公司以生产低成本、广受好评的电影而闻名。[29]

作为此次收购的一部分，迪士尼正在将"福克斯"（Fox）这个名字从这些资产中移除，它将21世纪福克斯电影工作室（21st Century Fox movie studio）更名为21世纪影业（21st Century Studios），将福克斯探照灯（Fox Searchlight）更名为探照灯影业（Searchlight Pictures）。[30]凭借其扩张后的资产组合，迪士尼在2019年制作或联合制作了票房排行榜前10名电影中的8部（顺便说一下，其中包括3部漫威电影、2部动画续集、2部翻拍的迪士尼经典动画电影，还有一部《星球大战》续集——有没有注意到任何趋势？）。[31]收购福克斯还让迪士尼获得了流媒体服务Hulu的多数股权，为消费者提供了在线访问其庞大有线节目库的途径。

正如艾斯纳带领迪士尼动画工作室在20世纪80年代和90年代成功转型一样，前ABC制片人鲍勃·伊格尔（Bob Iger）也一直担任迪士尼的首席执行官，带领公司转型为21世纪公司。伊格尔是收购皮克斯、漫威、卢卡斯影业和福克斯的幕后推手，同时也延续了迪士尼作为新媒体先锋的传统。华特·迪士尼亲自将公司带入电视行业，伊格尔则带领公司进入了网络时代。[32]最初，迪士尼旗下的电影公司率先通过iTunes商店提供购买和下载电影服务。[33]随后，迪士尼在2019年推出了"迪士尼+"，以与Netflix、HBO和亚马逊展开竞争，该公司目前拥有大量的收藏资源。截至2019年年底，娱乐新闻来源《视相》（*Variety*）估计，"迪士尼+"在美国拥有2400万订户。[34]其中大部分用户每月支付6.99美元的服务费，而有多达800万用户使用Verizon提供给高端手机计划客户的一年免费订阅服务。[35]2020年2月，伊格尔突然宣布他将辞去迪士尼首席执行官一职，但仍将担任公司的执行董事长（不管这意味着什么）和创意总监。曾任迪士尼乐园和体验项目负责人的鲍勃·查佩克（Bob Chapek）将出任新的首席执行官。虽然迪士尼观察人士预计伊格尔会在未来几年退休，但没有人预料到他会突然退休。[36]

迪士尼电影《曼达洛人》（*The Mandalorian*）里的尤达婴儿商品（Bady Yoda）。

凭借"迪士尼+"的推出、全球70亿美元票房电影的制作，以及它对美国媒体几乎每一个领域的染指，毫无疑问，迪士尼是美国乃至世界上占据主导地位的媒体公司。

新闻集团&福克斯：全球巨型企业规模缩小

在本书的前几版中，鲁伯特·默多克（Rupert Murdoch）的全球新闻和娱乐帝国——21世纪福克斯（21st Century Fox）和新闻集团（News Corporation）一直是媒体行业的巨头。但在2019年，默多克以约710亿美元的价格将福克斯大约一半的电影和电视业务出售给了迪士尼。[37] 新的福克斯公司仍然拥有福克斯广播网（Fox Broadcasting Network）、福克斯新闻（Fox News）和28个地方福克斯附属电视台以及其他资产。[38] 默多克家族也是报纸、出版和信息服务公司的主要股东，比如以出版美国的《华尔街日报》（Wall Street Journal）和《纽约邮报》（New York Post）以及英国的《泰晤士报》（The Times）和《太阳报》（The Sun）而闻名的新闻集团（News Corporation）[2011年，该集团最大的报纸《世界新闻报》（News of the World）因电话窃听丑闻而停刊。你可以在第十五章"媒介伦理"中了解更多关于这方面和性骚扰问题的信息]。

2019财年，新福克斯公司的销售额为114亿美元，营收不及之前的三分之一。[39] 新闻集团2018财年的营收约为90亿美元，两家公司的总销售额刚刚超过200亿美元。这使得福克斯集团和新闻集团的营收加起来还不到迪士尼的40%。

从澳大利亚到全世界

鲁伯特·默多克的父亲曾拥有两家澳大利亚报纸，1952年老默多克过世，小默多克不得不出售了其中一家报纸以支付遗产税。因此，默多克新闻集团是从一家独立发行量不到10万份的报纸《阿德莱德新闻报》（Adelaide News）发展起来的。[40]

到1964年，默多克已经组建了一家大型报业集团，并开始出版全国性报纸《澳大利亚人报》（Australian）。1969年，他移居英国，接管了周日小报《世界新闻报》（News of the World），并最终收购了另外4家小报。1977年，他移居美国，收购了《纽约邮报》（New York Post），并将其转变为一份活跃的、政治上保守的报纸。

20世纪80年代，默多克收购了20世纪福克斯电影制片厂和几家美国电视台，并利用它们创建了福克斯电视网。由于美国不允许外国人拥有电视网，他也在此时加入了美国籍，成为一名美国公民。福克斯新闻有线电视网于1996年开播，多年来一直是最受欢迎的有线新闻频道。2018年，福克斯新闻不仅是收视率最高的有线新闻频道，在所有有线电视基础网络的黄金时段中，它的收视率也最高。[41] 如本章之前所述，2019年，默多克完成了将21世纪福克斯的大部分股权出售给迪士尼公司的交易。

默多克家族在新闻集团和新成立的规模较小的福克斯公司都拥有绝对控股权。默多克在经营自己的企业时，仍沿用了他掌管一家小型家族企业时所采用的亲力亲为风格。21世纪福克斯被出售给迪士尼，这使得默多克家族成为迪士尼的第二大股东。[42]

21世纪的新闻集团和福克斯

鲁伯特·默多克一直强调，他愿意与时俱进。最初，默多克所有的媒体帝国都是他庞大的新闻集团的一部分，但在2013年，他将其拆分为新闻集团和21世纪福克斯。然后，在2019年，默多克将福克斯的大部分电影和电视业务出售给了迪士尼。随着公司规模的调整，福克斯集团的领导层也发生了变化，默多克的儿子拉克兰·默多克（Lachlan Murdoch）接任了福克斯公司的董事长兼首席执行官。[43]为什么会出现这种情况？根据《纽约时报》杂志发表的多篇系列报道，出售福克斯有多重原因，包括家族争夺公司控制权的斗争，以及福克斯娱乐帝国本身不足以与迪士尼和康卡斯特等巨头竞争。鲁伯特·默多克选定的解决方案是创建一个"更精简、更有活力的公司"，专注于那些可能成为"主要影响力工具"的部分。[44]

新闻集团和福克斯公司均属于满足消费者需求的企业。尽管默多克以他的政治保守派报纸和有线新闻频道而闻名，但总的来说，他的公司在满足受众需求方面是务实的。例如，如果将《华尔街日报》与新闻集团旗下的英国小报（如伦敦的《太阳报》）进行对比就会发现，后者长期以来每天都会刊登一张赤裸上身的女性照片作为特写。而福克斯广播公司播出的《辛普森一家》（*The Simpsons*）、《恶搞之家》（*Family Guy*）和《美国老爸》（*American Dad*）等，经常上榜最令人反感的电视节目，且被认为绝对不是正统的电视。

华纳传媒：回到最初

2018年6月，电信巨头美国电话电报公司（AT&T）以8500万美元的价格完成了对媒体集团时代华纳（Time Warner）的收购。[45]美国电话电报公司正计划利用其移动和卫星分销网络，提供从家庭影院（Home Box Office）的《权力的游戏》到美国特纳电视台（TNT, Turner Network Television）的篮球等一系列节目。这并不是时代华纳第一次尝试并购。早在21世纪初，时代华纳由美国在线（AOL）所有，但自那以后，时代华纳被拆分成几个部门，现在的规模比2008年小得多。在这些被出售的部门中，包括时代公司（Time Inc.）的杂志部门，正是该部门赋予了该公司名称中的"时代"部分。在美国电话电报公司的控股下,它现在被称为华纳传媒(WarnerMedia)。[46]

时代(Time)、华纳兄弟(Warner Bros.)和特纳广播公司(Turner Broadcasting)

时代华纳以出版《时代》(*Time*)杂志起家,该杂志由亨利·卢斯(Henry Luce)和他在预科学校的朋友布里顿·哈登(Briton Hadden)于1922年创办。之后,《时代》周刊迅速发展壮大。1930年,卢斯创办了商业杂志《财富》(*Fortune*),随后在1936年又创办了摄影杂志《生活》(*Life*)。到20世纪80年代,时代公司(Time Inc.)已经拥有了多家杂志、图书出版商、当地有线电视公司和HBO有线电影频道。1989年,时代与华纳通信(Warner Communications)合并,后者是从华纳兄弟电影制片厂(Warner Bros. movie studio)发展而来的。这次合并将一家大型电影制片厂与美国最大的杂志出版商联合起来。

时代华纳的业务包括大量提供家庭电视节目的地方有线电视台[它们后来被剥离出来,成为独立的时代华纳有线公司(Time Warner Cable),现已被特许通信公司(Charter Communications)收购],以及首批收费有线电视网络之一——美国家庭影院高清频道(HBO)。1996年,时代华纳通过收购有线电视先驱——泰德·特纳(Ted Turner)的频道集团,其中包括美国有线电视新闻网络(CNN)、亚特兰大独立电视台(WTBS)、美国特纳电视台(TNT)、特纳经典电影(Turner Classic Movies)和卡通电视网(Cartoon Network),大幅扩展了其基本业务。除了有线电视资产外,特纳还出售了其互联网业务和电影制片厂。在时代华纳接管了特纳广播系统(TBS)后,特纳也成为新公司的副总裁和最大股东。更重要的是,特纳电视网的控制权从个人手中转移到了一家上市公司手中,就像罗伯特·约翰逊(Robert Johnson)的黑人娱乐电视公司(Black Entertainment Television)后来被维亚康姆(Viacom)收购一样。[47]

时代华纳旗下付费电视网HBO是许多热门剧集的发源地,其中包括收视率最高的剧集之一《权力的游戏》(*Game of Thrones*)。在这里,提利昂·兰尼斯特(Tyrion Lannister)[由彼得·丁克拉奇(Peter Dinklage)饰演,左]和丹妮莉丝·坦格利安(Daenerys Targaryen)[由艾米莉亚·克拉克(Emilia Clarke)饰演,右]计划在第七季末接管维斯特罗斯的虚构王国。

HBO/Photofest

21世纪的华纳

尽管时代华纳一直以来都是最大的媒体巨头，但事实证明，自2000年以来，这种规模对公司来说可谓喜忧参半。2001年，最轰动的新闻是美国在线与时代华纳合并（有人说是收购）。在合并之时，美国在线的估值为1240亿美元；2009年两家公司拆分时，美国在线的市值还不到30亿美元。合并的目的是在美国在线的在线服务和时代华纳的传统媒体之间产生更大的协同作用。这是唯一的问题吗？其实，美国在线—时代华纳的协同效应从未真正奏效。这家新公司很快就裁掉了4000多个工作岗位，并出售了许多资产，包括其运动队、图书部门和华纳音乐集团（Warner Music Group）。[48] 2014年，时代华纳拆分了旗下的杂志出版商——时代公司（Time Inc.），并将其打造成一家独立公司。这意味着，赋予"时代华纳"一半名称的媒体巨头不再是该公司的一部分。2017年11月，时代公司的杂志家族被艾奥瓦州杂志出版商——梅里迪斯公司（Meredith Corp.）收购。[49]

在美国电话电报公司的控股下，华纳传媒的重点是建设一项新的流媒体服务，该服务融合了旧时代华纳的三大要素：华纳兄弟电影电视公司（Warner Bros.movie and television）、特纳有线电视公司（Turner cable television properties）和HBO付费有线电视网（HBO pay cable network）。华纳传媒首席执行官约翰·斯坦基（John Stankey）宣称将推出华纳媒体整合式流媒体平台HBO Max，这是一项流媒体订阅服务，预计每月收费15美元，将为消费者提供家庭影院高清频道HBO、Cinemax电影频道、华纳兄弟娱乐公司的内容，如DC漫画电影和电视剧，以及20世纪90年代流行的节目，如《老友记》（*Friends*）和《急诊室的故事》（*ER*）。[50] 之后，它可能还会提供CNN和体育赛事的直播。换句话说，这项新服务可以被视为一种通过流媒体提供的有线电视套餐——巧合的是，这也正是迪士尼在其新的流媒体服务中试图做的事情。[51]

维亚康姆哥伦比亚广播公司（ViacomCBS）：再次合并

你知道美国名人消息网（TMZ）上总是有关于本周明星夫妇的报道吗？先是他们在加勒比海的海滩上嬉戏，然后他们在一家时髦的素食餐厅醉酒打架后分手，再往后……他们有孩子了！这也可以用来描述传媒集团维亚康姆（Viacom）与老牌广播网络CBS之间的关系。经过多年的分分合合，这两家公司于2019年年底合并为维亚康姆哥伦比亚广播公司（ViacomCBS）。合并后的公司年收入超过280亿美元，全球累计电视用户超过40亿。ViacomCBS拥有广泛的资产，包括CBS广播网、派拉蒙电影工作室（Paramount movie studio），以及一系列基础和付费有线电视网，包括音乐电视（MTV）系列频道和娱乐时间电视网（Showtime）、几家流媒体服务公司，以及图书出版商西蒙与舒斯特出版公司（Simon & Schuster）。[52]

子公司买/卖母公司

2019年维亚康姆和哥伦比亚广播公司的合并是一场旷日持久的史诗般的斗争。1928年，威廉·佩利（William S. Paley）和他的父亲收购了联合独立广播公司（United Independent broadcasts），并将其更名为哥伦比亚广播公司

莎莉·雷德斯通和她的父亲萨姆纳为争夺哥伦比亚广播公司和维亚康姆的控制权进行了长期的斗争，直到2019年两家公司合并。

（Columbia broadcasting System，CBS）。20世纪80年代中期，原来的三家广播电视网都变更了各自的所有权，投资者劳伦斯·蒂施（Laurence Tisch）和洛斯公司（Loews Corporation）收购了哥伦比亚广播公司。西屋电气（Westinghouse）在1995年收购了蒂施的公司（Tish's company），而后在1997年，它出售了旗下所有的非媒体业务，只保留了哥伦比亚广播公司。

1999年，维亚康姆收购了哥伦比亚广播公司，这是媒介史上最奇怪的转折之一。此次交易之所以如此不同寻常，是因为维亚康姆最初只是哥伦比亚广播公司旗下的一个小型电影制作部门。后来，在1971年，联邦政府开始担心广播网络发展得过于强大，因此迫使它们出售其内容制作部门。作为一家独立的公司，维亚康姆成长为有线电视节目的主要生产商；其产品包括音乐电视（MTV）和尼克儿童频道（Nickelodeon）。

1987年，剧院老板萨姆纳·雷石东（Sumner Redstone）收购了维亚康姆。在雷石东的领导下，该公司在20世纪90年代成为一家占主导地位的媒体公司。它收购了派拉蒙电影工作室和新成立的电视网——联合派拉蒙电视网（United Paramount Network，UPN）[2006年，UPN与华纳兄弟网络（WB）合并成美国电视公共网（CW）]。最后，维亚康姆收购了哥伦比亚广播公司——这个几十年前诞生了它的电视网。[53]但到了2005年，维亚康姆和哥伦比亚广播公司又拆分成两家独立的公司，并开始发行各自的股票交易。因此，它们不再是一家大型媒体公司，对吧？嗯，嗯，从某种程度上说，是这样的。这两家公司的负责人仍然都是萨姆纳·雷石东或他的女儿莎莉（Shari）。雷石东家族仍然是最大的投资者。

萨姆纳于2020年8月离世，享年97岁，自此莎莉牢牢地掌握了公司的控制权。关于两家公司重新合并的故事，既是一个商业案例，也是一出家庭肥皂剧。自2018年以来，两家公司一直在来回试探，考虑再次合并为一家公司，问题似乎集中在一家公司愿意为另一家公司支付多少钱。[54]哥伦比亚广播公司前董事长莱斯·穆恩维斯（Les Moonves）的问题让事情变得更加复杂，他因多重性骚扰指控而被迫离开公司。

21世纪的维亚康姆哥伦比亚广播公司

维亚康姆和哥伦比亚广播公司的合并意味着什么？

- 合并的主要目的之一是让两家公司更好地适应有线电视和卫星电视用户减少、流媒体服务日益盛行的世界，以便与福克斯增强版的迪士尼、康卡斯特、美国电话电报公司/华纳媒体和网飞公司更好地展开竞争。[55]随着电视不再是一种通过有线或卫星传输的产品，传统媒体公司都必须弄清楚如何在这个新媒体世界中保持自己的地位——就像他们在20世纪80年代所做的那样，当时电视从无线电免费接收转变为通过有线电视付费观看。这个例子印证了"秘密4"——没有什么是新鲜的：过去的一切都会再度发生。
- 与美国电话电报公司以850亿美元收购华纳传媒和迪士尼以500多亿美元收购21世纪福克斯相比，即使合并，维亚康姆哥伦比亚广播公司的规模也仍然相对较小。更不用说像康卡斯特、苹果和谷歌这样的新媒体公司的规模了。[56]
- 但正如《视相》杂志所指出的，这家新成立的公司与合并后的两家公司本质上不会有太大区别。公司高层仍将为雷石东家族的一名成员保留一席之地，相当一部分的现有管理人员仍将留任。[57]

贝塔斯曼：世界上最大的出版商

德国媒体公司贝塔斯曼（Bertelsmann）尽管一直以其图书和音乐出版以及管理业务而闻名，但它在杂志、报纸、互联网和广播业务中也占有重要地位。贝塔斯曼不仅是世界上最大的出版商，而且是最大的英语图书出版商。2018年，其销售额达到了196亿美元。[58]

图书依然重要

贝塔斯曼成立于1835年，最初是基督教音乐和祈祷文的出版商。它也是19世纪格林兄弟童话故事（the Brothers Grimm）的原始出版商。第二次世界大战后，这家公司由前德国空军军官雷因哈德·莫恩（Reinhard Mohn）经营，他曾在堪萨斯州的战俘营中学会了说英语。[59]

与许多其他媒介巨头不同，贝塔斯曼是一家私营公司——它由一家德国基金会所有，该基金会要求公司不仅要盈利，还要为员工和各种社会事业服务。[60]贝塔斯曼认为图书出版是21世纪的重要媒体之一，该公司在1998年收购了美国主要的图书出版商兰登书屋（Random House）、2013年收购了企鹅出版集团（Penguin）之后，在这一领域占有了举足轻重的地位。贝塔斯曼还拥有欧洲最大的电视广播公司——RTL集团（RTL Group），并通过其古纳亚尔出版公司（Gruner+Jahr）分部掌控着大量杂志。[61]

贝塔斯曼的21世纪

作为一家出版商和欧洲广播公司，贝塔斯曼不像时代华纳、维亚康姆和迪士尼那样受到公众的关注。它没有史酷比（Scooby-Doo）、海绵宝宝（Sponge Bob）或米老鼠（Mickey Mouse）这样的吉祥物，而是通过以下方法悄然树立了自己的形象：[62]

- 回归核心优势。直到2002年，在首席执行官托马斯·米德尔霍夫（Thomas Middelhoff）的领导下，贝塔斯曼似乎正准备成为时代华纳或迪士尼那样规模的综合性媒体巨头。但莫恩家族解雇了他，并让公司回到了其核心业务——书籍和杂志出版。从那时起，该公司逐渐剥离边缘业务，回购了部分股份。2017年10月，贝塔斯曼增持了企鹅兰登书屋的股份，使其持股比例上升至约75%，并承诺将在2019年收购该出版商的剩余股份。[63]

2013年，贝塔斯曼、兰登书屋和企鹅合并为一家公司。

- 欧洲的广播业。贝塔斯曼是欧洲电视巨头，持有欧洲最大的广播公司——RTL集团90%的股份。除了在十几个国家运营超过45个电视频道外，该公司还制作了长期播出的《美国偶像》（American Idol）和该节目在全球范围内的各种版本。[64]

大型媒体：新的玩家

长期以来，这些企业集团一直是美国媒体毋庸置疑的统治者。但随着新媒体公司的崛起，对这些媒体公司进行排名变得越来越难。以迪士尼为例，它通常被认为是最大的传媒集团，年收入约520亿美元。我们将其与有线电视巨头康卡斯特进行比较就会发现，后者现在拥有NBC环球（NBCUniversal）。2018年，康卡斯特的年收入为945亿美元，比2017年增加了90亿美元。再看看搜索引擎巨头谷歌（Google）及其母公司Alphabet。2018年，Alphabet的年销售额为1368亿美元，大部分来自广告，这使得它的规模甚至超过了康卡斯特。[65]那么，现在让我们来看看大型媒体行业的其他竞争者。这同样也适用于"秘密2"——没有所谓的"主流媒体"。这些新兴公司，如康卡斯特、谷歌和苹果等，正在成为我们媒体领域的重要组成部分。还有一些公司，它们的媒体所有权范围比较有限，比如拥有850多家广播电台的iHeartMedia。各种各样的媒体同时存在，每一种都有其重要意义。

康卡斯特 / NBC环球：有线电视收购广播公司

NBC环球是美国最老牌的广播公司之一。它成立于1926年，由美国无线电公司（Radio Corporation of America, RCA）创建，RCA是美国广播行业的原始垄断者。最初，联邦政府设立RCA是为了整合所有开始广播业务所需的专利。RCA成立了全国广播公司（NBC），在全国范围内提供广播节目。正如我们将在第六章所详细描述的那样，NBC有两个网络："红网"（Red）和"蓝网"（Blue）。20世纪40年代，NBC卖掉了蓝色电视网（Blue network），该网络后来成为由迪士尼拥有的ABC。[66]20世纪30年代，RCA开始开发电视技术，并成为第一个拥有定期电视转播的网络。

1985年，美国通用电气公司（General Electric, GE）收购了NBC和RCA。从一开始，这项收购就颇具争议，因为通用电气的主要业务并非媒体，而是制造业和金融服务。通用电气生产消费电子产品、发电设备和飞机引擎。批评人士质疑一家主要的国防承包商是否应该被允许拥有广播网络。[67]

直到2009年秋天，作为有线电视、互联网和电话服务提供商，康卡斯特还没有被列入美国最具有价值的纯媒体公司名单。当然，它是美国最大的有线电视和互联网服务供应商，但它并没有像迪士尼、维亚康姆哥伦比亚广播公司或华纳传媒那样被人提及。但随后有消息指出，这家有线电视巨头正在谈判试图从通用电气手中收购NBC环球51%的股份，这将使这家总部位于费城的公司获得该网络/电影公司的控股权。[68]2013年2月，康卡斯特宣布将完成对NBC环球的收购。[69]收购NBC环球使康卡斯特成为美国最有价值的纯媒体公司（根据股票价格，苹果通常被认为是全球最有价值的公司，但它仅仅是一家部分媒体公司）。[70]2015年，康卡斯特的收入达到了945亿美元，比迪士尼高出40%以上。[71]

康卡斯特的大部分收入来自向其近2800万用户出售有线电视、互联网和电话服务。除了与媒体相关的资产外，康卡斯特还对费城的职业运动队和体育场馆感兴趣。在收购NBC环球后，康卡斯特拥有了NBC广播网、第二大西班牙语广播网Telemundo、10家NBC附属电视台和20多个有线电视网络。这些有线电视网络包括收视率最高的美国网络（USA Networks），以及精彩电视台（Bravo）、美国科幻频道（Syfy）和微软全国有线广播电视公司（MSNBC）。在电影方面，这笔交易使康卡斯特获得了大型电影公司环球影城（Universal Studios）和小型电影/独立电影公司焦点影业（Focus Features）的控制权。最后，这笔交易还包括位于佛罗里达州和加利福尼亚州的环球影城主题公司（Universal Studio theme parks）。[72]2016年春天，NBC环球斥资38亿美元收购了梦工厂动画公司（DreamWorks Animation），后者是《小黄人》（*Minions*）和《神偷奶爸》（*Despicable Me*）系列电影的制作方。此次收购被认为不仅仅加强了康卡斯特的动画业务，NBC环球的首席执行官史蒂夫·伯克（Steve Burke）说，"梦工厂将帮助我们在未来几年发展电影、电视、主题公园和消费品业务"。[73]

尽管康卡斯特是一家上市公司，但该公司1/3有表决权的投票权由其首席执行官布恩·罗伯茨（Brian Roberts）掌控，他是公司创始人的儿子。1963年，康卡斯特在密西西比州从有线电视行业起步，并于1969年成名。在收购了宾夕法尼亚州的有线电视系统之后，公司搬到了费城。整个20世纪80年代，康卡斯特通过收购美国各地的地方有线电视服务而发展壮大。20世纪80年代末、90年代初，康卡斯特开始收购移动电话公司。2004年，康卡斯特首次出价想要收购迪士尼旗下的一家大型媒体公司。虽然这笔交易并没有成功，但它确实为这家有线电视巨头收购NBC环球奠定了基础。

与媒体市场上的其他主要公司一样，康卡斯特正准备为那些希望摆脱传统有线电视的用户推出一项流媒体服务。[74]这对康卡斯特来说是一项重要举措，因为尽管其整体收入仍在增长，但它在家庭有线电视服务方面的收入却在下降，而宽带互联网方面的收入正在攀升。[75]

Alphabet：谷歌和公司

在本书的前几版中，我提出了这样一个问题："搜索引擎是大众传播的一个新的组成部分吗？"当然，互联网和万维网（World Wide Web）是我们大众媒体的一部分；搜索引擎，如谷歌和必应（Bing），是我们用来在网上查找信息的工具。它们甚至可以被视为新闻媒体。想想谷歌新闻（Google News），它是一个搜索工具，可以决定当天发生的主要新闻事件，在一个页面上收集到这些新闻事件的链接，并将它们呈现给读者。据谷歌称，谷歌新闻从来自世界各地的4500多个英语消息源中提取信息。谷歌的计算机会对这些文章的出现频率和出现在哪些网站上进行评估。谷歌声称这将使新闻公正呈现。[76]

谷歌在我们的生活中越来越重要，以至于它的名字已经成为在互联网上搜索的同义词——我去"谷歌"一下就知道答案了。但是，谷歌不仅仅是一个搜索引擎。2015年夏天，谷歌联合创始人拉里·佩奇（Larry Page）在他的博客上宣布，谷歌将重组融入一家名为Alphabet的新型母公司。Alphabet是一系列产品的家园，包括：

- 谷歌——广告、搜索引擎、电子邮件、YouTube、安卓移动操作系统、地图和应用程序
- 安卓——最常用的智能手机操作系统
- Chrome——笔记本电脑操作系统和网络浏览器
- Nest——与物联网相连接的设备
- Calico——抗衰老研究
- Loon——使用高空气球为偏远地区提供互联网服务
- Verily——医疗保健和疾病预防研究
- Waymo——自动驾驶汽车研发[77]

2018年，Alphabet/谷歌在全球的销售额达到了1368亿美元，其中，超过45%的收入来自美国，30%来自欧洲、中东和非洲地区，15%来自亚太地区。这使得谷歌和康卡斯特一样，在收入方面领先于所有传统媒体集团。这些收入的绝大部分来自广告销售。不仅如此，谷歌同时也是最赚钱的媒体公司之一。鉴于这一切，谷歌必须被视为媒体行业的主要新玩家之一。[78]

 **测试你的媒介素养：谷歌涂鸦（Google Doodles）**

回溯至1999年，谷歌还没有成立公司，当时它的名字还仅仅是作为"在线搜索"这个动词在使用，谷歌的创始人拉里·佩奇（larry Page）和谢尔盖·布林（Sergey Brin）想用他们的搜索引擎主页来宣传他们"不在办公室"——正在内华达州沙漠参加庆祝科技和反主流文化的火人节活动（Burning Man）。数年后，为了纪念巴士底日（Bastille Day），网站管理员兼实习生丹尼斯·黄（Dennis Hwang）创作了第二个涂鸦；随着涂鸦的成功，黄开始负责制作有趣的插图、动画以及纪念活动或纪念日的互动。[79]

谷歌涂鸦从早期的静态插图到现在已经有了很

大的发展。其中一些涂鸦本质上是向相关主题致敬的短片，通常是为了纪念某个地区历史上一个被低估的人。例如，2016年6月，有一个纪念动画电影先驱洛特·赖尼格（Lotte Reiniger）的涂鸦，她创作了以剪纸和皮影为特色的创意电影。赖尼格1899年出生在德国柏林，以其创作的童话电影而闻名。[80]

此外还有一些短片，除了有炫酷的动画和音乐之外，它还有一个很大的互动组件。2017年8月11日，谷歌涂鸦是纽约布朗克斯区（Bronx）的一场返校派对，以庆祝嘻哈音乐（hip-hop）诞生44周年。涂鸦给你上了一堂历史课，让你有机会通过挑选唱片、拍打和匹配节拍来练习你的打碟技巧（你可以在第六章了解到更多相关内容）。[81]

每个涂鸦都需要大量的工作。这个嘻哈项目，包括一个由涂鸦艺术家塞伊·亚当斯（Cey Adams）创作的正面标志；历史部分由动画版的棒五哥弗雷迪（Fab 5 Freddy）①讲述和主持，他曾担任Yo! MTV Raps的主唱。最终的项目包括超过40人的工作成果。

由于谷歌涂鸦在互联网上是免费的，当然，不可避免地有人觉得它们令人反感。关于这些涂鸦的争议似乎更多的是关于它们不是什么，而不是它们是什么。保守派新闻和阴谋论网站WorldNetDaily在2006年的谷歌涂鸦档案中抱怨说，谷歌没有向美国退伍军人或战争遇难者致敬。

随后，在2007年，谷歌因纪念人类太空飞行50周年而受到批评——这是苏联首先完成的。[82]谷歌选择的话题还受到了福克斯新闻和Infowars网站的批评。在这些批评中，人们往往忽略了一个事实，即谷歌是一家全球公司，其超过50%的收入来自美国以外的区域（这个案例指向了秘密5—所有的媒体都是社交媒体，甚至是那些搜索引擎页面上的卡通插图）。[83]

这些涂鸦的创意来源广泛，包括谷歌的员工，他们寻找"能体现谷歌个性和创新热情的有趣事件和周年纪念"。[84]谷歌用户也有自己的想法。谷歌因不使用涂鸦来纪念圣诞节和复活节而受到批评，之后谷歌采取了一项不承认任何宗教节日的正式政策。

关于此处所讨论的涂鸦参见：
www.ralphehanson.com/2018/05/11/ch-3-visual-media-literacy-google-doodles/

谁是源头？
谁在创作谷歌涂鸦？谁提出了有关涂鸦的想法？谁在批评这些涂鸦？

他们在说些什么？
人们会创作什么样的涂鸦？他们传递了什么样的信息？什么类型的信息没有被传递？

---

① Fab 5 Freddy，原名Fred Brathwaite，传奇的嘻哈先锋。作为另类文化带动者和涂鸦艺术家，他与让·米歇尔·巴斯奎特（Jean Michel Basquiat）一起创作，与安迪·沃霍尔（Andy Warhol）和凯斯·哈林（Keith Haring）一起出现在舞台上，并且是最早出现在画廊展览中的涂鸦艺术家之一。

持续的影响是什么？

对于一个每天有数百万访问者的网站来说，向用户提供短片和互动意味着什么？涂鸦会带来更多的流量吗？

你和你的同学对谷歌涂鸦有什么反应？

你或你的朋友喜欢谷歌涂鸦吗？你有没有刻意去看这些涂鸦？你是否曾经因为其中某个涂鸦而感到生气沮丧或被冒犯？

1998年，两位工程师创建了谷歌，他们甚至没有想过自己会进入广告行业。布林（Brin）是俄罗斯犹太移民的孩子，9岁时父母送给他一台Commodore64电脑，他也因此学会了编程。他与佩奇（Page）展开了合作，佩奇的父亲是密歇根州立大学（Michigan State）的计算机科学教授，母亲是数据库顾问。布林和佩奇是在斯坦福大学读研究生时认识的。佩奇解释说，有一天晚上他做了一个梦："我在想：如果我们可以下载整个网站，只保留链接会怎么样？"[85]

这两位同学基于这一想法创建了一个搜索系统，该系统通过分析主题链接的质量来工作，然后根据一个名为PageRank的系统对这些链接进行评分，PageRank代表的是佩奇的名字和网页本身的排名。谷歌最初不是在车库里推出的（尽管后来它搬进了车库），而是在斯坦福大学的研究生宿舍里创立的。谷歌成立时没有商业计划或盈利模式，但其创始人确实有一种创造最简单、最干净的搜索系统的策略。

2016年，谷歌宣布重组为一家名为Alphabet的企业集团。Alphabet的执行董事长埃里克·施密特（Eric Schmidt，上图）走遍世界各地，谈论科技将如何给我们的日常生活带来革命。

虽然布林和佩奇很乐意花光投资者的钱而不计任何回报，但为公司提供资金的风险投资家确实希望他们的投资能获得回报。2002年，谷歌终于意识到，要为投资者赚钱，就必须涉足广告业务。谷歌的工程师们提出的是AdWords系统，在这个系统中，广告商通过竞标获得在搜索结果旁边投放广告的权利。广告商购买特定的关键词，他们希望自己的广告出现在搜索结果旁边。但是，谷歌要求出现的广告必须与进行搜索的用户相关。例如，广告商不能购买"巧克力"（chocolate）这个词，然后用它来发布销售汽车的链接。但是，"直升机部件"（helicopter parts）这个词对于那些想要出售直升机修理工具的人来说再合适不过了。广告商只有在用户点击广告时才会被收取费用。

谷歌的第二大广告产品是AdSense，它可以在博客和网页上投放广告，并使广告与网站内容相匹配。随后谷歌对收益进行了分配，其中约三分之二的资金将流向网站所有者。这使谷歌处于与许多小型独立网站合作的位置，并被视为一个捐助者。这不仅让谷歌获得了丰厚的利润，也让许多小网站找到了赚钱的机会。

这一切又把我们带回了"秘密2"——没有所谓的"主流媒体"。我们拥有许多不同类型的媒体——从传统媒介集团到新媒体巨头，再到通过YouTube等服务分享作品的个人——都是我们的媒体。这也让我们想起了"秘密6"——在线媒体也是移动媒体——考虑到谷歌为大量手机提供了移动操作系统安卓，而苹果已经用iPhone和iPad定义了手机市场。

回顾过往，将搜索作为一种广告媒介似乎是显而易见的，但谷歌成立的初衷是打造最好的搜索引擎，而不是赚钱。两位创始人认为，如果他们开发出了一款很棒的产品，他们最终会找到一个很好的收入来源。

与许多传统媒体不同，谷歌并不畏惧媒体业务中所发生的巨大转型。当音乐和电影产业对他们的粉丝/用户/客户感到恐惧，并以"盗版"为由将他们告上法庭时，谷歌正试图找出一种更好的服务方式。谷歌的联合创始人佩奇告诉媒体记者肯·奥莱塔（Ken Auletta），"（试想一下）你的客户或用户永远是对的，你的目标是建立一个以自然的方式为他们工作的系统。这是一种好的态度。你可以更换系统，但你无法取代用户"。[86]

鉴于谷歌在搜索（以及流媒体、在线广告等）行业的主导地位，它面临一系列方方面面的批评和调查也就不足为奇了。

- 美国联邦贸易委员会就YouTube"追踪和瞄准13岁以下用户"的侵犯儿童隐私问题与Alphabet达成了数百万美元的罚款和解协议。[87]
- 共和党人指责谷歌利用其规模和影响力在网上压制保守派言论。谷歌公司否认有任何行为旨在促进进步派网站而打压保守派网站。《华尔街日报》报道称，鉴于谷歌的搜索服务深受消费者的欢迎，而且该公司在华盛顿特区建立了广泛的"支持网络"，以帮助反对监管并控制该公司，因此很难对其采取行动。[88]
- 联邦政府为新闻出版商提供了四年的反垄断法豁免期，以便它们能够更好地就谷歌如何使用其内容而达成更公平的支付协议。[89]

苹果：重塑媒体

虽然苹果以技术公司而闻名，但它在21世纪改变了媒体行业，其影响力不亚于任何一家公司。苹果经历了前所未有的增长。这家科技公司在2010年的营收额为660亿美元，到2019年已增长至2600亿美元。在不到十年的时间里，它的收入几乎提高了4倍。[90]快速浏览一下苹果的资产负债表就会发现，2019年，位于加州的这家公司有55%的收入来自iPhone产品，其余的则来自iPad平板电脑、传统计算机、Apple Watch或AirPods无线耳机等可穿戴设备、Apple TV流媒体盒、软件和媒体等一系列产品服务，如Apple Music和Apple TV流媒体服务。从这些数字来看，很明显，笔记本电脑和台式电脑只占公司业务的一小部分。这就是为什么如今公司的名字是"苹果"（Apple），而不是"苹果电脑"Apple（Computer）。

1976年，史蒂夫·乔布斯（Steve Jobs）与他的朋友斯蒂夫·沃兹尼亚克（Steve Wozniak）共同创立了苹果公司。沃兹（Woz）是发明家，而乔布斯则是一个富有远见的商人。

沃兹尼亚克在1983年离开了公司，而乔布斯则在1985年被苹果董事会驱逐。[91]离开苹果之后，乔布斯创建了NeXT Inc.，该公司开发了一款基于UNIX的创新型计算机，蒂姆·伯纳斯·李（Tim Berners Lee）用它创建了万维网（更多内容请参见本书第九章）。[92]

随后在1997年，苹果公司经过重新商议，收购了NeXT Inc.，并聘请乔布斯担任临时CEO。NeXTSTEP软件演变成了OSX，这是苹果对其电脑操作系统的彻底而成功的改造。到2001年，乔布斯已经去掉了自己头衔中的"临时"一词，并带领苹果走上了成功之路。也是在同一年，苹果推出了其标志性的媒体播放器——iPod。[93]

凭借iPod及其配套的iTunes软件，乔布斯巩固了其公司在新媒体行业中的地位。乔布斯做了很多别人告诉他不能做的事情。他成功说服了主要的唱片公司通过苹果的iTunes商店销售他们的音乐；他成功说服了主要的广播和有线电视网络通过iTunes商店出售他们的电视节目；此外，他还成功说服了主要的电影制片厂通过iTunes商店出售和租赁他们的电影……哦，你懂的。[94]

除了管理苹果公司外，乔布斯还收购了皮克斯（Pixar），一家他以1000万美元从《星球大战》导演乔治·卢卡斯（George Lucas）手中买下的计算机图形公司，并将其打造成了美国领先的动画工作室。2006年，当他把皮克斯卖给迪士尼时，该公司的市值已超过70亿美元。[95]在出售了皮克斯后，乔布斯成为迪士尼最大的股东和董事会成员，从而更加巩固了苹果和迪士尼之间本已密不可分的关系。[96]迪士尼首席执行官伊格尔（Iger）依托乔布斯为其公司提供指导，帮助其避免音乐产业在应对互联网时遇到的问题。伊格尔的对策是将其工作室的内容授权给苹果的iTunes商店，这样客户就可以合法地在他们的电脑和移动设备上购买和观看迪士尼

苹果公司首席执行官蒂姆·库克在该公司备受期待的媒体活动上介绍了苹果手表（Apple Watch）。虽然苹果主要经营硬件业务，但它改变了21世纪人们消费媒体的方式。

Justin Sullivan/Getty Images

娱乐节目。[97]

2011年，乔布斯在与胰腺癌的长期斗争中离世，从脸书到有线电视新闻，来自粉丝和新闻媒体的反应就像对普林斯（Prince）或大卫·鲍伊（David Bowie）去世的预期，而不是面对世界上最有价值公司之一的掌门人。但是，很少有公司能像苹果那样激发出如此高的忠诚度，也很少有公司能像苹果那样与创始人的个性和身份紧密联系在一起。[98]乔布斯因病辞职后，蒂姆·库克（Tim Cook）于2011年接任苹果公司的首席执行官，在库克的领导下，苹果最初继续保持着快速增长。[99]2018年春天，在经营了42年之后，苹果的市值达到了1万亿美元。仅仅两年后，也就是2020年夏天，在世界正处于由疫情引发的经济衰退之际，该公司的估值依旧翻了一番，达到了2万亿美元。[100]

媒体经济和长尾

主要媒体公司的名单通常包括有线电视供应商康卡斯特（Comcast）、流媒体服务商网飞（Netflix），以及提供电影和音乐服务的索尼（Sony），但较少出现的是那些迎合相对小众消费者的独立艺术家、作家和视频制作人。然而，当这些众多的小群体加在一起时，他们就形成了足以与大型媒体相匹敌的庞大受众群体。

大媒体的世界就是大片的世界——销售限量产品的大量副本。大片指制作成本超过2.5亿美元、需要卖出数百万张电影票才能实现盈利的暑期档大片。它们是塔那西斯·科茨（Ta-Nehisi Coates）和玛格丽特·阿特伍德（Margaret Atwood）的图书，是碧昂斯（Beyoncé）、克里斯·斯台普顿（Chris Stapleton）和德雷克（Drake）的专辑，是我们共同的媒体产品、共同的文化，是我们共同的分享。

尽管媒体业务的整合日益加剧，大型媒体对大片的重视程度也不断提高，但一种奇怪的现象已经出现。电影年度票房销售额一直在下滑，广播电视失去了三分之一的受众，CD销量也大幅下降，然而，人们似乎比以往任何时候都消费了更多的媒体内容。

克里斯·安德森（Chris Anderson）在他的著作《长尾理论》（*The Long Tail*）中指出，我们正在远离大众文化的时代，并开始步入一个更多个人主义、更少大众导向的时代。他在书中写道，在他成长的过程中，除了那些大型媒体外，唯一的选择就是图书馆和漫画书店。但现如今，无论是在商业还是非商业层面，人们都有了更多选择。以苹果的iTunes音乐和视频商店为例，你可以在该商店订购时下热门歌曲、电影和电视节目，同时也可以找到一些相当冷门的资料，比如：独立音乐组合"葡萄柚"（pomplamouse）的歌曲，他们通过发布YouTube上的视频建立了自己的粉丝群；或者是亚利桑那州Calexico乐队的EP；或者是电影《美眉校探》（*Veronica Mars*），它从粉丝那里筹集了570万美元，重启了这部热门剧；或者你也可以看看流媒体视频公司Netflix出品的喜剧恐怖电影《双宝斗恶魔》（*Tucker & Dale vs. Evil*）。

安德森是这样描述消费者从广播公司和出版商提供的大众化内容转向宽带互联网提供的更为聚焦的内容所带来的转变的：

> 广播的伟大之处在于它能以无与伦比的效率将一个节目带给数百万人。但它无法做到相反的事——为每个人带来一百万个节目。然而，互联网却能完美地做到这一点。广播时代的经济需要大热的节目来吸引大量的受众。宽带时代的经济规律则正好相反。对于一个为点对点通信而优化的分销网络来说，在同一时间向数百万人传送同一条流媒体信息是极其昂贵和浪费的。[101]

简言之，我们的大众传播正在变得越来越不"大众化"，我们有了一些专注于提供窄众化内容的新媒体公司。安德森运用一个统计学的术语"长尾"（long tail）来指代这种现象。

图3.1将这种现象呈现为一种分布曲线，表示的是，少量的媒体（书籍、歌曲、DVD等）销售大量的复制品。这个区域的产品数量有限，但销售额很高——左边的短头（short head），是大型媒体公司喜欢扎堆的地方。在某地电影院上映的电影要想获得成功，需要在两周内吸引到1500人左右。这意味着你不会在当地电影院看到很多不太出名的电影。一张CD一年至少要卖出4张才能证明它所占的货架空间是合理的，也就是说，这才够支付它占用的货架空间的租金。即使它在全国卖出了5000张，而如果它在当地商店卖不出4张，那么该商店就无法支付这张CD所占用的半英寸货架空间的租金。因此，大型媒体总是致力于寻找那些能吸引最多人共鸣的少数热门产品。正如安德森所说，这是他们生存的必要条件。[102]

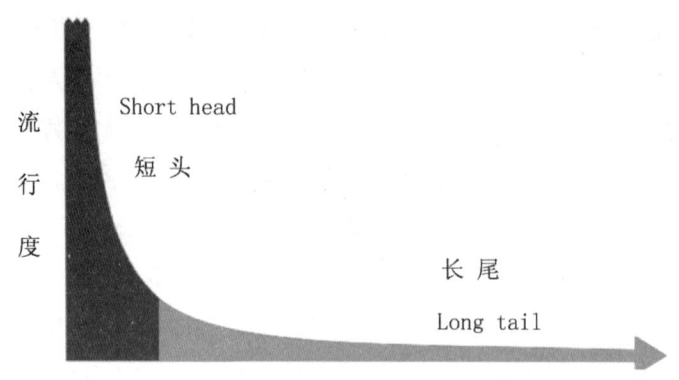

图3.1 新媒体市场

如果想要了解需求曲线的"短头"部分,可以参考美国最大的音乐零售商——沃尔玛(Walmart)。直到2013年,这家零售巨头在其商店中存放了大约3500种不同的CD。其中200种CD占据了零售店90%的销售额。但在2014年,沃尔玛将其CD选择减少了40%,只提供大约2100种CD。[103]当前,诸如塔吉特(Target)和百思买(Best Buy)这样的大卖场已经大幅缩减了其CD供应量。[104]那么,那些为数不多的人有兴趣购买的成千上万首歌曲呢?它们构成了图表中向右延伸的长尾部分。在这一部分,少数人有兴趣购买大量不同的产品(与"短头"部分人群相反——他们对购买限量的产品感兴趣)。

相较于沃尔玛,安德森用在线音乐销售商Rhapsody(现在以Napster的形式运营[105])来说明需求曲线的长尾部分。然而,现在大部分的下载市场,连同CD,都已被流媒体服务所取代。流媒体服务是探索音乐长尾的绝佳场所,因为除了聆听所需的时间外,尝试新音乐的边际成本几乎为零。对于像Spotify、Pandora或Apple Music这样的流媒体平台服务来说,最大的挑战是如何留住每一个付费用户,而提供他可能不知道但会喜欢的新音乐是一个好方法。2016年,时任Spotify首席内容战略官斯特凡·布洛姆(Stefan Blom)在接受《公告牌》(*Billboard*)杂志采访时表示,"我认为我们在整体上实现了音乐发现的民主化"。[106]Spotify利用其"每周发现"(Discover Weekly)工具将数百万听众与数十亿首新歌联系在一起。

Spotify是如何做到这一点的呢?有两个因素发挥了作用:(1)其库存成本极低——它只需要将歌曲存储在大量的硬盘驱动器上,而不需要在实体上储存音乐;(2)它在全美只开设了一家商店,只要你在美国,就能够享受到它提供的服务。[107]

长尾的特征

最大的长尾玩家包括：苹果，提供合法音乐下载的最大销售商；网飞，通过在线流媒体和经由电子邮箱发送的DVD，提供数十万部不同的电影；亚马逊，提供亚马逊Prime流媒体服务，并销售图书、电影和CD。[108]这些公司可以提供远远超出当前热门产品的选择。安德森认为，六大原则推动媒体市场长尾部分成功：

2019年1月，亚马逊透露亚马逊Prime在全球拥有超过1.5亿会员。

- 数量众多的产品——利基产品（niche goods）①远远多于热门产品。这意味着如果你能销售足够多的不同利基产品，你就可以获得与销售限量的热门产品一样多的销售额。
- 进入市场的成本低廉——进入利基市场的成本正在急剧下降，这要归功于互联网提供的便捷访问，以及在许多情况下能够以数字下载的形式出售产品而非实体销售。
- 寻找利基产品的便利性——消费者需要能够找到这些利基产品。这意味着需要一种工具（安德森称之为"过滤器"），让消费者能够在海量的媒体内容中搜索并找到他们想要的特定材料。而这正是互联网电影租赁商店Netflix的专长所在。Netflix让消费者对一系列电影进行评分，然后根据这些评分提供推荐。
- 主流热门产品的需求曲线趋于平缓——一旦消费者找到了他们的利基产品，需求曲线就会趋于平缓。现在消费者可以找到所有种类的产品，对热门产品的需求将相对减少，而对利基产品的需求将相应增加。这将使"长尾"变得更长，并降低消费者对热门产品的需求。
- 集体市场的规模——有如此多的利基产品，它们合在一起可以拥有与热门产品一样大的市场。换句话说，如果你能提供足够多的选择，那么你可以像专

---

① 利基产品是指针对一个特定的、小众化的目标市场所研发和设计的产品。也就是说，它们在市场上的占有率并不高，但是却非常适合特定的消费者群体——译者注。

注于"短头"一样专注于"长尾"来销售产品。
- 迎合个人品味——一旦利基产品容易获得、容易找到且价格合理，那么消费者就会选择符合他们个人需求的媒体内容，而不是消费那些对很多人有轻微吸引力的热门产品。媒体的热销将变得不那么重要，因为消费者可以得到他们想要的东西，而不是当地碰巧有什么[109]。

长尾的影响

安德森认为，传统大众媒体转向"长尾"会带来以下几个方面的影响：
- 生产方式的民主化。过去，录制一张CD需要一个又大又贵的录音棚。现在，只要有笔记本电脑和一些便宜的软件，任何人都可以完成多音轨录音或编辑短视频。你可以使用激光打印机和当地的复印店来出版一本看起来很专业的书籍，而不需要大型出版社的帮助。功能强大的家用电脑的发展使任何人都可以有可能成为一名媒体制作人。
- 分销手段的民主化。通过互联网和易趣（eBay）、亚马逊等网站，任何人都可以打开一个全国乃至国际的销售渠道。YouTube为普通民众提供了一个分发自制视频的平台。我甚至与亚马逊合作经营了一家小型媒体书店。正如安德森所说："个人电脑让每个人都成为生产者或出版商，但互联网让每个人都成为分销商。"[110]
- 供应者与消费者连接成本的大幅下降。现在，销售方和消费者可以通过诸如谷歌搜索、iTunes、YouTube和博客之类的工具相互找到彼此。

长尾中的大玩家

21世纪的媒体世界为各种各样的发行渠道提供了空间。对于热门电影来说，没有什么比大型媒体更适合发行了。电影院、书店、大型零售商（如沃尔玛）、广播网络电视和杂志在销售或分发吸引大量人群的媒体内容方面做得很好。第二种是混合型零售商——像亚马逊和Netflix这样的公司没有实体零售店，但必须提供实体产品，如书籍、CD或DVD。混合型零售商拥有全国性的分销渠道，服务于细分市场，但他们仍然提供实体产品。最后，像苹果iTunes和Napster这样的数字零售商销售的是没有实体产品的下载。任何销售虚拟产品而非实体产品的商店都处于长尾的最末端[111]。

最成功的长尾内容供应商之一是谷歌的视频服务平台——Youtube。虽然YouTube创立的初衷只是为了方便分享视频，但它很快发展成为一种主要的视频娱乐替代来源。YouTube的联合创始人查德·赫利（Chad Hurley）在接受美联社记者迈克尔·利德特克（Michael Liedtke）的采访时说，"我们提供了一个人人都能看到的舞台，我们认为自己是《美国家庭滑稽录像》（*America's Funniest Home Videos*）和《娱乐今晚》（*Entertainment Tonight*）的结合体"。[112]

与臭名昭著的音乐共享网站Napster不同，YouTube从未与大型媒体公司发生正面冲突。它总是在版权所有者的要求下迅速删除其内容，但也一直在与这些公司开展广泛的收入分成项目。此外，You Tube还将用户的视频片段限制在10分钟以内，以防止用户因上传整部电影或电视节目而引发的大规模侵权行为。[113] YouTube已与大型媒体公司签订协议，提供专业制作内容的长视频流媒体服务。[114]

陈士骏（Steven Chen，左）和查德·赫利在2004年创建了视频分享网站YouTube。自那以后，它已成为互联网上用户生成视频的首选地点之一。

截至2019年春季，YouTube报告称每月拥有20亿访客，《纽约时报》估计，该视频服务每年产生的收入在160亿至240亿美元之间。[115] 在美国，YouTube每月拥有约2亿受众，比大多数有线电视频道的观众都多。[116] 然而，YouTube与有线电视之间存在很大的差别。电视频道希望观众愿意收看由频道每天自行决定播出的数量有限的节目，而YouTube则播放大量专业人士和业余爱好者制作的内容，观众愿意看什么由他们自己做决定。与传统电视不同，YouTube有能力向几十到数百万的观众提供节目。赫利说："我们对所有上传视频到我们网站的人表示欢迎，并由社区决定什么是娱乐。"[117] YouTube的扩展方式印证了"秘密1"——媒体是我们生活的重要组成部分。

YouTube将创作者、节目制作人和受众的角色集于一身。YouTube是受众兴趣的体现，为受众提供了几乎无限的选择。考虑到一半的YouTube浏览量是在移动设备上完成的，这也说明了"秘密6"——在线媒体也是移动媒体。

《好莱坞报道》（*Hollywood Reporter*）的记者黛安娜·梅米加斯（Diane Mermigas）将谷歌与YouTube的合并视为"广播和有线电视之后第一个可行的新媒体继任者"。[118] 她说，这一结合提供了在宽带频道上发布、观看、查找和放置业余和专业视频节目广告所需的工具。她认为这两家公司将引领这股潮流，把"维持传统电视的眼球、广告收入和创意内容"转移到在线视频上。[119]而这也是史蒂夫·乔布斯让苹果公司在网络媒体世界中获得成功的原因。苹果公司明白，消费者需要一种简单的方式来查找和使用数字内容，因此提供了在线iTunes Store和各种iPad和iPhone来播放下载的内容。使用苹果的产品，消费者可以随时随地下载、传输和访问内容。[120]新媒体公司正在成为重要的、不断成长的参与者，它们了解长尾效应的本质，并会提供消费者需要的内容。

章节回顾

章节小结

美国的传媒业是世界上最大的，其大多由私人企业运营，只有少量的由政府控制。其始于17世纪40年代，是美洲殖民地最早的产业之一。然而，直到19世纪30年代，随着识字率的提高和蒸汽动力印刷机的发展，报纸、书籍和杂志实现了大规模生产，媒体产业才开始繁荣起来。20世纪下半叶，电子媒体的发展促进了国家媒介文化的生成，因为全国范围内的民众可以同时看到相同的内容。

美国媒体行业可以划分为两个部分：一是传统媒体集团；二是新兴的、以技术为导向的公司，它们同时拥有新旧媒体形式。传统媒体集团是从存在了几十年甚至几百年的媒体公司发展而来的，它们拥有主要的电视网络、广播电台、有线频道和供应商、报纸、杂志、唱片公司、电影工作室以及互联网服务。但媒体行业也出现了新的参与者，它们提供有线电视和互联网服务、在线搜索和内容，以及整合媒体内容和硬件。美国传统媒体集团包括迪士尼、福克斯、新闻集团、华纳传媒、维亚康姆哥伦比亚广播公司以及贝塔斯曼。新玩家包括脸书、康卡斯特/NBC环球、谷歌和苹果。近些年，传统媒体公司和新兴媒体公司都在为达到在市场上最具竞争力的规模而苦苦挣扎，这促使这些公司进行一系列的快速销售、合并和转型。

互联网的普及催生了专注于为相对小众消费者提供多种媒体内容的小型新媒体公司。当这些被称为媒体长尾的利基市场结合在一起时，其规模可以与热门媒体内容市场相媲美。

关键术语

便士报（Penny press）
协同效应（synergy）
本地有线电视系统（local cable television systems）
长尾（long tail）
短头（short head）

问题反馈

1. 脸书如何使用用户数据并从中获利?这种做法给公司带来了哪些问题?
2. 与世界其他大部分地区相比,美国的媒体所有权有何特点?
3. 传统媒体集团有哪些共同点?
4. 新兴的大型媒体公司与传统媒体集团之间有何不同之处?
5. 为何大型媒体公司相互之间会持续地进行拆分融合?
6. 长尾媒体与短头媒体之间有何区别?

第二部分

传统媒体

- 第四章　图书：大众媒体的诞生
- 第五章　新闻业：民主社会的映射
- 第六章　音频：穿梭于媒介的音乐和谈话
- 第七章　电影：大众生产的娱乐
- 第八章　电视和视频：广播电视和其他媒体

Taylor Hill / Stringer / Getty Images

第四章　图书：大众媒体的诞生

学习目标

在学习本章之后，你将能够：

1. 描述在图书发明之前的三种早期书写形式；
2. 知晓在打字模具和印刷机发明之后的两大文化变革；
3. 解释在图书出版和发行业务中三个主要参与者的基本功能；
4. 描述"流行"（popular）图书和"经典"（great）图书之间产生张力的原因；
5. 描述美国如何处理对有争议的书籍的审查，并与其他国家（如伊朗）的处理方式进行比较；
6. 描述电子书与传统纸质书相比的优势和劣势。

当约翰·格林（John Green）刚开始出版书籍时，年轻人喜欢的畅销书都是关乎世界命运的科幻小说和奇幻反乌托邦小说。格林的小说则不同，它们更有针对性；通常涉及一个"聪明的问题少年"，女主角则被描述为"疯狂的梦中情人"。[1]

约翰·格林并没有立刻获得成功。他的第一本书——2005年出版的带有自传性质的小说《寻找阿拉斯加》（*Looking for Alaska*），虽然没有成为畅销书，但它确实赢得了青少年文学领域的一个重要奖项——普林兹奖（Printz Award）。随后他又出版了几本书，逐渐积累了一批忠实的粉丝。

但在2012年1月，格林的小说《星运里的错》(The Fault in Our Stars)出版，讲述了两个身患癌症的青少年之间的爱情故事，他也因此成为文学明星。这本书大获成功，在《纽约时报》畅销书排行榜上连续124周榜上有名，在青少年畅销书排行榜上则连续43周名列第一（公平地说，儿童和青少年畅销书排行榜通常比面向成人的书籍排行榜排名更稳定）。这本书在发行前6个月就已经登上了亚马逊畅销书排行榜的榜首，这要归功于格林提前作出的承诺，将亲自为该书首次印刷的15万册签名。[2]这本书最终售出了2300多万册，并成为一部票房大热电影的原型，而这部电影的制作预算只有1200万美元，票房收入却超过3.07亿美元。[3]自那以后，一位高中戏剧老师和他的四名学生在获得格林的允许后，将书中的内容改编成了舞台剧，于2019年上演。如果这还不够，埃隆·马斯克(Elon Musk)的太空探索技术公司(SpaceX)还将其卫星宽带互联网项目命名为"星链"(Starlink)，以向《星运里的错》致敬。

除了畅销小说和卖座电影之外，格林与他的兄弟汉克(Hank)制作的YouTube视频也是非常知名的。2006年，在视频共享服务YouTube刚刚进入第二年之际，他和哥哥决定用一年的时间只通过YouTube上的公开视频进行交流。他们发布的"格林兄弟科普视频"(Vlogbrothers)非常受欢迎。[6]该项目启动14年后，格林兄弟在他们的播客现场录制了视频，以筹集资金，帮助降低塞拉利昂(Sierra Leone)的儿童和孕产妇死亡率。[7]

尽管取得了巨大的成功，格林表示，他在创作每一本新书时仍会感到紧张。"我记得当我写第一本书的时候，我就在想，'如果我有机会——再来一次的机会，那我就知道怎么写书了'。但等到我写第二本书的时候，我又想，'我不知道该怎么写了'，每次都是这样。"[8]

虽然他之前每年都会出版一本新书，但他花了近6年时间才完成了《龟背上的世界》(Turtles All the Way Down)，这是他的《星运里的错》的后续作品。《龟背上的世界》的女主角阿扎·霍姆(Aza Holmes)是一个典型的格林式女主角，一个"聪明、忧郁"的青少年，她患有强迫症(OCD)，这是她和她的创作者共同的特点。"强迫症是我生活中持续存在的一部分，我想这将是我一生中无法摆脱的一部分。"[9]

格林从记事起就一直患有焦虑症和强迫症。在《星运里的错》大获成功后，他因病度过了一段特别艰难的时光。格林在接受《纽约时报》采访时表示："我无法逃离思绪的漩涡，我觉得它们来自外界。"[10]在他严重的精神疾病发作期间，格林放弃了几个写作项目，但在2015年康复后，他又开始钻研写作和修改《龟背上的世界》，以此作为一种应对自己经历的方式。"从那以后，我就很难再写其他东西了。

这是必然的话题。"[11]

"我想谈谈,不要感到任何尴尬或羞愧,因为我认为,听取拥有良好充实生活并将那些慢性精神疾病作为良好充实生活的一部分的成年人的意见,对人们来说很重要。"但格林还想确保他不会将自己的疾病浪漫化,也不会声称这是他创造力的源泉。"对我来说,这是一种摆脱自我的方式,不再感到受困于自己的内心。我要格外小心,不能声称我的大脑问题对我有很大好处。"[12]

格林最为人所知的是他对青少年心灵的洞察。他在接受《纽约客》(*New Yorker*)的作家玛格丽特·塔尔博特(Margaret Talbot)采访时说,"我喜欢青少年所带来的那种激情,不仅是对初恋的激情,还有第一次面对悲伤……第一次开始思考为什么人们会受苦以及生命是否有意义……青少年觉得你对这些问题的结论很重要。他们说得完全正确。"[13]

格林对自己与青少年相处的方式以及青少年过分依赖自己的名言也并非没有反思,比如"别忘了做个了不起的人"(don't forget to be awesome),通常被缩写为"DFTBA"。2015年,一个十几岁的女孩在网上指责他是一个"迎合十几岁女孩的怪人,目的是聚集一些奇怪的追随者"[14]。

尽管格林偶尔会受到批评和精神疾病的困扰,但他还是成功地开创了自己的出版业(以及我们稍后会讨论的社交媒体)。格林说:"强迫症不是一座你需要攀登的高山,也不是一道你要逾越的障碍,而是一种你需要持续面对的状态。""人们希望用过去式来描述疾病,但很多时候,事实并非如此。"[15]

书籍是社会娱乐、文化和思想的源泉,它所引发的争议几乎比其他任何媒介都要持久。图书出版也是一个由买书人来支持的主要产业。在这一章中,我们将探讨书籍是如何从一种供精英使用的手抄媒介发展成为数百万人消费的大众媒体的;印刷技术的发展如何给社会带来革命性的变化;出版业是如何运作的;文学写作与通俗写作之间的冲突,以及审稿人的努力。

图书与大众传播

书籍是由印刷在纸张上的文字构成的,它是大众传播的最初媒介(尽管罗马天主教会此前通过布道实现了某种程度上的大众传播,如第一章所述)。书籍实现了思想传播,促进了语言和拼写的标准化,并创造了大众文化。书籍和其他印刷品也促成了诸如新教改革(Protestant Reformation)这样的重大社会变革。然而,在有书之前，必须先有写作。

写作起源于公元前3500年左右的中东地区，即埃及（Egypt）或美索不达米亚（Mesopotamia）。这意味着书面语言（written language）已有约5500年的历史；相比之下，口语被认为至少有4万年的历史。写作的最大优点是信息可以储存。人们不再需要通过记住大量的信息来保存信息。故事可以被记录下来，代代相传。然而，早期的书写还不是大众传播的一种形式。阅读和写作是所谓的抄写员所具备的精英技能；他们罕见的能力使他们在宗教机构和政府（通常是同一回事）中拥有权力。[16]

最早的书写形式是象形文字（pictograph），由画在岩壁上的物体组成。接下来的主要形式是表意文字（ideograph）——一种代表物体或思想的抽象符号。表意文字比象形文字更书面形式化（formalized），每个物体或想法都有一个符号。像中文、韩文和日文这样的语言仍在使用表意文字。一个符号对应一个单词的最大挑战是人们必须学习数千个独立的符号。例如，文学汉语有5万个甚至更多的符号，而日常书写中文有5000—8000符号。

这块原始埃兰石板（Proto-Elamite tablet）是最早的书写形式之一。

这些纸岩岩画是最早的文字形式之一。

表意文字通常被用作国际符号，比如，街道标识使用全球可识别的表意文字，想想那个红色的六边形——它的意思是"停止"（STOP）。表意文字在使用多种语言的地区很有用，有助于旅行者寻找洗手间、医院和火车站。想象一下，一位在欧洲四处寻找卫生间的游客。有了表意文字，一个单一的符号就可以代表法语中的bain、丹麦语中的bad，或西班牙语中的baño。

很多美国人都见过或听说过埃及象形文字（Egyptian hieroglyphics），它是一种有着几千年历史和古老书写风格的符号，但仅限于此，这些人可能从来没有读过用表意文字书写的书籍。中文使用的是表意文字，但这些符号相对抽象，远不止一种可识别的图形，更是一种思想的符号。

然而令人惊讶的是，你最近可能已经使用表意文字发送短信、给上传的照片添加内容,甚至将其添加在电子邮件当中。通过在你的电脑或移动通信设备上使用表情符号键盘(emoji keyboard),你可以使用各种表情符号,比如一张笑脸、一个微笑的魔鬼、一只微笑的猫、一张爱德华·蒙克①尖叫的脸——你明白了吧——都可以(外加数百个表情符号)满足你表达信息的需求。人们可能会觉得这些表情符号(emojis),或代表情感或想法的小图标(small icons),具有普遍的社会意义;然而,事实上,

这些程式化的笑脸和图片都是表情符号的例子。表情符号是电子交流中用来表达情感的小型数字图标。每年,统一码联盟都会推出新的表情符号。

人们往往对它们的含义存在分歧。举个例子,想想这个 : 虽然官方解释是祈祷之手(任何肤色都有),但有些人认为它传达的是相互击掌的意思。明尼苏达大学GroupLens实验室的研究人员发现,人们对相同的表情符号会有截然不同的解读。更为复杂的是,每个社交媒体平台都有自己版本的表情符号,想想"咧嘴笑的脸和微笑的眼睛"图标("grinning face with smiling eyes" icon),你在苹果、谷歌、微软、三星还是LG平台上看到它,图标是完全不同的。[17]

2018年,负责制定计算机和移动设备字符集标准的统一码联盟(Unicode Consortium)发布了一份新的表情符号列表,其中包括肤色和发色各异的微笑表情符号,将其预置在即将到来的智能手机软件更新版本当中。在这份表情符号列表中,非洲裔美国人的头发也可以搭配多种肤色,更不用说搭配长曲棍球、DNA链和滑板了。[18]

在公元前2000年之后的某个时期,人们开始使用表音文字(phonography),这是一种书写系统,符号代表的是口头的声音,而不是文字中的物体或思想。表音文字的使用时间比我们更熟悉的字母表(alphabet)概念要早。后者在公元前1700—公元前1500年间形成,字母(letters)代表单个的声音(individual sounds)。基于声音的字母表书写系统只有几十个符号,与早期的表意文字系统相比,学习起来相对容易。这样,抄写员就不再是精英了。现存最早的书面作品有希腊诗人荷马(Homer)的《伊利亚特》(*Iliad*)和《奥德赛》(*Odyssey*)。[19]

一旦人们有了用文字记录想法的方法,他们就需要一些东西来书写。最早的

---

① Edvard Munch,挪威画家、版画家,被誉为表现主义运动之父。《尖叫》(*The Scream*, 1893)是他最著名的作品之一,也是近现代艺术史上最著名的画作之一——译者注。

文献是记录在洞壁、岩石和泥板上的，但这些媒介的用途有限。想象一下，你在湿黏土板上做笔记，然后拿回宿舍晾干。因此人们需要一种轻巧、便携且相对便宜的工具。纸莎草纸（papyrus）是由纸莎草芦苇（papyrus reed）制成的一种原始纸，大约在公元前3100年由埃及人发明。纸莎草被放在20—30英尺长的长卷上，它们被称为卷轴（scrolls）。尽管纸莎草纸比石头或黏土板更有用，也更便于携带，但它容易碎裂或被虫子吃掉。羊皮纸（parchment）由山羊或绵羊的皮制成，最终取代了纸莎草纸，因为它比纸莎草纸耐用得多。

大约在公元前3100年，埃及人发明了纸莎草纸——一种用纸莎草芦苇制成的早期纸。这些象形文字来自埃及死亡之书的纸莎草卷轴。

World History Archive/Alamy Stock Photo

公元前240—公元前105年间，中国人发明了用棉布或木浆制成的纸（paper）。[20] 8世纪末，造纸术由穆斯林（Muslims）从中国传到巴格达（Baghdad），然后在11世纪中期，造纸术通过西班牙传到欧洲。14世纪，造纸术传遍欧洲，但直到16世纪印刷术普及，纸张才取代了羊皮纸。

对于图书的需求

在整个中世纪早期（公元400—800年），欧洲的大部分书籍都是由修士在修道院的抄写室手工抄写的宗教文本（religious texts）。由于制作羊皮纸难度较大，僧侣们有时会把旧羊皮纸上的字迹刮掉，以创作新书。这导致许多古希腊文和拉丁文书籍的流失。那些流传了几百年并在罗马帝国灭亡中幸存下来的书籍之所以消失，仅仅是因为它们被抹去了！

随着13世纪识字率的提高，人们对于书籍的需求也与日俱增。很快，手抄书籍的产量就超过了修士们的生产能力，书籍的生产转移到了有特许执照的出版商或书商手中。书籍仍然按照所谓的完美原件（或样板）逐一手抄。这一时期的一个例子就是杰弗里·乔叟（Geoffrey Chaucer）的《坎特伯雷故事集》（*Canterbury Tales*），至今仍在出版。

到14世纪，书籍已经变得相对普及。被称为"插图手抄本"的宗教典籍用图片和精心装饰的书法加以修饰，部分原因是帮助不识字的读者传递信息。[21]

印刷术的发展

印刷术是在公元2世纪末中国发明的。图像被雕刻在木板上，这些木板被涂上墨水，然后放在纸上，从而复制出图像。然而，木刻（woodcuts）的使用受到限制，因为材料无法快速复制。1050—1200年间，活字印刷术（movable type）在中国和朝鲜都得到了发展，但由于有数千个独立的表意文字（ideographs），活字印刷术并不实用。

约翰内斯·古腾堡（Johannes Gutenberg, 1394—1468），一位生活在德国美因茨（Mainz, Germany）的金属工匠，在15世纪中期成为第一个开发活字印刷术的欧洲人。尽管古腾堡发明了第一台实用印刷机（用葡萄酒榨汁机改良而成），但他最重要的发明是打字机模具，它使印刷者能够复制单一字母的多个相同副本，而无须手工雕刻。

古腾堡印制的最有名的书籍是他在1455年出版的《圣经》（Bible）。当时，他大约印制了120本《圣经》，其中有46本被证实流传至今。20世纪80年代，古腾堡的一本《圣经》在佳士得拍卖行以539万美元的价格售出。[22]

在古腾堡的时代，排版是一项艰巨的任务。印刷者从一副铅字或字池中选择一种包含特定大小和样式的所有字符的字体盒。今天，"铅字"（font）这个词在很大程度上已经成为"字体样式"（typeface）的同义词，意义不再局限于表示字体大小和样式，例如，粗体或斜体。然后，印刷工人从字体盒中取出拼写一行字所需的字母，并把它们放在一根印刷棒（a type stick）上，这根印刷棒看起来有点像拼字游戏（a Scrabble game）中用来装字母的架子。一旦排满一整行，印刷工人就把它放在印刷机的框架里（a printer's frame），这样就可以把字印下来。

图中所示为德国金属工匠约翰内斯·古腾堡（右）发明了铸字模具（type mold）和印刷机（printing press），从而有了第一批大量生产的书籍。

斜体字是在1501年由意大利印刷商阿尔杜斯·马努提乌斯（Aldus Manutius，约1450—1515）发明的，早期的桌面出版公司阿尔杜斯（Aldus）就是以他的名字命名的。到了17世纪，印刷工人可以购买大规模生产的铅字，而不必自己制作铅字模具。许多流行的字体都起源于17世纪和18世纪，并以发明者的名字命名：克劳德·加拉蒙（Claude Garamond）、威廉·卡斯隆（William Caslon）、约翰·巴斯克维尔（John Baskerville）和詹巴蒂斯塔·波多尼（Giambattista Bodoni）。快速扫一眼电脑的字体菜单，你就会发现其中有很多仍在使用。[23]

图书与大众文化

　　古腾堡对铸字模具和印刷术的改进标志着大众传播的出现和一些重大的文化变革。在此期间，文化从信仰、传统和小型社区生活方式的概念迅速转变为一种现象，这种现象通过接触广大受众，产生了地区、国家甚至国际上的影响。活字印刷术的发明带来了一场重大的文化变革：标准化书籍的印刷。

　　随着印刷机的发明，文本可以被存储在多个"完美"副本中。抄写员在复制书籍时不再插入错误。印刷术使学生们可以拥有相同的书籍用于学习。印刷机还使人们可以更低的成本获得更多的书籍。虽然印刷并没有使书籍变得便宜，但它确实使除了牧师和富人以外的人也能买得起书，尤其是得益于图书馆的发展。印刷术还使新型书籍得以出版，特别是那些用一个国家的通用语言书写的书籍，比如德语，而不是只有受过高等教育的人才会说的拉丁语。

　　第二次重大的文化变革发生在英国印刷商威廉·卡克斯顿（William Caxton，约1422—1491）帮助建立英语规则的时候，他规范了单词、语法、标点和拼写的用法。他仅仅通过出版英文书籍而不是学术性更强的拉丁文书籍就实现了这一点。[24]然而，英语的标准化是逐渐形成的。例如，19世纪初，探险家威廉·克拉克（William Clark）在其日记中写道，他和梅里韦瑟·刘易斯（Meriwether Lewis）是"在柔和的微风下"[25]（under a jentle brease）出发的。这倒不是说克拉克不知道如何拼写这些单词；在那个时候，仍然没有单一的"正确"拼写。

　　语言标准化所需要的是编纂一部权威的英语词典。《牛津英语词典》（*Oxford English Dictionary*, *OED*）初版的编纂工作始于1857年，当时的目的是找出英语中每个单词的起源。当作者们开始这个项目时，他们认为这可能需要十年。但实际上，直到1928年4月，第一版的全部十卷才完成。

　　如今，《牛津英语词典》已经有了两个版本和若干增补本。20世纪90年代，该词典的电子版编纂工作正式开始。2018年6月，编辑们完成了对词典的最新更新，并重新以字母A开始。[26]每个月，《牛津英语词典》的撰稿人都会提交1.8万多个新单词以供考虑收录。

2020年1月的更新包含了来自美国大熔炉（the American melting pot）中的多种文化的一些单词和新定义。[27]

- 酒铺（Bodega）——美国地区（纽约市）一种小型的本地商店，通常营业时间较长，顾客可以在这里购买有限几种家居用品和食品杂货；便利店。这个词目前的用法来自纽约波多黎各人（Puerto-Rican）开的商店。许多美国人可能是通过林-曼纽尔·米兰达（Lin-Manuel Miranda）的百老汇热门音乐剧《身在高地》（In the Heights）的电影版本首次接触到这个词。该片讲述了一位在纽约布鲁克林高地（Brooklyn Heights）拥有一家酒铺的多米尼加共和国移民的故事。
- 犹太青霉素（Jewish Penicillin）——名词。这是一种口语化的对鸡汤的幽默称呼，与犹太文化密切相关，通常被认为是治疗所有疾病的良药，或因其所谓的治愈属性而受到重视。
- 出租汽车（Taxi wallah）——名词。起源于印度英语中的"出租车司机"（a taxi driver）一词，可追溯到20世纪20年代，而用"wallah"一词来形容搬运物品或从事该工作的人可追溯到1776年。

通过出版传播思想

到目前为止，印刷术所带来的最重要的影响是，它使诸如新教改革（Protestant Reformation）之类的思想能够轻易地传播到其发源地以外的地区。虽然印刷术没有引发新教改革，但它确实有助于新教的生根发芽。

创立路德教派（Lutheran Church）的德国修道士马丁·路德（Martin Luther）清楚地知道如何利用印刷机将他的思想传遍欧洲。1522年，路德把《圣经新约》（New Testament of Bible）译成德文，让普通人也能读懂。

1539年，西班牙人在墨西哥城（Mexico City）建立了新大陆的第一家出版社；到1560年，该出版社发行了超过37种图书。这比英国人在马萨诸塞湾殖民地（Massachusetts Bay Colony）出版图书要早整整一个世纪。不幸的是，西班牙出版社（the Spanish press）出版的书没有一本流传至今。[28]

Don Arnold / Contributor / Getty Images

许多美国人可能是通过林-曼纽尔·米兰达的热门百老汇音乐剧《身在高地》的电影版本首次接触到"酒铺"（bodega）这个词的。该片讲述了一位在纽约布鲁克林高地拥有一家酒铺的多米尼加共和国移民的故事。

北美的印刷业始于1640年出版的《诗篇全集》(the Whole Book of Psalmes)，即众所周知的《海湾诗篇》(Bay Psalm Book)，由对诗篇的已有译本感到不满的清教徒们编纂而成，第一版卖出了1700册。考虑到当时生活在新英格兰(New England)的只有3500个家庭，这是一项惊人的成就［图书历史学家詹姆斯·D.哈特(James D. Hart)认为，其中一些书被出口销回了英国[29]］。在接下来的125年里，《海湾诗篇》在殖民地和欧洲发行了至少51个版本（你可以在第三章了解到更多关于《海湾诗篇》在建立新世界媒介业务中所发挥的作用）。

印刷术的出现和日常生活语言书籍的出版使得拉丁语不再作为口语使用，并使普通人历史上第一次有了识字能力和解释宗教文本的能力。文明大众社会的建立也有助于科学思想的传播，比如哥白尼(Copernicus)关于地球不是宇宙中心的主张。书籍使人们能够独立学习，并让新思想进入一个封闭的社区。这也是为什么从古腾堡时代开始，每一个政府都想多少对大众媒体有一些控制。[30]因此，随着大众媒体的出现才刚刚开始，我们就看到了"秘密1"——媒体是我们日常生活的重要组成部分——的第一个例子，以及"秘密4"——没有什么是新鲜的：过去的一切都会再度发生。

美洲殖民地的人们都阅读过哪些读物？最为知名的作者之一是本杰明·富兰克林(Benjamin Franklin)，他的《穷理查年鉴》(Poor Richard's Almanack)每年销量近万册，远远超过当时北美其他书籍的销量。[31]在新英格兰畅销的非宗教书籍包括农牧业、科学、测量和军事方面的书籍。

然而，并不是所有书籍都能引起人们的浓厚兴趣。17世纪80年代，波士顿首屈一指的书商试图订购两本名为《伦敦负心女》(the London Jilt)或《政治妓女》(Politics Whore)的书，这两本书展示了享乐女人们用来迷惑和诱骗男人的种种诡计和计谋，里面还穿插了几则妙趣横生的故事，这个书名与今天人们可能要订购的书名并无太大区别。[32]

塞缪尔·理查森(Samuel Richardson)的《帕梅拉》(Pamela)出版于1740年，是他的第一部英国小说。这是一本面向中产阶级的书，书中的人物和情景都能引起普通人的共鸣。富兰克林在1744年出版了这部小说的殖民地版本，但直到45年后他才出版了第一部美国小说。

大规模、大批量生产图书的发展

19世纪中叶的工业繁荣刺激了城市的发展和中产阶级的兴起。在这段时间，越来越多的人去公立学校上学。高中教育虽然还没有普及，但高中及以下的教育正在变得普遍。[33]整个19世纪，美国的大众文化不断发展，通过便士报、杂志、主日学校传单和廉价图书广泛传播。

分期出版的连载小说在19世纪30—40年代很流行。查尔斯·狄更斯（Charles Dickens）以连载小说的形式出版了《匹克威克外传》（*The Pickwick Papers*）。连载出版使书的每一部分都比整本书便宜，这不仅吸引了读者，也为出版商带来了稳定的收益。[34]20世纪90年代，斯蒂芬·金（Stephen King）以平装连载形式出版了小说《绿里奇迹》（*The Green Mile*），这使连载小说再次得到推广。第一批平装书，即所谓的"廉价小说"（dime novels，也就是"一角硬币小说"，尽管叫这个名字，但售价通常低至五美分），讲述的是英雄冒险故事，由布雷特·哈特（Bret Harte）等作家推广，它们通常歌颂民主理想。南北战争时期是这种廉价小说的销售高峰期，它们被送往前线以鼓舞士兵的士气。

19世纪出版业也发生了巨大的变化。手动的平板印刷机每天的印量不超过350页，但是新的蒸汽轮转印刷机（发明于1814年）可以在同样的时间内印刷多达1.6万份版面（不仅仅是页数）。尽管如此，书籍仍然需要手工排版，这与古腾堡时代的情况相差不远。但是1885年，梅根塔勒整行铸排机（Mergenthaler Linotype typesetting machine）的问世，它使排字工人可以在键盘上打字，而不必手工挑选出每个字母，从而再次加快了印刷过程。在电脑排版时代之前，整行铸排机一直是排版的标准。

因此，19世纪出现了第一批今天被承认的真正的大众媒体，书籍、报纸和杂志以任何人都能负担得起的形式印刷和发行。随着民主的发展和大量生产阅读材料的出现，大众的识字率也随之提高。

图书的购买和销售

20世纪，图书写作和销售开始成为大型产业，在此期间，有大量的书籍得以出版发行。并且，直到21世纪早期，书籍的出版数量都呈现上升态势。1995年，有120万本书可供阅读，而到2005年，亚马逊网站声称有370多万本书可供阅读[35]。但是，从亚马逊那里得到可靠的数字是有问题的。该公司几乎从不讨论具体的销售数量。2018年4月，德里克·海恩斯（Derek Haines）在《公正出版建议》（*Just Publishing Advice*）博客上撰文，他试着在亚马逊上进行搜索，得出一个数字，他估计市场上有340万本Kindle电子书和4850万本纸质书[36]（我们很快就会谈到更多的关于亚马逊竞争对手的事情)。

把所有这些图书从作者的电脑或打字机里交到读者手中是出版业的宗旨,这涉及三个主要参与者。

1. 出版商——购买手稿并将其制作成书籍的公司。
2. 作家——撰写书籍的人(作者)。
3. 书商——从出版商那里进书,并将其销售给广大消费者的公司。

出版商

出版商是从作者那里购买手稿并将其出版成书的公司。虽然世界上有成千上万家出版发行公司,但是,目前仅由少数公司出版大多数的书籍。自20世纪20年代以来,这一比例大幅增长,在此期间,有20家最大的出版商负责50%的书籍出版工作。[37] 之所以发生这种转变,是因为地区出版商正在收购

由门罗出版的《基特·卡森的战争之路》(Kit Carson on the War-Path)是19世纪新文学的大众阅读的众多廉价小说之一。

小型独立出版社,而国际企业集团正在收购大型国家出版公司。因此,出版业的所有权范围越来越有限,越来越少的人在决定人们能够阅读到什么书。[38]

你可以从一个图表来直观地看到这种整合,这个图表显示了美国五大行业图书出版商的持股情况: https://almossawi.com/big-five-publishers/。

出版业的整合过程可以从美国出版商兰登书屋的故事中看到。兰登书屋成立于1925年,经过多年的发展,1960年该公司收购了另一家主要的出版社——美国克诺夫出版社(Alfred A. Knopf)。1965年,媒体集团美国无线电公司(RCA)收购了兰登书屋。在整个20世纪70年代和80年代,兰登书屋继续发展,收购了许多出版商。1998年,德国媒体巨头贝塔斯曼收购了兰登书屋,并将其与其现有的出版集团合并。2013年,贝塔斯曼又将行业出版商企鹅(Penguin)收到旗下。[39]

企鹅兰登书屋(Penguin Random House)通过收购小型出版商继续扩张。2009年,它收购了十速出版社(Ten Speed Press),后者是一家独立的另类出版商,出版过《你的降落伞是什么颜色?》(What Color Is Your Parachute?)以及《枫馆食谱》(Moosewood Cookbook),这次收购让人想起另一次收购,当时新闻集团通过旗下的哈珀柯林斯(Harper Collins)收购了文学出版商——艾科出版社(Ecco Press)。该出版社的创始人丹尼尔·哈尔彭(Daniel Halpern)在接受《华盛顿邮报》采访时表示:

人们会说,"又一家独立出版社倒下了,难道不可惜吗?"简而言之,"是啊,很可惜。"但这就是现实。对此我们不要太感情用事。现在不是小出版社能够生存下来的时候。[40]

世界顶级出版商(The World's Top Publishers)

出版业是一个全球性的产业,其所有者来自美国、德国、英国、加拿大、中国和荷兰。这些公司出版各种各样的书籍,从畅销小说到教科书,再到技术参考书。表4.1列出了世界顶级商业图书出版商——出版面向普通读者的商业性大众市场小说和非小说类图书。

表4.1 五大贸易出版商

	前五位贸易出版商	收益额 (单位: 美元)	所有权
1.	企鹅兰登书屋(Penguin Random House) 每年销售8亿册图书、音频和电子书	44亿	由出版业巨头培生集团(Pearson PLC)和贝塔斯曼(Bertelsmann)共同拥有
2.	阿歇特图书出版集团(Hachette Livre) 出版的独立作品比企鹅兰登出版社还要多	27亿	拉加代尔集团(Lagardère),一家总部设在法国的传媒集团
3.	哈珀柯林斯(Harper Collins) 有超过120个单独的版本记录	15亿	新闻集团(News Corp.)
4.	麦克米伦出版社(Macmillan Publishers) 刘易斯·卡罗尔(Lewis Carroll)、拉迪亚德·吉卜林(Rudyard Kipling)和叶芝(W.B. Yeats)作品的原始出版商	14亿	霍尔茨布林克出版集团(Holtzbrinck Publishing Group),一家家族所有的德国出版商
5.	西蒙与舒斯特出版公司(Simon & Schuster) 海明威(Ernest Hemingway)和F.斯科特·菲茨杰拉德(F.Scott Fitzgerald)作品的原始出版商	8.3亿	维亚康姆哥伦比亚广播公司

资料来源:"2020年最大的图书出版商",Reedsy博客,https: // blog.reedsy.com/largest-book-publishers/

大学出版社和小型出版社(University and Small Presses)

并非所有的出版业务都由大型集团完成;大量的大学出版社和小型出版社出版数量有限的图书,且未必以盈利为目的。它们出版的图书主要服务于特定的区域或分支学科领域,或是学术方面的书籍——大多为学术著作或教科书。Interweav是小型出版社的一个例子,它出版有关针织、编织和手工制作的图书。但学术出版社偶尔也会出版热门图书。芝加哥大学已故英语教授诺曼·麦克莱恩(Norman

Maclean)的回忆录——《大河恋》(A River Runs Through it)讲述了他在蒙大拿州(Montana)的成长经历和飞蝇钓鱼(fly-fishing)的故事,由芝加哥大学出版社出版。这本书获得了巨大的成功,并被拍成电影,由罗伯特·雷德福(Robert Redford)执导,布拉德·皮特(Brad Pitt)主演。[41]

小型出版社(Small Publishers)

不是所有成功的书籍都源于大型出版商,也并不是所有巨著都是经典小说或人物传记。新晋独立出版商柴扉出版社(Cottage Door Press)自2014年成立以来通过出版各种面向儿童的图书取得了巨大成功。2014年,该公司只有9名员工,且没有出版任何图书。到2018年,该公司员工人数已达24人,当年出版了158种图书。这些图书可能也不符合您对书应有的刻板印象。它们包括加垫板的书、翻盖书、触摸书和有声书。其市场营销经理梅丽莎·蒂格斯(Melissa Tigges)在接受《出版商周刊》(Publishers Weekly)采访时表示:"对于孩子们成长过程中的教育和娱乐来说,我们相信我们选择的艺术作品和语言是他们感兴趣的,在传授知识的同时,也能拓展他们的思维。"[42]与大型出版商类似,柴扉出版社已开始从其他经营不善、即将停业的出版商那里收购图书。[43]

政府出版局(The Government Publishing Office)

令人惊讶的是,联邦政府是美国最大的出版商之一。自1861年成立以来,美国政府出版局(The U.S. Government Publishing Office, GPO)一直在以各种形式制作政府文件和图书。虽然其大部分出版的都是枯燥的政府工作报告,但它偶尔也会出版畅销书,包括"9·11"委员会报告、沃伦委员会关于肯尼迪遇刺的报告,以及所谓的"五角大楼文件"(在第二章和第十三章中有所讨论)。为了纪念《沃伦报告》发布50周年,GPO出版了一个数字版本,包括888页的报告以及涵盖听证会的26卷资料。[44]

作者们

出版业的下一组参与者是那些写书的人——作者们(the authors)。大多数媒体的注意力都集中在畅销书作家和作者身上,比如玛格丽特·阿特伍德(Margaret Atwood)和本章开头提到的约翰·格林(John Green),或者文学作家,比如理查德·拉索(Richard Russo)和艾丽斯·芒罗(Alice Munro);而对于绝大多数没有签署数百万美元合约、不进行图书巡回宣传或不在《观点》(The View)节目中做广告的作者，报道则较少。那么，对于一个普通的作者来说，出版经历是怎样的呢？

以一本典型的科幻小说《欲望之月》（*Moon of Desire*）为例。帕姆·汉森（Pam Hanson，第一次写作，也是这本书作者的妻子）和她的母亲芭芭拉·安德鲁斯（Barbara Andrews，在20世纪80年代创作了几部爱情小说）为这部小说和一个样本章节写了一个选题方案，并在3月份将它们提交给了出版商（见图4.1）。

BSIP/Universal Images Group Editorial/Getty Images

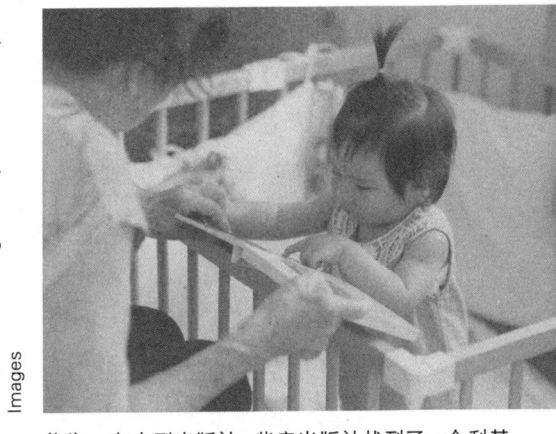

作为一家小型出版社，柴扉出版社找到了一个利基市场，出版一系列儿童读物，包括婴儿纸板书。

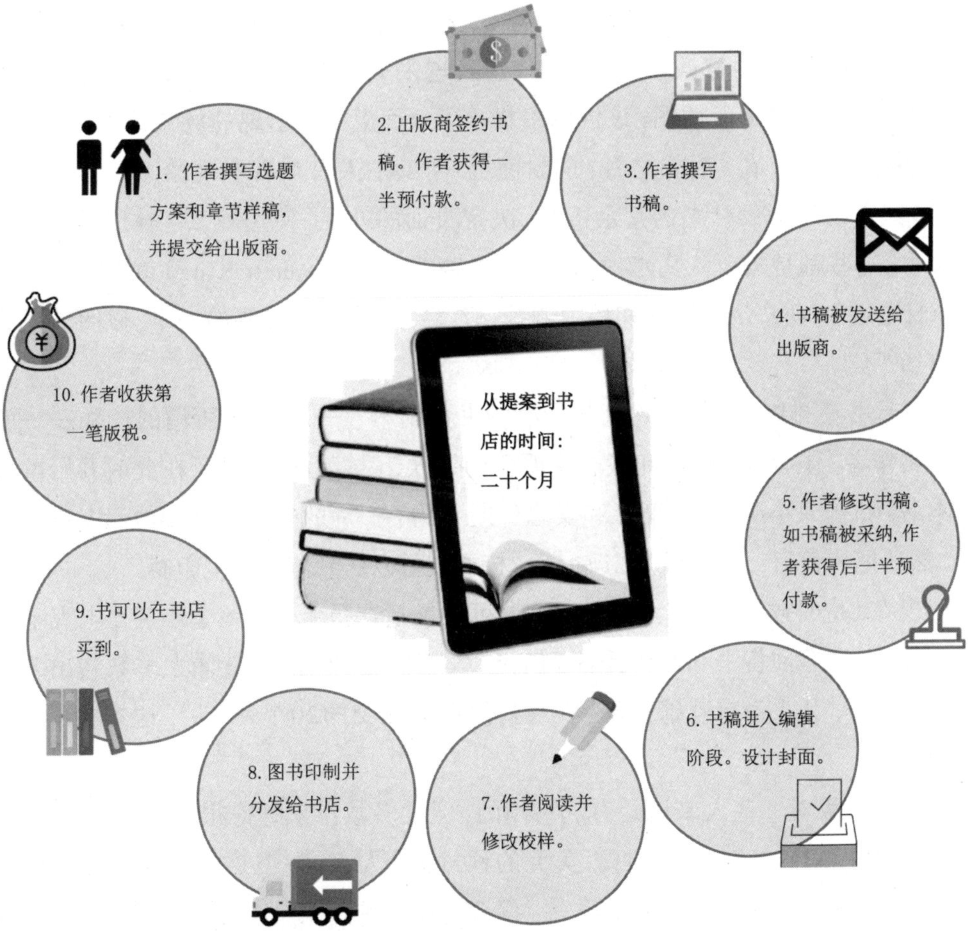

1. 作者撰写选题方案和章节样稿，并提交给出版商。
2. 出版商签约书稿。作者获得一半预付款。
3. 作者撰写书稿。
4. 书稿被发送给出版商。
5. 作者修改书稿。如书稿被采纳，作者获得后一半预付款。
6. 书稿进入编辑阶段。设计封面。
7. 作者阅读并修改校样。
8. 图书印制并分发给书店。
9. 书可以在书店买到。
10. 作者收获第一笔版税。
从提案到书店的时间：二十个月

图4.1 图书出版发行的十个步骤

资料来源：iStockphoto.com/penfold, iStockphoto.com/julichka, iStockphoto.com/5455586, iStockphoto.com/frender, iStockphoto.com/LonelySnailDesign, iStockphoto.com/milosluz, iStockphoto.com, iStockphoto.com/Warchi, iStockphoto.com/4x6, iStockphoto.com/tashka2000

然后她们开始等待。6月，出版商同意收购手稿。作者们收到了一份合同，要求手稿在12月1日之前交付。随着合同的签订，作者们得到了预付款的一半。然而，这并不意味着他们致富了。当时，第一部小说的预付款通常在1000美元到5000美元之间，而这一预付款很典型。

接着是写书的工作——9万字，大约打印360页，双倍行距。母女俩在电脑上来回交换草稿。在截止日期的前一周，她们把完成的书稿寄给了出版公司的编辑。如果作者错过了最后期限，出版商有权拒绝出版这本书并取消合同。

几周后，在1月初的时候，编辑把修改意见发给了作者。手稿的修改可能包括标点符号或语法的细微变化，也可能是人物塑造或情节的重大变化。具体到这本书，唯一的主要变化是，有一章中威胁女主角的突变食人族必须温和一点。手稿一旦被接受，作者就会收到预付款的后一半。但请记住，预付款是与版税（按每本书售价的一定比例支付给作者）相对应的，这意味着预付款将从作者的版税中扣除。

在书稿被接受并修改后，这本书就正式进入了生产环节。美工根据"美术说明书"中的信息创建封面插图，该说明书提出了封面上可能出现的场景，并描述了男女主人公的模样。在《欲望之月》的封面上，男女主人公乘着木筏漂浮在燃烧的海面上。图书设计师设计书的其余部分，决定页面的外观、使用什么字体以及书的成品尺寸〔这些都是需要认真考虑的问题。斯蒂芬·金（Stephen King）就曾被要求从《末日逼近》(the Stand)的初稿中删减15万字，几乎是原篇幅的一半，以使其更具有市场[45]〕。

一旦书籍排版完毕，一份即将印刷的书页副本——也就是所谓的校样——就会寄给作者。作者应该只纠正校样中明显的错误，尽管有些人已经在此时开始重写这本书。和普通小说一样，汉森和安德鲁斯大约有一周的时间来阅读他们书籍的校样，然后把校稿寄给出版商。修改完后，校样就可以送到印刷厂里印刷。

现在，是时候开始推销这本书了。这可能包括在报纸、粉丝杂志甚至电视上刊登广告，安排巡回售书和媒体露面。但是，安德鲁斯和汉森，就像大多数初出茅庐小说家一样，几乎没有营销支持。在最初的提案提交的20个月之后，这本书才在书店上架。

图书出版对一些人来说是有利可图的，但大多数作家赚得很少。尼古拉斯·斯帕克斯（Nicholas Sparks）数百万美元的预付款令人兴奋，但这并不常见。2018年5月，作家的平均年薪为62,170美元。[46]汉森和安德鲁斯用一个笔名帕姆·洛克（Pam Rock）写了这本书。在最初的选题方案提交两年半之后，他们才拿到了超出初始预付款的第一笔版税。

图书销售商

图书行业最后的主要参与者是图书批发商和零售商——将图书从出版商带到购买图书的公众手中的公司。英格拉姆图书公司（The Ingram Book Company）是美国最大的图书批发商，向超过3.9万家零售、图书馆和教育机构分销1400多万种图书。从本质上讲，英格拉姆及其规模较小的竞争对手是书店购书的来源。[47] 英格拉姆的采购员是图书行业中最重要的人员之一，他们决定了公司仓库里一本书的库存数量。反过来，这又可能决定一本书的印刷量。英格拉姆的采购员不仅受到书店老板的尊重，也受到学术出版社的青睐。[48]

《汉密尔顿》（*Hamilton*）的编剧林-曼纽尔·米兰达（Lin-Manuel Miranda）和他的三位合作伙伴买下了戏剧书店（Drama Book Shop），以挽救这家书店在时代广场的店面因为租金太高而无法继续营业。新业主计划在中心城找一个更便宜的地方。米兰达的第一部音乐剧《身在高地》（*In the Heights*）的大部分内容都是在商店的地下室里创作的。

在书商中，巴诺书店（Barnes & Noble）是唯一一家屹立不倒的传统连锁书店，但它在2019年被艾略特顾问公司（Elliott Advisors）私募股权基金以6.83亿美元收购。这对这家仅存的实体连锁书店来说意味着什么尚不清楚。[49] 截至2018年，该公司全年收入总计37亿美元，运营着630家超级书店。通过其教育部门，它在全美经营着724家大学书店，年收入19亿美元。[50] 2020年，在黑人历史月期间（Black History Month），该公司陷入了一场巨大的争议，因为它推出了一系列经典的英国小说，如《弗兰肯斯坦》（*Frankenstein*）和《白鲸》（*Moby Dick*），封面人物是黑色人种或棕色人种。但只有一本书是由有色人种作家写的，那就是大仲马（Alexandre Dumas）的《基督山伯爵》（*The Count of Monte Cristo*）。批评人士指责巴诺书店在搞"黑脸文学"。英国《卫报》（*Guardian*）在一篇社论中指出，"如果巴诺真的想向黑人历史致敬，该公司可以推广黑人作家的作品"。

毫无疑问，在线书店亚马逊已经淘汰了连锁书店，但近年来，独立书店又重新流行起来。美国书商协会（The American Booksellers Association）的报告称，在20世纪90年代中期到2009年之间，独立书店的数量下降了大约40%。但在2009年到

2015年间，令人惊讶的事情发生了——独立书店的数量增长了35%，从1651家增加到了2227家。这种增长仍在继续。纽约莎士比亚书店（New York's Shakespeare & Co.）的老板戴恩·内勒（Dane Neller）成功地开设了他的第三家书店。"书店又回来了，而且规模很大，"他告诉CBS新闻的记者，"我不是在夸大其词——这对我们来说是破纪录的。"[51]

组织行为学（organizational behavior）教授瑞安·拉法埃利（Ryan Raffaelli）发现了独立书店复兴的三个主要原因：

- 书店提供的社区意识。就像人们喜欢当地的咖啡店一样，他们也喜欢与当地书店的社区联系。
- 成功的独立书店能很好地了解顾客的兴趣所在，并能提供超越全国畅销书榜单的推荐。
- 当地的书店通过讲座、签名售书和读书会等方式为社区提供了一个文化中心。[52]例如，斯蒂芬·金（Stephen King）为推广他的小说《警戒结束》（End of Watch）进行巡回签售时，他接到了来自全美12个不同规模城市的独立书店的邀请。[53]

如果你认真分析一下独立书店在过去十年中获得新生的原因，你会发现这一切都和顾客与书店、与作者以及彼此的互动有关。换句话说，这是因为"秘密5"——所有媒体都具有社交性。

图书和长尾效应

互联网通过允许公司以极低的边际成本为每个新增用户提供一个可用的目录，从而开启了媒体的长尾板块。亚马逊公司创始人杰夫·贝佐斯（Jeff Bezos）在互联网上售书，是因为网络是他所能想到的提供多样化选择的唯一可行途径：

> 事实证明，你无法用纸制图书目录涵盖所有内容；这完全不切合实际。每年有超过10万种新书出版，即使是超级书店也无法全部上架。最大的超级书店有17.5万种图书，但这样的超级书店只有大约三家。于是就有了这样一个想法：让亚马逊成为第一个你能轻松找到并购买上百万种不同图书的地方。[54]

这是一个激进的概念——与其提供一些精选书目，为什么不提供每一本，所有约750万册的已出版英文图书的书目？亚马逊可以将最受欢迎的图书存放在仓库中，如果需求较小，还可以从出版商那里无缝订购。它甚至可以提供与亚马逊合作的私人书店的绝版图书，或者通过与出版商的协议定制出版（这是"秘密2"——没有所谓的"主流媒体"——的主要例子。由于像亚马逊这样的长尾零售商的存在，消费者不再局限于从最大的出版商那里购买巨著）。

这家网上书店于1995年7月开始运营，到1998年12月，它已经为450多万顾客提供过服务。为什么叫亚马逊？因为它以A开头，所以在字母列表中会排在第一位。1998年，亚马逊开始销售视频和光盘，从1999年开始，它又增加了玩具、服装、厨房设施和其他商品。

亚马逊的一个关键特性是它通过顾客在Amazon.com上的购买记录来追踪他们的喜好。每当买家进入该网站时，个性化的主页就会显示出客户可能原来不知道的相关图书。一位购物者看了杰森·马修斯（Jason Matthews）的惊悚小说《红雀》（Red Sparrow）的介绍之后，就会得到布拉德·梅尔策（Brad Meltzer）的《逃脱大师》（the Escape Artist）的推荐。或者在更通俗的层面，看过埃里克·泰森（Eric Tyson）的《傻瓜个人理财》（Personal Finance for Dummies），你会得到菲尔·普斯捷约夫斯基（Phil Pustejovsky）的《如何成为一个房地产投资者》（How to be a Real Estate Investor）的相关推荐。

在线书店是电子商务中最成功的业务之一。它们最初成功的一个原因是，在互联网商业化的早期，拥有电脑的人也喜欢读书。此外，受过良好教育的人往往是为了娱乐和消遣而阅读，他们很可能在有网络连接的办公室工作，因此可以在线购买图书。在网上找书可能比在书店里找书更容易，尤其是当书名很模糊的时候。企鹅兰登书屋的一位前高管指出，网上书店提供了即时满足。[55]

营销合作是在线书店的一个重要因素。任何人只要愿意，都可以与亚马逊合作，在自己的网站上设立一个在线书店，每卖出一本书就能获得一小笔佣金。过去，巴诺书店（barnesandnoble.com）与《纽约时报》《今日美国》的网站合作，让读者购买报纸上介绍的书籍。当然，这样的合作关系引发了关于客观性的问题：当评论这本书的报纸也在售卖这本书的时候，书评还能客观吗？[56]

教科书业务（The Textbook Business）

教科书与其他书籍有一个主要的不同之处——选择书籍的人与最终用户（即必须购买并为之付费的人）不一样。学生们抱怨，正是由于这种脱节，教师在为他们的课程挑选书籍时没有充分考虑价格因素。

据估计，学生每年在课本上的花费差异很大。美国劳工统计局（United States

Bureau of Labor Statistics)的数据显示,学生每年在书籍和学习用品上的平均花费为1250美元。[57]同时,全美大学书店协会(National Association of College Stores)的数据显示,学生在课程材料上的平均支出从2007/2008年的每年701美元降至2018/2019年的每年415美元。[58]这些价格下降的可能原因包括图书租赁、包容性访问计划和电子书的增长。[59]

教育出版巨头培生集团(Pearson)的首席执行官约翰·法伦(John Fallon)表示,教科书行业目前正经历一个重大变革。在接受科技杂志记者卡拉·斯威舍(Kara Swisher)的采访时,法伦表示"300美元教科书"($300textbook)的时代已经结束了。相反,学生们将购买各种电子资源的访问权限,包括电子书、学习网站和手机应用程序等。[60]法伦告诉斯威舍,大型出版商的收入一直在稳步下降,培生集团的收入从2013年的20亿美元下降到2019年的13亿美元。这种变化在很大程度上是因为学生们可以从亚马逊或齐格(Chegg)等公司租书。

根据一项租赁计划,学生们需要支付新书或旧书价格的2/3到1/2的费用,然后在学期结束时把书归还书店。本质上,这是一个有保证的回购计划。[61]奥比斯研究公司(Orbis Research)的一份报告显示,学生们租用电子书而不是纸质书来节省开支,而且这大大降低了成本。[62]当然,租借的缺点是,学期结束后,学生们就没有书作为参考了。

虽然学生们原则上喜欢电子教科书,但当被迫在纸质书和电子书之间做出选择时,大多数人仍会选择纸质教科书。[63]一项对作者学生的非正式调查显示,虽然学生休闲阅读喜欢电子书,但他们更喜欢纸质教科书。不过,他们确实喜欢电子书的低价。

学生们对教科书费用的主要抱怨之一是必须使用一次性购买访问码。这些代码由出版商出售,可以用于复习其他学习材料,也可以用于完成课程所需的家庭作业系统。除了对这项费用不满外,学生们还抱怨说,与纸质书和电子教科书不同,家庭作业账号无法共享。[64]

少数几所大学正在采取一种完全不同的方法——所谓的包容性访问计划,即学校从主要出版商那里获得所有指定图书的电子授权,并以折扣或不收取额外费用的方式向学生们提供这些图书。在某些情况下,这些电子书会被整合到学校的课程管理系统之中,作为其他课程材料。通常情况下,学生们会自动注册租赁服务,然后试用一小段时间后可以选择不再使用这本书。对教师来说,这样做的好处是,所有学生在上课的第一天就可以拿到书,而不是等到开学几周后才拿到书。[65]麦格劳-希尔(McGraw-Hill)、圣智(Cengage)和培生(Pearson)等几家著名出版商都通过这些项目取得了成功。

这些包容性访问计划也有缺点。在很多情况下,学生只有在线时才能使用这些资源。如果他们想要一个可下载的版本,通常需要额外付费。另一个问题是,这些合同促使教师从首选的公司订购书籍,而不是从他们认为最好的出版商那里订购。研究型图书馆和开放获取材料的倡导者妮可·艾伦(Nicole Allen)告诉《高等教育内幕》(Inside Higher Ed),这些项目"与包容性背道而驰,因为它的前提是出版商控制学生在何时、何地以及在多长时间内可以获得他们的材料"。[66]

随着教科书出版转型的推进,本已集中的教科书出版企业所有权有可能进一步集中。目前有四家出版商控制着80%以上的高等教育市场:培生、圣智、威利和麦格劳-希尔。[67]在2020年春天撰写本书时,麦格劳-希尔教育和圣智教育已经宣布了合并计划,但遭到了消费者团体、学生和大学书店的强烈反对。批评人士担心,四大教育出版商中的两家合并成一家更大的公司,将继续减少市场竞争,并使新公司对价格有更多的控制权。这两家公司声称,合并将使他们的效率更高,成本更低。[68]

图书和文化

尽管电影、电视、CD和电子游戏备受社会评论家的关注,但书籍仍然是引发刺激、争议、金钱甚至暴力问题的主要来源。在为出版商赚取巨额利润的畅销书籍和具有持久文学价值的所谓重要书籍之间,一直存在着紧张关系。但这种紧张关系由来已久——它至少可以追溯到19世纪中期。正如本章前面提到的,19世纪中期是出版业蓬勃发展的时期,严肃小说和通俗小说的数量迅速增长。从1840年到1850年,美国人写了近1000部小说,而在1820年到1830年间,美国仅出版了109本小说。[69]

19世纪50年代,纳撒尼尔·霍桑(Nathaniel Hawthorne)的《红字》(Scarlet Letter)、赫尔曼·梅尔维尔(Herman Melville)的《白鲸》(Moby-Dick)和沃尔特·惠特曼(Walt Whitman)的《草叶集》(Leaves of Grass)都出版了,但这些"巨著"的销量都不及由创作女性或为女性而写的通俗小说。霍桑对在销量上输给受欢迎的女作家感到不满。他曾一度非常沮丧,甚至评论道:"如今的美国完全被一群该死的乱写一气的女人占据了,在公众的口味被她们的垃圾作品占据时,我根本不可能获得成功——如果我真的成功了,我也会为自己感到羞愧。"[70]

霍桑所抱怨的家庭小说讲述的是女性凭借自身的基督教力量、美德和信仰克服了巨大的困难，最终进入了富裕的中产阶级家庭。至少在今天，霍桑笔下最著名的"写手"（scribblers）之一是萨拉·约瑟法·黑尔（Sarah Josepha Hale）。她不仅是一位著名的小说家，也是儿童读物的作者[《玛丽有一只小羊羔》（Mary Had a Little Lamb）的作者]，以及当时流行的女性杂志《戈迪的女士读物》（Godey's Lady's Book）的编辑（见第五章）。[71]

女性通俗小说作家的作品至今仍然很畅销。根据美国言情小说作家协会（the Romance Writers of America）的数据，2013年言情小说的年销售额为10.8亿美元，其中大部分小说的作者和读者都是女性。爱情小说近40%的销售额来自电子书，其余的则是大众市场的平装书、商业平装书和精装书。[72]

著名摄影师马修·布雷迪（Mathew Brady）在19世纪中期为美国著名作家纳撒尼尔·霍桑拍摄了这幅肖像。布雷迪在新闻摄影发展中的作用将在第五章中讨论。

Library of Congress

霍桑对通俗小说的销量超过严肃作品的抱怨一直延续至今。各大出版商努力推广数量有限的畅销图书，部分原因是只有一小部分图书能盈利。例如，2000年，言情小说出版商Harlequin的利润大幅增长，主要得益于两本畅销书。[73]小说作家珍妮特·伊万诺维奇（Janet Evanovich）是最受出版商喜爱的畅销书作家之一。她开始为班塔姆（Bantam）出版社写言情小说，后来又创作了非常成功的斯蒂芬妮·普拉姆（Stephanie Plum）赏金猎人系列（bounty hunter novels）。她的小说融合了幽默、冒险、神秘和浪漫等元素。她说，"我想写一本让人们感觉良好的书。如果你今天过得不好，你可以读我的书，我可能会让你展露笑颜"。[74]为什么伊万诺维奇会选择写一个有点无能的女赏金猎人？据她说，她看到了市场中的这一空白："所以我把我喜欢的浪漫类型压缩成一种神秘的形式。"[75]2009年，她的小说《美味十五》（Finger Lickin' Fifteen）首次印刷了200万册，目前她的书已经累计印刷3000万册。相比之下，玛丽莲·罗宾逊（Marilynne Robinson）获得普利策奖的小说《基列家书》（Gilead）只售出了34.5万册。当然，这也是不错的销量，但远不及通俗小说的水平。[76]

然而，并非每一本畅销书都是通俗小说。哈珀·李（Harper Lee）的经典之作《杀死一只知更鸟》（To Kill a Mockingbird）已持续印刷了六十多年，至今每年仍能售出近100万册。[77]

这些畅销书作家说明了当今出版业的主旨——寻找能一部接一部创作出热门作品的作家。前连锁书店首席执行官哈里·霍夫曼（Harry Hoffman）指出，图书必须与任天堂和电视展开竞争。在他看来，出版业不再将自己视为文学行业；相反，它认为自己处于娱乐行业。[78]

当然，通俗小说和文学有时也会有交集。在过去的50年里，最有影响力的畅销书是约翰·罗纳德·瑞尔·托尔金（John Ronald Reuel Tolkien）史诗般的奇幻三部曲《指环王》（*The Lord of the Rings*）。这部作品最初于1954年和1955年在英国出版，一直持续印刷，现在已经售出了数亿册——仅2002年就售出了1100万册（该书在2001年及之后几年的销量激增，部分原因是根据该书改编的系列电影大受欢迎）。

托尔金是牛津大学的一位英语教授，也是克莱夫·斯特普尔斯·刘易斯（Clive Staples Lewis）的同事，刘易斯是广受欢迎的《纳尼亚传奇》（*Chronicles of Narnia*）的作者，该作品也被改编成了系列热门电影。作为"一战"的退伍老兵，托尔金专攻语言和文学历史，他热衷于欧洲神话和传说。1930年，他开始创作《霍比特人》（*The Hobbit*），这是他以虚构的中土世界为背景创作的第一本书，讲述了比尔博·巴金斯（Bilbo Baggins）和他的冒险故事。《霍比特人》最初是为了取悦他的四个孩子而写的，但因为一位编辑10岁的儿子读了手稿并喜欢上了它，于是得以在1937年出版。这本书很成功，出版商要求出版续集。17年后，《指环王》的第一部分出版了。

托尔金把这个故事写成了一本书，但出版商为了方便印刷和销售，把它分成了三卷。事实上，这个故事太长了，连托尔金都不知道该怎么写。在给出版商的一封信中，托尔金写道："我的作品已超出我的控制，我创造出了一个怪物：一部冗长无比、复杂、相当苦涩且可怕的传奇，完全不适合儿童（甚至可能不适合任何人）阅读。"[79]

虽然托尔金已于1973年离世，但他的书籍对于美国通俗文化产生了持续的影响。《指环王》极大地影响了Yes和Led Zeppelin等摇滚乐队，并激励加里·吉盖克斯（Gary Gygax）辞去保险推销员的工作，致力于开发角色扮演游戏《龙与地下城》（*Dungeons & Dragons*）。甚至有一份学术期刊专门研究托尔金的《中土世界》（*Middle Earth*）及其语言学。最重要的是，当代整个奇幻文学流派的存在都要归功于托尔金。如果不是一位英国教授的灵感之作，书店里的奇幻专区和整个剑与魔法题材的电影类型就不会存在。[80]

图书馆在文化中的作用

只要人们在阅读书籍，图书馆就会存在。例如，已知最早的图书馆可以追溯到公元前2000年，收藏的是泥板。拉格什古城（Lagash）位于幼发拉底河（Euphrates）和底格里斯河（Tigris）的汇合处，也就是现在的伊拉克（Irap），考古学家在那里发现了3万多块石碑。抄写员用芦苇在湿黏土上刻下楔形文字；如果你感兴趣，美国国会图书馆（the Library of Congress）收藏了一小部分公元前2144年到公元前2124年的楔形文字（我们将在本章末尾进一步讨论）。[81]

这块古老的苏美尔楔形文字碑（Sumerian cuneiform tablets）记录了在拉格什城邦（Lagash）内大约200名工人及其子女的大麦供给分配情况。

最受认可的古代图书馆是伟大的亚历山大图书馆（Alexandrian Library），虽然它位于古埃及，但基本上是古希腊的藏品库。它由亚历山大大帝在公元前332年建立，被描述为"一所集大学、智库、基金会和图书馆于一体的图书馆，拥有世界上大部分的书籍"[82]。公元前48年的一场大火、公元391年早期基督徒对攻击性书籍的毁坏以及公元641年哈里发·奥马尔（Caliph Omar）将剩余的书籍焚烧作为燃料，都是这座图书馆逐渐被毁的原因。[83]

现存最古老的图书馆可能是位于埃及西奈半岛的圣凯瑟琳修道院（St. Catherine's Monastery），该修道院声称至少在公元383—384年间就收藏了宗教手稿。在这些藏品中，有一些文本是现存仅有的用几乎消失的高加索阿尔巴尼亚语写的手稿。[84]

1731年，本杰明·富兰克林（Benjamin Franklin）在费城建立了美国殖民地最早的流通（或订阅）图书馆之一。顾客一开始需要支付40先令，之后每年支付10先令就可以继续借书。富兰克林的主顾是生意人和商人。富兰克林的名字在殖民时代的媒体讨论中反复出现。他是一个重要的图书、杂志和报纸出版商——堪称那个时代的鲁伯特·默多克。[85]

19世纪是图书馆的增长时期；从1825年到1850年，订阅图书馆的数量增加了两倍。从1900年到1917年，美国实业家安德鲁·卡耐基（Andrew Carnegie）资助修建了近1700家公共图书馆；自那以后，公共图书馆的数量继续增长，2015年估计有近1.7万家独立的图书馆。[86]

尽管图书收藏仍是图书馆的一个重要功能，但现今的图书馆已远远不止于此：

- 它们是那些没有电脑的人可以找到电脑上网的地方。
- 那些有笔记本电脑或移动设备但无法上网的人，可以将图书馆作为有Wi-Fi热点的场所。
- 它们通常提供大量的电子文件收藏，方便读者访问；
- 现在很多图书馆会提供把书"借出"到Kindle上的服务，借阅者可以在有限的借阅时间内把书留在其电子书设备上。
- 有些图书馆还提供"读书俱乐部包"，里面有8到15本俱乐部可能感兴趣的书，还有讨论问题、作者信息，甚至还有一本大字的书。[87]

纽约公共图书馆（New York Public Library）馆长安东尼·马克思（Anthony Marx）在一次采访中说："（图书馆）是《第一修正案》（the First Amendment）的基础部分。所有的图书馆都是……在这个时代，对虚假新闻的指控每天都在飞扬，公民需要能够核查事实、收集事实，并就事实进行辩论。"[88]

图书与规制

书籍能够激发读者的极大热情，有人爱它，有人恨它。哪里有书，哪里就会有人出于这样或那样的原因想要禁止或控制它们。试图控制的手段包括从学校图书馆中撤下这本书，或者威胁要杀死作者。在美国，大多数图书审查工作都是地方性的，而不是全国性的。禁书通常仅限于从学校图书馆或阅读书目中删除特定的书目，比较典型的例子包括被认为含有露骨的色情内容、冒犯性的语言、暴力或对宗教存在冒犯性的书籍。其他的原因包括"不适合"特定的年龄群体，或者是"反家庭"。[89]不过，偶尔也会有出版商试图挑战审查制度。雷·布雷德伯里（Ray Bradbury）的小说《华氏451度》（Fahrenheit 451）讲述了一个"消防员"的故事，他的工作是烧毁书籍，而不是扑灭大火（华氏451度是书纸开始燃烧的温度）。这本书最初出版于1953年，但在1967年，百龄坛图书公司（Ballantine Books）推出了针对高中的版本，该书修改了75段文本内容，删除了地狱、该死和堕胎等词。这是在布雷德伯里不知情或未经其同意的情况下进行的。13年后，当他发现这件事时，他要求撤回编辑过的版本。[90]

不同的书目出现在不同的禁书或受质疑的书单上，但有几本反复出现。马娅·安杰卢（Maya Angelou）的《我知道笼中鸟为何歌唱》（*I Know Why the Caged Bird Sings*）在许多学校的阅读清单上的地位受到了挑战，因为书中描述了作者小时候被强奸的经历。其他经常受到质疑的书包括罗伯特·劳伦斯·斯坦（R. L. Stine）的《鸡皮疙瘩》（*Goosebumps*）系列，杰罗姆·大卫·塞林格（J. D. Salinger）的成长小说《麦田里的守望者》（*Catcher in the Rye*），以及库尔特·冯内古特（Kurt Vonnegut）关于德累斯顿（Dresden）被燃烧弹轰炸的小说《第五号屠宰场》（*Slaughterhouse-Five*）。[91]

美国图书馆协会（American Library Association）多年来一直在追踪最受争议的书籍。这些有问题的书是指一些个人或团体试图删除或限制的书。2019年最受争议的书见专栏4.1。然而，值得注意的是，大多数这些"有争议的"书籍并没有被禁止。相反，它们会受到一些忧心忡忡的家长的投诉，因此可能会把它们从必读书目中删除。或者，一个学区会给学生们寄一份同意书。但这就是美国大多数"禁书"尝试的范围。[92]例如，2019年，哈珀·李（Harper Lee）的《杀死一只知更鸟》被从密西西比州初中的阅读清单中删除，因为有人抱怨这本书的语言"让人不舒服"。然而，这本书并没有从学区的图书馆中移除。[93]并非所有具有挑战性的书都是当代作品。一些经典作品也收到了投诉。据美国图书馆协会称，以下几本书经常受到质疑。

- 纳撒尼尔·霍桑（Nathaniel Hawthorne）的《红字》（*The Scarlet Letter*），因为这本关于通奸的书与社区的价值观发生了冲突。
- 约翰·斯坦贝克（John Steinbeck）的《人鼠之间》（*Of Mice and Men*），因为书里面有脏话。
- 莎士比亚的《第十二夜》（*Twelfth Night by William Shakespeare*），因为这部喜剧被认为是在宣传同性恋。[94]

测试你的媒介素养：漫画小说

乔治·竹井（George Takei）最出名的角色是在20世纪60年代科幻电视剧和电影系列《星际迷航》中扮演舵手苏鲁（Hikaru Sulu，后来的船长）。最近，新一代的社交媒体粉丝把这位日裔美国演员称为同性恋权利倡导者"乔治叔叔"（"Uncle George"）。但在2019年，他与人合著了漫画小说《他们称我们为敌人》（They Called Us Enemy），讲述了他的家人在第二次世界大战期间被关押在拘留营的故事。竹井夫妇是12万名日裔美国平民中的一员，他们被士兵从家中赶出来，送到偏远地区10个不同的拘留营之一。[95]

竹井说，他与人合写这部漫画小说是为了帮助今天的人们了解美国政府在战争时期因为害怕自己的公民而对无辜民众做了什么。竹井还将他6岁时的经历与今天试图进入美国的移民和寻求庇护者的经历联系起来。

最近，民权历史成了漫画小说的热门话题。美国众议员约翰·刘易斯是马丁·路德·金（Martin Luther King Jr.）发起的"华盛顿大游行"（March on Washington）活动中最年轻的发言人，他与人合写了系列漫画小说《大游行》（March），讲述了他个人关于民权运动的故事，其中包括1965年在亚拉巴马州塞尔玛（Selma）被一名州警打时险些丧命的经历。还有一些漫画小说描绘了拳击手穆罕默德·阿里（boxer Muhammad Ali）的生活、大屠杀受害者安妮·弗兰克（Anne Frank）的生活，以及联邦政府的官方"9·11"报告。[96]

漫画小说和只有文本的小说有什么不同？

几十年来，高中生们一直在阅读关于"二战"期间建立的日本拘留营的报道。传达故事的图画是如何通过一个六岁孩子的眼睛改变这个经历的？

他们为何要传达这样的信息？

出版商想通过漫画小说达到什么目的？以漫画的形式讲述日本拘留营或"9·11"恐怖袭击等严肃的事件合适吗？

出版商想通过漫画小说达到什么目的？

像乔治·竹井的经历或美国众议员约翰·刘易斯的经历这样的严肃故事，以漫画的形式讲述是否合适？你读过阿特·斯皮格曼（Art Spiegelman）的漫画小说《鼠族》（Maus）吗？这部小说以老鼠和猫的形象讲述了犹太人和德国人的大屠杀故事。如果你读过，你的反应是什么？

你和你的同学是如何理解漫画小说的？

你和你的同学会阅读漫画小说/漫画书吗？比起严肃主题的文本小说，你会更喜欢阅读漫画小说吗？你能用图画演示做一些比文字表达更丰富的事情吗？

Cover from THEY CALLED US ENEMY by George Takei, with Justin Eisinger and Steven Scott; illustrated by Harmony Becker. COPYRIGHT AND PERMISSION INFO https://www.amazon.com/They-Called-Enemy-George-Takei-ebook/dp/B07P5GS3PT

马克·吐温（Mark Twain）的经典之作《哈克贝利·费恩历险记》（Adventures of Huckleberry Finn）自1884年出版以来，由于种种原因一直处于困境之中。《小妇人》（Little Women）的作者路易莎·梅·奥尔科特（Louisa May Alcott）在谈到此书时说:"如果克莱门斯先生(Mr. Clemens)想不出更好的故事来告诉我们头脑纯洁的孩子们,他最好停止为他们写作。"马克·吐温对奥尔科特的评论一点也不在意,他回答说:"这肯定能为我们卖出25000本。"[97]马萨诸塞州的康科德镇图书馆(The town library of Concord, Massachusetts)以不健康为由禁止了这本书,而其他人则形容它"粗糙、粗俗、不雅"。[98]最根本的抱怨是这部小说不尊重人,甚至有亵渎之嫌。最近,《哈克贝利·费恩历险记》被批评为种族主义小说。普利策奖得主、小说家简·斯迈利(Jane Smiley)虽然不希望看到《哈克贝利·费恩历险记》被禁,但她认为《哈克贝利·费恩历险记》不配在伟大的美国文学经典中占据一席之地。[99]这个例子印证了"秘密4"——没有什么是新鲜的:过去的一切都会再度发生。

虽然在美国,大多数审查书籍的尝试最多导致一本书被学校图书馆移除,但在世界其他地方,情况也并非总是如此。出生于印度的萨尔曼·拉什迪(Salman Rushdie)写作的小说《撒旦诗篇》(the Satanic Verses)备受争议。这部小说是对穆斯林的极端冒犯,是一种宗教讽刺/寓言。拉什迪的书于1988年秋天在印度首次被禁,并于1989年在巴基斯坦引发了骚乱。当时,伊朗的阿亚图拉·霍梅尼(Ayatollah Khomeini)因为拉什迪的书中有亵渎神明的内容,对拉什迪下达了宗教裁决,并呼吁处死该书作者。

在教法裁决①早期,拉什迪躲藏起来,每天辗转于各家各户。根据一些消息来源,伊斯兰教令在最终导致他婚姻破裂的过程中发挥了作用。[100]霍梅尼在法特瓦发布几个月后就去世了,这使得撤销死刑判决变得很困难,拉什迪也因此陷入了一种终身不确定的状态。[101]该文本叙述还使用了三种语言的双关语,需要读者理解印度教(Hindu)、穆斯林(Muslim)和英国文化(British culture)。

在死亡威胁发出后,几家大型连锁书店不再销售《撒旦诗篇》,但大多数独立书店仍在销售。连锁书店不得不做出让步,《撒旦诗篇》最终登上了《纽约时报》畅销书排行榜的榜首。

1998年秋天,伊朗政府通过外交部部长卡迈勒·哈拉齐(Kamal Kharrazi)表示,不会为刺杀拉什迪提供任何奖励或援助。然而,在写作本书的时候,据说伊斯兰武装组织仍在悬赏300万美元索要作者的性命。[102]尽管官方解除了对拉什迪的死亡威胁,但他仍不被允许乘坐英国航空公司的飞机。[103]当长达9年的伊斯兰教令被解除时,拉什迪已经51岁了,尽管他仍然认为有必要保持谨慎,但他也认为威

---

① fatwa,又称"法特瓦",指伊斯兰法律的裁决——译者注。

胁已经结束。拉什迪在接受《纽约时报》采访时谈到了生活在伊斯兰教令之下的感受：

> 看到人们走在外国城市的街道上，拿着你的照片，瞪着眼睛，喊着要你死，这是一件非同寻常的事情。就好像有人打破了你对世界的想象，你所想的一切都不再是真的。[104]

尽管拉什迪本人从未遭到袭击，但与他的书有关的其他一些人或死或伤。《撒旦诗篇》的日语译者五十岚一（Hitoshi Igarashi）于1991年7月在东京刺遇；意大利译者埃托雷·卡普里奥洛（Ettore Capriolo）被一名索要拉什迪住址的男子殴打并刺伤；1993年10月，拉什迪的挪威出版商威廉·尼加德（William Nygaard）中枪受伤。就在2012年1月，拉什迪因为受到死亡威胁，不得不取消在印度一个主要文学节上的露面。他被重新安排通过电视发表讲话，但针对文学节组织者的暴力威胁导致他的电视讲话也被取消。[105]

拉什迪并非唯一面临威胁的作家。2008年，英国苏格兰场（Britain's Scotland Yard）阻止了一起企图对《麦地那珍宝》（*The Jewel of Medina*）出版商的燃烧弹袭击。《麦地那珍宝》是由美国作家雪莉·琼斯（Sherry Jones）创作的一本有争议的书。这场袭击的目标是该书的荷兰出版商马丁·里尼亚（Martin Rynja）。其美国出版商兰登书屋担心可能引发暴力事件，因此取消了该书的出版（兰登书屋是最大的英语出版商，由德国出版业巨头贝塔斯曼所有）。兰登书屋被指在得克萨斯大学的一名伊斯兰历史学副教授对书稿提出批评后取消了该书的出版。琼斯得以让博福特出版社（Beaufort Books）取代兰登书屋成为她在美国的出版商。[106]

其他收到死亡威胁的作家还包括孟加拉国医生、诗人和小说家塔斯利马·纳斯林（Taslima Nasrin），尼日利亚诗人肯·萨罗-维瓦（Nigerian poet Ken Saro-Wiwa），以及诺贝尔奖获得者、尼日利亚作家沃莱·索因卡（Wole Soyinka）。[107]

专栏4.1　2019年最具争议性的书籍

1. 《乔治》（George）；亚历克斯·吉诺（Alex Gino）著
原因：挑战、禁止、限制、隐藏以避免争议；LGBTQIA+内容和跨性别者；因为学校和图书馆不应该"把需要讨论的书交到孩子手中"；性的引导；与宗教观点和"传统家庭结构"相冲突。

2. 《超越品红：跨性别青少年发声》（Beyond Magenta: Transgender Teens Speak Out）；苏珊·库克林（Susan Kuklin）著
原因：LGBTQIA+的内容受到质疑，因为"它会对任何阅读它的年轻人产生影响"，并担心它在性方面过于直白和带有偏见。

3. 《马龙·本多的一天》（A Day in the Life of Marlon Bundo）；吉尔·特维斯（Jill Twiss）著，EG凯勒（EG Keller）插图
原因：因为LGBTQIA+的内容和政治观点而受到质疑和破坏，因为人们担心它"被设计来污染读者的道德"，也因为它没有包含内容警告。

4. 《性是一个有趣的词》（Sex is a Funny Word）；科里·西尔弗伯格（Cory Silverberg）著，菲奥娜·史密斯（Fiona Smyth）插图
原因：因LGBTQIA+内容受到质疑、禁止和被移除；讨论性别认同及性教育；担心标题和插图"不合适"。

5. 《王子与骑士》（Prince & Knight）；丹尼尔·哈克（Daniel Haack）著，史蒂维·刘易斯（Stevie Lewis）插图
原因：因含有同性婚姻和LGBTQIA+内容而受到质疑和限制；"蓄意向幼儿灌输可能导致困惑、好奇和性别障碍的思想"；与宗教观点相冲突。

6. 《我是雅茨》（I Am Jazz）；杰西卡·赫瑟尔（Jessica Herthel）、雅茨·詹宁斯（Jazz Jennings）著，希拉·麦克尼古拉斯（Shelagh McNicholas）插图
原因：LGBTQIA+内容，一个跨性别者因为面对一个"敏感的、有争议的、带有政治色彩的"话题而受到挑战和被移除。

7. 《使女的故事》（The Handmaid's Tale）；玛格丽特·阿特伍德（Margaret Atwood）著
原因：因为亵渎和"粗俗和性暗示"而被禁止和挑战。

8. 由拉伊纳·特尔格迈尔（Raina Telgemeier）编写和绘图的戏剧
原因：LGBTQIA+内容受到质疑，并担心其违背"家庭价值观/道德"。

9. 《哈利·波特》（Harry Potter）系列；J.K.罗琳（J. K. Rowling）著
原因：明令禁止和不允许讨论涉及魔法和巫术、现实的诅咒和咒语，以及利用"邪恶的手段"达到目标的角色。

10. 《三口之家》（And Tango Makes Three）；彼得·帕内尔（Peter Parnell）、贾斯汀·理查森（Justin Richardson）著，亨利·科尔（Henry Cole）插图
原因：因LGBTQIA+内容受到挑战和被移除。

资料来源：摘录自美国图书馆协会（American Library Association），"2019年最具争议性的书籍"，http://www.ala.org/advocacy/bbooks/frequentlychallengedbooks/top10。

图书的未来

正如我们在第三章中所谈到的，数字媒体和互联网正在为媒体行业带来巨大的变革，为消费者提供了除畅销书籍之外的其他选择。相比过去，分布在全国各地的有限数量的消费者可以访问比"最大的实体书店"所能提供的更专业的内容。这种现象被称为长尾效应。长尾理论认为，在购买何种媒体以及与谁交流方面，我们不再受地域的限制。正如《长尾理论》（*The Long Tail*）的作者克里斯·安德森（Chris Anderson）所解释的那样，"我们正在从大众市场转向利基市场，现在由我们的兴趣而非地理位置决定"。[108]

在经历了数年的"下一个大事件"之后，电子书终于成为主流。像《金银岛》（*Treasure Island*）这样的经典书籍被发布到网上，畅销犯罪小说和爱情小说以电子书形式发行，而所谓的独立书籍，如畅销奇幻作家阿曼达·霍金（Amanda Hocking）的作品，则由作者直接销售给读者。

出于技术和物流方面的原因，消费者对进入电子书市场感到紧张是有道理的。还有一个问题是"为什么？"你能从电子书中得到什么传统纸质书无法得到的东西？

*Slate*杂志作家雅各布·韦斯伯格（Jacob Weisberg）是亚马逊Kindle的典型粉丝，Kindle之所以成为市场上占主导地位的电子书阅读器，原因有很多，其中最重要的一点是，你可以从Amazon.com购买这些书，直接下载到你的电子书阅读器上，而无须连接电脑。[109] 2017年秋天，亚马逊推出了其首款防水电子阅读器，售价高达249美元。[110]

以小说《纠正》（*The Corrections*）和《自由》（*Freedom*）闻名的超级明星作家乔纳森·弗兰岑（Jonathan Franzen）于2012年表示，他坚决反对电子书。为什么？弗兰岑反对电子书的主要理由是它们缺乏永恒性。在哥伦比亚的海伊文化节（the Hay cultural festival in Colombia）上发表评论时，他说：

> 我喜欢的技术是美国的平装本《自由》。我可以把水泼在上面，它还是能用的！所以这是非常好的技术。更重要的是，它将在10年后依旧能用。难怪资本家讨厌它。这是一个糟糕的商业模式……我认为对于严肃的读者来说，永恒感一直是阅读体验的一部分。你生活中的一切都是流动的，但这里的文字是不会改变的。[111]

弗兰岑批评的核心是，书籍应该以固定的格式存在，不需要更新；因此，它们不需要在允许更改的平台上出版。

雪莉·琼斯（Sherry Jones）所著的《麦地那的珍宝》在国际上引发了争议，当时极端分子试图用燃烧弹炸毁该书英国出版商的办公室。

作者雪莉·琼斯（Sherry Jones）

作家兼评论员乔纳森·塞古拉（Jonathan Segura）承认电子书有其局限性。他在博客Monkey See上写道："我是一个涂鸦者，你不能在电子书的空白处乱涂乱画。并不是所有的书都有电子版本……电子书不允许你在地铁上宣传你的文学造诣。"[112]但他并不认同传统纸质书和电子书之间存在冲突的观点：

你可以选择将你的文字写在带有漂亮封面的纸上，也可以选择通过空中传输到你光滑的小设备上。你甚至可以两种格式随心所欲地阅读！[113]

除了这些争论中的原因，你为什么想要一个电子书阅读器，而不是拥有最新的小玩意儿？

如今，我们认为自己是科技通和现代人士，尤其是当我们在Kindle或iPad上阅读最新的畅销书时。你有没有想过在20世纪30年代，电子阅读器的技术水平如何？电子阅读器真的存在吗？史密森学会（the Smithsonian Institution）的馆长马特·诺瓦克（Matt Novak）在1935年4月的《每日科学与力学》（*Everyday Science and*

Mechanics）杂志上发现了这幅插图，它是一个微型图书阅读器，可以安装在你最喜欢的椅子旁边。奇怪的是为什么它从未流行起来。

记者埃兹拉·克莱因（Ezra Klein）总结了喜爱阅读电子书而非纸质书的人所感受到的冲突：

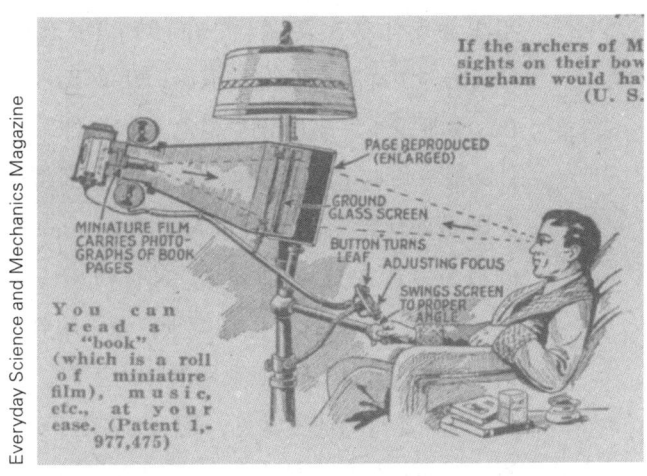

如今，如果我们在Kindle或iPad上阅读最新的畅销书，我们会觉得自己很现代。但在20世纪30年代，电子阅读器的发展状况如何呢？史密森学会的馆长马特·诺瓦克在1935年4月的《每日科学与力学》杂志上发现了这幅插图，这是一个微型电影阅读器，可以安装在你最喜欢的椅子旁边。奇怪的是为什么它从来没有流行起来……

> 我喜欢书。每当我从iPad上抬起头，看到几百本书排列在我的墙边，就像伍迪（Woody）和巴斯（Buzz）看着安迪（Andy）发现电子游戏一样①，我都会感到内疚。但我越来越容易明白它们是如何被电子书取代的，也越来越难以想出这是一件坏事的理由。[114]

至少有一种电子书模式已经成功了很多年，那就是有声书。对于有声读物，配音演员不管出名与否，都会大声朗读书籍（甚至是杂志文章），这样读者就可以在智能手机或新的声控智能音箱上收听。大型出版商报告称，尽管电子书销量略有下降，但有声书的日益普及弥补了部分损失。根据音频出版商协会（Audio Publishers Association）的数据，2017年的销售额从2016年的21亿美元增长到25亿美元。有声书为消费者提供了独特的价值，因为它们允许读者在他们不适合阅读的环境中消费书籍和类似的材料。有声读物还具有通俗易懂的优势——每个人都知道什么是"有声读物"。最后，尽管你可以使用亚马逊Kindle等特殊设备来听有声书，但你可能已经拥有了一台能够播放有声书的智能手机。这意味着采用这项新技术几乎没有什么风险。[115]

从黏土到纸，再到电子

我们用来阅读书籍和其他书面材料的媒介在过去几十年、几百年甚至上千

---

① 伍迪和巴斯是美国著名动画片《玩具总动员》中的主人公，他们是牛仔玩偶和太空人玩偶，而安迪是他们的主人——译者注。

年里经历了多次转变。早在1971年，五角大楼官员丹尼尔·埃尔斯伯格（Daniel Ellsberg）就向《纽约时报》（New York Times）和《华盛顿邮报》（Washington Post）泄露了许多所谓"五角大楼文件"（Pentagon Papers）的副本。"五角大楼文件"是一份47卷的绝密报告，由国防部部长（the secretary of defense）委托，解释美国是如何参与越南战争（the Vietnam War）的。埃尔斯伯格和"五角大楼文件"的故事最近在史蒂文·斯皮尔伯格（Steven Spielberg）的电影《华盛顿邮报》（The Post）中被讲述。你可以在第十三章了解到更多关于五角大楼文件案和埃尔斯伯格的信息。泄露文件是一项艰巨的体力工作。为了做到这一点，埃尔斯伯格不得不复印书页，当时复印机还不常见，而且通常在下班后就会关闭。从安全设备完善的大楼中偷运上千页的拷贝文件也是一项艰巨的任务。[116]

41年后，美国国家安全局（National Security Agency）前合同工爱德华·斯诺登（Edward Snowden）决定泄露他精心分类的大量绝密文件，他认为这些文件可以在不危及生命的情况下显示美国国家安全局的越权行为。[117]斯诺登将数千页的电子文件以U盘的形式交给了记者格伦·格林沃尔德（Glenn Greenwald），这个U盘可以装在他的口袋里。斯诺登必须知道如何绕过计算机安全系统，但除此之外，他所要做的只是敲击几下键盘和点击几下鼠标。

正如埃尔斯伯格泄漏的文件帮助美国人更好地了解越南战争期间发生了什么，斯诺登的文件也帮助我们了解了美国国家安全局（NSA）在"9·11"恐怖袭击后，秘密收集美国人民的信息的目的。

一位为《经济学人》（the Economist）周刊撰稿的博主写道，无论你将泄露绝密电子文件的人视为英雄还是叛徒，其实这都无关紧要。作者认为，我们正在经历一个重大转变，从一个充满沉重且局限于一地的纸质文件的世界，转向一个只需鼠标点击就能在全球范围内传播的电子文件的世界，对网络泄密者的任何起诉都无法改变这一点。这位作者并不是在为那些发布电子文档的人辩护；相反，他是在解释这种媒体手段的改变所带来的长期影响。

这位博主本质上是将加拿大经济学家哈罗德·英尼斯（Harold Innis）的思想推到了前沿，哈罗德·英尼斯认为，任何特定的媒介都存在持久或易于传播的偏向性。我们更习惯于纸质文件的沉重且难以移动。另一方面，电子文件没有实物形式，因此可以极其轻松地传播。公平地说，英尼斯认为羊皮纸、黏土和石头是倾向于时间概念的耐用媒介，而纸张和电子媒介则易于传播，因此倾向于空间概念。但我们应该记住，英尼斯在1950年以精装本纸质书的形式出版了他关于这个主题的原著《帝国与传播》（Empire and Communication），作者从亚马逊的Kindle商店下载了该书的电子版。[119]

正是英尼斯启发了媒介理论家马歇尔·麦克卢汉（Marshall McLuhan）"媒介即讯息"（the medium is the message）这一流行概念，并使他认识到不同媒介的内在特征的重要性。但是，尽管英尼斯比麦克卢汉更严肃、更细致，但麦克卢汉的著作却更受欢迎，也更通俗易懂。英尼斯的传记作者亚历山大·沃森（Alexander Watson）认为，麦克卢汉使英尼斯晦涩难懂的著作得到了普及。[120]

当你思考电子文件给我们的社会带来的变化时，请记住它印证了"秘密5"——所有媒体都具有社交性。因为电子文档如此便携，它们总是可以被共享。尽管英尼斯和麦克卢汉的时代都还没有电脑和互联网，但他们关于媒介不断变化的本质所产生影响的研究在今天仍然具有重要意义。

按需印刷

电子出版的另一个方面的发展是按需印刷，实体书只有在被订购或图书经销商小批量追加订数时才会被印制。这就是亚马逊提供一些销量最小的图书的方式。该公司拥有多台大容量的激光打印机，可以将储存在电脑上的数字副本打印成新的纸质副本。这使得该公司在接到订单之前，以接近于零的成本储备图书。[121]图书批发商英格拉姆也通过其子公司Lightning Source按需印刷，能够在48小时内印刷并交付图书。[122]但是，现在还不要放弃传统的纸质印刷书籍。NPD BookScan服务报告称，2017年印刷书籍的销量为6.87亿册，比上一年增长了1.9%。[123]

▶ 章节回顾

章节小结

大约公元前3500年，中东地区首次出现了早期书写形式。在接下来的两千年里，书写从简单的象形文字发展到高度发达的表意文字和基于声音的字母表系统。随着表情符号键盘在移动设备上的普及，图片写作在21世纪文化中复兴。在公元前240年—公元前105年间，中国发明了现代的布纸。在中世纪的西欧，早期的手抄本主要是由僧侣和其他宗教人物创作的。由于制作困难，这些书既昂贵又稀有。

15世纪中期，约翰内斯·古腾堡发明了铸字模具。使用古腾堡活字印刷术的印刷机使书籍和其他出版物第一次实现了大规模生产，从而导致许多文化事件的发生，包括新教改革、识字运动的兴起、语法和拼写的标准化。

在新大陆,出版业在欧洲人定居后不久就开始了,首先是西班牙殖民者在墨西哥城,后来是英国殖民者在马萨诸塞湾地区。19世纪,随着识字和教育在不断壮大的中产阶级中普及,印刷技术的进步使得廉价的大众阅读材料,如廉价小说和连载小说随处可得。第一本英语综合词典也是在19世纪出版的。

现代图书业有三个主要的参与者:出版商、作家和书商。图书行业和其他媒体行业一样,具有快速整合的特点,少数公司控制了出版、发行和零售的大部分业务。

出版商出版的书籍种类繁多,但出版业的大部分利润都来自玛格丽特·阿特伍德和斯蒂芬·金等创作者的少数几本畅销书。出版社类型包括行业出版社、大学出版社、小型出版社/出版商和政府印刷出版局。虽然亚马逊是美国占主导地位的企业书商,但自2009年以来,独立书店开始卷土重来。

教科书行业也因其高成本而受到了立法者和消费者越来越多的关注。应对措施包括教科书租赁、使用电子版和降低生产成本。教育出版业的所有权,就像其他出版业一样,正越来越集中在少数公司手中。

图书馆在书籍出现的时候就已经存在了,可以追溯到公元前2100年。独立战争之前,图书馆在美国殖民地扮演着重要的角色,今天仍然是为所在社区提供广泛的知识和文化资源的重要机构。

尽管书籍很少像电影、电视或电子游戏那样引起高度的争议,但在美国,它们偶尔也会受到挑战,通常是来自某个图书馆或学区。限制书籍的最常见原因是它们包含冒犯性的语言、种族偏见或刻板印象、性内容或对宗教的冒犯性评论。在美国以外,一些有争议的作家面临暴力甚至死亡的威胁,其中最著名的是《撒旦诗篇》的作者萨尔曼·拉什迪。然而,这样的禁令和威胁几乎从未阻止这些书籍的销售。

几千年来,书籍和其他印刷文件的形式发生了根本性的变化,从黏土板到纸质书再到电子文档。随着书籍传播媒介的改变,书籍的基本特征也发生了变化。过去很难从一个地方移动到另一个地方的书籍,现在可以通过数字方式在地球的另一边即刻发送。互联网已经成为一个重要的图书市场,尤其是那些需求有限的图书。亚马逊等网上书店可以通过数字下载或按需印刷的方式销售图书。电子书阅读器作为分发书籍,尤其是教科书的一种方式越来越受欢迎。

关键术语

象形文字(pictograph)

表意文字(ideograph)

表情符号(emojis)

表音文字(phonography)

字母表(alphabets)

纸莎草(papyrus)

羊皮纸(parchment)

纸张(paper)

抄字间（scriptoria）
铸字模具（the type mold）
字体（font）
《海湾诗篇》（*Bay Psalm Book*）
连载小说（serial novels）
廉价小说（dime novels）
轮转印刷机（rotary press）
连诺排字机（Linotype）
出版商（publishers）
商业书籍（trade books）
大学出版社和小型出版社（university and small press）
校样（proofs）
包容性访问（inclusive access）
家庭小说（domestic novels）
实体（brick-and-mortar）
电子阅读器（e-book readers）
五角大楼文件（Pentagon Papers）
按需印刷（print on demand）

问题反馈

1.青年作家约翰·格林是如何在他的小说中应对精神疾病的？这样做的原因是什么？
2.表意文字和音标字母有何不同？表音字母表的优点和缺点分别是什么？
3.活字印刷术的发展如何改变了图书出版业？
4.出版商和印刷商有什么不同？
5.在美国，书籍经常被成功封禁吗？答案为肯定或否定的原因是什么？请给出相应的答案。
6.除了不涉及纸张外，电子书与传统书籍有何不同？

Drew Angerer / Staff / Getty Images

第五章 新闻业：民主社会的映射

学习目标

在学习本章节之后，你将能够：

1. 描述美国新闻业在殖民时期是如何发展的；
2. 知晓彻底改变了新闻产业的两种广播媒体；
3. 解释近些年美国报业如何从最盈利的行业滑落为濒临破产的行业；
4. 解释媒介研究学者杰伊·罗森（Jay Rosen）使用"无源之见"（the view from nowhere）时的寓意；
5. 描述地方和社区新闻机构在21世纪面临的经济挑战。

2013年8月6日下午，Twitter上传出了《华盛顿邮报》（*Washington Post*）将计划召开一次大型会议的消息。不久之后，有消息称，亚马逊创始人杰夫·贝索斯（Jeff Bezos）以2.5亿美元的价格从其四代经营者——格雷厄姆家族（Graham family）手中收购了这家报纸。贝索斯创立了图书销售和媒介巨头亚马逊公司（Amazon.com），也是其最大股东。他还用自己的个人资产收购了《华盛顿邮报》。[1]重要的是，这是一桩个人交易。《华盛顿邮报》记者保罗·法里（Paul Farhi）指出，在贝索斯完成收购后，该报将是其私人所有，因此他不会对股东或其他投资者负责。当格雷厄姆家族决定出售《华盛顿邮报》时，他们寻找的投资者要能够支付2.5亿美元

的要价，并且不要求立即获得投资回报。就在那时，首席执行官唐·格雷厄姆（Don Graham）想到了他的朋友贝索斯。尽管与尖端技术打交道，但贝索斯却以其长远的商业眼光而闻名。[2]

贝索斯在收购《华盛顿邮报》之后的首次革新是为订阅用户提供无限制免费访问该报官网以及其他都市报移动应用程序的服务，从而消除了人们通常为查看超过报纸提供的有限数量文章而支付的每月订阅费用。"贝索斯计划"（Bezos's plan）的目标是吸引那些不属于报纸印刷发行领域、不太可能成为付费客户，但仍对新闻感兴趣的人访问网站。简而言之，他采取了一种"数字视角"（digital point of view）。通过这种方式，他把那些拥有技术知识并对技术有所投入的客户以及记者吸引过来改进他的产品。[3]

贝索斯带来的一个重大变化是，他将《华盛顿邮报》从一份"支持华盛顿、关注华盛顿"的报纸转变为一份面向全美甚至全球的报纸。[4]《华盛顿邮报》将不再局限于其印刷发行范围内的新闻。到2016年，在贝索斯的掌控下，《华盛顿邮报》的读者越来越多，报道也越来越雄心勃勃，并且作为全国性报纸的身份获得了认可。政客新闻网（Politico）的肯·多克托（Ken Doctor）表示，《华盛顿邮报》将加入《纽约时报》（the New York Times）、《华尔街日报》（the Wall Street Journal）和《今日美国》（USA Today）的行列，成为一份全国性报纸。[5]《华盛顿邮报》之所以能吸引这些读者，部分原因是它提供了更多的调查性新闻报道，这种报道在网络和移动设备上看起来都还不错。

据报道，贝索斯更关心的是报纸的"愿景"，而不是如何实现愿景的细节。正因为如此，这些细节就留给了执行主编马蒂·巴伦（Marty Barron）来处理。利维·施瑞博尔（Liv Schrieber）在波士顿的新闻题材电影《聚焦》（Spotlight）中饰演了马蒂·巴伦，这令后者在某种程度上成了全国名人。作为贝索斯"愿景"的一个例子，他在2014年告诉《华盛顿邮报》的员工，他们需要"利用互联网带给我们的礼物"。简单地说，这意味着这是一项"为每位记者吸引不成比例的流量的计划"[6]。除了招聘记者外，贝索斯还引进了一批技术人员，包括软件开发工程师、数字设计师、产品经理、移动研发人员和视频工程师。

尽管《华盛顿邮报》正在发生巨大的变化，但那里的工作人员情况并不都很乐观。据《名利场》（Vanity Fair）报道，虽然贝索斯被视为该报的救星，是一位高效的老板，显示了其出色的领导能力，但他还是那个在另一家公司"亚马逊"面临员工批评的杰夫·贝索斯。值得一提的是，贝索斯通常被认为是世界上最富有的人。[7]撇开钱不谈，拥有《华盛顿邮报》对贝索斯来说，并不总是一件愉快的事情。

美国总统唐纳德·特朗普（Donald Trump）并不喜欢《华盛顿邮报》改版后的新闻报道，经常把怒气发泄在贝索斯身上。他认为亚马逊与《华盛顿邮报》是紧密联系在一起的，称该报是亚马逊的"首席说客"（chief lobbyist）。但大家都说，贝索斯并没有对该报的任何报道施加影响。出版商弗雷德·瑞安（Fred Ryan）表示："杰夫从未提出过写任何报道，也从未介入过任何一篇报道。他从不评论报道。他并没有指导过或提议过发表任何社论或宣传文章。"[8]

也许让贝索斯感到更困扰的是《国家询问报》（National Enquirer）对他的婚外情以及他随后离婚的报道。这家小报获得了这对恋人之间的一系列短信，以及他们分享的几张露骨的照片。虽然《国家询问报》公布了许多短信，但他们威胁称，如果贝索斯（可能还有《华盛顿邮报》）不停止批评《国家询问报》及其报道方法，他们将公布其"腰部以下的自拍"。[9]贝索斯没有退缩，而是在Medium在线平台上发布了一篇长文，并附上了恐吓信的截图。贝索斯还动用了大量资源，调查《国家询问报》是如何获得他的短信和照片的。[10]

贝索斯收购《华盛顿邮报》取得了很大成功。自2013年收购该报以来，他提升了该报的读者人数、收入和报道水平。他还致力于将其打造成一个主要以数字形式发布的全国性新闻来源。与之前对亚马逊的投资一样，贝索斯更关心的是《华盛顿邮报》的未来，而不是短期利润；比起收入，他更关注读者的参与度。总的来说，《华盛顿邮报》的员工们很高兴能拥有一位有远见的老板，他有雄厚的资金投资于报纸的长远发展，但如果贝索斯愿意与他们分享更多的利润，员工们会更高兴。

考虑到让人们为媒体付费所面临的挑战，一些媒体观察家质疑新闻业是否还有未来；这一问题在新冠肺炎病毒大流行导致的经济衰退期间变得更加尖锐。在一些政客将他们不喜欢的报道称为"假新闻"的环境下，新闻行业如何运作也引起了人们密切的关注。然而，应当记住，21世纪20年代并不是新闻行业第一次面临危机。本章我们将探讨新闻和媒体在美国的发展、报纸和其他新闻机构当前的运作方式以及新闻业在数字时代的转型。

发明现代报刊

自古腾堡发明了可用的活字印刷术后不久，报纸就出现了。第一份英文报纸是《科兰特》（Curanto），于1618年6月在阿姆斯特丹（Amsterdam）出版。这并不是我们今天所熟悉的那种报纸，而是一份满载英国和外国新闻的单张大报纸（a single broadsheet）。到1622年，英国也开始出版类似的报纸（或称新闻书）。政府试图控制这些报纸，因为它们在帮助新兴资产阶级的同时损害了贵族的利益，但报纸仍在咖啡馆等场所流通。[11]如果你把目光投向20世纪60年代和70年代的美国，人们在18世纪所经历的那种对印刷媒体的审查和控制与早期的同性恋和另类报纸所受到的待遇并没有太大的不同。这说明了秘密4——没有什么是新鲜的：过去的一切都会再度发生。在那些出版大幅报纸的人当中，有主要的教会改革者，如马丁·路德（Martin Luther）和约翰·加尔文（John Calvin）；他们的宗教著作也促成了一些最早的审查尝试。[12]

出版商本杰明·哈里斯（Benjamin Harris）的《国内外公共事件》（*Publick Occurrences*）经常被认为是美国殖民地时期的第一份报纸；它的第一期也是唯一一期于1690年在波士顿出版。就像那个时代的许多报纸一样，政府迅速关闭了它。在这个案例中，政府反对该报对法国国王的贬低言论，同时哈里斯未能获得出版许可。1704年创办的《波士顿新闻通讯》（*the Boston News-Letter*）是第一份多期出版的报纸。

正如当今存在的媒介王朝一样，只不过它们存在于美国殖民地时期，本杰明·富兰克林（Benjamin Franklin）和詹姆斯·富兰克林（James Franklin）几乎掌握了当时所有可用的媒体。从1721年开始，兄弟二人中的哥哥詹姆斯出版了《新英格兰报》（*New-England Courant*），这是第一份未经英国王室明确批准发行的报纸。当詹姆斯因为激怒当局而被送进监狱时，16岁的本杰明接管了报纸。本杰明一直是报社的学徒。到1729年，他买下了《宾夕法尼亚公报》（*the Pennsylvania Gazette*），并开始把它变成殖民地最有影响力的报纸。本杰明登出了殖民地的第一幅政治漫画，那是一部经常被转载的《要么加入，要么死亡》（*Join, or Die*）漫画，他还把天气预报作为一个固定的特色节目。[13]

美国殖民地时期的报纸与今天的报纸之间很少有共通之处。在19世纪30年代之前，日报主要刊登航运新闻和政治时论。这些报纸主要是为权贵精英服务的，通常由政党资助，并由编辑决定报道的内容。虽然我们可能会认为这种报道带有偏见，但它们也并没有假装客观。何必要假装呢？每个政党都有自己的报纸，少数订阅者（最多2000人）倾向于分享相似的观点。敌对报纸之间的斗争可能会非常激烈，甚至延伸到肢体暴力。

殖民地时期的报纸价格相当昂贵，当时工人一天的工资可能只有85美分，而报纸的价格却高达每天6美分。报纸通常只能通过年度订阅的方式获得，而且必须提前支付订阅费用。这些报纸通常以《广告商》（*Advertiser*）或《商业》

（Commercial）之类的名字命名，显示出它们的商业倾向。报纸通常有四个版面，封面和封底主要用来刊登广告，内页则刊登新闻和社论。[14]

便士报：面向大众的报纸

19世纪30年代，本杰明·戴（Benjamin Day）构想了一种新型的报纸，一种能够向新兴有文化的公众大量出售的报纸。1833年9月3日，他开始出版《纽约太阳报》（the New York Sun）。该报的座右铭是"为所有人闪耀"（It shines for all）。正是新开发的蒸汽机使《太阳报》的大规模发行成为可能。手动印刷机自古腾堡时代以来并没有做出太大的改变，每天只能印刷不超过350页的内容，但蒸汽动力的轮转印刷机可以在相同的时间内印刷多达1.6万份（不仅仅是页面）的内容（见第四章）。[15]

在19世纪的便士报时代，报童在纽约和其他主要城市的街道上以一到两美分的价格出售报纸。

《太阳报》强调事实胜于意见。紧随其后的报纸有《评论家》（Critic）、《先驱报》（Herald）和《明星报》（Star）等。这些廉价报纸在街上卖一两个便士一份，所以它们很快就得到了"便士报"（Penny Press）的称号。便士报并没有得到政党的资助，而是靠发行量和广告收入支撑。这些报纸也不用担心那些不付账单的订户，因为在街上卖报收的是现金。[16]

现在，出版商可以经济高效地大量印刷报纸，他们也就拥有了足够大的发行量来吸引广告商。因此，他们的利润主要来自广告收入，而不是订阅或补贴。专利药品的制造商往往是最大的广告商，这些药品通常主要由酒精或麻醉剂组成。招聘广告（今天的分类广告）也成为报纸的一大特色。

一种独特的新闻

便士报是典型的独立报纸，而非政党的代言人。事实上，他们倾向于完全忽略政治，因为他们的读者对政治问题不感兴趣。《太阳报》的编辑了解他们的读者；例如，他们的国会新闻专栏曾经报道："到目前为止，我们的读者不会对国会的议程感兴趣。"[17]

"新闻"(news)这个概念是由便士报发明的：这些报纸强调新鲜事物，诸如最新的警方行动、法庭判决以及街上正在发生的事情。传统报纸称便士报哗众取宠，并不是因为它们刊登大标题或照片——这在当时都不存在——而是因为它们刊登的是新闻，而不是政治争论或辩论。便士报也因此走向了平等主义，在新闻中体现人人平等。普通人的事情，现在与富人、名人的报道一样成了新闻。[18]

英国报业也经历了类似的变革，从18世纪浓厚的党派色彩转向19世纪末对平民的"客观"关注——这一变化主要是为了回应识字工人阶级的崛起和希望能有大批读者看报纸上的广告。[19]

现代民主社会

19世纪30年代对于美国的工业、经济和政治参与而言，是一个高速发展的时期。便士报就是这一发展中的重要组成部分，它向公众提供民主运作所需的信息。1830年，美国有650份周报和65份日报，但在短短10年时间里，这两个数据翻了一番，达到1241份周报和138份日报。[20]在这个时期，越来越多的人外出打工，开始使用现金购买消费品。便士报为这些商品提供了一种广告手段，这反过来又扩大了它们的市场。

美国正从农村社会转变为城市社会，从农业国转变为工业国，从自给自足的家庭经济转变为以市场为基础的经济。迈克尔·舒德森(Michael Schudson)认为，便士报是促成这一变化的一股强大力量：

> 无论这些报纸的政治倾向如何，它们都是政治、经济生活和社会生活中平等主义理想的代言人——通过它们的销售组织、广告宣传、对新闻的重视、对广大读者的迎合以及对社论日益减少的关注。
>
> 便士报展现和建构了民主市场社会的文化，这是一种没有阶层或智力顺从的文化。[21]

在南北战争时期，新闻界继续向政党独立的方向发展。报纸向人们提供了有关战争以及这个国家是否会继续存在的报道。战后，报纸继续发展，并开始成为人们日常生活的重要组成部分。这构成了"秘密1"——媒体是我们日常生活的重要组成部分。黑兹尔·迪肯-加西亚(Hazel Dicken-Garcia)在其19世纪出版史中写道：

美国人也许是第一次认识到自己对新闻的迫切需求，并以一种前所未有的方式将其确立为他们生活的一部分，于是阅读新闻就成了一种"习惯"。家属们寻找参战军人的消息，国家领导人需要有关事件的信息作为决策和制定战争政策的基础……每个人都与战争利害相关，他们迫切需要了解事情的进展，于是报纸前所未有地成为首要的阅读材料。[22]

比尔·盖茨（Bill Gates）是微软公司的创始人，同时也是世界上最富有的人之一，他在2017年的一次采访中表示，民主国家仍然需要新闻习惯：

因此，如果我们能从更宽泛的意义上界定媒体，即它能够帮助选民评估竞选人在竞选中所说的话，评估竞选是如何运作的，并因此发挥他们的作用，总之，选择追求合理政策的理性领导人——如果没有这样的媒体功能，民主就不可能存在。如果有人说我们不需要媒体，那有点可怕。是的，媒体的某些部分可能带有偏见，甚至可能是错误的，但要攻击媒体现象，我不确定过去有多少民粹主义者（populists）达到了这个水平。[23]

普利策、赫斯特和纽约之战

如果说19世纪上半叶的便士报催生了现代新闻业，那么纽约出版商约瑟夫·普利策（Joseph Pulitzer）和威廉·伦道夫·赫斯特（William Randolph Hearst）在19世纪80年代和90年代之间的一场论战，则将新闻业引入了动荡不安的青春期。

普利策和《纽约世界报》

1864年，17岁的普利策从奥地利来到美国参加南北战争。他在战争中幸存下来，学习法律，后来成为一家德语报纸的记者。1878年，他收购了《圣路易斯邮报》（*St. Louis Post and Dispatch*），成为它的出版商、编辑和业务经理。

1883年，普利策收购了濒临倒闭的《纽约世界报》（*New York World*），在短短3年时间里，他就将该报的发行量从1.5万份提高到了超过25万份。高发行量至关重要，因为庞大的读者群吸引了愿意支付高价的广告商。普利策收购该报12年后，该报的日发行量达到54万份。[24]

普利策改变了报纸头版的外观，用巨大的多栏图片和大标题取代了密集的字体。他给新闻业带来了一种戏剧性和时尚感，这极大地吸引了世纪之交的读者。作家兼新闻评论家保罗·韦弗（Paul Weaver）将现代报纸头版的发明归功于普利策。在普利策之前，报纸的头版和其他版面没有什么不同。普利策首创了这样一种做法，即给最重要的新闻提供字号最大、行距最宽的标题，并将其刊登在报纸的折叠版面上方，这样任何在报摊上看报纸的人都能立即看到它。因此，"above the fold"指的是头条新闻。

普利策还有许多其他创新。比如，他改变了标题的撰写方式，使其更为具体。例如，在普利策办报之前，纽约的一家报纸以"可怕的事件"（"Awful Event"）为题报道了亚伯拉罕·林肯（Abraham Lincoln）总统被暗杀的消息。而普利策要求他的编辑使用包含主语和主动动词的标题，因此林肯遇刺事件可能以"林肯遇刺"（"Lincoln Shot"）为标题。前普利策时代的报道以一种正式的、结构化的方式告诉读者他们需要知道的东西。普利策将新闻呈现为人们想要阅读的故事；记者也从单纯的新闻报道者（reporters）变成了故事讲述者（storytellers）。[25]

新读者：移民与妇女

19世纪80年代和90年代的纽约是一座移民城市，对于那些想要学习英语口语和阅读的移民来说，这座城市的报纸是他们重要的学习老师。普利策的《纽约世界报》使用了大标题、简单的文字和许多插图，这些都有助于增强报纸对移民社区的吸引力。这也是现代周日报纸（Sunday paper）诞生的时期。1889年，一半的纽约人购买周日报。为了使他的周日版更有吸引力，普利策开始尝试插图、连环画和彩色漫画。

普利策还为女性读者进行了量身定制，包括报纸上的女性版面和浪漫小说。他很难在女性读者和男性读者的利益之间取得平衡。他不想因为让报纸内容过于女权主义而得罪工薪阶层的男性读者，但他又不能忽视那些正在阅读报纸的独立女性。女性是家庭用品的主要购买者，广告商想要接触到她们。因此，《纽约世界报》需要在吸引工薪阶层男性读者的同时，对内容进行调整，以吸引这些"新女性"。

没有人能比"噱头记者"（stunt journalist）内莉·布莱（Nellie Bly）更能代表普利策《纽约世界报》的新闻报道了，她证明了女性在试图获取新闻时可以和男性一样走极端。从她在《纽约世界报》的首次亮相（为了得到一个妇女精神病院的内幕消息而假装疯了），到她最著名的噱头表演（在80天内环游世界），她总是做得比任何人都夸张。[26]

布莱生于1864年，卒于1922年，她为《匹兹堡快讯》（*Pittsburg Dispatch*）、

《纽约世界报》(New York World)和《纽约晚报》(the New York Evening Journal)撰写了数百篇报纸文章，这些文章通常篇幅较长，并以第一人称叙述。她原名伊丽莎白·简·科克伦(Elizabeth Jane Cochran)，昵称为"平克"（可能是因为她穿的粉色连衣裙）。正是在《匹兹堡快讯》，她开始使用笔名内莉·布莱。除了为《匹兹堡快讯》报道女性故事外，布莱还以"内莉在墨西哥"为标题写了一篇关于墨西哥之旅的游记。她还因报道年轻妇女在工厂工作的困境而出名。

1887年，布莱搬到了纽约，希望能在这座城市的一家蒸蒸日上的日报社找到一份工作。她的首选是普利策的《纽约世界报》。她终于见到了《纽约世界报》的总编辑约翰·科克里尔(John Cockerill)。正是科克里尔建议她去做卧底，写一篇关于女性精神病院的报道。他告诉她，如果她的报道足够精彩，她就能得到这份工作。

这家精神病院曾被指控虐待病人，但关于它的报道都没有布莱的内幕报道那么有影响力。为了进入精神病院，布莱搬进了一座公寓，并开始做出一些反常的行为。一进医院，她就写了一些文章，描述护士给病人喂腐烂的食物，病人被食物噎住，还被护士殴打。10天后，普利策的一位律师来解救了她。她写的这一系列报道堪称杰作。

通过这一系列报道，布莱证明了女性能够在耸人听闻的新闻报道中取得成功，并且能够在危险的情况下讲出精彩的故事。如今，许多人会认为记者伪装成他人是不道德的，许多主流报纸也会拒绝此类作品。但在赫斯特和普利策所在的纽约，布莱的惊人之举大获成功，并被其他记者争相模仿。[27]

黄色新闻时期

赫斯特出生于一个富裕的家庭，他的报纸生涯始于担任《旧金山观察家报》(San Francisco Examiner)的编辑，该报归他父亲所有。在统治了旧金山的报业市场后，赫斯特收购了《纽约日报》(New York Journal)，追随普利策进入了纽约市场。很快，他就利用普利策的手段与他展开了竞争。二者成为激烈的竞争对手，他们都试图用离奇的故事和惊人之举来超越对方。这种令人震惊的、耸人听闻的报道风格后来被称为黄色新闻(yellow journalism)。为什么叫黄色？有一

19世纪末，女记者先驱内利·布莱因其为约瑟夫·普利策的《纽约世界报》撰写的"噱头新闻"而轰动一时。

次，两家报纸就哪一家能够刊登广受欢迎的连载漫画《黄孩子》(the Yellow Kid)而争执不休。这部漫画中有个自作聪明的角色，可以说是当时的"杜恩斯伯里"(Doonesbury)。最终，两家报纸都刊登了由不同艺术家创作的自己的"黄孩子"。

普利策最终为自己在"黄色新闻"时代的过分行为而忏悔，向哥伦比亚大学捐赠了一所新闻学院。他还设立了普利策奖(Pulitzer Prizes)，每年表彰新闻报道、摄影和评论方面取得的杰出成就。

杂志和新闻

从19世纪后期一直到21世纪的前10到15年，杂志和报纸一样，是美国新闻产业的重要组成部分。随着21世纪10年代的发展，在与日益增多的在线新闻媒体的竞争中举步维艰，许多曾经辉煌的出版物已辉煌不再。

"黄孩子"是早期非常受欢迎的连环画人物，《纽约日报》和《纽约世界报》刊登过不同的版本，由不同的艺术家绘制。

新闻摄影

除了提供第一手全国性的新闻和评论来源外，杂志还是新闻摄影的第一来源——在印刷品中使用照片来描绘新闻。最初，图片是用从照片上复制下来的手工刻板印在期刊上的。随后在19世纪80年代，网板印图(halftone)问世，这是一种通过将照片分解成一系列点的方法产生的图像，这些点以灰色的阴影出现在印刷页面上。网板印图使得照片能够直接在出版物中复制，而不是复制到图画中。

摄影师马修·布雷迪(Mathew Brady)通常被认为是19世纪中期新闻摄影的发明者。1845年，布雷迪因为美国名人拍摄肖像而声名鹊起。他试图出售自己照片的印刷复制品，尽管由于成本过高而失败，但他为后来的名人摄影师，如安妮·莱博维兹(Annie Leibovitz)的成功奠定了基础。布雷迪还意识到，他的肖像摄影的大部分价值在于它们被复制为版画、木刻、平版印刷品等。原作有价值，复制品也有价值。如今，布雷迪最令人铭记的是他拍摄的美国南北战争的照片，这是第一场从开始到结束都被照片记录下来的战争。

在美国南北战争期间，布雷迪既是摄影师，也是工作室的经营者。他监管着几位才华出众的摄影师的工作，并且确保这些照片能够登上杂志和报纸。1863年，《哈珀周刊》(Harper's Weekly)复制了布雷迪拍摄的美国南北战争的照片；这些画面令美国读者感到震惊，同时把战争的暴行带到了他们的家中。拍摄这些照片的勇敢的摄影师们乘坐着满载摄影设备和便携式暗房的马车，跟随联邦军队行进。值得注意的是，视力不佳的布雷迪名下的许多照片很可能是由他的助手拍摄的。为了拍出最好的照片，布雷迪手下的摄影师们常常极为接近火线。经常为布雷迪工作的摄影师托马斯·C.罗奇(Thomas C. Roche)靠得非常近，有人看到他在炮弹在附近爆炸后，把自己身上和相机上的尘土抖掉。由于极度危险，布雷迪的一些优秀摄影师离开了他的公司，以获取他们拍摄此类高风险照片应得的赞誉。布雷迪最大的贡献不在于他可能拍摄也可能没有拍摄的那些单独的战争照片，而是从这些照片中衍生出来的东西：照片是保存历史的公开文献。[28]

揭丑者(The Muckrakers)

由20世纪70年代水门政治丑闻而闻名的调查性报道，实际上始于19世纪末的几家报纸和杂志出版商。最持久的早期调查性报道的例子来自所谓的"揭发丑闻"杂志。"muckrakers"这个词是由西奥多·罗斯福(Theodore Roosevelt)总统创造的，用于描述20世纪初在思想进步的杂志上发表文章的具有社会活动家性质的调查记者。尽管罗斯福支持必要的社会和政治改革，但他暗示发表这类报道的调查记者是在"揭发丑闻"——也就是说，他们一味地挖掘丑闻，而没有停下来看看世界上的美好事物。在所有揭丑者中，最著名的是塞缪尔·S.麦克卢尔(Samuel S. McClure)。20世纪初，麦克卢尔领导了争取"商业、社会和政治改革"的斗争。[29]虽然麦克卢尔是一位改革家，但他也试图通过他在自己的杂志《麦克卢尔杂志》(McClure's)上发表的调查性文章而获利。尽管《麦克卢尔杂志》发表的文章有些哗众取宠，却以事实为基础。它的发行量飙升，人们在报摊上很难买到这本杂志。广告商青睐它，是因为它吸引了大量读者的关注。

《麦克卢尔杂志》探讨了当时的重要话题，如保险业、铁路和城市社区的困境。其最为杰出的两位作家是林肯·斯蒂芬斯(Lincoln Steffens)和艾达·塔贝尔·斯蒂芬斯(Ida Tarbell Steffens)。斯蒂芬斯于1902年开始在《麦克卢尔杂志》工作，并迅速被派往实地报道市政府的腐败问题。在接下来的两年里，他对圣路易斯、明尼阿波利斯、匹兹堡、费城、芝加哥和纽约官员的不端行为进行报道，引发了起诉和改革。由此产生的6篇文章最终被收录在经典著作《城市的耻辱》(The

Shame of the Cities)中。[30] 但是,该杂志最著名的目标是标准石油公司(Standard Oil)。塔贝尔被指派撰写一系列报道,以突出这家石油巨头取得的成就。在公司官员的全力配合下,她花了5年时间撰写了15篇系列文章,揭示了该公司通过贿赂、欺诈和暴力取得了令人难以置信的成功。[31] 1908年,揭发丑闻运动已经结束。最初那些才华横溢、一心一意揭露丑闻的人已经转至其他领域,取而代之的是那些更关注轰动效应而非准确性的人。

时代生活(Time Life)

亨利·卢斯(Henry Luce)通过如今已被拆分的时代华纳(Time Warner)媒体帝国,可能在塑造美国媒体环境方面比任何人都做得更多。卢斯出生于中国,是基督教传教士的儿子,1920年毕业于耶鲁大学。他和朋友布里顿·哈登(Briton Hadden)在预科学校时就有了创办《时代》杂志(Time)的想法。

两人于1923年创办了该杂志,以反抗当时的新闻业。他们想要一本能让读者了解最新时事的周刊。《时代》周刊围绕新闻部门进行组织,其写作风格是将新闻置于上下文中,并告诉读者如何思考这些问题——这种风格一直延续至今。虽然《时代》周刊呈现了一个故事的多个方面,但它也表明了该杂志认为哪一方是正确的,否定了客观性,认为这是不可能的。

卢斯后来凭借《财富》杂志涉足商业领域,这是一本刊登了玛格丽特·伯克-怀特(Margaret Bourke-White)摄影作品的精美杂志。该杂志的宗旨是"用笔墨和文字忠实地反映工业生活,就像最好的摩天大楼用石头、钢铁和建筑反映工业生活一样"。[32] 卢斯还认为,美国人希望通过图片来了解新闻,所以他在1936年创办了《生活》杂志(Life)。《生活》杂志从一开始就大获成功,首期就有23万订户,印数达46.6万份。在四个月内,印数就超过了100万份。[33]

在杂志创办之初,《生活》的大明星既不是编辑,也不是作家,而是摄影师伯克-怀特。伯克-怀特不仅仅是一名摄影师,她还成了一种文化偶像。伯克-怀特热衷于工业

1934年,玛格丽特·伯克-怀特把她的相机放在纽约克莱斯勒大厦顶部的一个钢制滴水嘴上面。

Time Life Pictures/Getty Images

摄影。烟囱、火车、蒸汽管道、熊熊燃烧的火焰……这些都是她最想拍摄的题材。1929年，《时代》杂志的联合创始人卢斯看到了伯克-怀特拍摄的奥蒂斯钢铁厂和铸造厂的照片，他决定让她为自己的新杂志《财富》拍照。伯克-怀特使用了一些大胆的方法来拍摄照片，比如爬上摩天大楼顶部的钢铁滴水嘴。她还在苏联拍摄过照片，当时大多数外国人都不被允许拍摄苏联工业方面的照片。[34]

伯克-怀特在《财富》杂志工作后，卢斯在《生活》创刊前两个月就让她投入工作。她为这家新杂志完成的第一个任务是拍摄哥伦比亚河流域的水坝。但她也拍摄了蒙大拿州居民的照片——出租车司机、酒吧舞者、妓女、打保龄球的顾客。[35]第二次世界大战期间，伯克-怀特成为美国陆军认可的第一位女摄影师。军队甚至为她设计了一套制服，这套制服后来成为所有女记者所穿制服的样板。战争期间，她乘坐的一艘美国轮船在地中海被一艘德国U型潜艇用鱼雷击中。午夜时分，当她乘坐救生艇离开船只时，伯克-怀特最大的沮丧是黑暗让她无法拍照：

> 我满脑子想的都是展现在我面前的宏伟画面，我渴望拍摄但却不能。我想对于所有的摄影师来说，他们最伟大的照片都是他们想拍却没有拍摄下来的照片，我也不例外。对我来说，那张无法抹去的照片就是从摇晃的救生艇上看到的正在下沉的船。[36]

2014年，时代公司被其母公司时代华纳剥离，成为一家独立上市的公司，旗下拥有美国的20多家杂志和50家网站。其资产包括《时代》、《体育画报》（*Sports Illustrated*）和《人物》（*People*）。[37]随后在2017年11月，时代公司的杂志家族被艾奥瓦州杂志出版商梅雷迪斯（Meredith Corp.）收购，时代华纳作为美国主要杂志出版商之一的时代结束了。[38]

播放新闻

从20世纪20年代开始，一直持续到40年代和50年代，报纸面临着两种新兴媒介的竞争：广播和电视。广播媒体以报纸无法比拟的速度和即时性提供最新的新闻。

广播新闻

新闻从一开始就是广播的天然组成部分。匹兹堡广播电台（KDKA）证明了广播新闻的力量，它在1920年夜间播报了哈丁-考克斯（Harding-Cox）的总统选举结果——这比第二天晨报的报道还要早。可以理解的是，报纸对电台明显侵犯其领域的行为感到不安。事实上，在20世纪30年代，他们威胁要切断电台对美联社新闻（AP news）的访问，甚至威胁要停止刊登广播节目单。报纸坚持认为，除非新闻具有"极其重要的"意义，否则在报纸刊发之前，广播不应播报。不出所料，广播网并不太认同这个想法并不在意。虽然在短时间内尝试了各种限制，但最终，广播新闻无法被阻止。正如我们将反复看到的，旧媒体通常试图阻止新媒体的发展但未能获得成功，这又再次印证了"秘密4"——没有什么是新鲜的：过去的一切都会再度发生。然而，旧媒体并没有消失。相反，在经过一段抵制时期后，它们会改变并适应新的环境。[39]广播消除了每当有重大新闻发生时报纸出版的增刊，但总体而言，报纸的发行量只是略有下降。[40]

广播明显优于报纸的一个地方是实况新闻（live news）。广播第一次能够把世界各地的实时新闻带给人们。这一点在第二次世界大战期间表现得最为明显。1938年，当阿道夫·希特勒（Adolf Hitler）的军队进军奥地利之时，哥伦比亚广播公司（CBS）立即从欧洲进行了新闻报道和最新评论。在那个时代，没有比哥伦比亚广播公司的欧洲主管爱德华·R.默罗（Edward R. Murrow）更出色的广播记者了。1939年，当德国向英国宣战时，默罗在伦敦进行了报道，他的声音变得为所有美国人所熟悉。在伦敦被轰炸期间，美国人收听了他的现场报道，其中不仅有新闻，还包括日常的环境声：空袭警报、高射炮和炸弹的爆炸声。默罗直接在伦敦的屋顶上与听众交谈，让他们感觉自己就在那里。[41]

电视新闻全天候播报

电视新闻始于纽约市的一家实验性全国广播公司（NBC）电视台对1940年共和党全国大会的简要报道。到1948年，民主党与共和党的全国代表大会都得到了广泛的报道，尽管当时的电视观众仍然微不足道。前CBS的广播新闻记者默罗（Murrow）主持的纪录片节目《现在就看》（*See It Now*）既涵盖了轻松的话题，也涉及了极具争议性的话题，比如曾指责多人是共产主义者的威斯康星州参议员约瑟夫·麦卡锡（Joseph McCarthy）。该节目还播放了有关朝鲜战争的著名片段。1947年，NBC推出了电视史上播出时间最长的新闻和评论节目《会见新闻界》（*Meet the*

Press），至今仍在播出。

1948年8月，CBS电视新闻（CBS-TV news）开始在每周一至周五晚间播出15分钟的新闻节目，这为直到20世纪60年代的电视新闻设定了标准时长。1956年，当远洋客轮"安德烈亚·多里亚号"（Andrea Doria）沉没时，一架搭载CBS摄制组的水上飞机拍下了该船沉没的画面，并迅速播出。记者兼广播学教授小爱德华·布利斯（Edward Bliss Jr.）指出，"安德烈亚·多里亚号"沉没

从1960年著名的肯尼迪-尼克松（Kennedy-Nixon）辩论开始，电视一直在总统选举中发挥着重要作用。

事件的录像显示，电视比报纸更有效地将公众带到了重大事件的现场。"电视新闻的重要性超过了其他任何新闻媒介。"[42]

1963年，CBS将其晚间新闻节目延长至半个小时，由沃尔特·克朗凯特（Walter Cronkite）担任主播。除了新闻外，该节目还邀请了资深新闻记者埃里克·塞瓦赖德（Eric Sevareid）发表评论。NBC很快也采用了这一新模式，四年后ABC也加入了这一行列。在此期间，录像带、卫星通信和彩色电视开始得到广泛应用，使电视新闻比以往任何时候都更具时效性和影响力。随着记者把越南战争的图片新闻带入美国家庭，以及在1969年对月球登陆进行的精彩报道，电视新闻作为人们了解世界动态的方式，其重要性日益提升。

1979年11月3日，美国驻德黑兰大使馆的工作人员被伊朗激进分子劫持为人质，ABC于东部时间晚上11点半开始播出每日新闻简报。这一新闻简报最终演变为由泰德·科佩尔（Ted Koppel）担任主播的《晚间新闻》（Nightline），它之后成为一档最受尊敬的电视新闻节目。次年，特德·特纳（Ted Turner）的CNN开始全天候播出新闻，并承诺一直播出，直到世界末日。[43]1991年1月海湾战争爆发时，观众转向了CNN而不是从其他电视网获取新闻。[44]然而，CNN的主导地位并没有持续太久。到2003年伊拉克战争时期，CNN在24小时新闻业务方面面临着来自福克斯新闻（Fox news）和一定程度上微软全国广播公司（MSNBC）的竞争。早在2002年，也就是"9·11"恐怖袭击后的第二年，福克斯新闻的收视率就一直高于更成熟的CNN。福克斯做了几件事以示与竞争对手的区别。最重要的是，它愿意表达观点。

当CNN和其他广播电视网遵循传统的客观或中立的报道风格之时,福克斯采取了与主要新闻杂志和欧洲报纸一样的论点式报道方式来表达观点。[45]根据尼尔森的收视率调查,三家主要的有线电视新闻网络均排在所有有线电视频道的前十名之列,其中福克斯新闻拥有最多的观众,其次是MSNBC和CNN。[46]

根据皮尤研究中心(Pew Research Center)的说法,目前只有大约50%的美国人定期从各种形式的电视上获取新闻——有线电视新闻(cable news)、全国网络新闻(national network news)和地方新闻(local news)。皮尤研究中心是一个非党派智库,向公众提供"影响美国和世界的问题、态度和趋势"。这种下降在某种程度上是一种代际效应,与老年人相比,年轻人不太可能通过电视的任何形式获取新闻。[47]

新闻业务

在黄色新闻时期,报纸是当时的主要新闻来源。它们面临着来自杂志的竞争,但《时代》和《新闻周刊》等重量级杂志尚未加入竞争。广播新闻是十年或二十年后的事,电视新闻的出现要等上半个世纪,而CNN的出现则要等上将近一百年。尽管今天的报纸对过去的伟大报纸负有巨大的债务,但它们是在一个完全不同的媒体环境中运营的,一个充斥着快速、即时竞争的环境。

与赫斯特和普利策时代的报纸不同,今天的报纸通常很少面临来自其他报纸的竞争。如今,大多数报纸都由大型连锁企业所有,这些企业控制着大量的报纸或其他媒体。前记者本·巴格迪基安(Ben Bagdikian)在他的《媒介垄断》(*The Media Monopoly*)一书中指出,"二战"前,美国80%以上的报纸都是独立所有的。今天,这种情况已经发生了逆转,连锁报业集团拥有80%以上的报纸。英国报业拥有更悠久的所有权集中的传统,早在1910年,三位勋爵就拥有了67%的日报发行量。[48]

直到近期,报纸出版仍是美国最盈利的行业之一。甘尼特报业集团(the Gannett newspaper)的利润高达30%–40%。[49]2005年,上市连锁报业集团的平均利润接近20%,明显高于《财富》500强企业。[50]

但过去30年来,报业一直处于艰难时刻。20世纪90年代以来,报纸发行量一直在下降。但现在很难衡量,因为报纸拥有混合的印刷版和数字版受众。广告收入在过去十年里也下降了近三分之二,从2006年的490亿美元下降到2018年的143

亿美元。[51]然而，这并不是意味着没有零星的好消息。几家主要的全国性和地区性报纸最近都有了实质性的增长。2018年，《纽约时报》的数字发行量增长了27%，《华尔街日报》则增长了23%。这在前几年的数字增长基础上又增加了一大笔。[52]

2019年年底，甘尼特报业与盖特豪斯（GateHouse）合并，形成了美国最大的报业连锁集团。批评人士质疑此举是否会导致裁员，尽管这些公司声称合并将使新闻编辑部变得更强大。[53]2020年2月，甘尼特报业在多个新闻编辑部实施了裁员，证明了批评人士的说法是正确的。[54]

国家和都市报纸

直到2009年，美国有三家全国性报纸：《今日美国》（USA Today）、《华尔街日报》（the Wall Street Journal）以及规模较小的《基督教科学箴言报》（Christian Science Monitor）。但在2009年4月，《基督教科学箴言报》暂停了报纸的日常发行，转而成为一个全电子化的、基于网络的新闻频道。[55]《今日美国》和《华尔街日报》都依靠卫星向全国各地的印刷厂分发报纸版面。在其他方面，这两份报纸则完全不同：《华尔街日报》拥有19世纪老式报纸的外观，而《今日美国》则开创了多彩版式。《纽约时报》虽然是一份主流都市报纸，但通常它也被认为是一份全国性报纸。

《华尔街日报》（The Wall Street Journal）

这家美国首屈一指的商业和财经新闻报纸最近表现良好，其印刷版发行量和数字营收都有所增长。当其他报纸都在削减编辑部的人员规模和预算时，《华尔街日报》却在招聘员工并推出新的特色报道。与主要竞争对手《今日美国》相比，《华尔街日报》显得与众不同。《华尔街日报》是最后一家开始使用彩色印刷的主流报纸，而且至今仍未完全采用摄影报道。相反，它在报道中使用的是手绘肖像。《华尔街日报》营造了一种传统的外观，刻意让人想起普利策奖之前的报纸版面布局。[56]该报确实在2006年进行了一次重大改版，主要是为了使报纸变窄，以减少使用的新闻纸量，并逐渐向更现代的外观转变。《华尔街日报》的发行量在美国所有报纸中排名第二，其印刷版和数字版的总发行量为227万份。[57]它是金融新闻的权威来源，在国内和国际新闻方面享有很高的声誉，其社论版是美国保守派的主要发声渠道之一。值得注意的是，与《今日美国》不同，《华尔街日报》每篇重要文章的浏览量都来自付费用户。几乎不存在免费浏览量。

《今日美国》(USA Today)：新闻麦乐鸡(News McNuggets)

当甘尼特报业集团创办《今日美国》之时，记者们取笑这家新的全国性报纸，称之为"快餐报"(McPaper)。他们声称，这张色彩鲜艳的报纸上写满了短篇故事，向在电视新闻中长大的观众提供了"新闻麦乐鸡"(news McNuggets)。前报纸编辑约翰·奎因(John Quinn)曾开玩笑说，《今日美国》是"赋予'肤浅'一词新的含义的报纸"。[58]报纸的批评者警告说，创办一家全国性报纸会让甘尼特在短时间内损失很多钱，而事实证明，批评者是对的。据报道，《今日美国》在创办的头十年里亏损超过8亿美元，但到了1993年，该报开始盈利。从经济衰退中走出来后，《今日美国》的发行量有所下降，而且酒店大量购买的"赞助"(sponsored)版发行量减少了；2017年，《今日美国》纸质版和数字版日均发行总量为414万份。[59]比较《今日美国》和其他主要报纸的发行量是很困难的，因为它的大部分发行量来自甘尼特旗下的其他报纸。它还通过其主要的在线服务获得了大量的免费读者。[60]

《华尔街日报》是美国发行量最大的付费报纸，内容包括商业、国内和国际新闻，并以保守的社论为主。

AP/Associated Press

《纽约时报》(The New York Times)

虽然关于美国最大的报纸是什么一直存在争论，但哪一份报纸最有影响力却是毫无疑问的。当美国人提到最有影响力的报纸而不指名道姓时，他们几乎肯定指的是《纽约时报》。有一种定义指出，新闻就是"刊登在《纽约时报》头版的内容"。在美国，只有在《纽约时报》报道了新闻之后，新闻故事才会变得重要。《纽约时报》的头版包含了相当于半个小时电视新闻节目的所有新闻内容。[61]

虽然该公司长期以来的座右铭是"所有适合印刷的新闻"(All the News that's Fit to Print)，但胡佛(Hoovers)的商业报告认为，更好的选择应该是"所有适合印刷和在线发布的新闻"(All the News That's Fit to Print and Post Online)。[62]虽然《纽约时报》传统上被认为是一份纽约市报纸，但由于其数字发行量的大幅增长,它(连同《华盛顿邮报》)实际上已成为一份全国性报纸。

自从阿道夫·奥克斯(Adolph Ochs)在1896年收购了这家每况愈下的廉价报纸,并将重点放在严肃的国内和国际新闻上以来,《纽约时报》一直是一份受人尊敬的报纸。它古板的外观,以及长长的铅字排版,为它赢得了"灰色女士"(Gray Lady)的绰号。然而,从1997年10月16日起,《纽约时报》开始在头版刊登彩色照片,加入了全国其他报纸的行列。[63]

《纽约时报》是一份美国日报,自1851年创刊起一直延续出版至今。该报获得了125个普利策奖,所获奖项多于其他报社。

《华盛顿邮报》(*The Washington Post*)

《纽约时报》在20世纪为新闻报纸设立了标准,并使其延续至今,但在20世纪70年代,《华盛顿邮报》以其对水门事件、随后的掩盖行为以及理查德·尼克松(Richard Nixon)总统下台的报道,激励了年轻一代的记者。水门事件震惊了全美,使《华盛顿邮报》从一家地方报纸转变为拥有全国声誉的报纸。

这起丑闻始于1972年6月16日发生在水门办公楼和公寓楼的民主党全国委员会总部的一起"三流盗窃案"。当五名说西班牙语的窃贼被捕时,其中一人被发现携带着一本地址簿,上面有白宫的电话号码。

在被指派报道这一新闻的记者中,有两位年轻的记者,鲍勃·伍德沃德(Bob Woodward)和卡尔·伯恩斯坦(Carl Bernstein)。他们很快意识到,这并不是一起普通的入室盗窃案。随着时间的推移,他们细致入微的报道将窃贼与白宫联系起来,最终与总统本人也产生了关联。他们还发现,白宫一直在有计划地破坏民主党总统候选人的竞选活动,并试图掩盖这些行为。1973年夏天,美国人被针对水门事件的参议院听证会所吸引。最终,在弹劾似乎已成定局的情况下,尼克松于1974年8月8日辞去了总统职务。[64]

近年来,《华盛顿邮报》因其在线影响力和被亚马逊创始人贝佐斯收购这一事实而闻名(我们在第一章中已经讨论过了)。

与《纽约时报》一样,《华盛顿邮报》在台式机和手机上的付费在线订阅用户数量也在不断增长。[65]

《洛杉矶时报》（*The Los Angeles Times*）

一般来说，当人们谈到新闻界时，他们通常指的是美国东海岸的主要报纸，如《华盛顿邮报》和《纽约时报》。21世纪初，《洛杉矶时报》也在全美范围内设立了分支机构。虽然《纽约时报》可能还没有将其从"宝座"上推下来，[66]但它一直是西海岸最受尊敬的报纸之一，并且2016年因报道圣贝纳迪诺恐怖袭击而获得普利策奖，此外，2015年两篇，2011年两篇，2009年和2007年各一篇，2005年两篇，2004年五篇。[67]

2017年，迪士尼公司与《洛杉矶时报》展开了一场较量，因为这家媒体集团不喜欢报纸对该公司与加利福尼亚州阿纳海姆市的商业关系的报道。为了报复《洛杉矶时报》，迪士尼禁止《洛杉矶时报》的批评者参加该公司的电影首映式（这些首映式是为了让影评人可以在电影上映当天发表评论）。[68]

但迪士尼很快就不得不取消这一禁令，因为全国各地的电影评论家和流行文化作家纷纷站出来支持《洛杉矶时报》，拒绝参加早期的首映式或将迪士尼电影纳入年底奖项的评选范围，直到禁令解除。所有这些争议只是为了宣传迪士尼与安纳海姆的亲密关系，而这正是这家媒体集团所迫切希望压制的。[69]

20世纪70年代，鲍勃·伍德沃德（左）和卡尔·伯恩斯坦帮助《华盛顿邮报》在全国范围内声名鹊起，他们报道了水门事件和随后的掩盖行为。

Ken Feil/Washington Post/Getty Images

地方和社区新闻

虽然人们在谈论"媒体"时，主要指的是全国性和大都市的报纸和广播电台，但社区媒体至少在数量上是其中最多的一部分。乔克·劳特勒（Jock Lauterer）在其《社区新闻：无情的地方新闻》（*Community Journalism: Relentlessly Local*）一书中指出，在美国9000多家报纸中，97%是小型报纸或社区报纸。社区报纸（community press）包括每周或每日报纸，它们服务于特定的社区或郊区，而不是整个大都市地区。[70]劳特勒指出，这些社区"不仅仅是'地理上的社区'，也是'种族、信仰、思想或兴趣上的社区'"。他继续列举了除了典型的小镇报纸外，还有其他替代性的报纸，如非洲裔美国人报纸、少数民族报纸、同性恋报纸、西班牙裔报纸、犹太人报纸、军事报纸、宗教报纸和高级社区报纸（这个例子印证了"秘密2"——没有所谓的"主流媒体"）。

社区报纸之所以重要，是因为它们会发布读者在其他地方无法获取的新闻。新闻学教授埃里克·K.迈耶（Eric K. Meyer）指出，社区报纸"拥有最忠实的读者群和在其他地方无法获取的新闻。它是一家不会被CNN抢了风头的地方报纸"。[71]皮尤研究中心的一项研究发现，重视并使用本地新闻的人也更有可能与社区建立联系并参加当地选举。[72]

尽管一家报纸服务于一个小镇，但这并不意味着它缺乏有影响力、有分量的报道。以艾奥瓦州乡村的《风暴湖时报》（Storm Lake Times）编辑阿特·卡伦（Art Cullen）为例，他凭借一系列有关农田化肥径流造成硝酸盐污染的社论，获得了2017年普利策奖最佳社论写作奖。卡伦调查了那些因允许污染发生而被起诉的县是如何让制造污染肥料的化学公司支付他们的法律辩护费用的。

这家报纸的发行量为3330份，是一家家族企业。除了担任编辑的阿特外，他的哥哥约翰（John）是出版商，儿子汤姆（Tom）是记者。该报共有约8名员工。"这里的每个人什么都做，"阿特说，"如果你想买广告，我可以卖给你"。[73]不过要明确一点，该报并非全是硬性报道。阿特在接受《华盛顿邮报》记者埃里克·温普尔（Eric Wemple）采访时说："我们努力在每一版头条上都做到有婴儿、狗、火灾和车祸。"

在本章的结尾，我们将更多地讨论地方新闻所面临的挑战。

新闻媒体、身份和政治偏见

直接效果模式仍然得到一些支持的主要原因之一是，许多批评人士认为，媒体通过呈现偏向某一候选人或政治派别的报道，影响了公众的政治观点。但是，正如我们在本章前面所讨论的那样，把超然、真实、客观作为报道的理想标准，新闻界实际上是在做出商业决策，而不是道德决策。在19世纪30年代到60年代的"便士报"时代，报纸试图吸引尽可能广泛的读者。出版商们认为，吸引大量读者的最好方法是不采取任何明显的政治立场，这与殖民地时代的报纸不同。与这种所谓的客观报道风格相对立的是一种更具意见性的报道形式，它明确地表明自己的观点，比如《时代》《新闻周刊》以及许多英国或欧洲报纸，如伦敦自由派的《卫报》（Guardian）或保守派的《电讯报》（Telegraph）。这些出版物都有着明确的政治立场,旨在吸引特定的受众。[74]

前MSNBC有线电视新闻频道总裁埃里克·索伦森(Erik Sorenson)认为,持有特定观点并没有问题:"我认为越来越多的人开始质疑,'在21世纪假装客观、照着提词器念是不是有些虚伪?'"[75]

甘斯的基本新闻价值观

关于偏见的争论不仅仅是自由派与保守派的问题。例如,一些观察人士指责媒体对美貌或魅力存有偏见。也可能存在对赚钱或吸引观众的偏见。政治学家和媒介研究学者多丽丝·格雷伯(Doris Graber)认为,在选择新闻报道时,最强烈的偏见是那些对出版物或节目的观众最有吸引力的新闻。[76]

媒介社会学家赫伯特·甘斯(Herbert Gans)没有寻找新闻中的偏见例子,而是试图找出故事本身所体现的实际价值观。他问道:新闻业的价值观和偏见是什么?为了找到答案,他研究了CBS和NBC的新闻节目、《时代》杂志和《新闻周刊》的内容。甘斯在他的研究中发现了八种持久的价值观:种族中心主义(ethnocentrism)、利他主义民主观(altruistic democracy)、负责任的资本主义(responsible capitalism)、小城镇田园主义(small-town pastoralism)、个人主义(individualism)、中庸主义(moderatism)、社会秩序(social order)和领导力(leadership)。[77]这些价值观没有明确的好、中、差之分,让我们简要地了解一下甘斯的每一种新闻价值观。

1.种族中心主义(Ethnocentrism)

种族中心主义认为,自己的国家和文化优于所有其他国家和文化。美国媒体将其他国家的价值观与美国的价值观进行比较。其他国家的价值观在某种程度上符合美国的理想,那么它们就是好的价值观;如果它们与美国的理想不同,那么它们就是不好的价值观。因此,因此,那些不遵循美国价值观的美国敌人被描绘成邪恶的。新闻报道可以批评美国,但它们批评的是偏离美国基本价值观的行为,而不是这些价值观本身。

2.利他主义民主观(Altruistic democracy)

利他主义民主观认为,政治家应该服务于公众利益,而不是自己的利益。这导致了对腐败政客的批评报道。同样,作为选民的公民也应服务于公众利益,而不是为个人利益。特殊利益集团和说客因为他们没有服务于公共利益而遭到质疑。20

世纪70年代的"水门事件"或许最能说明这一点,该事件揭露了白宫发生的腐败行为,以使尼克松总统继续掌权。比尔·克林顿(Bill Clinton)总统因与莫妮卡·莱温斯基(Monica Lewinsky)的婚外情而受到批评,部分原因是他考虑的是自己的利益,而没有为美国公众的利益服务。特朗普总统一直被批评在他的全球商业帝国中保持着控股权,同时监督可能影响该企业价值的美国外交政策。

3.负责任的资本主义(Responsible capitalism)

该观念认为,企业之间的公平竞争将为每个人创造一个更美好、更繁荣的世界。同样,企业必须承担责任,不能过度追逐利益。工会也是如此。因此,新闻媒体在报道大企业贪婪和欺骗行为时往往措辞严厉(比如,在2008年股市崩盘和经济衰退之后,对银行和投资公司的负面报道铺天盖地),但它们仍然倾向于赞扬那些创立和经营公司的人。

4.小城镇田园主义(Small-town pastoralism)

该观念是对古老乡村社区的怀旧。乡村是所有美好事物的根源所在,而大城市则充满了各种社会问题。许多人居住的郊区往往完全被忽视。

5.个人主义(Individualism)

个人主义是一种不断的追求,以找到那个能够改变现状的人。人们倾向于认为:一个人就能改变世界,我们并不是庞大机器上的一颗小小螺丝钉。记者们喜欢用单个人作为象征。这在一定程度上解释了为什么记者们在帕克兰学校(Parkland school)枪击案发生后,将焦点集中在艾玛·冈萨雷斯(Emma González)的身上。媒体没有试图讨论枪支管制运动,而是将冈萨雷斯作为所有抗议者的象征。[78]

6.中庸主义(Moderatism)

中庸主义是一种在所有事情上都主张适度的价值观。左派和右派的极端分子都受到了批评。

尽管媒体试图呈现各种观点的平衡,但它们往往倾向于报道温和的中间偏左或中间偏右的观点。媒体最强烈的批评之一就是把一个人称为极端分子。

7.社会秩序(The value of social order)

社会秩序的价值主要体现在对社会混乱的报道上。当记者报道社会混乱时,如抗议、洪水、灾难或骚乱等,报道的重点往往是恢复秩序。媒体对弗林特水危机

（Flint water crisis）的报道开始时，社会秩序就是一个大问题，媒体报道的重点是如何恢复这种秩序——以清洁、流动自来水的形式。

8.领导力（Leadership）

该观念认为，媒体趋向于关注领导的行为，而对可能更重要的低级别官员的行动则视而不见。在某种程度上，这是对个人主义偏见的延伸，即一个人所能产生的影响。

总的来说，甘斯认为媒体存在改革主义偏见，倾向于提倡"诚实、精英主义、反官僚的政府"（honest, meritocratic, and anti-bureaucratic government）。[79]新闻工作者喜欢争辩说，既然双方都批评媒体，那么他们一定在做一件公正平衡的事。[80]也许，对为什么保守派和自由派都指责媒体带有偏见的更好解释是，甘斯从媒体中发现的八种价值观反映了自由派和保守派价值观的结合，这也再次说明了为什么持有特定观点的人会在媒体上试图保持中立和公平时看到偏见。

关于新闻报道的客观性，人们已经讨论了很多，但对于其含义却未能达成共识。在新闻报道中，客观性可能意味着C-SPAN那样的报道方式，记者在固定的位置架设摄像机，对没有任何解释的事件提供（通常是现场的）从头到尾的报道。这可能是你所能得到的最接近"只提供事实"（just-the-facts）的客观报道类型，这也是许多人声称他们想要的报道方式。但是，虽然C-SPAN确实发挥了重要作用，但大多数人不会选择从头到尾地观看整场国会听证会，也不会阅读或观看一份总结报告。

新闻客观性是一个颇具争议性的概念。人们常常认为，当记者报道一个事件时，如果能够同时呈现事件"双方"的观点，而不提供个人意见或评论哪一方的论点更有说服力，是否有一方或双方都在撒谎，或者事件不止涉及两个方面，那么这就是客观报道。这种报道有时被称为"他说，她说"（he said, she said）式报道。

新闻客观性也可能意味着报道证据显示为真实的内容，而不提供相反的观点。当然，记者总是想要报道"真相"，但要弄清楚什么是真相，什么是假象，什么是观点，有时是相当具有挑战性的。而且，很大一部分观众可能不认可记者报道的"真相"，并指责记者带有偏见。对新闻来源和消费者来说，客观性往往意味着"我同意的事情"。

纽约大学新闻学教授杰伊·罗森（Jay Rosen）一直直言不讳地批评主流记者追求客观的方式。他说，记者似乎更关心表现得"公正"（unbiased），而不是展现准确、公正的世界图景。他在自己的博客PressThink上写道：

> 在过去40年左右的时间里，我们的新闻界发生了一些事情，但这些事情从未得到承认，直到今天，许多新闻编辑部的专业人士都否认了这一点。在某个时候，真相被其他主流媒体认为更有责任去追求的事物所超越。这些事物包括"保持客观性"（maintaining objectivity）、"不加评判"（not imposing a judgment）或"不持立场"（refusing to take sides）……记者们感觉更舒服、更安全、更专业的做法是，避免表达个人观点，避免显得带有倾向性。[81]

罗森写道，记者们采用一种基于托马斯·内格尔（Thomas Nagel）的"无立场观点"（view from nowhere）的报道惯例，而不是试图报道客观真实的情况。早在2010年，罗森就提出"无立场观点"的存在有三个原因：

> 1.因为它把记者们置于极左和极右之间，记者们可以称之为"非此即彼"（neither-nor）的平衡立场。
> 2.因为他们在报道中力求做到平衡，所以不存在偏见。
> 3.因为他们没有偏见，所以他们声称自己有资格成为合格的记者。[82]

罗森认为，新闻记者在"透明"的环境下工作可能比在"无立场观点"的环境下工作更好：在旧的方式中，人们会说："我在这场竞赛中没有利益。我没有要捍卫的世界观。我只是告诉你事情的真相，你应该接受它，因为我已经做了工作，结果和我没有利害关系……"

在新的方式中，逻辑是不同的。"听着，我不会假装我没有观点。相反，我将坦诚地告诉你我在这个问题上的立场。所以，当你评估我的报道时，请考虑这一点。因为我已经完成了工作，这就是我的结论。"[83]

罗森还建议记者可以确保读者了解故事的来源来获得可信度，确保观众能够看到这是报道，而不仅仅是个人观点："不要相信我，自己去看。不要接受它，这是数据。你认为我们有偏见，那就去查查吧。"[84]

他以《华盛顿邮报》记者大卫·法伦霍尔德（David Fahrenthold）为例，他因报道特朗普总统的慈善捐赠而获得普利策奖。除了他写的文章外，法伦霍尔德还列出了采访过的人和审查过的文件。法伦霍尔德向公众寻求帮助，并始终明确他在报道过程中所做的工作。法伦托尔德提供的材料不仅展示了他的证据，还显示了他在报道过程中所付出的努力。[85]

人们从哪里获得的新闻？

考虑到2016年大选的分歧，特朗普和希拉里·克林顿（Hillary Clinton）的支持者从不同的渠道获取新闻也就不足为奇了。皮尤研究中心的一项调查发现，特朗普的支持者获得新闻的方式相对统一，有40%的人表示他们的主要消息来源是福克斯新闻。排在第二位的是CNN，占8%。Facebook排在第三位，占7%。希拉里的支持者将CNN列为首选（18%），自由派倾向的MSNBC为9%，Facebook为8%，排在第三位。[86]皮尤研究中心（Pew）是了解美国民众媒体使用习惯的最佳消息来源之一，本书自始至终都在援引皮尤研究中心的报告。

值得注意的是，Facebook并没有生产任何新闻；它仅仅是允许用户发布新闻的链接。因此，尽管皮尤研究报告表明，特朗普和克林顿的支持者将Facebook列为新闻来源的比例相似，但他们获得新闻的来源可能大相径庭，有时甚至来自非法或错误的来源。由于新闻来源的范围很广，因此我们很难知道哪些新闻来源是可靠的、平衡的和客观的；哪些能提供良好的意见和分析来源；哪些是充斥着真实的假新闻和虚假报道的边缘新闻机构。

专利律师凡妮莎·奥特罗（Vanessa Otero）创建了本页所印的图表，并对其进行了多次修订。她在Facebook上发布了这张照片。该图表从横纵两个轴对新闻机构进行了评级：

1.整体质量（Overall Quality）——从原始事实报道到包含不准确的/编造的信息；

2.党派偏见（Partisan Bias）——从自由派到保守派。

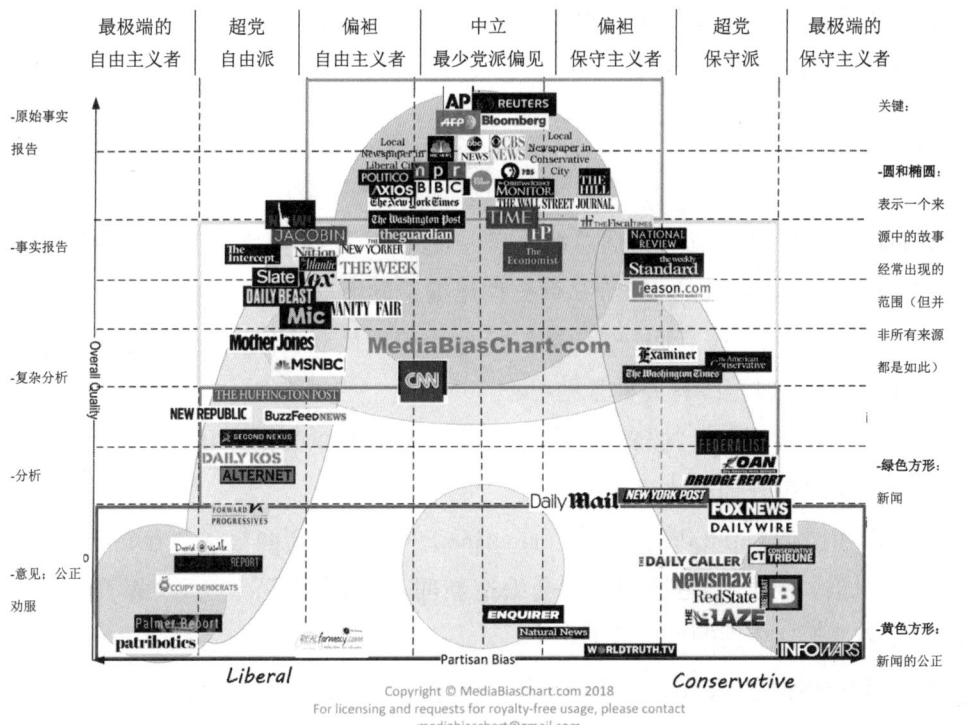

奥特罗写道:"我们生活在这样一个时代,我们每个人可获取的信息比历史上任何时候都多","然而,我们并非都擅长区分好信息和坏信息。我认为,这两种情况与我们国家目前在政治上如此两极化的原因密切相关。"[87]

不出所料,奥特罗的图表遭到了很多批评。"信息战"(Infowars,她在早期的图表中将其归类为"完全垃圾/阴谋论")完全拒绝了她的工作,并建议用一张图表,将倾向自由主义的网站列为宣扬"暴政",将保守派网站列为宣扬"民主和自由"。

奥特罗继续修订她的图表,取消了"完全垃圾/阴谋论",在横轴上改为"最极端的自由主义"和"最极端的保守主义"。该图表现在已升级到3.1版。

奥特罗并不需要读者接受她的分析,她提供了一份空白的模板,人们可以在其中创建自己的图表,但她也给予了一些建议:

> 我谨此提出,如果自行制作,你应该能够在每个垂直列中至少放置一个来源,因为它们是存在的,并且在每个水平行中至少放置一个来源,因为它们也存在。如果你只有几个你认为应处于中间位置的来源,而它们的左右、上下都没有,那么你可能走错了方向。[88]

你可以在此查看完整的图表和模板：www.ralphehanson.com/2018/05/21/ ch-6-categorizing-news-sources/。

假新闻

自特朗普在2016年成功竞选总统以来，"假新闻"这一术语就成为一种流行的说法，用来描述各种各样的报道，从彻头彻尾编造的消息到个人单纯不喜欢的各类新闻。直至2020年，"假新闻"一词被广泛地用于指代众多事物，以至于其含义变得越发难以捉摸。但至少有五种常见用法。

1.讽刺（satire）——"假新闻"作为一个具有讽刺意义的术语，指的是为了开玩笑或进行文化批评而夸大事实的报道。

2.错误和捏造（mistakes and fabrication）——有时新闻报道会存在错误，最终会得到纠正。有时，不道德的记者会编造新闻（你可以在第十五章"媒介伦理"阅读到更多关于这个话题的内容）。

3.党派性标题党（partisan clickbait）——有时网站会编造耸人听闻的故事，专门吸引读者访问其页面，这样读者就会看到与假文章一同出现的广告。通常来说，如果你深入挖掘这些页面，你就会发现上面提到的这些故事是"虚构的，也可能是充满讽刺意味的"。

4.国外政治操纵（foreign political manipulation）——俄罗斯情报机构在美国和欧洲散播并夸大一些报道，试图操纵选举。其中一些故事是编造的，类似于党派性的"标题党"，而另一些故事则只是被操纵，让自己显得比实际更重要、更受欢迎。

5.媒介批评（media criticism）——政客和其他人经常使用"假新闻"一词来指代他们不喜欢的新闻机构，作为一种通用的媒介批评。

我们将会在第十五章"媒介伦理"中对虚假新闻议题给予更多的关注。

爱国主义和新闻界

世界各地新闻工作者的工作可能是危险的；记者们真的会冒着生命危险去报道新闻。保护记者委员会（Committee to Protect Journalists）报告称，2019年，全世界有25名记者因工作的直接关系而遇害，其中大部分在叙利亚（7位）和墨西哥（5位）。[89]几乎所有在叙利亚遇害的记者都丧生于该国内战的战火中，而在墨西哥遇害的记者都是被谋杀的。

2018年，沙特阿拉伯记者、《华盛顿邮报》专栏作家贾马尔·哈苏吉（Jamal Khashoggi）进入沙特驻土耳其大使馆，领取他所需要的结婚文件。在那里，他被沙特行刑队（a Saudi death squad）抓获、拷打、杀害，尸体被肢解，以便偷运出大使馆。哈苏吉被谋杀时是美国的合法居民，据报道，下达谋杀指令的是年仅34岁的沙特王储穆罕默德·本·萨勒曼（Mohammed Bin Salman，常被称为MBS）。哈苏吉一直强烈批评沙特政府"对其人民的压迫和残暴行径"。[90]

战区对于记者来说始终是危险之地，尤其是那些需要身赴前线捕捉战斗画面的摄影师。摄影记者詹姆斯·福利（James Foley）在2012年11月被劫持为人质，2014年8月被伊斯兰国激进分子斩首。[91]

2011年，英国摄影师蒂姆·赫瑟林顿（Tim Hetherington）和美国摄影师克里斯·洪德罗斯（Chris Hondros）在报道利比亚城市米苏拉塔（Misrata）附近的战斗时被火箭榴弹炸死，另有两人在袭击中受伤。赫瑟林顿最著名的是联合执导了获得奥斯卡提名的战争纪录片《雷斯特雷波》（Restrepo）。[92]他遇害时正在利比亚报道反卡扎菲叛乱事件。这远非赫瑟林顿第一次遭遇袭击。摄影记者林希·阿德里奥（Lynsey Addario）在接受《纽约时报》博客Lens采访时讲述了她和赫瑟林顿在阿富汗被炮火围困的经历："我们遭到了双方的伏击。"

贾马尔·哈苏吉

> 那是一个可怕的情形。我想找个地方躲起来，保护自己。我记得我往下看，蒂姆正平静地坐着，用摄像机拍摄整个伏击过程。我心里想："天哪，我想成为像他那样的摄影师。"[93]

记者也可能是军人。2013年9月，美国陆军战地摄影师希尔达·克莱顿（Hilda Clayton）中士在阿富汗拍摄实弹演习时，一枚迫击炮管在她面前意外爆炸，导致她丧生。爆炸还导致她正在培训的一名阿富汗军事摄影师以及另外三人死亡。2017年，《军事评论》（Military Review）杂志（经其家人同意）发表了克莱顿在爆炸夺走她生命前一瞬间拍摄的最后一张照片。像克莱顿这样的战地摄影师在努力记录部队行动时，面临着与他们所报道的士兵同样的危险。[94]

死亡或受伤并非记者所面临的唯一风险。BBC记者艾伦·约翰斯顿（Alan

Johnston)在加沙地带被扣为人质长达114天,福克斯新闻的史蒂夫·森坦尼(Steve Centanni)和奥拉夫·威格(Olaf Wiig)在加沙被扣为人质13天,《基督教科学箴言报》的吉尔·卡罗尔(Jill Carroll)在伊拉克被扣为人质三个月。[95]福克斯新闻的摄影师韦格表示,袭击记者最严重的后果是战区的新闻报道没法被传递出去。

我真正最担心的是,由于我们遭遇的这些事,外国记者会不敢来这里报道新闻。这对巴勒斯坦人民,尤其是加沙人民来说,将是一场巨大的悲剧。[96]

美国陆军摄影师希尔达·克莱顿在阿富汗拉格曼省的一次训练演习中遇难,当时一枚迫击炮管意外爆炸,造成包括她在内的5人死亡。

这是克莱顿拍摄的最后一帧画面。战地记者和他们报道的士兵面临同样的风险。

民族报刊

除了小镇和郊区的报纸之外,还有各种各样的民族报纸为特定族群服务,比如少数族裔。服务于特殊社区(如种族和少数民族)的民族报刊(ethnic papers)。

非裔美国人报刊(The African American Press)

至少从1827年起,非洲裔美国人报刊就在美国新闻界占有重要地位。在美国,曾经有近4000份黑人报纸在酒馆出售。[97]

《自由杂志》(Freedom's Journal)是最早的黑人报纸之一,它创刊于1827年,旨在向所有读者——无论白人还是黑人——表明"黑人公民也是人,却受到不公正对待"。[98]在那个时代,许多黑人编辑在发表含有针对白人的基于事实的指控的文章时都面临着极大的危险。暴徒会摧毁报社办公室,未离开城镇的编辑可能会被谋杀。

黑人报刊的编辑所面临的困境远不止于此,因为其很多预期读者都是文盲,且大多比较穷困,因此可获得的广告也就相对较少。这些编辑冒着生命和生计的风险出版一份可能很少有人阅读且很可能会赔钱的报纸。

各种以解放奴隶为主旨的报纸紧随《自由杂志》的脚步,但没有一份像《北极星报》(*North Star*)那样影响巨大。《北极星报》于1847年12月3日在纽约州的罗切斯特市创刊。该报编辑弗雷德里克·道格拉斯(Frederick Douglass)是一位才华横溢的作家,他让读者知道,他的新报纸将为终结奴隶制和争取黑人权利而奋斗。《北极星报》得到了阅读和关注,但它面临着与早期黑人报纸相同的问题,比如反黑人暴力、合格员工短缺以及长期资金匮乏。它所拥有的是明确的使命和独特的新闻风格。《北极星报》从1847年出版至1860年。[99]

另外一份重要的非裔美国报纸是《芝加哥卫报》(*Chicago Defender*)。《芝加哥卫报》创刊于1905年,它远不及《北极星报》严肃,其风格模仿赫斯特时期的黄色新闻。它旨在成为一份拥有众多追随者的黑人报纸,而非针对黑人知识分子和白人精英的刊物。此外,它还旨在吸引广告商,甚至为其出版商赚钱。

显然,《芝加哥卫报》的目标既包括盈利也包括宣传。这份报纸耸人听闻,用醒目的红色大字标题大肆宣传犯罪事件。到1920年,《芝加哥卫报》的发行量超过了28万份,这在当时是一个惊人的数字。它的影响力远远超出了芝加哥,其三分之二的读者都在城外。[100]《芝加哥卫报》鼓励南方黑人北上芝加哥找工作,不出意外,他们也成了该报的忠实订阅者。作为对它的报复,它在整个南方地区被禁,至少两名报纸经销商被谋杀。《芝加哥卫报》的编辑罗伯特·阿伯特(Robert Abbott)为争取民权和结束私刑而斗争。阿伯特出生于1868年,被誉为"现代黑人新闻业的奠基人"。[101]他证明了黑人报纸既可以是营利机构,也可以是激进主义的出版物。

20世纪50年代,《芝加哥卫报》转型成为一份日报小报(a daily tabloid)。有一段时间,它对民权运动进行了广泛的、日复一日的报道。在长期出版商兼编辑约翰·H.森斯塔克(John H.Sengstacke)于1997年去世后,2003年,《芝加哥卫报》和另外三份由阿伯特家族所拥有的报纸被卖给了实时传媒(Real Times Media)。2011年,为了削减成本,《芝加哥卫报》解雇了其执行编辑、新闻编辑和数名工作人员。[102]2019年夏天,《芝加哥卫报》结束了其长达114年的印刷发行,成为纯数字出版物。该报转为纯数字出版后,发行量仅下降了1.6万份左右。在转型期间,这家出版商拒绝透露其新闻编辑部的员工人数。[103]

西班牙语报刊（The Spanish-Language Press）

西班牙语报纸也出现了一些与其他报纸行业相同的发行量下降情况。根据皮尤研究中心的数据，2018年排名前20位的西班牙语周报或半周报的平均发行量约为9.1万份，低于2016年的9.3万份。作为《迈阿密先驱报》（Miami Herald）的附属刊物，《新先驱报》（El Nuevo Herald）在顶峰时期的发行量达8万份，但在2016年降至约4万份。[104] 但这两份报纸的不同之处不仅仅是语言。记者丹·格雷奇（Dan Grech）在NPR的广播节目《媒体》（On the Media）中表示："《迈阿密先驱报》和大多数美国报纸一样，重视客观性。而《新先驱报》更像是拉丁美洲和欧洲那些推动社会变革的报纸。"[105]（你可以在第八章了解Univision和Telemundo的相关内容）

约翰·H.森斯塔克和助理查看版面。森斯塔克是《芝加哥卫报》的所有人之一和经理，该报是一份首屈一指的非裔美国报纸，20世纪中叶在全美发行。

Library of Congress

新闻的未来

试图弄清楚报纸行业正在发生的事情是很困难的，部分原因在于"秘密2"——没有所谓的"主流媒体"。报纸行业最引人注目的某些部分正面临着重大挑战，评论家们对此颇爱指指点点。农村社区报纸既面临着新闻行业的结构变化，又受到2020年疫情期间经济崩溃的影响，面临着生存威胁。因此，要理解不断变化的报纸市场，我们必须将其视为多种媒体，而非单一媒体。

虽然报纸的销量可能不如过去，但它们肯定不会完全消失在人们获取新闻的渠道之中。以《纽约时报》为例，在过去的几年里，《纽约时报》的所有者、前出版人亚瑟·苏兹贝格（Arthur Sulzberger）一直在谈论该报将如何改变。2007年春天，他在瑞士世界经济论坛上发表的一番言论引发了一场争议风暴："我真的不知道五年后我们是否还会印刷《纽约时报》，你们知道吗？我也不在乎……互联网是一个绝佳的地方，而我们在那里处于领先地位。"[106]

这一言论在几乎每一个主要的新闻博客上都引发了评论，但很少有人注意到苏兹伯格至少八年来一直在说同样的话。1999年，苏兹伯格在参加《广告时代》年度

圆桌会议时,被问及《纽约时报》的未来,他回答道:

> 我不在乎一百年后人们将用何种方式获取信息,关键是不去关心。这涉及了解受众,并且要对分发方法持中立态度,而不是模棱两可。要对分发方法持怀疑态度。因为我们无法承受被任何生产过程所束缚……仍然会有利益共同体。在社会和政治层面,仍然需要共同和共享的经验。[107]

"我不在乎一百年后人们将用何种方式获取信息"和"我真的不知道我们五年后是否还会印刷《纽约时报》"这两种说法之间存在巨大的差异。但是,苏兹贝格谈论的基本思想或关键点是相同的——《纽约时报》的业务范畴不再涉及"白纸黑字"了。相反,《纽约时报》现在从事的是新闻业务和广告销售业务,它将通过提供任何形式的新闻和广告来盈利。值得注意的是,路透社在2017年7月发表了一篇报道,称《纽约时报》正迅速接近一个盈利点,届时该公司将可以放弃纸质新闻印刷,而完全转向数字化。[108]

在亚马逊创始人杰夫·贝索斯的最新掌管下,《华盛顿邮报》正从"支持并关注华盛顿"的战略转向建立国内和国外读者群,其目标受众是讲英语的人群。正如《哥伦比亚新闻评论》(Columbia Journalism Review)的迈克尔·迈耶(Michael Meyer)在2014年6月所写的那样,贝索斯为《华盛顿邮报》设定的主要目标是"通过将报纸的新闻包装成平板电脑或移动网站的形式,吸引最多的读者,从而达到最大的客户数量。就像在亚马逊一样,他在《邮报》上的痴迷是找到一种将产品融入数百万人生活中的方式,而这种方式是他们以前从未体验过的。"[109]

《华盛顿邮报》执行主编马蒂·巴伦(Marty Baron)在2015年的一场演讲中指出,报纸的未来将是一种在线移动产品:"说我们正成为一个数字社会的说法是不准确的。我们已经是一个数字社会了。即使这个说法也已经过时了。我们是一个移动社会。"[110](是的,在2015年的时候,巴伦还在为"秘密6"辩护——在线媒体也是移动媒体)

但巴伦表示,即使发生了这些变化,新闻业的某些方面仍需要保持稳定。"媒体经常遭到诋毁和妖魔化。这让许多新闻机构担心,担心我们会被指责有偏见,担心我们会失去客户,担心我们会冒犯某些人。"

"今天,我们对我们的职业感到了动摇,但恐惧不能成为我们的向导。如果有一件事必须坚定不移,那就是:当我们发现真相,且公众理应知晓时,我们就会公布真相。"[111]

在过去的几十年里，报纸行业经历了巨大的变革。在20世纪70年代至2016年这段时间当中，差不多有500份日报关停。2017年，美国新闻编辑协会（the American Society of News Editors）放弃了统计。[112]这一下滑的一个最奇怪之处是，直到最近，美国人还不知道他们的地方报纸在财政上遇到了多大的麻烦。皮尤研究中心对美国成年人进行的一项调查发现，71%的受访者认为"他们当地的新闻媒体的财务情况非常好或还算不错"。[113]然而，与此同时，只有14%的受访者表示他们在过去一年中为任何类型的当地新闻付费或捐款。这包括支付印刷或数字新闻的费用，或者为公共广播捐款。在那些不为当地新闻付费的人中，近50%的人说他们可以找到足够多的免费本地新闻，所以，他们不需要付费。

地方新闻的衰落是一个极其严重的问题。地方新闻通过提供有关市政和行政事务的信息，如他们的市议会（city council）、学校董事会（school board）或分区委员会（zoning board）的决定，或在即将到来的选举中投票给哪些候选人，来强化对小城镇和社区的管理。当地报纸向社区提供有关高中体育赛事、活动、企业开张和停业、退休、搬迁、讣告和周边故事的新闻。我们都意识到，在新冠肺炎大流行之后，我们需要通过地方新闻了解公共卫生问题。[114]

早在密歇根州弗林特市的水污染危机成为全国性新闻之前，它就已经是当地的重要新闻了。弗林特是一座老工业城市，人口大约有10万。它很贫穷，汽车行业的工作岗位已经离开了这座城市，而且没有再回来。这座城市主要是黑人在居住。[115]

早在2014年5月，当地报纸《弗林特日报》（*Flint Journal*）就开始报道"浑浊或充斥着泡沫"的水。到了9月，报纸开始报道由细菌污染导致的废水警告。10月，《弗林特日报》报道了通用汽车工厂因腐蚀而更换供水商的消息。

作为一家公共广播新闻服务机构，密歇根广播电台（Michigan Radio）从2014年6月开始报道关于市民对城市水质气味和味道的投诉。2015年1月，在全国媒体真正开始关注这个事件整整一年之前，密歇根广播电台就报道了该市违反《安全饮用水法案》（*the Safe Drinking Water Act*），高浓度的氯化物造成了水的其他问题。[116]直到2015年12月，弗林特的水危机才开始引起全国的关注。

地方报纸衰落的确切原因一直没有找到很好的解释，产生了许多误解。2019年1月24日，理海大学（Lehigh University）的杰里米·利陶博士（Dr. Jeremy Littau）在推特上一连发布了30多条推文，试图解释报纸为什么关闭或裁员。这一系列关于媒体经济学这一枯燥议题的初始推文获得了超过1.7万次分享和3.7万次点赞（记住"秘密5"——所有媒体都具有社交性）此后，他一直围绕这一议题撰写文章。[117]

利陶认为，大众的观点是报纸行业从20世纪90年代中期开始免费提供在线内容时就已经走向衰落。但利陶认为这个问题要更微妙一些。几十年来，出版报纸本质上是一种印钞的方式，企业集团收购家族所有的报纸，为此背负巨额债务，然后从他们收购的报纸中赚取30%或更高的利润。[118] 不幸的是，这些报业连锁集团利用这些利润给股东带来了高额回报，却并没有用于提升产品的质量。

然而，在20世纪90年代，情况开始发生转变。任何人都可以通过博客或网站在线发布内容信息。全国各地大大小小的报纸开始在网上发布他们的报道。突然之间，人们不必仅仅依赖当地的单一印刷新闻来源了。他们可以从谷歌新闻（Google News）或赫芬顿邮报（Huffington Post）这样的新闻聚合平台获得新闻，这些新闻聚合平台通过重新包装报纸的内容而获利，却没有对创作这些报道的人进行补偿。事实上，人们突然有了许多不需要付费就能获取新闻的途径，这让地方报纸陷入了困境。

分类广告收入的下降是对地方报纸的又一重大打击。这不仅是经常被视为反面角色的Craigslist①（克雷格列表）造成的，还有众多地方性的在线交易群组、易贝（eBay）和亚马逊卖家（Amazon Seller）。最后一个问题是人们不再忠诚于他们当地的报纸。长期以来，人们阅读当地报纸，不仅是为了获取所谓的关于政治、犯罪和当地事件的硬新闻，还为了获取诸如出生、死亡、订婚、周年纪念之类的消息。而现在，人们可以从诸如Instagram、Snapchat、Twitter、LinkedIn和Facebook等社交媒体渠道获取同样类型的信息。这些社交媒体从我们自我分享的这类新闻中获益，而非从我们当地的报纸中。

在我写作的2020年春天，美国与世界其他地区一样，深陷全球新冠肺炎疫情之中，经济也随之崩溃。由于企业倒闭，数百万人面临失业，原本就举步维艰的报纸失去了大量广告。报社已经裁掉了相当一部分员工，让剩下的员工缩短了工作时间，并暂停了纸质出版物的出版，完全转向数字化。美国北卡罗来纳大学新闻和数字媒体经济学教授佩妮·阿伯纳西（Penny Abernathy）对《卫报》（*Guardian newspaper*）表示，可能会有数百份报纸因这场疫情而关闭。"一场灭绝级别的事件可能会对规模较小的报纸以及那些庞大报业集团旗下的报纸造成沉重打击。"[119]

阿伯纳西在2018年发表的研究《不断扩大的新闻沙漠》（*The Expanding News Desert*）中发现，美国有一半的县只有一份报纸，通常是小型周报，近200个县根本没有报纸。其他新闻来源大多出现在大都市，而不是贫穷的农村地区。[120]

---

① 由创始人Craig Newmark于1995年在美国加利福尼亚州的旧金山湾区地带创立的一个网上大型免费分类广告网站。该网站上没有图片，只有密密麻麻的文字，标着各种生活信息，是个巨大无比的网上分类广告加BBS的组合。——译者注

为了适应新的经济形势，报纸正在研究多种替代方案。一种是格雷厄姆家族对《华盛顿邮报》(the Washington Post)采取的策略——把报纸卖给极其富有的亿万富翁（贝索斯，我们在本章开头讨论过），其财力雄厚足以让这份报纸走向未来。另一种是《盐湖城论坛报》(Salt Lake Tribune)采取的策略——变成一家非营利性公司。这意味着公众可以向该报进行可减税的捐款，就像他们承诺对公共广播或电视做出的捐款一样。该报在2019年11月宣布转型时，承诺继续维持其在调查报道、体育报道甚至餐厅评论方面的声誉。然而，必须放弃的一件事是政治背书，这对于非营利性公司来说是被禁止的。[121]

 **测试你的媒介素养：漫画讲述了一个叙利亚难民家庭的故事**

把《欢迎来到新世界》称为社论漫画 (editorial cartoon)，远远低估了作家杰克·哈尔佩恩 (Jake Halpern) 和艺术家迈克尔·斯隆 (michael Sloan) 讲故事的能力。事实上，在这部连载的漫画小说中，他们讲述了一个来自叙利亚 (Syria) 真实难民家庭的故事，这个家庭在2016年选举日 (Election Day)

这一天离开叙利亚前往美国。[122]

哈尔佩恩在接受《布法罗施普雷》(*Buffalo Spree*)杂志的采访时表示,他一直对图形叙事感兴趣,尤其是经典的《老鼠》(*Maus*),它用猫和老鼠来指代纳粹分子和犹太人,重新讲述了大屠杀的故事。哈尔佩恩开始与难民安置机构联系,寻找一个家庭作为其故事的主角。该机构的负责人问他,"从一个难民家庭抵达的那一刻就开始跟踪他们,你认为怎么样?""我们有两个兄弟和他们的家人将在选举日抵达。"[123]这个家庭的处境尤其艰难,因为特朗普总统上任后不久,就对来自叙利亚的人实施了旅行禁令,这让这个家庭对自己的身份产生了怀疑。

在这20集的故事中,哈尔佩恩定期与这家人见面。

这个家庭的成员包括阿马尔(Ammar)、他的兄弟贾米勒(Jamil)、他们各自的妻子拉吉达(Raghida)和乌拉(Oulah),以及他们的孩子。为了保护他们的隐私,哈尔佩恩更改了家庭成员的名字。虽然故事中没有暴露这个家庭的身份,但他们仍然担心会有记者来采访他们。"早些时候,贾米勒对我说,'我可以和你交谈吗?这会不会给我带来麻烦?'因为他来自叙利亚,在那里他接受媒体采访是有风险的……我一直想说,'不,没问题。这里是美国。'但是,我停顿了很长一段时间,想把事情想清楚。我竟然需要停下来思考这件事,真是太疯狂了。在我内心深处,我很担心他。"哈尔佩恩认为,人们对于这幅漫画的反应是积极的:"很多人说,他们觉得这幅漫画的形式很感人。"哈尔佩恩表示,他很高兴能与斯隆合作,因为他喜欢斯隆作品的温暖风格。他说:"我觉得这样很好,因为人们可能把这个故事变成一种非常情绪化、阴郁、尖锐、黑暗的风格。""但是,我的目标是让这些人变得有人情味,而斯隆画作中那种显而易见的温暖会达到这个目的。"

斯隆在纽约与哈尔佩恩住得很近,也为《纽约时报》《华盛顿邮报》《纽约客》等多家媒体创作过作品。他们的作品赢得了2018年的普利策社论漫画奖,这是该奖项首次授予一名记者和一名艺术家。[124]漫画的编辑布鲁斯·黑德勒姆(Bruce Headlam)说,这部漫画作品原本可以作为《纽约时报》的常规专题系列,但最终却成为"《纽约时报》第一部全面报道、定期出版的连环画"。[125]

虽然《纽约时报》有社论漫画,但从未刊登过连环画,所以当黑德勒姆想到用连环画的形式来讲述一个难民家庭的故事时,他不确定该报的管理层会作何反应。令他惊讶的是,主编和艺术总监认为这是一个好主意。

也许最大的挑战是必须把故事讲得非常紧凑。黑德勒姆指出,《泰晤士报》(*the Times*)上一篇典型的社论大约有1000字,而《欢迎》(*Welcome*)系列的每一集平均有200字。哈尔佩恩表示,他在与斯隆合作创作系列漫画时,对字数限制的感受尤为强烈。有一个故事他很想加入其中,讲述贾米勒和阿马尔乘坐不同的航班从不同的国家抵达美国后,在纽约的一个十字路口他们在出租车上看到对方。但他不能写这个故事。哈尔佩恩说:"这个栏目最令人沮丧的一点是空间太小。""很多东西都被删减了,如果我能够以其他形式写这个故事,我绝对不会省略它。"[126]

谁是故事源头?

谁是这个故事的艺术家和作者?他们的合作有何特殊之处?

他们在讲述谁的故事?

他们撰写的人物是谁?他们为何选择这个人物?他们的故事有何重要意义?

为什么《纽约时报》选择用连环画来讲述这个故事?

《纽约时报》经常用连环画的形式进行报道吗?报纸为何认为以这种形式进行报道是正确的呢?这个故事是否也可以用传统的报纸专题报道来讲述?《纽约时报》从连环画中得到了什么?

你和你的同学对这个故事的连环画作何反应?

你们以前是否读过以连环画或图画小说的形式呈现的严肃新闻报道?如果是,那是什么?你觉得怎么样?你认为《欢迎来到新世界》成功了吗?为什么?

章节回顾

章节小结

报纸最早于17世纪在英国和欧洲出版。后来在美国殖民地也出版了许多报纸,但面临着英国政府的广泛审查。19世纪以前印刷的报纸往往是党派出版物,依靠高额订阅费和政治补贴支持。这种情况在19世纪30年代随着便士报的兴起而改变。这种便士报是用蒸汽印刷机大量印制的,里面有普通人感兴趣的新闻。这些报纸售价一到两美分,并且得到了想要接触报纸大量读者的广告商的支持。

19世纪末20世纪初,约瑟夫·普利策和威廉·伦道夫·赫斯特所出版的纽约报纸以黄色新闻为特点。这两位出版商试图通过刊登连载漫画、咨询专栏以及有关性、犯罪和丑闻的耸人听闻的故事来刺激发行量和吸引关注。就在这个时期,像《世界报》的内莉·布莱这样的女记者开始因令人兴奋的轰动性报道而声名鹊起。也是在这个时候,报纸开始使用大幅标题和插图。

杂志是美国新闻业发展的另一个重要组成部分。早期摄影记者,包括马修·布雷迪和他的内战摄影师同伴的作品,都刊登在杂志上。20世纪初,调查性杂志报道出现了一种被称为"揭发丑闻"的趋势。揭发丑闻者的工作为今天的报纸和电视新闻的许多调查性报道奠定了基础。

亨利·卢斯于1923年创办了《时代》杂志,并创建了后来成为美国最大的媒体公司之一的时代华纳。卢斯的出版帝国不仅包括《时代》杂志的新闻,不仅包括《时代》杂志的新闻,还包括《生活》杂志的摄影新闻、《体育画报》的体育新闻以及《人物》杂志的人物和名人新闻。

不断发展的技术给新闻业带来了变化。广播电台在20世纪20年代开始播放新闻,将现场报道带入千家万户。

电视新闻崛起于20世纪40年代晚期,以更加生动的方式报道新闻事件,把像沃尔特·克朗凯特这样的新闻主播塑造成全国知名人物。有线电视变得越来越受欢迎。1991年,有线电视新闻因CNN对第一次海湾战争的24小时全程直播而声名鹊起,并很快吸引了竞争对手MSNBC和现在占统治地位的福克斯新闻的加入。

现如今,报纸面临着一系列挑战,包括广告收入下降和印刷发行量减少。像《华尔街日报》《纽约时报》《华盛顿邮报》这样的大型全国性报纸已经成功地转型为主要的在线出版物,数字发行量稳步增长。

社区报纸仍然是当地新闻的重要来源,但正面临着严重的财务问题。这些问题源于几十年来的媒介集中所有权模式,专注于利润而不是对新闻编辑部的投资,以及不断变化的广告市场和分享个人新闻的方式。为特定族群服务的报纸仍然存在,但同样面临着主流报纸的问题,即广告收入下降和印刷发行量减少。报纸正在考虑一系列的发展策略,包括寻找愿意支持当地新闻或使其成为非营利机构的财阀。

许多人声称媒体存在偏向某一政治观点的偏见。保守派批评人士认为,由于记者普遍比普通民众更倾向于自由主义，因此媒体存在一种自由主义偏见。而自由派的反驳意见则是，媒体存在保守主义偏见，因为大多数媒体机构都由持有亲商观点的大型企业所有。最后，一些批评人士认为，媒体持有一种跨越中间略偏左或略偏右的混合价值观。美国的新闻界在殖民时期曾带有党派色彩，但在19世纪30年代采取了一种超然、真实、客观的风格，以吸引更广泛的受众。在21世纪，受众可能会选择符合他们自己的社会观点和政治观点的媒体。尽管存在对偏见的担忧，但记者们仍然会冒着生命危险报道重要而准确的新闻。在2016年总统大选期间，"假新闻"这个词开始流行，用来描述从删减自己不喜欢的新闻到彻头彻尾地捏造新闻。

问题反馈

1. 亚马逊创始人杰夫·贝索斯成为《华盛顿邮报》的所有者，其有利方面和存在问题的方面分别是什么？
2. 便士报是如何促成我们现代报纸的诞生的？
3. 地方报纸正面临着哪些挑战？它们怎样应对这些挑战？
4. 政治自由派和政治保守派之间的新闻媒体体验有何不同？
5. 《华盛顿邮报》执行主编马蒂·巴伦认为，"说我们正在成为一个数字社会是错误的，我们已经是一个数字社会。即使这个说法也已经过时了，我们是一个移动的社会。"你如何评价这段话？

Kevin Mazur/Getty Images North America/Getty Images

第六章　音频：穿梭于媒介的音乐和谈话

学习目标

在学习本章节之后，你将能够：

1. 识别并描述录音和音频技术史上改变人们体验音乐方式的两项重大发明；
2. 解释流媒体音频节目如何扩大地面电台的覆盖范围；
3. 描述摇滚音乐风格是如何从福音、节奏蓝调、乡村和民间音乐的潮流中演变而来的；
4. 列出三种正在改变音频和录制行业的长尾音频技术，这些技术对从音乐迷到国际巨星的每个人都产生了影响。

2018年，说唱歌手肯德里克·拉马尔（Kendrick Lamar）凭借其专辑 *DAMN.* 获得了普利策音乐奖，这一消息被认为有些令人震惊。在此之前，该音乐奖项从未授予过非古典或爵士音乐家，更别提嘻哈艺术家了。但是拉马尔的专辑是普利策评审团的一致选择。《纽约时报》文化专栏记者乔·科斯卡雷利（Joe Coscarelli）写道，拉马尔探讨了"个人和政治方面的棘手问题，包括种族、信仰和商业成功的负担"。[1]

在2018年普利策奖入围作品库中，有些是更为传统的古典作品，里面用到了嘻哈元素。评审团成员之一、《国家》杂志评论员大卫·哈伊杜（David Hajdu）在《泰晤士报》采访时表示："这让我们开始正视这样一个事实，即这一领域的作品有其自身的价值，而不仅仅是作为一种资源被体制内的机构认为在更广泛的严肃或合法领域内有利用价值。"

然而，拉马尔的作品并不是嘻哈音乐首次获得普利策奖的认可。这一荣誉属于林-曼纽尔·米兰达（Lin-Manuel Miranda）的音乐剧《汉密尔顿》（Hamilton），该作品于2016年获得了普利策戏剧奖。

《汉密尔顿》这部作品几乎家喻户晓，它讲述了美国第一任财政部部长亚历山大·汉密尔顿的故事，并使用多民族的演员阵容来扮演美国开国元勋，音乐风格则融合了说唱、R&B、英式流行乐以及传统的音乐剧元素。

米兰达在曼哈顿的一个西班牙裔社区长大，他的父母是波多黎各人，他的家中收藏了数百张百老汇音乐剧的原声专辑。尽管在家里听的是《圣城风云》（Camelot）和《永不沉没的莫莉·布朗》（The Unsinkable Molly Brown），但在校车上，司机却向他介绍了说唱组合盖托男孩（Geto Boys）和糖山帮（Sugarhill Gang）的音乐。因此，在米兰达的成长过程中，将音乐剧和说唱结合在一起似乎是再自然不过的事了。[2]

> "有很多戏剧作品中都融入了嘻哈元素，但通常情况下，它们只是被当作玩笑——难道不是很有趣吗？这些角色居然会说唱？"米兰达说，"我把它当成一种音乐形式，一种可以让你融入大量歌词的音乐形式。"[3]

米兰达的第一部音乐剧《在高地》（In the Heights）大获成功。度假期间，米兰达读了罗恩·切尔诺（Ron Chernow）写的亚历山大·汉密尔顿（Alexander Hamilton）的传记，由此产生了创作这部剧的灵感。他说，他认为嘻哈音乐与美国革命相契合，因为它是"青春、活力和反叛的语言"。

《纽约时报》古典音乐评论家安东尼·托马西尼（Anthony Tommasini）写道："从最基本的层面来说，美国革命是由语言推动的：充满激情的原则声明；对帝国主义压迫的指控；对背叛的指控；良好的治理要点；甚至用冗长的含糊言辞来掩盖可能在国家初创时就使其遭受破坏的分歧。有什么更好的音乐类型来讲述这个故事呢？"[4]

托马西尼的流行音乐同事乔恩·卡拉马尼卡（Jon Caramanica）表示，美国革命的核心是嘻哈音乐。"（米兰达的作品）描述了一个政治剧变的时刻，当时，新贵思想家们正在建立一个与他们所逃离的国家截然不同的国度。这是一份关于美国建国理想、嘻哈革命以及百老汇坚毅白人的立场声明。"[5]《汉密尔顿》最显著的特点之一是多元化的演员阵容。在百老汇演出中扮演该剧反派角色阿龙·伯尔（Aaron Burr）的非裔美国演员小莱斯利·奥多姆（Leslie Odom Jr.）表示，在一次工作坊演出中听到《今夜故事》(*The Story of Tonight*) 这首歌，令他深受触动。就是这首歌让我热泪盈眶，因为那是四个不同种族的男子在舞台上演唱一首关于友谊、手足之情和爱情的歌曲，我之前从未见过这样的场景。我在《泽西男孩》(*Jersey Boys*) 和《悲惨世界》(*Les Miz.*) 里见过白人演唱，但从没见过黑人这么做。所以我感到震惊，从那一刻起，我就和他们联系在一起了。"[6]

首次在百老汇演出中出演托马斯·杰斐逊（Thomas Jefferson）一角的说唱歌手戴维德·迪格斯（Daveed Diggs）注意到，米兰达是如何为每个角色赋予各自独特的说唱风格的。迪格斯在接受《滚石》(*Rolling Stone*) 杂志采访时表示："作为一名说唱歌手，当你提高自己的声音时，你会找到自己的节奏（swag）——你的自信——这就是你写作的方式。"林（Lin）在所有不同的角色身上都发现了这一点——每个人都有自己的个性，这与他们息息相关。[7]

米兰达开始写《汉密尔顿》的时候，他把它想象成一张概念专辑或歌曲循环，而不是舞台剧。随着这部音乐剧在多场演出中一票难求，他重新拾起了这个想法，并推出了一张名为《汉密尔顿混音带》(*the Hamilton Mixstape*) 的专辑，其中收录了该剧的遗留片段和混音版歌曲。整个2018年，他继续每月发布与该剧相关的音乐，并将其称为"汉密尔顿精选"（Hamildrops）——本质上是《汉密尔顿混音带》在线连载的第二卷。其中包括由"十二月党人"乐队（The decberists）演唱的充满粗口的《本杰明·富兰克林之歌》(*Benjamin Franklin's Song*)、艾尔·扬科维奇（Weird Al Yankovic）的完整演出波尔卡串烧，以及将《汉密尔顿》中的《今夜故事》和音乐剧《亲爱的埃文·汉森》(*Dear Evan Hansen*) 中的《你会成为》(*You Will Be*) 混剪在一起的音乐。[8] 甚至还有一首名为《最后一次》(*One Last Time*) 的歌曲，其灵感来自乔治·华盛顿（George Washington）的告别演说，并摘录了前总统巴拉克·奥巴马（Barack Obama）的演讲片段。根据尼尔森媒体调查公司的数据，到2017年，嘻哈音乐已成为美国最受欢迎的音乐流派。[9] 前十名艺术家中有八位来自嘻哈界，其中德雷克（Drake）和拉马尔（Lamar）位居前两位。这个例子印证了"秘密3"——处于边缘的每件事情都会向中心移动。嘻哈音乐已经从R&B音乐的一个分支变成了当时的主流音乐（稍后我们将讨论嘻哈音乐的诞生和发展）。这种情况一直持续到2018年，当时有四分之一的流媒体歌曲是嘻哈音乐。[10]

在本章中，我们将探讨录音产业和音频是如何作为我们最初的电子媒体一同发展的。随后我们将研究社会是如何变化的、文化是如何发展并融合的，以及听众是如何对共享音乐和谈话作出反应的。最后，我们来看看这些行业在21世纪的发展方向。

音频录制和传输的历史

在大众能够消费流行音乐之前，必须有一种记录和传播它的方式。这些方式是由发明家创造发展起来的，比如托马斯·爱迪生（Thomas Edison），他早期对电唱机（phonograph）的尝试以及对留声机（gramophone）的发展为慢转唱片（long-playing record）和光盘（compact disc，CD）铺平了道路。录音产业的诞生彻底改变了人们购买和聆听音乐的方式。比如，在发明电唱机和留声机之前，人们唯一体验音乐的方式是自己演绎或听音乐会。唱片的发明意味着专业音乐家的唱片可以在家里听，并很快成为听音乐的标准方式。关于爱迪生和他在1877年发明的早期录音机器——电唱机，流传着各种各样的故事。其中一个版本说他把电唱机的草图交给了员工约翰·克鲁齐（John Kruesi），并声称"这台机器必须会说话"。[11]另一个版本则说他画了电唱机的设计图，并在底部附了一张便条，告诉助手"照着做"。[12]这些轶事并没有公正地反映出爱迪生的真才实干，以及创造出能够记录和回放声音的机器所面临的困难。这些神话中还包含着一个错误的观念，即爱迪生第一次尝试录音时就成功地想出了一个可行的主意。然而，实际上，爱迪生和他的助手们可能花了长达10个月的时间来解决电唱机的问题，直到他们最终成功地录下萨拉·约瑟法·黑尔（Sarah Josepha Hale）的童谣《玛丽有只小羊羔》（*Mary Had a Little Lamb*）。这著名的第一次录音只持续了不到十秒钟。[13]就像许多媒介的发明一样，没人确切知道该如何使用爱迪生的电唱机。爱迪生将它设想为一台速记机，复制音乐仅是他列出的可能用途中的第四项。[14]爱迪生发明的最大缺陷在于，他使用的锡箔圆筒无法经受反复播放，也无法复制。一位年轻的德国移民努力使电唱机成为一种真正实用的设备。1870年，19岁的埃米尔·贝利纳（Emile Berliner）来到美国。到1888年，他已经开发出在平盘上记录声音的方法，而不是在圆筒上记录。贝利纳的盘片录音（或唱片）比爱迪生或亚历山大·格雷厄姆·贝尔的圆筒录音更响亮、更逼真。贝利纳称他的装置为"留声机"（gramophone）。然而，最终所有的留声机都被称为电唱机（phonographs）。贝利纳助力发展了唱片工业。有了爱迪生的电唱机，每张唱片都是原创的。

贝利纳将他的发明视为一种娱乐设备，而不是一种商业命令设备。他的唱片可以从原来的锌蚀刻板（etched-zinc master）那里复制出来，这样出版商就可以大规模生产高质量的音乐唱片——至少在当时是这样的——就像出版商复制书籍一样容易。正因为如此，贝利纳发现"杰出的歌手、演说家或表演者可能从唱片销售中获得版税收入"。[15]

一种音乐出版的新方式

到1935年，术语"高保真"（high fidelity）已被使用，指的是一系列能比之前的录音形式更精确地重现音乐，高音更高、低音更低的技术组合。为高保真音响铺平道路的一项发明是电子留声机（electric phonograph），连同放大器和扬声器，它开始取代全机械留声机（all-mechanical gramophone）。到1949年，磁带录音机在录音室中变得很常见，音乐家们不再需要直接在唱片上录制音乐。

埃米尔·贝利纳将托马斯·爱迪生关于留声机的想法变成了一种商业上可行的产品，以这样或那样的形式持续了一百多年。

电唱机改变了音乐的样貌。在此之前，只有两种储存音乐的方式：第一种也是最古老的一种，是父母教孩子们他们文化中的传统歌曲。另一种方式是书面音乐（written music）或乐谱（musical scores），其中包含要演奏的音乐符号。电唱机提供了一种革命性的方式来存储现实的音乐，而不仅仅是作曲家写下的符号。它还使非记谱音乐（non-notated music）的存储成为可能，如民谣（folk songs）或爵士独奏（jazz solos），这些不一定以书面形式存在。音乐学者查尔斯·哈姆（Charles Hamm）将电唱机比作音乐时光机（a musical time machine），让听众可以回到过去，听到真实的声音。[16]

录制音乐的演变格式

自从有录制和回放声音的方法以来，关于如何通过销售音乐来赚钱的争论就一直存在。每分钟78转的柏林唱片（Berliner's 78-rpm disc）比较容易碎裂，只能存储3分半钟的音乐，以今天的标准来看，音质也很差。因此，尽管78转被替换是毫无疑问的，但对于新格式应该如何却并没有达成共识。

流行的慢转唱片（LP record）是由哥伦比亚唱片公司开发的，并于1948年推出。密纹唱片（LP discs）被贴上了"牢不可破"的标签，这并不完全正确，但是黑胶唱片（vinyLPs）比78转的唱片要脆弱得多。更重要的是，一张慢转唱片可以在每面复制23分钟的高质量音乐。哥伦比亚广播公司向其竞争对手——美国无线电公司（RCA）的总裁大卫·萨尔诺夫（David Sarnoff）演示了该系统，并鼓励后者使用。但美国无线电公司拒绝了这个提议，并推出了自己的一套格式——45转的光盘（45-rpm disc）。它有高质量的声音，但只能一次播放大约4分钟的音乐。[17]最终，市面上出现了既能播放45转唱片（45s）又能播放黑胶唱片的电唱机，这两种格式并存。慢转的黑胶唱片用于播放较长的歌曲，而45转唱片用于播放流行单曲。

早在1969年，飞利浦电器公司的物理学家克拉斯·康普安（Klaas Compaan）就开始了CD的制作工作。康普安有一个想法，就是把音乐或视频逼真地记录在可以用激光读取的光盘上。由于不想陷入像20世纪40年代45转唱片和LP唱片那样的格式之战，飞利浦与索尼合作创建了激光唱片的标准。这张CD于1982年在欧洲、于1983年在美国先后推出。虽然我们一直在探讨消费者对新媒体的恐惧，但是，数字录音（一种将声音存储为一系列数字的录音方法）对音乐行业的人来说才是最可怕的新媒体。对于模拟录音（原始的录音方法是在录音带上切一个凹槽或在录音带上放置一个磁信号，该信号是所记录的声波）来说，副本（copies）不如原件（originals）好，副本的副本在质量上还会进一步下降。因此，家庭数字录音（与原始录音一样，质量不会下降）的前景，让那些依靠销售原始录音为生的公司感到不安。

多年以来，唱片业一直阻挠家庭数字拷贝的发展，唱片业希望CD播放机能包含防止人们复制的安全芯片（security chips）。当然，一旦唱片业想出了阻止人们复制数字音乐的方法，黑客们（hackers）就以破坏系统的方式做出回应。最终，家庭CD拷贝出现在电脑行业而不是音乐行业。人们希望能够在CD上"刻录"他们自己的数据、程序和音乐。[18]随着更紧凑的MP3音乐格式和更高速的互联网的出现，音乐迷们可以很容易地在网上"分享"他们从CD上扫描的音乐。

广播的诞生：音乐和谈话的传输

大约在唱片工业成形的时候，广播作为第一个突破空间障碍的媒体开始发展。对于印刷媒体（如书籍、杂志和报纸）来说，信息的传递总是在一张纸上，必须从一个地方带到另一个地方。因此，当时最快的交通方式也是最快的通信渠道。这意味着一条信息可能需要数周的时间穿越大西洋或太平洋，甚至从纽约到加利福尼亚，或从伦敦到莫斯科。但是，在19世纪，从电报和电话的有线媒体到无线电的无线技术，几项发明把通信和运输区分开来。

塞缪尔·莫尔斯（Samuel Morse）在1844年发明的电报使得信息能够以电的方式传送，所以，信息不需要从一个地方传送到另一个地方。交通不再限制通信。信息的传播速度可以与电子在电缆上的传播速度相同。[19]到1866年，一条电报电缆延伸到了大西洋，所以就连这个巨大的障碍也被消除了。但是，电缆本身也有较大的局限性。电报线可能会断（或被切断，就像美国内战期间经常发生的那样）。为了与海上的船只联络，无线电报是必要的。1888年，德国物理学家海因里希·赫兹（Heinrich Hertz）发现，他能用房间一侧的小环形天线检测到房间另一侧电火花产生的信号。这基本上是最简单的无线电发射器和接收器。1894年，古列尔莫·马可尼（Guglielmo Marconi）读到了赫兹的研究成果，断定他可以发明无线电报，一种使用无线电波传输信息的点对点通信工具（a point-to-point communication tool）。他用了几年时间，开发了一套发送和接收无线电信号的系统，信号传播的距离从阁楼的长度扩展到大西洋的宽度。[20]

作为大众传播的广播

1901年，物理学家雷金纳德·费森登（Reginald Fessenden）开始在他的实验室里通过无线电发送语音信号。在1905年的平安夜，他播放了诗歌（poetry）和圣诞颂歌（Christmas carols）。由于他连续调制的语音信号可以被接收莫尔斯码的设备接收到，大西洋沿岸的无线运营商听到了费森登的令人惊叹的广播。虽然定期的商业广播还要等几年才开始，但费森登已经为广播摩斯电码以外的东西奠定了基础。

直到1905年，一直是科学家们用他们的新技术推动无线电业务的发展，但一位年轻的马

碧昂斯（Beyoncé）的《柠檬水》（*Lemonade*）于2016年4月23日通过潮汐流媒体服务（Tidal's streaming service）发布，专辑在发行的第一周就累积了48.5万张的销量和1.15亿的流媒体量。

可尼（Marconi）公司员工发现，无线电远不止是一种人与人之间发送信息的方式。生于1891年的大卫·萨尔诺夫（David Sarnoff）是一名好学生，但为了帮助他的俄罗斯移民家庭维持生计，他在八年级毕业后便辍学工作。在一篇"高大全"的报道中，15岁的萨尔诺夫去《纽约先驱报》（*New York Herald*）寻求一份记者的工作。幸运的是，他在先驱报大楼遇到的第一个人在一家电报公司工作。萨尔诺夫去了商业有线电视公司（the Commercial Cable Company）工作，从那以后，他再也没有离开过电子媒体。[21]

无线电音乐盒备忘录

1915年，萨尔诺夫给美国马可尼公司的负责人写了一份他认为是自己职业生涯中最重要的文件。这份所谓的"无线电音乐盒备忘录"（Radio Music Box memo）概述了电台作为大众媒体的潜力。虽然萨尔诺夫没有发明无线电技术，也不是第一个通过无线电广播电台传播娱乐的人，但他总结了广播的功能，并的确实现了这些功能。萨尔诺夫的见解是，广播可以不仅仅是一种点对点的媒介，也是一种一对一的交流形式。在萨尔诺夫看来，如果有人想要发送每个人都应该听的信息，那么无线电作为电报工具的巨大劣势——每个收听的人都能听到信息——就可以转化为巨大优势。在他的备忘录里，萨尔诺夫写道：

> 我脑子里有一个发展计划，就是把收音机变成和钢琴或留声机一样的家庭用具。这个想法是通过无线电缆把音乐带进家庭。
>
> 虽然这在过去利用电缆尝试过，但都失败了，因为电缆不适合这个方案。然而，有了无线电，这就完全可行了。例如，可以在一个固定的地点安装一个无线电电话发射机，其覆盖范围在25到50英里之间，在那里可以演奏器乐或声乐，或二者兼有……接收器可以被设计成简单的"无线电音乐盒"的形式，并安排几个不同的波长，通过扳动一个开关或按下一个按钮就可以改变。[22]

有了这份备忘录，萨尔诺夫基本上发明了作为一种社会机构的无线电广播。但这种新媒体还得等一等，因为在美国即将参与第一次世界大战前夕，海军购买了马可尼公司所有的发射机。尽管美国马可尼公司没有按照萨尔诺夫的备忘录行事，但这位年轻的移民并没有忘记他曾如此清晰地阐述过他关于无线电广播潜力的想法。

接收器多于发射器

无线电行业最大的惊喜之一是接收器的销量远远超过了发射器。制造商一开始认为发送信息的人和接收信息的人几乎一样多,[23]然而,实际上,电子通信正步印刷业的后尘。最早的书籍是手写复制并在人与人之间传递的。但是正如印刷机为大众提供了书籍、杂志和报纸一样,广播如今也正在成为一种大众媒体。

无线电垄断

第一次世界大战期间,美国海军控制了所有的无线电技术,包括专利,并试图在战后保持垄断。但是,美国的政府文职官员按照美国独立媒体的传统,拒绝接受由政府全面控制的想法。为了避免新媒体的无政府状态,海军主张建立一个垄断联盟来控制无线电的发展。

美国无线电公司,是由通用电气(General Electric)、美国电话电报公司(AT&T)、西屋电气(Westinghouse)

戴着耳机听音乐并不是什么新鲜事,但在20世纪20年代,这位农民需要使用一辆独轮车把收音机(图左)从一个地方搬到另一个地方。

和联合果品公司(United Fruit Company)这四家美国大公司组成的财团。通用电气之所以入选,是因为它生产无线电发射机,并拥有曾经的美国马可尼公司,AT&T是有线通信的世界领导者,而西屋电气则拥有许多关键的专利技术。但是为什么联合果品公司会成为美国无线电公司的一部分呢?联合果品公司曾使用无线电将其船只与南美的香蕉种植园连接起来,并在此期间研发出了该垄断公司所需的改进技术。

这四家公司汇集了大约2000项无线电业务所需的专利。美国无线电公司不仅成为无线电设备的主要生产商,还创立了美国第一个主要的广播公司——全国广播公司(NBC)。[24]弗兰克·康拉德(Frank Conrad)是西屋电气公司的一名员工,也是一名自学成才的工程师,他是第一个让萨尔诺夫实现"无线电音乐盒"梦想的人。1920年,在西屋电气的支持下,康拉德在周日下午开始广播音乐。然后,西屋电气为康拉德建造了一个更强大的发射器,并制定了一个广播时间表。1920年10月27日,匹兹堡广播电台(KDKA)获得了广播许可,其他电台也紧随其后。1922年,英国广播公司(BBC)作为一家由广播设备制造商拥有的私营公司成立。BBC的第一家电台于1923年获得许可。1927年，该公司转变成一个公共的、非商业的、垄断英国广播的公司。[25]

广播广告

虽然匹兹堡的KDKA是美国首家商业广播电台，但它不是第一家播放商业广告的电台。KDKA电台的存在是为了提供节目，目的是让人们购买收音机。而位于纽约的WEAF广播电台是第一个向广告商出售广播时间的电台。这些商业广告取得了一定的成功，很快，石油公司、百货公司和美国运通公司（American Express）都开始在电台做广告。

在这段时间里，广播行业考虑了几种赚钱的可能途径。一种可能是从所有制造商的收音机销售收入中抽取"什一税"（tithe，一个特定的百分比）来支持无线电广播的发展。另一种可能是通过大量的公共捐赠来支持它。问题是，这两种方案都无法提供足够的资金来支付听众想听的作品的高价费用。这意味着广播电台需要广告收入。最终，传媒行业的其他公司都将播放广告作为广播的主要收入来源。相比之下，在英国，最初BBC是靠出售无线电接收器和无线电接收许可证的收入来支撑的，而且它被禁止销售广告。[26]

广播网络

1923年，美国有600多台无线电发射机在进行广播。这些电台只能在当地制作节目。这些电台是如何填满广播时间的？在大城市，这不是问题，因为有很多音乐会、讲座、体育比赛等可以播放，但在农村和小城镇，当地制作的文化和娱乐节目的选择有限。在另一份著名的备忘录中，萨尔诺夫建议美国无线电公司成立一家新公司，建立一个网络，为一大批广播电台提供节目，从而为较小的电台提供更广泛的节目选择。萨尔诺夫的建议开始生效，1926年7月22日，美国无线电公司成立了全国广播公司（NBC）。它是美国第一家主要的广播网络，如今它以NBC电视网的形式存在。NBC最初拥有两个网络——"红网"和"蓝网"。（由于一项反托拉斯裁决，美国无线电公司最终被迫出售"蓝网"，即后来的ABC）

图6.1　早期的红蓝NBC广播网

资料来源：《鲍勃·霍普与美国综艺》，2002年7月24日，http://www.loc.gov/exhibits/bobhope/images/vc85.jpg。

威廉·佩利和广播广告的力量

随着人们对广播节目日益增长的需求，NBC电视网很快就面临新的竞争，其中，最大的威胁来自威廉·佩利（William Paley）的哥伦比亚广播公司（CBS）。虽然佩利出生在美国，但他的父母是俄罗斯移民。他在一个富裕的家庭长大，他家拥有一家成功的雪茄公司。威廉的父亲山姆（Sam），曾被邀请在刚刚起步的联合独立广播公司（United Independent Broadcasters, UIB）网络上为他的雪茄做广告。山姆不感兴趣，但威廉很感兴趣。

威廉趁父亲出差时买了第一个广播广告，虽然山姆一开始责怪儿子浪费钱，但他很快就听到人们谈论他的公司赞助的那个精彩的节目。这就足以说服他了。威廉随后开发了一个名为"La Palina Smoker"的广告，其中包括一个管弦乐队、一名歌手和一名喜剧演员。这也增加了雪茄的销量。不久，还不到27岁的威廉就在父亲的帮助下买下了联合独立广播公司（UIB）。当他成为UIB的总裁后，他立即将其更名为哥伦比亚广播公司（CBS）。[27]

威廉比任何人都了解广播是一个需要自力更生的行业。NBC认为它的使命是为听众的利益开发节目，但CBS认识到，它真正的客户是赞助节目的广告商。其节目是专门为吸引广告商所寻找的那类观众而设计和制作的。对于CBS来说,"产品"就是其节目所吸引的观众。

从广播的黄金时代到电视时代

20世纪20年代至40年代被称作"广播的黄金时代",在这个时代,广播扮演着与如今电视相同的角色。广播是一种大众媒体,是家庭的主要娱乐形式。这是一个巨大的变化。这意味着人们的大部分娱乐都来自家庭之外而不是内部。他们不再被玛莎阿姨(Aunt Martha)和苏表妹(Cousin Sue)的钢琴二重奏所愉悦,而是在广播中收听平·克劳斯贝(Bing Crosby)的低吟或鲍勃·霍普(Bob Hope)的喜剧。

黄金时代的广播节目

在黄金时代,广播提供了各种各样的节目。现场音乐,包括流行音乐和古典音乐,都是广播的主要内容。NBC甚至拥有自己定期演出的管弦乐队。还有戏剧和动作节目,包括《小孤儿安妮》(Little Orphan Annie)、《独行侠》(The Lone Ranger)和《影子》(The Shadow)。

黄金时代的一些广播节目如今作为电视节目被保留了下来,最著名的是肥皂剧(soap operas)。这些肥皂剧(简称就是这样)是主要针对女性的日间剧集;它们得名于节目期间播出的肥皂和其他清洁产品的广告。无论好坏,肥皂剧是第一批专门针对女性的节目,而女性是广告商的关键受众。直到20世纪50年代电视的出现,肥皂剧才不再是广播节目的主要组成部分。[28]

CBS的肥皂剧《指路明灯》(Guiding Light)于1937年在广播中开播,1952年转移到电视上,并于2009年9月18日结束了它长达72年的播出。2014年2月,ABC的《综合医院》(General Hospital)正式成为仍在制作中的播出时间最长的肥皂剧,它已播出13000集,跨越了广播和电视50多年的时间。[29]

阿莫斯和安迪(Amos'n'Andy)

尽管肥皂剧很受欢迎,但没有一个广播节目能比《阿莫斯与安迪》(Amos & Andy)吸引更多的观众,这是第一部全国广播的日常剧集。[30]《阿莫斯与安迪》于1926年1月在芝加哥WGN广播电台以山姆与亨利(Sam & Henry)的名称开播。该节目以这样或那样的形式在广播中固定播出了将近35年。该剧由两位白人演员查尔斯·科雷尔(Charles Correll)和弗里曼·戈斯登(Freeman Gosden)主演,他们分别扮演两名非洲裔美国人——拥有清新空气出租车公司(Fresh Air Taxi Company)

的山姆（Sam）和亨利（Henry）。科雷尔和戈斯登自己编写了所有的剧本，并为标题人物和他们兄弟会所的成员——神秘的海洋骑士（the Mystic Knights of the Sea）配音。后来，科雷尔和戈斯登在全国范围内联合演出时，他们的名字改为了阿莫斯（Amos）和安迪（Andy），因为WGN广播电台拥有山姆和亨利这两个角色的所有权。在其最受欢迎的时候，《阿莫斯与安迪》在餐馆和电影院的节目间隙播放，这样人们就不必待在家里收听了。

该剧被包括全国有色人种促进会（National Association for The Advancement of Colored People, NAACP）在内的众多团体谴责为种族主义，他们指责剧中的幽默是对那些被描绘成没有受过教育、对城市生活一无所知的角色的侮辱。然而，对这个节目最持久的批评是，这个节目是由白人制作以娱乐白人受众的。我的一个非裔美国学生清楚地总结了这个问题："所以你是在告诉我，这个国家最受欢迎的节目是关于白人取笑黑人的？"

成为陪伴媒介

随着电视带走了更多的观众，广播被迫作出改变。人们不再坐在客厅里听广播节目，相反，他们在做其他事情时会打开收音机：工作、洗碗、开车。收音机并没有消失；相反，它把自己改造成了陪伴广播，一种永远陪伴听众的媒介。电台主持人朱利叶斯·莱斯特（Julius Lester）这样说道：

> 广播如今已经成为我们不可或缺的一部分，以至于我们都没有意识到它的存在；它是家庭的一员，是伴侣，从扬声器里传出的声音不是陌生人的，而是朋友的。[31]

1985年以前，全国范围内的广播所有者只能拥有7个调幅（AM）电台、7个调频（FM）电台和7个电视台。[32]20世纪80年代，随着有线电视和卫星电视的发展，联邦通信委员会（Federal Communications Commission, FCC）放宽了一些所有权规定，通过媒体并购导致所有权集中。1996年的《电信法》（*Telecommunications Act*）加速了广播放松管制的趋势。这部法案的大部分条款都是针对有线电视和电话行业的，但它也取消了对广播所有权的限制，这意味着一家公司现在可以拥有无限数量的广播电台，在一个市场上最多可以拥有8个电台。[33]

《电信法》对广播的影响几乎是立竿见影的。在之后一年半的时间里，广播所有权变得更加集中，而多样性则大幅降低。到2003年，广播电台的数量增长了

5.9%，但是电台所有者的数量下降了35%。[34]清晰频道（Clear Channel）通信公司利用这一规则的改变，在全国范围内收购了价值300亿美元的广播电台，从1995年拥有的42个电台发展到2003年拥有的超过1200个电台。[35]2014年，当清晰频道通信公司更名为iHeartMedia，以突出其流媒体音频业务和传统广播电台业务时，[36]该公司仍然是美国最大的电台所有者，拥有大约850个电台，听众超过2.45亿。[37]2019年5月，iHeartMedia走出破产阴影。在2019年7月上市之前，该公司曾短暂为一支对冲基金所有。

该法案对独立和进步型电台的影响是负面的。其中一个例子就是乡村广播中缺乏女性的声音。到2002年，广播行业基本上是寡头垄断的——十家母公司控制了三分之二的听众和收入。[38]雪城大学纽豪斯学院（Syracuse University's Newhouse School）的传播学教授丹尼斯·德宁格尔（Dennis Deninger）说："如果当地广播电台的内容是从另一个州的遥远演播室传来的，那么您对自己家乡的了解就会减少。""对生活的地方和周围人的了解减少，我认为这不是一件好事。"

如今，许多电台除了少数几名销售和制作广告的人员外，几乎没有其他工作人员。音乐、新闻、天气和谈话节目都来自卫星服务或计算机硬盘，自动化软件提供本地广告、公告和节目安排。如果听起来全国各地的广播节目都是一样的，那可能是因为你收听的电台节目都来自同一个集中源头。[39]

广播的新面貌：高清和卫星

与地面广播最接近的数字技术包括高清广播（HD radio）和卫星广播（satellite radio）。在数字技术接管声音产业时，地面广播并非停滞不前。在许多市场，高清广播为听众提供CD质量的声音和多频道的节目选择。但是，高清广播还没有真正成为一种新媒体。截至2017年，只有不到8%的美国人对高清广播表示出兴趣，而且更糟糕的是，很大一部分人甚至不知道高清广播是什么，把它和卫星广播混为一谈。虽然越来越多的汽车将高清广播作为选装件或标准设备提供，但购买者现在可以选择在他们的车辆中添加如Pandora或Spotify这样的流媒体网络音频。即使汽车上没有专门的流媒体播放器，截至2020年，45%拥有手机的成年人称，他们使用移动设备在车内播放流媒体音乐。[40]令人担忧的是，自2017年以来，《纽约时报》甚至没有提到高清广播。

2008年，两个具有竞争力的卫星广播——Sirius和XM融合成SiriusXM。两家仍然提供独立的节目内容，但相互之间也有重叠。它们还共同努力推广订阅广播的理念。截至2017年，SiriusXM拥有近3300万用户。[41]这两家公司独立运营时均未盈利，而新合并的公司在2009年2月几近申请破产，幸得主要付费电视服务所有者——自由媒体（Liberty Media）的现金注入才得以挽救[42]然而，截至2017年，它们在54亿美元的营收中创造了近6.5亿美元的收入。

卫星广播界最知名的要数前广播电台"惊世主播"霍华德·斯特恩（Howard Stern），在与为其提供播出服务的维亚康姆（Viacom）以及长期对其电台罚款超250万美元的联邦通信委员会（FCC）进行了旷日持久且备受瞩目的斗争后，他转投了天狼星卫星广播公司（Sirius）。[43]斯特恩似乎在卫星广播中如鱼得水，既没有公司监管，也没有联邦通信委员会的审查来加以限制。如今已六十多岁的斯特恩正逐渐从纯粹的"惊世主播"转型为受人尊敬的访谈节目主持人。音乐评论人鲍勃·莱夫塞茨（Bob Lefsetz）写道："上了《斯特恩秀》（Stern），除了《纽约客》（New Yorker）之外，你能比从其他任何媒体上更深入地了解到受访者。"[44]

当然，并不是每个人都对他从拿科伦拜恩高中枪击案或艾滋病开玩笑转型成为严肃脱口秀主持人感到高兴。曾出演《斯特恩秀》的喜剧演员杰基·马特林（Jackie Martling）在接受《华盛顿邮报》采访时表示："霍华德已经变成了他一直告诫人们不要成为的那种人。"《斯特恩秀》再次印证了秘密3——源于边缘的每件事都会向中心移动。

卫星广播也提供新闻和公共事务频道，如CNN、福克斯新闻、BBC世界服务和NPR。卫星广播相对于普通广播的一个优势是，旅行者在纽约调到某个频道后，可以一路听到加利福尼亚。除成本外，其劣势在于这些服务无法提供像交通报道、本地新闻或天气预报这类本地内容的深度信息，而这些都是汽车广播的主要内容。[45]

流媒体音频

广播的原始在线形式是流媒体音频（streaming audio），其形式多种多样。一些在流媒体广播平台上播放的内容是与地面电台绑定的；另一些仅是互联网内容，如Pandora、Spotify以及苹果音乐（Apple Music）。举例来说，Pandora是在2005年创建的，2018年早期开展的一项问卷调查显示，31%的12岁及以上的美国人在上个月收听了Pandora，20%的收听了Spotify。[46]从本质上讲，智能手机和其他移动设备正在成为新一代便携式收音机，同时也成为你个人收藏的音乐或收听最新播客的播放器。

汽车的音响系统也越来越多地内置了互联网流媒体，但它们的使用程度仍不确定。爱迪生研究公司（Edison Research）和特力通数据公司（Triton Digital）的《2020媒体研究报告》（*Infinite Dial 2020 Report*）发现，50%的受访者在他们的车里仍最常使用调幅/调频广播。尽管人们对车载信息娱乐系统给予了关注，但在18岁及以上的美国人中，只有18%的人能够使用这种新型移动媒体消费方式。[47]

流媒体音频还极大地拓展了电台的覆盖范围，特别是那些发射功率低、覆盖范围小的电台。一个功率仅3800瓦、广播覆盖范围勉强达到15英里的学生电台，通过流媒体可以覆盖整个城市，更不用说全球范围了。流媒体可以像有线电视为特德·特纳（Ted Turner）的亚特兰大当地电视台WTBS所做的那样，为一家小型广播电台做贡献——使其成为全世界都能接收的超级广播电台。

《2020媒体研究报告》发现，据估计，有1.92亿美国人每月收听在线广播电台或其他流媒体音频服务，这占到了美国成年人口的68%。[48]（我们将在本章末尾对流媒体和数字音频进行更多讨论）

测试你的媒介素养：智能音箱

人们收听各种音频节目的一种新方式是新型智能音箱（smart speakers）。其中包括亚马逊的Echo设备、谷歌的HOME音箱和苹果的Homepod。尽管它们提供的服务略有不同，但都通过语音命令提供在线服务（包括音频编程）。你可以用它们来回答问题、订购产品、开灯关灯、启动警报系统或播放音频节目。[49]虽然能让音箱播放你最喜欢的音乐或播客似乎很棒，但这些设备也有一些令人毛骨悚然的地方。为了能够响应你的指令，你的智能音箱必须时刻监听你的声音。而这些音箱本身并不具备对你的指令做出反应的能力。相反，它们的软件，无论是Alexa、谷歌助手还是Siri，都必须与中央服务器通信以处理你的请求。这意味着亚马逊、谷歌或苹果实际上在监听你家里发生的一切。也许你相信这些公司能保护你最私密的时刻。但是，想想如果有人入侵这些音箱并在上面安装恶意软件，将会有什么后果。这样，你的智能音箱可能变成你家中的窃听器。也可能有政府安全机构在监听。这些听起来可能都像是阴谋论，但如果你故意在家里安装一个始终开启的监听设备，从技术上讲，这一切都是可行的。[50]

事实上，生产这些设备的公司可能会记录并监听你的声音，以提高其语音识别的质量。例如，亚马逊雇用了数千人来收听这些录音，以便将其转录从而提高Alexa语音识别的准确性。虽然这些转录员听到的大部分内容都相当平常——比如，弄清楚"泰勒·斯威夫特"（Taylor Swift）这个词指的是一位流行歌手——但他们偶尔也会听到孩子们的尖叫或性侵犯的声音。[51]《华盛顿邮报》科技专栏作家杰弗里·福勒（Geoffrey Fowler）接下了一项任务：监听Alexa四年来在他家里录下的声音。在收听过程中，福勒听到：

意面计时器的请求、开玩笑的访客以及随机的《唐顿庄园》（*Downton Abbey*）片段。甚至还有一些敏感的对话莫名其妙地触发了Alexa的"唤醒词"并开始记录，包括我的家人在讨论药物以及一位朋友进行商业交易。

福勒指出，消费者可以返回删除Alexa的记录，但他们无法从一开始就阻止这些声音的录制。苹果的Siri会记录听到的一切，但苹果公司表示，他们会为每段录音附加一个匿名标识符（anonymizing identifier）。只有谷歌的谷歌助手在默认情况下不会记录这一切。

谁是信息源头？
市场上有哪些智能音箱？它们由谁制造？

他们在说什么？
对智能音箱的批评有哪些？为什么有些人认为这是对隐私的侵犯？

有哪些证据可以提供？
当《华盛顿邮报》的记者听Alexa的录音时，他发现了什么？这些科技公司如何处理它们收集的信息？

你和你的同学对智能音箱有何看法？
你有智能音箱吗？你担心它们侵犯你的隐私吗？它们所带来的随时能使用语音指令计算机的便利是否值得？

播 客

相比于地面广播（terrestrial radio）和预录音乐（prerecorded music），播客（podcast）是一种长尾选择。播客是一种以MP3压缩格式通过互联网分发的音频节目，可以在线收听，也可以下载到电脑或手机上。它们让任何拥有基本电脑和网络连接的人都能开展音频节目的分发。美国国家公共电台（NPR）的早间新闻节目《起床第一》（*Up First*）就是一档很受欢迎的播客节目，你起床的时候就可以下载它。几位广受欢迎的美国国家公共电台的主持人会在节目中播报10到12分钟的新闻，并进行一些深度分析。[52]

很难确切地说出播客是从什么时候开始的，但普遍认为是2004年夏天，因为当时发布了能够处理附件（本质上是附件）以及纯文本的RSS 2.0。也正是在那时，前MTV音乐电视节目主持人亚当·库里（Adam Curry）和软件开发人员戴夫·维纳（Dave Winer）编写了iPodder程序。这是首批能够从互联网上下载播客并将其传输到iPod的可用程序之一。说起播客变得广为人知的时间就容易多了——2005年2月9日，《今日美国》在报纸上刊登了两篇关于播客这一新媒体和新现象的文章。[53] 2005年5月，当苹果的iTunes软件开始支持播客订阅时，播客吸引受众变得更容易了。到2018年，苹果基本上已经停止生产iPod，大多数人都是直接将播客下载到手机上收听。[54]

播客与长尾效应

罗布·塞斯特尼诺（Rob Cesternino）因两次出演CBS热门真人秀《幸存者》（Survivor）而出名。但自从参加这个节目以来，他已经从一个头部明星变成了长尾效应中的一股力量。他创建了一个热门网站"罗布有一个网站"（Rob Has a Website），并在该网站下创建了一系列关于真人秀电视的播客。

罗布有一个众筹的Patreon账号，每月能为他带来超过8000美元的收入，甚至在2015年击败《连载》（Serial）获得了"人民选择播客奖"（People's Choice Podcast Award）。罗布·塞斯特尼诺在接受新闻网站"24小时多伦多"（24Hours Toronto）采访时说，几年前，他失业了，想做一些相对有保障的事情来养家糊口，因此创办了"罗布有一个网站"。"对我来说，这归结为一种心态的转变：我想为我和我的家人做最有保障的事情。但是，后来我突然意识到，在一些没有任何安全保障的公司工作也不会更安全。所以，我把所有的时间都花在了'罗布有一个网站'上。我想，'嘿，这可能行不通，但如果我在一家传媒公司工作，我也不会处于更危险的境地，因为那些人总是被解雇。'"[55]

从最初只有一个以《幸存者》为主题的播客开始，他现在的公司已经有了几个涵盖各种真人秀的节目。他还亲自和现场观众一起表演。例如，在《幸存者》第40季播出之前，他有一个直播节目，包括首播集。[56]塞斯特尼诺说，长尾工作的一个重要部分是与粉丝互动。他告诉"24小时多伦多"的记者，"我想让那些听我讲话的人知道他们和我在一起。这就是为什么我在社交媒体上非常积极地回应，并将他们的问题融入节目中"。[57]

地面广播电台仍然是收听音频节目的主要媒介，在12岁及以上的美国人中，有89%的人每周都会收听。这一比例在过去十年中没有显著变化。在线收听广播电台节目的行为正在日益增长，《2020年媒体研究报告》显示，在过去的一个月里，有68%的美国人收听了在线音频，其中有45%的人曾经在车里用手机听过在线音频。[58]

这并不是说播客在任何地方都像广播一样受欢迎。《2020年媒体研究报告》发现，55%的美国人曾经听过播客，37%的人在过去一个月里听过播客。因此，尽管播客越来越受欢迎，但要想在受欢迎程度上接近地面广播，还有很长的路要走。

音乐、青年文化和社会

尽管早在摇滚乐出现之前，唱片音乐就已经在市场上出现了，但摇滚乐是伴随着现代录音技术诞生的,并在广播中蓬勃发展。它从一开始就被放大,以实体电吉他等新乐器为特色,并将从白人乡村音乐到黑人节奏蓝调等众多传统融合在一起。第二次世界大战促使摇滚乐发展成为一种跨文化现象,因为年轻的黑人和白人在战争期间比以往更频繁地进行社会交往,也因为武装部队电台(Armed Forces Radio)播放了多种音乐风格。

1948年以前,流行黑人音乐家的唱片被称为"种族唱片"(race records),涵盖了从蓝调到福音再到爵士乐的所有内容。但在1949年,统计各类唱片销量的《公告牌》(Billboard)杂志的编辑们开始将这种类型的音乐称为节奏蓝调(R&B)。[59]与此同时,民谣唱片开始被称为"乡村和西部音乐"。[60]

R&B为何在此时出现?有几个原因。其一,演奏爵士和摇摆乐(在20世纪30年代和40年代很流行)的大型乐队由于乐手众多,成本高昂。拥有歌手、电吉他、电贝斯和鼓手的扩音蓝调乐

20世纪40年代,非裔美国艺术家制作的节奏和蓝调唱片(当时被称为"种族唱片")更有可能在俱乐部的自动点唱机而不是在收音机上播放。

队能够制造出许多声音,并且可以围绕强烈的贝斯节奏创作出很棒的舞曲。[61]此外,当白人艺术家翻唱黑人歌曲时,非洲裔美国音乐家赢得了尊重。[62]1947年12月28日,一位名叫维诺尼·哈里斯(Wynonie Harris)的黑人R&B歌手在俄亥俄州辛辛那提的一间录音棚录制了《今夜好摇滚》(Good Rockin' Tonight)。这首歌后来在黑人自动点唱机和广播电台大受欢迎。这是第一首摇滚乐吗?关于这个问题已经有很多专门的著作来探讨,但《今夜好摇滚》和其他任何歌曲一样都有可能是这个问题的答案。这首歌曾是哈里斯的点唱机热门歌曲,后来被年轻的埃尔维斯·普雷斯利(Elvis Presley)所翻唱,成为电台热门歌曲。它的确帮助这种新型音乐获得了它的名字。次年出现了一系列标题中带有"rock"一词的歌曲,包括"We're Gonna Rock""We're Gonna Roll""Rockin' at Midnight""Rock The Joint""Rock and Roll"。

总的来说,这些歌曲没有在白人电台播放。问题不在于音乐家的肤色;在于"rock"这个词的含义。正如唱片推广人亨利·格洛弗(Henry Glover)所说,

我们在推广这首歌时受到了限制，因为它被认为是污秽的……当时他们对"摇滚"一词有一个定义，指的是性行为，而不是像后来那样被理解为"一段美好的时光"。[63]

融合黑人和白人音乐传统

20世纪40年代末和50年代初，当哈里斯和其他许多R&B歌手在演绎摇滚乐时，一位白人和一位黑人明星将摇滚乐推向了全国乃至国际舞台。普雷斯利（Presley）和查克·贝里（Chuck Berry）向我们展示了将乡村音乐和R&B融合在一起的效果。[64]

普雷斯利于1953年制作了他的第一张专辑，尽管没有人知道当时确切的日期。孟菲斯唱片公司（Memphis Recording Service）的总监制玛丽昂·凯斯克（Marion Keisker）记得有一位年轻人为他的母亲在一张10英寸的醋酸纤维唱片上录制了几首歌。当她问普雷斯利他的音乐听起来像谁时，他回答说："我听起来不像任何人。"[65]凯斯克有先见之明地额外拷贝了一份普雷斯利的录音，并编入"优秀的民谣歌手"名录中。她解释说，"我录制普雷斯利的原因是这样的：我一次又一次地记起萨姆（菲利普斯，凯斯克的老板）说，'如果我能找到一个有着黑人声音和黑人感觉的白人，我就能赚上10亿美元'。这就是我在普雷斯利身上所感受到的"。[66]

这位后来被称为"国王"的男子很快就开始在孟菲斯演唱乡村音乐，并为菲利普斯录音，从《今夜好摇滚》开始。对普雷斯利来说，表演几乎是一种宗教体验："就像你全身起鸡皮疙瘩"。[67]

就像乡村歌手普雷斯利借鉴R&B歌曲一样，蓝调吉他手贝里（Berry）也借鉴了白人乡村歌手的表演。《美宝莲》（Maybellene）这首歌改编自一首古老的提琴曲《艾达·雷德》（Ida Red），据说它的名字来源于一个睫毛膏盒。还有人说，美宝莲是小学三年级课本上的一头奶牛的名字。不管怎样，这首歌结合了热辣吉他、热辣汽车和热辣女人。

2008年11月，摇滚传奇人物查克·贝里在德国表演。贝里，还有埃尔维斯·普雷斯利等人将乡村和R&B元素融入他们的音乐中，最终创造了一种全新的音乐类型。

贝里想要突破传统蓝调音乐的一些限制。虽然他在俱乐部的听众不能接受基本蓝调风格的任何改变，但对于贝里对一首古老白人提琴曲的原创演绎，他们倒没有意见。贝里不同寻常的风格令人侧目。贝里回忆起人们在一个非裔美国人俱乐部里谈论他的音乐：

> 一些俱乐部常客开始窃窃私语："在Cosmo酒吧的那个乡巴佬是谁？"在他们嘲笑了我几次之后，他们开始要求听乡村音乐，并享受地跟着它跳舞。如果你想看一些特别的东西，就可以看到一些半醉的人，光着脚，一心一意地跳着谷仓舞。[68]

当贝里在纽约演奏《美宝莲》的时候，普雷斯利开始在路易斯安那州表演。这诠释了摇滚诞生的关键特征：两种此前相互隔离的音乐类型融合在一起，成为一种全新的音乐形式——让青少年们欲罢不能。

摇滚电台

摇滚乐日益流行的另一个原因是，像艾伦·弗里德（Alan Freed）和杜威·菲利普斯（Dewey Phillips）这样的DJ在他们的电台节目中播放摇滚和R&B唱片。1949年10月29日，菲利普斯在孟菲斯的WHBQ电台开播了一档名为《红、热与蓝》（*Red, Hot & Blue*）的节目，播放R&B唱片。这个节目一炮而红，很快就从45分钟延长到3个小时。WHBQ的节目主管是这样回忆的："第一天晚上收到了大约7个点歌请求。嗯，第二天晚上，我不知道确切的数字，但差不多有70个。然后，更不可思议的是，第三天晚上，接近700个。"[69]尽管菲利普斯是白人，但他播放的是黑人艺术家的音乐，在孟菲斯有大量的黑人电台听众。这在当时是不寻常的，因为大多数电台要么迎合白人，要么迎合黑人，而不是同时迎合白人和黑人。

流行音乐不断变化的面貌

20世纪50年代是流行音乐的一个转型期，从欧文·贝尔林（Irving Berlin）或科尔·波特（Cole Porter）的锡盘巷歌曲（Tin Pan Alley），转向了植根于R&B的查克·贝里或巴迪·霍利（Buddy Holly）的歌曲。已经通过音乐会和电台播放稳固地确立了自身地位的摇滚乐，如今又凭借从女子组合（girl groups）到滚石乐队（the Rolling Stones）等艺术家创作的唱片登上了舞台的中心。

摩城（Motown）：年轻美国的声音

在将R&B带给大众方面，没有哪一家唱片公司比底特律的摩城唱片公司（Motown Records）更重要。由小贝里·戈迪（Berry Gordy Jr.）创立的摩城唱片是最成功的独立唱片公司之一，也是最成功的黑人所有的企业之一。

大众文化学者杰拉尔德·厄尔利（Gerald Early）表示，摩城真正的重要性在于它将黑人音乐和情感变得对广大公众都重要起来。他还认为，在爵士乐，尤其是迈尔斯·戴维斯（Miles Davis）和约翰·柯川（John Coltrane）的即兴作品逐渐成为高雅文化的时候，摩城确立了一种黑人流行文化。摩城唱片的一大成就在于，它不再像20世纪50年代和60年代初那样，让黑人艺术家创作的歌曲由白人艺术家翻唱。相反，摩城的非裔美国艺术家自己创作出热门歌曲。摩城将黑人音乐从种族唱片的世界带入了主流，从而印证了秘密3——一切事物都会从边缘向中心移动。[70]

灵魂音乐和艺术家们从非裔美国人社区走向了白人占主导地位的社区，反映了社会更大的变化。1961年5月，非裔美国自由骑行者在南方的公交车站举行静坐，要求取消卫生间和午餐柜台的种族隔离。1962年10月，摩城表演团（Motown Revue）与马文·盖伊（Marvin Gaye）和至上女子组合（Supremes）等老牌乐队合作，为推动废除种族隔离尽了自己的一份力量。虽然摩城的艺术家们不是自由骑行者，但他们在巡演中打破了一些相同的界限。至上女子组合的玛丽·威尔逊（Mary Wilson）这样说道：

> 我们的巡回演出取得了突破，有助于削弱种族隔阂。在音乐方面，在某些城镇，种族隔离根本不算什么，如果存在这种情况，黑人和白人粉丝会无视当地习俗去观看演出。看到融合的人群——有时是一个社区里的首次融合——让我意识到摩城唱片公司确实是年轻美国的声音。[71]

1988年，戈迪将摩城以6100万美元的价格卖给了波士顿风投公司（Boston Ventures）。摩城随后在1993年被以3.01亿美元的价格卖给了宝丽金唱片公司（PolyGram）。如今它依然存在，但只是媒体巨头——环球音乐集团（Universal Music Group）旗下的一个小部门。

2009年，迈克尔·杰克逊（Michael Jackson）去世，从人们对他大量的深情流露中可以看出摩城艺术家的持久影响力。

"英伦入侵"：更粗犷的摇滚

20世纪60年代，摇滚乐经历了一些变化。其中最重要的变化是由从英国来到美国的乐队带来的。所谓的"英伦入侵"（British invasion）始于1964年，甲壳虫乐队（Beatles）、达斯蒂·斯普林菲尔德（Dusty Springfield）、冬青乐队（holly）、谁人乐队（The Who），当然还有滚石乐队（Rolling Stones）的音乐为白人摇滚乐带来了更粗犷的风格。要领略这些英国乐队的影响力，只要看看

Diana Ross and Cindy Birdsong. GAC–General Artists Corporation–IMTI–International Talent Management Inc. Retrieved from Wikimedia Commons.

摩城唱片公司组建了几个非裔美国女子组合，包括至上女子组合（如图）、玛莎和范德拉斯（Martha and the Vandellas）等。

排行榜就知道了。1963年，只有一支英国乐队登上了《公告牌》的排行榜；而在1964年，有34支乐队上榜。[72]

传统上，流行乐队录制的音乐是宣传他们现场演出的一种手段。但到1966年，对于披头士来说，现场演出几乎已经不可能了，因为他们的粉丝尖叫声太大，把他们的声音淹没了。事实上，披头士研究学者艾伦·摩尔（Allan Moore）指出，到1966年，这支乐队停止了巡回演出，因为他们已经听不到自己演奏的声音了。相反，他们变成了一个录音室乐队，人们主要通过唱片和收音机收听其音乐。[73] 1967年，披头士录制了一张专辑《佩珀军士的孤独之心俱乐部乐队》（*Sgt. Pepper's Lonely Hearts Club Band*），这张专辑在许多方面改变了摇滚乐：这是摇滚乐的第一张概念专辑，这张专辑以共同的主题将一组相关的歌曲集中在一起。这也是第一张摇滚专辑，它绝不仅仅是热门单曲和它们的集合。[74]

这张专辑的理念到底是什么？许多歌曲都以自传为主题，取材于约翰·列侬（John Lennon）和保罗·麦卡特尼（Paul McCartney）对在英国利物浦度过的童年的回忆。而且，这些歌曲据说是由同名的虚构乐队演奏的。[75]

"佩珀军士"催生了一种从头到尾播放的唱片，尽管这些双面黑胶唱片在播放到第23分钟的时候必须要翻面。70分钟音乐的无缝呈现必须等到20世纪80年代CD的出现。

"佩珀军士"凸显了音乐行业开始发生的一个变化：LP（密纹唱片）正在取代单曲成为摇滚乐的主要形式。摩尔指出，在1967年，乐队仍然主要依靠单曲来宣传自己，唱片是次要的。但随着像奶油乐队（Cream）和齐柏林飞艇（Led Zeppelin）

甲壳虫乐队的专辑《佩珀军士的孤独之心俱乐部乐队》，以及海滩男孩的《宠物之声》（*Pet Sounds*）和弗兰克·扎帕（Frank Zappa）的 *Freak Out*!是第一批把一组歌曲以共同的主题集中在一起的摇滚概念专辑。

Michael Ochs Archive/Getty Images

这样的乐队专注于唱片，这种情况正在发生转变。齐柏林飞艇乐队最热门的单曲《通往天堂的阶梯》（*Stairway to Heaven*）从未作为单曲发行，可能是因为它不符合45转唱片的短格式。[76]

制作人的重要性日益增长

随着流行音乐逐渐成为一种录音室的创作成果，专辑的制作人（producers）变得和艺术家本人一样重要。制作人的主要工作是在制作专辑时把合适的歌曲、词曲作者、技术人员和表演者组合在一起。

摇滚历史学家沙尔利·吉勒特（Charlie Gillett）认为，制作人的职责是制作潮流音乐。制作人里克·鲁宾（Rick Rubin）在约翰尼·卡什（Johnny Cash）生命的末期，用一系列包括U2、九寸钉乐队（Nine Inch Nails）和汤姆·佩蒂（Tom Petty）等人歌曲的专辑重振了他的事业。他还为其他艺人制作过专辑，包括坎耶·维斯特（Kanye West）、Jay-Z、阿黛尔（Adele）、Lady Gaga、拉娜·德雷（Lana Del Rey）、艾德·希兰（Ed Sheeran）、艾维特兄弟（the Avett Brothers），以及最近的Strokes乐队。制作人"宝贝脸"（Baby face）肯尼斯·埃德蒙兹（Edmonds）创造或复兴了艾瑞莎·富兰克林（Aretha Franklin）、唐妮·布莱斯顿（Toni Braxion）、惠特尼·休斯顿（Whitney Houston）、碧昂丝（Beyoncé）、赞达亚（Zendaya）和爱莉安娜·格兰德（Ariana Grande）等艺术家的事业。[77]对于摇滚乐来说，制作人塑造了声音，并成为音乐生产过程中不可或缺的一部分。很少有专辑能像平克·弗洛伊德（Pink Floyd）的《月之暗面》（*Dark Side of the Moon*）那样清晰地展示这一点。从1973年开始，《月之暗面》在《公告牌》200强专辑排行榜上停留了741周，远远超过了其他任何竞争（尽管其他专辑的销量更高）。这张专辑由艾伦·帕森斯（Alan Parsons）制作，于1973年发行，描绘了一幅"疏离、偏执、精神分裂"的惨淡画面。但比歌曲传递的信息更重要的是，《月之暗面》呈现了一幅令人难以置信的声音画面。它最大限度地使用立体声，让声音围绕着听者的头部旋转。帕森斯录制了各种各样的声音，包括说话声、大笑声和尖叫声，这些声音以不同的时间和速度混合在一起。[78]平克·弗洛伊德延续了甲壳虫乐队"佩珀军士"专辑的风格，在那里，摇滚是一种音乐，被录制，被构建，就像被表演一样。

20世纪70年代，随着迪斯科（disco）以及包括说唱音乐（rap）、浩室音乐（house）和科技音乐（techno）等一系列制作精良的俱乐部音乐的出现，制作人角色的重要性日益凸显。迪斯科最初是让人们跳舞的一种方式。它起源于纽约市的男同性恋亚文化，并因1977年的热门电影《周六夜狂热》（Saturday Night Fever）而广泛流行。在很多方面，迪斯科是终极的制作人音乐，在这种音乐中，由制作人创造的节奏和整体音效比主唱或乐器演奏者的才华更为重要。

里克·鲁宾

为什么迪斯科在今天如此重要？首先，它是一种完全依赖技术和制作人的音乐类型，建立在平克·弗洛伊德和披头士等乐队开创的潮流基础上。它还使黑人音乐和拉丁音乐在商业上变得更加重要，并引领了流行音乐分裂为一系列流派的趋势。[79]

嘻哈：融合了调音师、舞蹈、说唱和艺术

虽然嘻哈（Hip-Hop）和说唱（rap）这两个术语经常被交替使用，但说唱只是更广泛的嘻哈世界的一个方面。根据英语教授米奇·赫斯（Mickey Hess）的观点，嘻哈音乐起源于20世纪70年代，当时，调音师（DJ）开始提及他们来自哪里，包括他们的城市、街道，甚至社区。尽管这种音乐在全国范围内传播，但它仍然以本地为导向，是对说唱歌手家乡的一种自豪声明。正如来自《失落男孩》（the Lost Boyz）的奇克斯先生（Mr. Cheeks）所说，"代表我来自哪里是理所应当的"。[80]

嘻哈起源于何处？许多资料都指出，1973年8月11日，在纽约布朗克斯区的一次街区派对上，DJ科尔·赫尔茨（Kool Herc）因发明了碎拍节奏（breakbeat）而受到赞誉，"他用两个唱片机和两张相同的唱片，不断循环播放相同的器乐段落"。[81]但是，赫斯认为，其开端并非如此清晰明确。相反，他声称，这要归功于在哈莱姆区夜总会（Harlem nightclubs）工作的一些DJ，他们使用类似的技术，并与观众进行"呼唤和回应"（call-and-response）。赫斯列举了嘻哈文化的四个主要元素：

2017年4月，肯德里克·拉马尔（Kendrick Lamar）在加州印第奥的科切拉音乐节上表演。拉马尔的专辑DAMN于2018年获得普利策音乐奖，是当年商业上最成功的专辑之一。

1. 说唱（MCing）——基于录制音乐的口语表达或说唱。
2. 打碟（DJing）——播放多个来源的录制音乐，通常相互重叠。
3. 街舞（B-boying）——身体动作，一种嘻哈舞蹈风格，通常被称为霹雳舞（breakdancing）。
4. 涂鸦艺术（Graffiti art）——文化的视觉形象。

这些独立的元素展示了嘻哈音乐是如何从美国各地发展而来的，DJing起源于纽约，涂鸦艺术从费城流行的风格中发展而来，舞蹈则来自纽约和洛杉矶。MCing，即押韵（rhyming），被认为来自底特律、费城、新奥尔良和奥斯汀等城市押韵电台主持人（rhyming radio hosts）的作品。

说唱音乐（Rap Music）开始通过人们之间传递的录音带传播到布朗克斯区。然而，请记住，这些是模拟录音，不能像今天的数字录音那样反复复制。即使在一开始，也有大量的借用（borrowing）、盗用（stealing）、混用（remixing）情况。糖山帮（Sugarhill Gang）的《说唱者的喜悦》（*Rapper's Delight*）使用了布朗克斯一位没有发行唱片的MC的歌词，将说唱乐和嘻哈音乐引入主流。Blondie的说唱热门歌曲《狂喜》（*Rapture*）于1980年问世，是首批在吸引白人听众的电台播放的说唱歌曲之一。[82]这个例子也向我们展示了"秘密3"的另一个例子——一切事物都会从边缘向中心移动。糖山帮也是将初中时的米兰达（《汉密尔顿》的作曲）带入嘻哈世界的说唱歌手之一。

了解说唱歌手的根源和地域是知晓嘻哈如何在世界各地传播的关键。全球的说唱歌手在挪威、日本、埃及和韩国等不同国家都有演出。语言学教授玛丽娜·特库拉菲（Marina Terkourafi）讲述了嘻哈音乐是如何追随摇滚和爵士乐的脚步走出美国，然后与世界各地传统的和地区性的音乐风格相融合的。[83]她写道，虽然嘻哈音乐在美国的核心主题通常围绕种族和性别，但在全球范围内，它被用来抗议现状，提高对当地问题的认识。

叙利亚流亡者穆罕默德·阿布·哈贾尔（Mohammad Abu Hajar）告诉《哈克》（*Huck*）杂志的记者，他如何开始使用嘻哈音乐来表达他对本国政治问题、荣誉犯罪及跨宗教婚姻等问题的反叛。他的嘻哈之路有点坎坷，因为他从一开始就不喜欢说唱。他说:"我认为这只是(糟糕的)美国音乐,只可能导致更多人吸毒。"[84]但他很快意识到,嘻哈音乐可以成为提高社会意识的工具。

穆罕默德的音乐最终让他与叙利亚政府产生了纠纷,他逃往黎巴嫩(Lebanon)。他说:"当警察因为我写的一首歌来到我家门口准备逮捕我时,我就知道这不会有好结果。""我跳过后院的篱笆,甩掉了他们。"他现在定居柏林,在那里他是一个非政府组织的项目协调员,并继续谈论难民问题。"现在我已经没有什么可以失去的了……我不会因为害怕而保持沉默。"[85]

乡村音乐:成年人的流行音乐

乡村音乐(Country Music)诞生于19世纪晚期,从一系列包含爱尔兰和苏格兰民间音乐、密西西比蓝调和基督教福音书等多种音乐形式演化而来。[86]它最初被称为"老式"音乐或"乡巴佬"音乐(Hillbilly Music)。乡村音乐在20世纪50年代和60年代发展起来,所谓的纳什维尔之声(Nashville sound)由吉姆·里夫斯(Jim Reeves)、埃迪·阿诺德(Eddy Arnold)和帕齐·克莱恩(Patsy Cline)等音乐家推广开来。大约就在这个时候,埃尔维斯·普雷斯利把乡村音乐带往另一个方向,但乡村音乐从未消失。

乡村传奇人物梅尔·哈格德(Merle Haggard)帮助架起了电子乡村音乐和乡村摇滚之间的桥梁。

1980年,许多美国人因为约翰·特拉沃尔塔(John Travolta)主演的热门电影《都市牛仔》(Urban Cowboy)而重新发现了乡村音乐;而在20世纪90年代和21世纪初,得益于诸如流氓弗莱特斯乐队(Rascal Flatts)、已故的约翰尼·卡什(Johnny Cash)和卡莉·安德伍德(Carrie Underwood)等艺术家的歌曲,以及诸如《逃狱三王》(O Brother, Where Art Thou)、《一往无前》(Walk the Line)等电影的配乐,乡村音乐得到了进一步的发展。[87] 2017年,《滚石》(Rolling Stone)杂志公布了现代百位顶级乡村音乐艺术家的名单。前五位分别是:

1.梅尔·哈格德(Merle Haggard)——带有电子风格的音乐代表了粗糙的贝克尔斯菲尔德之声(Bakersfield Sound),将乡村音乐带给了从披头士到老鹰乐队(Eagles)等一代又一代的摇滚乐队。

2.汉克·威廉姆斯(Hank Williams)——29岁时因酗酒和嗑药去世,但他留下的歌曲和音乐风格一直延续到今天。

3. 约翰尼·卡什（Johnny Cash）——这个黑衣人确实在音乐领域从事过多重职业，他与里克·鲁宾（Rick Rubin）制作的《美国录音》（American Recordings）系列被许多年轻人重新发现。卡什还通过他的第二任妻子琼·卡特·卡什（June Carter Cash）与卡特家族有所联系。

4. 洛蕾塔·林恩（Loretta Lynn）——以身为矿工的女儿为荣，她带来了一个全新的世界，那里满是受人鄙视的妻子和"没有恋爱心情的女人"。

5. 卡特家族，A. P.卡特、其妻子萨拉（Sara）及其嫂子梅贝尔（Maybelle）——20世纪20年代末用吉他、自鸣筝（autoharp）和班卓琴（banjo）配合他们的民谣演唱创造了现代乡村音乐。[88]

乡村音乐为何一直如此受欢迎？音乐记者朗·赫尔顿（Lon Helton）表示，"乡村音乐是以成人为主题的抒情歌曲"，"你可能要到24岁或25岁才能听懂一首乡村歌曲。生活总会给你一些教训，然后你就会想，'现在我明白他们在唱什么了'"。[89]不同于摇滚乐所包含的性和鼓点，乡村音乐涉及的都是一些如"爱情、心痛、家庭关系和中年的新生"等平淡乏味的议题。[90]

寻找利基市场：流行的广播类型

随着电视的到来，广播被迫作出改变，不再试图迎合所有人的需求。相反，每个电台现在都在迎合一部分受众的口味。相反，现在每个电台都针对特定的听众。青少年不必和店员听同样的节目；股票经纪人不必和大学生听同样的节目。想听摇滚乐吗？有专门的电台。想听老歌吗？还有一两个其他选择。新闻？访谈？古典音乐？灵魂歌曲？如果您生活在市区，很有可能会找到提供所有这些不同广播格式的电台。在过去的十年中，广播不断发展，经历了所有权的大规模变更，并见证了众多新竞争对手的成长。

2019年美国最受欢迎的广播格式是新闻/访谈，有9.5%的电台采用（见表6.1），紧随其后的是成人当代（Adult Contemporary, AC），占8.1%，乡村音乐占6.7%。AC和柔和的AC由轻摇滚和软摇滚组成，旨在吸引25岁到40岁的听众。流行当代热门歌曲电台过去被称为"前40名"，主要播放当前热门歌曲；虽然它的播出形式略显幼稚，但其听众年龄普遍（超过一半）在25岁以上。听众可能会把他们听到的统称为"老歌"，然而，广播业将它们细分成不同的类别，包括经典热门歌曲（classic hits）、经典摇滚（classic rock）和老歌（oldies）。节奏当代热门歌曲广播是为了迎合美国不断变化的种族构成而发展起来的，其听众在黑人（Black）、西班牙裔（Hispanic）和"其他"（other）人群中分布相当均匀。[91]

表6.1 排名前十的流行广播类型

类型	受众比例
新闻/谈话（商业和非商业）	9.5%
成人时代（AC）	8.1%
乡村音乐	6.7%
当代流行潮流电台（CHR）	6.5%
经典潮流	5.8%
经典摇滚	5.1%
潮流成人时代	5.0%
城市成人时代	4.7%
所有体育项目	4.3%
城市时代	3.6%

来源：尼尔森"2019年榜单：广播"，2019年12月18日，https://www.nielsen.com/us/en/insights/article/2019/tops-of-2019-radio/.

访谈广播：政治、新闻、"震撼主播"和体育

如前所述，新闻和谈话节目位居最受欢迎的广播形式之首。电台谈话节目在过去的三十年里获得了爆炸式的发展。1985年，仅有200家电台采用了谈话模式；1995年，这一数字增长至1900家左右。到2020年，有1315家电台提供新闻/谈话节目。而提供乡村音乐的电台有1882个（请注意，表6.1是关于听众规模，而非电台数量）。CBS新闻频道的马文·卡尔布（Marvin Kalb）认为访谈广播为人们提供了一种在其他任何地方都找不到的社区感："如果我们仍然聚集在城镇会议上，如果我们的教堂仍然是社区中心，我们就不需要谈话广播了。人们感到越来越疏离，而访谈广播带给他们一种联系感。"[93]

政治访谈

访谈广播是政治信息的主要来源，而他们从访谈广播中获得的政治信息在很大程度上是保守派的。[94]尽管新闻业通常重视平衡报道，但纽约电台主持人布莱恩·莱勒（Brian Lehrer）指出，这种报道与访谈广播的性质并不相符：

> 有些人的观点不能被整齐划一地归入传统的保守或自由派标签。但这不是如今媒体所想要的，尤其是在访谈广播中。他们希望你百分之百确信自己掌握了真理，并且完全相信自己的观点是可以预测的。[95]

iHeartMedia市场总裁卡尔·安德森（Carl Anderson）在2008年说道，广播电台正在寻找观点偏激且具有"与观众联系"能力的娱乐型主持人。[96]总体而言，访谈广播强烈倾向于保守派，据行业杂志《谈话者》（*Talkers*）称，肖恩·汉尼提（Sean Hannity）和拉什·林堡（Rush Limbaugh）是最重要的两位主持人。[97]如果您查看该出版物列出的前十位主持人，六位明显是保守派，一位是金融专家，两位倾向于进步派，还有一位是霍华德·斯特恩（Howard Stern）。[98]

作为最具争议性的"震撼主播"之一，斯特恩于2006年离开地面广播电台转投卫星广播，他签了一份价值5亿美元的多年合同。正如本章前面提到的，虽然斯特恩在SiriusXM卫星广播的表现仍然肆无忌惮，但近年来他更专注于高质量的深度访谈。2015年，斯特恩与SiriusXM签订了一份新的五年合同，据报道，他和他的团队员工每年的薪酬为8000万美元。[99]

讲英语的足球迷们已经转向西班牙语广播，因为西班牙语解说充满活力。恩里克·贝穆德斯（Enrique Bermúdez）在他成功的职业生涯中，创造了一系列足球迷熟知的短语，包括como jefe（像个老板）和tenla, te la presto（这里，你可以借用它）。

Icon Sportswire Via AP/AP Images

西班牙语广播

随着美国（尤其是西南部和佛罗里达州）的西班牙裔人口持续快速增长，西班牙语电台已成为广播市场的重要组成部分。皮尤研究中心的一份报告显示，西班牙语新闻广播的听众数据暂不可得，但收入保持稳定。[100]西班牙语广播包含多种音乐风格类型以及新闻/谈话/信息、宗教等多种节目形式。[101]洛杉矶道奇（Dodgers）棒球队有两组比赛实况解说员，一组负责英语广播，另一组负责球队的西班牙语网络广播。而且，ESPN在迈阿密设有一个西班牙语的全体育广播网络，重点关注足球比赛和新闻。[102]虽然西班牙语电台传统上的听众多来自移民社区，但事实是越来越多的西班牙裔美国人（American Hispanic population）出生在美国，这意味着更大比例的人口是说英语或双语的。[103]

全体育广播

全体育广播与全访谈广播一样受欢迎，全美有844家全体育广播电台，占据了全国4.3%的听众份额。[104]有线电视网络ESPN在ESPNews有线/卫星电视频道上提供体育广播节目和同步广播（没错，正如你所想——几个主持人和嘉宾坐在广播演播室的麦克风前聊天）。[105]虽然这只是广播听众中的一小部分,但那些忠实的、狂热的体育迷对广告商非常有吸引力。一位主要广告商说:"体育广播与其他广播的区别在于听众的热情,这使它成为我们的沃土。"这些人对着收音机大喊大叫,而不是换台寻找下一首酷歌。[106]

公共广播

广播电台在美国是一个巨大的产业,大约有1.1万家商业电台。但在商业广播业务的强大影响力和覆盖面之下,公共广播提供了一个重要的替代选择。公共广播由1967年的《公共广播法案》(*Public Broadcasting Act*)授权,该法案旨在创建教育电视。该法案将调频波段的低端分配给了非商业广播,其中大部分的电台执照都颁发给了学院和大学。1971年,美国国家公共广播电台(NPR)推出了其第一个节目,即晚间新闻杂志《万事皆晓》(*All Things Considered*)。[107]该节目做到了其他新闻节目无法做到的一件事,那就是深度报道新闻。8分钟的报道很常见,但如果主题需要,节目就会报道20分钟。在这个通常认为30秒就算长报道的媒体环境中,这一点很不寻常。

公共无线电网络仍然相对较小,直到两项重大发展达成。第一个是卫星传送网络节目的增长。卫星能让无论多偏远的地方都接收到良好的信号。第二个发展是在大多数私家车中安装调频(FM)收音机。由于公共广播几乎完全在调频波段,调频汽车收音机(FM car radios)的出现使人们有可能有足够的时间来关注公共广播。

不出所料,美国国家公共电台(NPR)的听众主要来自那些上下班通勤时间较长的城市。[108]截至2018年,NPR共有996个成员电台,每月听众规模达3770万人。[109]1979年,NPR推出了时长两小时的新闻节目《早间新闻》(*Morning Edition*),从那时起,它就成为美国收听人数最多的早间新闻节目,每周有1490万听众收听。[110]这比《今日秀》和《早安美国》的观众总和还要多。[111]当然,这并非完全公平的比较,因为《早间新闻》是通过广播播出的,而其他两个节目是在电视上播出的。

公共广播所面对的主要挑战之一是资金问题。2018财年,NPR的收入为2.21亿美元,其中约26%来自赞助,这使得公司、组织和个人能够在节目中插播短信息。虽然这些承销公告大多是对公司自身作为机构的宣传,但也有宣传书籍或电视节目的。NPR最大的收入来源是地方成员电台支付的节目费用(占预算的38%)和上述提到的赞助费用(26%)。虽然NPR从联邦政府直接获得的资金相对较少,但它确实通过成员电台支付的节目费用间接地获得了政府资金,而这些成员电台确实获得了联邦资金(federal funds)。[112]你可能已经注意到,在本章的这一部分我提到的是"NPR"而不是"国家公共电台"（National Public Radio），这是因为2010年，该网络将其名称从国家公共电台改为NPR，以反映其大部分节目通过网络或移动设备和平板电脑应用程序交付的事实。因此，要了解NPR的全部影响力，应该注意到，除了3770万广播听众外，其网站每月平均有4100万独立访问者，每周有710万独立的NPR播客下载者，其中大多数是通过移动设备收听的。[113]它还推出了面向手机的NPR One应用程序——这正好印证了"秘密6"：在线媒体也是移动媒体。[114]

关注音乐对年轻人的影响

围绕摇滚乐的最大争议并非涉及音乐本身，而是歌词——从20世纪50年代涉及"摇滚"（rocking and rolling）的歌词，到20世纪70年代对毒品的引用，再到当代说唱中对女性的贬损言论。

2020年5月，NPR新闻的吉尔斯·斯奈德（Giles Snyder）在自家地下室的临时工作室工作。在新冠疫情期间，许多NPR新闻的播音员、节目主持人、记者和制片人都在家工作，把NPR的热门新闻节目带给美国人民。

Courtesy of Giles Snyder

我们很难判断一首歌的歌词会产生何种影响。成年人往往会从一首歌中读出隐喻的含义，而年轻人可能只看到歌词的字面意思。对音乐的理解也超越了歌词的内容。听众对音乐的旋律、节奏和风格的关注与对歌词的关注一样多。最后，歌曲通常是关于情感和理性思考的。它们设定了一种情绪，而不是传达特定的信息。[115]

自从摇滚乐诞生以来，父母和其他关注它的成年人就一直想知道它的歌词对易感人群有什么影响。这种质疑导致了产品责任审判、国会听证会以及针对不良内容给某些专辑贴标签和/或禁止的运动。

争议与嘻哈

很少有音乐形式能像说唱和嘻哈那样引发如此多的争议。说唱可以部分地理解为几种趋势的产物，可以追溯到披头士的《佩珀军士的孤独之心俱乐部乐队》和平克·弗洛伊德的《月之暗面》。随着多轨录音的出现，制作人在乐队成员创作的音乐中添加了对话和环境音效层。Rap只是延伸了这个过程，让DJ成为音乐的一部分，并从一系列已经完成的音乐录音中取样。不再有各种音轨的单一"正确"混音；

相反，最终版本是由任何想要处理它的人构建的。

围绕说唱的争议之一是对其厌恶女性和暴力内容的抱怨。说唱歌手为他们唱片中的暴力内容辩护，指出我们生活在一个暴力的世界；唱片中的暴力只是"保持真实"（keeping it real）。媒体巨头时代华纳的前高管迈克尔·富克斯（Michael Fuchs）表示，他认为对说唱的一些批评带有种族主义色彩：

> 事实是，白人孩子正在购买黑人音乐并受其影响，这让他们的父母感到害怕。这和30年前我父母对摇滚乐诞生时的感受——对黑人音乐的影响——没什么不同。[116]

流行音乐的重要性

如今的流行音乐远不只是创作本身，而是一个完整的社会宣言。除了音乐外，还有专辑封面上的照片、下载时附带的电子小手册中的文字、音乐视频、TMZ上的八卦、海报、移动应用和一些时尚品。正是通过流行音乐，年轻人第一次接触到我们的文化。它为年轻人提供的不仅仅是音乐，还有一整个身份标识。[117]我们对青春时期音乐的认同感会伴随我们度过整个成年时期。另类摇滚歌手莉兹·菲尔（Liz Phair）指出：

> 当人们长大成人时会发生一些事情。他们会花很多时间试图弄清楚摇滚乐最初打动他们的是什么。你想找回那种第一次的感觉。[118]

音乐体验的改变：从社交音乐到个人配乐

能够存储和传播音乐表演极为重要，但这可能并不是留声机和收音机的发明所带来的最大变化。摇滚历史学家詹姆斯·米勒（James Miller）写道，留声机（以及最终的收音机）极大地拓展了人们获取音乐的途径："生活在19世纪的人如果有幸听过一次交响乐，就会在家里的留声机上反复收听。"[119]

"社交音乐"的消亡

留声机和收音机将更广泛的音乐带进了家庭，但这也导致了社交音乐（social music）——人们在家里或其他社交场合为他人演奏和演唱的音乐——的消亡。

正如你所读到的，在新技术出现之前，人们必须演奏乐器或唱歌才能在家里享受音乐。活页乐谱（sheet music）在19世纪的杂志如《戈迪的女士读物》（*Godey's Lady's Book*）中非常常见和流行，与食谱和缝纫图案一起出现。对于大多数人来说，表演者和观众之间几乎没有社会距离，音乐教学在中上层阶层的教育中发挥了更大的作用。

然而，随着多年来技术的进步，通过共享音乐体验而获得的社会联系发生了深刻的变化。这一早期例子印证了秘密5——所有媒体都具有社交性。

盛田昭夫的"个人配乐"

盛田昭夫（Akio Morita）并非一个家喻户晓的名字，但这位发明了索尼随身听的日本工程师对人们听音乐方式的影响，自托马斯·爱迪生（Thomas Edison）和埃米尔·贝利纳（Emile Berliner）以来无人能及。

1979年随身听推出时，有两种版本：一种是微型磁带播放机，另一种是立体声调频收音机。它们相对昂贵，磁带播放机的价格高达200美元（按照2020年的美元价值计算略高于700美元），但它们让每个人都能生活在自己的"个人音乐茧房"（personal musical cocoon）之中。[120] 直到1979年，把音乐带出家门的唯一方式要么是质量低劣的袖珍调幅收音机，要么是巨大的便携式收录机。作家里肖恩·比德尔（Rishawn Biddle）指出，随身听不仅仅是一种保护同车乘客免受你所选音乐"干扰"的方式："对于数百万运动爱好者、家庭主妇和退休人员来说，它也是教练、音乐厅和个人阅读器。对于旅行者来说，它是一个可靠的伙伴，可以避开健谈的推销员和带着钱包大小照片兜售的老奶奶"。[121]

媒介学者迈克尔·马斯登（Michael Marsden）认为，随身听保护了人们在公共场合的隐私："在一个我们个人空间不多的世界里，这是你自己创造的个人空间。这是一个完全私人的世界。"[122] 然而，然而，并非每个人都对随身听的影响如此着迷。评论家约翰·泽尔赞（John Zerzan）认为，随身听是导致"脱离社会联系"的众多科技产品之一。[123] 然而，随身听显然已经做了一件事，那就是极大地促进了个性化媒体的使用，其特征是从我们的智能手机下载播客和流媒体音频。

音乐与长尾效应：声音的未来

整个音频行业正在经历巨大的变革，问题是：会出现什么？在互联网出现之前，人们主要在车里和家里听广播，现在，人们也可以在办公室通过电台网站提供的网络流媒体来收听广播，人们可以收听来自世界各地的广播。下载音频播客或付费订阅卫星服务的选择也变得非常流行，并推动了音频行业的技术变革。（见图6.2）

这一转变的一个例子是，2005年以来一直在讨论美国媒体现状的"卓越新闻项目"（Project for Excellence in Journalism，现称皮尤研究中心新闻项目），在2009年将"广播"（radio）章节替换成了"音频"（audio）章节，并指出"作为一种留住听众的媒介，音频比其他一些部门表现得更好"。[124]

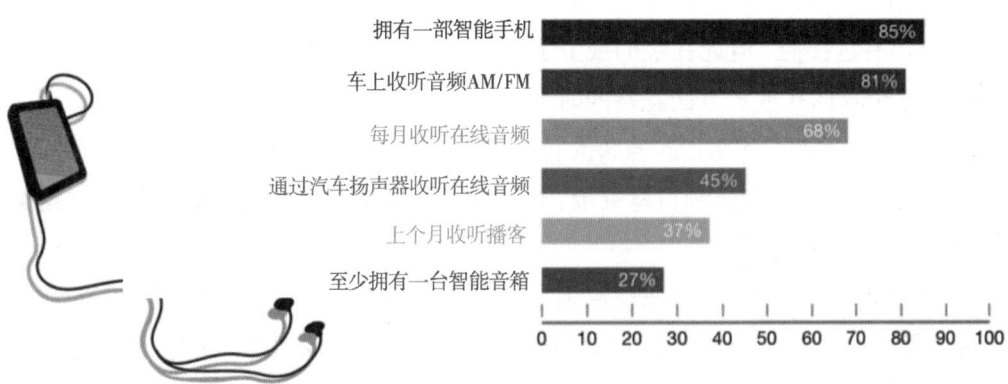

图6.2　2020年数字音频受众

然而，如果只关注高清广播和卫星广播等播放音乐行业大牌明星的大型媒体替代品，那将是一个错误。个人听众现在也可以成为信息提供者，只需要一台电脑、一个麦克风和互联网连接，就可以建立自己的网络广播或播客。

借助这些技术，即使是深入媒体内容长尾端的节目也能轻松分发。这些新技术还造就了一批音乐艺术家，从大名鼎鼎的到相对默默无闻的，通过革新音频分发格式获得了成功。

如今有一种流行的说法，认为有了流媒体音乐和文件共享，音乐家根本没有办法以音乐家的身份谋生。除非你已经出名了。例外也许只有一次：道格（Doug）和特丽莎·威廉姆斯（Telisha Williams），也就是"野马乐队"（Wild Ponies）。2017年，威廉姆斯夫妇发行了一张他们在弗吉尼亚州农村一位亲戚的小屋里录制的专辑，名为*Galax*。这张专辑收录了他们最喜爱的几位来自纳什维尔（Nashville）的音乐家，以及来自弗吉尼亚州盖拉克斯（Galax）的几位乐手的歌曲。

在游历了美国和欧洲之后，他们甚至完成了为期两周的育空之旅（Yukon）。是的，在加拿大西北部，他们从机场乘坐了一辆附在雪地摩托上的拖车（这是北方对雪地摩托的说法）。

道格和特丽莎在高中相识，他是鼓乐团队长，而她是学校行进乐队的啦啦队长。后来他们一起在一个摇滚翻唱乐队演奏。道格在一次采访中说道："后来我们结婚了，尝试过日常工作，但那行不通，所以我们就去当音乐人了。"[125]他们已经结婚二十多年了。他们演奏根源音乐（roots）和美国音乐——有点像乡村音乐、蓝草音乐（bluegrass）、布鲁斯（blues）、民谣和摇滚的混合。刚开始的时候，一切都是原声的，但他们最新的专辑已经转向全电声，以道格的吉他和特丽莎弹的立式贝斯为特色。

道格说："我们也从来没有向任何大唱片公司示好。虽然我们和一些小型独立唱片公司有过接触，但现在我们成立了自己的小唱片公司。当你拥有自己的唱片公司，这意味着你在业务方面花费的时间比你想的要多。但同时这也赋予了你责任。你得自己和电台推广人员以及宣传人员打交道。"

"这还意味着你必须自筹资金，这很困难，因此你必须和你的粉丝建立更紧密的联系。"

道格说，他和特丽莎的成功原则来自《连线》（Wired）杂志创始人凯文·凯利（Kevin Kelly）的作品以及他的"1000个真正粉丝"的理论。凯利认为，如果艺术家能够找到一千个真正的粉丝，那么他们就算脱离大公司或媒体组织也能获得成功。凯利写道：

> 真正的粉丝是指会购买你创作的任何东西的人。他们会驱车200英里去看你唱歌。即便已经有了低分辨率版本，他们也会购买你的超豪华再版高清套装。他们会在谷歌上设置有关你名字的提醒。他们会在易趣网上给你绝版作品的网页添加书签。他们会参加你的作品发布会。他们会购买你的作品让你在上面签名。他们会购买你的周边产品，如T恤、马克杯和帽子等。他们迫不及待地等待你的下一部作品。他们才是真正的粉丝。[126]

道格认为，有超过一千个真正粉丝的艺术家就能过上"相当不错的中产阶级生活"。没有粉丝的参与，我们就无法生存。我们在任何地方演出，如果观众中没有至少一个能叫得上名字的熟人，我们就不会去。世界上任何地方，无论是阿姆斯特丹、伦敦还是德国南部——德国南部的一些小镇（完全披露：笔者本人及其妻子就是野马乐队的忠实粉丝）。

野马乐队在音乐产业（实际上是媒体行业）中占据一席之地，它介于拥有大量粉丝的超级巨星和希望在YouTube上获得100次播放的车库乐队之间。它们栖息在媒体分布曲线的长尾和短头之间（我们将在本章末尾讨论这个问题）。

野马乐队的专辑*Galax*通过众筹网站Kickstarter，从344名支持者那里筹集了超过2.4万美元。为了通过Kickstarter获得资金，音乐家们（就像其他所有寻求Kickstarte资金的人一样）把他们的资历和打算制作的专辑的书面细节放在一起，制作了一个推介视频。潜在的支持者承诺资助他们在网站上发现的感兴趣的项目，但只有在项目达到最初设定的财务目标时，创作者才会被收费。如果项目没有达到筹款目标，则不会进行资金交换。[127]假设这个项目确实达到了它的目标并获得了资金，捐赠者并不会得到专辑的投资；相反，他们会因为支持了这个项目而感到满足，并且常常会得到某种奖励，比如一张专辑的拷贝、一件T恤，甚至是和乐队一起参加为期一周的创意研讨会。*Galax*专辑的众筹资金从1美元到1000美元不等。[128]

2020年春天的新冠肺炎疫情大流行给像道格和特丽莎这样的以巡回演出为主要收入来源且高达85%收入来自于此的音乐家们带来了严峻的问题。当演出场地关闭以保护音乐家和观众免受致命病毒感染时，所有的巡回演出都戛然而止。道格告诉美联社的记者，"我们不得不立即取消38场美国演出……我们还失去了整个英国和欧洲的巡演"。"对我们来说，这几乎是我们全部的收入。"[129]在这段艰难时期，野马乐队唯一的选择就是在家里举行现场直播音乐会（live streaming concerts）。他们在2020年4月举办的一场直播吸引了约300人，筹集了800美元的捐款，大约相当于他们巡演一晚的收入。

音乐家道格·威廉姆斯和特丽莎·威廉姆斯以及他们的狗狗黑兹尔·狄更斯（Hazel Dickens）在纳什维尔的家中举办了一场直播音乐会，因为他们在新冠疫情期间无法巡演。他们以"野马乐队"（Wild Ponies）的身份巡回演出。

音乐产业的新经济模式

毫无疑问，声音产业的许多部门目前正面临着一个发生了巨大变化的媒介世界，而这不仅仅是因为疫情。文件共享、用户生成内容和音乐视频等问题（第九章和第十章也涉及这些主题）正迫使音频和录音行业改变盈利方式。

现在的争论已经从如何让人们为音乐付费转向了如何让人们愿意为音乐付费。年轻人通过电脑或手机收听流媒体音乐,而不是购买光盘或下载。然而,根据2019年美国唱片工业协会(RIAA)发布的一份报告,来自音乐录制的收入最近仍在持续增长。[130]

2019年上半年,流媒体收入增长了26%,其中最大的收入来源是付费订阅。很明显,人们正在从购买音乐转向订阅音乐。根据RIAA的数据,付费订阅占音乐录制收入的62%,占美国流媒体收入的77%。与此同时,流媒体的广告收入也在增长,但只占流媒体收入的10%。流媒体和广播之间有一个很大的区别:广播几乎所有的收入都来自广告。

音乐正从购买模式向订阅模式转变。2019年上半年,数字下载的销售额下降了18%。实体唱片的销量略有上升,黑胶唱片的增长速度远远快于CD唱片,而且很快就会超过CD唱片的销量。但请注意,这更多是因为CD唱片销量很低,而不是黑胶唱片销量很高。[131]近年来,黑胶唱片卷土重来,艺术家和消费者都喜欢上了12英寸的模拟音乐唱片。2017年,黑胶唱片占实体唱片总销量的14%。但从那以后,CD唱片的销量一直在下降,而黑胶唱片的销量一直在增长。事实上,预计在2019年或2020年的某个时候,黑胶唱片的销量将超过CD。[132]

为什么黑胶唱片会重新流行起来?部分原因在于它们的尺寸大小。这些唱片配有大封面,有足够的空间展示引人注目的艺术和歌词。从贾斯汀·汀布莱克和粉红佳人(Pink)这样的大牌歌手到不知名的独立艺人,都对黑胶唱片的推出所带来的声誉和"特殊性"有所青睐。消费者经常会得到随高价模拟唱片附赠的免费数字下载码,这样他们仍然可以在电脑或手机上收听音乐。[133]野马乐队的道格·威廉姆斯在一次采访中说:"黑胶对我们来说很棒。我们不能忽略它。有粉丝专门想要。这对我们很好。"他指出,在纳什维尔最大的黑胶压制工厂,"普通人"要等上一年半时间才能拿到压制的专辑。[134]

▶ 章节回顾

章节小结

人类记录声音的能力始于1877年托马斯·爱迪生发明的电唱机。虽然爱迪生的机器可以记录和播放声音,但它相对脆弱,而且覆箔的圆筒既无法复制,也经不起反复播放。然而,埃米尔·贝利纳的留声机用平面光盘播放音乐，这种光盘比爱迪生的圆筒更坚固，可以大量生产。这种技术使得音乐表演能够被存储和重播。随着预录制音乐的广泛普及，音乐消费的性质也发生了变化。人们与音乐的主要接触是专业音乐家的录音，而不是业余爱好者的现场表演。

大量记录格式在近些年被广泛地使用，包括78转/分的唱片、45转/分的单曲、密纹唱片、光盘和MP3电脑文件。每种格式都引发了人们对音乐购买和使用变化的担忧。

无线电是塞缪尔·莫尔斯在电报上的成果。物理学家海因里希·赫兹（Heinrich Hertz）进行了早期的无线电波探测实验，但是古列尔莫·马可尼（Guglielmo Marconi）开发了具有商业可行性的无线电报。

无线电最初被用作从一个人向另一个人发送消息的工具。大卫·萨尔诺夫是最早看到无线电作为大众传播工具潜力的人之一；哥伦比亚广播公司（CBS）的创始人威廉·佩利则看到了它作为广告媒介的潜力，顺便提供娱乐内容。1920年，第一家商业广播电台KDKA开播，开启了广播的黄金时代，在这个时代，广播是家庭娱乐的主导媒体。广播也是新闻的主要来源，它提供了一种报纸无法比拟的亲切感和即时性。

随着电视取代广播的主导地位，广播转变成为一种具有多种形式的伴随媒介，旨在吸引狭窄的、特定的受众。这包括多种类型的音乐、西班牙语广播、谈话、新闻和体育广播等节目。调频广播（FM）已逐渐取代调幅广播（AM）成为主要的广播频段。虽然调频广播的范围较小，但音质（高保真度）却好得多。随着高清和卫星广播等新技术的出现，广播不断发展。

21世纪初，通过Pandora和Spotify等提供的服务，音乐和其他音频节目的流媒体和数字下载变得流行起来。被称为播客的可下载音频节目在听众中很受欢迎，它们由传统媒体供应商和长尾艺术家制作。

摇滚乐是由20世纪40年代末和50年代初的蓝调和乡村音乐发展而来的混合音乐风格。由于摇滚乐跨越了黑人和白人之间的种族界限，它开始成为20世纪50年代和60年代美国社会的一部分。摇滚乐之所以流行，很大程度上是因为唱片店出售的唱片和在电台播放的录音，而不是通过现场表演。它演变成一种主要为录音回放而不是现场表演而存在的艺术形式。底特律的摩城唱片公司把黑人音乐和黑人情感带给了大众，同时也是民权运动的一支主要力量。

20世纪60年代和70年代，摇滚乐制作得更加精良，从热门单曲转向了专辑。诸如披头士和平克·弗洛伊德等乐队的音乐将制作人的角色推向了最前沿，这一趋势随着迪斯科和说唱音乐风格的发展而加速。嘻哈音乐和文化结合在一起，边唱歌边聊天、跳舞，还有一种独特的涂鸦艺术风格。

这些不同的音乐风格导致了一系列以音乐、访谈、新闻和体育为特色的广播节目的诞生。尽管大多数广播电台都是商业性的，但公共广播电台——调频广播节目的主要内容——提供了一个重要的替代性选择。

父母和其他成年人对包含亵渎、提及自杀和暴力以及贬低女性的歌词表达了担忧。然而，像嘻哈这种体现本国种族差异现实情况的音乐风格，对一些人来说存在争议，对另一些人来说则凸显了我们的社会不平等。

随着音频节目的数字化扩展，消费者有了更多的选择，音乐家可以摆脱传统的唱片公司，对自己的职业生涯有更直接的控制。音乐家可以通过直接与粉丝互动来谋生。

关键术语

慢转唱片（long-playing record）

光盘（CD）

电唱机（phonograph）

留声机（gramophone）

高保真（hi-fi）

非标记音乐（non-notated music）

电报（telegraph）

数字录音（digital recording）

模拟录音（analog recording）

无线电报（wireless telegraph）

无线电音乐盒备忘录（Radio Music Box memo）

网络（network）

广播的黄金时代（golden age of radio）

肥皂剧（soap operas）

联邦通信委员会（FCC）

地面广播（terrestrial radio）

高清广播（HD radio）

卫星广播（satellite radio）

夸张低俗广播节目的主持人（shock jock）

流媒体音频（streaming audio）

播客（podcast）

MP3

摇滚（rock & roll）

种族唱片（race records）

翻唱；报道（cover）

女子组合（girl groups）

英国入侵（British invasion）

概念专辑（concept album）

制作人（producers）

迪斯科（disco）

嘻哈（hip-hop）

说唱音乐（rap music）

乡村音乐（country music）

类型化广播（format radio）

社会音乐（social music）

45转唱片（45-rpm disc）

问题反馈

1.音乐剧《汉密尔顿》是如何将嘻哈音乐带给新观众的?

2.广播仍然是一种独特的、独立的媒介吗?或仅仅是更大的音频节目世界的一部分?为什么是或为什么不是?

3.在摇滚乐、R&B和嘻哈音乐中,制作人的角色是什么?为什么制作人似乎对音乐产业有如此大的影响?

4.如今音乐家还能在音乐产业中谋生吗?为什么能或为什么不能?这在过去的二十年中发生了怎样的变化?

5.音乐人如何利用长尾工具创造新的音乐分享方式,同时还能赚钱?

Courtesy of Bryce Jensen

第七章 电影：大众生产的娱乐

学习目标

在学习本章节之后，你将能够：

1. 认识三位创造电影媒介的主要科学家和工程师；
2. 解释制片厂系统的工厂式电影制作过程为何会催生联合艺术家的创作；
3. 识别出第一部被认为是"大片"的电影，并描述其成功背后的宣传策略；
4. 请解释一下#OscarsSoWhite#这个标签是如何在2016年奥斯卡活动期间开始流行起来的，并举例说明自那以后奥斯卡是如何努力变得更加多元化的；
5. 明确三种改变电影推广和发行流程的长尾工具。

2020年3月，电影行业越来越清楚地意识到，在很长一段时间内，观众将会在任何地方大量聚集，更不用说拥挤的电影院了。丹尼尔·克雷格（Daniel Craig）主演的最后一部詹姆斯·邦德（James Bond）电影《无暇赴死》（*No Time to Die*）是首部因新冠疫情而推迟上映的大片，米高梅公司（MGM）于2020年3月4日宣布了此消息。当时，虽然美国仍在很大程度上开放了电影院，但最大的担忧来自国际市场上影院的大面积关闭。早前宣布推迟上映的电影包括迪士尼的真人版动画片《花木兰》（*Mulan*）、漫威的《黑寡妇》（*Black Widow*）以及DC的《神奇女侠1984》（*Wonder Woman 1984*）。[1]

当新型冠状病毒导致观众人数减少、影院关闭时,皮克斯动画电影《1/2的魔法》(Onward)即将上映。皮克斯的母公司迪士尼决定提前在国内市场推出这部电影,而迪士尼的新流媒体服务迪士尼+的推出时间也比预期要早得多。导演丹·斯坎隆(Dan Scanlon)和制片人克瑞·雷(Kori Rae)在一份声明中表示,"虽然我们期待着观众很快能再次在大屏幕上欣赏我们的电影,但鉴于目前的这种情况,我们很高兴能将这部有趣、冒险的电影提前发布到数字平台上,让观众在舒适的家中观看"。[2]

虽然迪士尼在这段艰难时期设法与影院保持了良好的关系,并将他们的一些电影提前进行了数字发行,但并非所有的制片厂都能如此顺利。环球影业没有推迟其儿童电影《魔发精灵2:世界之旅》(Trolls World Tour)的上映,而是决定将这部动画续集直接发送到付费视频点播(PVOd)上。对于一部无法如期上映的儿童电影来说,这一举措并不特别令人感到意外。[3]

当时,环球影业已经为《魔发精灵2:世界之旅》开展了高端营销活动,所以他们继续在各种数字平台上以19.99美元的价格提供该片的租赁服务。在三周内,《魔发精灵2:世界之旅》的分成收入达到了1亿美元,超过了原版《魔发精灵》在影院上映五个月期间的票房收入。不过,这并非一次典型的数字发行。其背后有大规模的营销活动,制作质量高于大多数直接发行的视频动画电影,而且在所有人都居家隔离的情况下,人们对任何能供孩子娱乐的事物都有着被压抑的需求。

但无论如何,这让制片厂意识到,即使在疫情结束后,高端数字发行也可能与影院发行同样重要甚至更重要。

NBC环球的负责人杰夫·谢尔(Jeff Shell)对《华尔街日报》表示:"《魔发精灵2:世界之旅》的结果超出了我们的预期,证明了PVOD模式的可行性。一旦电影院重新开放,我们预计将以两种形式发行电影。"[4]

正是这番话引发了美国最大的连锁影院AMC的不满。正常情况下,一部电影至少在影院上映两个月后才会进入家庭影院。但当谢尔表示,疫情之后环球影业预计在影院和家庭同时发行一些影片时,这就太过分了。AMC首席执行官亚当·阿伦(Adam Aron)在致业内的一封公开信中表示,他的影院将拒绝预订任何在双重发行政策下该制片厂的电影。

虽然电影制片人可以选择流媒体来帮助挽救他们的业务,但电影院自身的日子却并不好过。影院从联邦政府获得了一些救助资金,独立艺术剧院也从基金会获得了一些小额资助。但在大多数情况下,电影院关闭就意味着完全没有收入。即使电影院重新开放(在写这本书的时候,这还没有发生),他们也只能减少观众数量以保持社交距离。美国影院业主协会(National Association of Theatre Owners)的约翰·菲西安（John Fithian）表示，影院重新开放的速度取决于美国和世界在"遏制病毒"方面的进展程度。[5] 如果影院只能在有限的区域开放，电影公司就不太愿意发行他们的大制作"重头"电影，而可能会坚持重播老电影。

此次停业对独立社区影院的打击也相当大，比如内布拉斯加州卡尼市的世界剧院（the World theatre）。该影院的执行董事、唯一的全职雇员布莱斯·詹森（Bryce Jensen）表示："这对我们打击很大，因为我们刚刚完成一项帮助影院翻新的筹款活动，但我们所有的筹款都是在去年完成的。"[6]

世界剧院已经获得了一些政府救援资金，还从标准收藏基金会获得了一小笔拨款。詹森说："我们是一家非营利机构。这里所有的人都是志愿者。我们探索电影，并让人们讨论电影。我们每周末放映一部电影，自开业以来票价不变。我们很愿意一直将票价保持在5美元。"[7]

2020年夏天，世界剧院将社交距离较远的人群吸引到当地乡村集市上的一家临时汽车影院，用堆叠的海运集装箱支撑屏幕。这是该影院甚至在疫情暴发之前就一直在考虑尝试的事情。

人们想要重回电影院的一个重要原因是想逃离我们周围的世界。我们和一群人在一个昏暗的房间里待上几个小时，分享一种创造出来的体验——一点点兴奋或浪漫。在本章中，我们将探讨电影工业是如何从西洋镜发展到今天的IMAX影院的。我们考察了电影在社会中的角色、公众对电影的关注，以及政府和电影业为规范电影内容所做的努力。

电影的发展

电影工业起源于19世纪80年代，但直到20世纪初，电影才成为公众娱乐的主要来源。在20世纪20年代末和30年代初，电影逐渐从10分钟的无声电影发展为长达两个小时的有声电影。虽然电影上座率在20世纪40年代达到顶峰，但如今在影院观影仍然很受欢迎——尽管有来自电视和家庭录像的竞争。

人们普遍认为，托马斯·爱迪生推动了美国电影工业的发展，但和其他媒体一样，电影也是许多人共同努力的结果，爱迪生只是创造了电影这种新媒介的众多科学家和工程师中的一员。

19世纪70年代和80年代，至少有两个人致力于捕捉和呈现动态的研究。第一个是艾蒂安-朱尔·马雷（Étienne-Jules Mary）。马雷接受过医学方面的培训，他试图从血液和心脏开始,测量和记录运动,然后进展到动物的运动方式。虽然马雷未能投映出动态图像,但他确实帮助开发了一套系统,可以重复拍摄运动中的人和动物的照片。[8]

影响爱迪生的第二个主要人物是英国摄影师埃德沃德·迈布里奇(Eadweard Muybridge)。迈布里奇和马雷一样,想要在胶片上捕捉动物的动作。这实际是为了求证一个打赌的裁决,加州州长雇他来确定马在飞奔时四个蹄子是否都离地。[9] 迈布里奇在赛马场周围等距设置了24台相机,绊索能让经过的马触发相机。随后,迈布里奇用一种"西洋镜"(zoetrope,一种儿童玩具,把一系列图像放在一个旋转的圆筒上)来投射这些图像。这样,他就能确定马在飞奔时,四只蹄子都会离开地面。

迈布里奇最终拍下了动物和人类在黑白网格背景下移动的照片。他的照片于1887年发表在《动物运动》(Animal Locomotion)一书中。他成了名人,在全国巡回演讲并展示他的照片。

大约在同一时间,爱迪生指派了一名员工从事电影项目。最初的电影不是在屏幕上放映的,而是观众通过一个类似于西洋镜的装置单独观看,爱迪生称之为活动电影放映机(kinetoscope)。1893年5月9日,移动画面在布鲁克林艺术与科学研究院(the Brooklyn Institute of Arts and Sciences)首次向公众展示,是一部30秒的名为《锻造场景》(Blacksmith Scene)的影片。其他早期影片还表现了一个男人打喷嚏,"大力士萨多"(Sandow the Strong man)展示他的肌肉,以及安妮·奥克莉(Annie Oakley)骑着马。

这组照片中的女性动态画面是爱德华·迈布里奇为他的《动物运动》一书所拍摄的典型图像。通过这些重复拍摄的照片,迈布里奇证明了可以通过展示一系列静止图像来创造运动的错觉。

西洋镜很快被一种能将电影投射到屏幕上的系统所取代,观看电影也从一种单独的活动转变为集体活动。第一家美国电影院源于放置"西洋镜"的投币式游乐场。这些早期的剧院被称为"镍币影院"（nickelodeons），因为票价是五分镍币。到1900年，镍币影院在美国各个城市成为一种受欢迎的娱乐形式（这个例子再次印证了秘密3——一切事物都会从边缘向中心移动）。

早期的电影制作人

在法国，奥古斯塔·卢米埃尔（Auguste-Marie）和路易斯·卢米埃尔（Louis-Jean Lumiere）兄弟二人于1894年开始研究爱迪生的电影理念。他们发明了他们所谓的电影机（cinématographe）——既可以作为便携式摄影机，也可以用作投影仪。兄弟俩还为电影的拍摄速度和格式设定了标准，这些细节最终也被爱迪生所采纳。1895年12月28日，他们开设了自己的第一家剧院，在那里放映描述家庭、工厂和街头日常生活的短片。

最早的一部讲述故事而不是记录日常生活的电影是由另一位法国人乔治·梅里爱（Georges Méliès）创作的。他最著名的电影是1902年的《月球旅行记》（A Trip to the Moon），这部电影采用了一些特效，比如一艘宇宙飞船击中了月球人的眼睛。尽管它讲述了一个故事，但它本质上是一个用电影来呈现的舞台表演。[10]

埃德温·鲍特：用电影讲述故事

埃德温·鲍特（Edwin S. Porter）拓展了梅里爱的想法，创作了美国最早的热门影片之一。在为爱迪生担任放映员期间，鲍特多次观看梅里爱的《月球旅行记》。他很快就开始为爱迪生制作电影，其中最著名的是1903年的《火车大劫案》（The Great Train Robbery）。波特几乎规划出了影片中每一个动作元素，这部电影讲述了一群不法分子登上火车，抢劫保险箱和乘客，杀死所有挡路的人，最终被追捕他们的治安队击毙的故事。这部影片包含在多个不同地点拍摄的12个独立场景，讲述了一个真实的故事。《火车大劫案》确立了用电影讲述故事的方式。[11]

大卫·格里菲斯：大片的诞生

导演大卫·格里菲斯（David Griffith）是默片时代的乔治·卢卡斯（George Lucas）或史蒂文·斯皮尔伯格（Steven Spielberg），他创作的史诗级电影吸引了整个美国的想象力。在当时大多数导演制作的电影最多时长25分钟的时候，格里菲斯制作了时长一小时甚至更长的影片。格里菲斯创作了第一部现代长篇电影。格里菲斯最重要的电影《一个国家的诞生》（The Birth of a Nation）上映于1915年，讲述了美国内战后三K党崛起的故事。这部电影时长超过三个小时，耗资超过11万美元,是当时最昂贵的一部电影。观众观看这部电影的花费也更多;当时多数影片的票价不到1美元,而大城市里观看这部电影的票价是2美元。

格里菲斯的这部电影根据托马斯·狄克逊(Thomas Dixon)《同族》(*The Clansman*)一书改编,公然带有种族主义色彩。在上映时,这部电影因多种原因受到批评,包括把非裔美国人描绘成"不过是野兽"以及对北方的攻击。一位影评人在提到制作这部电影所用的三英里长的胶片时,称其为"三英里的污秽"(three miles of filth)。[12]格里菲斯很快就超越了自己,创作了另一部电影《党同伐异》(*Intolerance*)。这部电影甚至比《一个国家的诞生》还要长,花费了近50万美元,讲述了跨越2500年的四个独立的故事。这是一部大胆的、富有戏剧性的电影,但它在财务上的失败,让格里菲斯失去了他在《一个国家的诞生》中赚得的财富。

20世纪40年代的年轻人看电影时的穿着比今天的电影观众要正式一些,但这些芝加哥影迷仍然希望在没有父母监管的下午或晚上享受乐趣。

《党同伐异》标志着外界的资金支持成为电影制作的必要条件。现如今,唯一的例外是像《女巫布莱尔》(*The Blair Witch Project*)这样的低预算电影,以及像乔治·卢卡斯这样有财力支撑的导演制作的电影。卢卡斯投资了《星球大战》(*Star Wars*)前传系列的第一、第二和第三部,部分资金来自《星球大战》相关商品和他的特效公司——工业光魔公司(Industrial Light & Magic)。他最终在2012年将自己的卢卡斯影业(Lucas Film)出售给了迪士尼。

外部融资(outside financing)意味着导演要对控制资金的人负责。如今很少有导演有权决定电影的"最终剪辑版"(final cut)或最终版本。这种权利通常由控制资金的人保留。[13]

电影明星

在电影行业发展早期,电影公司不愿意在银幕上给演员署名,担心这会鼓励他们索要更多的片酬。但电影公司很快就发现,公众如果喜欢某些演员,就更有可能去观看有他们参演的电影。

像格里菲斯这样的导演在他们的所有影片中都雇用了一群固定的演员。弗洛伦斯·劳伦斯（Florence Lawrence）是最早从这个无名群体中脱颖而出的演员之一；格里菲斯的"比沃格拉夫"（Biograph）电影公司每周支付她的报酬达到了惊人的（在当时而言）25美元。格里菲斯的妻子琳达·格里菲斯（Linda Griffith）在回忆录中写道："（弗洛伦斯的）照片变得非常受欢迎，很快在全国各地，劳伦斯小姐都以'比沃格拉夫女孩'（The Biograph Girl）为人所知。"[14]劳伦斯离开比沃格拉夫电影公司去了竞争对手独立电影公司后，她成为首批在银幕上获得署名的女演员之一。[15]

制片厂制度

为什么这么多电影都是在好莱坞拍的？虽然最早的电影是在新泽西和纽约拍摄的，但南加州的吸引力很快就显现出来。去西部的一个理由是避开爱迪生的"专利警察"（patent police），他们试图控制电影技术的使用。但加州还拥有几乎恒定的日照，以及海洋、沙漠和山脉的多样化场景。此外，新的电影制片厂需要大量的空间，而在20世纪初，加州的土地仍然相对便宜。

大约在同一时期，电影公司发现制作电影最有效的方式是采用一种被称为制片厂制度（studio system）的工厂式流程，在这个制度下，所有人都直接为电影制片厂工作。派拉蒙影业（Paramount Pictures）、米高梅（MGM）、华纳兄弟（Warner Bros）和其他主要制片厂控制着从编剧到剪辑的制作流程的各个方面。他们雇用了一些编剧、导演和演员（"明星"），这些人签合同按周薪工作。电影以流水线的方式制作。电影公司对发行系统也几乎有着绝对的控制权。

发行通过两种方式进行。第一种方式是整批预订（block booking），即影院老板必须预订一整系列的电影才能获得几部热门影片。制片厂的套餐可能提供4部大牌明星主演的电影、10部中档电影、10部低档电影，以及12部没有明星、底层的影片。有时销售人员坚持要求影院接受制片厂全年52部影片的一揽子套

无声电影明星"甜心"玛丽·璧克馥和"剑客"道格拉斯·范朋克是好莱坞最早的一对有影响力的夫妇之一，他们也是联合艺术家电影公司的创始人之一。

餐。对于电影公司来说,确保他们的电影上映的第二种方法,同时也是更有效的方法,就是收购影院。[16]

演员和导演很快就对制片厂制度对他们的控制发起了反抗。尽管他们受到优待且工资丰厚,但必须拍电影公司要求他们拍的电影。到1919年,一些最受欢迎的导演和演员,包括格里菲斯(Griffith)、查理·卓别林(Charlie Chaplin)、玛丽·璧克馥(Mary Pickford)和道格拉斯·范朋克(Douglas Fairbanks),联合起来创建了他们自己的公司——联美公司(United Artists)。

联美公司没有像其他主要电影公司那样制作电影,而是在独立电影制片人完成电影制作后,收购并发行电影。从本质上说,联美公司是现代电影制片厂的典范——不是电影的制作方,而是发行方和资金来源。

联美公司一直是电影界的一支重要的独立力量,直到1981年,它的一部由迈克尔·西米诺(Michael Cimino)执导的电影《天堂之门》(Heaven's Gate),几乎损失了全部制作成本4400万美元,迫使这家濒临破产的电影公司与米高梅公司(MGM)合并。《天堂之门》是一部尘土飞扬、令人困惑且压抑的西部片,在当时的成本相对较高。[17]

有声电影

在电影的技术发展方面,彩色电影和黑白电影共存多年,但有声电影几乎立即取代了无声电影。一旦人们看到并听到了他们喜欢的明星,就再也回不去了。[18]

尽管许多人认为1927年上映的《爵士歌手》(The Jazz Singer)是第一部有声电影,但它实际上是一部包含两个有声(和歌唱)片段的无声电影。有声电影的首次成功展示是1926年伴随长片《唐璜》(Don Juan)一起播放的一系列短片。《唐璜》是一部无声电影,但它有同步配乐的原声带(即声音在电影中与画面同步),而且这些伴随的短片展示了实现有声电影的设备。这组短片包括歌剧演员的表演和美国电影制片人和发行人协会主席威尔·H.海斯(Will H. Hays)的讲话。

《爵士歌手》被称为有声电影(talkie)——一部有同步声音的电影——但给大多数人留下深刻印象的不仅仅是说话,还有唱歌。在电影中,艾尔·乔森(Al Jolson)与其母亲交谈,说出了电影中最具预言性的台词之一:"来吧,妈妈。听听这个。"[19]公众喜欢它。正是像《爵士歌手》这样会说话(和唱歌)的影片,帮助华纳兄弟公司成为美国首屈一指的电影制片公司之一。在此之前,华纳兄弟一直是一个相对较小的角色。电影公司的突破来自对有声电影的认识。正如哈里·华纳(Harry Warner)所说:"如果它会说话,它就会唱歌。"[20]电影业对有声电影持谨慎态度有几个原因。在最基本的层面上，早期的有声电影要求演员在表演的同时说好台词，这不一定容易做到（在当代电影行业，很多对话都是在拍摄结束后录制的）。一个更大的问题是有声电影成本高昂。而且嘈杂的电影放映机还必须装在隔音的隔间里。拍摄过程中也存在音响问题，因为没有可以让摄影机在演员周围拍摄时的降噪设备，这个问题限制了早期有声电影中摄影机的移动，使它们不如像《大都会》（Metropolis）或《诺斯费拉图》（Nosferatu）这样的无声电影在视觉上吸引人。还有制片厂附近的噪音问题（比如过往火车的轰鸣声）。甚至用于照亮片场的明亮弧光灯发出的嗞嗞声都得消除。正如一位行业观察家所指出的："制作图片容易，制作唱片容易；但把它们结合起来就是另一回事了。"[21]

有声电影的影响很快引发了如今我们所熟悉的那些担忧。一位报纸专栏作家抱怨道：

> 有声电影将使好莱坞成为美国俚语的中心……好莱坞录制的俏皮话将在全国各地广为流传，几个月后，同样的俏皮话将通过巡回演出或杂耍剧团传遍整个大陆。[22]

有声电影花了一段时间才找到出路。正如1929年一位评论家在《哈珀斯》（Harper's）杂志上所指出的，有声电影既不是戏剧，也不是无声电影。它们是新的事物，好莱坞必须确定那是什么。编剧、导演和演员们必须弄清楚如何利用这种新媒介。例如，动画先驱华特·迪士尼（Walt Disney）将声音更多地视为一种为动画添加音乐和音效的方式，而不是让它们说话的方式。[23]近年来，无论在影院还是在家里，声音的质量都变得越来越重要。1977年上映的卢卡斯的《星球大战》不仅在视觉效果上开辟了新天地，在音效方面也是如此。它是首批充分利用杜比音响系统的电影之一，而卢卡斯开发的THX影院音响系统已经成为高质量电影音效的标准。

制片厂制度的终结

到1938年，美国司法部开始将电影制片厂制度视为需要加以控制的垄断。它决定以派拉蒙影业作为测试案例。派拉蒙和其他主要制片厂被指控合谋制定影院租赁电影的条款，要求影院以最低价格接受整批预订，并偏袒某些影院。制片厂还努力阻止独立电影进入他们的影院。

后来被称为"好莱坞反垄断案"（Hollywood Antitrust Case）[24]的和解协议的

早期部分要求电影公司在预订之前向影院老板展示影片，每次整批预订限制在5部电影以内，并且不再强迫影院预订短片。但制片厂的权力直到1948年美国最高法院裁定制片厂必须出售其影院才真正被瓦解。该案件和解协议的最后一部分形成了今天所采用的制度，即制片厂主要为独立公司制作的电影提供资金和发行，而不是用自己的员工制作电影。[25]

电视和电影

在20世纪50年代，人们开始转向电视而非电影来获取日常娱乐。大批家庭迁往郊区也导致了观影人数的减少，尤其是那些古老的城市装饰艺术风格的电影院。无论是职业体育还是大学体育，都开始从电影中分流观众。[26] 1946年，电影观众数量达到顶峰，每周售出8000万张电影票。但到1953年，门票销量几乎减半，降至每周4600万张。显然，好莱坞必须采取措施来扭转这一趋势。

为了把观众从电视那里吸引回电影院，好莱坞让影院放映的电影比以往更大、更好。好莱坞尝试了3D电影，但它们需要特殊的放映设备和3D眼镜。这个噱头起初很成功，但人们很快就对这种新奇玩意儿感到厌倦了，因为它对观影体验的提升微乎其微。几乎唯一一部以3D形式发行的严肃电影是阿尔弗雷德·希区柯克（Alfred Hitchcock）的《电话谋杀案》（*Dial M for Murder*）。3D格式在21世纪初得以复兴，尤其是在针对儿童的电影中，例如皮克斯的《飞屋环游记》（*Pixar's Up*）和布兰登·费舍（Brendan Fraser）的《地心历险记》（*Brendan Fraser's Journey to the Center of the Earth*）。[27] 但是现在，许多大制作的动作片也会以3D格式上映，不管它们最初是否为3D而设计，目的都是利用3D电影高昂的票价来盈利。当然，也有一些从一开始就被设想为3D电影的罕见影片，比如詹姆斯·卡梅隆的《阿凡达》（*James Cameron's Avatar*）、雷德利·斯科特的《普罗米修斯》（*Prometheus*）、阿方索·卡隆的《地心引力》（*Gravity*）以及史蒂文·斯皮尔伯格的《头号玩家》（*Ready Player One*）。

在第一次推广3D电影的努力失败后，制片厂在屏幕上投射更大画面的尝试取得了成功。其中最极端的例子是全景电影（Cinerama），全景电影的每个场景都是从三个略微不同的角度拍摄，并使用三个放映机投射在一个巨大的弧形屏幕上。其目的是利用周边视觉营造真实感。全景电影也可以处理更小的宽银幕系统，如CinemaScope。

随着更大的银幕出现，也有了更大制作的电影，包括像《十诫》（*The Ten*

Commandments）和角斗士电影《斯巴达克斯》(*The Gladiator Movie Spartacus*)这样的史诗巨作。如今，宽屏高清电视已经过时，55至70英寸的超高清4K屏幕成为主流标准，提供4K分辨率的流媒体以及4K蓝光光盘。什么是超高清或4K？它是一种3840×2160分辨率的电视机，而高清标准为1920×1080分辨率。一个更有意义的比较是，4K电视的分辨率是标准高清电视的四倍。[28]

史蒂文·斯皮尔伯格的《头号玩家》是一部3D IMAX电影，是一部沉浸式的暑期动作片。尽管它在虚拟现实方面不如电影中的主角（帕齐瓦尔/韦德，左；Art3mis/萨曼莎，右）所经历的那样，但它确实为观众迈出了这一步。

色彩的出现

电视也促成了电影向彩色电影的转变。在20世纪50年代，电视几乎都是黑白的。20世纪20年代，彩色电影首次在好莱坞出现（几乎与有声电影出现的时间相同），但它很昂贵，制片厂主要专注于向有声电影的转变，而且黑白电影更容易处理声音。尽管如此，这一时期还是出现了一些重要的彩色电影。《乱世佳人》(*Gone With the Wind*)和《绿野仙踪》(*The Wizard of Oz*)都有效地利用了色彩：想想多萝西那鲜艳的红宝石鞋——在弗兰克·鲍姆（L. Frank Baum）的原著中它是银色的，还有斯嘉丽·奥哈拉（Scarlett O'Hara）用客厅窗帘做成的绿色天鹅绒连衣裙。

延迟转换成彩色电影的一个原因是，它们最初需要用一台复杂的相机，能同时在三个独立的胶片卷轴上拍摄（每个卷轴分别对应三种加法颜色——青色、品红色和黄色）。第二次世界大战后，美国的电影公司采用了德国的一套流程，即使用单个胶片卷轴进行彩色拍摄，这使得彩色拍摄变得更加容易。从20世纪50年代开始，来自电视的竞争迫使好莱坞在几乎每一部电影中都使用了色彩。[29]偶尔，为了达到某种效果，一些经典电影也会以黑白形式发行，比如2011年获得多项奥斯卡奖的《艺术家》(*The Artist*)，它在很大程度上也是一部带有音乐配乐的无声电影；2005年获得奥斯卡提名奖的《晚安，好运》(*Good Night, and Good Luck*)；或者1993年获得奥斯卡最佳影片奖的《辛德勒的名单》(*Schindler's List*)。墨西哥导演卡隆（Cuarón）因其黑白西班牙语电影《罗马》(*Roma*)获得奥斯卡最佳影片提名，该片还获得了最佳外语片奖。《罗马》也是第一部主要由流媒体公司发行并获得最佳影片提名的电影（我们稍后会更详细地讨论这个问题）。最近，有一

新泽西州泽西城自由科学中心的放映员乔·科伦博（Joe Columbo）正在将克里斯托弗·诺兰（Christopher Nolan）的蝙蝠侠电影《蝙蝠侠：黑暗骑士崛起》的IMAX胶片拼接在一起，准备放映。诺兰是首批在商业电影中大量使用大型格式IMAX胶片的导演之一。

些电影以黑白的形式重新发行，同时也被用于家庭录像。《疯狂的麦克斯4：狂暴之路》（*Mad Max: Fury Road*）被导演乔治·米勒（George Miller）称为"黑铬版"（Black & Chrome edition）。米勒说，他本来想拍一部黑白的后世界末日故事，但电影公司一直都不同意。但实际上电影的色彩总是要经过数字处理，为家庭录像和短暂的影院放映制作一个黑白版本并不困难（事实上，大多数电影都是以数字方式送到影院的，这意味着制作胶片拷贝的成本并不高[30]）。《金刚狼3：殊死一战》（*Logan Noir*）是休·杰克曼（Hugh Jackman）在"X战警"系列中最后一次饰演金刚狼（Wolverine）。此外，该片也推出了家庭录像带黑白版本，并在影院放映了一晚。[31]

多厅影院的发展

在近几十年里，影院自身也在不断地发展，以满足不断变化的观众需求。随着大量人口从城市迁往郊区，那些能容纳多达两千人的大型装饰艺术风格的电影宫殿不再座无虚席。渐渐地，这些大型剧院被称为多厅影院（multiplex）的小型剧院组合所取代。它们有一个共同的票房和小卖部，有3到20块屏幕。每个放映厅相对较小，但当一部大片上映时，它可以在几个放映厅同时放映。[32]影院屏幕的数量在2001年下降到大约3.5万块，但近年来已经增长到4万多块。许多新影院都以体育场座椅、改进的音响系统和为特色，比如美味爆米花上的真正黄油。[33]

大片时代

如果说20世纪初是默片时代（silent-film era），20世纪30年代和40年代是电影制片厂时代（studio era），那么20世纪70年代末至今则是大片时代（blockbuster era）。在这段时期，制片厂试图制作成本相对较高、拥有大量预先设定好的观众的电影。这些电影会配有有线电视协议和营销联动，比如麦当劳的开心乐园餐玩具。

人们普遍认为，斯皮尔伯格1975年的暑期大片《大白鲨》（Jaws）开创了大片时代。这是第一部票房超过2亿美元的电影，为暑期大片奠定了基础。在《大白鲨》之前，人们认为一部电影要想取得巨大成功，必须在圣诞季上映。《大白鲨》有很多看点：由20世纪末最受欢迎的导演之一执导，配乐由约翰·威廉姆斯（John Williams）制作，故事改编自彼得·本奇利（Peter Benchley）的畅销小说。

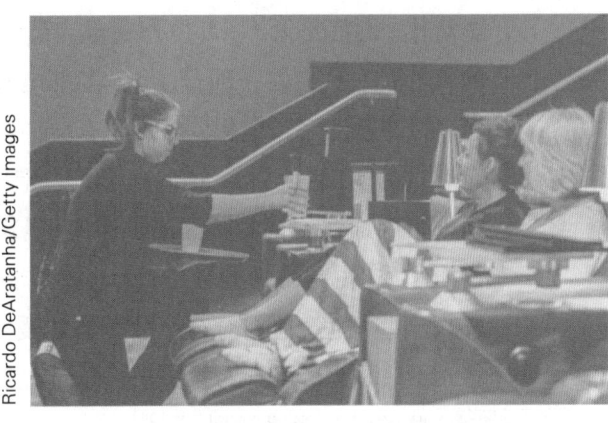

电影院在推广高端体验的同时，也开始通过提供各种各样的食物和饮料来吸引观众。在这里，一位调酒师正在为坐在柔软的真皮躺椅上的两位顾客倒啤酒。

在《大白鲨》上映的前三天，一场声势浩大的电视广告宣传活动也拉开帷幕。但早在两年前，这部电影的市场营销就已经开始了。当时，该公司宣布已获得电影版权，并引发了对主演的猜测。大批记者被带到拍摄现场以保持新闻热度。电影的上映计划安排在平装书出版后的六个月内，该书的封面也与电影有联动。随着电影上映日期的临近，平装书副本被送给服务员、出租车司机和其他普通人，以营造口碑。最后，电影定在暑期上映，以利用海滩和游泳季的时机。

《大白鲨》的宣传活动旨在吸引人们去观看并谈论这部电影。如果谈论是负面的，再多的广告也无法挽救这部电影。但由于每个人都对这部电影赞不绝口，《大白鲨》大获成功。[34]《大白鲨》的成功开启了传奇暑期电影的传统，之后还有《星球大战》三部曲（Star Wars trilogies）、《夺宝奇兵》系列（the Indiana Jones series）、克里斯托弗·诺兰的《黑暗骑士》三部曲（Dark Knight trilogy）和《加勒比海盗》系列（Pirates of the Caribbean series）。[35]有一种观点认为，我们已经走出了大片时代，进入了系列电

漫威宇宙系列电影的巨大成功，其特点是复杂的、相互交织的、以人物为主导的剧情，以及所有常见的商业拓展，这可能标志着从大片时代向特许经营时代的转变。《复仇者联盟4：终局之战》是13年来该系列的第23部电影。

影时代。也就是说，一部电影仅靠自己的能力脱颖而出是不够的，它需要成为复杂的、连贯的宇宙的一部分，包含多部电影，比如到目前为止的11部《星球大战》电影、23部漫威宇宙电影（至少还有6部在制作中），以及8部DC扩展宇宙电影（至少还有7部正在制作中）。这些电影都自带等待观看的粉丝市场。在《复仇者联盟》系列电影中饰演幻视的英国演员保罗·贝坦尼（Paul Bettany）表示，该系列电影之所以如此成功，是因为电影是由粉丝制作的，也是为粉丝服务的。他说，"他们真的很喜欢这些角色。他们对这些故事的热爱真的很有感染力，你会真正投入其中，有很多人不只是为了赚钱而投资……这部电影是极客们拍的。他们喜欢这些，从他们谈论这些的时候能感觉到。"[36]

在商业上，《星球大战7：原力觉醒》（*Star Wars Episode VII: The Force Awakens*）是目前美国历史上最成功的一部电影（见表7.1），国内票房收入高达9.36亿美元，但它的观影人数并不是最多的。[37] 这一殊荣属于内战史诗片《乱世佳人》。1939年，《乱世佳人》售出了1亿多张门票，在长达数十年的多次重映中又售出了无数张门票（见表7.2）。[38] 2015年《星球大战7：原力觉醒》之所以能位居票房榜榜首，原因之一是观看该片的票价远高于大萧条时期《乱世佳人》的票价。经通货膨胀调整后，《乱世佳人》的票价收入总计将达到18.9亿美元，远远超过《原力觉醒》的国内票房收入（截至本文撰稿，《复仇者联盟4：终局之战》的全球总票房最高，总计28亿美元）。

表7.1　最佳电影票房收入（本土实际利润）

电影	放映年份	利润（单位：美元）
1.《星球大战7：原力觉醒》	2015	936,662,225
2.《复仇者联盟4：终局之战》	2019	858,373,333
3.《阿凡达》	2009	760,507,625
4.《黑豹》	2018	700,059,566
5.《复仇者联盟：无限战争》	2018	678,815,482
6.《泰坦尼克号》	1997	659,363,944
7.《侏罗纪世界》	2015	652,270,625
8.《复仇者联盟》	2012	623,357,910
9.《星球大战8：最后的绝地武士》	2017	620,181,382
10.《超人总动员2》（Incredibles 2）	2018	557,335,440

资料来源：Mojo票房."最高终身票房：国内"（Top Lifetime gross: Domestic）.https://www.boxofficemojo.com/chart/top_lifetime_gross/. Used with permission.

表7.2 最佳电影票房收入（2020年经通货膨胀调整）

电影	放映年份	利润（单位：十亿美元）
1.《乱世佳人》	1939	1.90
2.《星球大战4：新希望》	1977	1.67
3.《音乐之声》	1965	1.34
4.《E.T. 外星人》	1982	1.33
5.《泰坦尼克号》	1977	1.27
6.《十诫》	1956	1.23
7.《大白鲨》	1975	1.20
8.《日瓦戈医生》	1965	1.16
9.《驱魔人》	1973	1.04
10.《白雪公主和七个小矮人》	1937	1.02

资料来源：Mojo票房．"最高终身票房：国内"（Top Lifetime gross: Domestic）．https://www.boxofficemojo.com/chart/top_lifetime_gross_ adjusted/? adjust_gross_to=2020. Used with permission.

备注：截至2020年5月，《星球大战7：原力觉醒》在通胀调整后的榜单上排名第11，仅次于《白雪公主》（1937）。在最初发行的时候，《白雪公主》是史上最昂贵、票房最高的电影，但第二年它就被《乱世佳人》取代了。

数字时代的电影收视率

在新冠疫情之前，电影行业一直表现不错，尤其是大片。2018年，电影票房收入同比增长8%。但并非一切顺利。其中超过三分之一的收入来自上年发行的700部电影中的10部（几乎都是超级英雄或动画电影）。[39]尽管有各种各样的娱乐观看方式，但去电影院看电影仍然是一件特别的事情。人们去电影院有各种各样的原因——学习东西、逃避日常生活、享受愉快的活动、打发时间、避免感到孤独、融入他人或者了解自己。年轻人约会去看电影可能只是为了在黑暗中独处，远离父母的监督。[40]

但还有其他一些事情让看电影变得与众不同。虽然有线电视和家庭视频已经大大改变了这一点，但电影通常比电视上播放的更"前卫"（edgier）。还有电影那些超越现实的元素，比如漫威、DC扩展宇宙、《星球大战》系列，它们将人们带进影院，为人们带来震撼的视听体验。

大画幅电影

虽然宽银幕影院和70毫米胶片已经基本消失，但原本在博物馆用于播放科学和自然影片的大画幅IMAX影院,现在也在其高达数层楼的银幕上播放热门影片。现在有很多电影的部分片段甚至整部影片一开始就是以IMAX格式拍摄的。在全球范围内,动作和科幻电影通过IMAX放映可以带来超过1亿美元的收入,部分原因是IMAX影院的票价可以达到每人15美元(甚至更高)。[41](本文作者就曾有驱车往返180英里去大画幅影院看电影的经历)

看电影也可以是一种群体体验。在家里观看《安娜贝尔》(*Annabelle*)这类恐怖电影的人,可能不会有在满是惊恐人群的电影院里那种强烈的恐惧感。

根据电影学者加思·乔维特(Garth Jowett)的说法:

> 青少年和年轻人很可能总是想要逃离家庭的束缚,而其他人更有可能被激励去寻求一种主动参与社会的全新体验。[42]

IMAX首席执行官理查德·格尔丰德(Richard Gelfond)在接受《截止日期》(*Deadline*)采访时表示,自1994年以来,他和他的商业伙伴一直在努力将IMAX从自然和科学纪录片发展为一种壮观的形式,用于拍摄轰动一时的"粉丝"电影(*Fanboy*)。他们的大画幅摄影机和影院都大获成功,像诺兰(《敦刻尔克》《黑暗骑士》三部曲)、罗素兄弟(《美国队长3:内战》《复仇者联盟3:无限战争》《复仇者联盟4:终局之战》)以及J.J.艾布拉姆斯(《星球大战7:原力觉醒》)这样的顶级导演,都在其电影中大量使用了IMAX格式拍摄。

当导演们用IMAX格式拍摄他们的电影时,他们能够独家使用高级影院。格尔丰德说,"所以IMAX的力量之一在于,因为我们能够为特定的电影制作人提供大量的银幕,这鼓励电影制作人制作带有特殊DNA——IMAX DNA的影片。所以,无论是克里斯托弗·诺兰使用我们的摄影机,还是萨姆·门德斯按照我们的宽高比拍摄,他们知道全世界将有近1000家影院上映他们的电影,这让他们能够做一些特别的事情。"[43]

诺兰几乎完全以IMAX格式拍摄了他的"二战"题材电影《敦刻尔克》(唯一没有用IMAX拍摄的部分是一些大型IMAX摄影机无法放入的船只内部)。《复仇者联盟4:终局之战》也是完全以IMAX格式拍摄的。[44]

格尔丰德对《今日美国》表示,大片通常会吸引观众去电影院观看,而较小规模的电影则会吸引人们在家中或在路上观看:"当你有大片时,人们仍然会想去电影院观看。当你有更多的独立电影,或者更多依靠剧情而非特效的电影时,我认为人们会在设备上观看它们。"[45]

家庭录像

20世纪80年代,录像机开始成为电影的重要来源,1994年,85%的美国家庭都拥有一台录像机。然而,到了2005年左右,DVD和高清蓝光光盘在很大程度上取代了录像机。2006年,几乎81%的家庭拥有一台DVD播放机,79%的家庭拥有录像机。与1999年相比,这是一个巨大的变化,当时89%的家庭拥有录像机,不到7%的家庭拥有DVD播放机。[46]与录像带相比,DVD提供了更高质量的图像和明显更好的音效,而且它们普及了宽银幕(或宽屏)格式。皮克斯的《超人总动员》(Incredibles)在影院收获了2.61亿美元的票房,成为2004年最成功的电影之一。该片发行DVD后,又获得了3.68亿美元收入。[47]在2005年的鼎盛时期,DVD占家庭录像带销售的65%,但到2019年,这一比例降至10%。[48]

在此之前,电影爱好者只有在电影首映、重映、以16毫米胶片格式在大学校园或专门的怀旧影院放映,或者最终在深夜电视上播出时才能看到一部电影。现在有了各种各样的家庭录像选择,人们可以随时反复观看电影。

数字制作与放映

始于桌面出版的这场革命——使人们能够在电脑和激光打印机上制作书籍、报纸和杂志——已经开始改变电影的制作方式。

随着《星球大战》(《星球大战4:新希望》)的到来,电脑第一次大规模地进入好莱坞。导演卢卡斯使用计算机控制的摄影机拍摄太空战斗场景。他能够更容易地创建多层图像,因为他可以使相机在每次拍摄时以完全相同的方式移动。卢卡斯的《星球大战前传2:克隆人的进攻》(Star Wars Episode II: Attack of the Clones)是第一部完全用高清视频拍摄的大制作故事片。

计算机生成图像

2004年上映的《天空上尉与明日世界》(Sky Captain and the World of Tomorrow)是第一部使用电脑动画将所有背景和场景制作成真人电影场景的主流美国电影。[49]导演克里·康兰(Kerry Conran)自己编写了一款软件,使用计算机生成图像(Computer-generated imagery)来创建背景,这些背景能够与演员在蓝幕前拍摄的实景镜头相融合,这与电影中添加计算机特效的方式非常相似。然而在这种情况下,如果没有计算机生成的背景,就只剩下演员了。根本就没有所谓的"场景"可言。电影中唯一"真实"的东西是演员、他们的服装和他们手持的道具。

虽然这项技术可能会让康兰拍出一部他无法用其他方式拍摄的电影，但这部电影的成本并不低，据报道花费了7000万美元。但康兰认为，与那些昂贵得多的动作惊悚片相比，7000万美元的价格是很划算的。

在这部电影上映时，还没有人看过类似的电影，资深电影制片人乔恩·阿维奈（Jon Avnet）称这一过程是"虚拟工作室的一种形式"，并且"毫无疑问是未来的潮流"。[50] 不幸的是，无论是美国观众还是世界其他地方的观众对这部电影都不是特别感兴趣。该片在美国国内的票房收入仅为3800万美元，在全球的票房收入为5800万美元，票房收入未能收回制作成本。[51]

如果不是数字制作节省预算，根据漫画改编的意外热门电影《斯巴达300勇士》（300）可能根本不会制作出来。这部电影使用全数字场景和背景重现了温泉关战役（Battle of Thermopylae），其制作成本仅为6500万美元，与耗资1.75亿美元的剑术史诗《特洛伊》（Troy）和1.03亿美元的《角斗士》（Gladiator）相比，成本要低得多。由于制作成本低，《斯巴达300勇士》在上映的第一个周末就收回了基本预算，最终在美国国内收获超过2.1亿美元、全球超过4.56亿美元的票房。[52] 是什么让这部电影的成本这么低？首先，它是在加拿大拍摄的，那里的生产和劳动力成本都更低。其次，它完全是在一个空白的录音棚里用高清视频拍摄的，使用了《天空上尉与明日世界》（Sky Captain）中首创的技术。随着《斯巴达300勇士》的成功，我们看到前卫的技术逐渐成为主流，这个例子也印证了"秘密3"——一切事物都会从边缘向中心移动。[53]

数字放映

《星球大战》的创作者卢卡斯在1999年写道，他相信胶片和胶片放映机很快就会被数字计算机投影所取代。除了图像质量的问题，数字放映机比传统放映机提供更好的3D图像，并且大大降低了向影院分发影片的成本。[54] 最初向数字放映的转换被认为是有风险且昂贵的，每块银幕的成本在2万至10万美元之间，但到2017年，美国几乎每家影院都在放映数字电影。[55]

尽管制片厂或电影公司在努力淘汰电影胶片，但仍有一些导演想使用它。《邪典》（Cult）导演昆汀·塔伦蒂诺（Quentin Tarantino）的新西部片《八恶人》（The Hateful Eight）采用了70毫米的老电影胶片——Ultra Panavision，这种格式在20世纪50年代和60年代被限制使用。与传统胶片或数字放映相比，该胶片的宽高比要大得多，在大银幕放映时，能呈现戏剧性的画面。[56] 尽管《八恶人》在大多数影院都采用的是标准数字格式放映，但它在美国的96块银幕和加拿大的4块银幕上采用了70毫米胶片放映,每家影院为此支付了约8万美元。诺兰的《星际穿越》(Interstellar)以同样的格式在11家影院上映,注意不要与略有不同的70毫米IMAX电影格式混淆。[57] 除了使用胶片放映电影外,更多的电影是使用胶片拍摄的。在由斯皮尔伯格导演的电子游戏电影《头号玩家》中,电影的"现实世界"部分用胶片拍摄,"虚拟现实部分"用视频拍摄,以使两个截然不同的世界彼此区分。它还以70毫米胶片形式在22家影院上映。[58]

什么能让电影获利?

尽管一部大片电影可能盈利丰厚,但实际上只有相对较低比例(20%—30%)的电影能够赚钱。即使一部电影票房达到2亿美元,也可能在财务上失败;即使票房仅为200万美元,也可能成功——这一切都取决于电影的制作和推广成本。[59] 最知名的一种电影赚钱方式是由大牌导演制作一部由大牌明星出演的大制作影片,拥有巨大的国内和国际票房,销售大量授权产品,销售数百万张DVD,并且通常将电影打造成一家财富500强企业。有时这个过程甚至还能产出一部相当不错的电影。

让我们回顾一下漫威电影宇宙的大片《黑豹》(Black Panther)。据报道,它的制作预算为2亿美元。[60] 尽管人们对《黑豹》玩具的销售情况存在担忧,但对于像《奇异博士》(Doctor Strange)或《蚁人》(Ant-Man)这样的漫威非续集电影来说,其得到了高于平常的预算。[61] 该片在美国本土的票房收入超过7亿美元,在全球的票房收入为13.4亿美元。当你花这么多钱来制作一部电影时,它必定是成功的。当然,有了像瑞恩·库格勒(Ryan Coogler)这样的天才作家兼导演和一些世界上最顶尖的黑人演员,这部电影注定会获得成功。有时候,国际票房可以帮助弥补国内票房的不足。汤姆·克鲁斯(Tom Cruise)翻拍的《木乃伊》(The Mummy)就是一个例子。克鲁斯一直有着可靠的票房声誉,但《木乃伊》却没有达到预期。这部电影的制作成本估计为1.95亿美元,首映周末票房仅为3100万美元,惨不忍睹。在其院线放映期间,国内票房仅为8000万美元。但额外的3.29亿美元国际票房使这部电影不至于成为一场彻底的灾难。[62]

另一种方法是制作一部小预算、目标观众明确、票房适中并且投资回报率很高的电影。2014年的《星运里的错》(The Fault in Our Stars)就是一个很好的例子。这部电影一开始就拥有一群现成的观众,他们是同名畅销青少年小说的粉丝。这部小说讲述了两个身患癌症的青少年相爱的故事。这部电影的拍摄成本为1200万美元，在其目标观众——十几岁和二十几岁的女性中引起了巨大的社交媒体反响。这部电影首映成绩斐然，首周末票房收入4820万美元，在美国的票房总收入超过1.24亿美元，在国际上的票房总收入超过1.82亿美元。这部电影不是2014年票房收入前十的电影之一，却是最赚钱的电影之一，票房收入是制作成本的10倍多。[63]

规模更小的是宗教题材的《超乎想象》(I Can Only Imagine)，它讲述了著名的基督教歌手巴特·米勒德(Bart Millard, MercyMe乐队主唱)的真实故事。他为与虐待他的父亲和解创作了一首热门歌曲。这部电影的制作预算只有700万美元，但首映周末的票房却达到了1700万美元。虽然这个数字对于一部大制作电影来说是灾难性的，但对于这样一部低成本电影来说却是很好的。但更令人印象深刻的是，《超乎想象》在接下来的几周里观众流失极少，这可能表明它吸引的是对引人入胜的传记片感兴趣的普通电影观众，而不仅仅是那些寻找基督教主题电影的观众。最终，这部电影在美国国内的总票房为8200万美元，是其制作预算的十倍多。[64]（按收入排名的热门电影列表，参见表7.1和表7.2）

当然，对于电影公司的高管们来说，问题在于提前确定哪些电影能够支持大预算，哪些不能。很容易就能算出哪些大制作的电影可能会成为大片（好吧，如果做得好，至少那些电影应该成为大片）。但为什么像乔丹·皮尔(Jordan Peele)的《逃出绝命镇》(Get Out)或M.奈特·沙马兰(M. Night Shyamalan)的《分裂》(Split)这样的小成本电影会突然走红呢？

按照《今日美国》的电影评论人苏珊·沃洛兹奇娜(Susan Wloszczyna)的说法，这些电影以及其他类似的影片，"吸引了那些真正花钱去看电影的人"。[65]基本方法很简单：制作一部不符合大预算模式但有趣的电影，控制成本，并有效地推广它。如果成功，收益几乎是无限的。如果失败，这部电影仍有可能通过录像带、有线电视和广播权收回成本。

以传奇导演斯皮尔伯格的两部电影为例，它们都取得了盈利，但彼此截然不同。电影《华盛顿邮报》(The Post)讲述了《华盛顿邮报》卷入五角大楼文件案的故事，取材于新闻史上的重大事件，由梅丽尔·斯特里普(Meryl Streep)和汤姆·汉克斯(Tom Hanks)两位巨星主演，预算适度，为5000万美元。该片在美国本土的票房收入为8100万美元，在海外的票房收入为9200万美元。这部严肃的历史电影从未成为大热影片，但有一位一流的导演、一个好故事和好演员阵容，以及适度的预算，它显然是成功的。2018年春天，斯皮尔伯格上映了另一部电影《头号玩家》。这部虚拟现实主题的电影改编自一部受欢迎的小说，视觉效果华丽且令人兴奋，预算合理但并非过高，约为1.5亿美元。虽然它在美国国内并没有取得巨大的成功，仅获得1.37亿美元的票房，但其国际票房超过了4.45亿美元。尽管未能打破纪录，但其全球总票房已达5.83亿美元，仍然说明很成功。一位导演在4个月的时间里拍摄的两部电影在不同程度上取得了成功。[66]

电影在哪里制作？

当我们谈论电影时，我们经常说好像它们都是在好莱坞和传统的电影制片厂制作的。但事实是，现在电影在美国各地和世界各地都有制作。这种多样性的来源为我们的电影带来了各种风格和声音。

如果你在漫威电影宇宙的电影结束后观看演职员表，不只是看无处不在的片尾彩蛋，你会经常在接近尾声时注意到佐治亚州电影委员会（the Georgia Film Commission）的桃形标志，表明这部电影至少有一部分是在佐治亚州拍摄的，并且得到了该州的支持。事实上，最近在佐治亚州制作的电影比包括加州在内的任何一个州都要多。[67]

为什么佐治亚州深受电影制片人的青睐？因为该州拥有良好的电影制作基础设施，并且对在该州拍摄电影的公司有大规模的税收激励政策。佐治亚州有超过100万平方英尺的摄影棚、大量技术熟练的当地工作人员以及进出该地区的便利交通条件。[68]

泰勒·派瑞的佐治亚州

佐治亚州作为电影制作地发展壮大的根本原因在于，非裔美国演员、导演、制片人兼工作室老板泰勒·派瑞（Tyler Perry）———一直以来都是电影业最富有的黑人明星之一———在亚特兰大建立了自己公司的工作室。派瑞为促进佐治亚州电影产业所做的努力，不仅使该州成为一个拍摄电影的好地方，而且也成为不同肤色的电影工作者的家。虽然派瑞参与了一系列有创意的项目，但最出名的是他执导并主演的"黑疯婆"（*Madea*）系列电影。在这些影片中，派瑞讲述了由他男扮女装饰演的祖母形象玛蒂亚（Madea）领导的有信仰的家庭故事。亚特兰大市长电影和娱乐办公室的菲拉娜·威廉姆斯（Phillana Williams）说："泰勒·派瑞鼓舞了这里的创意人士，让他们知道在自家后院也可以成为电影制作人。你可以在自己的城市蓬勃发展，讲述关于自己文化的故事。"[69]

宝莱坞万岁：印度电影产业

世界上最大的电影产地不是加利福尼亚州，甚至不是整个美国。这一荣誉属于宝莱坞（Bollywood）——印度，尤其是孟买（以前的Bombay）的电影制作人。尽管宝莱坞电影在世界各地都很受欢迎，但在美国却不常看到。但2009年的奥斯卡最佳影片奖改变了这一状况。《贫民窟的百万富翁》（*Slumdog Millionaire*）是一部以印度为背景、大量采用宝莱坞风格惯例的英国电影，荣获八项奥斯卡奖，并在美国收获了超过1.4亿美元的票房。[70]

宝莱坞每年都会制作上千部电影，然后在非洲、中国以及亚洲其他地区上映。2002年BBC新闻在线调查发现，当时世界上最受欢迎的电影明星不是哈里森·福特（Harrison Ford）或朱莉娅·罗伯茨（Julia Roberts），而是印度演员阿米特巴·巴强（Amitabh Bachchan），他已经主演了一百多部宝莱坞电影。[71]最近，另一位宝莱坞演员沙鲁克·汗（Shah Rukh Khan）取代了巴强，成为世界上最知名的电影明星。沙鲁克·汗在2014年的收入超过了汤姆·克鲁斯（Tom Cruise）。他参演过80多部电影，并且拥有自己的制作公司，并且因为他是来自印度的电影明星，他还拥有自己的板球队——加尔各答骑士队（the Kolkata Knight Riders）。[72]

印度电影的典型是香料电影（masala or spice movies）。这类电影包含几个音乐剧片段、一个强大的男主角、一个腼腆的女主角和一个明显的反派。[73]这类电影有多达十几条独立的故事线，这与美国电影通常讲述一两个故事形成了对比。

印度电影中音乐的数量之所以如此之多，原因之一是它们有助于打破语言障碍。仅印度就有超过25种语言。在印度电影业工作的阿努帕姆·夏尔马（Anupam Sharma）说，宝莱坞电影感动了全世界的人："由于印度国土辽阔和方言不同，而音乐就成为通用的语言。"[74]在爱情和性方面，宝莱坞电影往往比美国电影保守得多。印度电影学者普里亚·乔希（Priya Joshi）说："印度仍然坚持自己的社会价值观，这解释了宝莱坞在除了美国以外的任何地方都能取得成功的原因。"宝莱坞电影中没有接吻镜头，或者往往没有。华纳兄弟过去也制作过类似的电影……如果它准备好回归本源，那么就准备好迎接宝莱坞吧。"[75]影评人罗杰·艾伯特（Roger Ebert）写道，美国观众可以欣赏这些电影：

> 这是（美国人）以前从未见过的，它惊人的风景、建筑和地点，它丰富的色彩，它在戏剧性的场景中突然出现的快乐音乐，以及它充满戏剧性的表演（咬牙切齿、热泪盈眶、嘴唇颤抖、胸部起伏、握拳）。[76]

宝莱坞在印度面临着日益激烈的美国进口电影的竞争，这些影片被译制成多种印度语言，包括印地语（Hindi）、泰米尔语（Tamil）和泰卢固语（Telugu）。与美国人一样，印度人也越来越多地通过网飞（Netflix）、亚马逊Prime和印度流媒体服务Hotstar观看电影。

电影与社会

在2016年的奥斯卡颁奖典礼上，有一场#奥斯卡太白（#OscarsSoWhite）的标签活动，旨在强调四个表演类奖项的所有提名演员均为白人。从那以后，情况有了明显改善。获得奥斯卡奖的皮克斯动画电影《寻梦环游记》（*Coco*）讲述了一个主要由西班牙裔演员出演的西班牙语故事。获得奥斯卡提名的恐怖/喜剧电影《逃出绝命镇》（*Get Out*）的编剧/导演和主演都是黑人，它在商业上和评论界都取得了巨大的成功。讲述黑人成长故事的《月光男孩》（*Moonlight*）在2017年获得了最佳影片奖。[77]

问题在于如何将这些个别成功转化为长期趋势。从事加州大学洛杉矶分校（UCLA）年度电影多样性研究的达内尔·亨特（Darnell Hunt）表示，镜头前后的女性和有色人种数量变化不大。"每年我们都会看到一系列像《月光男孩》这样的优秀电影，讲述一个不同的故事，以女性或有色人种为主角，但它们总是被证明是规则的例外。我们偶尔会看到一些进展，但没有任何迹象表明这是一个持续的趋势。"[78]

在2016年的奥斯卡颁奖典礼上，谁缺席或谁出席，都同样引人注目。拿出一张所有表演奖项提名者的照片，你会立即注意到一个情况：所有提名者都是白人。不只是获奖者，所有提名者都是。2016年并非偶然。2015年也是如此。这并不是说非白人演员没有出色表演。伊德瑞斯·艾尔巴（Idris Elba）因主演《无境之兽》（*Beasts of No Nation*）而获得好评，迈克尔·B.乔丹（Michael B. Jordan）因在拳击电影《奎迪》（*Creed*）中担任主角而广受好评，而N.W.A说唱传记片《冲出康普顿》（*Straight Outta Compton*）的全体演员也都得到了好评——更不用说票房成绩了。[79]

当然，《奎迪》和《冲出康普顿》两部电影确实获得了奥斯卡提名——前者提名给了白人演员西尔维斯特·史泰龙（Sylvester Stallone），后者提名给了《冲出康普顿》的白人编剧。[80]

由于对非白人演员缺乏认可，律师阿普丽尔·雷瓦尔（April Reval）发起了社交媒体标签活动#奥斯卡太白（#OscarsSoWhite）来指出缺乏多样性，一些电影界人士也缺席了该典礼，包括电影制片人斯派克·李（Spike Lee）和迈克尔·摩尔（Michael Moore），以及演员贾达·萍克·史密斯（Jada Pinkett Smith）和威尔·史密斯（Will Smith）。[81]

自2016年奥斯卡颁奖典礼以来，好莱坞的情况有所改善吗？

在2019年的奥斯卡之夜，有史以来有色人种演员首次获得了四项表演奖中的三项：拉米·马雷克（Rami Malek）因在《波希米亚狂想曲》（Bohemian Rhapsody）中饰演佛莱迪·摩克瑞（Freddie Mercury）而获奖，雷吉娜·金（Regina King）因在《假若比尔街能说话》（If Beale Street Could Talk）中饰演莎伦而获奖，马赫沙拉·阿里（Mahershala Ali）因在《绿皮书》（Green Book）中饰演唐而获奖。

在2020年奥斯卡颁奖典礼上，多样性的一个亮点是《发之恋》（Hair Love）获得了最佳动画短片奖。这幅漫画讲述了一位非洲裔美国父亲学习如何打理女儿的自然卷发的故事。前NFL球员迈克尔·谢里（Michael Cherry）创作了这部电影，部分资金来自2017年Kickstarter众筹活动筹得的28.4万美元。[82]在好莱坞以外的数千名支持者的支持下，谢里拍摄了一部制片厂高管可能不太愿意投资的电影。谢里说，虽然他自己不是父亲，但他担心动画电影缺乏代表性：“我想在动画世界中看到一个年轻的黑人家庭。”谢里与两位知名的非洲裔美国动画师合作制作了这部电影。[83]

2018年2月，漫威电影《黑豹》（Black Panther）上映，作为首部由黑人导演、以黑人英雄为主角的大制作超级英雄电影，人们对其寄予了很高的期望。专家原本认为这部电影在国内首映周末的票房可能高达1.65亿美元。但事实证明这是被严重低估——它的票房收入达到了2.18亿美元。到其放映结束时，《黑豹》在国内市场的票房收入超过7亿美元，在票房排行榜上排名第六（见表7.1）。《黑豹》的演员主要是来自美国、英国和非洲的黑人。它的工作人员也特别多样化，与大多数电影相比，有更多的女性和有色人种参与。在《黑豹》中饰演国王特查拉（T'Challa）的演员查德维克·博斯曼（Chadwick Boseman）于2020年8月因结肠癌去世。在拍摄《黑豹》期间，博斯曼与疾病斗争了四年。在拍摄期间，博斯曼主张让角色使用非洲口音而非英国口音。博斯曼学习了南非科萨口音，而演员阵容中的其他人则有肯尼亚、尼日利亚和乌干达口音。关键问题不是让非洲角色听起来都一样，而是要让他们听起来更像非洲人。[84]（关于多样性在《黑豹》等电影中的重要性，请参阅第十五章）

问题显然不是观众不愿意去看由白人男性以外的人主演的电影。《纽约时报》评论家韦斯利·莫里斯（Wesley Morris）指出，观众非常乐意花钱"去看女性电影，这些电影大多由黑人演员和不同种族的演员组成"。[85]他指出了《星球大战7：原力觉醒》(由年轻女性和黑人男性领衔主演)、《速度与激情7》(演员阵容有多种族成分)、《完美音调》系列、《饥饿游戏》系列以及《冲出康普顿》等影片的成功。

为Vox撰稿的艾米丽·范德沃夫(Emily VanDerWerff)指出，问题不仅仅在于选用非白人男性演员，"关键在于要承认白人男性并非独揽好故事，也要让其他人的故事尽可能地被讲述出来"。[86]

2015年和2016年，奥斯卡奖的所有提名演员都是白人，在社交媒体上引发了#奥斯卡太白#的争议。自那以来，美国电影艺术与科学学院一直都在积极努力提高成员的包容性。2019年，《亲爱的白种人》(*Dear White People*)的导演贾斯汀·西米恩(Justin Simien)受邀加入该团体后不久，接受《娱乐周刊》(*Entertainment Weekly*)采访时表示："女性和有色人种不像目前主导美国叙事的少数白人直男那样存在盲点。奥斯卡奖越多元化，影片就越具有多样性，讲故事的人也就会越多。"[87]

奥斯卡所面临的挑战是保持它一直以来所秉持的理念。在2020年的奥斯卡颁奖典礼上，所有最佳导演的提名者都是男性。就在这一年，备受赞誉的电影之一是导演格蕾塔·葛韦格蕾塔·格伍德(Greta Gerwood)执导的《小妇人》(*Little Women*)。

关于种族问题的描述

当迪士尼于2019年秋天推出它的新型流媒体服务"Disney+"时，该频道提供了大量来自迪士尼的经典影片，其中包含了一些可以被委婉地称为"种族问题描述"的内容。[88]有人质疑迪士尼是否会剪掉这些场景，但迪士尼反而在它们之前加上了免责声明。例如，1941年动画版《小飞象》(*Dumbo*)的免责声明说："本节目以原创形式呈现，其中可能包含过时的文化描述。"对于《小飞象》来说，这个免责声明指的是基于黑脸滑稽戏角色而创作的乌鸦。

华纳兄弟发表了一份更强硬的声明，称其动画片《猫和老鼠》(*Tom and Jerry*)是在电影上映之前制作的。出现在iTunes上的短片免责声明说道：

> 这些动画短片是那个时代的产物。其中一些可能反映了美国社会中曾经常见的民族和种族偏见。这些描述在当时和现在都是错误的。虽然以下内容并不代表华纳兄弟公司对当今社会的看法，但这些动画短片是以其最初的创作形式呈现的，因为如果不这样做就等于声称这些偏见从未存在过。[89]

洗白

问题不仅在于好莱坞没有为非白人演员提供角色还延伸到让白人演员饰演原本为有色人种设计的角色——这一过程被称为"洗白"(Whitewashing)。"洗白"的一个典型例子是将日本赛博朋克经典动画《攻壳机动队》(*Ghost in the Shell*)翻拍成真人电影,由白人女演员斯嘉丽·约翰逊(Scarlett Johansson)饰演草薙素子少校(Major Motoko Kusanagi)。约翰逊饰演的角色是一个拥有已故日本女特工大脑的人造机体。这部漫画和原版动画电影的粉丝认为这部电影本应该由一位日本女演员出演。不管是由于强烈抵制,还是仅仅因为这部电影本身不够好,《攻壳机动队》在美国国内仅收获4380万美元票房,而其制作预算高达1.1亿美元。[90]在漫威影业的电影《奇异博士》(*Doctor Strange*)中,漫画中的西藏僧人角色被改编成一个凯尔特神秘主义者,由蒂尔达·斯文顿(Tilda Swinton)扮演。虽然漫威影业指出他们的电影中有各种种族和性别的角色互换,但亚裔美国演员武井乔治(George Takei)对此并不买账。他在接受《纽约时报》采访时表示:"这实在是太离谱了。这已经到了可笑的地步……几十年来,好莱坞一直在让白人演员饰演亚裔角色,我们不能一直假装这里面没有更深层次的问题了。"[91]

在过去的几年里,电影行业已开始意识到观众愿意接受有亚裔演员和亚洲故事的电影。2018年,爱情喜剧《摘金奇缘》(*Crazy Rich Asians*)成为美国25年来第一部以亚裔演员为主的当代电影。紧随其后的是2019年中国家庭喜剧/戏剧《别告诉她》(*The Farewell*),由女演员兼说唱歌手奥卡菲娜(Awkwafina)主演。但最大的突破当属韩语惊悚片《寄生虫》(*Parasite*)获得奥斯卡最佳影片奖,这是获奖的首部非英语电影。[92]

 **测试你的媒介素养:是否看起来像是女性在电影中扮演主要角色?**

有很多电影都以男性之间的精彩关系为主题,同时也有一些影片为女性设置了有意思的角色。但是,有多少电影是以多个主要的女性角色之间的互动为特色的呢?这就是贝克德尔电影女性测试(the Bechdel Test for Women)试图回答的问题。

贝克德尔测试以漫画家兼插画家艾莉森·贝克德尔(Alison Bechdel)的名字命名,旨在测试女性在一部电影中是否是有意义的存在。[93]它问了三个问题:

电影中有两个或两个以上有署名的女性角色吗?

她们之间会相互攀谈吗？

她们会彼此谈论一些与男性无关的话题吗？

不出意料，以男性为中心的电影，如《1917》(*1917*)、《极速车王》(*Ford v Ferrari*)和《星际探索》(*Ad Astra*)未能通过测试。而专注于多个女性活动的电影，如《隐藏人物》(*Hidden Figures*)、《别告诉她》(*The Farewell*)和基于哈利·奎茵(Harley Quinn)漫画书改编的《猛禽小队》(*Birds of Prey*)，显然通过了测试。但正如媒体评论家阿妮塔·萨克西恩(Anita Sarkeesian)所指出的，一些不那么明显的失败包括：

- 《怪物史莱克》(*the original Shrek*)
- 《谋杀绿脚趾》(*the Big Lebowski*)
- 《贫民窟的百万富翁》(*Slumdog Millionaire*)
- 《公主新娘》(*The Princess Bride*)

记住，贝克德尔测试并不判断电影的质量或是否尊重女性。它只需要电影中有两个或以上的女性角色，她们之间谈论的话题不是男人。

有趣的是，即使是最以女性为中心的电影——迪士尼公主电影——大部分对话也都给了男性角色。虽然在像最初的动画版《灰姑娘》(*Cinderella*)和《睡美人》(*Sleeping Beauty*)等经典迪士尼公主电影中，女性角色主导了对话，但在20世纪80年代和90年代的公主电影中则是另一回事。在《小美人鱼》(*The Little Mermaid*)中，男性角色拥有68%的对话，《美女与野兽》(*Beauty and Beast*)中有71%，《风中奇缘》(*Pocahontas*)中有76%[不要去想《阿拉丁》(*Aladdin*)，里面90%的台词都是男性角色的]。[94]

谁是源头？

贝克德尔测试是什么？它是由谁开发的？

他们说了什么？

贝克德尔测试的目标是什么？它能告诉我们什么？它不能告诉我们什么？

有哪些证据？

观看最近上映的一部电影，并记录下贝克德尔测试的问题。你的电影通过了哪一个问题？有哪些例子可以说明为什么这部电影通过或没有通过贝克德尔测试？

你和你的同学对此有何看法？

你的分析结果是否让你感到意外？对贝克德尔测试的思考会改变你对电影的看法吗？贝克德尔测试是否解决了我们应该关注的问题？为什么或为什么不呢？迪士尼公主系列电影中缺少女性对话，这是否让你感到惊讶？

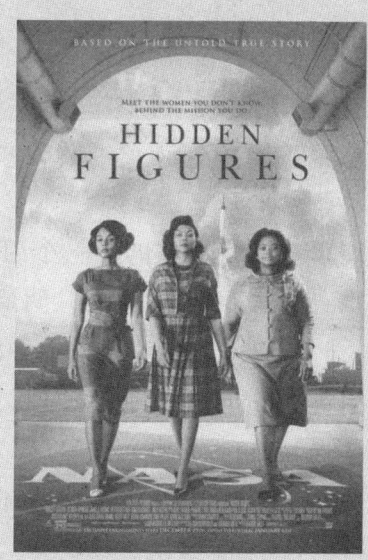

电影《攻壳机动队》改编自日本流行漫画（或漫画书），以日本人物草薙素子少校为主角，因聘请美国白人女演员斯嘉丽·约翰逊饰演该角色而受到"洗白"的批评。

制片法典：保护电影免受审查

电影在某些方面与其他媒体有所不同，其制片人一直都意识到需要对其所能描绘的内容加以限制。1909年，剧院老板成立了纽约审查委员会（New York Board of Censorship，现为国家电影审查委员会），为电影制定国家标准。当时的想法是，委员会将禁止攻击性电影，这意味着获批的电影适合播放。具有讽刺意味的是，该委员会的成立主要是为了保护影院所有者免受麻烦，而不是保护他们的观众免受攻击性电影的伤害。[95]在那个时代，电影中的哪些内容被认为是令人反感的？20世纪20年代，卖淫、分娩和自慰以及吸毒等行为都遭到谴责。[96]一位评论家认为，毫无疑问，审查制度是必要的。唯一的问题是，审查应该由行业还是政府来控制。[97]

网络漫画《愚蠢的年龄》（Dumbing of Age）讲述了中西部一所大学的一群学生的故事。在这一连环画中，角色们正在女性研究课上讨论电影。

促使审查制度存在的另一个因素是，明星在银幕之外的行为被认为和某些电影本身一样不道德。当默片明星璧克馥[凭借出演《太阳溪农场的丽贝卡》（Rebecca of Sunnybrook Farm）中的卷发女主角出名]悄悄与丈夫离婚并嫁给了她的搭档费尔范朋克（Fairbank）时，她的行为成了全国的谈资。演员法蒂·阿巴克勒（Fatty Arbuckle）被卷入丑闻，因为他似乎贿赂了一名地区检察官，以掩盖他的一个派对上有12名"派对女郎"的存在。后来他又被指控在另一个派对上谋杀了一名客人——一位有抱负的年轻女演员。尽管经过三次审判他最终被无罪释放，但公众从未完全原谅他，而且他十多年都没有出现在银幕上。[98]1922年的一本小册子指责好莱坞充斥着"疯狂的狂欢""毒品派对""情妇"。[99]

制片法典的诞生

1927年，电影行业通过了《"不要"和"小心"》（The Don't and Be Careful）的一套准则，开始正式确立其道德规范。联邦贸易委员会举行的一系列听证会和政府监管的威胁是推动这一行动的动力。[100]与电影行业的普遍情况一样，出于经济原因，电影审查来自行业内部。电影历史学家杰拉尔德·马斯特（Gerald Mast）描述了电影制作人所面临的道德困境：

> 因为电影从一开始就兜售性和暴力（还有哪一种极受欢迎和公开的艺术兜售过别的东西？），又因为它们是在一个既不纵容性和暴力行为，也不纵容性和暴力在创作中得到支持的环境中产生的，所以电影业一直处于一个自相矛盾的位置，试图限制自己兜售的这些内容的程度。[101]

面对一系列不道德的指控，电影公司开始寻找能够改善行业形象的人。他们找到了威尔·H.海斯（Will H. Hays），他曾在1921年至1922年间担任美国邮政总局局长。海斯被任命为美国电影制片人与发行人协会主席，并因制定了《制片法典》（Production Code）而闻名，该法典从20世纪30年代一直控制着电影的内容，直到1968年电影分级制度开始使用。在早期，该法典的目的主要是让人们相信好莱坞正在对电影中的道德问题采取行动。但到了1933年，好莱坞被迫开始遵守其声称支持的标准。[102]

除此之外，该准则还要求邪恶不能被描绘得诱人，恶人和违法者不能逍遥法外："犯罪的表现方式绝不能激发他人模仿的欲望。残暴的杀戮不应被详细描述。"此外，电影中不能有亵渎的场面。对性的要求也很严格，激情场景需要谨慎处理："过度的、充满欲望的亲吻，欲望的拥抱以及具有暗示性的姿势和手势都不能展示。"跨种族恋情也是被禁止的。[103]只有偶尔一些"不道德"的内容能通过该准则，大制片厂的大制作电影更有可能逃脱限制而突破可接受的界限。在1939年的《乱世佳人》中，瑞德·巴特勒（Rhett Butler）的结束语："坦白说，亲爱的，我一点也不在乎……"令观众震惊不已，因为在此之前，审查人员从未允许过如此赤裸裸的直白语言。[104]

评级系统

20世纪60年代，很多电影都违反了《制片法典》的规定，有些甚至在未经批准的情况下上映。这迫使人们对电影的评判方式重新进行评估。奥托·普雷明格（Otto Preminger）1953年的电影《蓝色月亮》（*The Moon Is Blue*）是第一部未经批准就上映的美国大片。尽管当时它引起了争议，但如今看来会觉得不算什么——想象一下，一部电影因为收录了"处女"（virgin）和"情妇"（mistress）这两个词而引起轰动。

1968年，在新主席杰克·瓦伦蒂（Jack Valenti）的领导下，美国电影协会（MPAA）废除了日益过时的《制片法典》。取而代之的是一个自愿评级系统，表明电影最适合的观众群体。

电影评级由居住在洛杉矶地区的十到十三位家长组成的小组来评定。1999年，该小组由7名女性和5名男性组成，年龄在28岁至54岁之间。其中包括家庭主妇、木匠、教师、餐饮经理和美甲师。在一个典型的工作日，评级人员观看并讨论三部电影。随后他们为每部电影设定了以下评分等级：

- G：普通观众。所有年龄段均可观看。
- PG：建议由父母引导观看，某些内容可能不适合儿童。
- PG-13：强烈警告父母，有些内容可能不适合13岁以下的儿童观看。
- R：限制级。17岁以下未成年人除非有家长或成年监护人陪同，否则不得观看。
- NC-17：17岁以下未成年人不得观看。

这一评级体系是从最初的G、M、R和X四级评级系统演变而来的。M（成熟观众）评级很快改为GP（普通观众，建议家长指导），然后改为PG（家长指导）。

特定种类的内容通常会促进产生特定的评级。药物使用通常要求至少达到PG-13级别，性取向的裸体会被评为R级（《泰坦尼克号》被评定为PG-13级，因为它裸体出现在一位艺术家给他的模特画素描时，而不是后来的爱情场景中）。粗暴持久的暴力是R级。有一次使用粗俗语言为PG-13级。如果这个词被使用了不止一次，或者带有某种色情意味，那么这部电影就应该被评定为R级，不过委员会可能会以三分之二的投票推翻该规则。例如，茱莉亚·罗伯茨（Julia Roberts）的电影《我最好朋友的婚礼》（*My Best Friend's Wedding*）在性方面使用了粗俗语言，但仍然被评为PG-13级。

一些批评家指责同性性行为比异性性行为更有可能受到严苛的评级。1969

年，奥斯卡获奖影片《午夜牛郎》(Midnight Cowboy)被评为X级，似乎主要是因为演员乔恩·沃伊特(Jon Voight)扮演了一个为男性客户服务的男妓。还有人指责说，女性的性行为比男性的性行为更有可能获得限制级评级；跨种族性行为也被认为具有煽动性。

20世纪80年代中期，评级系统的缺点越来越明显了。一些被评为PG级的电影，其内容水准未达到R级标准，但又超出了PG级所应涵盖的范畴。于是有人提议设立一个新的分级——PG-13级，这一评级会告知家长影片内容，但不会对观影者的准入设限。这一评级变革得到了导演斯皮尔伯格的强烈支持，他通过《夺宝奇兵2》(Indiana Jones and the Temple of Doom)和《小精灵》(Gremlins)推动了此事。这两部电影都因对低龄儿童来说过于暴力和紧张而受到抨击，不过它们并不包含达到R级标准的内容。斯皮尔伯格颇具讽刺意味地表示："我从未拍过R级电影，也希望永远不会拍，所以我是最先呼吁进行评级改革的人之一，这样可以减轻导演对美国家长的责任。那不是我们的职责。"[105]（那时，斯皮尔伯格还在制作以年轻人为导向的暑期动作大片，而不是他的那些关于"二战"、大屠杀和恐怖主义的严肃电影）

传统上，PG-13级被视为最理想的等级，因为青少年认为这些电影比G级或PG级的电影更成熟。[106] 2018年春季，有史以来票房排名前十的影片全是PG-13。你不得不一路看到排在第38位的《耶稣受难记》(The Passion of the Christ)，紧随其后的是排在第42位的满嘴俏皮话且举止粗俗的漫威电影《死侍》(Deadpool)。票房排名前十的G级影片全部出自迪士尼或皮克斯。[107] 编剧兼导演詹姆斯·曼戈尔德(James Mangold)凭借R级影片《金刚狼3：殊死一战》(Logan)打破了人们对PG-13级电影的传统观念。他说："并不是因为暴力，也不是因为语言，而是因为我和我的伙伴们不必为11岁的孩子写一部电影。如果我们拍的是一部R级电影，就不会推出开心乐园餐(Happy Meals)了。也不会有电影角色的相关玩偶……这样你就不用再拍一部十四五岁以下观众观看的电影了。这就改变了场景的长度，也改变了他们谈论的话题。"[108] 曼戈尔德说，R级电影让金刚狼和X教授有时间在一个延长的场景中谈论死亡，而这在PG-13级电影中是绝对不能容忍的。

X级的问题

评级体系的第二个主要问题与X级有关。这个问题始于美国电影协会没有将X级进行商标注册，因此无法控制其使用。色情业开始给他们未评级的影片打上XXX的标签，理由是如果X代表成人级，那么XXX则代表更成人级。由于X级与色

Deadpool/Photofest

《死侍》是漫威宇宙电影的一部分，它证明了只要是超级英雄电影的剧本就能与漫画书的前卫风格相匹配，就可以在R级电影中获得成功。

情联系在了一起，许多报纸和电视台拒绝为X级影片做广告，许多影院也承诺不放映此类影片，尽管某些获得该评级的影片可能具有艺术价值。

1990年，美国电影协会威胁要给描绘作家亨利·米勒（Henry Miller）、他的妻子和作家阿娜伊斯·宁（Anais Nin）之间关系的《亨利与琼》打上X级。制片人提出抗议，美国电影协会于是创建了一个新的等级——NC-17级，据说这比X级的偏见要少。但实际上，变化甚微；影院和媒体仍将这一新评级等同于X级。

被评为令人担忧的NC-17级的影片常常必须重新剪辑，以获得更具商业可行性的R级。但《午夜牛郎》的制片人决定不重新剪辑这部影片，该片是第一部也是唯一一部获得奥斯卡最佳影片的X级或NC-17级影片。制片人杰罗姆·海尔曼（Jerome Hellman）指出，在这部电影获得奥斯卡奖后，电影委员会提出，电影审查委员会提出，如果制片人从影片中剪掉一帧，就可以给这部影片定为R级，以便作为"重新剪辑"版进行宣传推广。[109]但制片人拒绝了，于是电影审查委员会作出了妥协，并将电影的评级改为R级。电影界的一些人猜测，斯皮尔伯格的二战影片《拯救大兵瑞恩》由于开场描绘了法国诺曼底登陆的暴力场景，本应被评为NC-17级，但由于斯皮尔伯格的声誉而得以避免。导演李安在戛纳电影节上发言时说：

> 美国电影协会有两套不同的标准：一是针对暴力；二是针对性。我的意思是，我非常喜欢《拯救大兵瑞恩》，尤其是开头的一个小时。但如果这都不算是NC-17级的影片，那我不知道什么才是。战争就该是那样呈现的。但当人们四处走动捡起自己断掉的手臂之类的东西，这就是R级了？[110]

美国电影协会前主席瓦伦蒂（Valenti）为《拯救大兵瑞恩》的R级评级进行了辩护：

> 《拯救大兵瑞恩》重现了美国历史上最重要的日子之一。我认为国内每一个13岁的孩子都应该观看这部影片，即便它被评为R级，从而明白大家习以为常的自由是用鲜血换来的。[111]

2007年，美国电影协会对评级制度做了一些略微的调整。其中包括一个新的警告，劝阻父母不要带孩子去看更激烈的R级电影。评级委员会现在会公布进行评级人员的人口统计信息。也有人呼吁扩大NC-17级的可接受度，以免R级被应用于不应该让儿童观看的电影。但评级体系的更新并未达到创建一个官方"严格R级"的程度，该级别将禁止所有17岁以下的观众观看影片。[112]

尽管存在批评声，但家长们仍然青睐于这种评级体系。2015年的一项调查显示，93%的美国父母认为评级体系有助于他们决定孩子应该看什么。[113]

长尾与电影的未来

在未来的几年里，长尾效应将对电影业产生越来越大的影响，但2007年标志着它跃居前沿的节点。在此之前，除非你住在纽约或洛杉矶，否则你不太可能看到奥斯卡最佳动画短片和最佳真人短片的获奖者。但在2007年，这些电影已经可以从苹果的iTunes商店以每部1.99美元的价格进行下载。这意味着，即使你住在内布拉斯加州的卡尼市（Kearney），你也可以以低于电影市场票价的价格下载并观看所有五部提名电影。你在这里看到的正是长尾效应对主流电影产业的全面冲击。

当《长尾理论》的作者克里斯·安德森（Chris Anderson）试图解释他书中的核心概念时，他经常以在线DVD租赁店Netflix为例。2012年，Netflix推出了10万种不同的DVD和蓝光影碟。它还提供1.2万多本可以通过电脑或将用户的电视机连接到互联网的流媒体视频盒上直接观看的图书。如今，Netflix主要提供流媒体服务，同时也出租光盘。安德森发现，观众不仅仅对几部大片感兴趣，他们感兴趣的是可以有大量的选择。问题一直在于发行。电影院非常适合向大量观众播放有限数量的电影，这就是影院老板喜欢暑期大片的原因。但当你能够从全国范围内吸引观众时，即使吸引力有限的电影也能成功。

Netflix的流行给流媒体市场带来了更多的竞争，亚马逊Prime Video、Disney+和Hulu属于原生数字平台，而Showtime和HBO也开始在提供有线电视产品的同时提供流媒体服务（我们将在第九章详细讨论这些流媒体服务）。

为了留住订阅用户，Netflix会根据你的观看记录和你对电影的评论，努力弄清楚你喜欢什么样的电影和电视节目。然后，它利用这些信息推荐你可能喜欢的其他电影。安德森说，如果Netflix能够利用消费者数据推荐电影，那么向消费者推销小成本电影的成本就会降低到几乎为零：

> 广告和其他市场营销可能占到好莱坞大片平均成本的一半以上，而小成本电影根本无法参与这种竞争。Netflix的推荐提供了一个公平的竞争环境，为那些无法负担的电影提供免费营销，从而在热门电影和小众电影之间更平均地分配需求。[114]

知名电影批评家埃伯特（Ebert）发现，在他的网站www.rogerebert.com上，没有一条评论占页面浏览量的1%以上。不是大片占据流量，而是网站上几乎所有的一万多条评论都吸引了一定程度的关注。[115]

1997年10月，当丹尼尔·麦里克（Daniel Myrick）和爱德华多·桑切斯（Eduardo Sánchez）前往马里兰州（Maryland）的森林拍摄《女巫布莱尔》（*The Blair Witch*）时，他们没想到自己创作的电影会成为1999年的热门影片之一，也没想到会改变电影的宣传方式。

《女巫布莱尔》据称是由三名学生拍摄的一部纪录片，讲述了一个住在马里兰州伯基茨维尔（Burkittsville）附近森林里的凶残女巫的传说。这部电影甚至没有剧本；演员们只有一个35页的情节大纲。演员们同时也是摄影团队，使用一台旧的16毫米胶片摄影机和一台500美元的Hi8摄影机。拍摄这部电影的总成本在3.5万至6万美元之间，不过一些评论家质疑怎么会花这么多钱。[116]这部电影最终在全球获得了超过2.48亿美元的票房。

演员们在森林里游荡的八天时间里拍摄了20个小时的影片和磁带。导演每天都会给演员们留便条，但演员们有很大的自由发挥空间。"我们让（他们）做自己想做的事，"米里克说。"我们给了他们一点线索，告诉他们我们想把场景放在哪里，但大部分都是即兴创作的。"[117]麦里克和桑切斯以及制作公司阿蒂森（Artisan）利用有线电视和互联网，而不是主流媒体，以与拍摄时相同的低成本方式宣传《女巫布莱尔》。这对情侣制作了一部关于这部电影制作过程的名为《女巫布莱尔的诅咒》（*The Curse of The Blair Witch*）的模拟纪录片，并在Syfy频道播出，许多观众将此视为影片中所记录的事件确实发生过的证据。宣传活动利用了电影是真实还是虚构的困惑，许多人在电影上映后的一两个星期内看了这部电影，并认为它可能是真实的。[118]

在这部电影让影迷和制片人都感到害怕的十年之后，《洛杉矶时报》的博主格伦·惠普（Glenn Whipp）认为，《女巫布莱尔》最大的影响在于为这部电影组织的基于网络的病毒式营销活动的有效性。这部电影在圣丹斯电影节和戛纳电影节展映时反响良好，营销资料显示，这部电影的镜头看起来像是找到的真实镜头。恐怖电影导演斯科特·德里克森（Scott Derrickson）告诉惠普，"海报上的简介说这是'发现的镜头'（found footage），营销中没有任何东西能让你相信这不是事实"。[119]现在，在电影上映前几个月甚至几年，网站就被用来吸引粉丝。在许多情况下，该网站的设计是为了在广告发布后让人们保持对电影的关注，并在电影通过网站发布时再次建立关注度。独立电影制片人马克·杜普拉斯（Mark Duplass）说，除了改变电影的宣传方式外，《女巫布莱尔》还凭借"半即兴创作（semi-improvised）、手持式数码相机拍摄、类型片中的自然主义表演、'我们没有很多钱，所以让我们制定一个合适的预算，这样我们就能正确执行'的理念"，改变了电影的外观。[120]

《女巫布莱尔》被认为是第一部主要通过互联网进行营销的广泛发行的电影。

不断下滑的票房

长尾理论之所以会成为电影的未来，很大程度上是因为电影业本身面临着不确定的未来。在2020年2月14日至20日这一周，美国整体票房收入超过2.15亿美元，其中《刺猬索尼克》（Sonic the Hedgehog）领跑。一个月后，3月13日至19日，周票房大幅下降至5900万美元。紧接着的下一周，几乎所有的电影院都关门了，周票房一落千丈，仅略高于5000美元。[121]当你读到这段文字时，电影院可能已经开放了，但是在什么条件下开放的呢？在找到新冠病毒的疫苗或治愈方法之前，人们会愿意去电影院吗？电影院被允许售票的容量是多少？电影院是否会被要求封锁一半的座位以保持社交距离？

但是，对于院线票房的担忧并非始于2020年新冠肺炎疫情全球大流行时。2005年，美国的票房比前一年下降了6%。[122]对于经济衰退的原因有很多解释。保守派批评人士声称，好莱坞过于自由，制作的电影对美国公众缺乏吸引力。[123]其他人则认为问题在于续集和翻拍太多。虽然续集、翻拍和低俗电影继续吸引着大批观众，但电影观众的总人数一直低于2002年15.8亿的水平（请记住，观众规模在20世纪40年代达到顶峰，当时每年的电影票销售额刚刚超过40亿张[124]）。从2005年开始，电影票的年销售额一直徘徊在12.4亿至14亿张之间。[125]尽管好莱坞的票房收入继续攀升，但这更多的是受票价上涨的推动，而非观众规模的增长。

为什么电影观众数量在下降或者保持不变？20世纪40年代和50年代电影观众数量的急剧下降显然是电视作为一种新媒体崛起的结果。[126]正如《长尾理论》的作者安德森所指出的，与20世纪50年代相比，因为有线/卫星电视、家庭视频、按次付费和流媒体资源，目前的电影观众有了更多的选择。美国电影协会在其最新的行业状况报告中透露了电影的综合收入，包括院线票房、实体光盘销售和数字销售收入。[127]

电影制片厂和电影院一直面临着这样一个问题：大量的流媒体电影和视频服务是否抢走了他们的饭碗？但这个问题的答案并非一目了然。全国影院业主协会的负责人菲西安（Fithian）指出，看了很多流媒体电影的人也经常去电影院看电影。不出所料，那些很少在流媒体上看电影的人也很少去电影院。简而言之，喜欢看电影的人会在任何能看到电影的地方看电影。[128]但在这种比较中我们还可以使用更多的衡量标准。美国电影协会的数据显示，2018年，全球消费者在家庭数字娱乐方面的支出为426亿美元，而电影票的支出为411亿美元。[129]当然，人们还参与了一些非电子形式的娱乐活动。2019年最受欢迎的文化活动是去图书馆，美国人均每年去图书馆10.5次。这大约是人们去电影院的2倍，是去音乐会或现场剧院的3倍。[130]

电影作为一个品牌

在20世纪80年代，美国国内票房收入占电影公司收入的50%以上；到1995年，这个数字已降至15%以下。如今，电影公司从辅助市场（ancillary）或二级市场（secondary market）获得的收入与国内票房收入相当，甚至更多。这些都是除国内票房以外的电影收入来源。例如，家庭录像版权的价值可能是影院票房总额的两倍。[131]

辅助市场包括：
- 国际发行权
- 按次付费观看权
- 付费有线电视频道版权
- 网络电视
- 家庭录像

- 图书版权
- 玩具和服饰
- 植入式广告

暑期和假日大片早已超越了电影的范畴。它们本身已经发展成为一个完整链条的品牌——如果可以这么说的话。以2009年的热门电影《变形金刚2：卷土重来》为例，这是当年票房最高的电影之一，国内票房收入4.02亿美元，国际票房收入4.34亿美元，总计8.36亿美元。[132]韩国的LG电子制造了一款限量版的变形金刚手机，《变形金刚》的导演迈克尔·贝（Michael Bay）还为这款手机执导了一个32秒的电视广告，使用了Digital Domain的特效技术，这家公司也为电影中的机器人制作了特效。数字领域正是在电影中赋予机器人生命的那家特效公司。Digital Domain还为快餐公司汉堡王（Burger King）制作了以变形金刚为主题的广告。[133]在这部电影上映之前，凯马特（Kmart）就进行了促销活动，凡购买至少50美元男装的人即可获赠电影票，同时还宣传了变形金刚玩具、电子游戏和服装。7-11连锁便利店还提供变形金刚思乐冰杯、角色吸管和以电影为主题的口味。[134]在更大的范围内，2010款雪佛兰科迈罗（Chevy Camaro）在电影中作为"大黄蜂"（Bumblebee）的变形金刚亮相。大黄蜂是索尼PlayStation3、微软Xbox360和任天堂Wii游戏中的主要角色。如果玩具版还不够，雪佛兰还制作了一款特别版的科迈罗，上面有大黄蜂的油漆和变形金刚的徽章。[135]

《变形金刚2：卷土重来》这一品牌案例说明了营销合作对于一部知名电影有多么重要，以及品牌如何变得和电影本身一样重要和有利可图。

章节回顾

章节小结

19世纪80年代，摄影师艾蒂安·朱尔·马雷（Étienne-Jules Marey）和埃德沃德·迈布里奇（Eadweard Muybridge）首次发明了将动作记录到胶片上的方法。发明家兼企业家托马斯·爱迪生运用他们的想法建立了第一个实用的动态影像展示系统——活动电影放映机。在法国，卢米埃尔兄弟发明了第一台便携式电影摄影机和第一台可以向人群展示电影的放映机。

早期的导演如埃德温·鲍特（Edwin S. Porter）发展了电影讲故事的技巧，这些技巧最终被大卫·格里菲斯（D. W. Griffith）扩展成长篇电影。格里菲斯证明了公众对那些更长时间、更具传奇色彩的电影感兴趣并且愿意为之付费。格里菲斯也是第一批为自己的电影寻求外部融资的导演之一。

从20世纪20年代到40年代，电影制片厂体系主导了美国的电影制作。在制片厂体制下，从编剧到导演再到演员，所有的人才都与制片厂签订合同。派拉蒙（Paramount）和华纳兄弟（Warner Bros）等大型电影公司把电影业当成工厂的流水线，控制着电影的制作和发行。1948年，美国最高法院打破了电影公司的垄断，电影制片厂制度也随之终结。

电影业随后经历了一段艰难时期。20世纪50年代，电视带来了新的竞争。好莱坞对此的回应是制作更大、更壮观的电影；几乎所有电影都是彩色的；并将大型影院拆分成更小的多影院综合体，即所谓的多厅影院。

目前，电影行业由高成本的大片主导，这些电影拥有大量预先确定的观众和营销合作。年度排名前十的电影，通常是超级英雄故事或动画电影，其票房收入可以占到年度票房的三分之一以上。虽然最初的国内票房收入仍然很重要，但电影往往通过辅助或二级市场，如海外版权、视频版权和有线电视版权获得更多收入。大片不再仅仅是一部电影，还是一系列相关产品的品牌。然而，规模较小、成本较低的电影失败的风险往往也更小，因为它们不需要赚那么多钱就能盈利。如果预算可控，针对小众观众的电影也可以盈利。

电影制作人越来越依赖数字技术来制作和推广电影。除了用于特效之外，数字技术还可以用于制作数字视频，以拍摄和编辑低成本电影，而不是使用更昂贵的胶片，尽管一些著名的导演仍然喜欢使用胶片拍摄。导演甚至可以在空白的摄影棚拍摄电影，然后用数字技术插入布景和背景。以互联网形式出现的数字技术也被用来直接向消费者推广电影。虽然我们仍然认为电影产业源自好莱坞，但像佐治亚州和印度这样的地区和国家制作的电影比加州还多。

长期以来，电影行业对待种族问题的态度一直很糟糕，奥斯卡奖通常把大部分注意力放在男性制作、由白人演员主演的电影上，不过近年来也有一些亮点，有色人种演员获得了一些荣誉。电影行业在如何塑造非白人角色以及使用白人演员来扮演有色人种角色方面也存在问题。

自20世纪20年代以来，人们一直担心电影可能会对年轻观众产生影响。好莱坞最初试图通过其《制片法典》来限制电影内容，以避免受到批评，近来则采用基于年龄的评级制度。

在2020年冬春之交，受新冠肺炎疫情的影响，整个电影行业在全球范围内歇业停滞，目前还不清楚电影观众将如何应对影院重新开放。作为回应，电影制片厂尝试了新的电影发行方式。影院电影也面临着来自家庭录像日益激烈的竞争。虽然近年来票房总额有所上升，但观影人数却有所下降。电影制作人正以创新的宣传方式予以回应，并为小众电影寻找观众。

关键术语

活动电影放映机（kinetoscope）
长篇电影（feature-length film）
制片厂制度（studio system）
整批预订（block booking）
同步音轨（synchronized soundtrack）
有声电影（talkie）
众议院非美活动（House Un-American Activities）

委员会（Committee）
《好莱坞十君子》（电影名）（*Hollywood Ten*）
多厅影院（multiplex）
大片时代（blockbuster era）
计算机生成图像（computer-generated imagery）
洗白（whitewashing）
《制片法典》（*production code*）
辅助或二级市场（ancillary, or secondary, markets）

问题反馈

1. 新冠疫情如何改变了电影业？这些变化可能会带来哪些长期的影响？
2. 为什么佐治亚州被认为是如此友好的电影制作地？
3. 电视的出现如何改变了电影的性质？网络媒体的兴起又如何改变了这一进程？
4. 解释一下大片如何变得不仅仅是发行公司的电影，与之配套的产品又是什么？
5. 电影业主要由白人男性掌控会有什么后果？如果经营电影业的人更像观众群体，那么电影业会有何不同？
6. 能够接触到广泛的热门和冷门电影，是如何改变我们的观影习惯的？这种层次的选择是好事还是坏事？为什么？

第八章 电视和视频：广播电视和其他媒体

学习目标

在学习本章节之后，你将能够：

1. 了解电视机的两位发明者并简述他们各自的贡献；
2. 了解农村社区使用的有线电视的早期连接类型，并解释其名称背后的含义；
3. 讨论《芝麻街》从公共广播公司转移到家庭影院后，在触及贫困儿童方面不太成功的原因；
4. 解释为何研究者认为看太多电视会对个体行为产生负面影响，并举出相应的实例；
5. 重新定义电视发展的"一大步"，以及它是如何开启付费视频流的。

在世界各地，体育直播是吸引18—49岁人群收看传统电视节目的一项举措，也是家庭、餐馆和酒吧等社交聚会的基石。那么，当现场直播突然停止会发生什么呢？鉴于全球各地都有体育直播，这几乎是一件难以想象的事情。想想看，美国主要的职业联赛有橄榄球、篮球、棒球和曲棍球；没完没了的男女校际体育赛事；世界各地的足球比赛；日本和韩国的棒球联赛；加拿大甚至还有冰壶运动。

那么，如果全球所有这些体育项目都神秘地同时消失了呢？

广播公司就经历过这种情况，2020年3月11日，美国职业篮球联赛（NBA）犹他爵士队的中锋鲁迪·戈贝尔（Rudy Gobert）新冠病毒检测呈阳性，NBA随后暂停了赛季。假设NBA不得不取消2020年剩余的赛季和至关重要的季后赛，这将使华特迪士尼公司的ESPN和ABC损失4.81亿美元，华纳传媒的TNT损失2.11亿美元。[1]

在NBA宣布这一消息后不久，东京夏季奥运会被推迟至2021年。除了影响成千上万的运动员外，对于广播合作伙伴NBC来说这也是一件大事，因为奥运会是每年最大的电视直播活动之一。NBC环球已经售出了90%、价值12.5亿美元的商业广告时间。除了为NBC环球带来广告收入外，奥运会也是其广告支持的流媒体服务"孔雀"（Peacock）推出的一部分，同时也是推广秋季节目的一个机会。[2] 在一个人们观看各种节目、每一种节目的观众相对较少的时代，奥运会之所以重要，是因为它是极少数能够在很长一段时间内吸引大量观众的节目之一。

对于广播公司来说，无论是职业体育赛事还是大学体育赛事，没有什么比美国大学生体育协会（NCAA）一年一度的"疯狂三月"（March Madness）大学篮球锦标赛更重要的了。当2020年的"疯狂三月"被取消时，NCAA将支付给会员学校的年度费用从6亿美元削减至2.25亿美元。NCAA年度收入的最大一部分来自这项赛事。没错，门票销售和营销合作伙伴关系很重要，但大部分资金来自与哥伦比亚广播公司体育台（CBS Sports）和特纳体育（Turner Sports）签订的为期14年、价值108亿美元的电视转播协议。[3]

自1979年以来，《体育中心》一直是ESPN的旗舰节目，但在2020年春天，第一次没有了体育直播。ESPN《体育中心》的主持人斯科特·范佩尔特（Scott Van Pelt）描述了所有体育赛事都被取消后的情况。他在接受CNN采访时表示："嗯，我能想到的一个比喻是，这就像在一家餐厅里当服务员，但是没有厨师也没有食物。（我）只是不知道我们还能继续拿'嘿，棒球说他们可能在七月比赛'这类话敷衍多久……我的意思是，我们基本上就是给人们打电话，和他们聊天。这就变成了'情况怎么样？你好吗？你在做什么？'"[4] 范佩尔特说，从更深层次上讲，这个节目帮助人们继续生活下去。"长期以来，《体育中心》一直是一个让人感到舒适的地方。"

范·佩尔特说，有一件事让他无法释怀，那就是他错过了NCAA篮球锦标赛。"那是我永远也忘不了的一件事。对于那些年轻的男男女女来说，有很多精彩的故事还没迎来结局。"

停摆的另一面是，有线电视和卫星电视用户平均每月为体育节目支付约20美元，但这些观众很可能没有收到因为比赛停播而产生的退款。但这并不意味着用户对这种结果感到满意。尤其是对于那些在疫情经济衰退期间失业的用户来说，他们可能会放弃付费电视套餐，转而选择更便宜的流媒体内容包。"对于一些人来说，这一决定可能取决于经济状况，"康奈尔大学法学院（Cornell Law School）教授、体育律师迈克尔·于格（Michael huyghue）说，"如果有人丢了工作，或者工资削减，而他们还要为看不到的东西付费，他们更有可能取消订阅"。

在疫情造成的停摆期间，虽然用户仍在为他们的体育频道付费，但他们并没有观看这些节目。2020年3月中旬至4月中旬，体育频道的收视率与上年同期相比大幅下降。ESPN的收视率下降了54%，NBC体育网络下降了58%。在这一低迷时期，这些电视网要么降低广告商投放广告的费用，要么之后给他们"补偿"广告位。但他们仍然从有线/卫星用户那里获得订阅费，不管这些观众是否真的看过这个频道。

那么，在体育赛事停摆期间，体育网络都安排了哪些节目？除了播放"经典"比赛（即重播之前播出过的旧比赛）外，他们还展示了由现实中的NBA球员控制电子游戏的电竞篮球锦标赛、NBA球星在家中参加的H-O-R-S-E游乐场罚球锦标赛，以及诸如美国职业橄榄球联盟（NFL）的球员选秀和有关迈克尔·乔丹（Michael Jordan）时代芝加哥公牛队（the Chicago Bulls）的多集纪录片等体育相关节目。[5]

考虑到大多数体育赛事的收入来自电视转播，鉴于大多数体育收入来自电视转播资金，像棒球、篮球和橄榄球这样的体育运动有可能在没有观众在场的情况下进行比赛，但对于运动员来说，这感觉不太对。NBA球星勒布朗·詹姆斯（LeBron James）在一档播客中表示："我不知道我们如何能想象一个没有观众的体育赛事。没有兴奋感。没有呐喊。没有喜悦。"

达拉斯独行侠队（Dallas Mavericks）的老板（也是真人秀明星）马克·库班（Mark Cuban）表示，一旦运动员重新开始比赛，对体育赛事将会有巨大的、被压抑的需求。他在接受《华尔街日报》采访时说："人们真的会想尽办法来看我们的比赛，他们甚至不一定是篮球迷。他们只是渴望新的内容，而我们会满足他们。"[6]

自1979年ESPN在一个相对不知名的有线电视媒体上开播，播出了一集《体育中心》和一场来自威斯康星州的慢速垒球比赛以来，体育网络所应对的电视环境已经发生了根本性的变化。[7]

电视已经从三个全国性的广播网络发展到至少六个；从没有有线电视台到拥有数百家；电视获得了多种格式，人们可以在家里观看预先录制的电影和节目。在本章中，我们将探讨这个新的电视世界是如何形成的，以及它对社会的影响。我们从广播电视的发展开始，然后是有线/卫星电视。接下来我们会考虑谁在控制电视行业，与"真实"世界相比，电视描绘的世界是怎样的，以及在这个人们在网飞（Netflix）、迪士尼+（Disney+）和亚马逊Prime上疯狂追剧的时代，电视如何实现自我重塑。

广播电视

自20世纪30年代诞生以来,电视经历了巨大的变革。起初,它提供的选择有限,且向观众免费播出。观众只能收看主要电视网提供的节目,而且只能在这些节目播出的时间观看。但在20世纪80年代,观众和广播公司之间的力量平衡开始发生变化。不仅录像机让观众可以选择观看节目的时间,而且一系列广播、有线和卫星频道也让观众对观看的节目有了更广泛的选择空间。

美国的广播电视基于这样一种理念:节目应面向所有观众,并通过广告来支付费用。尽管如今广播电视只是我们电视"饮食"的一部分,但多年来它是菜单上唯一的选项。

发明电子电视的费罗·T.法恩斯沃斯(Philo T. Farnsworth)的故事好得几乎令人难以置信。他出生在一个小木屋里,骑马去上学,并在14岁时提出了电视的核心概念。与托马斯·爱迪生(Thomas Edison)甚至塞缪尔·莫尔斯(Samuel Morse)不同,法恩斯沃斯并没有成为一个家喻户晓的名字,但他发明了20世纪最重要的设备之一。

1906年,法恩斯沃斯出生于犹他州(Utah)。12岁时,他随家人移居爱达荷州(Idaho),在他们的新房子里有关于广播和科学的杂志,这激发了法恩斯沃斯的创造力和想象力。[8]法恩斯沃斯心目中的英雄是爱迪生和亚历山大·格雷厄姆·贝尔(Alexander Graham Bell),但他想做得更好。他想要动态的画面和声音,并想完全通过电子方式实现,不使用任何活动部件。

费罗·法恩斯沃斯在14岁时就已掌握了电视广播的核心技术,到21岁时,他已经成功制造出一套电视传输系统。

法恩斯沃斯想出了一个主意,把一张图片分解成明暗相间的线条,就像页面上的文字一样在磷光涂层的屏幕上扫描。绘制屏幕图像的电子将由电磁场控制。据电视学者尼尔·波兹曼(Neil Postman)所述,传说中法恩斯沃斯的伟大想法是在"他用马拉耙来来回回耕种土豆地时产生的,他意识到电子束可以像看书一样逐行扫描图像"。[9]21岁时,法恩斯沃斯已经开发出了一种利用无线电波传输图像的全电子系统。

1927年9月7日,他成功地传输了一条直线的图像,并评论道:"就是这样,电子电视诞生了。"[10]

然而,法恩斯沃斯并不是唯一研究电视概念的人。拥有工程学博士学位的俄罗斯移民维拉蒂米尔·斯福罗金(Vladimir Zworykin)当时正试图为美国广播公司(RCA)的戴维·萨诺夫开发电视。尽管他在电子电视方面取得了进展,并于1923年申请了专利,但美国专利局最终裁定,法恩斯沃斯是第一个制造出实用电视发射机的人。这一裁决部分基于法恩斯沃斯高中化学老师的证词,他出示了法恩斯沃斯16岁时所画的图纸,几乎准确地展示了如何制造电视发射机。美国广播公司一直在与法恩斯沃斯抗争,并宣传斯福罗金和萨诺夫是电视的发明者,但法恩斯沃斯最终胜诉。这是美国广播公司第一次不得不向外部发明者支付特许权使用费。[11]正当法恩斯沃斯的一切看起来都很美好的时候,第二次世界大战爆发了,在四年的时间里,商业电视毫无进展。法恩斯沃斯的专利在1947年到期,就在电视开始兴起之前。然而,让法恩斯沃斯感到遗憾的并不是错失了从他的发明中获利的机会。法恩斯沃斯的儿子肯特(Kent)后来指出,法恩斯沃斯总体上对他的发明相当不满:

> 他觉得自己创造了一个怪物,一种让人们浪费生命的方式。在我的整个童年时期,他对电视的反应都是"电视上没有什么值得看的东西,我们不会在这个家庭里看它,我也不想让它成为你的智力饮食。我们家不看,我也不希望它成为你们的精神食粮"。[12]

广播的开端

电视广播首次出现于1939年,当时NBC从纽约世界博览会上进行了全电子系统的重大电视广播。但1942年,美国卷入第二次世界大战,电视机的生产陷于停顿,大多数电视台都停播了。1945年"和平"来临,1946年,美国广播公司的电视机重新上市。

1948年到1952年,为了给联邦通信委员会(FCC)和电视制作人留出时间考虑如何使用和控制这项技术,新电视台的许可证发放被冻结。由于冻结,只有一些城市有电视。在有电视的城市,电影和体育赛事的观众人数大幅下降。餐厅老板讨厌周六晚上播出的热门综艺节目《你的表演》(*Your Show of Shows*),因为顾客都赶回家看电视,而不是待在外面吃饭喝酒。[13]在同一时期,最高法院在联邦政府诉派拉蒙影业案（United States v. Paramount Pictures）中做出裁决，打破了电影公司对电影产业的控制（见第七章）。电视已经准备好接管娱乐业。

许多节目具有早期电视的特征。米尔顿·伯利（Milton Berle）主持了《德士古明星剧院》（*Texaco Star Theatre*），被称为"德士古先生"，以其穿着的滑稽服装和幽默的肢体动作而闻名。《埃德·沙利文秀》（*The Ed Sullivan Show*，原名*Toast of the Town*）成为一个欣赏创新人才的地方。在后来的岁月里，沙利文将会展示披头士乐队和猫王。20世纪50年代也出现了许多选集式剧集，本质上是短剧或电影，每周都有新的演员阵容和故事。一个成功从广播转型到电视的节目是爱德华·R.默罗（Edward R. Murrow）在CBS的新闻纪录片系列《现在请听》（*Hear It Now*），后来在新的视觉媒体上变成了《现在请看》（*See It Now*）。

露西、德西与电视直播的终结

在20世纪50年代的娱乐节目中，没有哪个节目能比一位红发女演员和她的古巴裔美国丈夫制作的节目更有影响力、更持久。

1951年，当露西尔·鲍尔（Lucille Ball）和德西·阿纳兹（Desi Arnaz）创作了他们开创性的情景喜剧《我爱露西》（*I Love Lucy*）的时候，他们不得不克服两个主要障碍：一是说服哥伦比亚广播公司（CBS）让阿纳兹扮演露西在电视上的丈夫。在当时，这是有争议的，因为鲍尔是白人，而阿纳兹是西班牙裔。二是当时大多数电视节目都是在纽约演播室现场直播的，但露西和德西想继续住在加州。他们的解决方案是在摄影棚观众面前录制节目，把节目像电影一样编辑，然后运送到纽约进行播出。不到一年时间，《我爱露西》便成了最受欢迎的电视节目。

采用拍摄而非现场直播的形式，意味着《我爱露西》的高质量副本可以反复播放。阿纳兹持有该节目的重播权，这对夫妇由此获得了资金，成立了自己的电视制作公司——德西鲁工作室（Desilu Studios）。在《我爱露西》首播50多年后，观众仍然在观看这个节目。

鲍尔和阿纳兹在现场演播室观众面前用三台摄像机拍摄了半小时喜剧，他们开创的这种形式在后来成为电视节目的主流。如今，情景喜剧仍然是最受欢迎的节目形式之一。[14]

彩色电视的到来

早在1954年，各大电视网就开始尝试彩色电视，但到1959年，只有三部节目定期以彩色形式播出（人们熟悉的NBC孔雀标志最初是为了向黑白电视观众表明，他们错过了彩色节目)。直到1965年,原来的三家电视网才都改播彩色节目。彩色电视普及缓慢的一个原因是电视机的价格。《波士顿环球报》(*Boston Globe*)指出,1965年彩色电视机的价格相当于2000年中档高清电视机的价格(在2500至5000美元之间)。[15] 向彩色的转变直到20世纪70年代初才完成。[16]

露西尔·鲍尔和她的丈夫德西·阿纳兹在1951年通过他们的节目《我爱露西》开创了现代情景喜剧,该节目是拍摄的而非现场表演的。

有线电视和卫星电视

电视实际上已成为两种媒体:广播电视和有线/卫星电视。如今,有线电视和卫星电视几乎构成了与广播电视截然不同的一种媒体,但最初,有线电视只不过是广播电视频道的一种传输系统。

在20世纪40年代,电视刚刚出现的时候,偏远地区或山区的人们常常无法接收到新的信号。俄勒冈州阿斯托里亚的帕森斯(L. E. Parsons)就是其中之一。帕森斯想要看电视,但最近的电视台在125英里之外。她的丈夫埃德(Ed)解决了这个问题,他在当地一家酒店的屋顶上安装了天线,并在他们的公寓里接上了电缆。帕森斯家有电视的消息传出后,旅馆、当地酒吧甚至邻居都开始要求连接他们的天线。这种早期的仅转播广播电视频道的有线电视形式被称为社区天线电视(community antenna television, CATV)。[17] 连接到这些早期的有线电视系统很昂贵,费用从100美元到200美元不等。尽管有一些独立的订阅频道的试验,但在大多数情况下,有线电视仍然是为信号差的地区提供服务的一种方式。联邦通信委员会(FCC)制定了严格的规则来维持这种状况。直到20世纪70年代,有线电视主要是获得良好电视信号的一种方式,而不是获取额外的节目。[18] 到1975年,有线电视的面貌开始发生变化。联邦通信委员会放宽了对有线电视公司的规定,新的频道开始通过卫星播出。[19]

家庭影院高清频道(HBO)是首家实现从仅提供接入到提供节目制作这一跨越的服务商。1975年,它向联邦通信委员会请求许可,通过卫星在全国范围内播出其节目。令人惊讶的是,三大电视网(NBC、CBS、ABC)没有一家因为它在全国范围内抢夺了他们的观众而反对这家新崛起的服务商。毕竟,HBO当时只有一间办公室、几台录影机和一个卫星上行链路。它没有附属机构,没有电视台,而且只能接触到使用有线电视的人群,这只是观众市场的一小部分。但卫星系统有一个关键优势:五百套有线电视系统能以和一套一样便宜的价格获得节目。他们只需竖个天线接收信号就行了。

泰德·特纳的有线电视帝国

尽管HBO是首家实现全国覆盖的节目服务商,但在创建现代有线电视方面,没有人能比泰德·特纳(Ted Turner)做得更多。1963年他父亲自杀后,24岁的特纳继承了一家陷入财务困境的广告公司。[20]特纳对此并不满足,于是在1970年,他收购了亚特兰大第17频道。这个超高频(UHF)①电视台深陷财务危机,很大程度上是因为它所在的电视频道频段,许多电视机接收不到,很多人也懒得去看。特纳立即将该电视台更名为WTCG,即特纳通信集团(Turner Communications Group)。

特纳的下一个重大举措是买下排名垫底的亚特兰大勇士棒球队(Atlanta Braves baseball team)和亚特兰大老鹰篮球队(Atlanta Hawks)的特许经营权,从而保证了他对两支球队每年两百多场比赛的独家转播权。这也促使亚特兰大人努力寻找第17频道的节目。

1976年,美国广播公司发射了一颗电视卫星,特纳看到了他的下一个重大机遇。他意识到,他可以利用卫星将他的广播发送到全国各地,并为越来越多的有线电视系统提供节目。1976年12月27日,WTCG变成了超级电视台WTBS(特纳广播系统)。通过这一步,特纳成为第一批将地方电视台转变为全国性电视台的新一代电视企业家之一。

此时,特纳做出了他职业生涯中最冒险的举动:他创建了有线新闻网络CNN——第一个24小时播出的新闻频道。在其早期,CNN存在许多技术问题,也毫无声誉可言。事实上,评论家称CNN为"鸡肉面条网"(Chicken Noodle Network),因为它给员工的报酬很低,运营也很业余。[21]尽管如此,但观众很快发现,如果他们想要突发新

有线电视先驱、美国有线电视新闻网(CNN)创始人泰德·特纳(Ted Turner)创建了一个覆盖全球的媒体帝国,试图实现"地球村"的理想。

---

① 超高频(UHF)是指波长范围为1m~1dm、频率范围为300MHz~3000MHz的无线电波——译者注。

闻,可以立即在CNN上看到。与ABC、NBC和CBS不同,CNN不需要中断肥皂剧或情景喜剧来播出新闻。

1982年,当ABC和西屋电气公司(Westinghouse)在1982年试图创办一个与之竞争的有线新闻服务时,特纳推出了他的第二个新闻网络——CNN头条新闻(CNN Headline news),其特色是全天候半小时的新闻播报。从那时起,CNN逐渐扩展到提供CNN广播、CNN国际、CNN机场网络和CNN西班牙语频道。

特纳进一步推进了他重新包装素材的想法,收购了米高梅电影库和汉纳-巴贝拉(Hanna-Barbera)卡通图书馆,从而掌控了《摩登原始人》(*Flintstones*)、《摩登家庭》(*the Jetsons*)和《史酷比》(*Scooby-Doo*)。他利用这些流行文化形象,以及他所获得的其他体育转播权,与特纳电视网(TNT)、卡通电视网(CN)和特纳经典电影公司(TCM)一道,为WTBS电视台制作节目。

1996年,特纳广播公司被媒体巨头时代华纳收购,尽管特纳失去了对其网络的直接控制,但他获得了华纳兄弟电影库和经典卡通的使用权。1991年,当《时代》杂志的编辑将特纳评选为他们的"年度人物"(Man of the Year)时,他们写道,他实现了马歇尔·麦克卢汉(Marshall McLuhan)的地球村理想。CNN并没有让所有人都成为兄弟姐妹,但《时代》杂志称,CNN为人们提供了一个了解世界的窗口:

> 在1991年,这个世纪最重大的年份之一,全世界目睹了这些事件通过卫星电视直播所产生的戏剧性和革命性影响。新闻的定义被重新改写——从已经发生的事情变成你听到它的那一刻正在发生的事情。摄影机镜头实时记录了一场历史上最激烈的空中轰炸战争。[22]

不久之后,包括黑人娱乐电视台(BET)和尼克国际儿童频道(Nickelodeon)在内的众多频道通过卫星向有线电视公司提供节目。1978年,在一片嘲笑声中,娱乐与体育节目电视网(ESPN)作为一个全天候24小时播出的体育频道成立了,它主要播放一些鲜为人知的体育节目,如澳式橄榄球和冰壶。但ESPN迅速发展成为有线电视中最受欢迎的频道之一。[23] 在这一时期,90%的观众都在收看电视网的黄金时段节目,而这些节目仍然由第一批广播电视网的创始人控制着:CBS的威廉·佩利(William Paley)、NBC的大卫·萨诺夫和ABC的伦纳德·戈登森(Leonard Goldenson)。[24] 然而,20世纪80年代出现了一种新型的有线电视,这种新型电视服务将新的频道与原有的网络一起带入家庭。有线电视观众现在可以看到各种各样的节目,其中大部分可以归为几大主要类别:

- 四大广播电视网的附属台（ABC、NBC、CBS和FOX）
- 独立电视台和较小的网络附属台
- 超级电视台——通过卫星在全国范围内播出的本地独立电视台（如WTBS、WGN等）
- 本地接入频道——提供地方政府节目和社区制作节目的频道
- 有线电视网络——广告商赞助的网络，在特定的有线电视系统（如MTV、CNN、BET等）上也可能向每位用户收取少量费用
- 付费频道——不播放广告的额外收费频道（如HBO、Showtime等）
- 按次付费频道——播放特殊活动、音乐会和电影的频道，订阅者按观看次数付费
- 音频服务——高质量的音乐服务[25]

有线电视服务给广播公司带来了巨大的竞争，并创造了一个新的电视景观（尽管近年来它们作为电视供应商的重要性有所下降）。大约5100万美国家庭（不到美国家庭总数的45%）订阅了有线电视服务。[26]

相比之下，流媒体服务Netflix在美国有6100万用户（约占76%的家庭），亚马逊Prime有6000万用户（参见图8.1）。

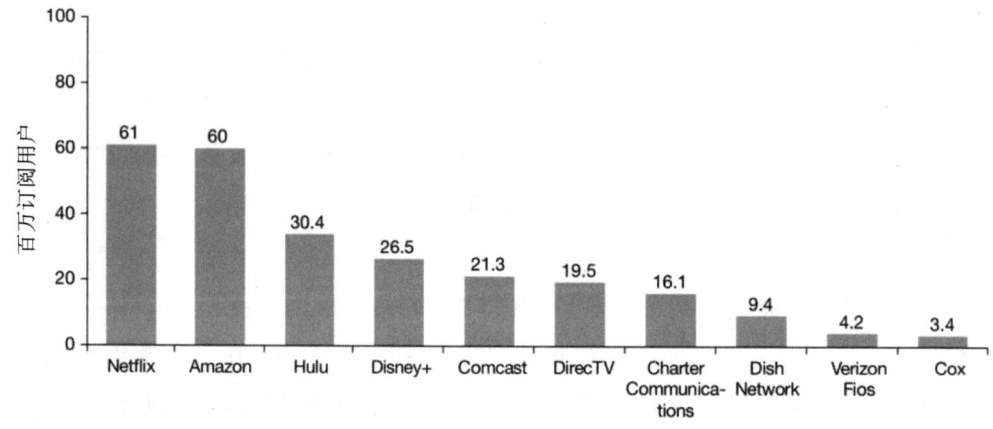

图8.1　排名前十的视频订阅服务

资料来源：Q4 2019-S&P Global Intelligence, Company filings; data aggregated by NCTA.

好莱坞和VCR

尽管自20世纪50年代起，录像带就已在电视演播室中使用，但直到20世纪70年代末，盒式磁带录像机（VCR）才成为一种家用设备，让观众能够对电视节目进行永久拷贝。录像机经过一段时间才流行起来。最初，录像机有两种不兼容的格式

（VHS和Beta），而且机器本身很贵，售价800美元或更高。1985年，只有20%的美国家庭拥有录像机，但到1991年，70%的美国家庭拥有了录像机。

消费者喜欢他们能够录制节目并稍后观看这一事实，但电影和电视制片人却因为人们录制并留存节目而又不付费感到不安。他们还担心电影和电视节目会在世界各地被复制和转售。环球影业和迪士尼就索尼推广用于录制电影的VCR提起诉讼，但在1984年，美国最高法院裁定，电视观众有权为个人使用录制有版权的节目。盗版显然是非法的，但这不是设备制造商的过错。[27]

录像机的拥有率在1999年达到顶峰，将近89%的家庭都有一台录像机。到2013年年底，盖洛普（Gallup）的一项调查发现，58%的家庭仍然拥有录像机。它们可能是用于播放人们收藏的旧录像带，而不是录制新的节目。

直播卫星

卫星节目提供商自20世纪80年代以来一直在与有线电视竞争，但由于有线电视快速增长，直播卫星所需要的大碟形天线（the large dish antennas）以及消费者可以接收的频道数量有限，其成功最初受到了限制。这一切在20世纪90年代随着低地球轨道直播卫星（direct-broadcast satellite, DBS）的出现而发生了改变。几颗DBS卫星发射升空，通过一种新的大约披萨大小的天线提供节目。

尽管我们很难找到关于DBS订户数量的准确最新估计，但大约有3800万美国家庭从Dish Network或DirecTV获取卫星节目。[28] 从20世纪90年代中期到2007年左右，美国的卫星服务迅速增长，之后新传输系统的采用趋于稳定。随着在线视频资源的兴起，有线电视和卫星电视节目的使用预计都将下降。[29] 在欧洲，有线电视的传统不如美国深厚，DBS服务非常受欢迎。

DBS现在正与有线电视正面竞争。在这场竞争中，卫星服务面临的一个问题是，其订户仍然必须安装老式天线才能接收当地电视台的节目。为了解决这个问题，在主要市场，DBS公司也通过卫星将节目提供给本地电视台。[30] 卫星电视提供商也开始将其节目作为在线流媒体服务提供给受众。[31]

数字电视：高清电视（HDTV）和数字视频录像机（DVR）

就像录音已经通过CD和MP3文件转向数字格式一样（见第六章），电视也从法恩斯沃斯和斯福罗金的模拟技术转向计算机数字技术。美国原计划在2009年2月17日之前实现所有电视广播数字化，但在2009年1月，联邦政府认为人们还没有为这一转变做好准备，尽管已经提前数年警告这一变化将会发生。对于向数字广播转变的举措，批评者指出，许多依靠广播电视信号的家庭收入低于3万美元，可能难以负担将数字广播信号转换为老式电视机能够显示的模拟信号的机顶盒。为了帮助解决这一问题，政府发放优惠券以帮助贫困家庭购买转换器。实际上，优惠券的短缺是转换延迟的原因之一。

录像机主要被DVD或蓝光播放器所取代，据报道，80%的家庭拥有此类设备。虽然光盘播放器仍然占有一定的市场，但相比2005年的83%已有所下降，这可能是由于Netflix、亚马逊、迪士尼+和Hulu等公司提供的流媒体内容越来越受欢迎。[32] 录像机也面临着被数字视频录像机（DVR）所取代的命运，比如在硬盘上录制电视节目的TiVo或有线/卫星公司提供的机顶盒。DVR让观众可以在节目开播15分钟后回看录制的节目。观众随后可以快进跳过广告，当节目结束时，观众已经跟上了"直播"。截至2017年，53%的美国家庭拥有DVR，高于2010年的40%和2007年的23%。[33]（这给我们提供了另一个秘密4的例子——没有什么是新鲜的：过去发生的一切都会再度发生）

虽然有线电视在美国人的收视选择中占据主导，但卫星传输在世界大部分地区更为常见，摩洛哥菲斯（Fez, Morocco）的这些屋顶就说明了这一点。

从以上这些数据你可能已经注意到，DVR使用率的增长在过去几年中已大幅放缓。为什么呢？这可能不是说人们不想按照自己的时间表看节目。相反，人们现在有更多的选择，而不仅仅是预先录制节目。例如，2015年的一项研究显示，76%的美国家庭拥有DVR或使用某种形式的视频点播（video on demand, VOD），包括

Netflix等流媒体服务、频道的智能电视应用程序，或有线电视、卫星电视提供商的点播系统。[34]

2019年6月，最后一家模拟广播电视台被关闭了。然而，这并不意味着所有人都开始使用新的数字电视。相反，许多人继续通过数字有线电视或卫星电视的机顶盒或转换机顶盒收看电视节目。在模拟广播关闭后的两天里，美国联邦通信委员会（FCC）接到了大约40万通电话，远低于预期的60万到300万通。[35]

有两种不同的数字格式。高清电视（high-definition television, HDTV）是一种宽屏格式（类似于影院电影），具有超清晰的高分辨率图像和优质的声音。另一种数字格式是标准数字电视（standard digital television），它可以在当前承载一个频道的相同频率空间有多达六个频道广播（然而，这种图像并不比现有信号产生的图像好多少[36]）。使用标准数字格式，美国公共电视网（PBS）可以选择在当前分辨率下推出一个高清电视节目或四个数字节目，让孩子们在任何给定的时间都能在《亚瑟小子》（*Arthur*）、《飞溅和气泡》（*Splash and Bubbles*）、《小老虎丹尼尔和邻居们》（*Daniel Tiger's Neighborhood*）和《恐龙列车》（*Dinosaur Train*）之间做出选择。

高清电视的发展始于20世纪80年代，1998年11月1日，"发现号"航天飞机的发射是首次使用数字电视信号进行全国广播的事件。只有来自20个城市的几百人观看了这次广播，42个电视台传送了数字信号。[37]截至2015年3月，大约81%的美国家庭至少拥有一台高清电视，52%的美国家庭拥有一台以上高清电视。总体而言，2017年美国使用的电视机中，有79%是高清电视，高于2014年的59%和2007年的仅仅11%。[38]

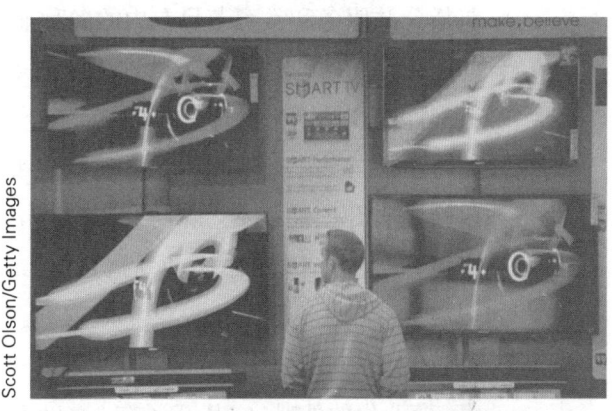

自从所有电视广播在2009年转换为数字信号以后，高清电视（HDTVs）变得越来越普遍了。如果观众想继续使用老式的模拟电视机，他们需要有线/卫星连接或转换箱。

Scott Olson/Getty Images

不断变化的电视业务

20世纪40年代，电视起源于三家主导广播行业的电视网：NBC、CBS和ABC。也有一些独立的电视台，如芝加哥的WGN和纽约的WOR，它们是从主要的独立广播电台发展而来的,但在很大程度上,几乎每个人都在看NBC、CBS或ABC。在20世纪80年代有线电视和录像机大受欢迎之前,这种情况一直保持不变。

自电视产业出现以来,三大电视网就是向全国各地的地方电视台提供节目的公司。这些附属电视台需要从联邦通信委员会获得许可证、设备和当地员工。播出什么节目由当地电视台决定。如果一个电视台播出了一个特别的节目,它就会从电视网获得一笔费用,以及节目期间销售本地广告的收入。电视网从节目播放期间的全国商业广告中获利。如果个别电视台认为,它可以通过播出本地制作的节目(比如大学篮球赛)或独立制片人的节目赚到更多的钱,那么它可以这么做。在这种情况下,电视台支付节目费用,但保留所有的广告收入。唯一的例外是每个电视网所拥有和运营的十几家电视台,虽然它们有一定的独立性,但这些电视台必须取悦它们的网络所有者。[39]

美国的非商业广播最初被构想为提供教育节目的一种方式。随后国会通过了1967年的《公共广播法》(*the Public Broadcasting Act*),设立了公共广播公司,为包括公共服务和教育节目在内的各种非商业节目提供资金。非商业的,或者说公众的电视台开始通过一个新的网络——美国公共电视网(PBS)来分享节目。这个非营利性的广播网络由政府拨款、私营企业赞助和观众支持提供资金。[40]

虽然公共广播电视网(PBS)的电视台最终广泛普及,但除了白天的儿童节目,包括具有开创性的《芝麻街》(*Sesame Street*)在内,它们往往观众较少。[41]《芝麻街》的创作者琼·甘兹·库尼(Joan Ganz Cooney)表示,推出这个节目的目的是为弱势儿童在贫民区学校提供早教帮助:"我们认为,这将使所有弱势儿童掌握同样的技能,就像中产阶级的孩子一样。"[42]《芝麻街》还被设计出了一种时尚、快节奏、商业化的外观。它甚至还有"赞助商",比如数字5、字母Q和U。

该节目于1969年11月8日首播时,立即吸引了大批观众,即便到现在它仍然是所有儿童节目中收视率最高的节目之一。但它在帮助弱势儿童培养阅读技能和数学技能方面是否成功呢?这个问题很难回答。至少有一项重要研究发现,《芝麻街》成功地让孩子们为上学做好了准备,但"优势"儿童与弱势学生从中获得的收获完全一样;因此,这档节目并没有缩小贫富差距。

2015年夏天,制作这个节目的非营利组织

《芝麻街》邀请了来自不同背景的嘉宾,包括常驻卡司成员大鸟(Big Bird)、霍珀先生(Mr. Hooper)和詹姆斯·厄尔·琼斯(James Earl Jones)。

"芝麻街工作室"(Sesame Workshop)声明，它已经与优质有线电视网络HBO签署了一项为期五年的协议，约定每年播放35部新剧集，多于之前为公共广播电视网制作的每年18部新剧集。在HBO独家播出9个月后，新剧集将在PBS上免费播出。芝麻街工作室的负责人表示，他们签署合同是为了给制作公司一个更稳定的财务基础，并使该节目能够在移动设备上观看。批评人士指出，在HBO首播新剧集将背离帮助低收入儿童的教育目标。[43]

20世纪90年代，PBS凭借诸如肯·伯恩斯（Ken Burns）拍摄的《美国内战》(The Civil War)和《棒球全史》(Baseball)之类的纪录片吸引了大量观众。这些观众也随之带来了多家大公司的支持。这些公司希望他们的简短承销公告能够惠及观看PBS的高端观众。这些公告并不完全是商业广告，但它们确实允许企业向观众传送简短的信息。PBS近期的赞助商包括石油巨头英国石油公司（BP）、GMC卡车、美国电话电报公司（AT&T）和州立农业保险公司（State Farm Insurance）。最近，PBS凭借引进的英国节目，如《英国家庭烘焙大赛》(The Great British Baking Show)、《维多利亚》(Victoria)和《波尔达克》(Poldark)吸引了大量观众。

20世纪80年代，广播市场发生了许多变化。不仅录像机和有线电视变得流行，还出现了一个新的广播网络。澳大利亚报纸出版商鲁伯特·默多克（Rupert Murdoch）在收购了20世纪福克斯并将其纳入他庞大的全球媒体帝国之后，随即启动了福克斯广播网（Fox broadcast network）（参见第三章）。1986年，默多克收购了十大电视市场中的六家电视台，让这家新的电视网开播。尽管公司此前曾尝试建立可替代的广播网络，但都没有真正成功。默多克的优势在于，在20世纪80年代，人们开始习惯于收看有线电视频道，这意味着他们不再只依赖常规的电视网节目。

福克斯能够吸引独立电视台，是因为它为它们提供了免费的节目内容，而非让它们依赖于辛迪加素材（syndicated material），其中大部分是网络重播。最初提供的节目有限，先是琼·里弗斯（Joan Rivers）主持的一档深夜脱口秀，然后从1987年开始有周日晚间节目。

虽然福克斯通过《辛普森一家》(The Simpsons)和《已婚夫妇》(Married)等节目吸引了观众，但让它声名大振的是从三大广播网络抢走了美国职业橄榄球大联盟（NFL）的比赛转播权。NFL橄榄球比赛是人们常常观看的节目；目前，他们不得不在新的网络上观看。福克斯还通过《X档案》(The X-Files)和《飞越情海》(Melrose Place)等热门节目吸引到了广告商垂涎的30岁以下观众。[44]三大电视网正在成为四大电视网。

最近，福克斯电视台通过热播节目，如《橄榄球大联盟联赛》(the OT)、《蒙面歌手》(*The Masked Singer*)、《鲍勃汉堡店》(*Bob's Burgers*)以及《辛普森一家》(在撰写本书时,这些节目已经播出了30多年),吸引了大量观众。

定义收视率

对于无论是广播电视网还是有线电视网来说,其最大的关注点之一就是观众规模。商业广告的费率决定了广播电视网的全部收入以及有线电视服务的很大一部分收入,而这取决于在特定时间观看某个节目的人数。

过去,测量电视观众人数至少在原则上相当简单。你只需了解通过三大主要电视网之一,在给定的时间内观看某个特定节目的人数,就有了答案。你所依赖的是一小部分必须填写复杂日记或使用机顶"人员测量仪"(people meter)的有限样本,这可能会使事情稍微复杂一点,但基本上很简单。但现在我们有四大主要的英语广播电视网、环球电视网(美国)西班牙语广播网(the Univision Spanish-language broadcast network)、PBS、几个小型广播电视网、数十个主要的有线电视网和数百个专业有线电视网。还有一个问题是测量观看这些节目的替代方式,其中最重要的是通过DVR延迟观看。

由于收视选择的增多,一档节目得以成功所需的收视率已经降低了。2019年,广播电视上收视率最高的节目是NBC的《周日橄榄球之夜》(*Sunday Night Football*),观众多达2400万。收视率最高的电视剧是长期播出的《生活大爆炸》(*Big Bang Theory*),该剧大结局吸引了2480万观众。[45]

现在超过53%的家庭拥有DVR,延迟观看节目的人数变得更加重要。测量电视观众的尼尔森公司(Nielsen)现在考虑以下几个方面:

• 现场直播——观看节目直播的观众。

• 直播+存储(Live + SD)——当天观看节目的观众。如果你将一档节目录制在DVR上,并且在节目开播15分钟之后进行观看,那么你就属于这个类别。

• 直播+3(Live+3):在节目播出后三天内观看的观众。

• 直播+7(Live+7):在节目播出后七天内观看的观众。这是衡量一个节目受欢迎程度最全面的指标[然而,这并不包括我三个月前录制的美食网竞赛节目《剁碎》(*Chopped*)的某一集,但我昨晚才看]。[46]

收视数据(即收视率)的主要提供者是"尼尔森媒介研究公司"(Nielsen Media Research)。该公司跟踪了全美9000个家庭所观看的节目。虽然尼尔森家庭(Nielsen families)会因为他们的参与而得到一笔象征性的报酬,但他们基本上是自愿跟踪他们所有的电视收视情况。尼尔森使用多种方法来衡量受众规模。在最大的城市市场，该公司使用人员测量仪，观众按机器上的按钮来记录特定时间正在观看节目的人员。在较小的市场，观众填写每日日记，列出他们所观看的内容。

虽然尼尔森全年跟踪整个网络的观众人数，但该公司仅在每年的11月和次年的2月、5月和7月对各台的观众规模进行调查，这段时间被称为"扫描期"（sweeps）。网络和个别电视台经常把它们最好的或至少是最受欢迎的节目安排在收视率最高的时段。更高的收视率使得他们可以收取更高的广告费。尼尔森还跟踪观众的年龄和性别，而广告商常常既关心观众的绝对数量，也关心观众的人口统计特征。

尼尔森为网络和电视台提供了一些不同的衡量指标。其中最为重要的衡量指标是收视率（rating point），即所有实际观看节目的潜在电视受众的比例。例如，尼尔森估计2017年有1.196亿的家庭使用电视。如果有119.6万个家庭观看了某个特定的节目，那么这将产生1的收视率（119.6万/11960万=0.01，即潜在观众总数的1%）。一个有1500万家庭观看的节目的收视率为12.5。[47]

尼尔森提供的第二个主要衡量指标是份额（share），即某个时段收看某个特定节目的观众人数占正在观看电视的总人数的百分比。这个份额不是告诉制片人有多少家庭在看这个节目，而是衡量一个特定节目与当时播放的其他节目相比的受欢迎程度。虽然在凌晨1点播出的节目收视率可能相对较低（比如3或4），但它所占的份额可能很高（15或20），因为有很大一部分的小群体观众正在观看。[48]

缓慢进行的一场地震

福克斯、有线网电视以及录像机彻底改变了电视行业——媒体作家肯·奥莱塔（Ken Auletta）将这一系列变化称为"缓慢进行的一场地震"。1976年，黄金时段的观众属于三大电视网，90%的观众收看电视网节目。到1991年，这三大电视网失去了三分之一的观众。这些观众并没有停止看电视；他们只是转向了其他频道。1976年，普通家庭有7个电视频道可供选择；到1991年，有33个有线电视频道可供选择。[49]现如今，拥有数字有线电视节目的家庭可以访问数百个频道以及众多流媒体服务。

这场地震中的另一环节是初始的三大巨头网络在1985年被出售给了新的所有者。全国广播公司（NBC）被通用电气（General Electric）收购，哥伦比亚广播公司（CBS）被投资人拉里·蒂施（Larry Tisch）收购，美国广播公司（ABC）被首都城市通信公司（Capital Cities Communications）收购。从那时起，ABC由迪士尼公司接管，CBS被维亚康姆（Viacom）收购并剥离，康卡斯特（Comcast）收购了NBC。网络不再由创建它们的人所控制。[50]地震也影响了利润。20世纪90年代，广播电视网的收益大幅下降，而有线电视网的收益却在增长。有线电视频道的利润通常高于广播电视网。有线电视频道是华特迪士尼公司、NBC环球、福克斯公司和华纳传媒最赚钱的部分。

作为体育直播的主要机构之一，娱乐与体育电视网（ESPN）长期以来一直是迪士尼帝国中最盈利的部分之一，但在不断变化的电视环境中，它可能面临的挑战远不止于2020年春季新冠病毒几乎使所有体育节目停播而失去观众所遭受的境遇。2018年，ESPN在体育转播权上花费了近80亿美元，但该网络的订阅用户从2012年的1亿减少到2017年的略低于9000万。[51]鉴于每个订阅用户平均每月支付约8美元，这意味着每年损失8000万美元的收入。尽管广播电视网的盈利能力较低，但它们的观众通常比有线电视服务的观众多得多。2018—2019年最受欢迎的有线电视节目是AMC电视台的连续剧《行尸走肉》(*The Walking Dead*)，平均每周吸引790万观众，而更典型的节目每周吸引约400万观众。像《海军罪案调查处》(*NCIS*)这样的收视率位居榜首的电视节目通常能吸引1700万到1800万观众。[52]

那么，为什么有线电视频道比广播电视网更赚钱呢？传统意义上，有线电视节目的制作成本低于广播电视网节目的制作成本，但在过去几年中，有线电视节目的开支增长迅速。然而，最大的不同之处在于广播公司只有单一的收入来源——广告，而大多数有线电视频道同时拥有订阅费和广告收入。不管订阅者是否收看，有线电视频道都要收取订阅费。这些费用从ESPN的每月7.69美元，到TNT的每月2.09美元、福克斯新闻的每月大约2美元，直至美食网的每月22美分不等。[53]

从奥莱塔（Auletta）于20世纪90年代首次描述这些已经开始的变化之后，在过去的15年里，我们看到了一种全新形式的电视流媒体服务的崛起，比如Netflix、Hulu和亚马逊Prime。Netflix是这些服务中最受欢迎的，在全球约有1.58亿用户，在美国有6100万用户。[54]每个订阅这些服务的美国用户每月需支付12.99美元来购买"最受欢迎的套餐"，以获取大量的电影、旧电视节目和原创节目。这听起来很像有线电视吧？不同之处在于，观看Netflix不需要有线电视合同——只需要高速网络连接——观众就可以选择想看的内容和观看时间。[55]

我们将会在本章节探讨更多关于流媒体及其如何促进电视转型的内容，包括迪士尼和华纳传媒如何推出新的流媒体服务。

电视的多样性

广播电视和主要的有线电视网因歪曲事实而受到广泛批评。除了电视喜剧中的人物不仅有吸引力、有趣,而且能在不到一小时内解决问题之外,还有人抱怨电视所呈现的世界绝大多数是白人、男性和中产阶级。

亚裔美国人的画像

日裔美国电视网高管斯科特·萨萨(Scott Sassa)回忆说,当他还是个孩子的时候,看到一个盎格鲁(Anglo)血统的演员扮演亚裔角色让他感到沮丧。"我得告诉你,在我的成长过程中,看到大卫·卡拉丁(David Carradine)扮演一个中国人让你很生气。"萨萨说。他指的是武术系列电影《功夫》(Kung Fu,更多关于白人演员扮演有色人种角色的做法,参见第七章关于"洗白"的部分)。萨萨表示,如果电视台想留住他们的观众,就必须以一种有意义的方式接触非白人:

> 人们不仅希望在电视上看到与自己外貌相似的人,还希望看到能成为榜样的人,希望自己能成为那样的人。这就是我们需要做的——塑造多元化的榜样,让这些少数群体的人感觉良好。[56]

从萨萨的孩提时代起,对亚裔角色形象刻画的改善情况就喜忧参半。几十年来,白人演员汉克·阿扎利亚(Hank Azaria)在福克斯的经典动画片《辛普森一家》中扮演了一系列角色。但在他扮演的所有角色中,诸如酒保莫伊(Moe)、警察局局长维古姆(Wiggum)和芬克教授(Fink),他最出名的当属阿普(Apu),他是便利店Kwik-E-Mart的印度裔老板。自1990年该剧开播以来,阿扎利亚就一直为阿普配音,他说这个角色部分模仿的是英国演员彼得·塞勒斯(Peter Sellers)在黑脸妆容下扮演一个笨手笨脚的印度人。在听到一系列批评,尤其是喜剧演员哈里·孔达博卢[Hari Kondabolu,他制作了纪录片《与阿普的问题》(The Problem with Apu)]的批评后,阿扎利亚逐渐对扮演这个角色感到不自在。孔达博卢在2012年的一次演出中表示,"现在印度人已经够多了,我不能仅仅因为你是印度裔就喜欢你……因为在成长过程中,我别无选择,只能喜欢这个:阿普,一个由白人汉克·阿扎利亚配音的卡通人物。一个白人在模仿另一个白人取笑我的父亲。"[57]

阿扎利亚在接受《纽约时报》的采访时表示:"一旦我意识到这个角色可能面临的遭遇,我就不想再参与其中了。""就是感觉不对。"因此,从2019年开始,阿扎利亚不再为《辛普森一家》中的阿普配音。

相比之下,美国广播公司(ABC)的《初来乍到》(Fresh Off the Boat)则以亚裔演员为主,讲述了一个华裔美国移民家庭的生活。韩裔美国演员兰德尔·朴

（Randall Park）在剧中扮演的是丈夫同时也是父亲的角色——路易斯·黄（Louis Huang）。他说，朴过去一直拒绝扮演带有口音的角色，以避免"带有刻板印象或以某种方式具有冒犯性"的角色。"问题在于，如果一个角色仅仅代表外国人，而且那个口音是这个角色唯一的象征……但我觉得在《初来乍到》的路易斯和其他我所扮演过的角色中，口音更能体现一个人的本质。"[58]

《初来乍到》从2015年到2020年播出了六季。喜剧演员珍妮·杨（Jenny Yang）在该剧中扮演母亲的角色。她说，她创造了"代表焦虑"（rep sweats）一词来描述作为为数不多的在电视上扮演亚裔角色的亚裔美国演员所承受的压力。她说，"（亚裔）太不显眼了，每次在电视上有机会看到自己的形象，都要激动地屏住呼吸"。[59]

《赫芬顿邮报》（*Huffington Post*）的流行文化博主梅龙·莫戈斯（Meron Mogos）在2013年指出，最近的电视节目中至少有一个配角是少数族裔，但很少有非白人主演的角色。这种情况在2012年开始改变，当时美国广播公司（ABC）的热门节目《丑闻》（*Scandal*）开始播出，这是40年来第一部以非裔美国女性为主角的电视剧。[60]该剧由凯丽·华盛顿（Kerry Washington）主演，由曾出演《实习医生格蕾》（*Grey's Anatomy*）的珊达·瑞姆斯（Shonda Rhimes）担任编剧。华盛顿的角色是基于真实的非洲裔美国女性朱迪·史密斯（Judy Smith）改编的，她曾是乔治·W.布什（George W. Bush）政府的通信联络办公室主任，后来成为危机管理专家。

加州的一些媒介素养专业学生曾指出，广受欢迎的儿童剧《天才魔女》（*That's So Raven*）由雷文·西蒙尼·皮尔曼（Raven-Symoné Pearman）领衔主演，她在剧中饰演一个有通灵能力、能短暂预见未来的非裔美国女孩。[61]该剧于2003年至2007年在迪士尼频道播出。

华盛顿在接受CNN采访时表示，她所扮演的奥利维亚（Olivia）"碰巧身为女性且是非裔美国人，这些元素共同构成了她的特质。是否其他种族的人也可以扮演她？是的。这会改变故事情节吗？这会改变角色吗？是的。"[62]华盛顿在接受美国黑人网（BlackAmericWeb）采访时表示：

> 讲故事的行业开始理解人们对包容性的回应，这真的令人兴奋。把某些人排除在外无法成就自己。把某些人晾在一边也无法成就自己。我们开始看到更多的多样性，这真的太棒了。这对每个人都好。这对黑人好，对白人好，对每个人都好。[63]

继《丑闻》之后，又有几部以黑人女性为主角（或为主要角色）的剧集问世，包括ABC的《逍遥法外》(*How to Get Away with Murder*)[维奥拉·戴维斯(Viola Davis)]、ABC的系列剧《喜新不厌旧》(*Blackish*)[特蕾西·埃利斯·罗斯(Tracee Ellis Ross)]等,为福布斯(*Forbes*)撰稿的马德琳·伯格(Madeline Berg)指出,这些剧集均吸引了大量非黑人观众。《喜新不厌旧》的非黑人观众占79%,而《不安感》的非黑人观众占61.5%。营销学教授米罗·奥皮克(Miro Opic)告诉伯格,"消费者和观众会抗拒观看以非裔美国人或其他族裔为主角的剧集这一观念终于开始减弱了。"[64]

薄荷(又名阿格尼斯·摩尔)是第九季《鲁保罗变装皇后秀》的亚军。该节目在那一季从以同性恋为主题的LOGO频道搬到了主流频道VH1。

在管理方面,2016年2月,迪士尼宣布,非裔美国女性钱宁·邓吉(Channing Dungey)被任命为ABC娱乐公司(ABC Entertainment)的总裁。邓吉是该电视网的第一位非洲裔总裁,她参与了《丑闻》、《犯罪心理》(*Criminal Minds*)、《逍遥法外》(*How to Get Away With Murder*)和《童话镇》(*Once Upon a Time*)等热门剧集的制作。[65] 如果你想自己做一些比较,2019年,美国人口普查局将美国目前的人口按种族和出身进行了如下分类:

- 非西班牙裔白人——76.5%
- 西班牙裔人——18.3%
- 非裔美国人——13.4%
- 亚裔——5.9%
- 多种族——2.7%
- 印第安人——1.3%
- 太平洋岛民——0.2%

(这些数值相加超过了100%,因为有些人属于多个类别。[66])

联合电视(Univision)和西班牙语广播

虽然拉丁美洲人在四大英语电视网

Univision新闻主播乔治·拉莫斯表示,他的工作是关注对拉美裔和移民人群来说很重要的问题,他说这些人通常没有发言权。

中的代表性极低，但西班牙语电视却有了显著的增长。2013年，在18至49岁的关键人群中，联合电视在尼尔森二月的收视调查期间排名关键的第四位；2015年8月，联合电视一部受欢迎的肥皂剧曾帮助其在18—34岁人群的收视率排名中连续一周位居第四。2017年，联合电视在所有广播网络中与CW并列第五，但也正遭受着大部分西班牙语媒体的低迷困境，因为大部分西班牙裔美国人是土生土长的，而并非移民，他们要么能说两种语言，要么只说英语。[67]最近，联合电视面临着来自一系列流媒体服务以及NBC环球旗下Telemundo越来越激烈的竞争。[68]

联合电视的新闻往往持有明确的观点，这与拉丁美洲和欧洲的新闻报道更相似，而与更客观、超脱的美国广播电视网的报道不同。主持人豪尔赫·拉莫斯（Jorge Ramos）表示，他的新闻榜样其实是意大利记者奥里亚娜·法拉奇（Oriana Fallaci）。法拉奇因与亚西尔·阿拉法特（Yasir Arafat）、穆阿迈尔·卡扎菲（Moammar Gadhafi）和阿亚图拉·霍梅尼（Ayatollah Khomeini）的对抗性采访而闻名。在2016年总统竞选期间，拉莫斯与共和党候选人唐纳德·特朗普（Donald Trump）展开了激烈辩论，甚至在初选期间被赶出了特朗普在艾奥瓦州迪比克（Dubuque, Lowa）举行的一场新闻发布会。但对拉莫斯来说，与难对付的消息来源进行对抗并不是什么新鲜事。他和他的摄影师曾试图在墨西哥的一次峰会外对古巴领导人菲德尔·卡斯特罗（Fidel Castro）进行突袭采访，这导致拉莫斯被卡斯特罗的保镖打倒在地。还有一次，拉莫斯在询问哥伦比亚总统埃内斯托·桑佩尔（Ernesto Samper）接受卡利贩毒集团（Cali drug cartel）的竞选捐款后收到死亡威胁。[69]

联合电视最受欢迎的节目一直是电视连续剧或肥皂剧，它们在前20个西班牙语节目中占据了15个，且在拉丁美洲和美国都很受欢迎。拉美电视剧（telenovelas）主要在墨西哥和巴西制作，是极其详尽和复杂的迷你连续剧，每个故事持续半年到一年。[70]但Telemundo广播电视台凭借其所谓的有关墨西哥毒枭的"毒品题材电视剧"在吸引年轻观众方面做得更好，这些剧集的目标受众是在美国出生的双语拉丁裔人群。正如《华尔街日报》在2018年所指出的那样，拉美裔移民在过去十年中增长大幅放缓，移民的方向更多的是从美国流向墨西哥，而不是从墨西哥流向美国。《华尔街日报》记者基奇·哈吉（Keach Hagey）写道，Telemundo正面对这样一个事实：在美国出生的西班牙裔人口越来越多地占主导地位。拉丁裔媒体顾问费德里科·苏贝维（Federico Subervi）说："与联合电视相比，Telemundo开发了更有活力的内容，更符合美国本土的拉丁裔观众的口味。联合电视的内容则更传统，强调传统墨西哥的价值观。"[71]

黑人娱乐电视台

有线电视也有试图吸引非白人观众的网络。其中最为显著的是黑人娱乐电视台（BET）。这个一天24小时不间断播出的电视网覆盖了近8500万个家庭。2017年，该网络在基础有线电视网中排名第49位，平均观众人数为47.5万，比前一年增长了7%。[72]

BET成立于1980年，是华盛顿特区的一个地方频道，也是美国第一个由黑人所拥有的有线电视网。[73]BET最初主要播出脱口秀和音乐视频；最近，该电视台在2017年凭借嘻哈真人秀婚礼系列《古驰·马内与凯西娅·考伊尔：盛大婚礼》（*Gucci Mane & Keyshia Ka'oir: the Mane Event*）以及一系列的电视剧、喜剧、竞赛节目、颁奖典礼和其他网络节目的重播取得了相当大的成功。[74]

除了在吸引观众方面取得的成功之外，BET还实现了盈利，因为通用汽车等主要广告商正在寻找能够覆盖非白人消费者的媒体。《纽约时报》分析认为，这是针对美国人口中不断增加的非洲裔、西班牙裔、亚裔消费者的多元文化营销这一持续趋势的一部分，这些消费者在美国人口中所占的比例不断增加。BET的路易斯·卡尔（Louis Carr）表示，必须更加认真地对待非白人消费者，不能将其视为次要目标，而应视为主要目标。在纽约、芝加哥、洛杉矶、底特律和费城等地，如果将非裔美国人、西班牙裔和亚裔人口加起来，他们就不再是少数群体了。他们是多数群体（这个例子再次印证了秘密3——一切事物都会从边缘向中心移动）。[75]

电视和社会

在20世纪40年代末和50年代初，很少有新的社会机构能像电视那样迅速成为社会不可分割的一部分。1948年，只有不到10万台电视机在使用；一年后，这个数字超过了100万；到1959年，有5000万台在使用中。在不到十年的时间里，电视已经成为美国人日常生活的一部分。在监管严格的欧洲市场，电视观众人数的增长往往比较缓慢，我们在第十五章中将对此进行深入讨论。

随着电视变得普及，人们开始担心它对观众的影响：人们花在看电视上的时间有多少？它会取代哪些活动？人们为什么看电视？最重要的是，电视节目的内容对观众会产生什么影响（如果有的话）？它会导致暴力和青少年犯罪吗？它会让孩子过早地进入成人世界吗？它会改变社会吗？

在《富足频道》(Tube of Plenty)一书中,埃里克·巴尔诺(Erik Barnouw)认为电视对社会产生了革命性的影响:

> 电视的出现,就其影响而言,曾被广泛地与几个世纪前古腾堡印刷术的出现相提并论。电视开始被视为更具革命性的创新。其原因显而易见,以至于很少被讨论。一方面,看电视除了正常的人类功能外不需要任何技能。另一方面,阅读是一种经过多年努力和训练而获得的技能,并非每个人都能掌握。它通常涉及父亲、母亲、祖父、祖母、教师、牧师和其他人的教导,这是一种有利于社会连续性的因素,是一种价值观的传递。电视绕过了这一切。它可以从摇篮或游戏围栏中开始,而且经常如此。它可以绕过父亲、母亲、祖父、祖母。它远比老师和牧师更早地接触到孩子。他们在文化适应过程中的作用已大大降低。他们偶尔、断断续续地试图通过控制屏幕上的图像来重新获得更具决定性的角色——但那种控制已经转移到了其他地方,转移到了商业世界。在一个具有历史意义的发展过程中,电视所传递的信息已成为占主导地位的社会教义。[76]

巴尔诺认为,尽管随着有线电视、卫星电视和家庭视频的发展,电视观众已经分散,但在现代世界,电视仍然是占主导地位的共享体验,接触到的人比学校、家庭和教堂都多。

社会评论家之所以如此关注电视的影响,原因之一是美国人花费大量时间看电视。Recode博客报道称,2017年,美国人每天通过多任务处理使用媒体的时间略多于12小时。传统电视(广播电视、有线电视和卫星电视)每天约占4小时,在移动设备上为3小时17分钟,在台式电脑上为2小时,在其他联网设备上为36分钟。请注意,在电脑、平板电脑或手机上疯狂追剧在本研究中不被视为看电视,即使你可能认为是在看电视。[77]美国劳工统计局估计,15岁及以上的人平均每天花2.7小时看电视。这项研究未计入在移动设备或其他流媒体上花费的时间。[78]

电视收视还可以从它如何占据我们的闲暇时间方面来审视。一项关于电视在我们日常生活中的功能的研究指出,美国人平均将一半的休闲时间用于看电视。同一项研究表明,在晚上的任何给定时刻,超过三分之一的美国人口正在看电视;在冬天,这一比例上升到50%以上。[79]恺撒家庭基金会(Kaiser Family Foundation)的一项研究发现,孩子们平均每天花四个半小时看电视。尽管他们在电视机前花费的时间减少了,但情况仍是如此。这怎么可能?虽然电视机仍是年轻人中最受欢迎

的媒体设备,但电视机正逐渐被计算机、平板电脑或手机所取代。[80]（如果需要更多这方面的研究数据,可以回看第一章）

尽管电视收视情况通常以平均观看时间来报告,但这些数据反映并不全面。重度电视观众和轻度电视观众之间的差异可能很大。1990年的一项研究发现,经常看电视的人往往比轻度观众独自在家的时间更长。该研究还表明,轻度观众比重度观众花费更多的时间散步。

不幸的是,这些研究通常无法确定人们为何会有这样的行为。重度观众是特意待在家里看电视,还是由于某种原因无法出门？也许喜欢散步的忙碌人士没有时间看电视。一个不难解释的发现是,在电视上观看体育节目的人也往往会参与体育运动。该研究还发现,人们阅读的时间似乎并未受到看电视时间长短的影响。[81]

观众如何使用电视？

除了调查人们看电视的时间长短之外,研究人员还调查了人们如何看电视以及为何看电视。这些研究旨在确定人们如何观看电视以及他们从中获得了哪些满足（或益处）。这些研究的核心前提是,电视（像其他媒体一样）并非对观众施加影响的行动者。相反,观众是积极的参与者,他们选择节目是为了满足特定的需求。

这些需求可能是什么呢？一项名为《孩子们生活中的电视》(Television in the Lives of Our Children)的研究发现,儿童看电视的原因与成年人的许多原因相同：

- 为了获得娱乐。
- 为了学习事物或获取信息。在许多情况下,此类信息与社会化有关：如何表现得像个成年人？如何成为更出色的运动员？其他人如何生活？
- 出于社交原因。电视内容本身无关紧要,重要的是他们与朋友一起观看,或者第二天在学校讨论。

研究人员还发现,不同的孩子出于不同的原因观看同一个节目。一个孩子可能因为孤独而观看一部卡通节目,因为该节目能给予陪伴；另一个孩子可能因为它能让自己发笑而观

1961年,女演员玛丽·泰勒·摩尔在《迪克·范·戴克秀》上穿着卡普里裤跳舞,引发了网络审查的大混乱。摩尔为自己的着装辩护说："我会按照我在现实生活中的穿衣方式来穿。"

看；第三个孩子可能因为朋友们在看所以他自己也看。[82]

电视标准

在20世纪50年代和60年代，电视网和广告主对电视节目内容施行了严格的控制。例如，玛丽·泰勒·摩尔（Mary Tyler Moore）和迪克·范·戴克（Dick Van Dyke）在1961年至1966年播出的《迪克·范·戴克秀》（*The Dick Van Dyke Show*）中扮演已婚夫妇劳拉（Laura）和罗伯·皮特里（Rob Petrie）。尽管结婚了，皮特里夫妇却不得不睡在两张单人床上。当摩尔在节目中穿着牛仔裤和卡普里裤（capri pants）之时，赞助商们惊讶不已，因为这类服装可能会被认为带有某种暗示意味。摩尔与赞助商进行抗争并获胜，她说："我将按照我在现实生活中的穿着来参加节目。"[83]这是喜剧演员鲍尔（Ball）明显怀有身孕时，在她的节目中不得不使用"期待"（expecting）而不是"怀孕"（pregnant）这个词的时代。[84]每家电视网都有自己的播出内容标准，并由实践部门最终决定。这些部门最多曾经有60人同时工作，目标是确保电视台不会因为播出冒犯性的内容而失去观众或赞助商。自20世纪80年代以来，其规模已经减少了50%甚至更多。这种变化部分是由于20世纪70年代整个社会标准的放宽，但也是对有线电视节目更明确的内容的一种回应。[85]曾在美国广播公司（ABC）工作三十多年的电视审查员阿尔弗雷德·施奈德（Alfred Schneider）观察到，与过去几十年相比，如今的电视网在处理棘手话题时更加自由：

> 某些时候，你在其他节目中不允许做的事情，在一档特别节目中你可以去做。我曾经说过，在我的有生之年，电视网上永远不会出现正面全裸的镜头，但是，我错了。我在有生之年看了《战争与回忆》（*War and Remembrance*），我允许了在集中营场景中的全裸画面。最后，我辩解道，这不是裸体，这是死亡。
>
> 随着更多分销系统的增长、独立制作的增加，我的立场将不得不改变。随着民众受教育程度的提高、好奇心的增强以及对问题越来越关注，我将愿意承担更大的风险，因为我知道人们会寻求他们自己的选择。[86]

1997年，广播公司从根本上改变了它们的节目制作方式；它们不再在那些被认为不适合儿童观看的节目前偶尔发出警告，而是采用了一种模仿电影的两级评分系统。有一个与电影系统非常匹配的年龄适宜度评级，分为G级、PG级、TV-14级（适合14岁及以上的青少年）和TV-MA级（适合成年观众）。[87]许多网络还提供内容评级,如S(性内容)、V(暴力)、L(粗俗语言)和/或D(成人对话)。同样在1997年,所谓的V芯片(一种允许家长屏蔽特定内容等级的节目的电子设备)开始被安装在电视机上。

电视制作人最初担心带有暴力或色情内容的节目更难推向市场。但是,广播公司并未限制电视内容,而是利用评级向观众发出警告,告知他们节目中的内容会很露骨。正如雪城大学布莱尔电视与流行文化中心(Syracuse University's Bleier Center for Television and Popular Culture)主任罗伯特·汤普森(Robert Thompson)所指出的:

 **测试你的媒介素养:消失的地域**

媒介学者约书亚·梅罗维茨(Joshua Meyrowitz)在他的《消失的地域》(No Sense of Place)一书中指出,电视的存在本身就对社会产生了影响,因为它打破了人与人之间的藩篱。他说,在过去,人们仅限于与那些能够面对面看到和听到的人进行交流。梅罗维茨描述了电子媒体尤其是电视的出现是如何改变这一切的:

> 由墙壁、门和带刺铁丝网标记,并由法律、警卫和训练有素的狗强制执行的边界,继续通过纳入和排除参与者来界定各种情况。但在今天,这些用边界进行界定的作用仅限于通过限制实际访问来限制信息的程度。[88]

这些边界在许多层面上都可以被打破。一个看电视的孩子可以看到人们谈论诸如不忠、怀孕或变装等成人话题。纽约市的一名青少年可以看到干旱对艾奥瓦州人民的影响。年轻男性可以在"闺蜜之夜"(girls' night out)偷听女孩们的谈话。这里出现的每一种情况,在电视出现之前的时代,观众都会因为他或她的"位置"而被孤立,无论这个"位置"是地理位置、年龄、性别还是社会经济地位。但电视让每个人都能平等地看到这些以前相互独立的世界。

这种地域的消失不仅发生在美国内部,而且遍及整个工业化世界。正如我们在第三章中所讨论的,美国是世界上最大的娱乐节目供应商,同时它也是世界上最大的图像供应商。CNN和其他基于卫星的电视新闻服务对社会所产生的最重要的影响是,它们使世界各地的人们能够同时获得相同的信息,无论这些人是国家元首、外交官、士兵还是公民。CBS《60分钟》的资深制作人、已故的唐·休伊特(Don Hewitt)曾说,全球信息共享正在改变世界:

> 当灾难发生时,过去人们常常会一起奔赴教堂避难。然后电视出现了,当你在看沃尔特·克朗凯特(Walter Cronkite)的时候,有一种美妙的感觉,成千上万的美国人在与你分享这种情感体验。现在,一旦有任何事情发生,他们都会跑到CNN,心想:"全世界都在和我分享这段经历。"[89]

谁是源头?
约书亚·梅罗维茨是谁?他写过哪些著作?

他在说什么？	何地发生的？
根据梅罗维茨的观点，电视如何改变了社会？当梅罗维茨说电视和其他电子媒体打破了地域的限制时，他是什么意思？梅罗维茨认为电视正在打破什么样的障碍？	你和你的同学对梅罗维茨的论点有什么看法？列举一些例子，说明电视是如何让你看到日常生活中那些你通常不会看到的方面。电视是否带你去了你原本无法去的一些"地方"？如果是，请举例说明。你是否曾经特意通过电视去观看那些你在别的地方无法看到的世界？
有什么证据？	
梅罗维茨举出了哪些例子？这一进程是在何时	

那些希望收视率能阻止低俗电视节目激增的人看到的却是相反的情况。任何人都应该预见到这一点。如果你给制片人一个使用TV-MA评级的机会，那就是在邀请他们制作TV-MA节目。[90]

在大多数情况下，相当于R级的TV-MA评级仅限于有线电视和流媒体节目，比如《维京传奇》（*History's Vikings*）、HBO的《西部世界》（*Westworld*）和《权力的游戏》（*Game of Thrones*）、Netflix的《13个原因》（*13 Reasons Why*）、Hulu的《使女的故事》（*The Handmaid's Tale*）、AMC的多部《行尸走肉》（*Walking Dead*）系列，当然还有喜剧中心的粗俗卡通片《南方公园》（*South Park*）。[91]四大广播电视网很少播出TV-MA评级的节目，最大的例外是未经剪辑的严肃R级电影，如《辛德勒的名单》（*Schindler's List*）和《拯救大兵瑞恩*》（*Saving Private Ryan*）。

端庄得体的问题

2004年，在CBS的超级碗中场秀上，贾斯汀·汀布莱克（Justin Timberlake）让珍妮特·杰克逊（Janet Jackson）的胸部暴露了16.9秒之后，广播电视可接受内容的界限被重新划定。联邦通信委员会收到了超过50万份投诉。[92]节目一结束，联邦通信委员会就立即开始讨论电视上不得体的问题。提及

2012年，在第46届超级碗中场秀期间，说唱歌手M.I.A.在表演中竖起了中指。这一事件让人联想到八年前珍妮特·杰克逊在超级碗中场秀上的短暂乳房暴露事件。

Christopher Polk/Getty Images

性或身体功能被认为是不雅的。联邦通信委员会规定,广播电台和电视台在早上6点至晚上10点之间,即儿童最有可能收听或观看的时候,不得播出不得体的内容。这与淫秽节目不同(在第十四章中有进一步讨论),淫秽节目"以下流和无礼的方式描述或展示性行为",没有"文学、艺术、政治或科学价值"。[93]淫秽内容是不受《第一修正案》保护的。有关不雅内容的规定适用于通过广播传输的节目,但不适用于通过有线电视或卫星传输的节目。2012年6月29日,有关CBS的案件最终尘埃落定,美国最高法院拒绝审查下级法院关于驳回罚款的裁决。[94]在此案中需要顺带一提的是,有线电视新闻主持人南希·格蕾丝(Nancy Grace)在真人秀节目《与星共舞》(*Dancing with the Stars*)中也暴露了胸部,这次几乎整整一秒。但到目前为止,联邦通信委员会还没有对任何投诉采取行动,而且似乎也不太可能采取任何罚款或其他法律行动。[95]对于什么是广播中的不雅行为,并没有统一的标准,而且这个标准显然会随着时间的推移而改变。在20世纪90年代和21世纪初,裸体在《纽约重案组》(*NYPD Blue*)等电视剧中变得很常见。但自从珍妮特·杰克逊事件发生后,即使是最轻微的裸露镜头在电视上播出时也被数字模糊处理了。真人秀节目如《幸存者》(*Survivor*)也开始小心翼翼地在节目比赛过程中对任何裸露镜头进行数字模糊处理。

珍妮特·杰克逊的惊人之举造成了一些严重的后果。由于影片中火警使用的粗俗语言,几家CBS附属电视台在重播纪录片《9·11》时犹豫不决。[96]2004年,美国广播公司的66家附属电视台拒绝播放R级电影《拯救大兵瑞恩》,担心因该片中的血腥暴力和大量脏话而被罚款。[97](在杰克逊事件之后,国会将每起"事件"的罚款从32500美元提高到32.5万美元,这就是为什么较小的电视台对任何可能引发联邦通信委员会回应的节目都持谨慎态度)

欧洲的广播标准更有可能规范仇恨言论、广告和对儿童有害的内容,而不是限制裸露。[98]第一修正案中心(the First Amendment Center)执行主任吉恩·波利辛斯基(Gene Policinski)质疑,在端庄得体规则的限制下,电视是否真的能够讲述像"9·11"袭击或"二战"期间诺曼底登陆这样的事件:

> 战争就像血腥的人间炼狱,《拯救大兵瑞恩》以前所未有的方式展现了诺曼底登陆时"最伟大的一代"先驱者的恐惧和痛苦,以及英勇和牺牲。看过这部电影后,谁还能以同样的方式看待那次入侵的老兵呢?[99]

重新定义21世纪的电视

无论是通过广播电视、有线电视还是卫星传输,电视的变化如此之快,以至于法恩斯沃斯可能都认不出它了。例如,电缆行业已经在很大程度上用光缆取代了铜线,这种光缆使用光而不是电来发送视频和其他类型的信号。光纤的优点是能够比铜线承载更多的信息,更重要的是,它有能力让观众将信号回传。[100]

如果我问你"看电视"的意思,你的答案可能与你父母表述的含义大相径庭。每个学期我都会向我的媒介素养方向的学生提出一个非常简单的问题:什么是电视?退一步说,得到的答案很有启发性。有一次,首先出现的词是"盒子"(box)。我的学生所说的"盒子",指的是那种带有大显像管的老式模拟电视机。真的,一个巨大的盒子。但我认为这很能说明问题——电视被视为一种无论从何处获取视频都可用于消费的设备。

接着出现了一些基于用途的词汇——娱乐(entertainment)和重播(reruns)。但接下来的描述真正吸引了我的注意力:"你播放的动态图像。"(moving pictures that you stream)

我不知道说"播放"的那个学生是否真的指的是在线流媒体(online streaming);更有可能的是,她只是在说从电视盒子里源源不断流出的图像。但很少出现的一个词是"广播"(broadcasting)。这是有充分理由的。我班上的年轻人实际上并不区分广播电视和有线/卫星电视频道,甚至也不分流媒体频道。它们都只是电视。

2005年,当苹果开始销售一款能够播放视频的iPod,并通过iTunes商店以每集1.99美元的价格提供播出一天后的热门电视节目时,我们对电视的重新定义迈出了一大步。起初,iTunes主要提供的是由迪士尼公司所有的美国广播公司的节目[101](请记住,苹果创始人史蒂夫·乔布斯去世时,是迪士尼董事会成员,也是该公司最大的单一股东)。但到2007年,四大电视网和许多有线电视巨头都开始通过iTunes销售剧集。因此,苹果让人们普遍接受了这样一个观念:人们愿意花钱下载当前的电视节目,并且他们可以使用便携式设备在几乎任何地方观看这些节目。

也是在那一年,DVD租赁服务公司Netflix开始通过互联网播放电影和电视节目。最初,流媒体仅限于电脑,但很快就扩展到诸如Roku机顶盒、蓝光播放器和电子游戏机等设备,这些设备可以在电视机上立即播放Netflix的节目。

现在,Netflix和其他流媒体服务,如亚马逊的Prime Video和Hulu,可以在智能手机和平板电脑上访问。[102]而拥有热门剧作《权力的游戏》的优质有线电视巨头HBO,可以通过HBO Max流媒体服务以每月14.95美元的价格访问。[103]传统电视收视率在2010年达到顶峰，此后几年一直在下降。越来越多的年轻人在智能手机、平板电脑、流媒体盒子或游戏机上观看流媒体视频。在2015年，这些设备的使用量增加了25%，而传统电视观看量则下降了10%。

2016年，《纽约时报》媒体作家法哈德·曼约奥（Farhad Manjoo）提出了一个问题，他认为这个问题应该让迪士尼或康卡斯特的首席执行官们夜不能寐："你们对Netflix有多担心？更重要的是：你们的担心足够吗？"[104]

迪士尼在2019年秋季推出了其"迪士尼+"流媒体服务，以此回答了这个问题。迪士尼拥有皮克斯（Pixar）、漫威（Marvel）、卢卡斯影业（Lucasfilm）以及现在的20世纪工作室（20th Century Studios）的影片资源，当然也有足够的深度来提供令人印象深刻的服务。但它也有受欢迎的原创节目，比如以《星球大战》为背景的《曼达洛人》（The Mandalorian）系列，其中有一位与波巴·费特（Boba Fett）来自同一种族的赏金猎人和一个可爱的尤达宝宝。然后，在新冠疫情高峰期，迪士尼宣布将提前一年多在"迪士尼+"上推出林-曼努尔·米兰达（Lin-Manuel Miranda）的《汉密尔顿》（Hamilton）电影版，这比原定的影院上映时间提前了一年多。[105]

迪士尼以相对实惠的价格推出了他们的流媒体服务，每月6.99美元或每年69美元。迪士尼能从中得到什么？最重要的是大量关于其客户的数据以及与客户的互动关系。《经济学人》（Economist）的一位专栏作家指出，"与每年售价5000美元的迪士尼家庭邮轮假期和1100美元的年度公园通行证相比，每年额外产生的50美元的订阅收入是微不足道的"。

这凸显出一个事实，即不同的流媒体服务具有不同的经济模式。迪士尼拥有庞大的产品组合，因此"迪士尼+"为他们提供了一个分销渠道，同时还能收集客户的营销数据。这可以与亚马逊的Prime Video相比较，亚马逊的Prime Video是基于订阅的快速配送服务。苹果正在向购买其设备的人提供新的视频服务。华纳传媒的母公司——美国电话电报公司（AT&T）将利用其新推出的HBO Max流媒体来推广其有线电视和互联网服务。似乎Netflix是唯一一家对其流媒体服务感兴趣的公司。[106]

这些发展引发出了一个问题：人们是否已经准备好切断（cut the cord）有线电视或卫星电视等传统付费视频服务，代之以互联网流媒体内容？你真的还需要有线电视或卫星电视订阅来观看各种各样的电视节目吗？著名的媒体博主吉姆·罗梅内斯科（Jim Romenesko）就是其中之一。他写道，2011年2月，当他的有线电视账单达到每月203美元时，他做出了改变。他表示，当时他卖掉了三台平板电视，开始在iPad上观看所有的电视节目。他说他对这一转变毫不后悔，不过如果他是个体育迷的话，他的感受可能会有所不同。[107]

多年来，人们一直在谈论传统卫星/有线电视业务最终会走下坡路。其基本理念是，你为一大批有线电视频道付费，其中大多数你都不会看。但是你可以把它们都作为一个套餐，或者也许是一个基本套餐加上一组附加内容来获得。一直有关于按菜单式定价的有线电视的讨论，即订阅用户将分别购买频道。问题在于，有线电视的经济模式依赖于每个人都购买同一组频道，即使他们从不观看这些频道的节目。CBS前首席执行官莱斯·穆恩维斯（Les Moonves）在2015年3月的一次投资者会议上表示："显然，捆绑销售正在发生变化。拥有500个频道的时代已经结束。拥有150个频道的家庭电视时代未必结束，但正在迅速改变。人们正在以不同的方式对其进行分割和调整。"[108]

但是，即便有线公司不愿意做出改变，随着取消有线电视服务，消费者也越来越能够按照自己的意愿选择套餐。ESPN、HBO、Showtime等许多频道现在都可以单独购买。

在2018年的《游侠索罗：星球大战外传》(*Solo: A Star Wars Story*) 中，阿尔登·埃伦瑞奇（Alden Ehrenreich，饰汉·索罗）和乔纳斯·索塔莫（Joonas Suotamo，饰楚巴卡）担任主演。迪士尼的新流媒体服务将包括《星球大战》系列以及漫威、皮克斯和其他热门作品。

Walt Disney Studios Motion Pictures/Photofest

为了应对流媒体带来的威胁，大型媒体公司纷纷推出自己的服务。哥伦比亚广播公司的All Access服务既可以在移动设备上运行，也可以连接到电视机的流媒体机顶盒上运行。All Access提供了超过1万集的点播内容，从《我爱露西》(*I Love Lucy*) 到在线版的《星际迷航：发现号》(*Star Trek：Discovery*)。该服务还对网络进行直播。[109] 但很显然，这里的大玩家是迪士尼。

一些互联网供应商正在对这一变化作出回应，对用户每月的数据获取量进行限制。这有点像我们在移动设备账户上所受的限制。康卡斯特正在试验向用户每月多收取30至35美元，以获得无限的数据流量，而其正常的数据上限为300GB。这是像康卡斯特这样的多平台媒体公司从不再直接从他们那里购买有线电视服务的"掐线族"（cord cutters）身上获利的一种方式。[110]

视频点播（video on demand）遵循了"秘密3"——一切事物都会从边缘向中心移动。正如之前我们所提到的，超过76％的美国人可以访问Netflix。Leichtman研究小组对电视行为进行了一些最为深入的商业研究，发现82％的美国人可以使用某种视频点播服务，包括DVR、Netflix或其他流媒体服务，或有线电视/卫星电视供应商的视频点播。[111]

缓慢进行的地震仍在继续

在本章开头,我们讨论了奥莱塔所说的"缓慢进行的一场地震"——20世纪80年代和90年代,有线电视和卫星电视的革新如何给电视行业带来了巨大的变化。由于宽带视频和其他观看设备重要性的日益增加,这场地震在21世纪仍在继续撼动电视业。我们可以通过2016年6月22日发生的一起事件看到这种转变。

2016年6月22日,佐治亚州众议员约翰·刘易斯(John Lewis)带领200多名民主党人进行了静坐示威,有效地中止了众议院的立法工作。这次静坐由民主党众议员埃里克·斯沃韦尔(Eric Swalwell)通过Periscope进行了现场直播。

有线卫星公众事务网络(C-SPAN)之所以存在,是为了在美国众议院开会期间进行现场报道。在其他时候,C-SPAN还会播放各种演讲、竞选活动和原创节目。然而,这里的关键词是"当他们在开会时"(when they are in session)。当众议院休会时,多数党(截至本书撰写时为民主党)控制摄像机是否开启。因此,2016年6月22日,当民主党在众议院休会期间举行静坐,呼吁就枪支立法进行投票时,当时的众议院议长、共和党人保罗·瑞安(Paul Ryan)关闭了向C-SPAN提供的众议院视频信号,这并不令人意外。[112]

但是,但官方摄像机的关闭并不意味着没有众议院的视频流出。众议员埃里克·斯沃韦尔(Eric Swalwell,加利福尼亚州民主党人)用他的Periscope流媒体视频账户通过智能手机直播了这场静坐,众议员斯科特·彼得斯(Scott Peters,加利福尼亚州民主党人）也是如此，从而绕过了共和党限制这场静坐曝光的努力。[113] 公平地说，多数党一直控制着众议院的摄像机，2008年8月，民主党也关闭了摄像机和灯光，以阻止对希望就能源立法进行投票的共和党人的关注。[114]

斯沃韦尔对这场静坐示威进行直播并不特别令人惊讶——他也被称为众议院的"Snapchat之王"。他是一名年轻、时髦的代表，来自精通科技的加州。令人惊叹的是，C-SPAN开始在其有线电视、卫星和流媒体频道上转播Periscope的信号。[115]

C-SPAN的发言人霍华德·莫特曼（Howard Mortman）在接受《华盛顿邮报》记者埃里克·温普尔（Erik Wemple，其博客涵盖媒介相关议题）采访时表示，"这是我们有史以来第一次展示由Periscope账户获取的众议院现场视频"。[116]这是一件大事，因为如今移动社交媒体正在直接向传统媒体渠道提供节目。我们看到国会议员如何使用他们的移动设备向其追随者提供视频，以及长尾媒体（long-tail media）如何通过短头媒体（short-head media）吸引更广泛的受众。

这种流向也可以是相反的——传统媒体通过如Periscope这样的社交媒体进行转播。虽然这些应用程序肯定被用于创建原创内容，但它们也被用于绕过大型媒体合同，重播其他媒体支付高达100美元才能观看的体育赛事。2015年，小弗洛伊德·梅威瑟（Floyd Mayweather Jr.）和曼尼·帕奎奥（Manny Pacquiao）之间有一场重要的拳击比赛。按次付费的观众要在每个屏幕上支付100美元才能观看比赛，但数十名付费用户通过Periscope直播了这场比赛，任何想看的人都可以免费观看。虽然其中许多非法直播被关闭，但《华盛顿邮报》报道称，不付费也不难看到这场比赛。个人也可以在YouTube和Facebook上直播美国职业棒球大联盟（MLB）和美国国家橄榄球联盟（NFL）的比赛。有时这些直播是公开的，而有时直播只面向私人团体。无论哪种情况，直播者都绕过了传统媒体和体育联盟之间数十亿美元的合同。[117]

如果你仔细观察，就会发现七个秘密中的许多秘密在这里都有所体现：

• 秘密2——没有所谓的"主流媒体"：一个社交频道在全国范围内传播新闻，体育节目从大型媒体流向社交媒体。

• 秘密3——一切事物都会从边缘向中心移动：一个新的社交媒体频道将华盛顿特区内的抗议活动带到了全国各地。

• 秘密4——没有什么是新鲜的：过去的一切都会再度发生。2008年11月，恐怖分子袭击了印度孟买，当时没有西方传统媒体频道在那里报道新闻。在这种情况下，像CNN、福克斯新闻和《纽约时报》这样的新闻机构依赖于来自社交媒体的图像和报道（显然，这里的相似之处并不是因为恐怖袭击，而是因为来自传统媒体无法触及的地方的报道）。

- 秘密5——所有媒体都具有社交性：有关通过Periscope在C-SPAN上进行的抗议的故事通过社交媒体、口碑以及人们在传统媒体上的谈论传播开来。当拳击比赛或球类比赛出现在社交媒体上时，情况也是如此。这是一种社交互动。
- 秘密6——在线媒体也是移动媒体：这个也许是最为显而易见的。国会议员们用他们随时随地的移动设备发送可以在电视、电脑和移动设备上看到的信息流。而体育爱好者们使用移动设备获取限制访问的体育赛事，并将其提供给未付费的观众。

章节回顾

章节小结

20世纪20至30年代，电视由独立投资人费罗·法恩斯沃斯和RCA工程师维拉蒂米尔·斯福罗金发明。商业广播开创于1939年的美国，但它的发展因第二次世界大战的爆发而搁置了。到20世纪50年代初，电视已被确立为占主导地位的广播媒体。在电视发展的早期，几乎所有的节目都是现场直播的。但是露西尔·鲍尔和德西·阿纳兹把他们的节目拍摄在胶片上，从而创造了一个具有长期价值的产品。彩色电视广播在20世纪60年代得到广泛使用。

尽管有线电视的原始形式在1948年就已经存在，但直到20世纪80年代初，当卫星频道变得普及时，有线电视才成为一种重要的媒体。泰德·特纳创建了许多早期的有线电视频道。观众通过录像机（VCR）和直播卫星服务获得了更多的选择。电视广播已经从模拟信号切换到多种数字格式，录像机几乎完全被数字视频录像机（DVR）、数字影碟（DVD）、视频点播和流媒体技术所取代。

电视最初由三大电视网主导，但随着公共广播、福克斯电视网和有线电视频道的出现，观众的选择逐渐扩大。电视网络因其节目中没有包含女性和少数族裔而受到批评，但有线电视频道提供了更多满足不同兴趣的节目。电视网络也因播放过多暴力和色情内容的节目而受到批评。但电视也因打破地理和社会障碍而受到称赞。广播电视目前正经历一个周期，政府正在抑制"不雅"内容。

电视正在迅速发生变化，观众有了许多新的选择来决定他们如何接收以及何时接收节目。有了录像机VCR、DVR、互动电视和流媒体视频，观众可以选择看什么以及什么时候看。他们还可以通过在线和移动资源与节目进行互动。

关键术语

社区天线电视（CATV）

三大电视网（Big Three networks）
录像机（VCR）
直播卫星（DBS）
视频点播（VOD）
高清电视（HDTV）
标准数字电视（standard digital television）
美国公共电视网（PBS）
电视网（television networks）
四大电视网（Big Four networks）
人员测量仪（people meter）
扫描率（sweeps）
收视率（rating point）
收视份额（share）
拉美电视剧（telenovelas）
切断电线（cut the cord）

问题反馈

1. 2020年的春天，体育直播赛事的缺失对电视转播有什么影响？
2. 泰德·特纳是如何改变有线电视的？
3. 媒体记者肯·奥莱塔（Ken Auletta）所说的"缓慢进行的一场地震"是什么意思？地震又是怎样持续至今的？
4. 珍妮特·杰克逊在2004年在"超级碗"上的露面如何改变了我们对广播电视得体性的标准？
5. 技术变革如何改变了我们"看电视"的观念？

第三部分

数字化和全球媒体

第九章　在线和移动媒体

第十章　社交媒体和电子游戏：成为故事的一部分

第十一章　全球媒体：世界范围内的传播

opturadesign / Alamy Stock Photo

第九章 在线和移动媒体

学习目标

在学习本章节之后,你将能够:

1. 找出互联网背后的原始技术被开发出来的原因;
2. 辨识并描述万维网的三大组成要素;
3. 解释蒂姆·伯纳斯-李(Tim Berners-Lee)关于如何编写和发布网页浏览器内容的最初想法;
4. 描述"黑客伦理"的四个要素以及它们如何应用于当代互联网;
5. 解释电报及后续技术如何为互联网和万维网铺平道路;
6. 解释为什么人们认为新旧媒体的融合将取代"纸质"媒体(报纸、杂志及其他形式)成为新闻的主要来源。

2020年,一场疫情席卷全球。名为"COVID-19"的病毒致使人们一次又一次地保持社交距离并自我隔离数月之久。一些早期的错误信息经由白宫和其他渠道传播,因此,人们很难确切了解治疗、疫苗、隔离和口罩供应等方面的具体情况。[1] 更不要说,这营造了一个便于传播各类谣言、假新闻和阴谋论的信息环境,有人宣称新冠疫情是由5G移动电话基站引起的。[2]

但是,这一时期最大的阴谋论其实是某位美国举足轻重的大企业家涉嫌以某种方式利用疫情（甚至可能是疫情的始创者），目的是让每个人都接种带有微芯片的疫苗，从而能够对世界上几乎每个人进行追踪（请注意，没有绝对的证据证明他与该疾病的产生有任何关系，或他有给人们种植微型芯片的意图，这位大企业家一直是疫苗接种的支持者）。具有讽刺意味的是，28%的美国人表示相信这个阴谋论，而不可否认的是，85%的美国成年人无论走到哪里都带着一种能追踪和报告他们的位置、消费习惯、搜索行为，甚至性生活频率的设备。[3]

在最基本的层面上，我们的移动设备需要知道我们在哪里，才能与网络沟通，让我们上网、发短信，是的，甚至打电话。来自移动供应商提供的位置数据可能并不像我们所想的那样私密，因为地理位置数据很容易被物业经理、汽车销售人员甚至赏金猎人购买。[4]但这些位置数据只是手机收集的关于你的数据的冰山一角。

《华尔街日报》的两位记者对苹果应用商店中80款热门应用程序进行了研究，发现除了一款以外，其余都使用了第三方跟踪应用程序。记者乔安娜·斯特恩（Joanna Stern）认为，问题不在于追踪——因为这是应用程序商业模式的核心——而在于它是在人们不知情或不同意的情况下进行的。她指出的一个例子是一款以好奇猴乔治（Curious George）为主题的儿童iOS应用程序，它正在收集并向Facebook报告用户的年龄、姓名和用户点击过的每一本书。当被问及此事时，该应用程序的公司声称应用中存在"一些恶意代码"（some rogue code）。在另一个例子中，一款冥想应用（meditation App）在五分钟内发出了三次定位信号，给出了斯特恩的经纬度。该应用公司表示，这款应用程序仅使用这些数据来"确保用户的隐私和安全"。[5]公平地说，斯特恩报道说《华尔街日报》的应用程序中有五个独立的追踪器。

还有一些女性用于跟踪月经周期和生育能力的应用程序，用户需要输入她们的身体数据以及性生活的时间。其中一些应用程序是由雇主和保险公司提供的"健康福利"（wellness benefit），将用户的数据反馈给公司的人力资源部门或保险公司。有一些数据甚至会反馈给Facebook。这些应用程序确实能帮助有生育问题的夫妇，但它们也会在应用程序内为人寿保险、补充剂和清洁产品的供应商提供广告植入的机会。[6]

为什么这些应用程序要进行如此多的跟踪和数据收集？有几个原因。斯特恩认为，一些公司想知道你在用这款应用做什么，你使用它时在哪里，你的手机的详细信息，你的IP地址（你使用的Wi-Fi网络的互联网地址），以及进行广告跟踪。这些应用实现此目的的一种方式是通过你的手机独特的移动广告标识符（mobile advertising ID），这是一个识别你的手机的代码，让广告商了解你的所有兴趣，尽管他们不一定知道你的姓名。即使你的手机允许你将广告标识符设置为全零（如iPhone那样），应用仍然可以通过你的位置、IP地址和浏览记录来确定你是谁（更多关于公司是如何识别你的信息的，请阅读第十二章，了解Target商店如何识别怀孕的女性）。

除了可能侵犯你的隐私之外，这些应用程序也在消耗你手机的数据流量，尤其是如果你家里没有Wi-Fi的话。《华盛顿邮报》的科技专栏作家杰弗里·福勒（Geoffrey Fowler）与隐私公司Disconnect合作，以查明他的手机在与谁交流。他发现，他的手机在深夜有着活跃的"社交生活"，应用程序在半夜"打电话回家"，尤其是当他打开"后台应用刷新"时。[7]

这些公司不仅收集关于你的信息，还出售这些信息。《纽约时报》的一项研究发现，即便所收集的大量信息被认为是"匿名的"，也还是能异常容易地将它们与个人关联起来。《纽约时报》记录了一名46岁的数学老师参加了慧俪轻体（Weight Watchers）的会议，去了皮肤科医生的办公室，带着狗出去散步，然后住在她前男友的家里。这位老师在接受《纽约时报》采访时表示："人们发现了这些你不想让别人知道的隐私细节。"[8]

正如我们将在第十四章中所讨论的，苹果公司一直在努力让黑客难以侵入手机本身，这一点很重要，但这种安全措施几乎无法阻止手机应用程序不断流出有关你的数据（本节的大部分细节都是关于iPhone的。鉴于谷歌的安卓手机操作系统是靠广告支持的，它的数据隐私方面的问题甚至比苹果的更大[9]）。

移动设备已经改变了我们对在线和连接的理解。它们也改变了他人对我们的了解程度。在本章中，我们着眼于互联网的起源，它如何从最初的基础设施发生转变，如何从一种用于计算机共享的工具演变成一种重要的新型大众媒体，以及它如何在从公司董事会到中东的各个地方引发社会变革。

互联网的发展

互联网是最新的大众媒体，至今它仍在迅速演进和变化，就像20世纪20年代的广播和50年代的电视一样（回想一下"秘密4"——没有什么是新鲜的：过去的一切都会再度发生）。就如同广播一样，互联网最初并没有被视为大众媒体。相反，第一个广域计算机网络是为了让学者和军事研究人员共享数据而设计的。但是这些早期的用户很快就发现，网络最大的好处是能够即时向他人发送电子邮件。

虽然互联网最早的组成部分在1969年就开始使用，但直到1991年，网络还主要局限于人际交流。当时，蒂姆·伯纳斯-李发布了万维网，成为一种能轻松访问网络资料的独特方式。从那时起，互联网已成为一种与众不同的媒体，因为它是唯一融合了人际、群体和大众传播要素的媒体。

那么，什么是互联网？一个研究互联网未来的国家小组对它的定义如下："互联网是一组不同的独立网络，相互连接，为其用户提供单一、统一的网络外观。"[10]互联网从你的电脑起始，连接到某一个互联网服务提供商（ISP）。对于美国的互联网提供商而言，你可以选择美国在线（AOL）、有线电视公司、电话公司，也可以选择在一两个州销售互联网服务的当地小公司。然后，信息从较小的链接流入越来越大的数字管道（互联网的"主干网"），这种主干网可以在全国传输数以百万计的信息。

分组交换（packet switching）是广域计算机网络运作的核心。发送计算机将消息分解成几个较小的部分，即数据包，这些数据包可以在网络上分别发送。这些数据包各自沿着自己的路线到达目的地计算机，在那里它们被重新组合成原始消息。

主干网（the backbone）最初是由美国国家科学基金会（National Science Foundation）控制的一组高速数据线路，作为其原始网络的替代品的一部分，但这些线路后来被大约十几家主要通信公司运营的高速光纤线路所取代。

今天，人们运用互联网与他人进行沟通交流，但这项技术最初开发的目的是让计算机之间相互通信。20世纪60年代初，大西洋两岸的研究人员都在研究如何将一台计算机上存储的信息传输到另一台计算机上的问题。

1964年，工程师保罗·巴兰（Paul Baran）正在设计一种能够经受住核打击的军事通信网络。他试图设计一个网络，在这个网络中，每台计算机都与其他几台计算机相连，这样，如果一台计算机发生故障，就可以使用不同的计算机建立替代路线。巴兰的第二个见解是，计算机可以将大的信息分解成几个更小的信息块或数据包，这些信息块或数据包可以在网络上独立发送。巴兰的方案后来被称为分组交换，它将信息切割成小块，并沿着最容易的路线发送到最终目的地（见图9.1）。接收计算机开始重新组合信息，并要求重新发送丢失的数据包。[11]

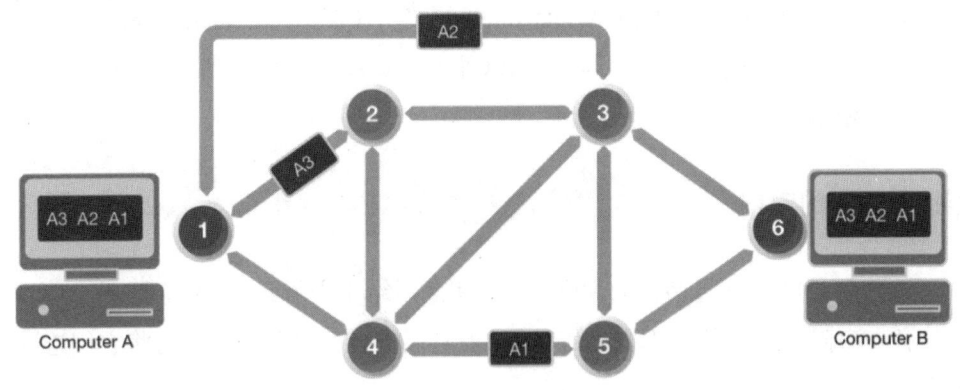

图9.1 分组交换网络

美国空军最初愿意采用巴兰的网络,但当时垄断长途电话服务的美国电话电报公司拒绝合作,所以巴兰搁置了他的想法。[12]与此同时,在英国,研究人员唐纳德·戴维斯(Donald Davies)正在研究一个拟议的公共通信网络。戴维斯和巴兰各自独立工作,却想出了非常相似的分组交换概念。[13]

阿帕网

最终,美国军方建立了第一个全国性的分组交换网络。然而,所建立的网络旨在满足学术研究人员的需求,而不是为了在核战争中幸存下来。

这个网络是由五角大楼一个有远见的部门——高级研究计划局(ARPA)建造的。[14] 1968年,建造这个网络的合同被授予了一家位于波士顿的咨询公司,但条件是要在不到一年的时间内建成。到1969年秋天,连接了四个不同的机构,互联网的第一个组件开始运行。如图9.2中手绘的阿帕网络图所示,最初的节点分别是加州大学洛杉矶分校(University of California-Los Angeles)、斯坦福研究院(Stanford Research Institute)、加州大学圣巴巴拉分校(University of California-Santa Barbara)和犹他大学(University of Utah)。阿帕网上线的时间与人类首次登月的时间大致相

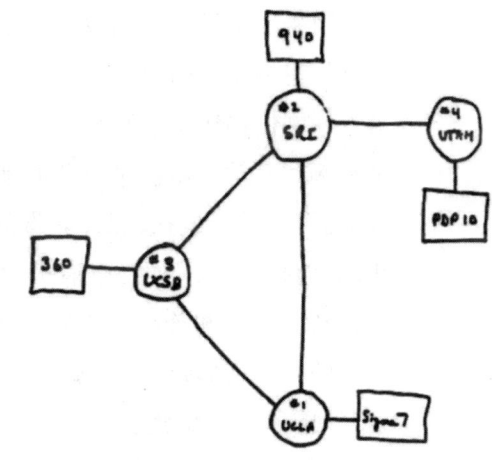

图9.2 四节点网络的绘图
资料来源:经由计算机历史博物馆提供(Courtesy of computer history museum)

同。当尼尔·阿姆斯特朗(Neil Armstrong)的"一小步"(one small step)被全世界公认为人类的伟大成就之一时,阿帕网以外的人却没有人意识到一种新的、改变世界的媒介刚刚诞生。[15]

连接不兼容的网络

随着阿帕网越来越多地向大学普及,其他网络也慢慢地形成了。这些小型网络在其各自有限和明确的范围内运作良好,但它们彼此无法通信。如何将它们连接起来呢?

这一答案来自鲍勃·卡恩(Bob Kahn)和文特·瑟夫(Vint Cerf)所做的工作。他们设想了一个盒子或网关,它将作为所有各种不兼容网络的翻译器。各个网络将使用一套通用的规则或"协议"(protocols)与网关进行通信。它们的协议被称作"TCP/IP"协议。TCP代表传输控制协议,它控制着数据传输至互联网上的方式。IP代表互联网协议,它为互联网上的每一台计算机提供相应的地址。"互联网"一词于1973年被创造出来,是"网络互联(internetworking of networks)"的缩写。当学术研究者个人开始使用互联网时,其他普通人也对计算机通信产生了兴趣,并开始通过CompuServe、Prodigy和AOL等公司购买网络服务的使用权。[16]

随着所有公共和商业信息都在互联网上流动,下一代网络也正在建设当中,其目的与阿帕网相同,即为学者和其他研究人员提供能连接全球计算机(特别是少数超级计算机)的高速通路。在理想的条件下,这些新的、经过改进的网络有可能以比传统互联网快10到20倍的速度传输数据。它们最主要的优势就是可以制作出更高品质的视频和互动应用程序。例如,美国各地医学院的学生可以使用新网络同时观看交互式医学模拟,这在较旧、较慢的线路上是不可能的。截至2018年,超过562个成员组织,包括大学、公司、政府机构和非营利组织,属于Internet2联盟,这是领先的下一代网络之一,可连接到更为广泛的、遍布100多个国家的9.4万个机构社区。[17]

随着网络的到来,特别是网络互联标准的实现,计算机已经历经了革新。协助监督阿帕网创建的鲍勃·泰勒(Bob Taylor)表示:"计算机最初是作为算术引擎诞生的,但我个人的观点是……它们作为通信设备更有趣、更强大,因为它们强化了人与人之间的沟通。"[18]以计算机为基础的传播之所以如此强大,是因为它几乎囊括了各个层次的交流通信,从电子邮件和即时消息的人际传播到万维网的大众传播。

电子邮件

尽管互联网最初的目的是资源分享,但它发展进程中最为重要的因素是电子邮件（Email）。电子邮件，被简单地定义为一个计算机用户通过网络发送给另一个计算机用户的消息。原始的电子邮件在互联网出现之前就已经存在，但人们只能向同一台物理计算机上的其他用户发送消息，而没有办法从一台计算机向另一台计算机发送消息。

1972年，阿帕网的雷·汤姆林森（Ray Tomlinson）编写了一个简单的文件传输程序，可以实现从一个系统向另一个系统发送消息。[19]当阿帕网的操作软件更新之后，汤姆林森的电子邮件应用程序经由网络发送出去，这样每个人都能够获得相同的内容材料。汤姆林森还创建了用@符号表示地址的形式。有一种说法，即"这是一条给某台特定计算机之上的人的消息"。另一个原因是@符号没有出现在用户的姓名或相应位置中。这是汤姆林森想要展现的一个符号，并且，这个符号还没有被投入使用。[20]尽管几十年以来在线通信不断发展，但电子邮件对于大多数人来说仍然是最重要的在线应用之一，即使它不像新技术那样时髦。

短信和即时通信

互联网上的人际传播范畴已经有所拓展，除了电子邮件之外，还有大量经由移动电话或其他移动设备访问的短信息和"聊天"服务。这些信息来源于可以使用短消息服务（Short Message Service, SMS）发送的文本信息。通过移动网络发送这些信息的协议于1992年首次上线，到2010年，它成为移动电话上使用最广泛的应用程序。[21]SMS是一种便捷地链接于大量社交网络的方式，此外，还有发送即时信息或通过在线和移动网络参与实时通信的方式。它们的鼻祖是美国在线（AOL）的即时通信工具（AIM）。在20世纪90年代的某个时候，AIM似乎无处不在。但是，随着这家前拨号网络巨头逐渐失去了其影响力，它也忽视了即时通信产品的开发。2017年12月15日，经过20年的运营，AOL关闭了AIM。[22]在20世纪10年代末，这一类别中最受欢迎的两个应用是Facebook Messenger和全球流行的WhatsApp。[23]（你可以在第三章中了解更多关于AOL兴衰的内容）

蒂姆·伯纳斯-李：万维网的发明者

直至1990年，将互联网应用于除电子邮件之外的服务仍然是一个挑战。信息散落于不同的位置，很难对它们进行访问。所有这些都在英国物理学家蒂姆·伯纳斯-李（Tim Berners-Lee）发明万维网之后而发生了改变。伯纳斯-李基于几位互联网先驱的想法创建了软件，使互联网能够作为大众传播媒体发挥作用。他开发了一个易于使用的系统，允许用户访问任何类型的信息，并且有一个简化的单一寻址系统，用于访问世界任何地方网络上的任何文件。

关于网络的概念可以追溯到20世纪60年代。1968年，斯坦福大学研究员道格·恩格尔巴特（Doug Engelbart）展示了他对交互式计算机的设想。他在一个"在线"会话中使用了一对计算机终端，其中包括文字处理文档、超文本文档和实时视频图像（通过闭路模拟线路发送）。恩格尔巴特的想法领先于他的时代，但在很大程度上被忽视了，可以说，他的工作是Macintosh、微软Windows和视频会议的首次亮相。[24]

另一个关于网络的早期设想，更多的是哲学性的，而不是技术性的，来自特德·尼尔森（Ted Nelson）。尼尔森描述了一种他称之为超文本（hypertext）的"非顺序写作"（nonsequential writing）形式——一种格式化的材料，包含链接，允许读者轻松地从一个章节转到另一个章节，从一个文档转到另一个文档。最常用的超文本文档就是网页。当程序员伯纳斯-李还是孩子的时候，他的父母有一本维多利亚时代的参考书，名字叫作《有求必应》（Enquire Within Upon Everything）。伯纳斯-李想知道，如果真的有一本书包含了你想知道的一切，那会是什么样子？1980年，他首次尝试创建这样的资源，编写了一个名为"咨询"（Enquire）的程序，在他的计算机上组织文档、人员列表和项目。超文本程序可以让他找到并链接他的任何文档。尽管"咨询"仅限于伯纳斯-李的计算机，但这位年轻的英国物理学家思考了将该程序延伸到世界上每台计算机的可能性：

蒂姆·伯纳斯-李是英国物理学家，他在瑞士的欧洲核子研究中心（CERN）高能量物理实验室工作期间，作为一项副业开发了万维网软件。

> 假设世界各地计算机中存储的所有信息都相互连接……假设我可以给我的电脑编程，让它创造一个空间，在这个空间里，任何东西都可以相互连接。每台计算机中的所有信息单位……我和其他任何人都可以使用。这样将会有一个独立的全球信息空间。[25]

伯纳斯-李从未被要求创建网络，他只是简单地认为，对于研究人员来说，不管这些文件存放在哪台电脑上，都能够找到他们所需要的文件，这将会是一个好主意。1989年，他重新审视了自己的"咨询"构想，并开始为一个他称之为万维网（World Wide Web）的系统编写软件，该系统允许用户使用标准软件查看和链接位于世界任何地方的文件。到1990年，伯纳斯-李当时工作的欧洲核研究组织（CERN）拥有了第一台网络服务器和一个简单的浏览器（网络服务器是一种使网页能在互联网上使用的程序。浏览器是一种用于查看网页的程序）。

万维网有三个主要组成部分：

1.统一资源定位符（URL）——网页上内容的地址，例如www.mysite.com。

2.超文本传输协议（http）——网络服务器和浏览器使用的一套标准规则，用于在网站上发送和接收文本、图形或其他任何内容。当你输入http://的时候，你是在告诉你的浏览器使用这个协议或一组规则。

3.超文本标记语言（HTML）——用于创建网页的程序设计语言。它包含所有的标签（简短的计算机命令），这些标签说明文本应该如何显示，图形应该放置在哪里，以及应该包含哪些链接。

尽管自万维网被发明以来，它的复杂性已经大大增加，但这三个基本要素仍然是其运作的核心。

1991年夏天，伯纳斯-李在几个互联网新闻组中发布了这个网络软件。这些早期的用户帮助他测试和调试程序，并提出改进建议，网络开始在世界各地传播开来。

互联网的开放性和可访问性

尽管伯纳斯-李是在NeXT计算机系统上开发的网络，但适用于各种计算机的浏览器的开发是由世界各地的人们自愿完成的。这些人愿意分享他们的工作，但语言障碍有时会造成问题。早期的一款浏览器只有芬兰语的文档（你可以在第3章了解更多关于史蒂夫·乔布斯和NeXT计算机的信息）。

关于万维网最令人惊讶的事情可能是，它几乎完全是作为一个合作的、非营利的项目开发的。"早期让我惊讶的是，大量的免费能源被投入这项技术的开发之中，"早期的网络开发者之一迈克尔·福克（Michael Folk）说道。"来自世界各地的人们，以一种令人惊讶的非竞争性、协作性的方式贡献了大量的时间和想法。"[26]

尽管万维网的发展已经远远超出了任何人的想象，并发生了不可估量的变化，但它仍然受到伯纳斯-李的基本愿景的影响。他的目标是创建一个完全去中心化的信息共享系统,没有任何中心枢纽。在没有中央控制的情况下,整个系统可以扩展,也就是说,几乎可以无限增长,但仍然可以正常工作。伯纳斯-李当时正在寻找一个系统,在这个系统中,任何一台计算机都可以连接到另一台计算机上:"超文本链接的力量在于它可以链接到任何东西。这是基本的概念。"[27]

万维网的成功阐释了互联网的主要优势之一:虽然用户需要购买网络浏览器或网络服务器,但其基础技术是免费的。根据致力于研究初代阿帕网软件的戴夫·沃尔登(Dave Walden)所说:

移动设备,例如这位中国维吾尔族妇女在集市上使用手机上网。

> 伯纳斯-李开创了一些新事物,他将其分享给一些朋友,他们试用后觉得很好,然后他就将其免费公布了。很快,这种新事物遍布全球。这就是万维网标准在世界范围内普及的方式。[28]

下一次你在网上冲浪时,可以寻找一下它所基于的开放性和可访问性原则的证据:

- 各类信息都可以通过同一视窗或信息空间获得。这意味着你不必使用一个程序来查找电话号码,也不必使用另一个程序来查找新闻。
- 网络上的所有文档都必须同样可访问。
- 必须有一个将用户指向某个文档的单一地址。
- 必须有一个单一地址能将用户带到一个文档。
- 用户应该能够从任何类型的计算机上访问任何类型的材料。
- 用户应该能够在他们想要的信息之间创建任何类型的关系。应该可以将一个文档链接到任何其他文档。
- 网络应该不仅是获得信息的工具,还应该具有收集整理的功能。网络被设计用来进行互动和发布。
- 网络没有中央控制。
- 网络软件应该免费提供给任何想要使用它的人。

1993年以前,互联网和万维网主要属于使用阿帕网的学者和军事人员。但斯蒂芬·塞加勒尔(Stephen Segaller)在其《书呆子2.0.1:互联网简史》(*Nerds2.0.1*)中指出,在20世纪90年代初,有三件事让互联网成为一股重要的社会力量:万维网代码被发布到互联网上,商业用户首次被允许接入网络,以及编写并发布了第一个易于使用的图形化网络浏览器。随着这些变化,互联网超越了其军事和研究的初衷,成为一种公共媒体。

在万维网上搜索

尽管伯纳斯-李创建了作为早期万维网一部分的浏览器,但它在计算机运行方面却受到了限制,它不能显示除文本之外的任何东西。Mosaic是第一个易于使用的图形网络浏览器,它使由伊利诺伊大学厄巴纳-香槟分校(the University of Illinois at Urbana-Champaign)的马克·安德森(Marc Andreessen)带领一组学生程序员开发出来的。开发人员想要创造一种工具,使人们更容易在互联网上找到东西,并鼓励人们把信息放到网上。与最初的网络软件一样,Mosaic被发布在互联网上,供用户免费下载。1993年,当Mosaic发布之时,有超过100万用户下载了该款浏览器,当时21岁的安德森大学毕业,并创立了网景通信公司(Netscape Communications)。[29]

我们通常醒来后第一件事情会做什么呢?对于我们许多人而言,会涉及查看手机、浏览Facebook、Twitter、Instagram和Snapchat之类的日常行为。

谷歌经常面临的一个引发冲突的问题是关于他们如何塑造搜索结果的讨论。谷歌每分钟大约要处理近400万个关于几乎任何你能想到的主题的搜索。《华尔街日报》报道称,谷歌搜索引擎"可以说是全球经济中最强大的计算机代码行,控制着世界上访问互联网进行信息搜索的数量,这项事务至少市值数十亿美元"。[30]谷歌背后的理念是,一个公正的算法将计算出哪些结果在搜索结果中首先出现,或者至少在付费广告的结果之后首先出现(回顾第三章,了解谷歌的商业模式)。

谷歌所面对的问题是,每次他们调整算法的时候,公司都会尽最大努力让他们的网站与自己想要的结果匹配,从而钻系统的空子。《华尔街日报》对谷歌搜索过程的研究发现:

- 谷歌的软件往往更倾向于大企业而非小企业。谷歌似乎也青睐亚马逊和Facebook。
- 谷歌通过调整他们的自动补全建议（autocomplete suggestions）和快速出现的信息框来帮助规范搜索如何发生。自动补全功能旨在避免对堕胎或移民等问题进行建议性搜索。
- 谷歌有成千上万的合约商，他们一直在评估公司搜索的质量。
- 谷歌一直在与那些试图操纵搜索结果的"不良行为者"（bad actors）作斗争，包括致力于避免故意误导的信息以及打击垃圾邮件。

自20世纪80年代末谷歌成立以来，在搜索结果中强调哪些网站一直是谷歌面临的问题。创始人拉里·佩奇（Larry Page）和谢尔盖·布林（Sergey Brin）早在1988年就写道："网页的重要性本质上是一个主观问题，取决于（读者）的兴趣、知识和态度。"[31]

多年来，谷歌一直受到批评，外界称其搜索结果存在政治偏见，尤其是在诸如堕胎等话题上。支持堕胎的组织抱怨说，为妇女提供反对堕胎建议的"危机怀孕中心"（crisis pregnancy centers）会出现在进行堕胎的场所的搜索结果中。反堕胎活动人士抱怨说，在与堕胎相关的搜索中，堕胎和妇女健康服务机构计划生育组织（Planned Parenthood）出现得太多。

互联网的搜索能力是否属于新闻媒体这一问题意义重大，因为世界各国政府都想在一定程度上限制互联网搜索。而谷歌、微软和雅虎等公司似乎也都愿意在其门户网站上设置某种限制，在一定程度上作为在言论自由限制比美国更严格的国家开展业务的一部分代价。有时，对搜索的审查相对没有争议，比如法国试图让雅虎过滤掉所有与纳粹相关的参考内容。[32]

走向移动端

万维网已有了30多年的发展历程，即使是在移动应用程序的年代，它仍是我们上网的主要途径。在这段时间里，我们接触计算机和基于计算机的媒体的方式发生了巨大的变化。如果我们回溯到万维网出现之前的1983年，哈里斯民意调查（Harris poll）发现，10%的成年人有家用电脑，而在这一小部分人中，有14%的人有调制解调器，可以通过缓慢的固话线路连接上网（做完这道应用题，你会发现那一年有1.4%的美国成年人上网）。伯纳斯-李在1989年推出了万维网的最早版本，到1995年，14%的美国成年人上网，主要使用拨号上网的方式。但也许更重要的是，42%的美国人甚至没有听说过互联网。[33]

到了2000年，我们当中37%的人上网，但仅有3%的人拥有快速且不掉线的宽带连接。宽带服务（Broadband service），例如有线电视提供商的有线调制解调器或电话公司的数字用户线路（DSL），它们提供的连接速度比拨号上网服务要快上许多倍。但是，宽带提供的不仅仅是连接速度的提高。有了宽带连接，用户只要打开电脑就会连接到网络。这意味着他们不必下载电子邮件；邮件一直都在那里。这意味着诸如在线广播、即时通信和流媒体视频等都容易访问。

皮尤研究中心的一项研究发现，90%的美国成年人会上网，其中81%的人每天上网，28%的人"几乎一直"上网。[34]2020年，85%的12岁及以上的美国人拥有智能手机，因此至少以这样或那样的方式上网。[35]而在其自身的发展中，向移动连接的转变就像从拨号上网到宽带的转变一样具有革命性。因为虽然宽带给了我们"持续在线"的连接，而移动互联网给了我们"随时随地"获取信息的途径。[36]

移动应用程序

早在2010年，《连线》（Wired）杂志就用大红色的封面配上大号黑色字体宣告"网络已死"。《长尾理论》（the Long Tail）一书的作者克里斯·安德森（Chris Anderson）认为，开放标准网页的时代正在衰落，正引领着人们使用专门的移动应用程序上网。他在书中写道：

> 你起床后，用床边的iPad查看电子邮件——这是一个应用程序。早餐时，你会浏览Facebook、Twitter和《纽约时报》——这是另外三个应用程序。在上班的路上，你用智能手机听播客。又是一个应用程序……一天结束后，你回到家，边吃晚饭边听潘多拉（Pandora），在Xbox Live上玩游戏，用Netflix的流媒体服务看电影。你一整天都在上网——但不是在网上。[37]

如今，十年过去了，安德森的预言大部分都变成了现实。应用程序是我们在线互动的重要组成部分。尤其是像Facebook、Twitter和Snapchat这样的社交媒体。另一方面，我们的大部分在线互动都是通过移动网络完成的——从9英寸的iPad屏幕到7英寸的三星大屏手机，再到最小的4英寸智能手机，网页被设计成了可以在任何设备上运行的缩小版。

应用程序显然很重要，但它们与网页不一定是非此即彼的关系。皮尤研究中心于2018年公布的"数字新闻概况"（Digital News Fact Sheet）指出，所有40家顶级数字新闻网站都在Facebook、Twitter、YouTube和Instagram上有账号。[38]

毫无疑问的是，使用移动设备正在成为上网的主要方式。只要看看这些钱是从哪里来的就知道了。2015年，在排名前50的报纸中，有44家报纸的移动流量超过了台式电脑的流量；在全国顶级电视新闻媒体中，所有8家公司的移动流量都超过了台式电脑的流量，而对于排名前40位的数字原生（Digital Native）媒体发行商（那些没有传统媒体成分的发行商），其中38家拥有更多的移动流量。[39]

在线媒体：博客、播客和流媒体

当伯纳斯-李创建万维网时，他认为它不仅是获取已发布材料的便捷且廉价的场所，也是人们可以互动并创建自己材料的论坛。他在自己有关网络的历史的书中写道："我们不但应该能够在网络上找到任何类型的文档，还应该能够轻松地创建任何类型的文档。我们不但应该能够跟踪链接，还应该能够在各种媒体之间创建它们。我们不但应该能够与他人互动，还应该能够与他人一起创作。"[40]

在很多方面，博客让人回想起杂志出版的早期，那时作者写文章并不指望得到报酬。虽然有获得资助的博客，但绝大多数只是为了给作者提供一个论坛而运营。[41]

我在本书前面提到，博客几乎可以像我们认为的主流媒体一样成为主流（记住秘密2：没有主流媒体）。衡量新闻来源重要性的一个标准是，它是否包含在LexisNexis在线新闻数据库中。LexisNexis是一个庞大订阅服务的一部分，该服务为客户提供主要报纸、杂志、财务报告和法庭文件的全文。从2006年开始，LexisNexis开始收录其选定的博客的文本，包括NPR的"金钱星球"（Planet Money）经济学博客和"山羊与苏打"（Goats and Soda）全球健康与发展博客。[42]

伯纳斯-李最初的想法是，每个网络浏览器也都应该是一个编辑器，普通人既可以用它来创建内容，也可以浏览内容——但早期的网络浏览器并不支持这个愿景。然而，20世纪90年代末出现了一种新的发展，叫作"网络日志"（或简称"博客"），它是一种超文本链接和评论的集合，可以相对轻松地在互联网上创建并发布内容。博客可以是公开的日记、照片集或新闻评论。它们通常还允许读者对发布者发布的内容进行评论和注释。

有关博客影响力的一个显著例子是，丹·拉瑟（Dan Rather）在CBS新闻杂志《60分钟II》（60 Minutes II）中报道了一组备忘录，这些备忘录似乎表明，乔治·W.布什总统在空军国民警卫队（the Air National Guard）服役时的上司曾批评其服役表现。这个报道在2004年大选前几个月播出，并立即遭到了保守派博客"电源线"（Power Line）和"绿茵足球网"（Little Green Football）的批评。这些博客指出，备忘录中使用的字体不一致，暗示它们看起来更像是现代文字处理器而不是20世纪70年代的老式打字机的产物。他们还对文件来源的动机和诚实性提出了质疑。来自这些和其他博客的批评导致丹·拉瑟辞去了CBS《晚间新闻》主播的职务。[43]

博客也为读者提供了不同的故事视角，这是他们从独立的声音那里可能无法获得的。痴迷苹果的博主约翰·格鲁伯（John Gruber）运营着"勇敢火球"（Daring Fireball），雷科德（Recode）称其为"世界上最强大的个人媒体公司"。格鲁伯（Gruber）发表了有关苹果公司的科技和商业新闻，评论相关话题，并讨论任何他想讨论的事情。格鲁伯决定写什么是基于"他的受众就是他自己"的想法。他说："外面有个人跟我一模一样，但他没有写'勇敢火球'。"[44]珠穆朗玛峰和喜马拉雅山登山博客作者艾伦·阿内特（Alan Arnette）是世界上有关喜马拉雅登山新闻的主要消息来源之一，在登山高峰期他每天都会发布最新动态。除了提供你在其他任何地方都很难找到的信息外，阿内特还利用他的博客来筹集资金，以此提高人们对阿尔茨海默症的认识。如果你在人们攀登喜马拉雅山时搜索阿内特，你会发现从明尼阿波利斯（Minneapolis）到尼泊尔（Nepal），再到婆罗洲（Borneo）和伦敦（London）的报纸都在引用他的话（他还亲自登上了珠穆朗玛峰和乔戈里峰）。

测试你的视觉媒介素养：纽约人（Humans of New York）

这是布兰登·斯坦顿拍摄并发布在网上的数千幅肖像之一，作为其博客项目"纽约人"的一部分。

回溯至2010年，布兰登·斯坦顿（Brandon Stanton）还是一个在芝加哥工作的年轻的债券交易员。他有一台半专业摄影机，常利用自己的业余时间在芝加哥附近拍照。后来他丢了工作，突然有了更多的空闲时间，于是他开始拍更多的照片。"我决定忘掉金钱，去尝试一些我真正喜欢的事情，而不是更新我的简历并寻找一份类似的工作。"[45]在游历美国城市之后，斯坦顿搬到了纽约，并给自己定下目标，要给普通人拍摄一万张肖像。任何试过在街上随便找个人，问他们是否可以帮他们拍照的人都知道这有多难。这个项目后来被称为"纽约人",斯坦顿在Facebook和Tumblr上发布了他最为理想的照片,并附上了简短的说明和故事。这项工作花费了大约一年的时间,但最终他开始有了追随者和话题。他的博客得到了Tumblr创始人大卫·卡普(David Karp)的一些积极评论,但《华盛顿邮报》表示,"纽约人"所拥有的1500万粉丝大部分都归功于斯坦顿本人。

2014年,在爱尔兰的一次演讲中,斯坦顿声称,这一切都是为了愿意走上前与人们交谈:

> 我想出来的方法就是拍摄一万次,然后一次又一次地遭受拒绝。我肯定不是世界上最好的摄影师,也不是世界上最好的记者,但是,我已经在街上接触了超过一万人,这是具有典型性的……在世界上越来越冷漠的城市街头为这些人拍摄了照片。所以,我想此时此刻,我可能是世界上最擅长在街上拦住路人,并请求他们允许我给他们拍照的人了。[46]

多年来,斯坦顿的博客帖子大都采用一种标准的格式——一张一两个人的照片,再配上一段讲述这个人(或几个人)经历的简短故事。但在2020年春季新冠疫情期间,斯坦顿开始收集人们的快乐故事。他向2800万在不同平台上关注他的人发送了一条信息,请他们提交最振奋人心的故事。然后,他通过FaceTime采访了他想要报道的人。[47]

虽然"纽约人"确实存在,并在社交媒体上被分享,但它也说明了社交媒体之外的社交互动的重要性。正如斯坦顿所说,"纽约人"之所以如此成功,不是因为其照片或文字的出色品质,而是在于它与所有这些人进行了社交互动。卡普说:"这已经成为一种社区努力,人们会分享让他们每天早上都能吃到百吉饼的那个家伙的故事,他总是有一个精彩的故事可以讲述,或者告诉我每天在街上看到的那个留着壮观胡子的家伙的事情。他们把关于这些人的故事发送了过去,之后布兰登找到他们,为他们拍摄了精美的肖像,然后上传了这些照片和他们的故事。"[48]

从2010年开始,斯坦顿已经在世界各地游历,在包括伊朗和巴基斯坦在内的一系列国家拍摄"人类"(Human)照片。你可以在Facebook上看到整个博客内容,也可以登录ｗｗｗ．humansofnewyork.com网站进行浏览。

谁是源头?

谁是布兰登·斯坦顿?他在成为一名摄影师之前是做什么的?

他正在做什么?

斯坦顿在给谁拍照?他是如何展示这些照片的?

有什么样的证据?

斯坦顿如何找到他所拍摄的人?

他如何获得他们的合作?他在"纽约人"项目上的工作进展如何?

你和你的朋友们对此怎么看?

看一看斯坦顿的几张照片,读一读与之相配的说明文字。哪一张是你最喜欢的?为什么?它是如何吸引你的注意力的?你有没有试过走向陌生人试图采访他们或者给他们拍照?这是容易的还是有难度的?为什么?如果你愿意,你可以尝试拍摄自己的"人类"照片,并将照片发布到你的社交媒体平台上。

长尾内容

互联网通过博客、播客和YouTube等用户视频网站,为传统(或主流)渠道无法发布的长尾新闻提供了多种选择。以市民新闻(Citizen Journalism)的概念为例。通常谈到市民新闻的时候，我们谈论的是一种类似于报纸的博客，它发布集中于特定的较小区域的报道，比如社区活动或小学体育活动。这些新闻为传统报纸或地方电视新闻提供了有价值的替代报道。但是，它们与老式的社区报纸有更多的共同点，后者报道的是谁与谁共进晚餐，而不是前沿新闻。

然而，通过YouTube等网站分享的业余手机视频可以让普通市民拍摄具有国家意义的视频。当明尼阿波利斯警方于2020年5月25日以涉嫌使用伪造的20美元纸币购买香烟的罪名逮捕乔治·弗洛伊德（George Floyd）之时，便利店外有很多人在围观。几名旁观者记录了时长为8分15秒的记录，当时一名警察用膝盖压住了这名黑人的脖子，将他按倒在地。弗洛伊德最终死于颈部压迫伤。按压弗洛伊德的白人警官被控三级谋杀、二级谋杀和二级过失杀人。另有三名警官被控协助和教唆二级谋杀。[50]

随着弗洛伊德死于警方之手的视频传播开来（包括一些监控录像），以及"黑人的命也是命"（Black Lives Matter）抗议活动的扩散。据《纽约时报》报道，在弗洛伊德去世后的一个半月里，至少有140个城市举行了抗议活动，至少有21个州召集了国民警卫队（the National Guard）。[51]虽然抗议活动在白天通常是和平的，但在深夜，一些城市爆发了暴力冲突，身穿防暴装备的警察试图用催泪瓦斯、胡椒弹和其他不太致命的武器驱散人群。这些抗议活动一般由为正规媒体工作的记者报道，他们有时和抗议者一起遭到警察袭击。（关于记者遇袭的更多信息，见第14章。）但也有参与者用手机录制视频，并通过社交媒体分享。这些社交媒体平台还允许误导性视频的传播。例如，一段在推特上被观看了400多万次的视频声称，一名联邦调查局特工（FBI agent）被捕后被释放。事实上，这一视频是一年以前拍摄的，展示了一个被误认作通缉犯的人被逮捕和释放的过程。另一段视频显示一座美国警察大楼着火；事实上，这段视频拍摄于2015年，显示了中国天津的一次爆炸。[52]这些带有欺骗性的视频使得人们在寻找有关抗议活动的信息时很难知道哪些是真的，哪些是假的。

电影行业第一次使用互联网是用像宣传册一样的网页来宣传电影。然后是《女巫布莱尔》（*The Blair Witch Project*），它展示了网络互动是如何吸引观众的（见第七章）。这已经演变成互联网被用作放映短片的场所。现在，网络上的电影网站已经成为电影和电视行业的小联盟。有抱负的电影人首先会通过制作一部低成本的网络短片来确立自己的地位，希望业内人士会注意到他们。[53]当然，在YouTube等用户生成内容的网站上，短片的预算可能会超出低预算。

互联网还能做的另一件事是播放那些对传统媒体来说太前卫的电影。流媒

《鹰对鲨》（Eagle vs Shark）的导演塔伊加·维迪提（Taika Waititi，中）与主演劳伦·霍斯利（Loren Horsley，左）和杰梅奈·克莱门特（Jemaine Clement，右）在片场。维迪提后来制作了票房大卖的《雷神3：诸神黄昏》，但这部早期的独立电影可以在Fandor上观看。

体服务公司Fandor提供各种类型的电影，包括艺术片、经典B级片和另类纪录片。但《纽约时报》影评人格伦·肯尼（Glenn Kenny）表示，真正让这个流媒体网站脱颖而出的是它有趣的目录结构。在此目录上寻找动作/冒险类别，你会看到"武术"（Martial Arts）、"剑与凉鞋"（Sword and Sandal）、"荒野"（Wilderness）和"寻宝"（Treasure Hunting）的子选项。观众还可以通过电影上映时间或上映年份进行搜索。这里的选择显然与Netflix或Amazon Prime上的选择不同。这篇文章正在写的时候，网站首页是塔伊加·维迪提（Taika Waititi）2007年新西兰喜剧《鹰对鲨》（Eagle vs Shark）的宣传片，塔伊加·维迪提在2017年凭借《雷神3：诸神黄昏》（Thor: Ragnarok）一举登上世界舞台。[54]

但是，当然，正如我们在第八章中讨论的，在线是观看Netflix、Hulu、Amazon Prime和Disney+等服务的主流电视和电影节目的地方。在COVID-19大流行期间，原本应该在影院上映的电影被换成了付费视频点播。电影和电视节目可以通过流媒体视频播客和通过iTunes或亚马逊等在线服务下载。用户可以在电脑、智能手机、平板电脑或智能电视上观看视频。早在2000年，供职于互联网电影网站MeTV的马丁·弗伦奇（Martin French）就这样说："说实话，没人愿意坐在电脑前（看电影）。这不是一个舒服的位置。"[55]显然，人们更愿意在自己的电脑、平板电脑甚至智能手机上观看视频。确实，替代设备变得更好了，但人们观看视频的方式正在发生文化上的变化。

互联网和社会：黑客伦理

尽管互联网起源于世界军事研究领域，但它主要是为了允许计算机的独立使用。分时计算机系统的最早用户，在分时计算机系统中，几个人在不同的终端上可以共享一台计算机，开始把这些大型机构的计算机视为"他们的"（theirs）。《全球概览》(the Whole Earth Catalog)的作者斯图尔特·布兰德（Stewart Brand）表示，用户很快就开始了解如何利用电脑达到自己的目的：

> 肯尼迪曾说："不要问你的国家可以为你做些什么。要问一下你自己可以为国家做些什么。"……基本上我们说："不要问你的国家能为你做什么。做你自己。"你只是尝试了一些东西，然后你自己做了。你并没有征得任何许可。[56]

这将成为互联网的战斗口号：成为自己的主宰。这种态度在整个传媒业引起了轩然大波，因为它改变了大众传播的模式，从由少数生产者提供新闻、娱乐和文化给选择有限的公众，到消费者可以自己选择他们想了解什么新闻，想看什么电影，想听什么音乐，以及什么时候听。

但是，这种不受控制的信息环境并不完全是令人乐观的。一些批评人士指出，主导旧媒体形式的媒体巨头制造了互联网上的许多内容。其他人则抱怨说，互联网上的信息不受控制，不可靠，往往不适合年轻人浏览。

在他年轻的时候，史蒂夫·乔布斯（Steve Jobs）将电脑编程视为一种反抗和控制日益技术化的世界的方式。乔布斯和苹果公司的联合创始人史蒂夫·沃兹尼亚克（Steve Wozniak）制作了电子"蓝盒子"（blue boxes），它可以绕过美国电话电报公司（AT&T）的控制系统免费拨打长途电话。除了允许这两个人窃取电话服务，偶尔搞个恶作剧，这些盒子还让乔布斯认识到，技术可以赋予个人力量：

作家兼记者史蒂文·列维在他1984年出版的《黑客》一书中阐述了黑客文化的原则，这本书写于互联网成为大众媒体的几年前。

> 我们学到的是，我们可以自己建造一些东西，可以控制世界上价值数十亿美元的基础设施……我们可以造一个小东西来控制一个庞然大物。这是一个不可思议的教训。[57]

乔布斯的态度体现了所谓的黑客伦理

(hacker ethic)。1984年出版的史蒂文·利维（Steven Levy）的《黑客》（*Hackers*）一书中总结了这一道德准则，当时，互联网还没有成为公共媒体，许多主要的互联网工具，尤其是万维网，也还没有开发出来。利维用黑客这个词来指代那些喜欢编程并最大限度地利用计算机的人。他更喜欢用数字入侵者（digital trespassers）来指代闯入机构电脑的人。然而，似乎许多"真正的"黑客通常也是数字入侵者。

理解黑客伦理对于推动互联网的发展是至关重要的，因为它的价值观念塑造了许多新媒体的开发者。利维列出了关于黑客伦理的四条核心原则[58]：

1. "对计算机以及任何可能教会你世界运转方式的东西的访问，应该是无限的、全面的。"黑客想要获得程序、数据和计算机，他们不遵守那些使他们无法使用这些工具的规则。他们相信自己应该能够直接控制任何能够找到的计算机系统；更重要的是，他们相信，他们在运行系统方面可能比系统的所有者做得更好。

2. "所有信息都是免费的。"这句话意味着对于版权法律的忽视。黑客们认为，所有信息对于任何想要应用它们的人而言都应是可以获得的。这是文件共享先驱Napster和用户视频网站YouTube的核心。如果你的硬盘上有音乐、照片、艺术作品、文章或程序，为什么不能分享它们呢？如果这些东西在其他电脑上也存在，为什么你不能访问它们呢？这种普遍共享信息的想法是伯纳斯-李设计万维网的关键。

3. "不信任权威——促进了去中心化。"黑客文化不信任中心化的官僚主义的权威。官僚机构隐藏信息，并制定规则限定谁可以访问这些信息。所以，保持信息自由的最好方法就是让它公开。

4. 评判一个人的标准应该是他的技能，而非"诸如学位、年龄、种族或职位之类虚假的标准"。在互联网上，相较于许多其他条件标准，对于个人在年纪、教育程度、性别或收入等条件下的传统衡量，显得不那么重要，因为人们可以建构自身的身份认同，无论这种认同与他们实际的身份是否符合。本质上，这是人们一直拥有的多重角色和身份的延伸。你可以同时是教师、家长、配偶和孩子。在互联网上，用户可以进一步扩展他们的身份，改变他们的性别、种族和背景。

将黑客伦理价值观应用于互联网，从总体上提供了一个有关"秘密3"的例子，即源自边缘的每件事情都会向中心移动。

黑客入侵2016年总统大选

对于2016年总统大选最为持久的争议，即俄国黑客在竞选结果之上发挥的作用。你可能还记得，希拉里·克林顿（Hillary Clinton）以近300万票的优势赢得了普选，但唐纳德·特朗普（Donald Trump）却以306票对232票赢得了至关重要的选举人票。[59]他得到如此重要的反转结果全是因为密歇根、宾夕法尼亚和威斯康星3个州的8万张选票。[60]因此，是什么因素影响了这一小部分选票的问题就显得很突出。

2016年选举中发生的事情仍然饱受争议，有几件事是相对容易理解的：

- 俄罗斯数字宣传公司互联网研究机构（Internet Research Agency）建立了虚假的Facebook和Twitter账户，试图在LGBT问题、种族、移民和枪支权利等问题上传播异议。其中一些账户背后有真人，而另一些是自动机器人，后者会转载和放大与它们的程序相匹配的新闻。
- 俄罗斯新闻机构"今日俄罗斯"（Russia Today，RT）和"人造卫星"（Sputnik）通过常规信息和付费广告在社交媒体上传播虚假消息。两家机构现在都被禁止在Twitter上做广告。
- 俄罗斯黑客侵入民主党全国委员会（Democratic National Committee）的电脑网络，窃取了数千封电子邮件和其他文件。然后，他们通过自己控制的网站和朱利安·阿桑奇的维基解密（Julian Assange's WikiLeaks）发布了这些信息。虽然这些文件里没有任何激进的秘密，但它们确实显示了在每个政治行动中都发生的丑陋的内斗。
- 俄罗斯黑客还侵入了39个州的选民登记系统。虽然他们试图修改一些记录，但没有证据表明他们更改了任何一张选票。[61]

搞清楚俄罗斯人做了什么，要比搞清楚数字干预产生了什么样的影响容易得多。经常被誉为俄罗斯黑客问题专家的《纽约客》（New Yorker）记者阿德里安·陈（Adrian Chen）写道，我们不应夸大一群几乎不会说英语的俄罗斯人发起的行动的有效性。"（它）忽视了人们分享他们已经同意的信息的倾向；在这些信息在自私自利的团体中传播的过程中，它看到了一些证据，证明了一个策划者的伟大设计。"[62]

选举（和棒球）统计记者纳特·西尔弗（Nate Silver）在他的FiveThirtyEight博客上警告说，不要太相信俄罗斯对选举的黑客行为/干预。他写道，联邦调查局前局长詹姆斯·科米（James Comey）在大选前一周就希拉里·克林顿的电子邮件调查议题给国会写信，此封信函可能会动摇更多的选民。（538这一数字听起来熟悉吗？这是美国总统选举制度中的选举人票的票数。）西尔弗认为，俄罗斯的干预很难从重要性上进行追踪，因为这不仅仅是一件事。但他认为，与整个竞选活动相比，俄罗斯的努力相对较小。俄罗斯的行动每月花费仅约125万美元，特朗普阵营和相关组织总共花费6.17亿美元,克林顿竞选团队及其支持者花费了12亿美元。尽管如此,西尔弗指出,俄罗斯努力的主题与克林顿失败的原因是一致的。俄罗斯支持的"#Hillary4Prison"等标签助长了人们对克林顿不诚实、不可信的看法。入侵民主党全国委员会的计算机网络以及随后发布的电子邮件也很重要。[63]

赛博空间的概念

"赛博空间"(cyberspace)一词广泛地用于描述互联网以及发生于其中的互动。然而,这个词的出现早于互联网和它所创造的共享文化的使用。1948年以来,"控制论"(cybernetics)一词(来自希腊语kybernetes,意为"飞行员"或"管理者")一直用于指一门通信和控制理论的科学。科幻作家威廉·吉布森(William Gibson)在其1984年的小说《神经漫游者》(*Neuromancer*)中将前缀cyber与单词space联系在一起,尽管权威的《牛津英语词典》(见第四章)指出,吉布森最初在1982年的一篇杂志故事中使用了这个词。吉布森这样定义赛博空间:"赛博空间是银行存放你存款的地方。它是长途电话发生的地方。它是一个无处不在的、非物质的地方,在这里,随着我们文明的发展,我们所想的越来越多。"[64]吉布森将赛博空间和网络文化视为一种对于象征着自由和自我表达的嬉皮士理念的表达:"我对互联网和信息高速公路的所有宣传都感到疲倦,我怀疑从未来的角度来看,它将与城市的发明相媲美,这是人类文化的一种力量。"[65]

互联网和社会:我们的网络世界

在20世纪以前,定义社群(community)还是相对容易的:社群由你每天会与之互动的人所组成。但是,大众媒介的发展带来了我们对于社群理解的些许变化。人们不再需要面对面互动交流。拉里·特斯勒(Larry Tesler)曾在施乐帕洛阿尔托研究中心(Xerox PARC)和苹果电脑公司(Apple computer)参与开发了计算机社区的想法,他认为:

> 当我们还是以狩猎和采集维生的小部落族群里的人之时,你每天都要和人打交道。我们是一个以与整个部落交流为基础的物种。随着人口的增长,人们不得不分裂成更小的部落,他们到了一辈子都见不到对方的地步。

互联网，是第一项让我们与地球上任何人进行多对多交流互动的技术。从某种意义上说，它让我们追回了几千年前所失去的东西。所以我认为互联网发展如此之快的一个原因是我们总是需要它。我们终于有了它。[66]

在《维多利亚时代的互联网》(The Victorian Internet)一书中，作者汤姆·斯丹迪奇 (Tom Standage) 认为，19世纪的电报也是一项重要的全球发展，与20世纪末和21世纪初的互联网具有许多相同的用途。根据他的说法，电报是"一个世界性的通信网络，其电缆横跨大陆和海洋，它彻底改变了商业惯例，导致了新的犯罪形式，并使其用户被泛滥的信息淹没"。[67]

电报系统之后是无线电和电话，它们都是可以把世界上大部分地区联系在一起的媒体。虽然互联网最早的组成部分在1969年开始使用，但网络主要局限于用于人际交流，直到1991年，伯纳斯-李发布了万维网，人们才有了在互联网上获取资料的一种简单而统一的方式。尽管互联网从历史上受益于早期的电报和电话系统，但它已经成长为一种不同于其他任何媒体的新媒体，因为它是唯一融合了人际、群体和大众传播元素的媒体。互联网的独特性质，特别是在全球背景下，提出了关于国家边界、公司控制、新闻自由和个人权利的全新道德困境。当你在本书后文中读到不同国家的全球媒体时，请记住其中一些问题。

当特斯勒声称互联网可以让人们与地球上任何地方的人互动时，他言过其实了。在世界范围内，大约46%的人口可以上网。[68]在发展中国家，这一数字平均为35%，而在发达国家，这一数字为82%。[69]但是移动技术的普及正在带来改变。撒哈拉以南非洲地区的网民比例最低，只有20%的人能够上网，但这意味着自2010年以来增长了111%。这种增长的到来，是因为人们现在可以通过手机使用移动宽带。这项技术使得非洲的增长率达到了40%。像Facebook和谷歌这样的公司，正在努力为贫困地区提供廉价的无线互联网服务。[70]

即使是在美国，访问高质量的互联网也不是普遍的。皮尤研究中心的研究表明，尽管在接入方面，种族和民族之间并没有很大的系统差异，但随着人们教育水平和收入的提高，接入高速宽带的人数也在增加。城市人也比农村人更有可能拥有宽带。[71]

关于数字媒体的争议

尽管网络能带来众多好处，但这种新媒体也在一些方面受到了批评。一方面，网络上有大量的内容是不适合孩子的。另一种批评是上网者和手机用户在上网时放弃了他们的隐私。最后，有人认为，人们花太多时间与虚拟的社区和朋友在一起，以至于忘记了自己的真实生活。

管控网络内容

万维网与所有其他媒体不同，因为它本质上是一种任何人都可以发布任何内容的开放平台。更为重要的是，任何人都可以访问任何他或她想要的东西。由于缺乏控制，在无人监督的情况下上网并不特别适合儿童。20世纪90年代，随着电脑和互联网进入教室，家长和老师开始担心学生可能会观看色情作品、仇恨言论，甚至是如何自制炸弹的指导。

解决此种问题的一种办法是运用过滤软件，它可以阻止人们访问某些类型的信息。这种方法已经在某种程度上获得了成功，但没有任何一种过滤方案能屏蔽所有的带有冒犯内容的信息，同时还允许人们访问各种各样的网站。例如，1998年，弗吉尼亚州劳登县（the Loudoun Country）的公共图书馆安装了过滤软件。该软件成功地屏蔽了色情内容，但它也屏蔽了有关性教育、乳腺癌和同性恋权利的网站。[72]试图控制网络上的信息的根本问题是，通信网络的网络是专门为克服阻塞和故障而设计的。一旦信息出现在网上，几乎不可能阻止它的传播。网络先驱约翰·吉尔摩（John Gilmore）巧妙地总结了这个问题："网络将审查解释为损害，并绕过它。"[73]

在肯尼亚内罗毕举行的一场独立庆典上，与会者使用智能手机自拍。肯尼亚等发展中国家的人们最有可能使用移动设备上网。

Luis Tato/Bloomberg via Getty Images

隐私和互联网

消费者走进传统的书店，从一个商店逛到另一个货架，挑选自己感兴趣的书。离开商店后，没有人知道消费者看了什么书。但是，当同一位消费者在亚马逊网上书店购物时，商店会记录下他浏览过的所有内容。然后，亚马逊的软件将根据购物者之前的搜索和购买行为向其推荐商品。这是极大的方便，还是严重的隐私损害？

正如我们在开场白中所讨论的，在线用户在每次启动浏览器或应用程序时都会放弃他们的隐私。每次他们填写表格、加入团体或购买物品时，都会存储信息（姓名、地址、兴趣等），以便网站所有者更多地了解该网站的访问者。在移动设备上，移动广告ID有助于广告商、网站和应用程序了解谁在与特定公司连接。网站利用称为网站浏览信息数据（cookies）的小文件来识别网站访问者，并潜在地跟踪他们在网络上的行为。网站浏览信息数据可以识别用户，这样他们就不必重新输入自己的姓名和密码。或者，就像亚马逊的网站浏览信息数据一样，它们可以跟踪访问者喜欢看哪种类型的东西。网站浏览信息数据通常用于帮助用户访问某个特定网站，但也可用于跟踪用户的上网习惯或提供他们访问过哪些网站的证据。

网站开发人员可以使用网站浏览信息数据为特定的访问者定制网站。例如，一个新闻网站可以使用来自网站浏览信息数据的信息来提供你最喜欢的球队的得分，你投资组合中的股票报价，或者你喜欢的音乐风格的评论。然而，这种迎合个人品位的做法可能会带来更可怕的后果。网络创建者伯纳斯-李推测，网站浏览信息数据甚至可以用来定制宣传内容，以匹配观众的偏见：

> 想象一下，一个人访问一位政治候选人或一家有争议的公司的网页。通过快速检查此人的记录，政客或公司可以提供正确的宣传内容组合，温暖此人的心，巧妙地压制他或她可能反对的观点。[74]

新旧媒体的融合

当前，有大量关于融合和新媒体的讨论，例如，为什么网络将取代过时的媒体（报纸和杂志）、广播媒体和其他形式成为新闻的主要来源。我们被告知，新媒体的协同作用将把文本的深度与大量的照片、音频和视频结合在一起。你可以将传统媒体的所有优势集于一身。

有迹象表明，这种情况正在发生。2009年7月，美国国家公共广播电台（NPR，前身为国家公共广播电台）推出了新网站NPR.org，其目标是让记者能够将自2005年5月以来在NPR上播出的所有报道的流媒体副本和文字记录，与照片、视频、音频和书面报道结合起来。该网站还将这些资源提供给移动媒体，如iPhone和Android。[75]

融合还提供了其他方式无法提供的媒体。正如第十一章中将讨论的那样，阿拉伯新闻频道半岛电视台（the Arab news channel Al Jazeera）在2006年11月开始提供英语服务，但它在寻找任何美国有线电视或卫星服务方面遇到了困难。目前，对半岛电视台新闻感兴趣的美国人必须主要通过互联网或使用该台的社交媒体服务AJ+。

有时你会得到相反的协同效应——旧媒体和新媒体二者最糟糕的部分融合在了一起。反向协同的一个典型例子发生在2008年，当时彭博（Bloomberg）的在线金融新闻服务发布了一篇关于美国联合航空公司（United Airlines, UAL）申请破产的已有6年历史的新闻。这个故事是真的——只是过时了6年而已。事情是这样的：收入证券顾问公司（Income Securities Advisor）的一名记者在谷歌搜索"破产2008"时，发现了一篇关于UAL 2002年破产申请的未注明日期的报道。南佛罗里达的《太阳哨兵报》（*Sun-Sentinel*）的报道可以追溯到2002年12月10日，当时UAL确实在申请破产。执行搜索的记者将这一消息发布到了彭博新闻社。作为对这一事件的回应，投资者开始抛售手中的UAL的股票，令该股从每股12.17美元降至约3美元。由于没有意识到发生了什么，UAL对其股票的暴跌感到困惑，但它很快在网上发布了一条否认该报道的消息。在股市收盘时，UAL的股价已回升至10.92美元。[76]

我们可以由此学到些什么？试想一下"秘密7"——这里没有"他们"。导致股价暴跌的只是一个网站上的一则报道。难道你不认为如果一家大公司在6年内两次申请破产，那么相关报道会在每一个主要新闻网站上出现，而不仅仅是出现在一家与当地新闻无关的佛罗里达州的报纸上吗？冒着过分简化事情的风险，这则报道之所以被发布，是因为有人——"他们"——说事情是这样的。这导致了财富的巨大损失，尽管是暂时的，因为一则没有真实价值的报道，显然完全是偶然发布的。

一切都是数据

我们正在进入一个媒体越来越数字化的时代。这意味着我们将从有线电视、报纸或手机服务等"老频道"转向数据服务。

想想看，你有多少次差点用完分配给你的手机通话时间？也许你甚至不再受时间限制了。短信的情形也与之类似。

但是说到数据呢？那是另一回事了。在你的供应商警告你已经使用了50%、75%或90%的数据流量之前，在本月内你已经使用了多少流量？当然，你的移动供应商总是很乐意卖给你另一包数据。

想想所有你在移动设备上使用数据的东西：流音频和视频、社交媒体、游戏，甚至是一封老式的电子邮件。你也可以通过Snapchat、Instagram或Periscope向上游发送照片和视频。

如果你用的是iPhone，在使用FaceTime进行音频和视频通话时，你可能会消耗大量数据（不过如果你够聪明的话，你会尽可能使用Wi-Fi）。每个人都在通过Skype以这样或那样的方式消耗数据。

在电视领域，我们也看到了这种转变。现在，至少如果你上了年纪，你会认为电视是通过电缆或通过卫星从天空中传下来的东西。如果你真的很老（或很穷），你会把它想象成经由一根天线通过空气传播的东西。

但正如我们在第八章中讨论的，我们越来越多地从流媒体服务中获得视频节目。当我问我的学生最近看的电视节目时，最常见的答案（除了世界职业棒球大赛的转播）是Netflix。现在Netflix是一个流媒体服务，你可以通过互联网获取数据。Netflix只是流媒体视频的众多来源之一，其他还有Hulu、CBS的All Access、亚马逊Prime等等。

几年来，苹果公司一直在提供一款名为Apple TV的流媒体盒，已故的乔布斯曾将其称为一种业余爱好。但随着最新版本的发布，苹果似乎更认真地对待它了——认为新的Apple TV可以替代有线电视或卫星电视服务——假设你有一大堆数据支持它。[77]

章节回顾

章节小结

互联网兴起于20世纪60年代末，原因是为了将军方提供的昂贵的计算机资源共享给美国各地的大学。最初的网络被称为阿帕网（ARPAnet），在1969年秋天首次上线。该网络使用分组交换技术（packet switching），分组交换是一种将信息分解成小数据包的信息传输方法，这些小数据包在网络上单独传输，一旦被接收到就重新组合。通过电子邮件和文件共享，阿帕网很快成为学术界在全国范围内协作和交流的工具。

随着大量不兼容网络在20世纪70年代得以发展，鲍勃·卡恩（Bob Kahn）和文特·瑟夫（Vint Cerf）开发了一种传输控制/网络协定（TCP/IP），这种协议可以让网络之间进行相互传输通信。1983年，阿帕网开始使用TCP/IP协议。这通常被视为互联网的真正开端。

在大众媒体中，互联网是独一无二的，它可以通过电子邮件和即时通信进行人际交流，也可以通过电子邮件、即时通信、短信、万维网、搜索、移动应用程序、博客、播客和流媒体进行群体交流。

1989年，英国物理学家蒂姆·伯纳斯-李在瑞士的欧洲核研究组织工作时发明了万维网。他的目标是创建一个分散的系统，在世界各地创建和共享文档。网络有三个主要组成部分：统一资源定位符（URL）、超文本传输协议（http）和超文本标记语言（HTML）。伯纳斯·李于1991年在互联网上发布了万维网的代码，供全世界的人免费使用。

整个互联网和特定的网络都基于一套被称为黑客伦理的价值观。这种价值观认为信息应该自由传播，个人应该尽可能多地控制电脑。

万维网将互联网转化为一种主要的大众媒介，它提供着新闻、娱乐和社群互动。网络提供多种内容提供商，包括传统媒体公司、仅在网络上提供出版物的新媒体公司、提供网络导航帮助的聚合网站（aggregator sites），以及有话要说的个人。

移动设备越来越成为人们上网的主要方式，85%的人拥有智能手机，用户正在用通过应用程序的封闭访问取代开放访问网页。

网络被批评将谣言提升到新闻的水平，向儿童提供不适当的材料，收集用户的私人信息，并在用户之间制造一种虚假的亲密感和互动感。这可以从2016年美国总统大选俄罗斯黑客事件中看出。

在过去的几年里，媒体内容的传播已经从传统媒体渠道转向了在线数字媒体渠道，允许人们随时随地访问内容。

关键术语

移动广告ID（mobile advertising ID）

互联网（internet）

分组交换（packet switching）

阿帕网（ARPAnet）

传输控制/网络协定（TCP/IP）

电子邮件（email）

即时通信（IM）

超文本（hypertext）

万维网（World Wide Web）

统一资源定位符（URL）

超文本传输协议（http）

超文本标记语言（HTML）

Mosaic（全球最早一款可以显示图片的浏览器名称）

宽带服务（broadband service）

数字原生（digital native）

博客（Weblog（blog））

市民新闻（citizen journalism）

黑客伦理（hacker ethic）

浏览器（Cookies）

聚合网站（aggregator sites）

问题反馈

1.如何通过移动设备追踪其使用者?

2.我们的第一代全国性交互式计算机网络是如何建设起来的?

3.当你通过应用程序而不是万维网进行在线互动时,会有什么不同呢?

4.作者写下"一切都是数据"的时候,他想表达什么呢?随着越来越多的媒体进行数字化传播,传统媒体行业正在发生什么样的变革?

Matthew Holst / Contributor / Getty Images

第十章　社交媒体和电子游戏：成为故事的一部分

学习目标

在学习本章节之后，你将能够：

1. 发现和描述让社交媒体具有社交性的五种基本特征；
2. 描述以下每个人对电子游戏发明的个人贡献：艾伦·图灵（Alan Turing）、威廉·希金博特姆（William Higginbotham）和拉尔夫·贝尔（Ralph Baer）；
3. 解释电子游戏行业为何必须创建类似于电影和电视评级系统；
4. 举三个例子说明电子游戏为何可以被视为一种大众传播形式；
5. 描述Twitch是什么，并解释亚马逊花费将近10亿美元收购Twitch是否明智；
6. 解释为什么视频聊天和社交媒体并不是人们用来保持社交距离的唯一平台，并举出人们在分开时用于交流的其他技术示例。

你可能看过关于卡森·金（Carson King）的温馨故事，一个年轻人在2019年艾奥瓦大学对阵爱荷华州立大学的一场橄榄球比赛上举着一个牌子，募集资金购买一箱布希淡啤酒。这个在ESPN的《大学比赛日》（College GameDay）节目上被看到的牌子在社交媒体上疯传，金最初也获得了600多美元的捐款（别急，读下去；这个数字还会增长）。虽然这个故事对金而言结局不错，但对其他人来说却并非

如此。

当金意识到他通过在线转账服务Venmo赚了不少钱时，他决定用这笔意外之财做点好事。当他宣布将把这笔钱捐赠给艾奥瓦大学斯特德家庭儿童医院（University of Iowa Stead Family Children's Hospital）时，安海斯-布希公司（Anheuser Busch，AB）和Venmo都承诺将捐出与他捐献的同等数额的钱款。捐款继续大量涌入，所筹集的总额迅速超过100万美元（这个数字还会增长）。AB在讨论让金成为一个有影响力的人，甚至可能把他的头像印在啤酒罐上。[1]

艾奥瓦州的主流报纸《德梅因纪事报》（Des Moines Register）在这个故事曝光时曾写过关于金的文章，人们对金和他的慷慨都很感兴趣，于是该报决定对其做全面报道。在记者阿伦·卡尔文（Aaron Calvin）的文章中，大部分内容都是称赞的。但在文章的结尾，卡尔文提到了金十几岁时在推特上发的两条种族主义笑话。在发表这篇报道之前，卡尔文给金打电话讨论了这些推文。金向记者表示了后悔，在这篇报道发表之前，金接受了当地电视台的采访。金对于该报核查他的社交媒体资料，以及《德梅因纪事报》对他的处理方式没有任何抱怨。

不出所料，当金发表种族主义言论的消息传开后，布希淡啤酒的相关人员迅速与他撇清了关系，不过他们仍然同意向儿童医院履行捐款承诺。AB与金断绝关系的决定，导致艾奥瓦州滑铁卢啤酒节（the Iowa Oktoberfest in Waterloo）的活动策划者将布希淡啤酒从他们的年度节日啤酒清单中删除。[2] 除了对《德梅因纪事报》文章的强烈反对之外，艾奥瓦州州长金·雷诺兹（Kim Reynolds）决定将9月28日定为卡森·金日（Carson King Day），并称赞他的"慷慨的信息"（message of generosity）。[3]

但故事并没有到此结束，因为报道了金的故事（提到了金具有冒犯性的推文但总体持同情态度），记者卡尔文遭到了一些艾奥瓦州民众以及后来其他地区民众的全面攻击。首先，《德梅因纪事报》在收到数百份对卡尔文及其报道的投诉之后，辞退了他。卡尔文表示，尽管他遵循了社交媒体研究的标准编辑惯例，但他还是感觉报纸抛弃了他（具有讽刺意味的是，正如我们在许多社交媒体账户中所看到的那样，卡尔文多年前的推文中也有一些有问题的内容）。后来，在有关发布推文的消息被主流媒体曝光后，卡尔文很快就遭受了攻击和严厉指责，这些攻击主要通过保守派媒体传播。同样，在一个人们再熟悉不过的关于网络喷子的故事中，这位记者因公开金的种族主义推文而开始收到死亡威胁。[4]

这个不寻常的故事引发了很多问题。例如：

- 记者何时应该深挖一个报道对象的社交媒体历史？他们应该如何处理所挖

掘到的内容？

- 你认为人们对报纸上报道金的两条攻击性推文反应如此强烈的原因是什么？
- 你是否认同该报纸处理这篇文章后续影响的方式？那位记者应该被解雇吗？
- 你是否曾遭遇过喷子或社交媒体的强烈反对？

这个故事确实给爱荷华大学儿童医院带来了好的结果，该医院得到了金的啤酒筹款活动募集的290多万美元。最终，金斯捐出了他筹集的所有资金，仅保留了他最初的筹款请求：一箱布希淡啤酒。[5]

金和卡尔文并不是唯一因在社交媒体上发布欠考虑的帖子而生活发生改变的人。《银河护卫队》(Guardians of the Galaxy)系列电影的导演詹姆斯·古恩（James Gunn）于2018年7月被迪士尼解雇，原因是他在2009年发布了一系列攻击性推文，之后这些推文被极右翼活动人士迈克·切诺维奇（Mike Cernovich）发现并开始宣传，引起了人们的关注。[6]这些推文后来已被删除。早在2012年，古恩发布的一些在线文章就受到了女权主义极客文化网站"the Mary Sue"的批评。古恩为他所发布的内容进行了全面道歉，对自己"彻头彻尾的失败和令人尴尬的挑衅"表示遗憾。[7]

《华盛顿邮报》专栏作家梅根·麦卡德尔（Megan McArdle）问道，未来我们应该如何处理像古恩这样的案例：

> 当然，我们对谋杀没有诉讼时效，我也不主张对十恶不赦的罪行实行全面大赦……但对于那些只是开了愚蠢玩笑的人，应该给予他们道歉的机会，让他们重新开始，而不是看着他们的生活因为短暂的失误而被毁于一旦。[8]

令人担忧的是，社交媒体上的事情可以迅速升级，彻底改变一个人的生活，无论这种改变是好是坏。这些相对较新的在线服务，让我们在与网络世界分享信息的同时，能够以一种感觉上类似"一对一"的方式进行交流。电子游戏也因网络连接达到了类似的程度，我们的虚拟形象能够与真实的玩家居住的一系列虚拟世界进行互动。在本章中，我们将探讨这些高度互动的媒体是如何发展的，以及它们如何塑造了我们现在所生活的这个世界。

社交媒体：在线分享我们的生活

正如大多数媒体一样，社交网络（也被视为社交媒体）是我们生活的核心部分（回想一下"秘密1"——媒介是我们日常生活的重要组成部分）。虽然过去时间和距离是沟通的障碍，但现在如果你能使用一些基本的在线技术，无论是通过台式电脑还是移动设备，都可以相对轻松地跨越这些障碍。我们认为手机是一项革命性的技术，但我们能用手机访问的社交网络可以进一步让事情产生变化。

什么是社交网络？按照研究学者M.切坦（M.Chethan）和莫汉·拉马纳坦（Mohan Ramanathan）的说法，"社交网络在一个共同的平台上连接个人或群体。一旦连接，人类分享信息或闲聊琐事的倾向就成为驱动力，创造出令人难以置信的信息量和流量"。[9] 社交媒体凭借什么而具有社交性呢？切坦和拉马纳坦写道，以下五个基本特征令社交媒体具有社交性：

1.用户生成内容（User-generated content）——社交网络并不是你仅去消费内容的网站；你去那里是为了创建内容。这些内容可以包括文字、照片、播客，以及流媒体音视频。

2.评论（Comments）——交流不仅仅是从一个创建者流向其他消费者。活跃在社交网络上的每个人都可以对他人发布的内容进行评论。这种互动可以是广泛的在线辩论，也可以是简单地在Facebook上给照片"点赞"。

3.标记（Tagging）——人们一般会对照片和文字打上标签或标记。他们还可以在自己的帖子中标记想法或关键词，比如Twitter上的标签。尽管话题标签现在被视为Twitter文化的重要组成部分，但在该服务推出一年多后，话题标签才首次作为社交媒体的组织原则而创建。[10]

4.社交网络（Social networking）——人们可以与朋友或志同道合的人分享他们在网上发布的内容。这可以是Facebook上的朋友群、Snapchat上的故事，或者轻博客平台Tumblr上的粉丝。

5.定制化（Customization）——人们可以将他们的社交网络页面制作得别具一格。例如，在你的Facebook页面上，你可以选择一张小的个人资料照片和一张大的封面照片。在你的Twitter页面上，你会得到一个小的"头像"（avatar），并且可以设置颜色和背景。

以下是最受欢迎的一些社交网络：视频分享服务平台YouTube；行业巨头Facebook；人人都在分享照片的Instagram；年轻人用来交流的Snapchat；图片分享网站Pinterest；侧重于专业领域的LinkedIn；微博平台Twitter；全球通信服务

WhatsApp；以及不断发展的中国视频分享服务TikTok。[11]

虽然我们通常认为社交媒体主要用于娱乐或社交目的，企业和组织也可以将其用于协作、公关和众包——这是一个让别人帮你完成作业的花哨术语。不过，请记住，并非只有这些最受欢迎的媒体渠道才具有社交属性。正如"秘密5"所提醒我们的——所有媒体都具有社交性。

YouTube

YouTube由埃隆·马斯克（Elon Musk）的三位朋友创立，他们都是埃隆·马斯克的互联网支付公司PayPal的早期员工。2002年，eBay收购PayPal，查德·赫尔利（Chad Hurley）、陈士骏（Steven Chen）和贾德·卡林姆（Jawed Karim）有了尝试新事物的机会。[12]三个人在陈士骏家里的一次晚宴上萌生了创建YouTube的想法，当时，很多客人都在用摄像机或手机拍摄视频，并希望分享这些视频。

> "我们发现彼此分享照片非常容易，"陈士骏说，"但是，当我们试图分享视频且用电邮发送它们的时候，它们总是被拒绝，被退了回来……对不同的人而言，这将越来越成为一个问题。"[13]
>
> "我们发现了帮助人们处理视频的机会，"赫尔利说，"从数码相机到手机，人们拥有能够拍摄视频的设备，但没有一种简单的方式相互分享这些片段。所以，我们着手简化这一过程，使每个人都能够在网上使用视频。"[14]

第二年，谷歌收购了这几位创始人的全部股份，YouTube已发展成为最大的在线视频分享网站。尽管现在的很多内容都是为了广告盈利而推出的娱乐节目，但它作为社交视频分享网站的根基依然存在。YouTube是最受欢迎的社交媒体网络，18岁至29岁的美国人中有91%的人使用它。[15]（见表10.1）

表10.1　2020年热门社交媒体网站

网站	12岁以上	12—34岁
YouTube	73%（美国成年人）	91%（18—29岁）
Facebook	63%	64%
Instagram	41%	68%
Snapchat	31%	61%
Pinterest	29%	32%

续表

网站	12岁以上	12—34岁
LinkedIn	22%	22%
Twitter	22%	29%
WhatsApp	20%	29%
TikTok	11%	25%

资料来源：《谁使用YouTube、WhatsApp和Reddit》，皮尤研究中心，2019年6月12日，http://www.pewresearch.org/internet/chart/who-uses-youtube-whatsapp-and-reddit/；爱迪生研究，《无限拨号2020》，http://www.edisonresearch.com/wp-content/uploads/2020/03/The-Infinite-Dial-2020-from-Edison-Research-triton- digital.pdf。

备注：YouTube的数据来自2019年。Instagram和WhatsApp都归Facebook所有。

Facebook

正如看过《社交网络》（*The Social Network*）这部电影的人所知道的，2004年，马克·扎克伯格（Mark Zuckerberg）在他还是哈佛大学的一名学生的时候就创建了Facebook。当扎克伯格还是个孩子的时候，他就创建了一个简单的消息传递程序，解决了他父亲的前台办公室如何宣布牙科患者已到达的问题。根据《纽约客》对他的介绍，他不是在玩电脑游戏，而是自己创造游戏。

虽然对于谁提出了Facebook的想法存在争议，但毫无疑问，扎克伯格将这一概念变成了一个用于与朋友交流的、极受欢迎的工具。他告诉记者乔斯·安东尼奥·瓦尔加斯（Jose Antonio Vargas）（我们将在第十五章进一步讨论他），上大学时，他和他的朋友们会推测人们将如何使用互联网。"我们会说：'大家都上网了，这不是很明显吗？''难道不会不可避免地出现一个庞大的人人都在的社交网络吗？'这是我们预期会发生的事情。"[16]截至2020年，超过63%的12岁及以上的美国人使用Facebook，全球超过24亿人活跃在Facebook上，这使其无疑成为最大的传统社交网络[17]（YouTube可能规模更大，但它提供的服务有限得多）。Facebook不同于大多数网络，与一般的网络相比，它与过去的美国在线（AOL）拥有更多的共同点。这是一个"有围墙的花园"（walled garden），人们可以在这里玩游戏、分享文章、上传猫咪的可爱视频。Facebook的核心理念是，广告商将能够基于人们在Facebook上分享的信息，准确触及他们想要的消费者。即使你试图限制Facebook对你的了解，它仍然可以发现相当多的信息。即使你关闭了位置跟踪，Facebook一般也能根据你的IP地址找到你所在的位置。它还可以利用你在Facebook之外浏览的信息向你投放广告（你可以在第三章的开头了解更多关于Facebook及其隐私政策的担忧)。

社交媒体群组在社会变革和冲突时期可能是一个难以立足的地方,因为它迫使我们面对我们可能不喜欢的关于我们的家人、朋友和社交群体的事情。2020年春天,在乔治·弗洛伊德(George Floyd)被明尼阿波利斯警方逮捕时致死之后,由于受到新冠肺炎疫情和"黑人的命也是命"(the Black Lives Matter)话题的冲击,Facebook上涵盖企业家、母亲、长途摩托车骑手、当地社区等话题的群组经历了崩塌和解散。这些论坛的版主通常没有受过如何处理谩骂和恶意辩论的培训,尽管他们必须努力维持和平。

Facebook已经为版主提供了资源,并发布了自己的一些指导方针,但批评人士指出,就连Facebook自身也没有遵守这些规定。阿什利·卡曼(Ashley Carman)在为Verge网站撰写的文章中指出,当版主指出禁止发布政治内容时,人们就会离开群组。[18]以音乐家霍齐尔(Hozier)的粉丝群组为例,霍齐尔本人在自己的社交媒体网站上就"黑人的命也是命"发布了大量内容。但是,该粉丝群组却不允许讨论这些相同的政治问题。那些仍然想谈论政治的人已被邀请去其他地方讨论。

爱尔兰音乐家、歌手、词曲作家霍齐尔活跃在社交媒体上,他在那里讨论政治和社会问题。但霍齐尔的支持者被告知,不要在Facebook上他的粉丝页面上发表政治评论。

Instagram

Instagram创建于2010年7月16日,尽管这个照片分享网站已经发展壮大成为社交媒体的巨头,但在某些方面,它并没有太大变化。第一篇帖子是由联合创始人迈克·克里格(Mike Krieger)发布的,是一张透过窗户拍摄的加了滤镜的码头图像。第二张是联合创始人凯文·斯特罗姆(Kevin Systrom)的工作场所照片。当晚晚些时候,有啤酒和晚餐、小狗以及人们夜晚娱乐的照片。就是没有自拍![19] 在接下来的几年里,Instagram发生了很大的变化,增加了视频、全画幅作为原始方形照片的选项,以及不断增加的滤镜。一个重要的变化是增加了一些工具,当社交媒体明星发布有赞助的帖子的时候,他们可以通过在照片中展示产品来获得报酬。[20]另一个重大变化发生在2012年,当时Facebook斥资10亿美元收购了Instagram。当时,Instagram只有3000万用户,没有任何收入。然而,它还为Facebook收购全球即时通信应用程序WhatsApp和虚拟现实公司Oculus铺平了道路。[22]

与Snapchat一样，Instagram在年轻人中的使用率远高于成年人（见表10.1）。Instagram用户也可能经常访问该网站。[23]

Snapchat

Snapchat是在年轻人当中最受欢迎的社交媒体平台之一，但一旦超出这个年龄段，其使用率就会下降。在12岁至34岁的美国人中，有61%的人使用即时信息和照片分享服务平台Snapchat，但在12岁及以上的人群中，只有31%的人使用Snapchat。[24]然而，对于那些使用它的人来说，它非常受欢迎，71%的年轻用户每天多次访问。[25]

尽管Snapchat在年轻的社交媒体用户之中受到广泛的欢迎，但它在盈利方面也存在一定的问题。部分原因是其精简设计使得那些每天不常使用的人更难使用它。尽管Snapchat拥有2.29亿全球日活跃用户的庞大受众，但仍比拥有20亿用户的Facebook小一个数量级。[26]《纽约时报》记者凯文·鲁斯（Kevin Roose）写道，Snapchat与Facebook的不同之处总是让它脱颖而出，因为它的照片和信息会自动消失。正如鲁斯所写，"它是暂时而非永久的，私密而非公开的，坦率而非排练过的"。[27]

尽管Snapchat主要被视为面向年轻人的社交媒体服务，但40岁的加州国会议员埃里克·斯沃韦尔（Eric Swalwell）使用该应用与选民建立了联系，他曾使用Periscope在众议院现场直播民主党的反枪支静坐。与大多数政客不同的是，斯沃韦尔自己动手，而不是依靠他的下属。斯沃韦尔开始分享关于他日常生活的短视频、照片及其日常生活的细节（这些内容只展示一天），以便与年轻选民建立联系。"我意识到我们的很多选民都在Snapchat平台上，"他告诉《国会山报》的记者，"不仅仅是年轻人，他们的父母也发现了自家的孩子在那里。"[28]

Twitter

2006年，三名大学辍学生开发了Twitter，这是一种融合了手机短信、在线即时信息和大量博客元素的媒体。到2017年，有超过3.3亿人回答了"你在做什么"这个问题。[29]埃文·威廉姆斯（Evan Williams）、杰克·多尔西（Jack Dorsey）和比兹·斯通（Biz Stone）在为播客公司Odeo工作期间启动了微博Twitter服务项目。[30]Twitter旨在让人们使用不超过140个字符的信息与朋友、家人和同事交流。这些被称为"推文"（tweet）的短小信息可以发送给你的朋友、熟人，或者世界上任何一个愿意阅读它们的人。你可以通过电子邮件、Facebook、网页上的小工具或手机上的短信来发送和接收推文。

技术顾问沙琳·李（Charlene Li）在接受伦敦《星期日泰晤士报》（the Sunday Times）采访时表示，Twitter对企业来说可能很有价值，因为企业可以利用它与客户建立双向联系，营造一种互动感。当许多消费者决定不再使用DVR快进观看电视广告时，

Jack Dorsey, "twttr sketch" from Flickr. Licensed under CC BY 2.0, https://creativecommons.org/licenses/by/2.0/.

杰克·多尔西（Jack Dorsey）最初的草图显示了Twitter的雏形。他称这个版本为stat.us。

他们仍然愿意接收电子优惠券等信息。"Twitter是发布这些信息的一个很好的平台，"李说，"我不介意星巴克在我的Twitter页面上发布公告，但我不希望它们出现在我的收件箱里"。[31]

2017年11月，Twitter对其微博服务做出了最大的调整，将最大字符数从140增加到280，翻了一番。Twitter称，长度的增加并没有导致大多数人写下更长的推文，但它确实增加了一定的流量和参与度。[32]在这一章的后文中，我们将看看Twitter上的争议，这些争议来自那些知名政客的带有潜在欺骗性或危险性的推文。

抖音（TikTok）

抖音（TikTok）是近期最为火爆的社交媒体平台，它主要用于分享短视频。虽然从表面上看，它可能与Vine或其他短视频服务平台类似，但不同之处在于，TikTok归一家中国公司所有。TikTok是一个相对较新的社交媒体渠道，在2019/2020年冬天，它是苹果手机iOS商店下载量最多的应用程序。在2019年第一季度，该应用程序在苹果应用商店和谷歌Play的下载量估计达2.2亿次。而且，正如媒介学者迈克尔·索科洛（Michael Socolow）所指出的，2019年9月，TikTok是Snapchat上的头号广告商，YouTube上的第二大广告商。[33]

2019年2月，联邦贸易委员会因TikTok不当收集13岁以下儿童信息而对其罚款570万美元。[34]作为对此事的回应，TikTok一直在推出一系列新的控制措施，包括禁止13岁以下用户分享、标记或创建视频。另一项控制措施是禁止16岁以下少年儿童直接发送消息，以阻止其与陌生人联系。最后，还有一项新功能，即允许父母将

其账户与13岁以下子女的账户关联,从而限制子女的屏幕使用时间,并控制他们所能查看的内容。[35]

TikTok的目标是让人们分享能给他们带来快乐的东西,所以它往往不会推广严肃主题的视频,尤其是政治。在一种被称为"影子禁令"(shadow banning)的做法中,视频仍会出现在用户的主页上,但不会出现在TikTok的视频推送中。TikTok以其比任何其他社交媒体更注意内容审核而著称。TikTok的算法倾向于那些发布大量内容的人,这些内容与他们过去所做的和其他人正在做的事情相似;这类似于重新合成(remixing)[36]。2020年秋天,唐纳德·特朗普总统曾推动TikTok的中国所有者将视频共享服务出售给一家美国公司。

 **测试你的媒介素养:总统应该活跃于社交媒体上吗?**

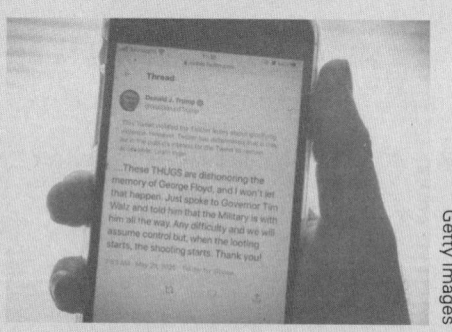

OLIVIER MORIN / Contributor / Getty Images

在入主白宫一年后,房地产开发商、前真人秀节目主持人唐纳德·特朗普(Donald Trump)将自己当选归功于对社交媒体的使用,特别是推特。总统告诉福克斯商业网(Fox Business Network)的玛丽亚·巴蒂罗姆(Maria Bartiromo):"老实跟你说,要不是社交媒体,我都怀疑自己能不能在这里。"[37]特朗普认为,他之所以喜欢使用推特,是因为他可以立即直接回应批评他的人:"所以当有人批评我的时候,我可以'砰''砰''砰',然后我就会处理好。用别的办法我根本就没法把消息传出去。"[38]

传播学教授大卫·格佐夫·理查德(David Gerzof Richard)认为,特朗普总统做出了重大的转型,他通过社交媒体而不是新闻媒体来发布他消息。理查德教授表示:"特朗普总统运用这个平台来讲述他的故事以及他的行为方式。""没有编辑委员会、没有事实核查员、没有顾问、没有过滤器——有的只是一个直接面对数千万粉丝的平台渠道。"[39]

特朗普对推特的有效利用,让人想起了加拿大经济学家、媒介理论家哈罗德·英尼斯(Harold Innis)出版于20世纪50年代的著作。英尼斯在书中写道,倾向于信息快速传播而非长时间传播的新媒体,往往会扰乱社会秩序。[40](你可以在第四章了解更多有关英尼斯及其思想的内容)

2017年,特朗普总统最受欢迎的推文是2007年的一段视频,内容是特朗普在世界摔跤娱乐公司(WWE)的摔跤狂飙大赛(WrestleMania)中把某人摔倒在地。视频被修改了,被特朗普猛击的那名男子的头部被换成了CNN的标志。这条推文在周日早间的脱口秀节目中得到了讨论,因此它得到了传统媒体的放大效应。

特朗普的第二条最受欢迎的推文是他与朝鲜领导人之间的相互辱骂。特朗普总统写道:"金正恩(Kim Jong-un)为什么要侮辱我,说我'老',而我从没说过他'矮和胖'吧?哦,好吧,我那么努力地想与他做朋友——也许这个愿望总有一天会实现的！"[41]

总统使用社交媒体平台来应对许多公共交流在很多层面上是有争议的。除了他在社交媒体上随意发表言论的名声之外，特朗普总统还有屏蔽批评他的人的历史。这意味着他不仅看不到批评者的帖子，而且批评者也看不到或无法评论他的帖子。

2018年5月，联邦地方法院法官纳奥米·赖斯·布赫瓦尔德（Naomi Reice Buchwald）裁定，特朗普总统的Twittr账户是一个公共论坛，因此他不能阻止人们观看或与之互动。布赫瓦尔德法官此前曾表示，如果总统或其他政客不想看到批评者在说什么，他们可以让批评者"静音"。静音控制的是总统看到的，而不是他的追随者看到的。[42]这与《第一修正案》（First Amendment）有关，因为总统的推文很可能是政府的官方通讯，必须对所有人免费开放。

社交媒体平台因给予像特朗普总统这样有权势的政客特殊待遇而招致批评。例如，Facebook有一项官方政策，即不对在其页面上发布欺骗性内容的政客进行纠正。Facebook全球事务副总裁尼克·克莱格（Nick Clegg）表示："当政客发言时，我们不干预。我们不会将政客的言论提交给我们独立的事实核查员，而且即使这些言论违反了我们正常的内容规则，我们通常也允许它们留在平台上。"[43]自2016年以来，Facebook一直在实施一套有争议的事实核查系统，但有人对事实核查者的身份表示不满，并抱怨Facebook有时会在争议话题上屈服于政治压力。

2020年5月下旬，在全国"黑人的命也是命"抗议活动期间，特朗普总统在Facebook和Twitter上发布了一个帖子，称"当抢劫开始时，枪击也开始了"（when the looting starts, the shooting starts），引发了网上的激烈冲突。特朗普总统表示，他并不知道这个词的种族主义历史，但他还是保留了这条评论。Facebook对这篇帖子没有做任何处理。[44]Twitter首席执行官杰克·多尔西（Jack Dorsey）让他的公司给一条带有相同内容的推文贴上了警告标签，但没有删除这条推文。[45]当月早些时候，Twitter给总统的一条推文加上了事实核查的标签，该推文提出了一则未经证实的阴谋论，称MSNBC早间新闻主持人乔·斯卡伯勒（Joe Scarborough）在20多年前在他的办公室谋杀了一名年轻女性。作为对推特此举的回应，总统签署了一项行政命令，试图剥夺社交媒体渠道根据1996年的《通信规范法》（the Communications Decency Act）所获得的保护。[46]

谁是源头？

谁是唐纳德·特朗普？他与社交媒体上的其他人有何不同？

他在说什么？

特朗普总统在推特和社交媒体上都说了些什么？为何他所说的内容会引起争议？

有哪些证据？

总统应该在推特上屏蔽他人吗？回答是或否的相应原因是什么？这和你屏蔽你不喜欢的人有什么不同？是否应该允许总统和其他杰出的政治家违反其他人必须遵守的规则？肯定或否定的相应原因是什么？

你和你的朋友们对此事有什么看法？

你认为美国总统应该上推特吗？肯定或否定的相应原因是什么？那是他评论国际事务或批评他不喜欢的人的合适场所吗？

电子游戏的发展

电脑是我们每天使用多个（太多）小时的工具，但在其功能最强大时，它们是互动的渠道——与我们自己、与他人以及与程序员的想象力进行互动。这种互动会

数学家和早期的计算机科学家艾伦·图灵生前及死后并没有得到多少认可，部分原因是他的工作是秘密的，但也因为他是同性恋，当时在英国同性恋是非法的。图灵现在在布莱切利公园（Bletchley Park）有一座雕像，这是他破译德国恩尼格玛密码（Enigma code）的地方。

让人感觉电脑是有生命的，是智能的。英国数学家艾伦·图灵（Alan Turing）在"二战"期间曾使用早期电脑帮助破解德国的恩尼格玛密码（Enigma code），他想要创造一种人工智能机器，这种机器在与我们互动方面足够出色，以至于我们再也无法分辨我们是在与一个人还是一台机器打交道。这后来被称为图灵测试（Turning Test）。[47]

图灵认为，让计算机下棋并获胜将是展示这种智能的好方法。尽管他能够编写下棋程序，但在20世纪40年代，他那个时代的计算机都无法运行这种程序。图灵一生中所做的大部分工作都被列为最高机密，因为其对密码学非常重要，1954年他去世时，很少有人知道他是谁，也不知道他为何重要。

图灵在促进我们理解计算机方面的作用最初被忽视的另一个原因是，他是同性恋，而在他的祖国英国，同性恋是一种犯罪行为。1952年，警察在调查一起盗窃案时逮捕了图灵，他承认和一个男人有肉体关系。他因"严重猥亵罪"被捕，并被迫接受化学阉割，服用雌激素。被捕两年后，他死于氰化物中毒，警方判定为自杀。直到2019年，他的讣告才在《纽约时报》上刊登，作为纪念那些在死亡时被忽视的人的文章的一部分。[48]

1958年，在纽约长岛的布鲁克海文国家实验室（Brookhaven National Laboratory）举行的开放日上展示的很可能是世界上第一款电子游戏。《双人网球》（*Tennis for Two*）是由威廉·希金波特姆（William Higginbotham）创建的，他之前曾参与曼哈顿计划（Manhattan Project）的核弹项目。这一游戏于1959年再次展出，但其持久的影响力来自那些见过这款"Pong"的原型游戏的人。

然后在1961年，麻省理工学院（MIT）的一群学生获得了一台价值12万美元的PDP-1微型计算机，并用它编写了一款名为《太空大战》（*Spacewar!*）的游戏，它拥有精确的物理学原理和提供引力的恒星。这款游戏立即在任何可以深夜使用电脑的人中间流行开来，特里斯坦·多诺万（Tristan Donovan）在他的电子游戏史中写道，学生们曾考虑出售这款游戏。但它需要一台12万美元的电脑才能运行，这使得它的商业可能性相当有限。所以，他们干脆把它送人了。[49]尽管不出售（或者可能正因为如此），《太空大战》在全国范围内迅速扩散到任何有学生使用PDP-1电脑的地方。

虽然麻省理工学院的天才们能够想出一款很酷的在一台昂贵电脑上玩的早期电子游戏，但难题在于想出一种方法，用便宜的现成电子零件来呈现一种简单的点屏幕（off-the-shelf）游戏。这正是工程师拉尔夫·贝尔（Ralph Baer）所做的，当时他和他所在的公司为一种可以在传统家用电视机上移动点的设备申请了专利。贝尔的雇主桑德斯联合公司（Sanders Associates）将硬件许可给米罗华公司（Magnavox），后者将这款乒乓游戏及其变体作为"米罗华奥德赛"（Magnavox Odyssey）系统出售。这是一个黑白系统，带有彩色的覆盖层，可以放在电视屏幕上，为玩家提供一个更有趣的游戏环境。[50]尽管与雅达利（Atari）和任天堂（Nintendo）相比，贝尔和桑德斯公司在电子游戏史上并没有得到太多的讨论，但这两家公司最终都不得不获得贝尔的专利授权。

雅达利使电子游戏变得流行

第一家真正普及电子游戏的公司是由诺兰·布什内尔（Nolan Bushnell）创立的雅达利。该公司以投币式街机版本的《太空大战》起家。但这款游戏太过复杂，无法轻易向在酒吧或游戏厅首次遇到它的人解释清楚，也没有取得经济上的成功。真正让该公司出名的游戏是*Pong*。艾尔·奥尔康（Al Alcorn）是布什内尔聘请的一名工程师，他设计了一款仿冒贝尔的米罗华游戏系统的游戏。布什内尔把他最初的公司命名为*Syzygy*（描述三颗行星连在一起的天文学术语），但当他发现这个名字已被人占用时，就把名字改为雅达利。雅达利相当于中国古代战略棋盘游戏的"将军"。

奥尔康使用现成的部件和一台安装在橙色喷漆木箱里的廉价电视机，打造出了后来成为*Pong*的街机游戏，并用一对旋钮来控制球拍。奥尔康和布什内尔决定在附近的一家名为"安迪·卡普的酒馆"（Andy Capp's Tavern）的酒吧进行测试。大约一周后，酒吧经理打电话给奥尔康，告诉他*Pong*机器坏了。奥尔康去酒吧调查，发现投币箱（实际上是一个旧咖啡罐）里至少装满了价值100美元的25美分硬币。街机游戏坏了是因为顾客无法再投币进去。解决方法是什么？将小咖啡罐换成更大的牛奶盒。

这款游戏成功的部分原因在于它玩起来非常简单。生产版本上有三个说明：

- 投入25美分硬币
- 自动发球

● 避免丢球才能得高分

这些第一代街机电子游戏带来的收益大约是现有的电子弹球机的3到5倍。早在1972年，这些简单的、非电脑化的街机电子游戏还是一种全新的东西。莱斯利·柏林（Leslie Berlin）在他的著作《硅谷搅局者》（*Troublemakers*: *Silicon Valley's Coming of Age*）中写道："大多数美国人以前只看到过屏幕上显示的图像是从广播网络发送的，或者是幻灯片或一卷电影胶片放映出来的。*Pong*则不同。它是互动的、由观众控制的电视。"[51]

雅达利公司的工程师哈罗德·李（Harold Lee）认为，公司可以利用安装在单个集成电路芯片上的设计，制造出一款价格实惠的家庭版*Pong*。从1974年开始，雅达利通过西尔斯百货（Sears department）和目录邮购商店（catalog store）销售这款游戏，一推出就大受欢迎。布什内尔说："这是人们第一次能够与他们的电视机说话，并让它做他们想让它做的事情。它给你一种控制感，而在此之前你所能做的只是坐着看频道。"[52]

虽然*Pong*和它的许多衍生版本将第一款原始电子游戏带入了家庭，但真正开创家庭电子游戏机市场的是"雅达利2600"。这款游戏机并不便宜，1977年推出时售价为199美元。它附带了《战斗》（*Combat*），是街机游戏《坦克》（*Tank*）的家庭版。为了承担如此庞大的项目，布什内尔不得不在1976年以2800万美元的价格将他的公司卖给了华纳通信公司（Warner Communication）［华纳通信后来与时代公司（Time Inc.）合并，组成时代华纳，目前是电信巨头AT&T旗下的华纳传媒（Warner Media）的核心。有关华纳传媒历史的更多信息，请参阅第三章关于媒体业务的内容］。布什内尔将雅达利出售给华纳也是媒体行业普遍趋势的一部分，即创始人不得不将他们的小公司出售给媒体巨头才能成功。这一案例再次印证了"秘密4"——没有什么事物是新鲜的：过去的一切都会再度发生。东海岸的企业文化对悠闲的布什内尔来说实在难以适应，1978年，他离开了自己创立的公司，由生产主管雷·卡萨尔（Ray Kassar）接手经营雅达利的消费者部门。

"雅达利2600"并不是第一款将游戏嵌入内存的家用电子游戏机，但它是第一款取得巨大成功的游戏机。雅达利表现如此出色的一个主要原因是很快就有大量的游戏卡带可供使用，包括沃伦·罗比内特（Warren Robinett）的《魔幻历险》（*Adventure*），它在电影版《头号玩家》（*Ready Player One*）中扮演了重要角色。其他游戏包括《太空入侵者》（*Space Invaders*）、《陷阱》（*Pitfall*）和《导弹指令》（*Missile Command*）。虽然以今天的标准来看，这些游戏似乎很原始，但人们对这些怀旧游戏仍然很感兴趣，在折扣店可以买到包含当时大量预装游戏的迷你游戏机。这个时期的其他竞争对手包括把《大金刚》（*Donkey Kong*）带入人们家中的ColecoVision游戏机和美泰公司（Mattel）的Intellivision游戏机。

到1983年，有太多的游戏卡带被推向市场，它们都很糟糕，包括雅达利根据热门电影《E.T.外星人》（*E.T. The Extra-Terrestrial*）推出的一款几乎没人想买的游戏。因此，家庭电子游戏的销售额从巅峰时期的每年近120亿美元下降到1985年的3.6亿美元。[53]这让该行业做好了重启的准备。

从20世纪90年代到现在，电子游戏街机必须开始提供更多身临其境的体验，比如这款赛车模拟游戏，以便与高质量的家用游戏机竞争。

"雅达利2600"面临的另一个问题是录像机（VCR）的日益普及。像电子游戏一样，VCR让人们可以控制他们的电视机，让他们决定他们想要看什么。游戏程序员罗布·富勒普（Rob Fulop）说："突然之间，你可以随时在家看电影了。它太神奇了。孩子们在看电影、录电影，不再玩电子游戏了。"[54]

街机的重要性

"秘密5"——所有媒体都具有社交性，电子游戏尤为如此。在20世纪70年代和80年代初期，当所有最好的游戏都在街机厅时，年轻人会聚集在那里与朋友见面、谈情说爱、吃零食，当然，还有玩电子游戏。20世纪70年代，封闭式购物中心越来越大，街机成为其中重要的一部分。正是这个时期，20世纪70年代，封闭式购物中心变得越来越大，街机厅也成为其中的重要组成部分。这是电子游戏变得更加复杂的时期，很大程度上是因为一种新型集成电路——微处理器的出现。这些"芯片上的电脑"（computers on a chip）意味着游戏设计师不再需要从零开始构建所有电路来使他们的游戏运行。他们只需编写一个程序，并通过游戏机的微处理器运行它。

在这个时代，街机有多重要？其投币金额从1978年的5000万美元增加到1981年惊人的9亿美元。[55]相比之下，1981年票房排名前十的电影票房收入约为5.3亿美元。[56]即使是在其发展初期，电子游戏作为青年文化中的主导力量，已经开始与电影一较高下。到1982年，家庭电子游戏和街机业务加起来每年的价值超过50亿美元。[57]游戏本身并不是唯一的部分。关于如何通关游戏的指南书登上了畅销书排行榜。《战争地带3D》（*Battlezone 3D*）模拟坦克驾驶游戏激发了一群退役陆军将领的灵感,他们要求雅达利制作一个版本的游戏,以帮助教导士兵们如何驾驶布拉德利步兵战车。

无论过去还是现在,电子游戏都以冲突和暴力主题吸引着男性玩家。但当那个吞食豆子、水果和幽灵的黄色《吃豆人》(Pac-Man)在1980年出现时,游戏制造商突然意识到还有更广泛的用户群体。《吃豆人》的设计师岩谷彻(Toru Iwatani)说:"我们决定通过设计一款能够吸引女性、进而吸引情侣的游戏来改变这一群体,从而使游戏中心成为情侣们约会的理想场所。"[58]岩谷彻开始寻找与饮食相关、具有普遍吸引力的形象,当他看到一张被切了一块的披萨图片时,他知道自己找到了新角色。在游戏的整体设计上,他借鉴了"Hello Kitty"系列产品中所使用的日本卡哇伊美学。

当《吃豆人》风靡时,它取得了巨大成功。街机游戏无处不在,甚至在通常没有游戏机的地方也能看到。有美国广播公司(ABC)的电视卡通系列,有午餐盒,有睡袋,有保险杠贴纸,甚至还有热门歌曲《吃豆人狂热》(Pac-Man Fever),1982年售出超过100万份。当时作为音乐视频网络的MTV甚至有"吃豆人日"。当《吃豆人》被嵌入"雅达利2600"游戏机时,其全球销量超过了1200万份(别介意2600版本不太好。该游戏需要的视频功能超出了第一代系统所能提供的范围)。

任天堂重振家用游戏机市场

1889年,山内房治郎(Fusajiro Yamauchi)创立了丸福公司(Marufuku Company),生产和销售日本扑克牌。然后在1951年,丸福改名为任天堂(Nintendo),意思是"成事在天"(leave luck to heaven)。[59]因此,当1985年任天堂凭借其任天堂娱乐系统(Nintendo Entertainment System, NES)在美国掀起下一轮电子游戏机热潮时,它已是一家有着近百年历史的日本公司。此时的任天堂在其《大金刚》(Donkey Kong)和《超级马里奥兄弟》(Super Mario Bros.)街机游戏获得成功后,正试图在家用电子游戏市场站稳脚跟。

为了确保不重蹈"雅达利2600"游戏质量差的覆辙,任天堂自己核准并生产用于该系统的每一个插卡盒。像20世纪40年代和50年代的电影一样,任天堂有自己的一套游戏规则,让人想起了海斯产品代码(Hays Production Code,见第七章)。当其他平台上的电子游戏因引发争议而获得大量关注和销售时,任天堂希望他们的系统能够成为家长放心让孩子花费时间的地方。任天堂对游戏制作的每个阶段都有着执着的控制,这让该公司看起来像是想从制作过程中榨取每一分钱,但更重要的是,该公司希望确保自己从未经历过像此前的雅达利游戏那样的惨败。

任天堂早期的游戏包括《超级马里奥兄弟》，这款游戏在35年后仍然很受欢迎。日本游戏设计师宫本茂（Shigeru Miyamoto）在许多方面都对NES的成功贡献卓著，他创造了《大金刚》系列、《超级马里奥兄弟》系列和《塞尔达传说》（Legend of Zelda）系列。[60]

任天堂面临着来自雅达利和日本世嘉（Sega）的竞争。虽然世嘉在一定程度上取得了成功，但雅达利在改换了多位所有者之后，再也无法成为家用游戏机市场的主要参与者。20世纪80年代末推出了新的游戏机，有些性能更强，比如超级任天堂（Super NES）和世嘉创世纪（Sega Genesis），还有一款简单、低端的游戏机，它为游戏开拓了全新的市场：任天堂Game Boy。这款便携式游戏机大小如一个老式的袖珍收音机，有一个小的单色显示屏，但它可以随身携带，价格低廉，而且内置了极为流行的《俄罗斯方块》（Tetris）游戏。掌上游戏机Game Boy后来发展出了便携式游戏机GBC（Game Boy Color）、第二代便携式游戏机GBA（Game Boy Advance），以及任天堂DS和3DS，这些都成为有史以来最畅销的机型。它们还首先拥有了有线连接，然后是无线连接，这样朋友们就可以在两个系统上相互对战，使其更具有社交性。

索尼PlayStation和微软Xbox

迄今为止的所有系统大体上都采用的是二维视角，而以光盘为基础的索尼PlayStation（PS）系列改变了这一情况。索尼PS并非首个使用3D多边形图形的系统，但它是第一个有实质性销售的系统，使索尼成为主要的系统制造商之一。在鼎盛时期，初代PS游戏机的销量超过了所有竞争对手的总和。《古墓丽影》（Tomb Raider）系列是推动它成为热门游戏机的一大元素。游戏设计师托比·加德（Toby Gard）想要创造一款类似印第安纳·琼斯风格的游戏，但又不想从卢卡斯影业获得知识产权授权。所以加德创造了考古学家女主角劳拉·克劳馥（Lara Croft）。她穿着紧身的服装，有着男孩们幻想中的身材，很难被视为女权主义的象征，但她对游戏产生了变革性影响。多诺万（Donovan）写道，《古墓丽影》推动了PS游戏机的销售，该款游戏也迎合了20世纪90年代末的"女孩力量"运动（"girl power" movement）。[61]这款游戏最终大获成功，并衍生出三部电影。

索尼一直在不断提升其系统的处理能力，在本书编写期间，PlayStation5已发布。作为主要的其他媒体设备制造商，索尼一直在游戏光盘技术的前沿。最初的PlayStation使用CD作为游戏存储介质，PS2使用DVD并且可以兼作DVD播放器，PS3则采用蓝光光盘加大了赌注。

电脑软件巨头微软（Microsoft）通过体育游戏和第一人称射击游戏获得了成功。微软游戏机Xbox最初于2001年圣诞节在美国发布，就在"9·11"恐怖袭击后不久，凭借其第一人称射击游戏《光晕》（Halo）迅速走红。一年后，微软推出的在线游戏系统Xbox Live帮助维持了这一热度。Xbox建立在微软的个人电脑专业技术之上，被认为拥有特别好的硬件设备。它从一开始就是为在线游戏而设计的。

任天堂发现自己在技术实力上无法与索尼或微软竞争，因此转而专注于制作让每个人都能享受乐趣的电子游戏。他们用自己的Wii系统以及标新立异的挥舞棒操控方法做到了这一点，更重要的是，他们的便携式/家用游戏机Switch系统在2020年的COVID-19大流行期间大受欢迎。[62]Switch之所以如此成功，部分原因可归功于具有社交性的《集合啦！动物森友会：新地平线》（Animal Crossing: New Horizons），这是一款以岛屿上可爱的动物居民为背景的新视野生活模拟游戏。我们将在本章后面的内容中更多地了解有关这款游戏的信息。

关于电子游戏的争议

就像电影、漫画书和摇滚乐一样，电子游戏也引发了很多担忧和批评——有时是他们蓄意挑起的。最早让人们感到不安的是1976年的一款驾驶游戏《死亡飞车》（Death Race），在这款游戏中，玩家需驾驶汽车撞到简笔人形以获得分数。人一旦被撞到，就会变墓碑。制作这款游戏的初衷并非特意引发争议，而只是为了重复利用一些以撞车比赛为（demolition derby）主题的游戏设计。《死亡飞车》立即引起了评论家们的不满，西雅图的一位母亲抱怨道："这款游戏在教人们开车撞人并杀人。"[63]这导致该游戏受到国家安全委员会（the National Safety Council）的谴责，并在CBS的《60分钟》等新闻节目中被曝光。人们对这款游戏的关注也让它成为Exidy游戏公司（Exidy Games）的一款热门游戏。

另外，也有一些游戏被故意设计成具有攻击性，这些游戏还将负面媒体关注作为一种营销策略。其中最引人注目的是"雅达利2600"的以强奸为主题的游戏《卡斯特的复仇》（Custer's Revenge），这款游戏的发行商是一位色情电影制作人（像《卡斯特的复仇》这样的游戏是促使任天堂对其所有系统游戏进行严格控制的原因之一）。

格斗游戏《真人快打》（Mortal Kombat）具有故意挑衅性质，但与《卡斯特的复仇》不同，这是一款激动人心的格斗游戏，其具有惊人的暴力元素并且游戏性良好。这足以令人不安,促使前参议员约瑟夫·利伯曼(Joseph Lieberman)举行国会听证会。这些听证会反映了家长们对电子游戏的不信任。多诺万在他的电子游戏史中写道:"这是一种不信任,反映了新的媒体或娱乐形式的历史模式(至少在最初)都受到怀疑。"[64] 作为对这些听证会的回应,电子游戏行业提出了一个与电影和电视行业相类似的评级系统,该系统将由行业自身而不是政府实施,因为政府实施很可能会对言论自由构成违宪限制(unconstitutional limit)。毫不奇

《侠盗猎车手》(*The Grand Theft Auto*)系列是电子游戏世界中最成功也最具争议的系列游戏之一。这款沉浸式游戏让玩家在一个虚构的城市中扮演罪犯的角色,参与抢劫、劫车和谋杀,同时在虚构的美国主要城市中随心所欲地旅行。这些游戏的制作成本与好莱坞大片一样高(而且同样可能同样有利可图)。

怪,另一方面的结果是《真人快打》的销量比以往任何时候都要好。年龄分级系统也使任天堂能够开始销售不适合儿童的游戏,因为这些游戏会有年龄评级。多诺万指出,新的评级系统实际上让暴力更容易进入游戏,而不是更难。

如果不提及《侠盗猎车手》(*Grand Theft Auto*, GTA)系列,任何关于电子游戏历史的讨论都是不完整的。这是有史以来最具争议性和沉浸感的电子游戏系列之一。在游戏中,你扮演一个背景可疑的人,在大城市里游荡,犯下了各种各样的罪行。游戏可以作为一系列你需要完成的任务来玩,也可以是自由形式的,你可以在那里探索城市,根据需要偷小轿车和其他车辆。这款游戏的革命之处在于它几乎没有任何限制。没有正确的玩法——你可以沿着任何街道行驶,进入每家商店,殴打和抢劫任何行人,不过如果你在一个区域犯下足够多的罪行,很快就会有警察追捕你。"给予玩家自由选择是我们的主要目标,"该系列的执行制作人托德·霍华德(Todd Howard)说,"让游戏对你做出反应,并尽可能消除你所能做的事情的限制。我认为玩家在开始一款新游戏时经常会尝试一些东西,问游戏'我能这样做吗?'游戏回答'能'则越多越好。"[65]

制作者为这些游戏付出了大量的劳动;在2008年售出1400万份之前,《侠盗猎车手4》(*Grand Theft Auto IV*)是由一个约150人的团队花了4年时间制作的,多诺万称其为"相当于詹姆斯·卡梅隆(James Cameron)大片(电影)的电子游戏"[66]。但这种基于犯罪的游戏玩法也招致了大量批评。前民主党参议员、总统候选人希拉里·罗德姆·克林顿(Hillary Rodham Clinton)呼吁联邦贸易委员会对该系列游戏

进行调查,因为玩家们发现,所谓的"热咖啡"(Hot Coffee)秘密代码将解锁角色在GTA宇宙中发生性行为的能力,这本应从游戏中删除。但是,由于开发问题,该代码被停用而不是被删除。该游戏被评为"M"级,适合17岁及以上的玩家。但克林顿指出,国家媒体与家庭研究所(the National Institute on Media and the Family)发布的统计数据显示,50%的7岁至14岁的男孩能够购买M级游戏。[67]

宝可梦

如果说《侠盗猎车手》代表了最暴力、最具破坏性和最具争议性的电子游戏,那么任天堂的《精灵宝可梦》(Pokémon)或许是最友好、最健康、基于战斗的游戏系列。在游戏中,宝可梦训练师收集可爱的"口袋怪兽",用它们与其他训练师进行战斗。但是,被打败的宝可梦不会死,它只会昏倒,需要时间恢复。该游戏于1996年在日本发行,一经推出便大获成功,随后又推出了热门动画片、漫画书系列和卡片游戏。《精灵宝可梦》鼓励玩家之间的社交互动。他们可以用连接线,后来使用无线连接,或者通过交换卡片来互换"口袋怪兽"。21世纪初,书店经常在周末举办相关的纸牌游戏活动。当《宝可梦》于1998年在美国推出时,最初售出了250万份游戏卡带,以及85万套交易卡,甚至在1999年首映的一部动画电影也赚了1.6亿美元。令人意想不到的是,共和党总统候选人赫尔曼·凯恩(Herman Cain)在2012年退出竞选时引用了宝可梦系列电影中的一部影片的主题曲,并承认和认可了《精灵宝可梦》的一些价值观:

> 生活可能充满挑战。生活可能看似无法实现。当有如此多的事情处于危急关头时,从来都不容易。但你我可以有所作为。有一项使命专为你我而设。只需审视内心,你就会发现自己力所能及之事。[68]

《精灵宝可梦》以其各种形式在电子游戏和流行文化中留下了不可磨灭的印记。除了上面列出的所有版本外,手机游戏开发商在2016年还发布了一款名为《宝可梦GO》(Pokémon Go)的手机增强现实游戏。在这款游戏中,未来的训练师们在现实世界中四处奔走,用他们的智能手机在一个电子/现实混合的寻宝游戏中捕获动画宝可梦。和热门的大逃杀游戏《堡垒之夜》(Fortnite)一样,《宝可梦Go》也是一款免费游戏,玩家可以通过游戏内购买获得外观升级和参加特别活动。游戏中也有广告,比如星巴克或斯普林特商店等赞助商,都有特定的地点,玩家在那里可以找到特别的宝可梦以及品牌商品。玩家在玩游戏时有时会有不当行为，比如在华盛顿的大屠杀博物馆（Holocaust Museum）或前奥斯维辛集中营（Auschwitz concentration camp）寻找宝可梦。[69]

作为大众传播媒介的电子游戏

在我的媒介素养课堂上，我曾经提出这样一个问题：电子游戏和电子游戏机是否可以算作大众传播？它们是否是一种新的大众传播媒介？我认为答案是肯定的，有几个原因。[70]

电子游戏机是媒体内容传输设备。PlayStation2既是DVD播放器也是游戏机，而PlayStation3是早期的蓝光播放器之一。微软的Xbox One现在将自己定位为一个通用媒体娱乐中心，人们可以用它来播放电视节目和电影，玩电子游戏，并将电子游戏在互联网上回放。[71]电子游戏，就像电视节目或电影一样，都有明星。电子游戏的明星是吉祥物。其中最突出的是超级马里奥（Super Mario），自1981年以来，他一直是任天堂游戏世界中的一股力量，但这份名单中还包括世嘉的刺猬索尼克（Sonic the Hedgehog）、《精灵宝可梦》的皮卡丘（Pikachu）和微软Xbox《光晕》游戏中的士官长（Master Chief）。

电子游戏是一个新的广告场所。正如由广告利润资助的报纸、杂志和网站一样，许多游戏发行商也将目光转向广告世界，以此来赚取运营费用。像IGA Worldwide这样的公司完全致力于为企业争取在游戏中做广告的交易，而游戏在18岁到34岁年龄段的市场中已经完全接近饱和。2008年，当巴拉克·奥巴马（Barack Obama）第一次竞选总统时，他在电子游戏中做了广告——他是有史以来第一位这样做的总统候选人。[72]如今，电子游戏比以往任何时候都更能成为整个社区的场所。你只需要看看在线特定游戏，比如《魔兽世界》（World of Warcraft），或者在线版本的主机游戏，比如《光晕》或《使命召唤》（Call of Duty）系列。在线社区的概念在如今已变得司空见惯。人们不再围在饮水机旁讨论最新的新闻或娱乐项目，而是在玩夺旗游戏或攻打BOSS帮助自己的角色升级时使用蓝牙耳机与朋友和家人交谈。[73]（我们将在本章后面的内容里了解更多信息）

电子游戏可能比电影更有利可图。2013年，备受争议的电子游戏《侠盗猎车手5》发布。到2018年，它至少售出了9000万份，估计每份售价60美元。这意味着在五年多的时间里，这款游戏的收入超过了60亿美元。[74] 相比之下，2009年全球票房大片《阿凡达》（Avatar）的票房总额只有近28亿美元。事实上，如果将詹姆斯·卡梅隆（James Cameron）的另一部全球票房大片《泰坦尼克号》（总票房22亿美元）与之相加，《侠盗猎车手5》的票房仍然更高。[75] 2015年，电影行业的票房总额创下纪录，北美市场超过110亿美元。这一年有很多大片上映，包括《侏罗纪世界》（Jurassic World）、《复仇者联盟：奥创纪元》（Avengers: Age of Ultron）和《星球大战7：原力觉醒》（Star Wars Episode VII: The Force Awakens）。但是，电子游戏软件在美国市场的销售额达到了165亿美元。这还不包括系统的销售，仅仅是游戏本身。电子游戏总收入超过230亿美元（正如《财富》杂志所指出的，虽然游戏系统的销售很重要，但软件销售被认为是衡量游戏行业成功与否的最佳指标[76]）。

2019年春天，皮卡丘在首部真人版"宝可梦"电影《大侦探皮卡丘》（Detective Pikachu）中亮相。因《死侍》（Deadpool）系列电影而出名的演员瑞安·雷诺兹（Ryan Reynolds）为这只黄色的小口袋怪物提供了配音和面部动作捕捉表演。

电子游戏受到《第一修正案》的保护。2011年，美国最高法院裁定，各州不能通过限制向未成年人销售电子游戏的法律（然而，这并没有限制游戏产业为谁可以购买哪款游戏设定标准的权利）。在"布朗诉娱乐零售商协会"一案中，加利福尼亚州一项禁止向未成年人销售描绘"杀人、残害、肢解或性侵犯人类形象"的视频游戏的法律被推翻。[77] 保守派法官安东尼·斯卡利亚（Antonin Scalia）表示，虽然这些游戏可能令人厌恶，但"厌恶并不是限制言论的有效依据"。

综上所述，我们很难不将电子游戏视为一种大众传播媒介或大众传播的一种形式。皮尤研究中心的数据表明，在12岁至17岁的青少年中，有97%的人在玩各种形式的电子游戏，其中有50%的人表示自己"昨天"玩过。在玩电子游戏的人中，86%的人在游戏机上玩，73%的人在电脑上玩，60%的人在便携式游戏设备上玩[78]。在18岁及以上的成年人中，53%的人玩电子游戏，21%的人每天都玩。年纪大的用户最喜欢在电脑上玩电子游戏；游戏机手柄在年轻玩家中更为常见。[79]

作为一种观赏性体育项目的电子游戏

电子游戏不再仅仅是你所玩乐的东西。现如今，它也是一项合法的观赏性体育项目。早在2014年夏天，一条名为格雷森（Grayson）的鱼就吸引了全国游戏爱好者的注意，它使用瞄准鱼缸的运动传感器，在Game Boy模拟器上玩游戏《精灵宝可梦：红》（Pokémon Red）和《精灵宝可梦：蓝》（Pokémon Blue）。纽约的两名颇具技术头脑的大学生为他们的鱼设置了一些设备，让它随机玩视频游戏，这并不奇怪。但每次竟有多达2.2万人通过电子游戏流媒体服务Twitch观看这条鱼玩《精灵宝可梦》，这有点不可思议。[80]

在经历了最初的一些不确定之后，电子游戏制造商已经开始支持他们的游戏被流媒体传输和观看。事实上，索尼和微软Xbox最新推出的游戏手柄是专为Twitch而设计的。2014年5月，来自娱乐媒体的报道称，谷歌正准备收购电子游戏流媒体服务Twitch，但最终，在线零售巨头亚马逊以9.7亿美元收购了该公司。[81] Twitch成立于2011年，是实时多媒体视频网站Justin.tv的分支，它目前每天有超过1500万名观众，平均观看106分钟的实时游戏，每月约有220万玩家进行游戏直播。[82]亚马逊收购电子游戏流媒体服务是其对游戏更大投入的一部分。它有一个内部游戏工作室，也是世界上最大的电子游戏供应商之一（请注意，亚马逊以近10亿美元的价格收购了Twitch，而传统新闻提供商《华盛顿邮报》仅以2.5亿美元的价格出售给了亚马逊创始人杰夫·贝索斯）。

在流媒体上最受欢迎的游戏是所谓的大逃杀游戏（battle royale games）。什么是大逃杀游戏？在第一章中提到过的电子游戏主播亚伦·布莱克曼将其比作《饥饿游戏》（the Hunger Games）中的竞赛，一百名玩家进入一个数字竞技场进行殊死搏斗，直到最后只剩下一名玩家或一个团队。2018年春天，最受欢迎的大逃杀游戏是在个人电脑、PlayStation 4和Xbox One上都能玩的免费游戏《堡垒之夜》

位于内华达州拉斯维加斯的恺撒娱乐工作室的电子竞技场在2020年春季新冠疫情期间开业。

（Fortnite）。[83]布莱克曼写道,当时最受欢迎的《堡垒之夜》主播是泰勒·布莱文斯（Tyler Blevins）,也被称为"忍者"（Ninja）。作为一名前职业游戏玩家,忍者从2011年就开始直播。加拿大说唱歌手和同为游戏玩家的德雷克（Drake）注意到了他的出色表现,于是他们两人开始计划在某一天晚上通宵玩《堡垒之夜》。2018年3月14日,两人未经任何大肆宣传或前期推广就开始一起直播《堡垒之夜》。关于这场对决的消息在推特上迅速传播开来,两人创下了同期观看人数的纪录,有62.8万人实时观看了直播。随着夜越来越深,说唱歌手特拉维斯·斯科特（Travis Scott）和匹兹堡钢人队（Pittsburgh Steelers）的外接球手朱朱·史密斯-舒斯特（JuJu Smith-Schuster）也加入了进来。

到了4月,忍者在拉斯维加斯卢克索酒店新的电子竞技场馆直播了《堡垒之夜》。粉丝要花75美元购票入场,可以参与当晚十场比赛中的两场。忍者参加了所有这十场比赛,并付给最后胜利的玩家2500美元。他还向每场游戏中杀死他角色的人支付2500美元的赏金。Twitch上的直播打破了他以往的纪录,巅峰时有超过66.7万观众观看。截至2018年4月底,忍者拥有超过20.2万Twitch订阅用户,这些用户每人每个月支付5美元,忍者和Twitch平分这些钱。这意味着忍者每个月通过流媒体电子游戏赚的钱超过50万美元。

然而,电子游戏直播并不局限于像Twitch这样的长尾频道。2016年,有线电视巨头ESPN连续第二年在4月的一个周日黄金时段没有播放传统的体育节目。观众没有看到NBA比赛,而是观看了十名大学生参加"宿舍英雄"锦标赛的总决赛,他们竞争的是获得免费大学学费的机会。这项锦标赛最初有来自全国各地大学的400多支队伍参赛,最终来自亚利桑那州立大学的学生们每人赢得了在余下的大学生涯里高达7.5万美元学费的奖励。Hulu也在播放四档电子竞技节目,包括实况解说、比赛集锦和竞技过程。Hulu和ESPN都希望获得Twitch通过电子竞技广播（eSports,即组织电子游戏团队比赛播放给观众看）获得的关注,从而揭示了"秘密3"——源于边缘的一切都会向中心移动。[84]正如第八章所讨论的那样,在新冠疫情大流行导致体育赛事停摆期间,体育广播公司转而在电子竞技节目中播放职业运动员在电子游戏中比赛的场景。

当代文化中的电子游戏

自2020年3月新冠疫情在美国肆虐以来,作者一直在家工作,授课、处理系里的工作,并通过各种聊天和视频会议软件与我的家庭成员跨境交流。这已经成为我生活的一部分,我甚至在我的地下室办公室安装了一块绿幕,这样我就可以用学校提供的看起来专业的叠加图像来替换我书桌后面的混乱景象。那也是我和妻子不能去看电影、音乐会或我们已购票的巡回百老汇演出的时期。但我们能够观看我们最喜欢的一些音乐家的直播音乐会,包括第六章中提到的"野马乐队"(Wild Ponies)的演出。

然而,视频聊天和社交媒体并不是人们在这段社交隔离期所使用的唯一工具。从会议、婚礼到音乐会,电子游戏平台已经被广泛应用。社交模拟游戏《集合啦!动物森友会》在2020年春季取得了巨大成功,在上市最初的六个星期内售出了1300万份,并导致任天堂的Switch游戏机在全美供不应求。在游戏中,玩家建立自己的岛屿,在那里他们有一个小社会,可以与其他在线岛屿互动。Twitch主播尼克·菲昂德拉(Nick Fiondella)为他的17万粉丝玩《集合啦!动物森友会》,他说这款游戏之所以受欢迎,部分原因是它让人放松,让人们有机会与其他在线游戏玩家见面并互动。[85]

在玩游戏之外,在线互动还有很多其他用途。纽约众议员亚历山大·奥卡西奥-科尔特斯(Alexandria Ocasio-Cortez,纽约州民主党),通常被称为AOC,为自己买了任天堂Switch游戏机和《集合啦!动物森友会》的游戏卡,并很快开始通过游戏拜访她的一些支持者。贾斯廷·米尔斯基(Justin Mirsky)曾住在AOC的选区,当这位女议员说她想去一些人居住的岛屿打个招呼时,他在推特上向她发送了一个访问密码。

在2020年春季的新冠疫情期间,社交模拟游戏《集合啦!动物森友会》大受欢迎,是商店里几乎找不到任天堂Switch游戏机的部分原因。

然后,他惊讶地看到AOC正"飞"往他所在岛屿的机场,去做一场访问。他们在网上聊了一会儿,AOC留下了一份虚拟水果礼物,并在岛屿的公告板上留下了签名。[86]

电子游戏开发者拉米·伊斯梅尔(Rami Ismail)是一名穆斯林,由于疫情的影响,他无法在斋月的晚上与朋友们一起在家中进行黎明斋戒。当其他人通过Zoom

等视频会议服务聚集在一起时,伊斯梅尔决定每天晚上邀请7位客人到他的《集合啦!动物森友会》游戏里的小岛上用餐。伊斯梅尔在推特上收到了粉丝的热烈回应,他不得不设置了一个电子日历来管理他的客人。《华盛顿邮报》记者伊姆兰·汗(Imran Khan)参加了其中一个集会,并讨论了斋戒的本质。伊斯梅尔告诉汗:"我认为《集合啦!动物森友会》的主要特点是它是一个场所。这款游戏与用户的实时时钟和日期绑定。所以,月亮就是月亮,对吧?斋月是基于农历(the lunar calendar),《集合啦!动物森友会》呈现的是真实的月亮,你可以在游戏中谈论月亮。

电竞界最新推出的社交模拟游戏《模拟人生4》(The Sims 4),推出了一个全新的升级版本,提供了前所未有的性别定制选项。玩家现在可以创建拥有任何样貌、走路方式和声音的角色,然后,以任何他们想要的方式为他们搭配饰品——无论性别如何。

就在我们说话的时候,就要日出了。它为人们提供了场所和时间。"[87]

另外,在线电子游戏平台也被用作音乐会场地。说唱歌手斯科特(Scott)于2020年4月在游戏《堡垒之夜》中进行了一系列现场表演。玩家可以提前30分钟到达现场,选择他们想坐在哪里收听和观看表演。那些参加的人还得到了一个音乐会主题的滑翔机,可以用在游戏中使用。[88]电子游戏《我的世界》(Minecraft)做得更好,在线举办了一个名为"Nether Meant"的音乐节,由虚拟活动制作团队"露天矿场"(Open Pit)运营。"露天矿场"在游戏中重建了布鲁克林的场地"Elsewhere",并将其更名为"Elsewither"。粉丝们可以通过电子游戏流媒体服务平台Twitch或直接登录《我的世界》来观看节目。直接参与游戏的玩家可以在游戏场地中漫步,并通过大型群聊进行交流。[89]

电子游戏中的多样性和代表性

传统上,电子游戏并不是代表多样性的热点领域。游戏中的角色通常被描绘成白人男性、异性恋者(在一定程度上,性取向会影响游戏角色)。媒介研究公司尼尔森(Nielsen,负责调研电视收视率的公司)在2015年的一项研究发现,女同性恋、男同性恋、双性恋、跨性别(LGBT)等性少数群体和亚裔美国玩家觉得他们创建代表自己现实生活(IRL)的游戏角色的机会有限。[90]

在性少数群体玩家中,有65%的人认为并非所有的性取向都有充分表现的机会，而只有28%的异性恋玩家（heterosexual gamers）认为缺乏机会。与西班牙裔（Hispanic）、非洲裔美国人（African American）和非西班牙裔白人（non-Hispanic whites）相比，亚裔美国玩家（Asian American gamers）更可能认为电子游戏角色缺乏包容性。有趣的是，性少数群体消费者比异性恋消费者更喜欢玩电子游戏，亚裔美国人比其他所有种族的人更喜欢玩电子游戏。关于玩电子游戏的不同人群的百分比，见表10.2。

表10.2　电子游戏消费者的身份比例

群体特征	比例
性少数群体（LGBT）	65%
异性恋者（Heterosexual）	63%
亚裔美国人（Asian American）	81%
非洲裔美国人（African American）	71%
非西班牙裔白人（Non-Hispanic whites）	61%
西班牙裔人（Hispanics）	55%
男性	68%
女性	56%

资料来源："电子游戏玩家和他们所玩的角色有多么多样化？"尼尔森，2015年3月24日，http://www.nielsen.com/us/en/insights/news/2015/how-diverse-are-video-gamers-and-the-characters-they-play.html。

当然，有些游戏是例外。Xbox的系列游戏《黑道圣徒》（Saints Row）在某些版本中允许有广泛的身份多样性，包括体重和性别的各种选择。漫画艺术家基瓦·贝（Kiva Bay）是一位肥胖的女性，对性别认同持非二元论观点。她认为，在一款开放世界游戏中，有机会真正创建一个能真正代表自己的角色，是一种解放和对生命的肯定。她写道："在《黑道圣徒2》（Saints Row 2）里，我不是英雄。但我就是我……这是一种强烈的感觉，我应该经常有这种感觉。"[91]一款引起高度争议的游戏是生存游戏《腐蚀》（Rust）。游戏总是随机分配人物特征，如肤色、四肢长度和其他在此不便赘述的特征。然而，游戏中的所有角色都是男性。也就是说，直到2016年春天，游戏设计师才为很多玩家提供了一个女性形象，而不管他们是否想改换性别。

游戏开发者加里·纽曼（Garry Newman）和泰勒·雷诺兹（Taylor Reynolds）在他们的博客上回应了人们对改换性别的抱怨：

> 我们知道这对很多人来说是一个痛苦的话题。我们知道你现在的性别可能是一个你在现实生活中并不认同的性别。我们理解这会给你带来痛苦，

让你不想再玩这款游戏了。从技术上讲，一切都没有改变，因为有一半的人已经有了这种感觉。唯一不同的是，你现在有的这种感觉是由你的游戏ID决定的，而不是你的现实性别。[92]

（我们将在第十五章中了解更多关于性别和网络冲突的内容）

章节回顾

章节小结

越来越多的在线互动是通过社交媒体进行的，社交媒体被定义为允许用户创建内容、发表评论、添加标签和进行社交网络活动的媒体。

最受欢迎的社交网络包括视频分享服务YouTube、该领域的巨头Facebook、照片分享服务Instagram、面向年轻人的"阅后即焚"的信息服务平台Snapchat、微博网站Twitter，以及不断发展的中国视频分享服务平台抖音（TikTok）。Facebook还拥有Instagram和WhatsApp全球即时通信服务，控制着很大一部分社交媒体流量。

电子游戏是现代大众传播媒介中的一个新兴组成部分，已被美国最高法院认定应该受到《第一修正案》的充分保护。电子游戏始于20世纪60年代的国家实验室和大学校园，当时那里有早期的计算机供人们试验。《星球大战》和《双人网球》是早期的两个例子。由工程师诺兰·布什内尔创立的雅达利是美国第一家成功的电子游戏公司，它同时制作了街机游戏和获得巨大成功的家用游戏机"雅达利2600"。由于游戏过度饱和和质量控制不佳，其市场在20世纪80年代初崩溃。20世纪80年代，街机成为青年文化的重要组成部分，但随着家用游戏机变得越来越好，街机逐渐退居次要地位。1985年，日本游戏公司任天堂推出NES家用游戏机，重振了美国的游戏机市场。后来取得成功的游戏机包括索尼的PlayStation系列和微软的Xbox系列。

电子游戏因多种原因一直存在争议，包括暴力、血腥和色情内容。政治家们就这些游戏举行了政府听证会，导致该行业创建了一个基于年龄的评级系统，类似于电影和电视节目所使用的评级系统。

电子游戏已成为流行文化娱乐世界的主导部分，收入超过了电影和音乐等传统媒体。除了是一种受欢迎的活动外，以电子竞技形式出现的电子游戏现在也是一种观赏性活动。在线电子游戏已成为社交互动甚至音乐会和节日的重要场所。像大多数媒体一样，电子游戏因缺乏多样性而受到批评。

关键术语

社交媒体（social media）

图灵测试（Turing Test）
模拟兵乓球游戏（Pong）
雅达利（Atari）
宝可梦（Pokémon）
增强现实（augmented reality）
大逃杀游戏（battle royale games）
电子竞技（eSports）

1.旧的社交媒体信息为什么会在写完很久之后重新伤害人们呢？
2.促使"社交媒体"变得具有社交性的三个因素是什么？
3.在20世纪80年代早期，作为家庭电视游戏的领导者，雅达利公司为何会崩溃？为了避免重蹈雅达利的覆辙，任天堂做了什么？
4.为什么电子游戏开发者希望自己的游戏因为过于极端和暴力而受到批评？
5.解释电子游戏可以被视为大众传播工具的两个不同原因。
6.电子竞技是真的体育赛事吗？肯定或否定的相应原因是什么？
7.人们是如何通过网络电子游戏进行社交互动的？

问题反馈

1.社交媒体上很久以前所发布的消息是如何在很久之后仍能伤害到人们的？
2.促使"社交媒体"具有社交性的三个因素是什么？
3.在20世纪80年代早期，作为家庭电子游戏的领导者，雅达利公司为何会倒闭？为了避免重蹈雅达利的覆辙，任天堂做了什么？
4.为什么电子游戏开发者希望自己的游戏因为过于极端和暴力而受到批评家的抨击？
5.解释电子游戏可以被视为大众传播工具的两个不同原因。
6.电子竞技真的是体育赛事吗？肯定或否定的相应原因是什么？
7.人们是如何通过在线电子游戏进行社交互动的？

Ivor Prickett/Panos

第十一章 全球媒体：世界范围内的传播

学习目标

在学习本章之后，你将能够：

1. 解释为何《报刊的四种理论》的作者们认为报刊的性质取决于其所服务的社会政治和社会结构；

2. 描述英国广播公司（BBC）是如何发展起来的以及它在第二次世界大战期间发挥了何种作用；

3. 描述中美洲和南美洲针对记者实施的暴力行为；

4. 解释阿拉伯之春（the Arab Spring）对中东记者的安全和媒体报道产生的影响；

5. 指出并描述非洲各国政府用于压制新闻自由的两种最有效的审查工具。

玛丽·科尔文在叙利亚遇害

26年来，伦敦《星期日泰晤士报》（*the Sunday Times of London*）的玛丽·科尔文（Marie Colvin）一直在中东、非洲、车臣、巴尔干半岛、南亚等地报道新闻。《纽约客》（*New Yorker*）资深编辑大卫·雷姆尼克（David Remnick）写道，每当科尔文出现在CNN上时总是很好辨认,因为她戴着标志性的黑色眼罩,那是她在2001年斯里兰卡内战期间遭手榴弹袭击失去左眼后戴上的。科尔文是一名报道事实的记者,对声称各方平等没有任何耐心。2012年2月下旬的一个晚上,她报道了叙利亚总统巴沙尔·阿萨德(Basharal-Assad)对霍姆斯市发动炮击造成一名儿童死亡的事件。科尔文在报道中称:

> 这是两万八千名平民,男人、女人和孩子,他们躲起来了,遭受着炮击,毫无防御能力。这个小婴儿是今天死去的两个孩子之一。每天都有孩子受伤。这个婴儿会让更多的人思考:"到底发生了什么?为什么没有人阻止霍姆斯市每天都在发生的这种杀戮?"[1]

雷姆尼克写道:"她的声音中带着冷静但深切的愤怒。"科尔文进一步谈到阿萨德的军队:"他们声称只是在追击恐怖分子,这完全是彻头彻尾的谎言。叙利亚军队只是在炮轰一座寒冷、饥饿的平民城市。"

没有发表意见。没有含糊其词。只是陈述事实而已。

雷姆尼克说,当他在约旦河西岸城市杰宁报道以色列的军事入侵时,正是科尔文教会他如何成为一名驻外记者。在雷姆尼克看到科尔文从叙利亚发回报道的第二天早上,他醒来时得到了她因火箭弹袭击而遇难的消息。

六年后,科尔文的家人在一起针对叙利亚政府的非正常死亡诉讼案中,声称军方故意将她和法国摄影记者雷米·奥奇力克(Rémi Ochlik)所在的建筑作为攻击目标。据一名叙利亚叛逃者称,下令炮击的军事情报官员说道:"玛丽·科尔文是一条狗,现在她死了,就让美国人去找她吧。"[2]

科尔文的家人在诉讼中表示,导致科尔文死亡的袭击是叙利亚阻止能在全球范围内产生影响的记者对内战进行报道而杀害或逮捕记者的行动的一部分。[3]叙利亚政府辩称,进入叛军控制地区的记者违反了法律。阿萨德在2016年接受NBC新闻采访时表示:"这是一场战争,她非法来到叙利亚,与恐怖分子合作。因为她是非法入境,所以她要为发生在她身上的一切负责。"[4]

曾获得普利策奖的《华盛顿邮报》记者达纳·普里斯特(Dana Priest)写道:"她的勇敢是个传奇。在1991年伊拉克战争中,她留在了敌后。1999年,当其他人逃离时,她留在了东帝汶(南亚的一个岛国),记录下联合国驻地内的1000名难民受到政府支持的攻击……她的黑色眼罩象征着她的无畏和讲述平民故事的决心,她提醒忧心忡忡的朋友和读者,'这些平民所承受的远远超过我所能承受的'。"[5]

做战地记者从来不是一份轻松的工作，但CNN的克里斯蒂亚娜·阿曼普尔（Christiane Amanpour）说，不应该因为是女性战地记者而将她们单独挑出来。她们就是记者，仅此而已。科尔文肯定会支持阿曼普尔的观点，即女性和任何男性都一样坚强（甚至更坚强）。2002年科尔文在阿富汗时，在失去左眼并戴上黑色眼罩后，她仍在重新学习如何上下楼梯。她还有一个镶了闪亮珠子的眼罩，那是《BJ单身日记》（Bridget Jones's Diary）的作者送给她的。她称那是她的"派对眼罩"。"我这辈子从没想过我会成为戴眼罩的女人。但事情就这样发生了，现实就是如此。"[6]

对科尔文来说，有关战争的故事更多的不是关于战斗、战略或技术，而是关于人。科尔文表达了一种想法，与夏洛茨维尔的摄影师瑞安·凯利（Ryan Kelly）（我们将在第十五章中读到她）的想法不无不同，凯利会因为自己能逃离所报道的创伤而感到内疚。她说，她有时觉得自己"像个骗子，因为……我要回家了"。但当她的第二任前夫（也是一名战地记者）自杀时，有些事情让她刻骨铭心。她说："这残酷地提醒我们，我们看到的太多了。"[7]

然而，科尔文并没有停止去见证那些事。1999年，在东帝汶从印度尼西亚独立的过渡时期，她留在了那里，试图引起人们对东帝汶妇女和儿童的关注，这些妇女和儿童被手持砍刀的民兵屠杀。随后，在2001年，她让人们关注到在斯里兰卡内战期间，有50万平民被剥夺了食物和医疗护理。就在那时，手榴弹的弹片击中了她的左眼。[8]

2010年，科尔文在伦敦发表演讲，以纪念那些在战区报道中牺牲的记者，她说：

> 报道一场战争意味着去那些被混乱、破坏和死亡所撕裂的地方，并努力去见证。这意味着当军队、部落或恐怖分子发生冲突时，要努力在宣传的沙暴中寻找真相。没错，这意味着要冒险，不仅是为了你自己，而且常常是为了与你密切合作的人……我们去偏远的战区报道正在发生的事情。公众有权知道我们的政府和军队以我们的名义在做什么……如果你不去那些有人被枪击，并且其他人也在向你开枪的地方，你就无法获得这些信息。[9]

能够印刷或报道几乎任何类型的新闻，是美国和西方民主国家新闻报道的核心理念。但是不同的国家和文化对媒体应采取的正确报道形式有不同的看法。从法律上讲可行的事情，并不意味着人们真的可以触碰。在这一章中，我们将探讨媒体的运作方式以及在不同的社会体制下，媒体所发挥的功能。最后，我们将思考生活在一个多样化的媒介世界意味着什么。

世界各地的媒体理念

到目前为止，在本书中，我们主要探讨了经济发达的民主国家中媒体的发展。但在其他国家，政治家、公民和媒体之间的关系可能以截然不同的形式呈现，这取决于该国的文化、政府和发展水平。

1956年，来自伊利诺伊大学（the University of Illinois）的三位新闻学教授——弗雷德·S.西伯特（Fred S. Siebert）、西奥多·彼得森（Theodore Peterson）和威尔伯·施拉姆（Wilbur Schramm）——在《报刊的四种理论》（*Four Theories of the Press*）中概述了世界各地新闻媒体的主要形式。作者认为，报业的性质取决于它所服务的社会政治和社会结构。换句话说，报业的结构和功能反映了它所描绘的社会。然而，自1956年以来，情况发生了很大的变化。冷战结束了，苏联解体了。我们已经从谈论报业的影响变成了谈论媒介的影响。传媒业已经被为数不多的大老板所主导。我们目睹了互联网的崛起，这让更多的声音能够被听到，尽管这些声音很容易在数字噪声中迷失。此外，发展中国家的重要性正日益得到认可。

针对以上这些变化以及其他方面发生的诸多变化，学者们开始质疑是否需要重新审视这本书中的观点。约翰·C.尼罗（John C. Nerone）与其他来自伊利诺伊大学的合著者在1995年出版的《最后的权利：重议〈报刊的四种理论〉》（*Last Rights: Revisiting Four Theories of the Press*）一书中就完成了这样的使命。正如他们所指出的：

> 撰写"四种理论"之时，许多美国报纸刊登了种族隔离住宅的广告；在多个州，丈夫因妻子不善持家而与其离婚仍属合法，而且当时还没有人从外太空看过地球的模样。[10]

尼罗和他的同事们提出了一些当代读者应该思考的问题。其中最重要的是，这四种理论并不是永恒的范畴。相反，它们是在特定时期内的一种批评，反映了当时的政治和经济状况。也有其他评论家认为，应该有一种关于报业的第五种理论——发展理论（development theory）——以应对那些正在构建现代经济的国家。[11]

21世纪的新闻规范

也许这些新闻规范理论的最大问题是，可能需要两种或两种以上的理论才能描述一个特定国家的媒介体系。

一些作者提出了报刊的第五种理论，即发展理论，以满足新兴国家的特殊需求。这些国家的政府可能认为他们需要有条件的新闻自由以促进工业发展、国家认同和与邻国的合作伙伴关系。媒体理论家丹尼斯·麦奎尔（Denis McQuail）写道，处于从殖民统治向独立过渡阶段的欠发达社会，与北美和西欧等发达国家有着不同的需求。这些发展中国家"缺乏资金、基础设施、技能和观众来维持一个自由市场的媒介体系"[12]。因此，在许多情况下，这些国家的领导人诉诸威权控制手段。例如，2007年5月，当时的委内瑞拉总统乌戈·查韦斯（Hugo Chávez）吊销了该国历史最悠久、收视率最高的电视广播公司——加拉加斯电视台（Radio Caracas Televisión，RCTV）的广播许可证。该电视台一直严厉批评查韦斯及其政府，吊销其广播许可证实际上使其噤声。自2013年尼古拉斯·马杜罗（Nicolás Maduro）当选总统以来，查韦斯的做法一直在延续。2010年的一项法律允许政府审查任何"令合法成立的当局受到质疑"的内容。印刷媒体也经常遭遇无法解释的新闻用纸短缺问题。[13]尼罗和《最后的权利》[14]的几位作者表示，《报刊的四种理论》[15]是20世纪50年代中期这一特定历史时期绘制的世界媒体地图。尽管在当时是一幅不错的地图，但它受到当时所见的限制，没有考虑到自冷战结束、全球化和媒体整合以来所发生的巨大变革。因此，他们问道："我们需要绘制一幅新地图吗？"或者更重要的问题是："我们能绘制一幅新地图吗？"[16]这张新地图将需要处理发展中国家围绕新闻业的问题，以及许多阿拉伯国家进行媒体控制的规范。

走向全球：世界各地的媒体标准

有一种假设认为，一个国家的媒介体系与其政治体系之间存在着直接的联系。这一假设的核心观点是：新闻自由对于民主制度的正常运转至关重要。但是，什么是新闻自由呢？在像美国这样拥有商业媒体的国家，广播公司认为，由私营企业控制的媒体才是最自由的。而在英国这样的有着强大公有制传统的国家，广播公司可能会认为商业广播公司受股东和广告商的约束，并不比极权国家的媒体更自由。

艾伦·威尔斯（Alan Wells）认为，报刊的四种理论可能会被用来评估媒体的五个维度所取代：

- 控制（Control）——谁控制着媒介体系？控制者可以是国家、公共公司、私营企业或公司赞助。

- 资金（Finance）——广播公司是如何支付费用的？相关选项包括许可费、税费、广告费、私人补贴、订阅费，或所有这些选项的组合。
- 节目目标（Programming goals）——媒体想通过其节目达到什么目的？提供娱乐、教育观众、销售产品、宣传文化、推广政治意识形态，或者只是播放尽可能便宜的进口节目，这些都是节目可能的目标。
- 目标受众（Target audience）——媒体为谁生产和分发内容？这些人可以是社会或经济精英、大众或专业/目标受众。
- 反馈机制（Feedback mechanism）——媒体机构如何从受众那里得到反馈？这种反馈可以是实地报道、观众参与率、民意调查和收视率，或者是来自评论家和赞助商的回应。[17]

正如你所看到的，这五个属性可以以无数种方式组合在一起，以描述各种各样的媒介体系。当我们在世界各地考察各种媒体运营方法时，想想这些属性是如何被应用的。你也可以考虑一下前面讨论的四种报刊规范理论中的哪一种更适用。

我们真的生活在一个媒介世界吗？

马歇尔·麦克卢汉（Marshall McLuhan）常常因其警句而非实际所写的内容而更广为人知。除了在第二章中讨论过的"媒介即讯息"（the medium is the message），他因普及"地球村"（global village）一词而最为知名。他在1962年出版的著作《谷登堡星汉璀璨：印刷文明的诞生》（The Gutenberg Galaxy: The Making of Typographic Man）中首次使用了这个概念。在书中，他探讨了电子媒体（主要是广播和电视）如何帮助人们在全球范围内生活和互动。自互联网兴起以来，我们似乎真的生活在一个可以随时随地与人互动的世界。但这个地球村可能在很大程度上是一种错觉。

毫无疑问，通过我们的媒体——麦克卢汉称之为我们"感官的延伸"（the extension of our senses）——我们能够去到我们原本无法到达的地方。在IMAX影院，我们可以前往纽芬兰附近的大浅滩海底，参观"泰坦尼克号"的残骸。通过"好奇号""勇气号""机遇号"火星探测器拍摄的照片，我们可以看到遥远星球上的陨石坑。在更现实的层面上，电子媒体把我们带到了战区，带到了灾后现场，还有那些我们可能永远不会去访问的城市或国家的庆祝活动中。但是，我们真的成为地球村的一员了吗？或者只是观光客，对那些我们无法真正理解的事物匆匆一瞥？

关于媒体记者肯·奥莱塔（Ken Auletta），我们已经在这本书中进行了广泛的讨论，他认为也许并没有一个单一的有线地球村（wired global village），而是有成百上千的地球村，"每个地球村都用自己的语言广播，有自己的主播和新闻团队，有自己的天气、体育和本土播报倾向"。[18] 传播学学者W.罗素·纽曼（W. Russell Neuman）认为麦克卢汉的"地球村"概念具有误导性："麦克卢汉设想美国人能实时看到非洲村庄里发生的事情。但美国人可能不想看。也许反之亦然。"[19]

加拿大、西欧和英国的媒体

加拿大、西欧和英国都实行自由民主制度，拥有言论自由，其媒体也相对自由，能够批评政府。但它们的媒体与美国的媒体在重要方面存在差异，仅仅是因为美国拥有世界上最大的媒体产业。

在全球范围内，各国都通过实施法律，要求广播公司播放一定数量的本国制作的节目。这些政策可能导致一个国家与要求产品自由流通的贸易协定产生冲突，例如在加拿大、美国和墨西哥边境。在20世纪80年代和90年代之前，欧盟国家的广播电视一直是由国有垄断企业主导的，后来商业广播电视制作公司变得越来越普遍。通过这种转变，广播公司开始从依靠补贴转向靠广告收入运营。但即使是商业电视台也仍然受到严格监管，广告的数量和投放受到严格的控制和指导。在欧洲，广播私有化的部分动力来自位于近海船只上的海盗广播电台（pirate radio），它们向这些国家进行广播。

加拿大的新闻自由在一定程度上仿照美国的模式，但在面对庞大的美国媒体产业之时，为了保护加拿大文化而进行了修改调整。加拿大，一个地域辽阔、人口相对较少的国家，其媒介传播的成本相对昂贵。加拿大幅员辽阔，这意味着它拥有强大的地区性媒体（regional media），而英语和法语都是加拿大官方语言这一事实又强化了这一点。

令人不满的一点是美国媒体的单向影响。正如加拿大一本主要的大众传播书籍所指出的：

> 在加拿大，大多数加拿大人能看到的美国电视节目比加拿大节目要多。
> 在大多数加拿大商业广播电台，听众能听到的美国节目比加拿大节目要多。在

加拿大几乎所有的杂志架上，读者能看到的美国杂志比加拿大杂志要多，尽管加拿大出版了大约2000种杂志。加拿大普通学童阅读的美国作家的作品仍然要比加拿大作家的作品多。[20]

由于《黑色孤儿》(Orphan Black)的成功，加拿大现在不仅是电影制作的适宜地点，还是著名的电视节目生产国。

尽管存在这些问题，加拿大的传媒业一直在增长。加拿大的唱片业在过去的20年里一直在稳步增长，图书出版业也是如此。加拿大的电影业受益于美国电影和电视制作在其边境以北的拍摄，加拿大现在是世界上第二大电视节目生产国，仅次于美国。2017年，加拿大的电影和电视产业创造了120亿美元的国内生产总值[21]，这也被称为"基于屏幕的生产"(screen-based production)。为了保护和加强加拿大的传媒业，政府已经实施了一些"加拿大内容"(Canadian content)的规定，要求广播电视公司播放一定数量的加拿大制作的内容。例如，加拿大广播电台的节目必须至少有35%是国内制作的。2007年春天，加拿大广播公司(Canadian Broadcasting Corporation)播出了一部名为《草原上的小清真寺》(Little Mosque on the Prairie)的情景喜剧，引起了广泛关注。这部情景喜剧讲述了加拿大某小镇上一个乡村穆斯林社区的艰难生活[22](不，这不是我编造的。它是加拿大的热门剧集，在2012年播出了6季，可以在亚马逊Prime和iTunes上租赁观看。在DailyMotion上也可以观看其中的几集)。

加拿大所面临的问题是，美国最大规模的出口产品不是小麦或钢铁，而是媒体内容。然而，加拿大一直在努力维持其文化生产，输出玛格丽特·阿特伍德(Margaret Atwood)和道格拉斯·柯普兰(Douglas Coupland)等作家，詹姆斯·卡梅隆(James Cameron)和贾森·雷特曼(Jason Reitman)等电影制作人，瑞恩·雷诺兹(Ryan Reynolds)、瑞恩·高斯林(Ryan Gosling)和瑞秋·麦克亚当斯(Rachel McAdams)等演员，以及德雷克(Drake)、威肯(The Weeknd)、死老鼠(Deadmau5)，当然还有贾斯汀·比伯(Justin Bieber)等音乐人的媒体内容。[23]

加拿大在世界新闻自由指数中排名第16位。它一直在与英国合作建立媒体自由联盟(the Media Freedom Coalition)，这是一个致力于捍卫新闻自由的国际联盟组织。它还通过了一项联邦盾牌法,保护记者不必透露机密消息的来源。[24]

西欧覆盖范围广泛,从西班牙、葡萄牙到法国、德国以及斯堪的纳维亚半岛。这些国家中的许多都是欧盟成员国。[25]在一些地区,有线电视很常见,比如比利时和德国,而卫星节目在斯堪的纳维亚地区则更为普遍。

2020年世界新闻自由指数排名前五位的国家都来自斯堪的纳维亚半岛和北欧,这些国家在以前的报告中占据主导地位。它们是:

1. 挪威
2. 芬兰
3. 丹麦
4. 瑞典
5. 荷兰

所有这些国家都有言论自由的承诺,且许多国家都有保障记者的相关条款。挪威已经连续四年位居榜首,但该国仍在对言论自由议题进行全面评估,包括考察公众参与水平、控制虚假新闻的传播以及限制仇恨言论。[26]

法国的广播是欧洲模式的典型,广播电视网有强烈的公共服务义务,并希望保护法国文化不受外国侵蚀。广播学者马修·拉舍(Matthew Rusher)说:"西欧的每个国家都力求保护其自身的文化和语言,并将国际频道上的外国制作节目视为对其文化完整性的一种威胁。"[27]这些电视台想要吸引观众并赚钱,但它们也希望保护各自独特的民族文化。

在全球范围内,英国广播公司(BBC)可能是最有名的非美国广播公司。英国在广播业的早期就是先驱,曾利用广播覆盖其幅员辽阔的帝国,该帝国曾经覆盖全球四分之一的土地。[28]20世纪20年代,英国广播公司作为一家公共服务机构成立。20世纪30年代,它开始在短频波段进行广播,这使得它的信号可以传播到世界各地。在第二次世界大战期间,BBC是反对纳粹的国际之声,用40多种语言广播,包括法语、丹麦语和印地语。[29]在纳粹占领的欧洲收听BBC广播是要受惩罚的行为。

截至2017年,BBC的全球服务网络拥有约1.55亿广播听众、3900万在线用户和1.1亿电视观众,包括新闻和娱乐节目。[30]BBC指出:"全球服务集团(the World Service Group)在发达国家和发展中国家的市场都在不断壮大,美国的观众数量最多(3000万),非洲大陆的观众总数超过三分之一(1亿),这是BBC在任何一个大陆上所见过的最大观众群。"

虽然BBC最初是一家广播服务机构,但它一直愿意尝试新的传播渠道,目前,这意味着社交媒体和移动媒体。这些包括BBC网站上的新的非洲页面、Facebook上的泰国新闻流以及WhatsApp上的非洲埃博拉紧急新闻服务。更重要的是，BBC已经用27种语言重新设计了其所有网站，以便用户在移动设备上轻松阅读。即使是像BBC这样的老牌传统媒体，也已经达到了所有媒体都具有社交性（秘密5）、在线媒体也是移动媒体（秘密6）的程度。

通过《聚焦非洲》（Focus on Africa）这一节目可以看出BBC的国际影响力。对于一个依靠广播作为主要大众传播媒介的大陆来说，BBC提供了一个不受当地政府审查的可靠新闻来源。为避免被指责为在撒哈拉沙漠以南非洲的英国殖民之声，该节目的大部分报道都由非洲记者完成。《聚焦非洲》是一个重要的新闻来源，它经常在当地的非洲电台重播，有时只是拿着短波收音机对着电台的麦克风。[31]

BBC以公共服务模式运营，观众通过设备许可费来支付节目费用。虽然BBC是英国最知名的广播公司，但它也与几个商业频道竞争，尽管这些频道没有BBC的全球影响力。威尔斯认为，BBC的公共服务导向帮助它提供了比美国商业模式更多具有创新性和不那么乏味的节目（然而，应该指出的是，国际观众只能看到BBC最好的节目，错过了更常规的肥皂剧和游戏节目）。[32]

媒体在西欧无处不在，几乎每个家庭都至少拥有一台电视机，近一半的家庭拥有两台或更多。大多数家庭也有收音机，三分之二的家庭有录像机。在那里，计算机和互联网不像在美国那么普及；西欧大约有三分之一的家庭拥有个人电脑。欧洲媒体的一大变化是私营电视频道的增长。就在1990年，欧洲只有47个国家电视台；到2012年，欧洲有超过1.1万个频道，其中欧盟有8270个。[33]正如我们在第五章所讨论的，欧洲报纸往往比美国报纸具有更明显的政治观点，而非完全中立、客观。这些报纸有明确的观点，旨在吸引特定政党的成员。[34]虽然欧洲的报纸读者群比世界上其他任何地方的都要多，但欧洲国家的报纸仍面临着与北美报纸一样的衰落。

《查理周刊》、丹麦漫画与恐怖主义

2015年1月15日，三名蒙面武装分子袭击了讽刺性报纸《查理周刊》（Charlie Hebdo）位于巴黎的办公室，造成至少12人死亡，这是针对记者的最致命袭击之一。

《查理周刊》因其争议性的封面和挑衅性的漫画而闻名，这些漫画经常抨击各种宗教和政治问题（我们这里不转载任何《查理周刊》的漫画，但你可以在与本

节相关的博客文章中看到它们的链接。即使尝试描述其中一些漫画也会超出sage的标准）。

据称，该报刊登的漫画引发了2015年的那场杀戮。然而，正如*Vox*的埃兹拉·克莱因（Ezra Klein）所指出的，重要的是要记住，我们不需要试图分析这幅漫画是否太过挑衅性。这次袭击是恐怖主义行为和暴力行为，而不是对合法挑衅的回应。还应该指出的是，《查理周刊》自称是"世俗和无神论的报纸"，并经常发布冒犯世界各大宗教的材料。[35]

这在一定程度上解释了为什么许多美国新闻媒体没有转载《查理周刊》的任何封面。为美国国家公共电台（NPR）的"双向博客"（The Two-Way blog）撰稿的马克·梅莫特（Mark Memmott）称，NPR没有转载该杂志的任何封面，部分原因是这可能会让观众产生错误的想法，认为该出版物中的漫画并不像实际上那么露骨：

法国讽刺报纸《查理周刊》的漫画家和记者被杀事件引发了广泛的悼念活动，包括在法国巴黎共和国广场用钢笔和蜡烛拼成的"我是查理"（Je Suis Charlie）悼念活动。

> 仅展示该杂志几幅封面照片可能会让观众错误地得出结论，认为《查理周刊》只是比其他讽刺刊物更尖锐一些。但是，要全面展示《查理周刊》的作品，就需要发布远远超出大多数新闻机构有关冒犯性内容标准的图片。[36]

从本质上讲，梅莫特认为，要让读者真实地了解这些漫画是什么样子，就需要违反NPR的新闻得体规范。《纽约时报》也拒绝转载《查理周刊》最具攻击性的漫画。当时在《纽约时报》担任公共编辑的玛格丽特·沙利文（Margaret Sullivan）在她的专栏中写道，尽管她理解为什么该报不刊登《查理周刊》此前刊登的那些明显带有攻击性的漫画，但她质疑为什么报纸没有刊登袭击事件发生后一周的封面。[37]

巴黎的袭击让人想起丹麦报纸《日德兰邮报》（*Jyllands-Posten*）刊登（以及再刊登）漫画后发生的骚乱和袭击。皮尤研究中心在2006年6月进行了一项民意调查，想了解人们对丹麦漫画的反应，这项调查询问美国人认为这场争议更多是关于"西方的不尊重"还是"穆斯林的不容忍"。不出所料，美国人（以3∶1的比例）将问题归咎于后者。[38]

这些丹麦漫画风格多样。其中一幅取笑《日德兰邮报》的编辑试图引起关注，另一幅把丹麦一位反移民的政客放在警察队伍中。[39]但在2006年冬天，一些欧洲和美国报纸转载了这些漫画。在这之后，整个中东地区爆发了骚乱，导致数十人死亡。[40]

那么，为什么世界上有一半的人对一家保守的丹麦报纸刊登的漫画感到愤怒呢？答案既简单又复杂。《华盛顿邮报》的文化评论家菲利普·肯尼科特（Philip Kennicott）对这些漫画为何如此有争议以及他为何认为刊登这些漫画是个坏主意给出了一个令人信服的解释：

> 在一份保守的报纸上，这些漫画是作为一种挑衅而被创作出来的。伊斯兰教通常禁止制作其最高先知的形象，而该报纸想在一个自由、世俗的西方民主国家中强调言论自由。取决于你的观点，这要么是为了引发辩论而故意激怒人，要么就是故意找碴儿。[41]

他指出，在美国，我们不太可能看到那么多如此冒犯基督教的漫画：

> 没有哪家严肃的美国报纸会委托创作那些纯粹旨在冒犯基督徒的耶稣画像。即便有哪家这么做了，反应也会迅速而肯定。政客们会在国会的议场上进行抨击，对作恶者大加挞伐。一些基督徒会怒不可遏，发起抵制，并发来激烈到无法刊登在家庭报纸上的电子邮件；另一些则会悲伤不已，祈祷并诚恳地致信编辑。尽管不太可能有人在街上挥舞半自动武器，但仍会出现混乱。[42]

对于这种漫画的反应是巨大的：阿富汗军队向示威者开枪时，至少有四人被打死；漫画家自己因为害怕被杀而躲藏起来；两名在约旦转载这些漫画的报纸编辑被捕；在南非，这些漫画被禁，刊发它们的编辑收到了死亡威胁；抗议者焚毁了丹麦驻贝鲁特大使馆。美国评论员们就这场争议撰写了长篇大论，其影响至今仍在。就在2012年，一名袭击了其中一位漫画家的索马里男子被判入狱十年。[43]

虽然许多美国新闻媒体没有转载这些丹麦漫画，但《费城问询报》（Philadelphia Inquirer）确实转载了其中最具冒犯性的图片。费城地区的穆斯林通过在该报外示威游行予以回应，这说明了一个常识性的观点，即对冒犯性言论的恰当回应是更多的言论，而非更少。事实上，《费城问询报》的编辑阿曼达·贝内特

（Amanda Bennett）在谈到抗议者时表示："我和报社都无意对他们的宗教或先知有任何不敬。我告诉他们，对于他们行使言论自由权，我实际上真的很自豪。"[44]这些漫画也出现在了伊利诺伊大学的学生报纸《每日伊利诺伊人》（*Daily Illini*）上，这在校园内引发了关于这个问题的辩论，并导致了和平抗议。

欧洲的隐私法律

1997年8月30日，当英国深受爱戴的戴安娜王妃（Princess Diana）因车祸去世时，全世界都为之哀悼，欧洲和美国的许多人将这场事故归咎于那些穷追不舍的激进摄影师。尽管很快有证据表明戴安娜的司机当时处于醉酒状态，但是在巴黎街头的高速追逐还是让名人和富豪的隐私权成为公众关注的焦点。[45]法国有相对严格的隐私法，宣称"每个人都有权要求他人尊重自己的私生活……隐私（Privacy）是指对个人私密生活的保密，以及反对对这一领域进行调查和披露的权利"。[46]隐私法要求媒体不能报道个人的家庭生活、性行为或性取向、疾病和私人休闲活动等。提起诉讼的个人无须证明自己已受到侵害；法律假定，侵犯隐私就其本质而言就是有损害性的。

尽管这些限制很严格，但违反法律的处罚却相对较轻。[47]大部分罚款低于5万美元，法国媒体在很大程度上把罚款视为经营成本。尽管法律也允许法院没收刊载违规照片的出版物，但在实际操作中，法院几乎从未这么做。[48]法国的法律相对严格，而英国的法律直到最近才承认个人的隐私权。例如，1987年，英国演员戈登·凯伊（Gorden Kaye）在一次事故中头部严重受伤。凯伊随后接受了采访，当时他处于半清醒状态，正处于脑部手术恢复期。英国法院裁定，这篇文章在法律上唯一的错误在于暗示演员已经同意接受采访。因此，这篇文章得以发表而未受处罚。[49]2000年，英国议会将《人权法案》（*Human Rights Act*）付诸法律，要求媒体在隐私和公开之间保持"适当平衡"。[50]

2018年春天，欧盟开始施行世界上最严格的网络隐私法规之一——《通用数据保护条例》（*the General Data Protection Regulation*，GDPR）。[51]该法律规定：

- 企业必须明确告知客户其数据的处理方式，并且在使用数据前必须获得许可。
- 网络广告（online advertising）只有在你同意的情况下才能向你推送。这意味着，在欧洲的网站和应用程序上，你不太可能看到因为你是一名来自瑞典斯德哥尔摩的21岁女性，喜欢电子舞曲和健怡可乐而向你推送的广告。

● 你可以向企业询问他们所掌握的你的个人信息，并要求他们删除这些信息。这可能包括与你的信用卡或忠诚度计划相关的购物历史记录等信息（第十二章中有一个根据孕妇购物习惯进行定向营销的例子）。

● 最明显的是，企业必须制定新的、清晰易懂的隐私政策。这就是为什么即使你住在美国，2018年5月你也会在收件箱中收到大量新的隐私政策通知。任何在欧洲开展业务的企业都必须遵守这些规定，所以出于安全起见，企业会向其所有客户发送通知。

2019年1月，因谷歌违反新的数据隐私规定，法国对其处以近5700万美元的罚款。这是欧洲根据新法律起诉美国科技巨头的第一起重大案件。谷歌因未向消费者披露他们的个人信息是如何被收集和使用的而受到处罚。谷歌还在未获得用户许可的情况下，向他们展示个性化的广告。[52]

欧洲"被遗忘权"法

2014年，欧洲法院裁定，居住在欧盟的人有权清除他们认为过期或无关的搜索引擎结果。"被遗忘权"裁决（"right to be forgotten" ruling）要求谷歌和其他搜索服务提供商在裁决涵盖范围内的任何国家所进行的任何搜索中提供编辑过的搜索结果。[53]

"被遗忘权"的裁决并不强迫任何人删去违规材料，而只是强制他们从搜索结果中忽略。据《纽约时报》报道，这些要求包括删除新闻文章的链接、一名大规模枪击案凶手发布宣言的链接，以及一个称某位真人秀电视明星为"令人讨厌、无法忍受的唠叨精"的不友善图片。[54]

截至2018年2月，谷歌已收到超过65.5万份"被遗忘权"请求，要求删除近250万个链接，并满足了其中约43%的请求。人们希望从搜索结果中删除什么？三分之一的请求是针对"包含个人信息的社交媒体和目录服务"。其中，五分之一是新闻文章或政府网站，通常包含有关个人法律历史的信息。[55]

对于搜索结果的编辑工作将在欧盟内部进行，但不会在美国或欧盟以外的其他国家进行。

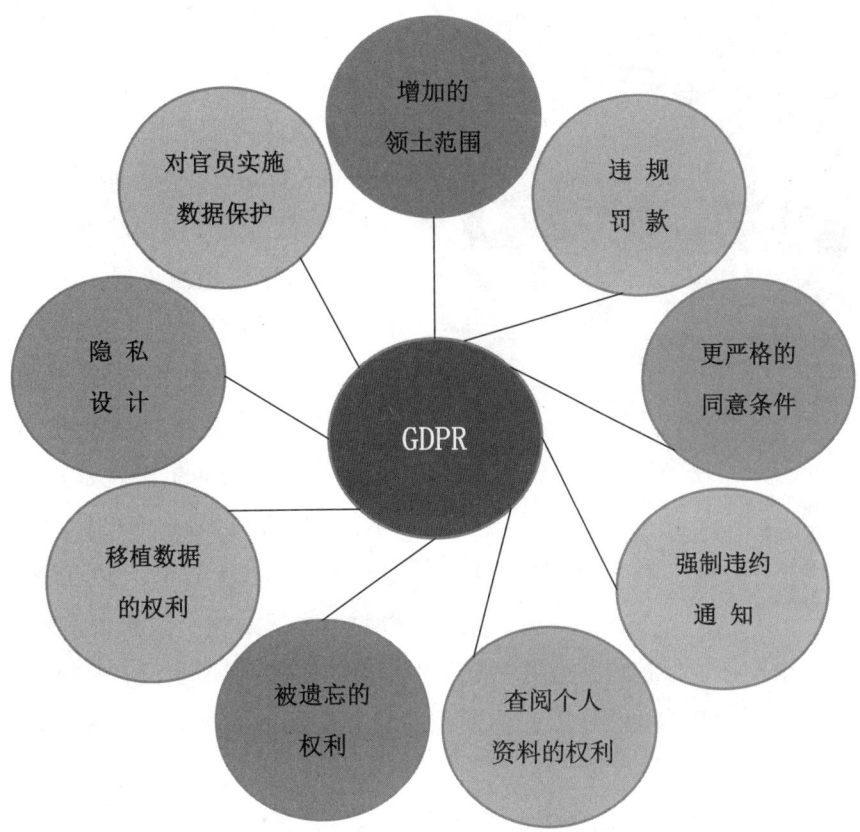

图11.1 欧盟《通用数据保护条例》（GDPR）下的主要变化
资料来源：基于欧盟GDPR网站上"GDPR主要变化"的信息。

中美洲和拉丁美洲的媒体

大多数拉丁美洲的商业广播都由北美、墨西哥和巴西的节目所主导。巴西和墨西哥拥有世界上规模最大、最先进的广播业务。事实上，墨西哥和巴西通过体育节目和极受欢迎的肥皂剧向美国输出文化。拉丁美洲的广播公司倾向于遵循美国的盈利模式，而非英国广播公司（BBC）的公共服务导向。南美洲广播范围更广的一个原因是，与非洲（我们稍后讨论）不同，拉丁美洲只有两种主要语言——西班牙语和葡萄牙语。[56]自20世纪90年代以来，拉丁美洲各国政府变得更加稳定，压制性有所减弱，这些国家的经济也有所增长。所有这些因素都促进了拉丁美洲传媒业的发展。与世界上的许多地区不同，拉丁美洲的报纸发行量一直在增长，出版了1000多份报纸，每日读者人数超过1亿。[57]然而，中美洲和南美洲的记者确实面临着来自有组织犯罪和准军事团体的暴力威胁，其次是来自政府的威胁。[58]

2018年3月，墨西哥锡那罗亚的抗议者举行游行，谴责一年前墨西哥记者哈维尔·巴尔德斯被暗杀一事，并呼吁为他和其他因公务遇害的记者伸张正义。2017年，在墨西哥遇害的记者比其他任何国家的都多。

在墨西哥工作的记者在报道犯罪和腐败问题时面临着暴力和被谋杀的危险。墨西哥记者哈维尔·瓦尔迪兹（Javier Valdez）在他创办的报社附近遭枪击身亡。《华盛顿邮报》报道称，他是2017年在墨西哥遇害的第五名记者。截至当年年底，共有11名记者遇害，是所有国家中最多的，包括叙利亚。[59]瓦尔迪兹在2011年的一次演讲中说："从事新闻工作就是在坏人（他们涉足贩毒或做政府工作）划定的一条看不见的线上行走，身处布满炸药的领域。这就是这个国家大多数人正在经历的。一个人必须保护自己免受一切人和事物的伤害，但似乎没有选择或救赎，而且常常没有人可以求助。"[60]瓦尔迪兹的专长是报道墨西哥暴力活动造成的人员伤亡情况。

世界新闻自由指数指出，对于一个未处于战争状态的国家来说，墨西哥是对记者和媒体来说世界上最危险的国家之一。该报告将墨西哥在180个国家中的排名列为第143位，部分原因归咎于"官员与有组织犯罪团伙之间的勾结"。[61]自2018年以来，截至2020年6月，已有21名记者在墨西哥遇害。

伊斯兰国家和中东的媒体

中东的新闻界似乎在社会责任和威权媒体控制之间左右为难。例如，尽管以色列是一个现代的自由民主国家，但记者在有关敏感军事问题的报道上必须向政府提交并获得批准。[62]在1991年海湾战争（Persian Gulf War）期间，所有通过商业媒体从以色列传出的新闻都必须经过军事审查。以色列当局也迅速控制了持不同政见的巴勒斯坦媒体。

有机构表示，即使不考虑恐怖组织ISIS（伊拉克与大叙利亚伊斯兰国）在叙利亚的活动，叙利亚也是世界上对记者来说最危险的国家之一。2011年至2018年间，有141名新闻工作者在那里遇害，75人被俘虏或劫持为人质。[63]2020年，叙利亚的新闻自由在180个国家中排名第174位。[64]

除了2012年科尔文在叙利亚被火箭弹击中身亡，叙利亚最引人注目的死亡事件之一是美国记者兼摄影师詹姆斯·弗雷（James Foley）之死。他自2012年11月被劫持，2014年8月被伊斯兰国武装分子斩首。这已经不是弗雷第一次被俘了。他之前曾被忠于利比亚领导人穆阿迈尔·卡扎菲（Moammar Gadhafi）的利比亚士兵囚禁。[65] 即使在叙利亚和利比亚近期发生革命和暴力事件之前，那里的媒体充其量也处于独裁统治之下。2011年"阿拉伯之春"（the Arab Spring movement）运动发生后，约旦和埃及都加强了对新闻界的控制。[66] 除了官方控制的媒体外，许多阿拉伯国家还有在伦敦发行的区域阿拉伯报纸《生活报》（Al-Hayat）和源自卡塔尔的半岛电视台（Al Jazeera）。另一个选择是收听来自邻国阿拉伯国家的新闻，这些国家会毫不犹豫地批评其邻国政府。通过收听一系列的报道，人们可以对新闻有更全面的了解。[67]

2014年7月22日，《华盛顿邮报》驻伊朗通讯员贾森·礼萨安（Jason Rezaian）及其妻子耶加内·萨利希（Yeganeh Salehi）被伊朗当局逮捕。萨利希为伊朗公民，也是一家阿联酋报纸的记者。礼萨安被带到伊朗臭名昭著的埃温监狱（Evin Prison），在那里被单独监禁数月。最终，他被囚禁了500多天，直到他和其他三名囚犯与在美国被监禁或被指控的七人进行交换。萨利希获得了保释。[68] 在没有律师的情况下，被监禁近5个月的礼萨安最终在一个非公开法庭听证会上被起诉。礼萨安的被囚禁是自1979年伊斯兰革命以来伊朗持续时间最长的一次。在被捕近一年后，礼萨安因"间谍罪""与敌对政府合作""反体制宣传"以及"收集有关内政和外交政策信息"的指控而受审。[69]

在执行主编马丁·巴伦（Martin Baron）的领导下，《华盛顿邮报》请求联合国采取"紧急行动"以使其获释。巴伦和《华盛顿邮报》的其他编辑迅速与包括副总统乔·拜登（Joe Biden）和国务卿约翰·克里（John Kerry）在内的美国政府官员会面。然而，对巴伦和《华盛顿邮报》的其他人来说，从美国政府那里获取信息是一个挑战。巴伦说："一直以来，政府都不愿意向公众透露很多细节。"政府官员"自始至终都担心，如果他们向我们提供了细节，最终这些细节会以某种方式被公之于众"。[70]

直到礼萨安离开伊朗前的最后一刻，他是否真的能获释仍存疑问。当飞机离开伊朗领空之时，前囚犯们得到了香槟和巧克力。《华盛顿邮报》老板、亚马逊创始人杰夫·贝索斯在瑞士的飞机降落德国之后会见了礼萨安及其家人，并用他的私人飞机将他们带回了美国。[71] 对于国内外记者来说，伊朗一直都不是一个容易工作的地方。在礼萨安获释时，仍有至少19名"记者、漫画家和编辑"被伊朗政府关押。[72] 2018年2月，为一家苏菲派新闻网站（a Sufi news website）工作的两名伊朗记者遭到毒打和逮捕。在2020年世界新闻自由指数中，伊朗在180个国家中排名第173位。[73]

卫星和互联网传输极大地改变了中东的媒体，绕开了专制统治。在1991年海湾战争期间，中东地区的人们从美国有线电视新闻网（CNN）获取新闻，但他们认为这些新闻受到了美国政府的审查。然而，西方媒体在阿拉伯语国家并没有那么大的影响力。首先，并非所有人都讲国际频道通常使用的英语或法语，而且中东的中产阶级和伊斯兰运动的成员对地区性媒体的渴望是可以理解的。[74]

开罗美国大学（American University in Cairo）的学者凯·哈菲兹（Kai Hafez）将阿拉伯世界的媒体分为三种类型："动员型媒体"（mobilized press），由政府控制，以推广政府言论；"忠诚型媒体"（loyalist press），由私营企业运营，但支持当权者，尤其是那些能够控制纸张和电力等资源获取的人；最后是相对自由的"多样化媒体"（diverse press）。[75]

阿拉伯世界的许多国家支持新闻自由，而一个国家对政府批评的容忍程度因政府任期和年份而有所不同。然而，即使在没有伊斯兰政府的国家，"侮辱"国家也可能构成犯罪，这对报道的内容提出了明确的限制。

"小型"媒体的重要性

早在我们谈到社交媒体之前，所谓的"小型"媒体就是小规模交流的重要渠道。"小型"媒体包括传真机、复印机、摄像机，以及电脑、博客和移动社交媒体，如推特和短信等。哈菲兹曾撰文论述替代型独立媒体——其中"小型"媒体是关键组成部分——在中东地区的重要性。尽管约旦河西岸的巴勒斯坦媒体受到以色列的审查，但巴勒斯坦人能够利用网络发布关于示威和暴力事件的描述和图像，从而绕过政府的审查。[76]

在2011年的"阿拉伯之春"抗议和革命期间，社交媒体和移动媒体经常被认为既是抗议活动的新闻来源，也是抗议者的组织工具。这些"小型"媒体取代了过去廉价生产的短期杂志（short-run magazines）所占据的位置。替代型独立媒体提供了各种声音，即使在像伊朗这样对主流媒体有严格伊斯兰控制的国家也是如此（这向我们表明，即使在世界其他地区，"秘密2"——没有所谓的"主流媒体"——仍然适用）。

宗教学教授弗雷德·斯特里克特（Fred Strickert）指出，虽然以色列人和巴勒斯坦人仍然能够操纵新闻，但互联网允许更广泛的观点表达：

是的，巴勒斯坦权力机构仍然能够审查有损形象的视频片段，就像在暴民私刑处死两名以色列士兵的案件中所做的那样，而以色列政府也能够对新闻进行粉饰。但对任何想要寻找真相的人来说，真相都在互联网上。[77]

尽管使用互联网和卫星传输的传统媒体受到了大量的关注，但"小型"媒体在传递审查范围之外的信息方面也做得很好。在2009年有争议的伊朗总统选举之后（在第十章中有所讨论），伊朗政府开始打压新闻媒体，甚至将记者驱逐出境。[78] 政府封锁了多种形式的社交媒体，降低互联网速度以屏蔽在线视频，关闭手机信号塔，并威胁报复那些利用手机和互联网等新媒体从伊朗传送信息的人。传统媒体，包括CNN、福克斯新闻（Fox News）、MSNBC，甚至BBC，不得不转向可靠性存疑的在线视频、博客和推特消息来报道伊朗境内发生的事件。正如社交媒体专家高拉夫·米什拉（Gaurav Mishra）所指出的，基于手机的社交媒体越来越成为新闻爆发的媒介。[79]

阿拉伯世界的新旧媒体

阿拉伯世界的媒体受到政府的严格控制，尽管卫星广播和移动技术的出现对政府的控制构成了挑战。直到最近，我们还很难掌握中东地区的媒体使用情况。但在2013年，西北大学（Northwestern University）的研究人员在卡塔尔开始了一段长期而深入的研究，观察埃及、约旦、黎巴嫩、卡塔尔、沙特、突尼斯和阿联酋的人们如何使用各种媒体以及如何看待他们国家的媒体、社会和政治气候和言论自由状况（并非每个国家每年都有完整的数据）。关于"中东地区的媒体使用情况"研究并非每年都关注相同的问题。例如，2015年研究的重点是娱乐媒体和休闲时间的使用。[80] 多年来，研究涵盖的国家略有变化。

2019年版的研究发现，自研究的第一年（2013年）以来，几乎所有媒体的使用人口比例都有所下降，但互联网除外，其使用比例有所上升。其中一些下

2016年春天，来自叙利亚和中东其他地方的难民在希腊摩瑞亚难民营的一个中央充电站为他们的手机和其他设备充电。对许多难民来说，移动电话是他们唯一能接触到的通信渠道。

降幅度较小,而另一些则比较显著。电视的使用率从98%下降到86%;离线广播的使用率从52%下降到38%;而报纸的读者群降幅最大,从42%下降到16%。另一方面,互联网的使用率从55%跃升至86%(参见图11.2)。[81]

在阿拉伯世界,在线媒体也是移动媒体(秘密6),使用手机上网的人比使用台式机或笔记本电脑上网的人要多。96%的受访者使用智能手机上网,而只有53%的人使用电脑上网。[82]

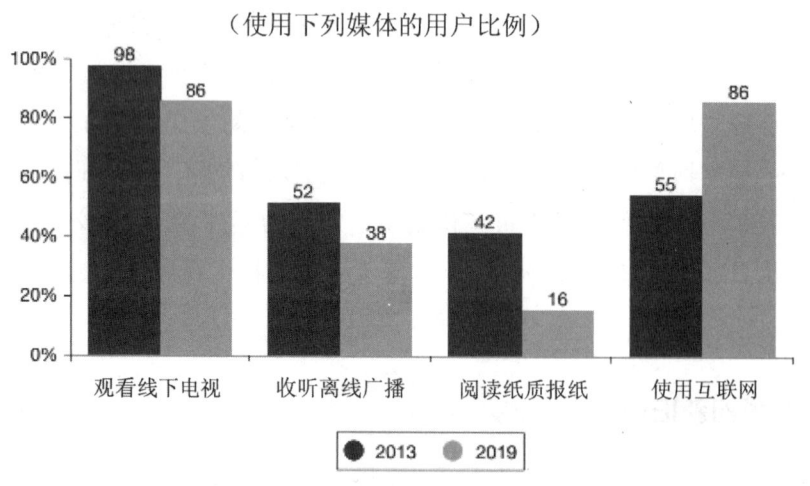

图11.2 中东各类媒体的普遍性

资料来源:数据来自埃弗雷特·E.丹尼斯(Everette E.Dennis)、贾斯汀·D.马丁(Justin D. Martin)和罗布·伍德(Robb Wood),《2017年中东媒体的使用》,西北大学卡塔尔校区(Northwestern University in Qatar),2017年,http://www.mideastmedia.org。

对于试图逃离该地区的叙利亚难民来说,智能手机往往是他们拥有的唯一媒体。预算在100英镑以下就可以买到安卓廉价手机,第二代iPhone大约25英镑就能买到。

社交媒体无处不在,但不同产品的受欢迎程度各不相同。短信和信息分享应用程序WhatsApp是最受欢迎的,有75%的互联网用户使用它(WhatsApp在跨国短信交流方面尤为出色)。Facebook紧随其后,占比为71%,而Instagram则远远落后,占比为42%。Snapchat和Twitter分别占24%和22%。[83]

埃及比阿拉伯世界的大部分更为世俗,拥有庞大的媒体产业,并为大部分阿拉伯和伊斯兰世界国家制作电影、音乐和电视节目。[84]在整个中东伊斯兰国家,电视的接入,尤其是直播卫星信号的接入情况差异显著。20世纪60年代,沙特阿拉伯君主制建立了一个庞大的电视网络,部分原因是为了应对从埃及传入该国的反沙特广播。1994年3月,沙特阿拉伯正式禁止拥有卫星接收器,以此满足反对西方节目的宗教保守派的要求。然而，这项禁令并未得到执行，接收卫星广播的圆盘天线和接收器都很容易买到。沙特在180个国家的新闻自由排名中排在第170位。

半岛电视台

广告支持的频道中最重要的是半岛电视台（AI Jazeera）[85]。自1997年以来，该频道在阿拉伯小国卡塔尔通过卫星播出，不受政府的审查。[86]半岛电视台对从乌萨马·本·拉登（Osama bin Laden）到科林·鲍威尔（Colin Powell）等人都进行了采访，并因此受到美国和阿拉伯国家的批评。在伊拉克战争期间，半岛电视台受到全世界的关注，向世界呈现了阿拉伯对美国和伊拉克之间战斗的观点。它有4000万的固定观众，这使CNN和Fox相形见绌。[87]

在阿拉伯中东地区，能够跨越国界的卫星新闻频道显然是国际新闻的首要来源，而半岛电视台在众多阿拉伯语卫星频道中是最受欢迎的。尽管许多人声称不喜欢这个颇具争议的频道，但它是收视率最高的，或许也是最重要的频道。据美国国家公共广播电台（NPR）的《媒体面面观》（*On the Media*）报道，最近的一项调查显示，在能够接收卫星电视的阿拉伯人中，只有10%的人从未观看过半岛电视台。在伊拉克，总部位于沙特阿拉伯的阿拉伯电视台很受欢迎。但美国的"自由电视台"（Alhurra）显然是最迫不得已的选择，53%的人表示他们从不观看。有趣的是，真主党的"灯塔电视台"（Al-Manar）同样不受欢迎。[88]尽管一些观察家指责半岛电视台是一个亲阿拉伯的宣传频道，但也有人将其描述为"阿拉伯世界的CNN"。也许这两个标签都不完全公平或完全准确。相反，似乎半岛电视台致力于呈现阿拉伯世界的观点。也就是说，它能准确地报道新闻，但它是从一个清晰的立场来报道的（有趣的是，借鉴美国媒体协同效应的剧本，还有一个半岛电视台体育频道）。半岛电视台的有趣之处在于，虽然其总部设在卡塔尔，但它往往采取广泛的阿拉伯视角，而非某个特定国家的视角。在西方，人们常常认为所有的阿拉伯国家或伊斯兰国家都是一样的，而忽略了它们有着明显不同的观点。美国人很容易忘记，伊拉克和伊朗至少曾经交战了十年。[89]半岛电视台是由哈马德·本·哈利法·阿勒萨尼（Sheikh Hamad bin Khalifa al-Thani）创立的，旨在实现国家经济多元化。1994年，英国广播公司（BBC）在沙特资助的一个阿拉伯语电视台试验失败后，开设了这个卫星新闻频道。它从该项目中雇用了120名失业记者，开启了半岛电视台的征程。虽然西方国家政府一直对半岛电视台持高度批评态度，但该电视台也对卡塔尔政府、巴勒斯坦权力机构、约旦政府、科威特政府、以色列政府进行了批评。[90]

半岛电视台的记者当然不会受到阿拉伯国家政府的特殊礼遇。事实上,他们经常因深度报道而成为攻击目标。半岛电视台的三名记者彼得·格雷斯特(Peter Greste)、巴赫尔·穆罕默德(Baher Mohamed)和穆罕默德·法赫米(Mohamed Fahmy)于2013年12月被捕,并在2014年夏天被判犯有多项针对埃及政府的罪行。法赫米和穆罕默德获得总统赦免,并于2015年9月穆斯林节日古尔邦节(Eid al-Adha)获释。格雷斯特于2015年2月获释,被送回了他的祖国澳大利亚,显然对其指控尚未撤销。[91]

非洲媒体

非洲大陆对发展媒体理论的方法范围提供了一个典型例子——从强有力的社会责任到彻底的威权控制。大众媒体最初通过欧洲殖民势力传入非洲;它们是为满足殖民者的需求而创建的。报纸和早期的广播电台只报道白人的新闻,忽略了非洲黑人,或者将他们视为"次等人"。[92]非洲独立后,一些国家仍保留殖民时期的媒体,而在另一些国家,媒体被新政府接管,不允许有私人媒体。尽管媒体服务于新的人群,但它们仍继续关注精英的需求。

非洲的大部分地区仍是乡村,其较小的城镇通常没有报纸。然而,津巴布韦和南非的媒体学者塔瓦纳·库佩(Tawana Kupe)表示,大多数国家都有一份占主导地位的日报,主要在首都发行。报纸发行量受到高水平的贫困和文盲率的限制。[93]广播是非洲最重要的媒体,但收音机和驱动它们的电池都很昂贵,而且传输设备往往不够好,无法覆盖整个国家。许多国家没有电视。即使有播出,电视也只能在有可靠电力供应的地方接收,主要是城市地区。大多数节目都是欧洲、美国和澳大利亚的重播节目。虽然许多非洲国家设法利用电视和广播教育人民如何提高他们的生活水平来促进发展,但大多数发展方案都是政治家呼吁发展的讲话。

克莱娅·卡恩-斯克赖伯(Cléa Kahn-Scriber)表示,撒哈拉以南非洲(sub-Saharan Africa)地区的新闻自由状况"严峻":"一些国家陷入冲突或继续处于冲突状态……在整个非洲大陆,我们看到,安全问题和打击恐怖主义的斗争往往成为各国政府用来打压新闻界的借口。"[94]

语言对于非洲媒体而言始终是个问题。许多非洲国家在国家建设过程中使用前殖民地语言(通常是法语或英语),但这往往是受教育阶层使用的语言,而非大多数民众的语言。[95]除了肯尼亚和坦桑尼亚有斯瓦希里语媒体外，几乎没有任何主要报纸以非洲语言出版。

西方国家很容易将非洲视为类似于南美洲的地方，但与南美洲不同的是，非洲作为一个大陆，不存在通用的语言或文化。非洲在文化上极为多样，其使用的语言比世界上任何其他大陆都多。[96]政治上，许多国家都是由单一党派或军政府统治的，尽管也有明显的例外，如南非、马里和加纳。

南非是撒哈拉以南非洲地区第一个拥有广播的国家，如今拥有该地区最发达的系统。南非大部分的广播由南非广播公司（the South African Broadcasting Corporation）负责。继南非种族隔离时期严厉的新闻审查制度之后，21世纪初的南非报业有了一个由出版商、记者和公众成员组成的组织，必要时可以对报纸进行谴责。一个由律师和媒体专业人士组成的委员会负责管理广播行业。[97]南非的电视以七种不同语言播出：英语、南非荷兰语（Afrikaans）、北索托语（northern Sotho）、南索托语（southern Sotho）、茨瓦纳语（Tswana）、科萨语（Xhosa）和祖鲁语（Zulu）。正如你所见，仅在一个国家内部考虑语言的多样性时，语言就是一个巨大的障碍——南非有11个语族。非洲媒体专家奥萨布希恩·P. 亚门尼（Osabuohien P. Amienyi）和杰拉德·伊乔（Gerard Igyor）认识到这一困境："这种（语言的）多样性给广电行业带来了一个困境，那便是如何满足每个社区用自己的语言或方言交流的自然愿望。"[98]如果电台希望用一种语言覆盖大量受众，那么它们很可能不得不使用殖民白人的语言进行传播，通常是英语、法语、葡萄牙语或西班牙语。这进一步加剧了节目内容主要为城市精英服务，而非最需要这项服务的农村人口的问题。

南非在2020年世界新闻自由指数中位居第31位，比英国（第35位）、韩国（第42位）或美国（第45位）都要高一些。1996年，南非摆脱种族隔离制度并制定了新宪法，其中对新闻自由做出了保护。

南非也一直是西方流行音乐的重要灵感来源。在把非洲音乐带到美国流行文化前沿的西方音乐家当中，有保罗·西蒙（Paul Simon）、彼得·加布里埃尔（Peter

南非充满活力的流行音乐吸引了世界各地的歌迷。像玛后黛拉女王（Mahotella Queens）和雷村黑斧合唱团（Ladysmith Black Mambazo）这样的乐队通常能在美国和欧洲吸引大量的观众。

Gabriel)和"传声头像"(Talking Heads)乐队主唱大卫·伯恩(David Byrne)。[99] 身为歌手兼词曲作家的西蒙被南非小镇的摇摆舞曲所吸引,1985年他前往约翰内斯堡,与米里亚姆·马凯巴(Miriam Makeba)等艺术家一起录制唱片。[100] 这次合作诞生了畅销专辑《恩赐之城》(*Graceland*)并开启了世界巡演。乡村摇摆舞曲(Township jive)是在南非种族隔离时期兴起的一种风格。这种音乐将传统的非洲鼓和节奏与西方乐器相互结合,创造出一种独特的音乐风格。在西方取得成功的南非音乐人包括无伴奏男声合唱团雷村黑斧合唱团(Ladysmith Black Mambazo)、马拉蒂尼和玛后黛拉女王组合(Mahlathini Mahotella Queens)、音乐家约翰尼·克莱格(Johnny Clegg)和他的朱鲁卡(Juluka)乐队。玛芬羚羊乐队(Bongo Maffin)等乐队将南非流行音乐风格与节奏布鲁斯、雷鬼和说唱音乐相结合。[101] 非洲流行音乐对美国来说并不陌生。1961年,Tokens乐队录制了热门单曲《狮子今晚睡着了》(*the Lion Sleeps Tonight*),这首歌是根据一首非洲圣歌改编的。[102]

在美国,抑制世界音乐流行的一个因素是语言障碍,尽管语言差异并未阻止其他国家的人们聆听美国音乐。"过去三十年来,世界各地的人们一直在听美国和英国的音乐,很多时候他们并不理解歌词,但欣赏人们编曲的方式。"制作人D.A."巨无霸"·范雷宁(D. A. "Jumbo" Vanrenen)说道:"随着第三世界的艺术家能够使用相同的录音棚,以一种清晰的方式呈现他们的音乐变得越来越容易。语言变得不那么重要了。人们追求舞蹈的节奏和人声的优美品质。"[103] 你可以在国际公共广播电台的非洲流行音乐节目(Public Radio International's Afropop Worldwide)或BBC的世界音乐节目中听到这种世界音乐。

亚洲媒体

亚洲有许多国家和文化。在这些国家中,我们看到了媒体的一种发展理念,即期望广播公司努力支持政府的经济和社会发展目标。

印度、中国和日本作为主要的媒体力量,在亚洲大陆独树一帜。包括印度尼西亚、马来西亚和菲律宾在内的东南亚国家倾向于遵循一种发展理念。这一点在马来西亚可以看到,该国的通信和多媒体部就广播公司如何描绘马来西亚的教育、艺术、文化和身份认同制定了指导方针。[104]

报纸在印度是一个大产业,日发行量为7200万份,仅次于中国,中国的日发行量为8500万份。截至2020年，印度有17000多家报纸、10万种杂志、178个电视新闻频道以及无数网站和社交媒体页面。一份关于印度媒体的报告估计，印度90%的人口拥有收音机。在印度，印刷媒体受到广告的大力支持，在服务公众和让广告商满意之间取得平衡是一个主要问题。[105]

印度的大型报纸面临着与美国报纸一样的来自新媒体的竞争压力，专注于当地问题的社区报纸被视为一个增长型行业。[106]全印广播电台（AIR）是占主导地位的广播服务机构，也是广播新闻和公共事务节目的独家来源。印度有广播电视台，但电视市场由有线电视和卫星电视网络主导。

当一群恐怖分子杀害了171人，并对印度第一大城市孟买发起了长达60个小时的恐怖袭击后，当地记者不得不想好如何回应这一事件。[107]印度最大的卫星新闻频道——时代广播公司（Times Now）的时任主编阿纳布·戈斯瓦米（Arnab Goswami）表示，印度政府对媒体关于此次袭击的报道非常紧张，担心这些报道会对恐怖分子有所帮助。在袭击的初期，政府曾一度关闭电视新闻45分钟。但戈斯瓦米说，当政府切断新闻流通时，观众的反应是：

> 巨大的、巨大的……每一部电话都在响。人们密切关注着我们，如果我们中断5秒钟他们就会作出反应，因为在这种时候，有线电视和卫星电视在很大程度上是获取信息的唯一方式。[108]

在2020年世界新闻自由指数中，印度在180个国家中排名第142位。[109]在总理纳伦德拉·莫迪（Narendra Modi）的领导下，印度的审查制度正在逐渐加强。例如，2020年3月6日，拥有500万观众的Media One电视台被停播48小时，因为政府不喜欢该电视台报道新德里暴徒袭击穆斯林的方式。莫迪于2014年上台，一直努力控制新闻媒体，尤其是广播公司。[110]

在克什米尔和恰蒂斯加尔邦地区，记者面临着来自包括警方和安全部队、犯罪集团和政党支持者等各种来源的审查制度和身体暴力。[111]居住着700多万人的克什米尔山谷地区，其互联网被联邦政府完全关闭了近6个月。与此同时，政府撤销了克什米尔的邦地位，并切断了所有移动和固定电话连接。自2020年1月底以来，该地

曾几何时，大量美国报纸的规模一度缩减，而印度报业却蒸蒸日上。2017年，当地纸媒实现两位数的增长。

区的政府为民众提供有限的互联网接入,仅能缓慢访问约300个政府批准的网站。政府表示,实施网络关闭是为了防止暴力抗议。[112]

在过去的30年里,中国媒体的可供性(offerings)和可用性(availability)发生了巨大的变化。1978年,中国每百人拥有电视机不到一台。截至2010年,中国已成为世界上最大的电视市场,拥有超过3.78亿户电视家庭,超过1.8亿户拥有多频道电视(即有线电视/卫星电视)。平均每个家庭每周看电视的时间约为21小时。虽然国际频道在中国的可用性有限,但当地电视台可以播放外国节目片段。[113]报纸的数量也同样大幅增长,从1968年的42家增长至2016年的约1900家。[114]

在中国,同在美国一样,在线媒体也是移动媒体(秘密6)。截至2011年,中国有超过9.2亿的移动电话用户。其中,1亿人在应用商店注册,这表明他们使用手机上网,3500万人使用移动支付。中国还有超过6.4亿的活跃网民。[115]手机是新闻传播的主要渠道。中国手机用户倾向于频繁升级手机,因此新的移动技术在这个国家迅速传播[116](关于社交媒体和中国的更多信息,请参见第十章)。

当审视亚洲的主要媒体力量时,日本是其中的重要组成部分。日本在很多方面都是现代媒介世界的技术核心。我们许多重要的电子媒体设备都来自日本。日本于1925年开始广播,在接下来的25年里一直由政府运营。在第二次世界大战后,美国的政策帮助日本形成了公共广播和商业广播相结合的局面。[117]日本广播协会(NHK)是日本的公共广播公司,它提供国内和国际服务。其资金来源于所有电视节目用户必须支付的费用。日本的电视广播收视率相对较高。日本广播和美国广播最大的不同是,日本的商业广播和公共广播更加均衡。

日本在世界新闻自由指数中位居第66位。[118]

在日本,最受欢迎的杂志类别不是时尚、生活方式或爱好类,而是漫画(manga),或称漫画书(comic books)。"漫画"一词的意思是连环画或有趣的图画。据《出版者周刊》(*Publishers Weekly*)报道,漫画占日本出版的所有书籍和杂志的40%。在美国,日本漫画书最受青少年欢迎,往往以动作故事为特色。例如:《游戏王》(*Yu Gi Oh!*)、《宝可梦》(*Pokémon*)和《美少女战士》(*Sailor Moon*)。在日本,漫画几乎涵盖了每一种杂志类型。曾在美国报道漫画的道格拉斯·沃尔克(Douglas Wolk)写道:"日本有数百种面向女孩和男孩、男人和女人的漫画,有爱情漫画、政治漫画、棒球漫画、麻将漫画等位置[119]故事情节从使用魔法眼影的少女成为超级英雄,到描述广岛原子弹爆炸后果的故事无所不包,甚至还有一本漫画书提供了离婚建议。针对成人的漫画常常包含暴力或色情画面。

 **测试你的媒介素养：世界媒体报道新闻有多自由？**

正如本章前面几处所讨论的，一份关于世界各地新闻自由状况的报告分析了180个国家的"记者、新闻媒体和网民"的自由度。该研究量化的项目包括文化多元化、媒体独立、自我审查、立法框架、透明度、基础设施和针对记者的暴力程度。国家会因为阻碍或限制新闻自由的行为加分，鼓励言论自由的行为则会被扣分。在2020年的研究中，得分从0到100，挪威、芬兰和丹麦在言论自由方面排名前三，得分都在7.84到8.13之间。排在最后的国家得分都在83.50到85.82之间，包括厄立特里亚、土库曼斯坦和朝鲜。美国的得分是多少？看一下报告的摘要。你可能会对美国的排名感到惊讶。（提示：我们在本章关于《报刊的四种理论》一节中谈到了美国的排名。[120]）你可以在https://rsf.org/en/world-press- freedom-index网址看到全部的报道。

漫画起源于10世纪的佛教画卷（Buddhist scrolls）。到了17世纪，用木版印刷、以关于男女主人公的文字和图画为特色的丝印书籍开始流行起来。如今的漫画书大小可能和一部小型电话簿差不多。[121]据估计，95%的日本人定期阅读漫画。[122]

美国被指责通过出口媒体产品将其文化强加给全世界，但同样的指控（尤其出自其他亚洲国家）也针对日本。然而，那些试图将漫画排除在外的尝试只会导致盗版的出现。[123]漫画在美国一直很受欢迎。它们主要是与动漫节目相关的书籍。在年轻人看来，漫画中的人物留着一头尖尖的头发，长着大大的脑袋和大大的眼睛，他们觉得漫画令人兴奋、充满活力且性感。许多日本漫画的美国译本都是从后面读到前面，就像在日本一样。为什么？部分原因是这样比按照美国从前往后的排版方式重做页面更便宜，但也是因为青少年读者觉得这种反方向的排版很酷。[124]另外，漫画人物出现在电子游戏和各种产品之中，比如服装和毛绒玩具。漫画在美国的流行也印证了"秘密3"——一切事物都会从边缘向中心移动。

▶ 章节回顾

章节小结

并非所有国家对政府与新闻界的关系都采取相同的处理方式。这种关系可能会有多种形式，取决于政府形式和国家文化。尽管这些新闻规范理论在今天仍具有相当大的价值，但自20世纪50年代它们首次被讨论以来，世界已经发生了很大的变化，所以，这些理论必须被重新纳入审视的视野。新闻规范理论（the normative theories of the press）的另一种选择是审视媒体层面的控制、财务、节目目标、目标受众和反馈机制。

20世纪60年代，媒介理论家马歇尔·麦克卢汉提出，世界将会成为一个通过电子媒介连接在一起的"地球村"。相较于麦克卢汉写作之时的媒介环境，今天的媒介发展得更加普遍，但是，它们究竟是将世界凝聚在一起，还是将世界分割成一系列相互隔绝的村庄，仍然并不明朗。

西方民主国家的媒体通常是在自由意志主义和社会责任理论的结合下运作的。许多国家将言论自由作为目标，但同时也关注保护本国文化免受美国媒体行业的影响。一些欧洲国家的隐私法比美国的强得多，其中包括"被遗忘权"规定，可以控制哪些内容出现在搜索结果中。

拉丁美洲拥有活跃的媒体产业，特别是在巴西和墨西哥。这些国家向美国出口西班牙语节目，尤其是体育节目和肥皂剧。

电子媒体在中东拥有强大的影响力，卫星电视可以绕过国界，将外部内容引入原本封闭的媒体系统。在中东的阿拉伯语国家，最受欢迎的新闻来源是卫星新闻频道"半岛电视台"。小型媒体在中东地区也有很大的影响力，因为它们有能力绕过官方的政府审查。对于记者来说，这里往往是一个危险的地区，许多记者被害或遭监禁。

非洲的媒体面临许多问题，包括缺乏共同语言、经济落后、缺乏新闻用纸和可靠的电力。

绝大多数亚洲媒体趋向于因地制宜地遵从社会责任理论或发展理论。主要的例外是日本，它有强大的公共和私人广播业务。日本还向西方和世界其他地区出口内容和媒体技术。

关键术语

半岛电视台（Al Jazeera）
"小型"媒体（small media）

问题反馈

1. 玛丽·科尔文是谁？她报道战争的方式是什么？她是怎么死的？
2. 为什么有人认为在原有的报刊的四种理论之外还应该有一个发展理论？批评家们认为该理论有何问题？
3. 美国的言论自由与加拿大或法国的有什么不同？
4. 非洲的媒体与南美洲的媒体有什么不同？
5. 为什么社交媒体和"小型"媒体在中东地区很重要？
6. 为什么印度的新闻自由排名如此之低？

第四部分

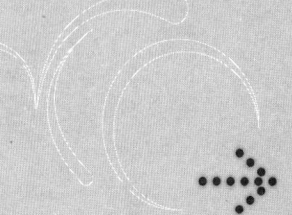

策略型传播

第十二章　广告：信息售卖

第十三章　公共关系：互动、关系与新闻

Jeff Kravitz / Contributor / Getty Images

第十二章　广告：信息售卖

学习目标

在学习本章节之后，你将能够：

1. 了解导致广告业增长的两个主要社会变革，并解释它们如何成为广告行业发展不可或缺的部分；
2. 描述构成广告多方面业务的四个主要群体；
3. 解释关于广告业的四种"常见误解"；
4. 找出两种最著名的长尾广告工具，并解释每种工具的工作原理。

将广告定位于数字原住民（digital natives）——伴随着手机、平板电脑和永远在线的互联网成长起来的年轻人——既是优势也是劣势。YouTube上十几岁、二十几岁的知名主播，如PewDiePie、罗根·保罗（Logan Paul）和他的兄弟杰克·保罗（Jake Paul），可以通过视频、照片和其他简短的在线内容吸引大量年轻观众。PewDiePie一开始是在玩电子游戏时大喊大叫而走红；罗根·保罗靠表演特技、恶作剧和说唱吸引关注；而杰克·保罗最近则是通过与其他YouTube博主对战而获得关注。但如今，这些众人皆知的年轻人在公众的关注中已经被一个8岁的男孩所取代，这个男孩会打开玩具箱并玩玩具。玩具达人瑞安·卡吉（Ryan Kaji）现在拥有2400万YouTube订阅者，据报道，2019年他的线上事业赚了2600万美元。瑞安在

2018年首次领先，收入为2200万美元，略高于上一位领先者杰克·保罗（Jake Paul）的2150万美元。[1]

2015年，4岁的瑞安首次出现在公众视野中，当时，他在YouTube上以"瑞安玩具测评"（Ryan ToysReview）的标题发布了一系列时长大约5分钟的玩具开箱视频。对于新手来说，拆箱视频就是发布者打开一个玩具的盒子，把玩具拿出来，然后玩玩具。

在早期的一段视频中，瑞安睡在他的迪士尼闪电麦昆（Disney Lightning McQueen）床上，旁边是一把儿童用的椅子，椅子上有一辆来自皮克斯电影《汽车总动员》（Pixar Cars）中的汽车。瑞安的妈妈叫醒他，让他打开一个巨大的"闪电麦昆蛋"（Lightning McQueen Egg），里面有100多个迪士尼汽车和飞机玩具，瑞安一边看一边兴奋地尖叫。为了让观看者听懂瑞安学龄前的声音，这段视频还配上了字幕。该视频自2015年7月1日首次发布以来，浏览量已超过10亿次。

随着瑞安的频道变得越来越受欢迎，他的父母史昂（Shion）和洛安·卡吉（Loan Kaji）开始与一家名为"信号标"（Semaphore）的"专注于网红的财富管理公司"合作，这家公司帮助这个家庭取得了品牌牙刷和玩具的代言，并与高露洁（Colgate）、尼克国际儿童频道（Nickelodeon）、疯狂玩具（Bonkers toys）、洛库（Roku）和沃尔玛（Walmart）等巨头建立了营销合作伙伴关系。[2]

像瑞安这样的YouTube网红是如何赚钱的呢？瑞安有一个YouTube频道叫"瑞安的世界"（Ryan's World，即之前的"瑞安玩具测评"），他的父母在上面发布以他为主角的拆箱视频。这些视频从广告、植入式广告和营销合作中获得收入。瑞安在YouTube上的人气也帮助他在传统媒体上建立了影响力，比如面向年轻人的尼克国际儿童频道，他在该频道主持《瑞安的神秘约会》（Ryan's Mystery Playdate）。该节目由怀表公司（Pocket.watch）制作，该公司管理着一群像瑞安这样的年轻网红。[3]怀表公司创始人兼首席执行官克里斯·M.威廉姆斯（Chris M. Williams）在接受《视相》杂志（Variety）采访时说："我们专注于发掘能够真正成为全球知名大IP的网红。"[4]最后，瑞安拥有了自己的产品线。

瑞安节目的大多数剧集都至少包含一条针对学龄前儿童的付费信息，儿童权益倡导者认为这个群体年龄太小，还不知道自己正在被推销产品。"无商业童年运动"（the Campaign for a Commercial-Free Childhood）的执行董事乔希·戈林（Josh Golin）告诉《纽约时报》的记者："一个5岁的孩子不会理解瑞安谈论玩具是因为塔吉特（Target）付钱让他谈论玩具。可能会有一些信息披露，但对于这么小的孩子来说，披露没有任何意义。"[5]长期以来，电视在法律上有规定，要对儿童节目的内容进行监管，并将节目与广告分开。例如，尼克国际儿童频道热门的《汪汪队立大功》（Paw Patrol）不允许为汪汪队玩具做广告。[6]但同样的限制不适用于在线内容。虽然联邦贸易委员会有公开网络视频赞助的指导方针，但这些方针没有任何法律效力，违反者也不会受到惩罚。

"广告真相"监察组织（the Truth Advertising watchdog group）向联邦贸易委员会投诉，称瑞安的"玩具测评"（他之前频道的名称）充满欺骗性地向"数百万学龄前儿童推销多种产品"[7]。"广告真相"监察组织抱怨称，关于付费内容的通知"不充分"，只是简短的画外音或小字免责声明。

虽然新闻媒体喜欢报道"瑞安的世界"，以及在此之前的"瑞安玩具测评"，但实际上这些都是瑞安父母的成果，他们为自己节目的伦理道德进行了辩护。"我们严格遵守所有平台的服务条款和所有现行法律法规，包括广告信息披露的要求。"瑞安的父亲史昂·卡吉说，"随着流媒体领域持续快速发展和演变，我们支持立法者、行业代表和诸如联邦贸易委员会（FTC）等监管机构的努力，其不断评估并更新现行准则，制定新的基本规则，以保护观众和创作者的权益。"

玩具拆箱视频受到广泛的欢迎，在YouTube排名前100位的频道中占据了20个。[8]毫无意外，这也引发了对孩子们沉迷此类视频的批判，而批判远不止将商业信息与节目中的娱乐或信息部分区分开来的问题。活动家埃玛·沃罗洛（Emma Worrollo）是两个孩子的母亲，她认为开箱视频会让孩子上瘾。"它吸引了世界各地孩子们的眼球，他们被这种惊喜揭秘的形式所吸引。"她告诉BBC，"这样的内容没有叙述、没有角色也没有结局，这意味着小孩子很难关掉它或者以一种有意义的方式参与其中。这种体验具有催眠效果，许多家长反映，小孩子观看这类内容对其行为产生了负面影响。"

并非所有的媒介学者和批评家都认为开箱视频有问题。儿童媒体研究员大卫·克雷格（David Craig）告诉沃克斯新闻（Vox）的记者："我认为这是一个更大的发展误解；你的孩子在这些社交网络上长大，他们知道的比你想象的要多。更有可能的是，在孩子们的心目中，这种模糊的界限是能够存在的。几乎没有迹象表明孩子们看这些视频是为了觊觎玩具。他们实际上只是在网上与其他孩子进行社交和虚拟玩耍。"[10]他还说，对拆箱视频的担忧与20世纪90年代对电子游戏的"道德恐慌"（moral panic）如出一辙。换句话说，这是秘密5——"没有什么是新鲜的：过去的一切都会再度发生"的又一个例子。

尽管广告自18世纪以来就一直是美国媒体的一部分，但如今的挑战在于让消费者关注那些为媒体支付大笔费用的信息。在这一章中，我们将着眼于美国广告业的发展、广告过程中的主要参与者以及广告对当代文化的影响。

广告行业的诞生

公平客观地说，如果没有广告业，媒体行业也许甚至都不会存在——或者至少不会像现在这样有利可图。广告几乎是媒体不可避免的元素。美国市场营销协会（American Marketing Association）将广告（advertising）定义为"由明确的赞助商针对组织、产品、服务或想法所进行的任何有偿的非个人传播形式"。[11]广告是为诸如《预防》（Prevention）杂志中有关心血管健康的文章、《纽约时报》中有关外交政策的社论以及当地经典摇滚电台播放的滚石乐队热门歌曲合集买单的一种商业信息。

广告成就了全球范围内大量廉价媒体的存在。但广告的作用远不仅限于此。广告向消费者告知使用新电脑能够实现的多媒体功能、穿着某品牌服装或驾驶某款特定车型能够塑造的形象，或者品尝某种新的早餐麦片能够带来的饮食乐趣和健康益处，从而推动了世界经济的规模和多样性。一百多年来，广告一直是美国经济以及消费文化的关键要素，甚至在美国建国之前就已存在。鉴于广告在我们社会中的普及性和重要性，我们再次看到了"秘密1"——媒体是我们日常生活的重要组成部分。

早期的美国广告刊登在报纸上，目标受众狭窄，主要是精英阶层，正如报纸本身的受众一样。对于早期的报纸来说，广告并非主要收入来源，但仍然很重要。《波士顿新闻通讯》（Boston News Letter）是最早成功的殖民地报纸之一，早在1704年就开始征集广告。大多数广告都是对某商家或店铺待售商品的简单通告。由于大多数制造商生产的商品类似，因此推广产品没有什么意义。消费者通过检查商品以及考虑商家个人的声誉来判断所购商品的质量。当时也没有品牌名称。[12]

在广告成为一股重要的社会力量之前，必须发生重大的社会变革。其中最重要的变革就是工业革命。19世纪是一个快速工业化的时期，在此期间，小作坊里靠人力或水力完成的手工劳动被大型工厂利用蒸汽动力或（之后的）电力进行的大规模商品生产所取代。工业化带来了以前从未有过的低成本、标准化商品的大规模生产。由于交通的进步，这些商品可以在一个地方生产，然后在广泛的区域内销售。店主与顾客之间的个人交流开始被报纸杂志上的销售信息或张贴的招牌所取代。标准化的商品使用标准化的信息——广告——来销售。随着商品的大规模生产，推广这些商品的信息也随之发展。在这一时期,由于传播营销信息的责任转移到了媒体手中,广告业呈爆炸式增长。[13]

19世纪在向工业化转变的同时,还展现出现代化(modernization)的特征。在这一社会进程之中,人们从一出生起就有了身份和角色,以决定他们想成为谁、他们想在哪里生活、他们想做些什么以及他们想向世界如何展现自己。

得益于工业化,更多的产品得以广泛供应,广告被用于推广这些产品及其所代表的意义。人们现在可以采用某种风格,并购买描绘这种风格所需的物品——他们穿的衣服、提供的食物、使用的肥皂,等等。每一件商品都与一个形象相关联,这种形象理应影响使用者。人们是如何了解这些意义的呢?通过赋予产品意义的广告。[14]

媒介历史学家迈克尔·舒德森(Michael Schudson)写道,在现代社会,人们相信可以通过购买和使用大规模生产的商品来满足自己的社会需求。[15] 19世纪出现了频繁接收新商品并迅速销售的百货商店,这与过去的干货店和服装店不同,后者可能一年只进两次新货。随着人们为了在工厂找工作而搬进新的城市中心,他们原来的家庭身份几乎没有什么意义。这使得他们能够通过自己选择的产品为自己创造一个新的身份。例如,在20世纪20年代,人们开始购买更多的现成衣服,而不是自己缝制衣服。他们从广告中了解到的这种成衣,使他们变得时尚、"现代",并"穿上"(put on)与衣服相配的身份。

作为早期全国最大的广告商之一,专利药品制造商声称能治愈几乎所有的疾病——内科疾病、肥胖、虚弱、普通感冒。

品牌名称的发展

随着工业的发展使得更多的生产得以实现,以及横贯大陆的铁路和轮船的建设使得商品配送更为完善,越来越多预先包装好的消费品进入市场,并准备通过广告进行推广。最早的此类产品中有专利药品——这类制成药物通常主要由酒精和鸦片酊(鸦片)构成。这些产品并非用大容器运到商店再在销售点装瓶,而是装瓶送达并准备向消费者出售。这是富足经济(economy of abundance)的首批产品,在这种经济中,可供出售的商品数量与有购买需求的消费者数量相当甚至更多。[16]

品牌商品(Brand-name goods)在19世纪末开始流行。品牌名称(brand name)是附加在预先包装的产品上的一个词或短语,以便通过广告更好地向公众推广。在一个高度流动的社会中,这些标准化的、品牌化的产品成为消费者稳定的商品来源。来自名牌产品的稳定理念一直持续到21世纪。例如,无论身在何处,疲惫的旅行者都可能会在一个熟悉且舒适的地标处停下来用餐,例如星巴克(Starbucks)或肯德基(KFC)。[17]

品牌商品的发展是广告增长背后的驱动力。品牌对于区分新的大规模生产的产品彼此之间的不同是很有必要的。品牌名称使人们能够要求购买特定制造商生产的商品,而广告让人们知道这些品牌是什么以及它们代表着什么。

桂格燕麦(Quaker Oats)是首批预包装谷物之一,是早期品牌商品的典型代表。它装在一个彩色盒子里出售,盒子上印有"身着桂格教徒服装的男子"的商标。这种谷物食品质量始终如一,在艾奥瓦州的锡达拉皮兹(Cedar Rapids)制造,并销往全美。无论你在哪里购买该产品,其品质都是一样的。桂格燕麦到处推广其商标,包括"在广告牌、有轨电车、报纸、日历、杂志、吸墨纸、烹饪书、周日教堂公告、农村围栏上的金属招牌、公司赞助的烹饪学校、挨家挨户赠送的免费样品、县集市和博览会的摊位上"。[18]

托马斯·J.巴拉特(Thomas J. Barratt)开发了第一款品牌肥皂。"任何傻瓜都能制造肥皂,"他评论道,"但只有聪明的人才能把它卖出去"。[19]巴拉特创建了"梨牌香皂"(Pears' Soap)品牌,并在户外和报纸上做广告,广告中一语双关地问:"你今天吃过梨吗?"①其他版本还包括:"香皂(soap)怎么拼?哦,当然是P-E-A-R-S。""早上好!你用梨牌香皂了吗?""梨牌"成为当时最受关注的品牌之一,甚至被著名作家马克·吐温(Mark Twain)等提及。当时梨牌肥皂的广告语就像是如今的"我就喜欢"(I'm lovin' it)、"永不停步"(Keeps on going and going)、"只管去做"(Just do it)。

梨牌香皂是美国最早的民族品牌之一。梨牌香皂的广告鼓励消费者要买香皂就买梨牌。

---

① 也可理解为"你今天用梨牌香皂了吗?"——译者注。

广告支持的媒体

靠广告取得成功的产品的增长促进了广告支持媒体的相应增长。从19世纪30年代开始，由于廉价的木浆纸和蒸汽动力的轮转印刷机的出现，报纸的生产变得容易且成本降低了很多。新的便士报（见第五章）大量出售给人群。这些大规模的受众吸引了广告商，因此报纸从订阅收入（subscription revenue）转向广告收入（advertising revenue）作为其主要的支持形式。这种变化是巨大的。报纸不再仅仅容忍广告，而是开始鼓励广告，甚至设立了专门的广告版面来招揽广告。

杂志与广告最初的关系并不太融洽。在19世纪，像《哈珀斯》（*Harper's*）这样的出版物为了保持其精英形象，只刊登有限的广告。早期杂志很少刊登广告的另一个原因是它们的发行是全国性的，而大多数广告都是在地方性的出版物中投放。因为当时很少有全国性的品牌，很少有公司想要或需要接触全国受众。

一旦生产商需要接触杂志的全国受众，杂志出版的经营模式就改变了。出版商不再向订阅者出售杂志，而是将订阅者卖给广告商。1887年至2014年出版的《妇女家庭杂志》（*Ladies' Home Journal*）就是专门作为消费者广告的媒体而设计的。[20] 出版商赛勒斯·H. K. 柯蒂斯（Cyrus H. K. Curtis）在对广告商的一次演讲中这样说：

> 你知道我们为何出版《妇女家庭杂志》吗？编辑认为它会让美国女性受益。那是一种错觉，但对他来说是一种非常恰当的错觉。但我会告诉你；真正的原因，出版商的理由，是给你们这些制造美国女性想要并购买的东西的人，一个向她们介绍你们产品的机会。[21]

柯蒂斯还利用广告宣传他的杂志并扩大其发行量。当《妇女家庭杂志》在2014年停刊时，原因并非发行量不足——它仍有超过300万的订阅者——而是广告商对该杂志稍年长的读者群体失去了兴趣。

尽管广播业曾尝试税收和销售收音机获得利润等营收方式，但他们很快就清楚了，要想赚到足够的钱来支付顶级艺人的费用并获得利润，唯一的途径就是销售广告。威廉·佩利（William Paley）看到自家雪茄公司在广播广告方面取得成功后（见第六章），创立了哥伦比亚广播公司广播网。佩利明白，好的节目编排能够吸引大量受众，而这正是广告商想要触及的。赞助商常常不仅购买广告时间，甚至会买下整个节目。这就催生了诸如《麦斯威尔咖啡时光》（*Maxwell House Coffee Time*）、《好彩舞曲乐队》（*Lucky Strike Dance Orchestra*）和《通用汽车家庭派对》（General Motors Family Party）之类的节目。

对于电视是否会由广告驱动，从来没有任何争论。20世纪50年代，电视发展迅速，广告商认识到它是一个影响所有美国人的强大工具。到1960年，90%的家庭拥有电视机。[22] 与其他媒体一样，电视的"产品"是收看其节目的观众。因此，从电视的角度来看，"超级碗"（Super Bowl）的主要目的不是选出职业橄榄球冠军，而是每年一晚为广告商带来45%的美国观众。网络营销高管罗伯特·奈尔斯（Robert Niles）几乎在一个世纪前就呼应了柯蒂斯向美国制造商承诺提供观众的做法，他表示："我们的业务就是把观众卖给广告商。[赞助商]来找我们要18至49岁的女性和25至54岁的成年人，而我们努力满足他们的要求。"[23]

食品行业找到了一种理想的媒介来传播它的信息，比如《妇女家庭杂志》。家乐氏在20世纪早期的迅速扩张，在很大程度上是由于归功于如上图所示的大量广告。

消费者广告

地方性广告（Local advertising）试图诱导人们去当地的商店或企业购买产品或服务，无论是一辆新的丰田卡车、一加仑牛奶，还是旅行社的服务。这些广告会宣告产品或服务及其价格，并告知消费者可以在哪里购买。地方性广告也寻求立即、直接的行动。因此，直接行为信息（direct-action message）的设计就是为了促使消费者购买产品或参与某种行为。例如："快来，这样的价格不会持续很久，今天就买！"

全国性广告（National advertising）旨在为全国范围内可供购买的产品或服务创造需求，但不会让消费者去特定的商店购买一罐百事可乐、一张DVD或一袋猫粮。全国性广告假定消费者知道在哪里购买产品或服务，或者可以通过地方性广告告知他们在哪里以及如何购买。全国性的广告商也更有耐心，可以等待消费者采取行动。因此，间接行为信息（indirect-action message）旨在树立产品的形象并创造对产品的需求。也许消费者本周不会买新的洗衣机，但他最终会买的，而当他们买的时候就应该买美泰克（Maytag）。

宣传广告（Advocacy ads）旨在宣传特定的观点而不是产品。例如，2014年，食品和生物技术公司花费超过2500万美元做广告，成功击退了科罗拉多州和俄勒冈州要求对含有转基因生物的食品进行标注的州法律。[24]美国工会（U.S. unions）和企业通过宣传广告对抗外国竞争。企业通过宣传广告直接向公众表达他们的关切，绕过传统的新闻频道。这种广告在美国有着悠久的历史，可以追溯到1908年，当时美国电话电报公司开展了一场运动，辩称该电话公司成为垄断企业是理所当然的。

在美国，一些最具标志性的广告不是来自企业，而是来自广告委员会（the Advertising Council）创作的一系列公益广告（public service ads）。早在1942年，广告委员会就以战争广告委员会（the War Advertising Council）的名字成立了。当时，它发出了"铆工露斯"（Rosie The Riveter）的"我们能做到"（We Can Do It）等令人难忘的宣传标语，旨在促进妇女到生产战争物资的工厂工作。广告委员会最著名的作品可能是"护林熊斯莫基"（Smokey Bear），它65年来一直在传达同样的信息，告诉公众只有他们才能预防森林火灾。它是美国第二知名的形象，仅次于圣诞老人。更重要的是，一代又一代的孩子们很愿意向他们的父母和其他成年人传递护林熊斯莫基带来的防火基本知识。广告委员会的其他著名作品包括1971年的"哭泣的印度人"反污染运动（"Crying Indian" antipollution campaign）、2011年鼓励父亲们"今天花点时间做个好爸爸"（Take time to be a dad today）的运动，以及打击犯罪的"犯罪克星麦格鲁夫"（McGruff the Crime Dog）。[25]

知名全国性报纸的社论和评论版面是宣传广告的热门投放点。究其原因，部分是因为出现在这些版面上所带来的可信度，部分是因为这里是接触有影响力的决策者这一目标受众的好地方。例如，这些广告可能支持或反对某项立法。有时，《华盛顿邮报》上的宣传广告的目标可能是提醒参议员或众议员他们过去从特定公司或行业所获得的支持。[26]

在贸易广告中，企业对企业（贸易）广告 [business-to-business (trade) ads] 直接向其他企业，而不是向消费者市场推销产品。企业对企业的广告是广告行业的关键部分。想想看,通用电气80%的收入来自非消费者业务。[27]商业客户可以通过行业杂志[如《电子工程时报》(*Electronic Engineering Times*)]、以商业为导向的有线新闻频道(如CNBC)或当地每周商业报纸等途径接触到。

广告业务

广告是一个多方面的业务,通常涉及四个主要群体。首先是客户,即有产品或想法要推广的个人或公司。其次是进行市场调研、广告制作以及广告投放的广告代理公司或部门。接下来是媒体,无论是电视、互联网、报纸、杂志还是其他某种媒体,承载广告。最后是受众,即能够看到或听到广告、客户希望影响的那些人。[28]

一个产品要想在市场上获得成功,这四个群体必须密切合作。一个好的产品必须有广告支持,通过精心选择的媒体向适当的受众传递强有力的销售信息。如果在这个过程中,任何部分存在缺陷或严重失误,产品很可能就会失败。

在佛罗里达州市政厅,一则公益广告分享了有关寨卡病毒的信息。

客 户

广告的第一个组成部分是客户,即有东西要出售的公司。客户可能希望提高对新产品的认识,鼓励人们更频繁地使用现有产品,树立产品的正面形象,说服竞争对手产品的用户更换品牌,宣传产品的优点或展示产品的一些新用途。3M公司

（3M Company）通过展示其Scotch品牌的透明胶带除了修补破损纸张之外还有其他用途而提升了该产品的销量。艾禾美小苏打粉（Arm&Hammer baking soda）最初用于让蛋糕膨松，但该公司通过将其作为清洁剂和除臭剂进行推广也提高了销量。"艾禾美"最出色的一则广告是告诉消费者买一盒小苏打，然后把它倒进下水道清洗水槽，这么做还可以除臭。该公司建议人们购买它的产品，然后倒掉它！"艾禾美"的研究表明，人们用小苏打洗衣服和刷牙，因此该公司推出了用小苏打强化的洗涤剂和牙膏。始于1993年代表加州牛奶处理委员会（California Milk Processor Board）发起的"有牛奶吗"这则广告成功地促进了牛奶的销售，并成为美国播出时间最长、最著名的广告系列之一。"有牛奶吗"这则广告在加州和全美境内播放，直到2014年，全国牛奶推广委员会（the national milk promotion board）决定在其广告中重点关注牛奶的蛋白质含量。但是这项运动在发起20多年后仍然在加州持续着。[30]

有关美国顶级广告商的详细信息，请查看表12.1。

表12.1　美国前十位广告品牌

排名	品牌，市场营销者（Brand, Marketer）	2017年美国消费额（单位：百万美元）
1	盖可保险公司（Geico） 伯克希尔哈撒韦公司（Berkshire Hathaway）	$1,400
2	威瑞森（Verizon） 通信（Communications）	$943
3	福特（Ford） 福特汽车（Ford Motor Co.）	$894
4	雪佛兰（Chevrolet） 通用汽车（General Motors Co.）	$817
5	德国电信（T-Mobile） 德国电信公司（Deutsche Telekom）	$777
6	苹果（Apple） 苹果公司（Apple）	$713
7	三星（Samsung） 三星电子（Samsung Electronics）	$699
8	麦当劳（McDonald's） 麦当劳公司（McDonald's Corp）	$687
9	AT&T 美国电话电报公司（AT&T）	$632
10	进步保险公司 （Progressive Corp.）	$622

资料来源：数据源于"2019年营销资料包"，《广告时代》，http://adage.com/d/resources/resources/whitepaper/marketing-fact-pack-2019.

一个产品要想获得成功,它不仅需要有良好的广告活动,还需要有优质的产品、合适的价格,并且必须可供消费者购买。当索尼推出PlayStation 2视频游戏系统时,它最初的广告投入相对较少,并推迟了热门游戏的发布,因为它无法生产足够多的游戏机来满足公众需求。顾客已经准备好并愿意购买,但产品就是买不到。[31]一旦有足够的产品,索尼就开始做广告。

再多的广告也无法挽救公众根本不想购买的产品,可口可乐在30多年前的1985年推出新可口可乐时就发现了这一点。可口可乐花费400万美元进行研究,似乎表明消费者会更喜欢新配方而不是原始配方。但消费者对这一变化感到愤怒和沮丧,可口可乐最终不得不以"可口可乐经典"(Coca-Cola Classic)的名义重新推出旧饮料。[32]这项研究可能在盲测中显示出人们最喜欢什么,但公司忽略了几个关键点。例如,消费者确实喜欢新可口可乐更甜的配方,但只是在少量样品中。当他们喝完一整份可口可乐时,他们对新配方的喜好或反对变得强烈得多。

这项研究没有考虑到人们对产品的感受、赋予产品的意义以及与之相关的美好回忆。[33]该研究忽略了可口可乐消费者对这种熟悉产品的"持久的情感依恋"。[34]正如可口可乐公司的一位高管所言:"我们不知道自己在卖什么。我们卖的不是一种软饮料。我们卖的是人们生活中的一小段美好。"[35]

代理机构

广告业起源于19世纪40年代,当时,一些代理商开始在由广告支持的新式报纸上向客户出售广告位。起初,广告代理商直接为报纸工作,但不久之后,他们变得更像是为多种出版物处理广告位的经纪人。乔治·罗威尔(George Rowell)是19世纪60年代和70年代的主要广告代理商,他是第一个大量批发购买大量报纸广告版面,并根据客户需求出售给他们的人。罗威尔也是第一个发布报纸发行量目录的人,从而为客户提供了这一重要信息的独立来源。在罗威尔的创新之举出现之前,报纸可能会而且确实会谎报其发行量。

早期的代理商靠为报纸出售的广告位赚取15%的佣金。这就是为什么传统上广告代理机构是根据他们出售的媒体空间和时间按佣金获得报酬的;最初,这就是他们所销售的全部。[36]

不久之后,广告代理商不再仅仅出售媒体上的广告位。他们的客户希望帮助开发他们购买的广告位的广告。1868年,21岁的弗朗西斯·W.艾尔(Francis W. Ayer)开设了N.W.艾尔父子公司(N.W. Ayer and Son),他让父亲拥有公司50%的股份和公司冠名，这是最早撰写文案、整合广告的艺术品以及策划活动的代理机构之一。该代理机构认识到，提供一些相关服务，使客户能更容易地做广告，将有助于为媒体销售更多的广告位。

渐渐地，广告代理机构开始代表他们的客户而不是他们出售广告位的媒体。这种转变源于开放合同（open contract），这使代理机构能够在任何出版物（最终也包括广播媒体）上提供广告版面，而不仅仅是少数几个媒体。现在，代理商是在为客户处理广告服务，而不是为媒体出售广告位。[37]

在20世纪20年代和30年代，广告商们越来越认识到存在不同的市场细分，广告应根据这些细分市场进行量身定制。代理机构也意识到，他们需要针对每个目标受众使用不同的媒体组合。最终，他们开始为客户提供三项主要服务：研究（research）、创意活动（creative activity）和媒体策划（media planning）。

代理机构通常将研究贯穿于整个广告活动过程中。通常在整个广告活动中使用研究。最初的研究活动旨在确定目标受众的特征以及他们在某个产品中所寻觅的东西。然后代理机构会测试广告，以查看目标受众对广告的反应如何。活动结束后，代理机构将评估其成功与否。有多少人记得看到过这则广告？有多少人剪下优惠券或拨打了电话号码？销售额上升或下降了多少？

这个过程从目标开始。客户想通过广告达到什么目的？这些目标可能是增加销售额、提高知名度，或者让人们剪下优惠券或打电话。代理机构还可能研究产品目标受众的特征，这一过程将在本章后面部分进行讨论。

最后，代理机构可能会自行测试广告，要么在广告投放前进行预测试，要么在活动结束后进行回顾测试。广告研究人员所面临的一个问题是，他们想要接触的人可能不愿意参与研究。而那些愿意参与研究的人可能正试图提供代理机构他们想要的答案。虽然广告研究仍然是减少不确定性的有力工具，但往好了说，它也仍然是一个艰难的过程。[38]

营销一款产品所涉及的远不止广告，然而，广告是营销中最显而易见的方面，它需要提供传奇广告主管大卫·奥格威（David Ogilvy）所声称的"大创意"（the big idea）——一种能抓住人们的注意力、让他们关注、让他们记住，最重要的是，促使他们采取行动的广告观念。利奥·伯内特（Leo Burnett），全美最大的代理机构之一的创始人，赞同奥格威的观点：

> 在我们这一行，"创意"（idea）这个词的使用很宽泛，从标题到电视技术，无所不包。[但]我觉得真正的创意有其自身的力量和生命力。它超越了广

告和活动。若运用得当，它往往是激发广大民众想象力并赢得"自由意志之战"(the battle for the uncommitted mind)的秘诀，而这正是我们这一行的实质所在。[39]

在广告中，创意与推销能力之间常常存在着一种张力。一则广告也许在吸引人们的注意力和引发讨论方面做得很好，但如果这则广告没有一则扎实的销售信息，消费者就不会记住该产品，也不会认真考虑购买。有好几则广告在吸引公众注意力方面做得很出色。但它们在推广产品方面做得好吗？它们提升了品牌价值吗？

想想2009年的安海斯-布希公司(Anheuser-Busch)。其旗下品牌百威淡啤(Bud Light，美国最受欢迎的啤酒)当时正在推出罐装百威柠檬啤酒(此前它只以瓶装形式出售)。安海斯-布希公司在网上发布了一则广告，该广告引起了人们对"装罐"的热议——例如一位郊区的家庭主妇坦言："我从没想过我会这么享受'装罐'。"这个低俗的性笑话吸引了大量的讨论和广告媒体的关注。但是，目前还不清楚这些信息对推广品牌或增加销量起到了什么作用。[40]

广告人汉克·塞登(Hank Seiden)是这样说的："所有好的广告都包括创意和执行。所有糟糕的广告都只有执行。"[41]奥格威认为，所有的广告都应该是为了销售产品或推广信息而制作的。它的存在并非为了使其变得具有创新性、刺激性、创造性或娱乐性。好的广告可能富含所有这些东西，但核心原则是，它们必须实现客户的目标：

> 一则好的广告是在不让人注意的情形下推销产品的。它应该将受众的注意力转移至产品之上。不是让人说"多么聪明的一则广告啊！"而应让人说"以前我从来不知道。我一定要试试这种产品"。[42]

对于相似的产品来说，与之相关的品牌形象常常至关重要。这种形象赋予了某个品牌及其相关产品一个个体特性或身份标识，以此帮助它脱颖而出。奥格威曾经发起了一场活动，旨在为哈撒韦(Hathaway)衬衫赋予个性当时，当时该公司的竞争对手箭牌(Arrow)在广告上的投入几乎是规模较小的哈撒韦公司的一百倍。奥格威的解决方案是在药店花1.5美元买了一个黑眼罩。一位戴着眼罩的模特指挥着管弦乐队，驾驶着拖拉机和帆船。这个简单的品牌标识使哈撒韦摆脱了116年的默默无闻，成为一个领先品牌。

奥格威认为，所有广告的核心都是基于消费者有吸引力的事实做出的诉求。正如他在20世纪60年代初所写的那样："消费者不是白痴……如果你认为仅凭一句口号、几个空洞的形容词就能诱使她掏腰包购买任何东西，那么你就亵渎了她的智慧。她想知道你能给她的所有信息。"[43]

对于平面广告而言，最重要的元素是标题，因为阅读标题的人数是阅读其余文案人数的五倍。这意味着80%的广告效果来自标题。标题必须告诉读者该广告是针对谁的，产品是什么，产品对消费者有什么作用，以及为什么他或她应该购买它。虽然广告标题只有短短8到15个单词，但其所肩负的责任实在太大了。奥格威表示，最有影响力的标题词汇应该是免费的（free）、新的（new）。其他奥格威喜欢的词如下所示：

> 如何（how to）、突然（suddenly）、现在（now）、声明（announcing）、介绍（introducing）、在这里（it's here）、刚刚到达（just arrived）、重要进展（important development）、改进（improvement）、耸人听闻的（sensational）、有意义的（remarkable）、革命性的（revolutionary）、惊人的（startling）、奇迹（miracle）、神奇的（magic）、提供（offer）、快速的（quick）、容易的（easy）、想要的（wanted）、挑战（challenge）、给……的建议（advice to）、关于……的真相（the truth about）、比较（compare）、讨价还价（bargain）、匆忙（hurry），[以及]最后的机会（last chance）。[44]

虽然这些短语被过度使用，但它们确实有效。看看奥格威认为自己写过的最棒的标题："时速60英里时，新款劳斯莱斯车内最大的噪声来自电子时钟。"（At Sixty Miles an Hour the Loudest Noise in the New Rolls-Royce Comes from the Electric Clock.）他使用了"新"这个词，包含了一个既能陈述事实又能带来好处的信息，并且是真实的。

媒体策划包括确定使用哪种媒体、以最优价格购买媒体，以及随后对于购买效果的评估。这是广告业务中最没吸引力的部分，但对于成功的宣传活动至关重要。无论创意多么出色或执行得多么完美，如果广告无法触及目标受众，那么它就无法达成任何效果。通常情况下，广告商会选择一种媒体组合，以最低的千人成本（CPM，罗马数字M代表1000）吸引最高比例的目标受众。选择合适的媒体，包括确定广告的受众和知晓这些消费者使用的媒体。[45]

广告代理机构从开始售卖报纸广告版面开始，已经获得了巨大发展。根据《广告时代》(Ad Age) 2018年的广告代理机构报告，受调查的900多家广告公司2016年的收入比前一年增长了4.4%，达到了468亿美元（这一数字包括广告、媒体、数字营销服务、医疗保健传播和公共关系）。目前，数字媒体的业务主导整个行业的发展，占2016年美国广告公司总收入的46.6%。请注意，这只是广告代理机构收入的一部分。这个数字不包括支付给媒体的广告时间和空间的费用。根据《广告时代》2018年的年度报告，广告商有望在美国花费2040亿美元用于通过可测量受众规模的媒体进行广告宣传（这还不包括直邮广告）。其中，电视占比最大（789亿美元），其次是网络（319亿美元），杂志为188亿美元，报纸为122亿美元，广播为79亿美元，户外和电影院则为56亿美元。[46]

自20世纪80年代以来，广告代理业务出现了几个主要趋势。一个趋势是大型控股公司收购独立代理机构和小型代理机构集团。其中最大的是WPP、宏盟集团（Omnicom Group）、阳狮集团（Publicis Groupe）和埃培智集团（Interpublic Group of Companies）。[47]第二个趋势是代理机构职能向更专业化的方向转变。一个代理机构可能从事研究和创意工作，而另一个代理机构（被称为媒体采购员）制订媒体计划并购买时间和空间。由于这种专业化，代理机构正从佣金结构（commission structure）转向收取服务费用。毕竟，如果一家机构只是做创意工作，它就不能对它没有购买的媒体空间收取佣金。[48]

媒　体

广告业务的第三个部分是承载广告的媒体。这些媒体包括报纸、杂志、广播、电视、广告牌和公共巴士等户外场所以及数字化媒体。广告商向这些渠道付费（购买空间），以在其出版物上投放广告。

没有获得大量广告收入的两种媒体是电影和书籍，尽管电影越来越多地使用付费植入广告，且影院在放映电影前会播放广告。邮政法规（postal regulations）对在书中做广告构成了障碍，因为含有广告的材料不能使用邮局低廉的书籍邮寄费率进行邮寄。但广告学者詹姆斯·特威切尔（James Twitchell）表示，随着联邦快递（FedEx）和联合包裹服务（UPS）等公司拓展配送选择，书籍中的广告可能会变得司空见惯，尤其是在昂贵的学术书籍中。[49]

这本教材中目前还没有任何广告，但你可能会在书店店员给你的包装袋里发现一些信用卡或杂志订阅的广告。

表12.2　受测媒体中所有广告商的广告支出总额

受测媒体（measured media）	2017年广告支出总额（单位：10亿美元）
电视	$74.4
数字（搜索、展示、移动网络）	$28.3
杂志	$16.6
报纸	$11.8
广播	$7.6
户外媒体和剧院	$5.6

资料来源："2019年市场营销数据表",《广告时代》, http://adage.com/d/resources/system/files/resource/Neustar%20Marketing%20Fact%20Pack%202019.pdf。

印刷广告

报纸是最初的广告媒体，但它却已经遭受到广告利润大幅下滑的重创。在2007年至2015年间，报纸的广告收益下滑了61%之多。其中一部分原因为近期的经济衰退，但广告分析师肯·多克托（Ken Doctor）表示，很大程度上是由于报纸未能实现数字化转型："尽管报纸和杂志公司报告的数字广告业绩参差不齐，但这并不是说资金不存在——他们只是没有充分转换业务，无法与之竞争。"[50] 皮尤研究中心的《2015年新闻媒体状况》（State of the News Media 2015）报告指出，报纸的数字广告业务一直在增长，但不足以弥补平面广告的下降。[51]

然而，报纸还保留着广告媒体的属性，承载着大部分的地方性广告和大量全国性广告。报纸允许广告商展示详细的信息（如食品杂货价格），而这些信息也许在广播或电视上会令人感到困惑，并且给观众充分的时间来解读信息。报纸更易于登载优惠券、网址和800号码，读者可以将其剪下来保存。此外，报纸还可以让广告商瞄准具体的城市，甚至是城市中特定的区域，这也被称为"区域覆盖"（zoned coverage）。一座城市通常只有一到两家报纸，因此，广告商只需要购买一份报纸就可以覆盖整个市场。最后，报纸允许广告商在最后一刻购买版面。[52]

杂志对于接触特定细分受众来说仍然是一种优质媒体。20世纪50年代以前，大众通俗杂志是触及全国广大读者的最佳途径。然而，20世纪60年代以来，这一角色已被电视所取代。在此情形下，杂志转而寻求更为窄化的受众群体，比如有专门面向摩托车手、电脑用户、年轻女性、退休人员、针织工和电子游戏玩家的杂志。不论广告商想要接触哪种类型的受众，他都能找到相应的杂志品类。对于商业广告客户而言，杂志可能是除直接邮寄之外接触目标受众的唯一选择。杂志的印刷质量比

印刷广告需要仔细筛选刊登在报纸、杂志以及诸如广告牌或交通标志之类的"户外"广告上的文字和图像。

报纸高，但准备时间长得多，所以杂志广告需要精心规划。过去十年，杂志的广告市场一直在变化。虽然售出的广告页面一直在下降，但来自网站和移动应用等数字来源的收入一直在增长。[53]

户外广告或"户外家庭广告"（out of home advertising）能在人们身处受限环境（比如开车上班的路上被缓慢移动的车辆所环绕）时吸引他们，但它们仅限于简短、简单的信息。对于户外广告而言，一个最为重大的改变就是数字广告牌的出现。数字广告牌本质上是一块巨大的视频屏幕，在转换成新图像之前，静态图像会保持6到8秒。数字广告牌可以包含不断变化的信息，如时间或温度，甚至是当地电视台当天的电视节目表。[54]在一些主要的城市，在公交车站的候车亭、地铁站台、公交车上和地铁车厢里都有交通指示牌。广告甚至被放置在高尔夫球洞的底部，这样当你捡起球时就能看到它们。2016年，户外广告的总支出达到了56亿美元。[55]总体而言，广告牌在户外广告中占主导地位，占支出的65%，其中交通标识占18.1%，街道设施占5.5%，户外场地广告占11.4%。[56]纽约时代广场（New York City's Times Square）是美国刊登户外广告最有价值的地方之一，因为每天都有大量的人经过，经常在电视上被报道，在这里拍照的游客络绎不绝。[57]

电视和广播广告

几十年以来，无线电广播让广告商能够重复地播放他们的信息，并锁定其目标客户群体。广告商可以选择面向青少年、25到54岁的女性、年轻的成年男性、说西班牙语的人或几乎任何其他人口群体的节目电台。就像户外广告一样，广播广告在大城市中也是非常有效的，广告商可以在早晚通勤期间接触到被困在车里的受众，这被称为驾车时间。广播广告还具备准备时间短、成本相对较低的特点。

电视仍然是美国最受欢迎的媒介之一。尽管最受欢迎的电视节目仍然是一个吸引普通观众的广告场所，但由于遥控器、静音按钮的出现，以及有线电视频道数量的激增，电视现在很难让观众注意到商业广告。电视观众人数已经在持续下滑，但是四大电视网（见第八章）仍然能够迅速有效地覆盖大量观众。电视提供声音、动态和视觉效果。然而，电视网的一个缺点是，许多最佳的广告时段，比如"超级碗"期间的那些时段，几乎提前一年就被售出。还有一个问题是，观众在广告插播期间换台，或者使用数字视频录像机（DVR）的快进按钮跳过广告。

新的电视环境允许定向广告（targeted advertising）的播出，比如：针对年轻人市场在音乐电视网（MTV）或哥伦比亚华纳兄弟联合电视网（CW）投放的广告；针对西班牙裔市场在联合电视（Univision）投放的广告；针对非裔美国人市场在黑人娱乐电视网（BET）投放的广告。对于地方电视广告来说，有独立电视台以及网络附属台。在许多社区，当地的广告商也可以在一系列有线电视台购买带有本地广告插播的时段。电视广告商所面临的最大问题是广告拥堵，这将在本章后面讨论。

数字广告（Digital advertising）一直是广告市场中增长最快的部分，连续几年都以两位数的百分比增长。在2009年的经济衰退期间，网络广告自2002年互联网泡沫破裂以来首次出现下滑，导致众多网络公司破产。[58]但是此后，网络广告又恢复了快速增长。eMarketer的一项研究发现，2013年美国消费者花在数字媒体上的时间首次超过了电视。最近的数据估计，美国人平均每天看电视的时间为4小时11分钟，而花在所有数字媒体上的总和时间为5小时45分钟。eMarketer将数字媒体定义为所有的在线、移动和流媒体服务。[59]

纽约的整个城市景观都被商业赞助、产品和商标所包裹。

数字媒体使用量的增长很大程度上源于移动设备的增长。预计2017年人们花在数字媒体（包括台式机/笔记本电脑、非语音移动设备和其他联网设备）上的时间为5小时53分钟，其中3小时17分钟来自手机的非语音使用（即不使用手机通话）。[60]（这让我们再次看到了秘密6：在线媒体也是移动媒体）

数字广告的优势在于能够紧密瞄准消费者。例如，当作者访问包含广告的网站时，摩托车配件的广告经常出现，因为其浏览器历史记录中的cookies告诉广告服务器他对摩托车感兴趣。我们都期待网络广告会出现这种行为。但有的时候，正如营销专业人士大卫·伯科威茨（David Berkowitz）所指出的那样，这种程度的了解似乎有点令人毛骨悚然。伯科威茨让你假设你正在使用智能手机上的网络浏览器搜索一台相机。你从塔吉特（Target）公司的网站上看到一则自己感兴趣的相机广告。该广告可以告诉你的手机上已经有了塔吉特购物应用程序，因此，它会自动向你发送应用程序上对应的页面，从而你就可以查看你正在寻找的那款相机。那么问题就来了：网页上的一个广告知道你手机上安装了哪些应用程序，这会让你感到不适吗？还是你喜欢这个广告足够聪明，能够将你重新定向到你手机上已有的应用程序？[61]（有关数字广告的更多信息，请参阅"长尾广告"章节）

受 众

正如本章开篇所述，受众是由广告商想以其信息去触及的那部分人群所组成的。受众也是媒体向广告商出售的核心"产品"。在另一个定位的例子中，广告商试图使特定产品对一个狭窄定义的群体具有吸引力。例如星爆（Starburst）软糖的广告针对青少年和十几岁以下的观众，而歌帝梵（Godiva）巧克力的广告则针对高消费层次的成年女性。广告中出现的人都是经过精心挑选的，目的是让目标受众说："这是为像我这样的人而生产的产品。"

与广播和电视等其他类型的媒体一样，广告的受众通常由"特征描述"来界定：可以通过人口统计学（demographics）、地理统计学（geographics）和心理统计学（psychographics）来完成对受众的"绘图"。正如你可能从第二章所回忆起来的那样，人口统计学特征是受众的可测量特征，如年龄、收入、性别和婚姻状况；而地理统计学涉及对人们居住地的测量；心理统计学将人口统计学与心理特征的测量结合起来，比如态度、观点和兴趣。[62]

在广告中，仅仅了解客户目标受众的人口统计学特征（年龄、收入、性别等）是不够的。广告商还想了解目标受众的梦想、渴望和感受。这些都是心理统计学研究涵盖的主题。，"心理统计学"（psychographics）一词最早在20世纪60年代被使用，指的是一种对消费者心理的测量。根据项目的不同，研究人员可能会考察一个人的生活方式、与产品的关系以及个性特征。[63]

伊曼纽尔·登比（Emanuel Demby）是该术语的首批使用者之一，他将心理统计学定义为用于将市场细分为相关群体的心理学、社会学和人类学数据。收入变量的构思方式比仅按收入水平将市场分组要复杂得多。登比认为，了解一个人的收入是在增加、减少还是保持稳定，与了解这个人的实际收入同样重要。为什么？因为人们生活中的情况会反映出他们如何看待自己。如果广告商了解目标受众成员如何看待自己，他们就能够制作出更容易吸引目标受众的广告。[64]

最著名的心理细分是由斯坦福国际咨询研究所（SRI International）开发、目前由战略商业洞察公司（Strategic Business Insights）所拥有和运营的VALS™（价值观及生活方式系统模型）。VALS模型根据人们的主要动机和资源水平将其分为八个消费群体。资源指的是人们作为消费者用来表达自己的有形和无形的东西，比如他们的受教育程度、财务状况、好奇心水平和自信等因素。主要动机指人的生活方式。理想驱动型消费者["思想者"（Thinkers）和"信徒"（Believers）]受知识和原则引导；成就驱动型消费者["成就者"（Achievers）和"奋斗者"（Strivers）]寻找能够向他人展示其地位和成功的产品；自我表达型消费者["体验者"（Experiencers）和"制造者"（Makers）]寻求行动和独立。

在VALS模型的顶部是创新者（Innovators），他们被描述为"成功、成熟、负责、自尊心强的人"。这些人已经建立了自己的事业，并重视产品的形象，将其视为"他们的品位、独立性和个性的表达"。在VALS模型底部的是幸存者（Survivors），他们资源匮乏，并认为"世界变化太快"。VALS模型将他们描述为谨慎的消费者，消费不多但品牌忠诚度高。[65]

公司如何利用心理统计学和这些个性类型来定位其广告？例如，明尼苏达州的一家医疗中心利用VALS模型识别和了解那些对整容手术感兴趣并有能力支付整容手术费用的消费者。针对这些个人的广告宣传活动据称非常成功，以至于诊所的预约已满。

要了解目标定位的实际效果，我们可以看一些真实的例子。第一个例子讨论的是产品的

继"狗狗猴子宝宝"（PuppyMonkeyBaby）在"超级碗"上大获成功之后，激浪汽水子品牌（Moutain Dew Kickstart）发布了另一则奇怪的广告，广告中有群跳舞的动物，包括一只蚊子、一只青蛙和一只跳抖臀舞的猫。

目标定位（Mountain Dew，即"激浪"饮料）；第二个例子讨论的是特定的受众（同性恋者）；第三个例子探讨的是一些定位失败的情况。

有些产品比其他产品更容易销售；例如，给软饮料做广告就可能是一个特别的挑战，因为这些饮料本质上都是同样的东西——加糖的碳酸水和少量调味剂——只有一些变化，比如普通型或低糖型、含咖啡因或不含咖啡因。由于产品如此相似，推广品牌的关键不仅仅是推销一种饮料，而是推销一种完整的生活态度和生活方式，从而使产品对特定的受众有吸引力。电视研究学者约书亚·梅罗维茨（Joshua Meyrowitz）将一种低糖汽水的商业广告的基本信息描述为"饮下这瓶水，你将会变得美丽，与同样美丽的朋友一起在沙滩上打排球"。[66]

营销总监斯科特·莫菲特（Scott Moffitt）表示，"激浪"饮料自20世纪40年代上市以来一直展现出一种反叛和不敬的形象：

> 我们在信息和目标上高度统一，并且随着时间的推移一直保持一致，明确我们是什么，不是什么。这个品牌充满着喜悦和活力，从广告、社区到基层项目，以及我们对体育的关注，我们有着非常清晰、生动的定位。[67]

为了保持其年轻、充满活力的形象，"激浪"还赞助了ESPN的世界极限运动会（X Games）等活动，因为这些活动所展示的形象与这款软饮料相同。它还瞄准了重度消费者，即每天饮用三罐或更多"激浪"的人群。

如今，"激浪"在顶级的四五款软饮料中占据了令人羡慕的位置，排在可口可乐、百事可乐和健怡可乐之后，但它最初只是一种酒吧调制饮品，由柠檬青柠汁、橙汁、低碳酸和咖啡因组成。它树立了一个乡巴佬的形象和标志，并被宣传为"无懈可击的乡巴佬私酿"。20世纪60年代，百事收购了这个品牌，并开始赋予其更时髦的形象。在经历了20世纪80年代一段广告形象混乱的时期后，"激浪"于1992年开始崭露头角。当时负责"激浪"广告项目的创意总监比尔·布鲁斯（Bill Bruce）这样描述了"激浪"的成熟过程：

> 西雅图之声（Seattle grunge music）当时正在流行。极限运动也正在兴起。这就是我们想要挖掘的亚文化。我们的想法是展示最极端的事物。我们创造了四个角色，即"激浪兄弟"（the Dew Dudes），他们代表了当时在音乐和文化方面发生的一切。[68]这种方法最初用于健怡激浪（Diet Mountain Dew），但鉴于它的成功，最终成为了整个广告活动的核心主题。

这种方法最初用于健怡激浪（Diet Mountain Dew），但鉴于它的成功，它最终成为整个广告活动的核心主题。

随着"激浪"越来越受欢迎，其持续面临的挑战是保持其前卫和对年轻人的吸引力，以便能够维持其销量和形象。最近，"激浪"一直在试图吸引年轻的城市消费者（在营销术语中，城市营销意味着接触非裔美国人和拉丁裔消费者）。该公司的目标是超越"激浪"一直以来取得巨大成功的农村市场，进入其传统上销售情况不太好的城市。"激浪"正通过邀请嘻哈艺人李尔·韦恩（Lil Wayne）、造物主泰勒（Tyler）和里克·罗斯（Rick Ross）来实现这一目标（应当指出，这次广告活动中的一些广告因带有种族主义和厌恶女性的故事情节而几乎冒犯了所有人，给这家软饮料生产商带来了负面影响[69]）。

广告商越来越瞄准的一个受众群体是同性恋市场。对于广告商来说，同性恋群体是理想的市场，因为他们被认为相对较为高端且受教育程度高。[70]欧维希国际市场研究咨询公司（Overlooked Opinions）的里克·迪安（Rick Dean）称，"因为他们基本上没有孩子，并且家庭中每个人都有一份收入，所以你谈论的是一个拥有大量可支配收入的人群，这是有孩子的非同性恋家庭所没有的"。[71]

早在1994年，伏特加生产商"绝对伏特加"（Absolut）就成为首批在同性恋出版物上投放广告的大公司之一，包括《出柜》（Out）和《倡导者》（The Advocate）。[72]除了在同性恋刊物上登载广告，各公司还在广告中使用同性伴侣。一些广告商更进一步，尝试制作针对同性恋的特定广告。自20世纪90年代末以来，凯悦酒店及度假村（Hyatt Hotels and Resorts）一直瞄准同性恋市场，并在其宣传信息中描绘了同性伴侣。[73]

2019年，贺曼国际电影台（The Hallmark Channel）开始播出婚礼策划公司Zola的一系列广告，其中既有异性恋情侣也有女同性恋情侣亲吻的画面，引发了一场小

在Old Navy的一条宣传推文中，这个跨种族的家庭似乎并没有引起什么争议，但它吸引了人们的广泛回应。有人称很高兴看到广告中出现了像自己这样的人，也有人声称这则广告是在提倡消灭白人种族。

争议。这家以家庭为导向的有线电视频道在收到保守激进组织"百万妈妈"(One Million Moms)的投诉后,撤销了针对女同性恋伴侣的广告。该组织网站上的留言称,"贺曼播出有同性伴侣的广告,真可耻","这些内容违背了对你们的主要受众来说很重要的基督教和保守价值观"。贺曼撤下广告的行为立即引发了同性恋权利组织"同性恋反诋毁联盟"(GLAAD)的强烈反对。贺曼最终道歉并恢复了Zola的广告。贺曼公司的首席执行官迈克·佩里(Mike Perry)在一份声明中说:"贺曼团队一直在为这一决定而感到苦恼,因为我们已经看到了它无意中造成的伤害。我们对由此造成的伤害和失望深表歉意。"

同性恋伴侣和跨种族伴侣日益成为主流广告的一部分,并引发了批评家们的争议。2016年,服装连锁品牌"老海军"(Old Navy)在推特上刊登了一对年轻的跨种族夫妇及其儿子的照片,引发了反对黑人和白人结婚生子人群的投诉。[74]这条推文也为该品牌的包容性赢得了支持。通过这些例子,我们再次看到了秘密3——一切事物都会从边缘向中心移动。

测试你的媒介素养:塔吉特百货的定位

在这个网络购物和数字信息的时代,人们很容易对供应商对我们的了解程度产生恐惧。你想被吓到吗?人们开始关注一些现象,如亚马逊会基于你之前所看过和购买过的东西来提出购买建议。

但是,把所有购物都转到实体百货商店也无助于保护你的隐私。第一个例子?塔吉特百货(Target)发现一名高中女生怀孕了,并在她父亲还一无所知的时候就开始给她寄孕妇产品的直邮优惠券。[75]

塔吉特百货是如何知道这个年轻女子怀孕的?似乎孕妇有着非常可预测的购买模式。在怀孕的中期,即怀孕四到六个月的时候,孕妇开始购买诸如产前维生素和孕妇装之类的东西。一旦一名妇女开始购买这些产品,她可能在三到六个月内分娩。

《习惯的力量:我们为什么会这样生活,那样工作?》(The Power of Habit: Why We Do What We Do in Life and Business)一书的作者查尔斯·杜希格(Charles Duhigg)表示,塔吉特百货追踪每一位在其门店使用信用卡或借记卡绑定唯一号码的消费者。凭借这一号码,塔吉特百货就会知晓每一位顾客购买产品的模式。塔吉特的统计学家安德鲁·波尔(Andrew Pole)说,然后这些信息将会与在该商店购买的消费者数据进行配对。不久之后,这家商店就知道了顾客的很多信息,包括首选商品、地址、收入、种族,甚至预计收入。[76]

所以我们的高中生恰好购买了可可脂乳液、肥皂和矿物质补充剂这样的商品组合,这让塔吉特觉得她有86%的可能性怀孕了。于是塔吉特开始给她寄人们期待宝宝时可能会购买的产品的优惠券。

当这些优惠券出现在邮件中时,那个年轻女孩的父亲勃然大怒,他去了当地的塔吉特百货并向经理投诉。这位父亲怒斥经理道："我女儿在邮件中接收到这些信息！她还在上高中，而你却给她寄婴儿衣服和婴儿床的优惠券？你是在鼓励她怀孕吗？"

塔吉特百货的经理不断地向这位父亲道歉。之后，父亲又与女儿展开了一次有意思的交谈。几天过后，当百货经理再次打电话道歉时，这回轮到这位父亲道歉了。他的女儿确实怀孕了，只不过她没告诉他罢了。

显然，波尔评估年轻女子购买行为的系统达到了预期的效果。但是，他和他的雇主将如何应对那些刚刚得知公司对其进行分析的消费者的强烈抵制呢？波尔告诉杜希格："如果我们给某人寄去一份商品目录并说'恭喜你有了第一个孩子！'而他们从未告诉我们他们怀孕了，那会让他们感到不舒服。"这导致塔吉特努力想办法在不让孕妇知道她们被定位的情况下向她们投放广告。正如杜希格所说，"你如何利用某人的习惯而不让他们知道你在研究他们的生活？"

解决方案最终变得相当简单。塔吉特百货一直根据消费者的购买历史记录将优惠券目录寄给他们。通常，这些优惠券不会让人们感到不安。因此，据塔吉特百货的一位高管说，秘诀就是把孕妇产品的优惠券和其他一些无关痛痒的优惠券混在一起，以掩盖塔吉特知道这名女子怀孕的事实。

"我们发现，只要孕妇认为自己没有被监视，她就会使用这些优惠券。"这位高管说，"只要我们不吓到她，这种方法就会起作用。"

谁是源头？
查尔斯·杜希格和安德鲁·波尔是谁？他们是做什么的？

他们在说什么？
塔吉特是如何利用消费者的购买习惯来进行目标广告投放的？

有哪些证据？
消费者的可预见性如何？他们的消费是否标志着人生的重要里程碑？企业对消费者了解如此之多，消费者对此有何反应？

你和你的朋友对此有什么看法？
你对广告商利用你的购买和在线行为进行定位有何感受？你觉得这有帮助还是令人不寒而栗？或者两者兼而有之？你是否曾经感觉这种被定位的方式完全误解了你？你是否曾经改变自己的行为以避免被营销人员跟踪和定位？

当代广告文化

广告远远不只是营销和媒体业务的一部分，它还是美国文化的核心元素。孩子们唱广告歌的方式就像他们曾经唱童谣一样。20世纪70年代，可口可乐商业广告中的音乐甚至成为一首热门单曲，即《我想教会世界歌唱》(*I'd Like to Teach the World to Sing*)。

批评人士认为，广告提升了购物的成本，也诱导人们购买他们并不需要的商品，这给社会施加了某种程度的负担。美国广告代理商协会（The American Association of Advertising Agencies）为广告行业辩护，声称人们对这个行业有四种

1962年，麦当劳用金色拱门标志取代了"Speedee"汉堡人标志。一年后，该公司卖出了第10亿个汉堡包。多年成功的广告营销让麦当劳的"金色拱门"成为全球最易于识别的标志之一。

常见的误解：[77]

1. 广告让你购买你并不想要的东西——广告行业对此回应称，没有任何人可以让你购买你不想要的东西。人们可以随心所欲地行事。

2. 广告提高了商品的成本，使商品价格更贵——广告商声称广告为产品创造了需求，这使得产品能够更大规模、更高效地生产，从而降低成本（然而，这种抗辩忽略了品牌溢价的概念。广告不会使倩碧的一块肥皂生产成本更高，但附着在肥皂上的优质形象让公司可以收取更高的价格。显然，消费者希望能够购买到更好、更昂贵的产品）。

3. 广告助力销售劣质产品——广告行业回应称，一个好的广告可能会引导人们购买一个产品，但它不会维持对他们不喜欢的产品的需求。事实上，广告业认为，为劣质产品制作一则优良的广告，会比没有好的广告宣传更快地扼杀该产品。电影《第六感》（the Sixth Sense）和《天兆》（Signs）的导演奈特·沙马兰（Night Shyamalan）说，有了足够的广告，电影公司可以为一部电影赢得一个良好的首映周末票房，但只有粉丝的良好口碑才能使这部电影取得长期成功。[78]

4. 广告是一种金钱浪费——广告业反驳说，广告通过帮助产品在市场上流通和支持大众媒体来提振经济。

当批评人士抱怨电视上有太多广告时，广告公司及其客户可能是最先对此表示赞同的。他们担忧大量的商业广告和其他信息（统称为混乱信息）在节目之间争夺消费者的注意力。

广告商不喜欢这种混乱信息，因为电视上的广告和非节目信息越多，观众对任何给定信息的关注就越少。美国有线电视广告局（现为视频广告局）进行的一项研究发现，观众更容易记住一组广告（称为广告段）中的第一个，而不是第四个或第五个。[79]这种混乱信息问题不仅仅局限于电视；每天，普通的美国成年人平均接触多达360个广告，其中至少有150个广告会收到最少关注的通知（其余很多会因为使用诸如数字录像机快进等技术而完全被忽略[80]）。

据广告代理机构及其客户委托开展的一项研究，广告的堆砌已达到创纪录水平。2005年，美国网络电视（U.S. network television）在黄金时段平均每小时约有15

分钟的广告和促销堆砌内容。[81]有线电视的比率甚至更高,MTV平均每小时的堆砌内容达16分13秒。2010年,在《明星伙伴》(Entourage)的某一集中,Spike有线电视频道的一个商业插播时段可能创下了堆砌时长的纪录,长达10分钟。

广告堆砌通常被定义为不属于节目本身的任何内容:广告、公共服务公告、网络促销以及节目之间的其他间隔。

广播和有线电视网络正在试验减少其所承载的商业广告数量。NBC环球(NBCUniversal)在2018年春季宣布,其计划在2018年秋季将其所有网络上展示的商业广告数量减少20%。在黄金时段的原创节目中,该电视网计划在2018—2019电视季将广告时间减少10%。这些网络将做出的改变之一是试图使广告与节目的内容更好地匹配,以使其与观众更相关。时代华纳旗下的特纳电视网(Time Warner's Turner networks)和维亚康姆电视网(Viacom networks)也计划进行类似的变革。当然,这意味着如果这些网络想要保持收入稳定,广告商就需要为这更少的广告时间支付更多的费用。福克斯广播公司(Fox Broadcasting)考虑到2020年将每小时的商业广告负载减少至2分钟,它可能采取的一种方法是提供6秒钟的广告。根据电视数据分析公司尼尔森(Nielsen)的数据,2017年,广播电视的平均每小时广告时间为13分钟,有线电视为16分钟。[83]

对于广告商来说,突破广告堆砌的重围是一项持续性的挑战,他们为此想出了各种各样的解决方案。轮胎公司固特异(Goodyear)通过将其信息展示在固特异飞艇(Goodyear Blimp)上突破了重围,该飞艇会飞越吸引大量观众的体育和其他娱乐活动现场。[84]制药公司通过在其广告中起用名人来应对广告堆砌。NBA球星阿隆佐·莫宁(Alonzo Mourning)谈到了治疗贫血的药物普罗克里特(Procrit),这种药物用于治疗一种几乎终结其职业生涯的肾脏疾病。在《黑道家族》(The Sopranos)中饰演精神病医生的女演员洛蕾恩·布拉科(Lorraine Bracco)在辉瑞公司(Pfizer Inc.)生产的药物广告中讨论了抑郁症。[85]

揭穿潜意识广告

具有讽刺意味的是,虽然人们对广告堆砌如此关注,但公众对潜意识广告(据称深深嵌入广告中,以至于无法被有意识地感知的信息)的担忧却是实实在在的。这一概念已被几位作家普及开来,但尚未有研究证明广告受众会受到他们无意识感知的信息的影响。

虽然没有证据表明潜意识广告有效,也几乎没有证据表明任何广告商试图创作带有隐藏信息的广告,但大部分公众认为潜意识广告被使用了,而且是有效的。

1993年发表的一项调查结果发现，在熟悉潜意识广告概念的人群中，72%的人认为它是有效的。[86] 潜意识广告这一概念在1957年引起公众关注，当时的一位市场研究员吉姆·维卡里（Jim Vicary）声称，曾向电影观众展示在屏幕上快速闪过（不到0.03秒）的"喝可口可乐"和"吃爆米花"的指令。维卡里声称爆米花的销量平均增长了57.5%，可口可乐的销量增长了18.1%。维卡里声称，人们可能会受到他们看不到的事物的强烈影响。然而，事实证明，维卡里并没有进行试验，只是捏造了爆米花和可乐销量增加的统计数据。从1957年到1958年年初，维卡里收取了超过400万美元的咨询费；1958年6月，他竟然失踪了。尽管这项最著名的潜意识营销研究是一个彻头彻尾的骗局，但它仍然将这一概念从边缘推向了中心，由此证明了"秘密3"。

1970年，加拿大一所大学的教授威尔逊·布赖恩·基（Wilson Bryan Key）重新提起了"潜意识广告"的概念。在查看《时尚先生》（*Esquire*）杂志上一篇文章中的照片时，他认为自己看到了一个男性器官的图像。他在其职业生涯中，一直主张麦迪逊大道（Madison Avenue）的那些广告公司在广告中隐藏死亡、恐惧和性的形象，以此增加销量。[87] 目前尚不清楚这些隐藏的图像是如何影响观众的，他们可能忽视了公开广告的堆砌。

著名导演雷德利·斯科特制作了标志性的"1984"广告，向1984年超级碗的观众介绍苹果公司新的麦金塔计算机。在当时，这是有史以来最昂贵的商业广告，同时也是最令人难忘的广告之一。

1984, Apple, Inc. "1984

当广告比节目更重要

有时电视广告和它们所出现的节目一样有趣。评论人士甚至认为，人们有时会一直收看无聊的"超级碗"转播，只是为了看其中的广告。雷德利·斯科特（Ridley Scott），以执导《普罗米修斯》（*Prometheus*）、《火星救援》（*The Martian*）和《银翼杀手》（*Blade Runner*）等大片而闻名，他因执导1984年介绍苹果麦金塔（Macintosh）电脑的"超级碗"广告而成名。斯科特的这个名为"1984"的广告改变了广告界。它不仅是有史以来最受关注的广告之一，而且还表明优秀的广告可能比它们所伴随的节目更令人难忘。[88]

这则广告由恰特/戴（Chiat/Day）广告代理机构制作，在多个层面取得了成功。它描绘了一个年轻女运动员反抗奥威尔式"老大哥"局面的戏剧性形象。它在观看它的一亿观众中引发了讨论，并传达了苹果想要传达的核心信息：除了当时被视为无所不能的IBM（这一角色后来被微软取代）之外，人们还有其他选择。[89]

这则广告在"超级碗"比赛的第三节期间在网络电视上播出过一次。"超级碗"比赛结束后，这个广告在三大电视网的新闻节目中免费播出，行业杂志《广告时代》（*Ad Age*）将其评为"十年内的最佳广告"。史蒂夫·海登（Steve Hayden）在恰特/戴工作时撰写了这则广告的脚本。他说，该公司想用一个广告来总结计算机的整个理念："我们认为它是一种意识形态，一种价值观。这是一种让全世界都能使用计算机的力量，并让人们彼此交谈的方式。"[90]

具有讽刺意味的是，这个广告差点就没能播出。当给苹果董事会预览时，几位成员被它吓坏了，希望让这条广告作废。美国广告代理协会（the American Association of Advertising Agencies）前主席约翰·奥图尔（John O'toole）解释了这个广告的意义：

> 对于苹果来说，"1984"这个广告的真正意义在于，第一次有人把大量的生产资金投入到一条商业广告中，这条广告只播出了一次，并且只播出一次就能获得巨大的收益。这需要与公关部门进行良好的协调。这是真正的事件营销，包含销售推广和公关。这就是整合营销传播新时代的开端。[91]

正如我们在本章开篇所看到的，在美国，广告中很少有比针对儿童的商业广告和营销信息更令人担忧的了。然而，对于广告商而言，儿童（以及他们的父母）是最令人期待的受众和市场。如果你的父母告诉你，在他们小的时候并没有许多针对儿童的商业广告，那他们的确是对的。1983年，广告公司一年支出1亿美元制作面向儿童的广告。但到了2008年，针对儿童的广告支出已增长到一年170亿美元。这意味着如今的市场营销人员在制作儿童广告方面所花费的资金是上一代人的170倍之多。[92]

1997年，美国联邦贸易委员会（FTC）发表了一项题为《针对儿童的电视广告》（*Television Advertising to Children*）的研究报告，该研究报告指出，2岁至11岁的儿童每年观看约2万条电视广告——相当于每周约3小时，或每天略少于半小时。这项研究当时备受争议，因为它呼吁禁止（从未实施）"很大一部分"观众年龄在8岁以下的节目中的所有广告，以及针对8至11岁儿童的含糖食品电视广告。[93]

面向21世纪儿童的营销远远超出了传统的平面广告和32秒电视广告。很多公司会转而将大量资金投放于植入式广告、校内节目、手机广告和视频游戏中。[94]

2006年，广告业32年来首次修订了针对儿童的广告指导方针。新的指导方针要求公司区分广告和节目内容，将餐时食物（mealtime foods）作为单一均衡膳食（a single balanced meal）的一部分，而不是整体均衡饮食（a larger balanced diet）的一部分，并指明网络游戏包含广告的时段。

总体上而言，针对儿童的广告多年来一直存在争议，但最近，批评的焦点更多地集中在儿童食品广告上。简而言之，美国医学研究所（the Institute of Medicine）最近进行的一项研究发现，在食物偏好和饮食方面，有以下几点：

- 有充分证据表明，电视广告会对2—11岁儿童的饮食偏好产生一定的影响。但没有足够的证据表明它会对12—18岁青少年的喜好产生影响。
- 有适度的证据表明，电视广告会影响2—11岁儿童的饮食观念。但没有足够的证据表明它会对12—18岁的青少年的饮食观念造成影响。
- 有充分证据表明，电视广告会对2—11岁儿童的短期消费构成影响。但没有足够的证据表明它会对12—18岁青少年的短期消费造成影响。
- 有适度的证据表明，电视广告会影响2—5岁儿童的日常饮食摄入量，有微弱的证据表明其会影响6—11岁大龄儿童的日常饮食摄入量。也有微弱的证据表明电视广告不会影响12—18岁青少年的日常饮食摄入量。[96]

长尾理论与广告的未来

近年来，网络广告大幅增长，在美国广告支出中的占比从2000年的3.8%上升到2017年的35.1%。这表明通过长尾效应精准触达目标受众的网络和社交媒体广告的重要性日益提升。[97]

在最知名的长尾广告工具中，有谷歌的关键词广告（AdWords）和内容联盟广告（AdSense）计划。广告商并非购买一个特定的网站，而是购买某些关键词，由此可以将他们的广告与特定内容联系起来。在AdWords中，当网民进行谷歌搜索包含关键词时，广告就会出现在搜索结果旁边。使用AdSense时，网站上有一个代码，它会搜索网站的内容，并在发布的内容旁边投放与主题相关的广告。所以，如果我的网站上有AdSense，并且在博客文章中写到了DVD，销售DVD播放器的零售商的广告就会开始出现。广告商为每一个点击所投放广告的人付费，其中一部分钱归呈现广告的网站所有。[98]尽管这一工具可用于推广任何产品，但它对于长尾媒体的广告推广尤其有效。例如，如果我想销售朋克波尔卡乐队（punk polka bands）的CD，那么我会试图只接触那些已经了解过朋克波尔卡乐队的人,以使我的广告收益最大化。谷歌还通过广告销售支持其安卓(Android)移动设备操作系统软件。[99]

互联网广告的一大问题是要记录有多少人点击了广告。几家主要的广告商抱怨说"点击欺诈"(click fraud)抬高了他们的网络广告成本。带有网络广告的网站所有者可能会付钱给朋友让他们反复点击广告,以此增加页面浏览量,从而获得更多的收入。[100]或者某个广告商的竞争对手会点击该广告商的广告,从而让这家广告商多付广告费。[101]甚至还有被称为"点击机器人"(clickbots or hitbots)的自动化程序,可以全天24小时不停地点击,使广告商的费用增加。

谷歌在1300亿美元的数字广告市场中占据主导地位,控制着很大一部分将宝洁等主要广告商与娱乐与体育电视网(ESPN.com)等发行人联系起来的技术。2020年发表的一篇论文估计,在广告商和最终发行人之间的广告费用中,谷歌拿走了约40%。[102]

社交营销

广告领域的一种常见做法是利用名人来做广告。广告商发现,有可靠的人物展示对产品的认可会促进其销售。药物公司利用医疗专业人员以及鞋类公司利用勒布朗·詹姆斯(LeBron James)或迈克尔·乔丹(Michael Jordan)等运动员为其产品代言由来已久。但现在这种情况已经从传统名人领域延伸到社交媒体明星的世界。

正如我们在开头的小插曲中所讨论的,公司正付钱给知名的社交媒体人物,这些人通常被称为网络红人(influencers),让他们在Twitter、Facebook、Snapchat和Instagram上展示自己的产品。一位名叫达尼埃尔·伯恩斯坦(Danielle Bernstein)的网红每天都会发布自己穿着时尚服装的照片。在这些照片中,有些是她穿着自己原本打算穿的衣服,而另外一些照片中的服装则是由公司赞助的。这些公司付给她5000美元到15000美元,让她在照片中展示它们的产品。她的客户包括兰蔻(Lancôme)和维珍酒店(Virgin Hotels)。《时尚芭莎》(*Harper's Bazaar*)杂志估计,一旦她的粉丝超过100万,她每次发帖的要价可能高达10万美元[103](截至笔者撰写本书时,她已经有240万粉丝)。

2017年,Instagram推出了标准的"付费合作"(Paid partnership)模式,将所有提供赞助的帖子置顶发布。这不仅为受众提供了更多信息,还让付费赞助商能够获取网红发布的帖子所附带的触及率和参与度数据(the reach and engagement data)。[104]

美国联邦贸易委员会（FTC）出台的准则在很大程度上未得到执行，该准则要求网红和品牌披露其合作关系，但截至2020年春季笔者撰写本书时，该委员会正在考虑将这些准则转变为包含民事处罚的正式规则。[105]

然而，正如我们在本章关于原生广告（native advertising）的部分所讨论的，联邦贸易委员会（FTC）可能会出台新的规定，要求社交媒体人士对推广产品获得的报酬进行披露。

社交媒体世界之外的名人，如音乐家碧昂斯（Beyoncé）和贾斯汀·比伯（Justin Bieber），以及那些因出名而出名的人，如卡戴珊/詹娜家族（Kardashian/Jenner clan），通过在Facebook、Instagram和Twitter等社交媒体平台上推广产品获得了大量收入。YouTube的指导方针要求用户勾选复选框，确认内容是付费推广。埃德加·阿尔瓦雷斯（Edgar Alvarez）在"瘾科技"（Engadget）博客上写道，网红可能会提到自己收到了制造商的产品，但不会提及任何报酬。华纳兄弟（Warner Bros.）被迫披露其向YouTube用户支付的费用，包括广受欢迎的PewDiePie，原因是后者在网上发布了正面的视频游戏评论。

让披露情况变得更复杂的是，网红可能是公司的"品牌大使"（brand ambassadors），他们发布的所有内容基本上都是促销信息。例如，拥有1210万订阅者的YouTube用户兼电影制作人凯西·奈斯塔特（Casey Neistat）制作了一部展示新款三星手机摄像头功能的影片。虽然他明确表示该影片完全使用Galaxy 8拍摄，但他没有指出自己是作为三星的代言人而获得了报酬。截至本书撰稿时，这部电影的点击量已达520万次。瘾科技（Engadget）报道指出，虽然品牌大使不必将其内容标记为广告，但他们确实需要提供"充分透明地公开与任何公司的商业合作关系"。[106]就像本节中的所有例子一样，这也说明了"秘密5"——所有媒体都具有社交性。

想要避免由名人引来争议的公司可能会选择使用虚拟的代言形象。拥有数百万粉丝的米奎拉（Miquela）在Instagram上以"利尔·米奎拉"（lilmiquela）的名字发帖，她有照片、视频和歌曲。但她没有人的身体或思想——她是一个完全数字化的虚拟人物。虽然有一位未透露姓名的人提供了她的声音，但她的声音经过了多重处理，就像许多当代流行歌星的声音一样。制作/编程米奎拉的布鲁德（Brud）公司总裁卡拉·韦伯（Kara Weber）告诉《视相》（Variety）杂志："米奎拉培养了一个狂热的粉丝群体，现在发现自己在反映和影响文化方面处于独特的地位。高保真虚拟角色面临着前所未有的机遇，可以突破我们目前在任何内容和广告中所看到的界限。"[107]

随着新广告媒体（包括联网计算机、移动手机屏幕以及电子游戏）的崛起，诸如电视、报纸和杂志之类的旧媒体将面临巨大的挑战。

整合营销传播

广告主面对快速变化的营销环境的一种应对方式是整合营销传播（Integrated marketing communication），即IMC。其理念是应该有一个针对关键受众的总体传播策略，并且可以通过广告、公共关系、促销和互动媒体来实施这一策略。IMC可追溯到20世纪80年代和90年代，是一种长期的品牌或组织价值构建方法[108]（在第十三章讨论可口可乐公司如何推广其可口可乐自助售货机时，我们将更深入地研究IMC）。

除了开发在线支付系统、电动汽车、家庭电力存储电池、太阳能屋顶瓦、可重复使用的火箭飞船，以及（可能）高速洲际地铁系统，工程师兼企业家埃隆·马斯克（Elon Musk）在打造个人品牌方面也做得非常出色。他通过使用整合营销传播（IMC），借助多种媒体吸引了公众和媒体的关注。

马斯克通过创立电子支付系统PayPal获得了第一桶金。他将PayPal出售给eBay所赚的钱帮助他发展了一系列高科技业务。他的公司特斯拉制造高性能全电动汽车。在涉足电动汽车业务后，马斯克意识到自己还需要涉足电池业务——因为如果他想制造足够多的电池来降低成本，使他的汽车价格亲民，他就需要更多的电池销售渠道。于是，他开发了Powerwall，这是一种高性能电池，可以在白天用太阳能充电，在夜间供电。他创立了太空探索技术公司（SpaceX），以建造可重复使用的猎鹰火箭系统，使发射卫星甚至最终载人飞船进入太空的成本更低。他还希望创建一个基于真空的高速地铁系统，以加快城市间的人员流动。[109]

马斯克并没有依靠传统广告来推广他的产品。相反，他试图通过多种传播策略让人们对其产品感到兴奋。马斯克没有操心公司在"超级碗"上的广告，而是用强大的SpaceX"重型猎鹰"运载火箭（Falcon Heavy rocket）将他的私人特斯拉跑车Roadster送入太空。在"重型猎鹰"运载火箭的试飞过程中，他本可以在里面放置任何东西，比如一块铁，作为模拟有效载荷。但他却把自己的特斯拉跑车Roadster放了进去。然后，敞篷车的顶篷放了下来，车内方向盘后面坐着一个穿着SpaceX原型宇航服的星际假人（Starman dummy）。就这样，他在他的SpaceX太空发射品牌和他的特斯拉电动汽车品牌之间建立了联系。[110]

在世界各地的人们观看这枚几十年来威力最大的火箭发射之际，SpaceX提供的视频显示了跑车和星际假人朝着火星前进的过程。基于此次发射直播的SpaceX视频吸引了超过1500万次观看。SpaceX关于此次发射的编辑视频有2200万次浏览量。《卫报》（*Guardian*）发布的发射视频有超过120万次浏览量。加拿大广播公司

（the Canadian Broadcasting Corporation）发布的另一个版本的视频有220万次浏览量，显示"重型猎鹰"运载火箭的两个侧翼助推器并排着陆的视频又获得了220万次浏览量。截至笔者撰写本文时，马斯克的跑车已经行驶了1.54亿英里，越过了火星轨道，正在朝地球轨道的大致方向返回。[111]

用一辆汽车代替一块铁，这一简单的举动引起了全球轰动。搜索有关这次发射的新闻报道，从《今日佛罗里达》（Florida Today）到太空网（Space.com），再到各大新闻机构，有超过13万条链接。

亿万富翁、企业家埃隆·马斯克擅长为自己的品牌赢得免费关注。在这个例子中，他将他的一辆全电动特斯拉敞篷车搭载在猎鹰重型火箭上发射到太空，火箭上的星际假人穿着SpaceX的宇航服。跑车目前正在前往火星和更远的地方。

SpaceX via Getty Images/Getty Images

《广告周刊》（Adweek）的记者大卫·格林纳（David Griner）写道："虽然这次发射显然是近期记忆中最引人注目的直播时刻之一，但马斯克自己的樱桃红色Roadster绕地球飞行的YouTube直播视频也许会为马斯克新兴的电动汽车公司带来最大的宣传推动。特斯拉以几乎不存在的广告预算，刚刚在汽车营销史上赢得了一席之地。"[112]应该指出的是，虽然所有的媒体关注都是以最低成本获得的，但这确实需要一个5亿美元的火箭开发项目。

从软广告到原生广告

早在1950年，传奇广告人奥格威创造了一个试图伪装成杂志编辑内容的广告的最佳范例。《健力士牡蛎指南》（Guinness Guide to oyster）给读者呈现了大西洋牡蛎的迷人景象，并暗示一杯健力士特级烈性黑啤（Guinness Extra Stout）与它们是绝配。正如布赖恩·克拉克（Brian Clark）在他的"每日说"（Say Daily）网站广告专栏中所写的那样："我甚至不喜欢牡蛎，而现在这听起来太诱人了。"[113]奥格威的健力士黑啤酒和牡蛎广告常常被当作软广告（advertorial）的真正开端——一种与杂志、报纸或网站上的周边材料相融合的付费信息。虽然软广告已经存在了60多年，但一种被称为原生广告的新版本已经出现。原生广告本质上是一种更复杂的赞助内容形式，它"既符合出版物的编辑标准，同时又能满足受众的期望"[114]（这个例子也印证了"秘密4"——没有什么是新鲜的：过去的一切都会再度发生）。许多权威媒体公司，包括《大西洋月刊》《华盛顿邮报》《纽约时报》，都在利用原生广告，尤其是在它们的网站上。[115]

虽然设计得看似编辑内容的广告并非新事物，但让刊物的编辑人员创作看起来像赞助内容的文章，正在打破"政教分离"（church and state）的旧有界限——出版物的商业版面和内容版面之间的模糊界限。[116] 这条界线非常模糊，据2015年发表在《广告杂志》上的一项研究，在实验中只有约8%的受试者能正确识别原生广告是付费营销信息。[117] 为了减少这种困惑，美国联邦贸易委员会（FTC）已制定了新的指导方针，要求在线出版商以消费者能够理解的方式更清晰地标注原生广告。[118] 在全球范围内，原生广告增长迅速，从2015年的309亿美元增长到2018年的预计593.5亿美元。[119]

《吉尔丹的尝试：三个人试穿他们爸爸的内衣并给我们表达他们的想法》，洋葱实验室（Onion Labs），2017年8月3日，https://www.youtube.com/watch?v=E3kjTqAAsrA.

对于广告商和发行媒介来说，最大的挑战在于原生广告的内容需要切实与发布这些广告的媒介的风格和标准相匹配。当吉尔丹内衣公司（Gildan underwear company）想要为其男士内裤塑造一个现代形象，以使其有别于年轻男性父亲所穿的"白色紧身内裤"时，它求助于洋葱实验室（Onion Labs）——洋葱新闻恶搞网站（the Onion website）上的原生广告代理机构。洋葱实验室制作的两段视频展示了这些年轻男子试穿他们父亲的内裤，发现这段经历既不愉快又令人不安。一名年轻男子穿了他父亲的内裤72小时，他开始向公共电台捐款，并开始热衷飞钓。[120]

然而，当文章或广告内容与发布媒介的标准不匹配时，原生广告可能会出现可怕的错误。最臭名昭著的例子之一发生在2013年，当时《大西洋月刊》在其网站上发布了一篇有赞助的文章，赞扬了12个新山达基教堂（Scientology churches）的成立。这篇文章似乎与《大西洋月刊》的内容不符，文章后面的评论区似乎只有关于山达基教的正面评论。而该网站上大多数文章的评论都是有正有负的。这篇文章发布不到12小时就被从网站上撤下，网站第二天就发表了一份道歉声明：

> 我们搞砸了。本不应等到一波建设性的批评——但确实等到了——才提醒我们犯了一个错误，可能是好几个错误。我们现在意识到，在探索新的数字广告形式时，我们没有更新必须指导我们在这一过程中做出决定的政策。[121]

两周后，《大西洋月刊》制定了新的指导方针，说明今后将如何处理赞助内容。[122]

还有人看电视广告吗？

用于广告宣传和产品营销的资金是固定的。随着公司将用于做广告的资金转移到新媒体上——网络广告和流媒体内容以及手机屏幕——用于传统媒体（如电视）的资金就会减少。如果这还不够糟糕的话，电视正在努力应对观众规模的下降和新技术的挑战，比如允许观众跳过所有广告的数字视频录像机（DVR）。截至2017年，大约53%的美国家庭拥有DVR。[123]

广播电视网正在以各种方式回应这种威胁。哥伦比亚广播公司（CBS）将网络广告与广播广告捆绑销售。这些不是20世纪90年代那种简单的横幅广告（banner ads）；而是在流媒体网络内容之前出现的视频广告。运动鞋制造商匡威（Converse）发布了电视广告让消费者制作有关匡威运动鞋的短视频，然后该公司将这些视频发布在其网站上。[124]

移动广告

诸如智能手机和平板电脑之类的移动设备已经成为广告的前沿，它们有明亮的彩色屏幕，在18岁至34岁的成年人中有广泛的应用，这些可是出了名的难以触达的人群。尽管许多公司只是简单地使用横幅广告来搭配无线网络内容，但是，也有一些公司正在创建交互式应用程序来推广其产品。

尽管手机屏幕小，但对广告商来说有几个关键优势。手机总是呈开启状态，总是被它们的主人带在身边，并且，一部手机仅属于一个认证用户。在这种情形之下，广告商便可以发送高度定向性的信息，其中可以包含具有时效性的优惠信息。手机广告的另一个常见用途是让消费者参与活动，例如为真人秀节目中的参赛者投票。[125]据《广告时代》报道，近年来，移动广告大幅增长，从2015年的316亿美元预计增长至2020年的771亿美元。[126]该杂志还估计，同年移动广告将占在线广告的三分之二。[127]这清楚地表明，在线媒体也是移动媒体——秘密6。

广告顾问凯瑟琳·凯格尔（Kathryn Koegel）说，她在担任全球移动通信协会全球移动大奖（GSMA Global Mobile Awards）评委期间，对世界各地的移动广告有了不少了解。她发现了什么？在全球范围内，人们使用比美国营销人员更简单的工具做了更多有趣和有创意的事情。[128]

凯格尔声称，问题在于，在美国，广告商沉迷于花哨的iPhone应用程序，而这些应用程序实际上对品牌推广作用不大。凯格尔在全球范围内发现，公司通过简单的短信和创新方法促进公众参与，打造了公开可见的活动。

她指的是赢得比赛的移动广告——在土耳其,通过在塔克西姆(相当于土耳其的时代广场)的一栋建筑物墙壁上投影电子游戏来销售可爱多(Cornetto)冰激凌。人们通过手机短信控制大楼一侧的游戏角色来比赛。如果他们能完成任务,当场就可以获得免费的冰激凌。

凯格尔的经验教训不是说移动应用程序有什么问题;你只是要

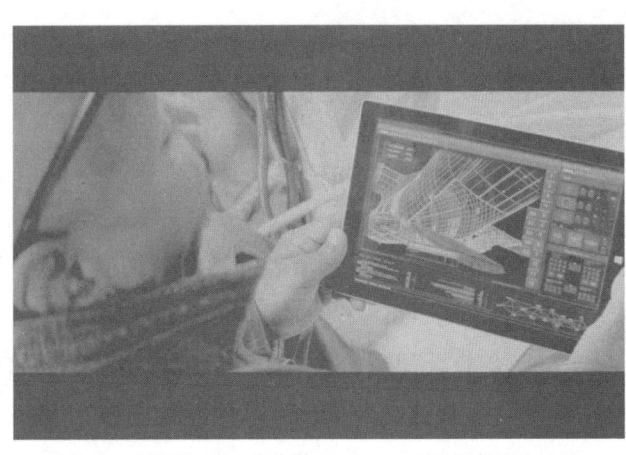

Mission Impossible: Rogue Nation/Paramount Pictures/productplacementblog.com

微软在《碟中谍》(*Mission: Impossible*)中使用了产品整合来突出公司的Surface平板电脑。

对试图通过其实现的目标有明确的规划。你还能想出什么样的移动营销策略?

植入式广告

植入式广告由来已久。在1981年的电影《缺席的审判》(*Absence of Malice*)中,保罗·纽曼(Paul Newman)喝的是百威啤酒。1968年,史蒂夫·麦奎因(Steve McQueen)在《警网铁金刚》中饰演警察弗兰克·布利特(Frank Bullitt)时,他开着一辆福特野马GT在旧金山追捕罪犯。但近年来,植入式广告变得相当复杂,偶尔会上升到被称为情节植入、品牌娱乐或产品整合的程度,即所推广的产品或服务不仅出现在节目中,而且是故事的核心。[129]

推动这种延展的植入式广告增长的因素之一是,多任务处理的消费者越来越多地忽略电视广告,他们在DVR上跳过电视广告,在广告休息时间浏览其他频道,或者离开房间去吃零食。[130]

根据《纽约时报》广告专栏人斯图尔特·埃利奥特(Stuart Elliott)的说法,植入式广告所面临的最大挑战是要让它看起来自然而不是突兀,因为突兀的植入往往会让消费者反感。这也许正是真人秀中有如此多的植入式广告的原因,因为在这类节目中,将产品作为奖励和奖品使用会让其更贴合节目。

现在,似乎没有什么产品不能植入黄金时段的节目。20世纪50年代,怀孕在电视上是一个避而不谈的话题,但从《绯闻女孩》到《欲望都市》,验孕棒经常出现在植入式广告中。[131] 电视和电影编剧反对产品整合,抱怨产品整合妨碍了他们的创作完整性;他们还呼吁,如果要在故事中植入广告,他们就要从广告收入中分一杯羹。电影和广播编剧联盟主席帕特里克·韦罗内(Patric Verrone)解释了编剧关注产品整合的原因:"植入式广告就是在节目中把一盒有品牌的麦片放在厨房桌子上。产品整合是让角色谈论这款麦片有多香脆可口。"[132]

社交鸡肉三明治

最近,最为激烈的社会营销战役之一是围绕鸡肉三明治展开的。

长期以来,福乐鸡(Chick-fil-A)三明治帝国一直与社会保守主义有联系。虽然该公司创始人与福音教派事务的联系和"周日不营业"的商业模式给它带来了批评,但这些相同的因素使它成为政治和宗教右翼的最爱,也得到了所有只是喜欢他们三明治的人的青睐。[133]

因此,长期以来,福乐鸡一直是鸡肉三明治之战的默认赢家。自1983年麦乐鸡在美国上市以来,尽管麦当劳投入巨大,但它仍未能创造出具有突破性的鸡肉产品。

肯德基拥有最多的大众市场炸鸡店,但一直以来,它更为人熟知的是带骨鸡肉和鸡肉条,而非三明治。需注意,虽然肯德基门店数量更多,但福乐鸡的鸡肉销量却多得多。[134] 2019年夏天之前,大力水手炸鸡(Popeyes Louisiana Kitchen)的情况也是如此。大力水手炸鸡一直具有灵魂美食的特质,并围绕辣味鸡肉的概念打造。2019年8月12日,大力水手向全球推出了他们的鸡肉三明治,有辣味和原味两种,随即引起了全球轰动。消息公布后不久,每家餐厅门外都排起了数小时的长队。福乐鸡自然不会坐视不理,于是作为一家21世纪的正规公司,它在推特上发声。对此,大力水手相当俏皮地以自己的推文予以回应。

这是福乐鸡回应2019年大力水手炸鸡鸡肉三明治热的推文。

大力水手炸鸡相当俏皮地发了一条推文予以回应。

推特上双方回应的差异颇为显著——截至本书撰写时，福乐鸡的推文获得了约31万个"赞"，而大力水手炸鸡的推文则收获了约2.2万个"赞"。大力水手的三明治大受欢迎，以至于该公司在月底前就已售罄该产品。但是，社交媒体之争并没有完全平息。有一次，大力水手建议顾客可以自带面包到餐厅，然后将两块鸡肉夹在里面。[135]

2019年11月3日，全国三明治日，大力水手将三明治重新推向市场，碰巧当天是周日，其竞争对手福乐鸡不营业。2019年11月中旬，令支持者和批评者都大吃一惊的是，福乐鸡宣布其名下的慈善基金会将改变捐赠模式，不再向两家被视为反跨性别者（LGBTQ）的慈善机构捐款。对这一变化的大部分回应来自政治右翼，他们认为新政策是对该公司保守派支持者的背叛。[136]请看前阿肯色州州长迈克尔·赫卡比（Mike Huckabee）的推特。

在这场快餐大战中，其他参与者也试图崭露头角。麦当劳试图在两个市场推出类似福乐鸡三明治的产品，但关注度极低。几年前，16岁的卡特·威尔克森（Carter Wilkerson）的一条关于温迪（Wendy's）酥脆产品的推文被分享了超过360万次，创下了推特的记录。当时，温迪快餐连锁店承诺为卡特·威尔克森提供一年的免费鸡块，其幽默诙谐的推文回应收获了相当多的关注。[137]

在所有这一切中，有一件重要的事情需要记住，那就是鸡肉三明治之战主要是在网上讲述一个关于易于购买和享用的东西的故事。这其实并非真正关于食物。食品行业分析师大卫·波塔拉汀（David Portalatin）告诉《华盛顿邮报》的记者："这整件事无关鸡肉三明治，而是关于这个故事的病毒式传播。这也反映了福乐鸡等连锁店的表现。"[138]

当然，并非所有的热议都围绕着大众市场的鸡肉。在大力水手三明治的话题愈演愈烈之际，音乐家布里·霍尔（Bri Hall）在推特上提到了华盛顿特区的"漫游公鸡"

（Roaming Rooster）餐厅的鸡肉三明治。她的推文在网络上发酵，随后，这家餐厅门口以及四辆餐车前面都排起了长队。"漫游公鸡"以"终身免费吃鸡肉"作为对霍尔的回报。

章节回顾

章节小结

广告是呈现在大众媒体之上的一个组织、一种产品、一项服务或一个理念的付费信息。广告为社会带来了诸多益处，包括降低媒体成本以及为庞大且多样的经济做出贡献。尽管广告自美国殖民时代就已存在，但19世纪的工业化、城市化以及国家交通网络的发展，才使其成为一个重要的产业。广告将媒体行业从主要由订户支持转变为由广告收入支持。出版商（以及后来的广播公司）不再向观众出售内容；他们现在向广告商出售观众。

根据客户试图接触的受众以及其试图销售的理念或产品，广告可以分为消费者广告、宣传广告和贸易（企业对企业）广告。广告行业包括四个主要群体：有广告要做的客户、广告代理或制作广告的部门、投放广告的媒体以及广告所针对的受众。

广告商运用多样化的策略触及受众群体。他们可能会通过心理研究试图了解受众成员的需求、愿望和动机。他们还针对特定的人群投放产品。这种目标定位可能会引发争议，一方面是由于公司承认同性恋家庭等受众的重要性而冒犯了某些人，另一方面是因为公司收集了批评者认为关于消费者的过多信息。

批评人士认为，广告提高了商品的成本，许多广告索然无味，广告还会对年轻人和其他易受影响的人群进行剥削和压榨。尽管有人抱怨广告商在广告中植入潜意识信息，但没有证据表明这种信息被使用过或者有效。针对儿童的广告也被认为存在问题，因为小孩子无法理解付费信息和编辑/娱乐内容之间的区别。

随着新技术的出现，消费者可以绕过电视上的广告，广告正在经历一个重大的变革时期。但技术也为广告提供了许多新的场所，包括互联网和移动设备。企业越来越多地使用整合营销传播策略，将多种营销传播形式结合在一起，以此推广其品牌。广告商也期望通过精心开发的植入式广告和社会营销来推广他们的产品。被称为"网红"的线上名人是社会营销的一个重要部分，他们发布的付费信息往往与非商业内容难以区分。

关键术语

广告（advertising）
工业化（industrialization）
现代化（modernization）

富足经济（economy of abundance）
品牌名称（brand name）
地方性广告（local advertising）
直接行为信息（direct-action message）
全国性广告（national advertising）
宣传广告（advocacy ads）
公益广告（public service ads）
企业对企业（贸易）的广告［business-to-business（trade）ads］
开口合同（open contract）
大创意（the big idea）
品牌形象（brand image）
媒体策划（media planning）
千人成本（CPM）
区域覆盖（zoned coverage）
驾车时间（drive time）
定位（targeting）
混乱（clutter）
潜意识广告（subliminal advertising）
网络红人（influencers）
整合营销传播（IMC）
软广告（advertorial）
产品整合（product integration）

问题反馈

1.用像玩具开箱视频这样具有说服力的信息瞄准幼儿，这对他们公平吗？
2.广告在19世纪成为我们文化中的一个重要组成部分，社会上发生了什么事情？
3.当消费者接触到众多相互竞争的广告时，广告商如何吸引他们的注意力？
4.苹果公司推出麦金塔电脑的"1984"广告是如何改变超级碗广告的？
5.整合营销传播与传统广告有什么不同？

Tide, "Gronk knows that Ride PODS® are for DOING LAUNDRY. Nothing else." January 12, 2018. Retrieved from YouTube at https://www.youtube.com/watch?v=-DrC_PF_3Lg.

第十三章 公共关系：互动、关系与新闻

学习目标

在学习本章节之后，你将能够：

1. 了解现代公共关系的两位关键创始人，并描述他们个人对公共行业所做的贡献；
2. 描述公共关系的三大主要职能；
3. 了解公司运用媒体与内部公众沟通的四种方式；
4. 描述两个互联网如何使公共关系变得更加困难的例子；
5. 解释公共关系在媒体新闻中扮演重要角色的方式；
6. 认识马丁·路德·金博士所说的消除种族隔离法需要与媒体配合的三件事。

正如我们在第十二章开头所讨论的，年轻人可以通过展示他们做蠢事的视频在网上吸引关注。2013年，一些青少年上传了自己试图在60秒内吃下一勺纯香料的视频，以此参加"肉桂粉挑战"（the Cinnamon Challenge）。2014年夏天，还有一项更令人钦佩的"冰桶挑战"（Ice Bucket Challenge），人们将一桶冰水从头顶浇下，为对抗渐冻症筹集资金。公平地说，有很多成年人也参与了这个活动，包括前福克斯新闻的主持人谢普·史密斯（Shep Smith）和微软全国广播公司（MSNBC）的主持人雷切尔·玛多（Rachel Maddow）。2016年出现了"人体模特挑战"（the

Mannequin Challenge）的视频中，就像你猜的一样，年轻人像人体模特一样保持静止不动。

这些挑战有什么共同之处？它们都与年轻人做一些愚蠢的、有时甚至危险的事情并录制视频上传至网络有关[1]（它们还都印证了"秘密4"的例子——没有什么是新鲜的：过去的一切都会再度发生）。

然而，这些挑战中很少有像2017年和2018年流行的那次挑战那样一眼便知的危险，那就是所谓的"汰渍洗衣球挑战"（Tide Pod Challenge），人们试图吃掉（其实只是咬一下）装满高浓度有毒洗衣液的洗衣球。正如《PBS新闻一小时》（*PBS NewsHour*）所指出的，挑战者实际上并没有吃掉洗衣球。如果这样做了，他们的喉咙、食道或肺部可能会遭受化学灼伤。他们也可能会使自己的胃剧烈不适。他们可能会让自己的余生都呼吸困难。他们甚至可能会死亡。[2]

没有人清楚吃汰渍洗衣球挑战是从哪里发起的。早在2015年，生产汰渍的消费品巨头宝洁公司（P&G）就处理过一起一小部分年轻人为了取乐而咬洗衣球的突发事件。当时，讽刺网站"洋葱新闻"（the Onion）以假想的一个想要吃东西的蹒跚学步的孩子的视角，发表了一篇讽刺评论文章。但直到2017年，制作这种活动的视频才流行起来。[3]同时，"学院幽默"网站（the College Humor）上一段名为"别吃洗衣球（说真的，它们有毒）"的视频也获得了350万的点击量。[4]据沃克斯新闻（Vox）报道，紧随其后的是名厨戈登·拉姆齐（Gordon Ramsay）谈论它们有多美味、在末世杂货店为最后一袋洗衣球而争吵以及用洗衣球做比萨配料的表情包。"洋葱新闻"甚至还发布了一则后续的仿造公告，称汰渍推出了一种新的酸苹果味的洗衣球。[5]

宝洁公司和YouTube都很快站出来郑重声明，告知人们不要故意去食用洗衣球。宝洁公司的一份新闻通稿称，该公司"对与有意或不当使用洗衣球有关的讨论深感担忧。洗衣球是用来洗衣服的。无论在什么情况下，都不应该拿它们开玩笑。像所有的家用清洁产品一样，它们必须被正确使用并安全储存。"[6]宝洁公司还要求YouTube和Facebook一旦发现"汰渍洗衣球挑战"的视频就将其删除。

当然，宝洁公司并没有真的期望通过其严肃和负责任的新闻信息触及青少年群体。为此，该公司求助于美国国家橄榄球联盟（NFL）的橄榄球明星罗布·格隆考斯基（Rob Gronkowski），他之前曾为汰渍公司拍摄过超级碗广告（Super Bowl commercials）。格隆考斯基直接在网络视频中传达了这样的信息："到底发生了什么事，伙计们？用汰渍洗衣球洗衣服，而不是吃它。不要吃。"如果这还不够清楚，在视频中他又说："不，不，不，不。"[7]这段视频在网上疯传，并激发了一系列嘲笑整个挑战想法的其他视频。说唱歌手兼演员艾斯-T（Ice-T）在《今夜秀》（Tonight Show）中发布了一则非常直接的公益广告，这位曾出演《法律与秩序：特殊受害者》（Law & Order: SVU）的明星用单调的语气说："别吃洗衣球了，蠢货。"[8]

汰渍还通过社交媒体直接回应了联系该公司的消费者。一位消费者发布了一条推文，说："请帮帮我@汰渍，我因为打赌输了吃了一个汰渍洗衣球，现在，我觉得我的胃被烧了一个窟窿。"汰渍迅速用推文回应称："联系你的医生或当地的中毒控制中心。当你感觉好一些时，请联系我们……我们的工作时间是从美国东部时间早上9点至下午6点。"[9]

但是，吃汰渍洗衣球挑战仅仅是问题的冰山一角——尽管这已经是最为显而易见的部分了。早在2012年，美国疾病控制与预防中心（Centers for Disease Control and Prevention，简称CDC）就声称洗衣球中毒是一种新出现的健康危机；中毒控制中心报告称，这一年有7700例5岁及以下儿童中毒病例。[10]2012年至2017年期间，有2名儿童和6名成年人因吞食洗衣球而死亡，但显然他们都没有参加这项挑战。[11]

汰渍公司为家长和护理人员制作了教育材料，将洗衣球放入对儿童安全有保障的包装里，并在洗衣球的外包装上添加了苦味，以应对小孩子咬洗衣凝珠包装的最初问题。[12]

公共关系从业者布莱尔·妮科尔·娜塔西（Blair Nicole Natasi）在《福布斯》上撰文称，对宝洁公司来说，有利之处在于，"汰渍洗衣球挑战"并不是一场企业自己营造的公关危机。汰渍长期以来在其外包装上都有警示标签，告诫人们不要吞食洗衣球或让洗涤液进入眼睛。当这一挑战出现在社交媒体上时，该公司立即回应称，洗衣球只供洗衣用。最后，娜塔西写道，除了对年轻人做出回应之外，宝洁还致力于让更广泛的公众意识到这个问题。[13]

市场营销学教授罗伯特·菲尔德（Robert Field）称赞宝洁公司没有为消费者的不良行为道歉。他表示："宝洁公司证实了公众的担忧，但也明确表明他们不认为自己对此负有责任。"[14]

正如我们在本章后面将会看到的，提升机构期望形象的一个关键方法是在糟糕的故事开始之前，确保公开讲述好自己的故事。除了考察公共关系行业的发展之外，我们还将讨论公关流程的运作方式、组织需要合作的各种公众以及公关专业人士如何利用公共关系来保护和促进其雇主的利益。

公共关系的发展

公共关系（public relations，也称为PR）领域在美国的形象参差不齐（术语"公共关系"一词在本章节后面部分会有延展性的探讨）。马文·奥拉斯基（Marvin Olasky）在其关于"企业公共关系"的书中指出，从业者被称为"高薪的跑腿男孩和管理层的缓冲器"（high-paid errand boys and buffers for management）。[15]其他的名字就没那么好听了。尽管存在这样的批评，公共关系在工业、政府和非营利组织中仍发挥着重要作用。这些组织需要与为其工作、对其投资、由其服务、为其贡献、对其进行监管或向其购买的人员打交道。归根结底，他们需要与世界互动。这就是公共关系的意义所在：与广泛的公众建立联系。公众（Public）是一群有共同兴趣的人。内部公众由组织内部的人员组成。外部公众由组织外部的人组成。

公共关系的起源可以追溯至美国独立战争时期（American Revolution），当时向公众分发的小册子，如托马斯·潘恩（Thomas Paine）的《常识》（Common Sense），为殖民地与英国决裂提供了依据。在19世纪初，著名作家华盛顿·欧文（Washington Irving）利用宣传来为他的新书造势。但人们普遍认为，公关行业起源于工业革命。随着企业及其配套的管理机构的发展壮大，管理企业形象的需求也在增长。[16]通信方面的进步也使宣传活动更加可行。直到19世纪30年代和40年代的便士报产生了广泛的报纸发行量，宣传才开始特别有效。马戏团大亨P. T. 巴纳姆（P. T. Barnum）将宣传提升为一门艺术，他用假名字给编辑写信，指控自己有欺诈行为，从而使人们对他的表演产生了兴趣。因此，这种被称为新闻代理（press agentry）的早期宣传过程，是一种单向的公共关系形式，在这种单向模式下，新闻代理向媒体发送材料，几乎没有互动和反馈的机会。新闻代理用于支持诸如通过演讲、书籍和歌曲戒酒的事业。废奴运动（abolitionist movement）也有效地运用了这一方式。

如前所述，新闻代理涉及单向沟通。在20世纪20年代以前，大多数新闻代理人致力于为客户制造宣传，而不是帮助客户管理或塑造特定形象。标准石油公司（Standard Oil）在19世纪90年代的努力是那个

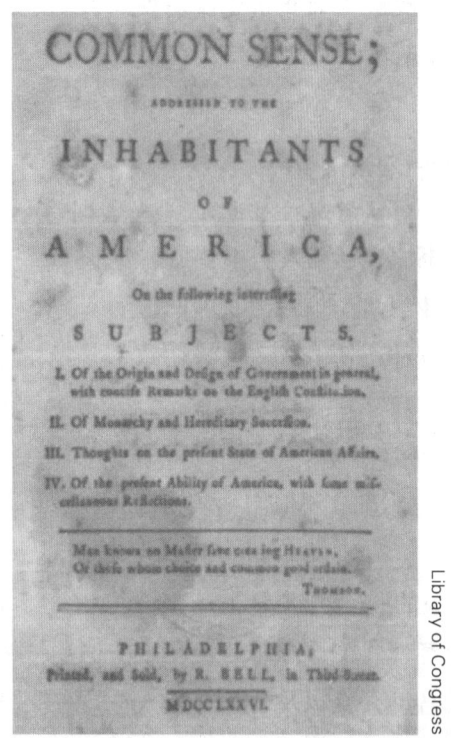

托马斯·潘恩著名的小册子《常识》是早期公共关系研究的范例。它被用来为美国独立战争辩护。

Library of Congress

时代的典型。这家石油巨头的广告公司以付费广告的形式发文，但只有当这些广告看起来像文章或社论时，该机构才会支付费用。[17]然而，在20世纪早期，公司开始意识到，他们需要回应各种民粹主义和进步政治团体的批评，以及《麦克卢尔》（*McClure's*）等杂志的丑闻调查报告（见第五章）。

公共关系的首批主要使用者是铁路公司，他们有众多理由来塑造自身形象。[18]在19世纪70年代，许多铁路公司想要按照预定的百分比来分配货运任务，以避免竞争。铁路公司不希望其垄断行为在媒体上受到批评，于是他们贿赂记者和编辑，要么直接给钱，要么更巧妙地给合作的新闻界成员免费提供铁路旅行的通行证。伊利诺伊中央铁路公司（the Illinois Central Railroad）意识到，来自学术界对铁路的赞誉比来自行业自身的吹嘘更有益、更有说服力，所以它资助了大学对铁路的研究，研究成果可以被媒体引用。

与铁路行业一样，公用事业和电话行业也看到了公共关系的价值。芝加哥爱迪生公司（Chicago Edison）向政府和公众宣称，供电是一种"自然垄断"，不应公开竞争。在20世纪初，美国电话电报公司（AT&T）要求其投放广告的报纸发表关于其行动的正面文章。公用事业公司和电话公司都利用公关公司撰写文章和社论，宣传公司的观点，并在全国各地的报纸上发表。

作为现代公共关系的两位重要奠基人之一，艾维·李（Ivy Lee）为这一行业带来了对经济学和心理学的深刻理解。李认识到，与理性的论证相比，公众对符号和措辞的反应往往更强烈，于是他紧紧围绕着象征主义来开展研究。[19]他还认为让企业展现出人性的一面很重要。[20]

李是首位处理危机管理的公关专业人士，虽然"舆论控制"（spin control）直到20世纪80年代才成为一个流行术语，但他早在1910年就开始使用了。李希望为客户做的不仅仅是发布有利的宣传；他想操控公众舆论以支持他的客户。这意味着要积极地与媒体合作。

铁路公司面临的问题之一是事故报道。在19世纪末，业界公认的做法是要么掩盖事故，要么贿赂记者不要报道。李建议说，对铁路公司来说，公开与媒体打交道可能最符合自身利益。当他的客户——宾夕法尼亚铁路公司（Pennsylvania Railroad）发生事故时，他邀请记者前往事故现场，费用由公司承担。他们到达后，他帮助他们报道这一事件。公司行政人员惊讶地发现，他们与媒体合作所获得的宣传效果远远优于与媒体对抗时的效果。[21]

李还认识到说实话的重要性。尽管他提出的论点显然支持客户的观点，但李在任何事实性陈述中总是小心翼翼地确保准确。这与其说是因为说实话是正确的或合乎道德的,不如说是因为这样做是有效的。[22]李曾经告诉石油巨头小约翰·D.洛克菲勒(John D. Rockefeller Jr.):"说实话,因为公众迟早会发现真相。如果公众不喜欢你的所作所为,那么就改变你的政策,使其符合人们的期望。"[23]1902年,美国煤矿经营者面临着一场罢工。煤矿主们无视媒体的报道,但工会的矿工们为了自己的利益与记者们合作,因此,公众大力支持工人们。1906年,当煤矿主们再次面临罢工时,他们聘请了李的公关公司"帕克&李"(Parker and Lee)。[24]李说服了煤矿经营者,让他们不能再无视公众的意见。作为一名前商业记者,他开始向报纸提供其需要的所有信息。在得到煤矿主清晰准确的声明后,记者们开始写一些对煤矿主不那么具有敌意的报道。

大约在这个时候,李制定了他的《原则宣言》(Declaration of Principles),概述了他认为应该如何进行公关。这些原则可以简单地概括为:公开、诚实地向媒体提供准确、及时的新闻。[25]李本人在其职业生涯末期也遭受了糟糕的公共关系:在20世纪30年代,他被指控为"纳粹宣传者"(a Nazi propagandist),因为他曾为德国戴伊信托公司(German Dye Trust)工作。他职业生涯中树敌众多,这至少在一定程度上导致了这次关联对他声誉的损害。[26]

与艾维·李一起,公共关系的另一位奠基人是爱德华·L.伯尼斯(Edward L. Bernays),他是第一个将社会科学研究技术应用于该领域的人。伯内斯是西格蒙德·弗洛伊德(Sigmund Freud)的侄子,他提倡使用心理学来操纵公众舆论,并把这种技术称为"工程同意"(engineering consent)。

马戏团发起人巴纳姆(P.T. Barnum)通过像这样的海报,以及人们对他的马戏团的抗议和投诉,为他的表演做宣传。

这个短语的意思很简单,就是使用工程学方法,也就是说,行动仅仅基于对情况的全面了解,对科学原理的应用,以及在让人们支持想法和项目的任务中尝试的实践。任何个人或组织最终都依赖于公众的认可,因此都面临着规划公众对某个项目或目标表示同意的问题。[27]

除了推广他的客户外,伯尼斯还积极推动将公共关系视为一个职业的概念。为此,他撰写了关于这一实践的首批著作《舆论的结晶》(*Crystallizing Public*

Opinion, 1923)和《宣传术》(*Propaganda*, 1928)。1923年,伯尼斯在纽约大学教授了第一门公共关系课程。1923年,伯尼斯在纽约大学开设了第一门公共关系课程。

与李一样,伯内斯也认识到了大众在现代生活中的重要性。他发现影响公众的最佳方式是安排可靠的消息来源传递消息。他评论道:"如果你能影响领导者,无论他们是否有意识地合作,你都会自动影响他们所影响的群体。"[28]虽然领导者对团队的必然影响力可能有点言过其实,但利用可靠或受尊敬的个人代表公司发声对于公共关系来说肯定至关重要。

测试你的媒介素养:虚假报道引起公众关注

假新闻(fake news)并非总是与政治有关。早在1939年,一位名叫丽塔·海华丝(Rita Hayworth)的年轻女演员正试图成为家喻户晓的人物,而她的新闻经纪人、传奇人物亨利·罗杰斯(Henry Rogers)愿意不惜一切代价让她成为好莱坞明星。其中一项努力就是发布了一份虚构的新闻稿,称海华丝(Hayworth)在一个不存在的组织举办的"最佳银幕外着装女演员"大赛中获胜。这个故事让海华丝登上了《形象》(*Look*)杂志(《生活》杂志的竞争对手),并开启了她的演艺生涯。[29]

我们为何要关注?因为这种事再次发生了。

就在最近,英国报纸《每日邮报》(*Daily Mail*)刊登了一篇报道,宣称歌手蕾哈娜(Rihanna)为阿玛尼内衣拍摄的广告获得了《广告时代》杂志颁发的年度最性感广告奖。作者甚至引用《广告时代》的话说:"这是蕾哈娜最性感的时刻。她从未如此美丽。"他们还补充说:"她身材惊人,照片令人惊叹。"[30](顺便说一句,署名中的"他们"应该是一个暗示,表明这个故事背后没有真正的消息来源。记住秘密7——这里没有"他们")

甚至蕾哈娜也在推特上提到了这个奖项。这是唯一的问题吗?正如新闻博主吉姆·罗梅内斯科

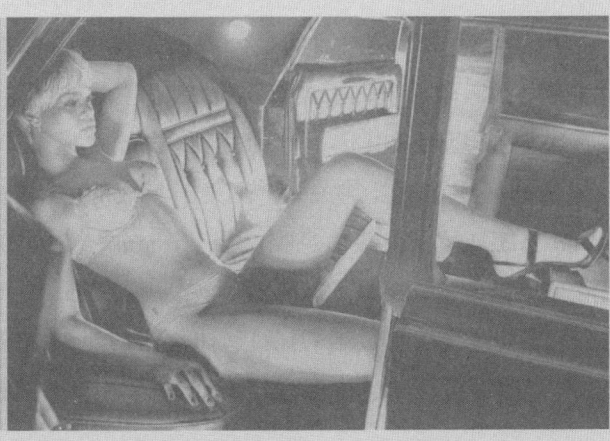

（Jim Romenesko）所指出的，《广告时代》实际上并未颁发最性感广告奖。这就是为什么关于它的所有报道[包括来自《赫芬顿邮报》（Huffington Post）、《印度斯坦时报》（the Hindustan Times）、《全球磨坊》（the Global Grind）]《印度斯坦时报》、《环球研磨》等的报道)都没有链接回《广告时代》。[31]

这是这则故事的真实来源吗？一家名为TNI出版（TNI Press Ltd.）的公司为英国小报撰写报道，它才是最近几篇吹捧蕾哈娜性感的报道的来源。在《纽约时报》刊发的罗杰斯讣告中，他在1987年说的话被引用：":如果我现在做我当时做的事，我会被所有新闻媒体封杀。"[32]

嗯……也许不是这样的。想想"秘密4"——没有什么是新鲜的：过去的一切都会再度发生。

顺便说一句，在这个故事传播的时候，我在谷歌上搜索蕾哈娜的阿玛尼广告，发现了24篇相关的媒体报道，但只有一个链接指向事实的更正。当谈及名人八卦——很可能是由名人自己推动的八卦——我们真的在乎它是否真实吗？

谁是源头？

《每日邮报》（Daily Mail）是什么？它刊登了哪些故事？亨利·罗杰斯是谁？

他们在说什么？

亨利·罗杰斯为丽塔·海华斯做了哪些事情？《每日邮报》又为海华斯做了什么事情？罗杰斯和蕾哈娜的故事之间有什么联系？

有什么证据？

《每日邮报》有什么证据证明蕾哈娜的故事是真实的？那些转载这个故事的新闻网站呢？这些出版物在发表之前本可以做些什么来核实这个故事？你和你的同学对编造的名人故事有什么看法？

你认为《每日邮报》为何会为蕾哈娜的这个故事配图？

你认为它在乎故事是否真实吗？《每日邮报》为蕾哈娜所做的和亨利·罗杰斯为丽塔·海华斯所做的有什么区别？你和你的朋友们相信那些关于名人的小报报道的真实性吗？

对伯内斯来说，将公共关系与过去的新闻代理区分开来的主要特征是，公共关系是个人和组织之间的双向互动——既包括倾听也包括表达。伯内斯写道，直至20世纪20年代，从业人员已经清楚地认识到，仅靠言语并不构成公共关系；必须有与言语相匹配的行动。

第一次世界大战：联邦政府开始动用公共关系

1914年至1918年这段时间是公共关系发展的重要历史时期。据伯尼斯所说，在此期间，各国政府明白了具有说服力的沟通对于动员民众支持一场大规模战争有多么重要："思想及其传播成为武器，言辞变成子弹。"[33]美国政府在第一次世界大战期间广泛动用公共关系。在美国参战的一周内，伍德罗·威尔逊（Woodrow Wilson）总统成立了公共信息委员会（Committee on Public Information，CPI），由《洛基山新闻》（Rocky Mountain News）的前编辑乔治·克里尔领导（George Creel）。该委员会从1917年4月6日运作至1919年6月30日，为美国争取了民众对战争的支持。尽管委员会缺乏许多现代大众传播工具——无线电广播仍处于起步阶段，电影工业也刚刚起步——但其仍然能够使用广告、广告牌、海报以及报纸评论、文章和小册子。

委员会还利用了人际关系渠道。它招募了7.5万名"四分钟演讲者"（Four-Minute Men），他们通过四分钟的演讲向教会和市民团体传达了委员会的信息。20世纪40年代进行的一项研究证实了这种方法的有效性，结果表明，当人们在重要话题上寻求指导时，往往会向他们认识和信任的人求助。因此，如果一个组织想要影响特定的公众，最好的方法可能是利用有影响力的当地个体以及大众媒体。[34]伯内斯将这一过程称为意见领袖（opinion leadership）——利用"记者、政治家、商界人士、科学家、职业人士、作家、社会领袖、教师、演员、时尚女性等"向公众传递有影响力的信息。[35]

伍德罗·威尔逊对公共关系的运用并不局限于战争。他是第一位定期召开新闻发布会的总统，在威尔逊的领导下，联邦贸易委员会利用宣传手段强制食品行业采取更卫生的做法。第二次世界大战期间，联邦政府再次求助于公共关系。战争信息办公室的作用与"一战"期间公共信息委员会的作用大致相同。主要的区别在于，这个新组织能够使用有声电影和广播来补充公共信息委员会所运用的印刷品和人际交流（等手段）。

公共信息委员会有7.5万名"四分钟演讲者"（Four-Minute Men），他们向美国各地的教堂和民间团体发表关于第一次世界大战的简短演讲。

公共关系成为一种职业

在20世纪40年代和50年代，公共关系作为一种职业继续发展，学院和大学开始提供该领域的学位。民意调查的进步使其更容易衡量公众意见，客户开始意识到公关公司可以帮助塑造人们对公司和问题的看法。他们也在寻求新兴的电视媒体的帮助。

在整个20世纪60年代，随着美国卷入越南战争、民权运动、学生运动和妇女运动、环保主义以及消费主义[比如拉尔夫·纳德（Ralph Nader）之类的消费者维权组织]，媒体对企业和政府的批评越发尖锐。这一趋势在20世纪70年代随着水门事件引发的调查性报道的兴起而得以延续。在那个时期，各个机构不得不积极管理自身形象，并且他们意识到了与个人、企业、政府和社会组织进行沟通的重要性。[36]

公共关系业务

学生们常常会有一个错误的认知，即公共关系主要与人们之间的谈话和会面有关。尽管公共关系确实涵盖这些元素，但这个行业远不止于此。公共关系是通过规划、研究、沟通和评估来管理一个组织形象的工作。

爱德华·伯内斯描述了公共关系的三种主要功能：

1.告知（informing）——向各种各样的公众传递信息，从办公室的工作人员到世界另一端的客户。例如，向销售该公司产品的商店发布新闻稿，宣布有新的产品线。

2.劝服（persuading）——试图诱导不同公众改变他们对一个想法、产品或机构的态度或行为。例如，诱导一家公司的客户写信或致电给国会议员，以说服他们取消对公司产品的税收。

3.整合（integrating）——试图使公众和机构围绕一个共同的目标，用共同的行动和态度团结起来。例如一场慈善拍卖会，旨在为公司办公室所在城市的一个公园筹集资金，同时公司正努力成为社区的重要组成部分。[37]

伯内斯将公共关系视为一种公益，是社会正常运转的必要条件。他认为，社会发展得太快，变得太复杂，普通人难以应对，一个正常运转的社会的唯一希望是通过公共关系将公共利益和私人利益相结合。

这种机构与其公众之间的双向互动模式是现代公共关系的核心概念，它可以被定义为"在一个组织与其成功或失败所依赖的公众之间建立和维护互惠关系的管理职能"[38]。这个定义有三个基本部分：

1.公共关系是一种管理职能。这意味着它对公司或组织的运作至关重要，而不仅仅是营销部门的工具。

2.公共关系建构互惠互利的关系。这意味着公共关系是一种使机构和公众双方均能获得利益的互动形式。

3.公司依赖于不同的公众来获得成功。公关活动失败的主要原因之一是他们忽视了这些关系，只考虑公司的观点。

企业必须避免的一个错误是，在解决公共问题时，认为圆滑的沟通可以代替实际行动。这一点在20世纪20年代和30年代的电影业案例中可以清楚地看到。正如第七章所讨论的，在那个时期，电影因其不道德的内容而受到批评。作为回应，行业领袖雇用了前美国邮政局局长威尔·海斯（former U.S. postmaster Will Hays）来监督电影中的道德内容。在整个20世纪20年代，海斯向新闻界宣传企业责任，但针对电影中所描绘的性、暴力和毒品使用问题，电影业并没有做出重大调整。[39]

到了1934年，评论家们已经受够了没有实际行动的安抚之词，天主教道德联盟（the Catholic Legion of decency）发起了一场电影抵制运动。随着政府审查的力度越来越大，电影业最终推出了一部《制片法典》，对导演所能表现的内容进行严格的限制。公共关系历史学家马文·奥拉斯基（Marvin Olasky）认为，如果电影行业在20世纪20年代能以一种有意义的方式对待批评，它可能就会避免30年代强加给它的限制。[40]

公共关系流程

虽然有一些不同的方式来看待公共关系流程，但我们倾向于用一种被称为ROPES的模型对其进行审视，ROPES为研究（research）、目标（objectives）、规划（programming）、评估（evaluation）和管理（stewardship）。[41]

研究——研究机构所面对的机会、问题或议题。

2.目标——为公关活动设定具体的、可衡量的目标。

3.规划——计划和实施一些必要的活动，以此推进目标的实现。

4.评估——在使用信息和技巧前进行测试，在活动进行时对规划进行监测，并衡量规划的结果5.管理——维护通过上述步骤所创建的关系。

ROPES流程的核心理念是，公共关系主要专注于创建、发展和培养组织与其核心公众之间的关系。[42]为了了解这一过程是如何实施的，让我们看看宝洁公司是如何利用公共关系来阻止汰渍洗衣球的滥用，以及是如何保护这个美国最畅销的液体洗衣剂品牌的价值的，正如我们在本章前面所讨论的那样。[43]

研究

作为"汰渍"品牌的所有者，从2012年汰渍洗衣球首次推出到现在，宝洁公司需要鼓励安全使用其产品，而不是对每一次意外或故意滥用洗衣球的行为反应过度。为此，该公司监测了有关洗衣球的社交媒体和新闻报道，以及公共卫生报告。在"洗衣球"推出后的第一年，宝洁公司了解到，蹒跚学步的孩子会咬食颜色鲜艳、质地柔软的洗衣球并因此生病，一些患有认知障碍或精神疾病的老年人也是如此。几年后,有报道称,一些青少年试图在激将下尝试吃洗衣球。最后,在2017年和2018年,新闻报道和社交媒体显示,年轻人正在发布自己参与他们所谓的"汰渍洗衣球挑战"的视频。[44]

通过媒体监控,宝洁公司发现,它显然存在幼儿无故咬食有毒产品的问题。在2014年和2015年,该公司发现青少年滥用洗衣球的情况较少,但他们认定将这种滥用行为公之于众弊大于利。当"吃汰渍洗衣球挑战"浮出水面并开始像病毒一样传播时,与宝洁公司合作的公关专业人士知道,他们需要以一种有意义的方式做出回应。

目标

一次成功的公关活动取决于对客户想要达成的目标有清晰的定义。这需要为活动设定清晰的、可衡量的目标。除了与公众沟通,它还包括通过改变产品来解决问题。宝洁多年来的目标包括:
- 保持客户的信任
- 鼓励安全地存储和使用洗衣球
- 阻止试图食用洗衣球
- 不鼓励青少年用洗衣球来玩特技,并在社交媒体上分享
- 防止在社交媒体上出现任何口口相传的负面信息[45]

规划

宝洁公司整合了产品更新和沟通的几个阶段,以应对安全和滥用的问题。
- 针对幼儿咬食洗衣球的问题,宝洁公司很早就决定对产品做出改变,最重要的是在洗衣球的表层上添加了强烈的苦味。该公司还加强了洗衣球的防儿童包装的有效性。最后,宝洁公司改进并公布了随产品附带的、可在线获取的安全信息。[46]
- 为了应对社交媒体掀起的"吃汰渍洗衣球挑战"视频发布热潮,宝洁公司发布了一则在线公益告示,其中新英格兰爱国者队的罗布·格隆考斯基向青少年呼吁,对于咬洗衣凝珠这件事,表示"不,不,不,不"。该公司还与YouTube和Facebook合作,下架了"吃汰渍洗衣球挑战"的视频。此外,该公司还发起了一场更传统的宣传活动,以传达这样的理念:洗衣球是一种清洁产品,需要小心谨慎对待。最后,宝洁公司与一个行业组织合作制作了教育材料,在各高校中分发。[47]

评估

对该活动的评估显示,它在多个方面卓有成效。对中毒控制中心报告的分析

表明,尽管该产品的销量大幅增长,但因洗衣球造成的意外伤害数量仍保持在相对稳定的水平。沟通与产品调整的结合成效显著。反对"吃汰渍洗衣球挑战"的活动也大获成功。格隆考斯基的视频在推特上被转发超过5万次,点赞超过10万次。格隆考斯基还在自己的账号上转发了该视频,又收获了9000多次转发和2.9万次点赞。该视频在Facebook上的浏览量也超过了4.4万次。此外,这个恶搞视频还激发了其他几部嘲笑吃洗衣球这一行为的视频的创作。与YouTube和Facebook的合作也是成功的,社交媒体上吃洗衣球的视频被删除了。[48]

市场营销学教授阿梅里卡斯·里德(Americus Reed)赞扬了宝洁公司及其代理机构的努力:"从品牌危机评估的角度来看,我认为汰渍做了应该做的一切……必须确认担忧,必须展现行动,而且必须掌控叙述。"[49]通过尽早发声并采取果断行动,宝洁保护了其最重要的品牌之一。

管理

宝洁将其对汰渍洗衣球危机的应对纳入了整体沟通计划。汰渍在其包装上一直都有安全警示和儿童防护包装。此次应对只是让公司强化了之前的措施。当宝洁的公关机构制作了"不,不,不,不"的视频时,他们启用了此前在超级碗广告中用过的格隆考斯基,从而使这个信息成为整体活动的一部分。之后,该公司继续监测社交媒体,并对任何有关意外或故意吞食洗衣球的报道做出回应。

公众

"公共关系"一词似乎暗示存在一个单一的、庞大的人群——"公众"(the public),客户需要与之沟通。但实际上,有许多这样的群体,因为公众是指任何拥有共同兴趣的一群人。[50]这些人可能包括公司的员工、客户、股东、政府监管人员,甚至是住在新工厂所在地的社区居民。但一般来说,这些公众可以分为两大群体:内部公众和外部公众。

对公司来说,一个重要但容易被遗忘的受众是内部公众——为公司工作的人。与员工保持良好关系不仅对士气和响应能力很重要,而且员工也是公司的重要的非正式新闻来源。通过电子邮件、聊天室、电话和媒体接触,员工是公司沟通环境的核心部分。[51]对于宝洁来说,内部公众包括他们的管理人员、员工和传播专业人士。

公司和其他组织利用各种媒体与内部公众沟通。就员工和经理而言,这种沟通可以通过简单的每周邮件实现,也可以通过精心制作的四色公司报纸达成。但内部沟通并不局限于简单的书面材料。网络视频、闭路电视甚至卫星会议都可以用来向员工传达重要新闻。1979年,当三里岛核电站(Three Mile Island)发生重大事故时,附近的一家公用事业公司用录像节目帮助员工更多地了解核能。这种形式的教育降低了员工在与朋友和家人交谈时传播误导性信息的可能性。[52]许多组织已经启用了内部网(intranets),这是一种仅对该组织成员开放的计算机网络。这样的网络可以用作内部新闻来源、企业文档的集合,甚至是互动交流渠道。[53]

虽然组织对内部公众了如指掌,但外部公众的范围要大得多,且相对而言了解较少。新闻界是最重要的外部公众之一,因为组织正是通过新闻界与许多公众进行沟通的。与新闻界建立良好关系至关重要。早在艾维·李和爱德华·伯尼斯时期的公关从业人员就发现,在顺境时与新闻界合作会在逆境时产生更好的关系。[54]伊恩·蒙克(Ian Monk)是一名从英国记者转型成公关从业者的人士,他表示自己作为记者时建立的关系对他的公关业务帮助很大:"我一直在与以前的同事和门生打交道,我与他们建立的关系是无比宝贵的。"[55]对于宝洁公司来说,外部公众包括客户、社交媒体公司和州议员。该公司通过社交媒体与滥用产品的人进行一对一交流,并通过在线视频和网站进行更大范围的交流。它还通过包装材料进行交流。[56]

媒体关系(Media relations)可以被定义为一种新闻界成员之间的双向互动。通常,媒体关系涉及在媒体的标准节目或新闻内容中放置无偿信息。良好的媒体关系归根结底就是与广大公众的良好关系。在新闻界的正面形象通常会成为在公众面前的正面形象。一开始就受公众喜爱的公司往往比不受欢迎的公司更能抵御危机。公关从业人员苏珊娜·考特尼(Susanne Courtney)表示:"企业公关就是与投资团体、客户、媒体、员工和其他主体建立'股权'账户,公司在有需要的时候可能要利用这些'账户'。"[57]将公司展现在新闻界面前是公关工作中最引人注目的部分。新闻发布会、行业媒体的专题报道、照片、新闻稿和流媒体视频都是公关从业者用来通过媒体向各种公众管理其发出信息的工具。有时,一个机构的新闻活动可能更微妙。公关公司可能会鼓励一位杰出的领导人撰写一篇支持其客户观点的评论文章,发表在主要报纸的社论版上。公关公司也可能安排记者采访公司总裁。或者,它可能只是为记者提供有用的背景材料。

宝洁公司则通过传媒专业人士与媒体沟通,如发言人杰西卡·梅森(Jessica Mason)和彼得拉·伦克(Petra Renck)。[58]宝洁公司首席执行官大卫·泰勒(David

Taylor)也发布了一份新闻稿,他在新闻稿中写道:"让我们都花点时间和我们生活中的年轻人谈谈,让他们知道,他们的生命和健康比点击量、浏览量和点赞量更重要。请让他们明白,这可不是闹着玩的。"[59]

危机传播

没有什么比危机(crisis)更能考验一个组织的公关能力了。所谓危机,即公众认为损害组织声誉或形象的事件。奥美公关国际集团(Ogilvy Public Relations Worldwide)的主管阿尔·托尔托雷拉(Al Tortorella)说:"媒体说什么,危机就是什么。"[60]他的意思是,当一个问题被公开并开始被视为危机时,它才能被定义为危机。这意味着有可能防止一个问题成为危机,但公司永远不能指望问题被保密;如果问题变成危机,他们需要有应对的计划。

飞机制造商波音公司在其广受欢迎的737 MAX飞机坠毁问题上遇到了严重的危机,这可能是由于控制系统中的不良软件。因为缓慢且缺乏深思熟虑的讨论沟通,波音公司使问题变得更糟,使各类公众对其失去了信心。

波音(Boeing)公司长期以来一直是世界上最大的飞机制造商,但在2018年,它陷入了一场可能对公司的生存构成威胁的公关危机。在六个月的时间里,两架波音737MAX飞机坠毁。第一艘来自印度尼西亚的狮航(Lion Air out of Indonesia),于2018年10月坠入大海,机上189人全部遇难;第二起事故是埃塞俄比亚航空公司(Ethiopian Airlines)的飞机在起飞后很快坠毁,机上157人全部遇难。[61]不久之后,美国联邦航空管理局(FAA)停飞了所有737 MAX飞机,直到查明事故原因并解决飞机的所有问题。

波音公司首席执行官丹尼斯·米伦伯格(Dennis Muilenburg)在2019年3月第二次坠机事故发生一周后才公开表态。为彭博社撰稿的卡拉·阿莱莫(Kara Alaimo)表示,即使米伦伯格没有任何答案,"他也应该立即对受害者及其亲人表示同情,然后承诺尽快向公众提供更多信息。"她接着说,如果公司想要保护自己的声誉,就必须迅速应对危机。[62]

在第二次坠机26天后,米伦伯格最终发布了一份事先录制好的道歉声明,承认两架737MAX飞机上的传感器出现了同样的故障。危机沟通专家埃利奥·弗雷德·加西亚（Helio Fred Garcia）表示，这种迟缓的反应让航空公司对波音失去了信任。这导致航空公司取消了更多该机型飞机的订单。虽然制造商承认飞机的飞行软件存在问题，但仍坚称飞机设计可靠，并暗示飞行员可能没有遵循正确的紧急程序。[63]

在波音公司努力解决似乎是导致飞机坠毁的软件问题的同时，它继续面临着更多的公共关系问题。2020年1月，波音公司员工的电子邮件被移交给国会调查人员，据《纽约时报》报道，员工在邮件中"嘲笑联邦法规，谈论欺骗监管机构，并拿737 MAX在研发过程中潜在的缺陷开玩笑"。[64]

截至2020年5月，737 MAX飞机在全球仍处于停飞状态，波音公司面临着大量飞机订单取消的问题（既有737 MAX问题导致的困难，也有新冠肺炎疫情给航空公司带来的难题）。[65]

随着公司的发展，他们有一系列需要与之成功沟通的对象。最明显的是飞行公众，必须让他们相信飞机是安全的。但同样重要的还有监管其飞机的政府、购买其飞机的航空公司以及愿意冒着生命危险驾驶飞机的飞行员。

2018年4月，抗议者聚集在宾夕法尼亚州费城中心城的星巴克门店。几天前，两名黑人男子在等待朋友到达这家门店时被捕。该事件的视频在网上疯传后，逮捕事件引发了争议，随后星巴克发起了一场危机公关活动。作为回应，该公司在美国关闭了8000家门店，为员工提供了几个小时的种族偏见培训。

危机传播的原则

公司面临危机时应该怎么做？一般来说，它应该迅速、诚实地与所有公众进行沟通。更具体地说，这里有关于危机传播的五项原则：[66]

1. 做好准备（Be prepared）——最重要的原则是制订危机计划。对每家公司而言，都有某些不太可能发生但一旦发生就会造成极大损害的事情。这类事件如果严重到一定程度，可能会损害公司最重要的资产：信誉和声誉，从而危及公司的存在。[67]航空公司应该为飞机失事制订计划；大学应该为学术或体育丑闻制订计划；工厂应该为化学品泄漏做好准备。这些事件可能不太可能发生，但只要它们有可能发生，我们就应该为此做好准备。

2. 诚实（Be honest）——说谎的问题之一是说谎者往往会被揭穿。掩盖行为几乎总是会被曝光，而且掩盖行为看起来比最初的问题更糟糕。相反，应该迅速把事情说清楚。理查德·尼克松（Richard Nixon）总统对水门大厦民主党总部被闯入事件的谎言给他造成的麻烦远远超过了实际的盗窃行为本身。对于比尔·克林顿（Bill Clinton）总统来说，他在与莫妮卡·莱温斯基的关系问题上的撒谎给他的声誉造成的损害远远超过了他们之间的婚外情。[68]公共关系顾问鲍勃·威尔克森（Bob Wilkerson）表示："真相终将大白于天下。我希望从我的嘴里说出来。我出了事就已经够糟糕的了。如果看起来我还试图掩盖，那就更糟糕了。"[69]

3. 道歉，并且真诚地道歉（Apologize, and mean it）——公司应该用实际行动来回应，而不仅仅是空谈。2006年，摩托车制造商雅马哈（Yamaha）声称其新款中型运动摩托车的引擎转速可达17,500转。这明显高于任何竞争对手。结果发现，转速表和营销部门都有点过于乐观，因为该摩托车真正的红线转速是16200转/分钟。在现实生活中，这种差异可能无关紧要，但当关于夸大红线转速的投诉开始在互联网上出现时，雅马哈做出了一个简单的决定来彻底化解危机。公司给每一位购买了该摩托车的人发了一封信，为这种差异道歉，并提出无条件回购摩托车——包括税款、安装费和利息。[70]除了正确处理之外，雅马哈（Yamaha）还立即平息了危机，避免了危机损害公司在摩托车手中的良好声誉。

4. 迅速行动（Move quickly）——公共关系评论家表示，一家公司在危机发生后的最初几个小时内的反应方式将决定此后人们对这场危机的看法。危机沟通专家保罗·施里瓦斯塔瓦（Paul Shrivastava）说："所有危机都有一个能够掌控局势的机会窗口，时间从45分钟到12小时不等。"[71]超过这个时间点，人们就已经决定了他们对危机的看法，而且一旦他们下定了决心，就不愿意再改变。过去，企业可以在晨报或晚间新闻播出的时间进行回应，但有线新闻频道和报纸网站可以随时发布新闻，社交媒体也会传播传统新闻媒体可能会回避的、没有根据的、未经证实的猜测。坏消息也能在网上迅速传播。[72]即使事情进展迅速，公司仍然需要谨慎行事。危机管理决策比传统决策要困难得多，因为它们处理的事情具有严重的后果。它们还需要在全世界都关注的情况下迅速做出反应。[73]

5. 与媒体和其他相关方的沟通（Communicate with the press and other constituencies）——包括公司自身的员工和管理层、股东、政府监管机构、客户以及媒体。与所有公众的即时沟通帮助雅马哈将其广告错误信息的问题影响降至最低。

这些原则的应用可以在以下小节讨论危机传播的例子中看出。在第一个例子中，公司在实体应对和沟通应对方面几乎处理得近乎完美，并从危机中脱颖而出，占据了良好的市场地位,并树立了比危机前更强的形象。在第二个例子中,不当的沟通导致公司声誉受损,影响持续了三十多年。

"泰诺"恐慌事件

1982年9月,消费品巨头强生公司(Johnson & Johnson)面临一场危机,这场危机可能会毁掉其最重要的品牌之一——泰诺(Tylenol)。芝加哥地区有七人在服用了含有氰化物的超强泰诺胶囊后死亡。《纽约时报》称这一事件引发了"史上最大的消费品恐慌"[74](肇事者始终未被抓获)。但是,在博雅公关公司(PR agency Burson-Marsteller)的帮助下,强生公司通过恰当的道德行为和良好的公共关系,成功地维护了品牌和公司的声誉。

公司所做的第一件正确的事情就是媒体和公众完全坦诚。随后它因其公开透明而获得的赞誉改善了自身形象。[75]公司做得正确的第二件事是立即针对篡改事件采取行动。强生公司一得知问题,立即停止了该产品的广告投放,并将其从芝加哥市场下架。[76]在整个危机期间,博雅公关公司每晚都进行电话调查,判断公众意见。当民意调查显示公众担心其他泰诺胶囊可能被污染时,强生公司将该产品在全国范围内下架。[77]这家公司被认为是负责任的,事实上它也的确是负责任的。

很明显,强生公司赢得了首次公共关系战役,并被认为是一家有责任的公司,只是受到恶意攻击的受害者而已。第二次战役是重建公众对泰诺品牌信任的活动。

1982年11月,强生公司宣布重新推出强力泰诺,并声称该产品现在将采用三重密封容器销售。除了预期的营销支持外,强生公司还开展了广泛的公关活动,包括教育性广告、媒体露面和个人联系。该公司派出了两千多名销售代表与主要零售商和医生会面。一场广告宣传活动向人们告知了这种新型的防破坏包装,并且强生公司通过卫星在30个城市的电话会议上宣布了该品牌的重新推出。同时,它还举办了一场有近600名记者参加的新闻发布会。最后,强生公司首席执行官詹姆斯·伯克(James Burke)出现在《6分钟》(*60 Minutes*)和日间脱口秀节目《菲尔·多纳休秀》(*The Phil Donahue Show*)中。

这场宣传活动取得了成功。在危机之前,泰诺在止痛药市场上占有37%的份额;在"药品包装破坏恐慌"期间,这一数字降至7%。但在重新上市后的一个月里,泰诺的市场份额回到了28%,并最终恢复了行业领导者的地位。[78]强生公司成功地保护了自己的品牌和声誉,其中的原因有很多。首先,很少有人指责该公司对产品做了手脚,问题似乎出在一个超出公司控制范围的个人身上。其次,为了消费者的利益，公司采取了迅速和负责任的行动。它也向不同的公众公开，坦率地承认它知道什么和不知道什么。最后，该公司积极地克服了困境，并将媒体视为盟友而不是对手，与其进行接触。

"埃克森·瓦尔迪兹"号油轮漏油事故

1989年3月24日，埃克森·瓦尔迪兹号（Exxon Valdez）油轮在阿拉斯加威廉王子湾（Alaska's Prince William Sound）搁浅，24万桶原油泄漏到海洋中。这些油污很快就被冲上岸，覆盖了海滩、鸟类和环境敏感地区的海洋生物。埃克森公司在清理漏油上花费了超过20亿美元，但最终还是形象受损。前记者兼网络新闻总裁威廉·斯莫尔（William Small）指出，没有哪家公司像埃克森美孚公司一样，在漏油事件发生后投入了如此多的资金，但结果仍然如此糟糕。[79]

1982年，强生公司（Johnson & Johnson）不得不召回数百万瓶泰诺（Tylenol）胶囊，原因是受污染的胶囊导致芝加哥地区7人死亡。

埃克森公司在漏油事件后出现形象问题有很多原因，这些原因说明了强生公司和埃克森公司在危机应对方面的不同。

错误认知——与泰诺药物掺假事件不同，埃克森被认为要对此次石油泄漏负责。埃克森的首要问题是，造成搁浅的是该公司的油轮。从公关角度来看，为一家犯错的公司辩护是很困难的。[80]

缺乏有效的危机预案——埃克森从未为应对如此严重的石油泄漏制定危机预案。尽管埃克森与海岸警卫队共同承担缺乏适当设施的责任，但其在阿拉斯加没有清理设备这一事实，导致其在泄漏事件后不得不承担责任。[81]

未能立即掌控局面——埃克森公司没有立即控制信息的传播。直到漏油事件发生一周后，埃克森公司的首席执行官劳伦斯·罗尔（Lawrence Rawl）才公开发表评论。与此同时，大量令人心碎的受污染野生动物的图片开始从该地区传出。几乎所有关于此次泄漏的新闻报道都是负面的。事实上，埃克森让记者很难了解该公司的观点。据报道，公司最初的应对是由休斯敦的一名公关人员负责的，而此人难以应对所有的信息需求。此外，埃克森公司所有的新闻发布会都是在沟通渠道有限的阿拉斯加州瓦尔迪兹（Valdez）举行的，而不是在纽约等更方便的地方。[82]

尽管从21年前发生的埃克森·瓦尔迪兹号(Exxon Valdez)灾难性石油泄漏事件中吸取了教训,但在2010年墨西哥湾"深水地平线"(Deepwater Horizon)石油泄漏事件发生后,英国石油公司似乎没有做好应对广大公众的准备。

Benjamin Lowy/Getty Images

未能立即承担责任——埃克森公司一开始并没有为此次泄漏承担道德责任并道歉。该公司一开始就试图推卸责任,声称海岸警卫队、阿拉斯加环境官员和天气也有责任。不管这些说法是否有效,媒体和公众都认为是埃克森公司应该对此负责。正如一位阿拉斯加官员所说,"我认为触礁的是埃克森公司的油轮。"[83]

对埃克森形象的最后一击出现在石油泄漏后的秋季,当时,该公司一名官员的备忘录被泄露给了媒体。该备忘录称,埃克森可以随时停止清理工作,冬季什么都不做,并且不承诺春季继续做。这份备忘录让公司看起来傲慢且冷漠。[84]埃克森最终承担了石油泄漏和清理的责任,但那时公司的形象已不可挽回地受损。甚至在事故发生三十多年后,埃克森"瓦尔迪兹号"事故仍然是环境灾难的参照标准。作者在2020年5月进行了谷歌新闻搜索,发现了20多篇关于埃克森"瓦尔迪兹号"漏油事件的新报道。

2010年夏天,当总部位于伦敦的英国石油公司(BP PLC)的"深水地平线"(Deepwater Horizon)钻井平台在墨西哥湾发生爆炸并沉没,引发了全球最大的石油泄漏事件时,人们立即开始将其与埃克森的漏油事件相提并论。批评人士将英国石油公司的清理工作与埃克森美孚进行了对比,他们也比较了二者在公共关系方面的反应。当然,英国石油当前面临的媒介环境充斥着在线社交媒体、博客和多个24/7的有线电视频道,与埃克森当时面临的情况已大相径庭。然而,两家石油公司面临的问题仍然很相似:两者都试图关注技术问题而非对人的影响,而且都试图将责任从自身转移到他人身上。但最重要的是,似乎这两家公司都没有应对重大石油泄漏的预案。

传播学教授凯瑟琳·费恩·班克斯(Kathleen Fearn-Banks)在《纽约时报》博客"Greenwire"中表示:"英国石油公司从未为最坏的情况制定预案,否则他们早就实施了。我认为这不是钱的问题……他们完全不知道该怎么做。"[85](这是"秘密4"的典型例子——没有什么新鲜的:过去的一切都会再度发生)

公共关系转向线上

在20世纪80年代末和90年代初，公关行业迎来了一个亦敌亦友的对象——互联网。互联网为公关从业者提供了一种崭新的研究和传播信息的方式，而它也为谣言的传播提供了一个强大的新渠道，而谣言有可能发展成危机。

其中，互联网为公关行业提供了一个新工具。现在，企业可以通过电子邮件和网站向媒体发布新闻稿、背景信息和照片。如果一家公司的网站或社交媒体动态声誉良好，它可能会成为记者获取信息的首选之地。由于记者常常首先上网研究文章，在网站上放置统计数据和事实会影响到公司被报道的方式。

互联网也为公司提供了一种绕过传统媒体直接与各种公众交流的途径。客户、股东甚至批评者可能会访问公司的网站以寻求信息。网站还能确保公司的观点能按照公司的意愿呈现出来。除了拥有一个好的网站，公司还需要确保他们的网站在搜索结果列表中名列前茅。如果在网络搜索结果中，一家公司的批评者出现在该公司官网之前，这可能会令人尴尬。[86]互联网还能让公司了解人们对他们的看法。许多组织都在监控社交媒体，看看有哪些抱怨和赞誉接踵而至。公关从业人员可以加入聊天和讨论小组，影响关于他们客户的言论。当然，由于数以百万计的网站和社交媒体账户的存在，仅仅是了解人们对一家公司的看法，就可能是一项艰巨的任务。[87]互联网让批评人士可以不受传统新闻的制约和平衡而进入人们的视线。在互联网出现之前，接触广泛大众的唯一方式是通过专业媒体，这些专业媒体可能并不总是支持你的公司，但会较为公平地对待你。许多互联网网站可能存在偏见，或者不进行编辑监督或事实核查。

危机管理顾问乔纳森·伯恩斯坦（Jonathan Bernstein）表示，网络媒体给公关带来了重大的新挑战。他写道，组织需要考虑以下几点：

> 一旦危机在互联网上爆发，就无法遏制。过去，当地的新闻报道只会局限于当地。现在，一旦一篇报道被报纸或电视台发布到网上，它就会成为全国性新闻。互联网使批评者很容易向记者和其他人泄露机密信息。这不仅包括机密信息的报告，还包括原始文件的图像或电话录音。在缺乏良好信息的情况下，谣言会在网上泛滥。当然，这个问题并非互联网所独有。任何时候，如果一个组织不提供可靠的信息，谣言和八卦就会在人与人之间传播，以填补信息空缺。[88]

然而，互联网可以加速谣言传播的过程。这些考虑充分说明了"秘密5"的重要性——所有媒体都具有社交性。

社交媒体——与公众直接互动

网络媒体给公共关系业务带来的巨大挑战之一是，它们是一个持续变化的目标。公关专业人士刚刚认为他们搞懂了博客和网络，紧接着Facebook、Twitter、Pinterest和Instagram等社交媒体又兴起了。社交媒体专家帕梅拉·塞普尔（Pamela Seiple）写道，公关专业人士需要认识到，社交媒体是与各种公众进行互动的机会，而不仅仅是发送信息的渠道。她指出，通过社交媒体，关于贵公司品牌的故事传播和变化的速度比过去快得多："如果你的公司今天不参与社交媒体，它就失去了传播其信息的机会，也错失了可能发生的关于你们品牌的有价值甚至有害的对话。"按照塞普尔的说法，社交媒体最重要的用途之一是与包括客户、供应商、意见领袖和媒体在内的公众建立持续的关系，这也是我们在第十章中讨论过的。[89]

在2014年冬季，卡夫食品（Kraft Foods）公司面临维他软质奶酪的轻微短缺。维他软质奶酪是一种黏稠的奶酪产品，是许多体育迷在超级碗和季后赛观看派对上做奶酪酱的主要原料。与此同时，卡夫面临着一场小危机。从某种程度上说，这是一个好问题——消费者对其标志性产品的需求超过了公司的供应能力，这表明其推广制作萨尔萨酱（salsa）和奶酪蘸酱（cheese dip）的营销努力是成功的。但是公司将如何回应其客户和门店呢？它将如何与公众互动呢？[90]

随着短缺消息的传播，Twitter用户开始对此进行叹息。《人物》（People）杂志的伟大思想博客（Great Ideas blog）收集了一些早期的推文，如右图所示。[91]

卡夫通过多种方式利用了这种社交媒体的反应。该公司推广了#Cheesepocalype（奶酪末日）的标签，并建立了一个"奶酪末日"网站，利用来自全国各地的Twitter报告绘制出维他软质奶酪短缺的情况。该公司还利用其通常推荐维他软质奶酪幽默用法的Tumblr博客正式宣布了短缺情况。[92]

那么，卡夫和它的维他软质奶酪从"奶酪末日"社交媒体活动中得到了什么？据《广告时代》的杰克·内夫（Jack Neff）所说，该品牌获得了大量的免费宣传——宣传的

维他软奶酪的粉丝们在Twitter上用话题标签讨论该产品现货短缺的问题。其中最受欢迎的话题标签是#维他软奶酪的短缺（#velveetshortage）。

效果可能与这场"危机"并不相符（短缺的只是一种包装尺寸）。但卡夫营销主管坎农·古（Cannon Koo）指出，#Cheesepocalypse标签帮助公司识别出了"超级消费者"（super-consumers），即该品牌消费最多的人群。超级消费者约占任何品牌购买者的10%，其消费额却占品牌销售额的30%至70%。有关这些超级消费者如何使用维他软质奶酪的信息帮助公司提高了销售额。[93]

除了社交媒体本身的内容外，积极的讨论也吸引了大量的新闻媒体和博客对维他软质奶酪进行报道。从密歇根州到亚拉巴马州的网站都写了关于"奶酪末日"的文章。所产生的宣传并不总是正面的。亚拉巴马州的一个新闻博客嘲笑维他软质奶酪的短缺地图："希望亚拉巴马州的短缺严重地区和全国各地的人们能学会在没有维他软质奶酪的情况下工作。他们如果用它来做蘸酱、通心粉和奶酪砂锅，或者抹在汉堡上，也许会重新考虑那些食谱，用更健康的、真正的食物来替代。"[94]

卡夫对"奶酪末日"的推广，是社交媒体如何在公共关系中被有效利用的核心。社交媒体不仅是推送营销信息的新方式，它们还是与最喜爱某一产品的人们进行互动并了解他们的绝佳工具。以维他软质奶酪为例，卡夫更好地了解了该产品的超级消费者，并帮助他们分享配方和使用软奶酪产品的新方法（卡夫公司有效地利用社交媒体与消费者互动，将原本存在的问题转化为品牌的一大优势，这就是"秘密2"的一个很好的例子。在这种情况下，对卡夫来说，互动的社交媒体远比传统媒体重要得多，这也说明了"秘密5"——所有媒体都具有社交性）。

达美乐披萨：反击社交媒体

曾经，一家公司最担心的负面媒体宣传不过是调查记者在诸如《60分钟》这样的节目中发表的严厉报道。但如今，企业最可怕的公关噩梦可能来自业余人士制作的手机视频，这些视频发布在诸如YouTube这样的视频分享网站上，然后通过诸如Twitter这样的社交媒体网站传播开来。这就是达美乐披萨在2009年4月的遭遇，当时北卡罗来纳州康诺弗（Conover）的两名员工发布了一段视频，视频中一名员工把奶酪塞到鼻子里然后放到三明治上，对着三明治擤鼻涕，还对着三明治放屁。另一名员工对着视频说着这样的话：

> 大概5分钟后，它就会被送出去，有人会吃这些东西，没错，会吃下去，他们根本不知道奶酪曾在他的鼻子里，还有一些致命气体留在了他们的意大利腊肠上。[95]

这段视频在YouTube上发布后，通过Twitter和其他社交媒体，相关消息在网上迅速传播，该视频的点击量迅速超过了100万次。

达美乐披萨连锁店试图迅速且负责地做出回应，但在迅速变化的网络环境中，可能发声太晚。据报道，公司在得知此事后的48小时内公开回应了这段视频，之所以延迟回应，是为了避免进一步引起对该视频的关注。达美乐最终的回应包括在YouTube上发布了一段关于公司总裁帕特里克·多伊尔（Patrick Doyle）的视频，对视频中的门店进行了彻底的清理，并修改了公司的招聘流程。该公司还开通了一个Twitter账户，用来回应客户。[96]

公关公司利维克战略传播（Levick Strategic Communications）的理查德·利维克（Richard Levick）告诉《广告时代》，达美乐在最初回应延迟之后处理这场危机的方式很好："在最初的24小时之后，他们的处理基本上堪称典范。他们开通了一个Twitter账号，与作恶者划清界限，关闭了门店，去找他们的目标用户、去Youtube平台进行道歉——我认为所有这些都很棒。"[97]

利维克认为，公司需要做一些事前准备，以此来应对网络传播危机：

- 确定危机处理团队——包括公关专业人士、律师和数字传播专家。
- 设想最糟糕的情况——确保你有线上资源，以便当危机袭来，人们开始搜索信息时，他们首先访问的是你的网站。
- 追踪博客圈和其他社交媒体——确保你知道人们在谈论你什么，并对谈论你的公司的人作出回应。
- 不要等待——你仅有非常有限的时间来作出回应。[98]

视频发布后，这两名员工被一些博主确认了身份，他们双双被捕，并被指控分发违禁食品。尽管达美乐披萨连锁店已基本从视频造成的危机中恢复过来，但视频拍摄点的北卡罗来纳州的那家门店却没有。在视频发布后短暂停业并进行清洁后，这家店在五个月后永远关闭了。[99]请注意，虽然这件事是由传统媒体报道的，但它确实是通过社交媒体传播的，从而说明了"秘密5"——所有媒体都具有社交性。达美尔披萨的故事也说明了"秘密6"——在线媒体也是移动媒体。

整合营销传播和可口可乐的自动售卖机

可口可乐是一家大型企业，非常庞大。它在200个国家拥有超过450个品牌，每天销售超过16亿份产品。那么，这样一家在全球各地都以提供完全相同产品而建立声誉的公司，要如何适应一种人们希望一切都能根据个人口味定制的文化呢？[100]

回想起1985年公司试图改变可口可乐的基本配方时的情况（正如我们在第十二章中所讨论的），消费者愤怒和沮丧地做出了回应。[101]如同一位可口可乐公司经理所说："我们以往确实不知道我们所销售的东西。我们不是在出售一种软饮料，而是人们生活中的一个又一个小片段。"[102]那么，一家公司如何解决"不要改变任何东西"但又同时"给我完全符合我个人需求的东西，即使它与其他人的不同"的问题呢？可口可乐是如何使其饮料继续成为人们生活的一部分的？

这个问题的答案就是可口可乐自助售卖机（Coca-Cola Freestyle machine），尽管你可能不知道这个名称，但可口可乐一直在通过整合营销传播（IMC）来推广它。正如在第十二章中所提到的，整合营销传播是公司通过广告、公共关系、促销和互动媒体接触关键受众的方式。虽然可口可乐确实使用了传统的广告和公关技巧来推广这一产品，但它的最大动力是直接与消费者接触，以及了解他们对它的感受。

这种新式可口可乐自动贩卖机让消费者混合尝试不同的口味，以此满足个体不同的偏好，而商家也可以为他们的商店定制饮料。这些机器收集这些数据，通过互联网发回饮料公司和餐厅，帮助他们了解消费者的习惯。

2015年，可口可乐自动售卖机全球市场总监斯科特·库帕里（Scott Cuppari）对一群公关学院的学生发表演讲，当他提到这个名字时，听众大多一脸茫然。然后他说："如果我问，'你见过那种触摸屏的、能提供一百多种饮料的可口可乐自助售卖机吗？'然后，许多人举起手来。"[103]他还称其为"最酷的饮料售卖机"和"未来的可口可乐售卖机"。尽管很少有人知道这个品牌的名字，但该产品本身至少从2005年就已经在开发了。2009年，公司负责全球设计的副总裁大卫·巴特勒（David Butler）为他的项目设定了一个非常简单的目标——他想"卖更多的东西"。可口可乐自助售卖机是实现这一目标的方案。

这种自助售卖机有多种功能。它使用的不是标准的5加仑糖浆袋，而是46盎司的高度浓缩的混合饮料盒。它还可以追踪人们在什么时候喝了什么。例如，在对自助售卖机的初步测试中，它显示在亚特兰大的一个地点，不含咖啡因的健怡可乐在下午4点后是排在第三位的畅销饮料。[104]

可口可乐自助售卖机是所谓的"物联网"（Internet of Things）的一个部分，即我们生活周边的非计算机设备，它们收集数据并通过互联网传输。例如，在热门电视节目播出之前，这种自助售卖机可以提醒企业学生在校园里喝了什么饮料。[105]除了让顾客选择他们自己的混合饮料、跟踪这些混合饮料是什么以及何时购买的之外，自助售卖机还可以为快餐企业提供他们自己定制的饮料。2017年5月，汉堡连锁店"盒子里的杰克"（Jack In the Box）推出了自己的招牌饮料"Jumpin' Jack Splash"，一种"清爽的水果口味混合饮料"。这种自助售卖机带来的好处是，每一种饮料都没有单独的糖浆盒，只需要机器按照配方混合现有的浓缩液。[106]这一功能也使机器能够分发名人混合饮料。奥运会雪橇冠军伊莲娜·迈尔斯·泰勒（Elana Meyers Taylor）的"雪橇冲刺"（Bobsled Rush）中有"樱桃–覆盆子甜味的平稳愉悦之旅"（a smooth, delectable ride of cherry-raspberry sweetness）和"雪橇胜利"（Bobsled Triumph），这让粉丝们"用橙色和香草的甜味庆祝战胜口渴的胜利"。[107]

当你读到这里时，可能已经有商店里出现了新版本的机器，它将具有蓝牙连接功能，这样您就可以在手机上使用可口可乐自助应用程序来定制您自己的饮料。这种连接功能还能让可口可乐知道谁在订购每种混合饮料，以及他们在喝什么和什么时候喝。

在对公共关系专业学生的演讲接近尾声时，库帕里指出，可口可乐自助售卖机不仅仅是让顾客"按自己的方式"选择，它也为传统上那些没有选择的人提供了更多的选择。他提到他患有糖尿病的儿子喜欢可口可乐自助售卖机，因为它提供给他80种不同的无糖饮料的选择，而传统的饮料机里只有一到两个选项。[108]

公共关系和社会

到目前为止，本章主要从公关公司或其客户的角度审视公共关系，但从公众的角度来看待它也很有用。公共关系塑造了我们通过报纸、杂志、电视、广播甚至互联网接收到的新闻。它试图以"舆论控制"的形式，塑造我们对政治家和公共政策的看法，它也是社会运动的核心组成部分。

公共关系在媒体发布的新闻中扮演着重要角色。社会学家戴维·阿尔泰德（David Altheide）和罗伯特·斯诺（Robert Snow）认为，公共关系是新闻业的一个组成部分，因为媒体报道的大多数事件——包括犯罪和灾难报道——都是由公关从业者为其客户获得报道而一手炮制的。[109]那么，到底有多少新闻来源于公共关系？

具体数量取决于衡量方式，所有新闻中40%至90%的新闻都起始于公共关系。《哥伦比亚新闻评论》(*Columbia Journalism Review*) 试图通过研究《华尔街日报》的一个问题来缩小这个范围。研究人员从该报纸中选取了111篇报道。随后，他们联系了报道中提到的公司，要求其发送原始新闻稿的副本。研究人员发现，他们能够分析的报道中，有72%几乎完全基于相关公司的新闻稿。该研究估计，当天《华尔街日报》中45%的报道基于新闻稿，实际新闻版面的27%被用于新闻稿。[110]《华尔街日报》的执行编辑估计，该报90%的报道始于公司的公告。

这是怎么发生的呢？想想一个典型的新闻日。大多数来自华盛顿特区的新闻都涉及新闻发布会、演讲、新闻稿或媒体专门报道的事件。一份关于环境问题的科学报告发布，环保主义者和行业团体都会举行新闻发布会提供背景信息。银行劫匪被捕，警方举行媒体通报会。即使是一场篮球赛，也会使用体育新闻办公室提供的统计数据和媒体官方赛后采访环节中的引语进行报道。

白宫新闻秘书凯莉·麦克纳尼（Kayleigh McEnany）负责确保唐纳德·特朗普总统尽可能以最好的方式向记者传达他的信息。

虽然很多新闻可能源于公关努力，但媒体报道的高管和其他个人有时对公共关系能达成的效果有一种夸大的认识。据报道，一位电影制片厂老板对一位公关职位的求职者说："如果我从豪华轿车里出来时裤子掉了，你的责任就是确保没有人拍照并传给媒体。"[111]这是任何公关从业者都做不到的。

与普通公众和媒体一样，各级政府也是主要的外部公众。一些公关公司设有政府关系部门，通过该部门，公司在联邦政府、联邦机构、州立法机构甚至市政机构面前代表其客户。随着企业面临越来越多的政府监管，它们也加大了与政府合作的力度，以便政府制定有利于自身利益的法规。[112]政府关系，包括为最能满足组织需要的法律进行游说，以及与立法者和监管机构建立友好关系。响应性政治中心（Center for Responsive Politics）是一个研究金钱对选举和公共政策的影响的无党派研究小组，据估计，2017年，华盛顿有11,529名活跃的注册说客（registered lobbyists），他们花费了约33.7亿美元试图在政策问题上影响联邦政府。[113]这一数字虽然很大，但只说明了部分情况。阳光基金会（Sunlight Foundation）是另一家专注于各类信息的非营利组织,它的研究发现,在被报道的游说活动上每花费一美元,就会有另一美元花在那些不符合法律规定的游说活动上,而这些活动必须被报道。因此,2013年用于"政府关系"的资金总额估计为64.4亿美元。[114]

政府本身也是公共关系的主要践行者。所有当选的联邦官员都有新闻秘书,许多还有通信主管。各机构本身也设有公关办公室。政治新闻秘书的角色极具挑战性,因为发言人必须服务其老板,同时还要诚实地对待媒体和公众。有时这涉及回避问题,正如记者贝齐·罗斯坦(Betsy Rothstein)在专栏13.1中略带讽刺地讨论的那样。一位国会新闻秘书告诉华盛顿特区的《国会山报》(Hill)记者:

> 这是一个需要实践和经验的问题,要能够将对话引向你想要推进的方面的问题……黄金法则是,不要回答别人问你的问题,要回答你想回答的问题。[115]

曾为比尔·克林顿总统提供损失控制建议的兰妮·戴维斯(Lanny Davis)表示,当媒体和公众对某一问题感兴趣时,发言人只有一个选择:"说出真相,全盘托出,早点说,自己说"。[116]在与莫妮卡·莱温斯基有关的性丑闻期间,克林顿总统无视了"说出真相"的原则,这一丑闻在他第二任期的剩余时间里一直伴随着他。[117]保守派作家詹妮弗·鲁宾(Jennifer Rubin)写道,唐纳德·特朗普总统的新闻秘书萨拉·赫卡比·桑德斯(Sarah Huckabee Sanders)在任职的第一年就因误导白宫记者团而存在严重的信誉问题。桑德斯经常否认高级顾问将被解雇,直到他们被解雇的那一刻。她还一再否认总统知道有人代表他向成人电影明星斯托米·丹尼尔斯(Stormy Daniels)付款,直到特朗普总统承认付款。鲁宾写道:"(我)对媒体和国家说'我不太清楚'是不够的——她的工作是更清楚并权威地回答。"[118]

自第一次世界大战以来,美国军方一直积极参与公共关系。虽然军方最初的公关努力旨在招募志愿者,但他们也在与媒体互动。如今,美国军队广播电视台以广播和电视节目的形式为海外服役人员提供内部公共关系服务。在军事基地周边地区也有公共信息活动和社区关系。[119]

专栏13.1　政府新闻秘书的"行业伎俩"

《国会山报》（Hill）的记者贝特西·罗斯坦（Betsy Rothstein）列举了以下新闻秘书在与他们不愿交谈的记者打交道时所使用的一些半开玩笑的"行业伎俩"：

- 说"我会给你回电话"，然后不要说。
- 一遍又一遍地重复同一个短语。
- 试着说服那个记者不要写这篇报道。
- 表现得粗鲁和疏远。
- 在截止日期的第二天之前不要回电话。
- 使用短句。
- 表现得好像你很着急，需要尽快挂掉电话。

资料来源：贝特西·罗斯坦，《资本生活：拉锯的艺术》（Capital Living: The Fine Art of Flacking），国会山出版社，2006年2月22日。

舆论控制：个性化的公关形式

自20世纪70年代以来，一种被称为"舆论控制"的新型公共关系已经出现在前沿。所谓的"舆论导向专家"不是简单地提供新闻稿、事件和背景信息，而是试图影响故事的描述和讨论方式。报纸专栏作家、前演讲撰稿人威廉·萨菲尔（William Safire）认为"spin"这个词来源于"纺纱"的概念，也就是讲一个故事。它也可能与体育有关，比如网球或台球的旋转球。[120]

已故的纽约市公关人员约翰·斯坎伦（John Scanlon）经常被认为是顶级公关顾问。他认识许多国家记者团的成员，当他认为一篇报道失之偏颇或至少与他的委托人的利益相悖时，他就会给他们打电话。他还经常给有影响力的人发邮件，在邮件中他提出了自己对新闻事件的看法。斯坎伦的目标与其说是向媒体提供信息，不如说是影响媒体对新闻的解读——也就是说，控制媒体对新闻的解读。

下面是一些舆论导向专家会做的事情：

- 有选择地提前泄露信息，希望记者更多地关注它，而不是随后收到的信息；
- 事件发生后立即与记者联系，让他们对事件进行舆论导向或预期的解读；
- 推动每个故事都有两面性的观点。根据斯坎伦的说法，"当我们审视它、剖析它、拆开它、从不同角度看待它时，看似真实的东西并不一定是这样的"。[121]

公共关系和公民权利运动

并非所有的公共关系都是由为大型机构工作的专业人士来实践的。正如许多政治活动家所表明的那样,公共关系也可以成为社会变革的有效工具。2005年,由美国伊莫卡利(Immokalee)工人组成的农场劳工组织联盟(the farm labor group Coalition)赢得了与塔可贝尔(Taco Bell)的母公司——百胜餐饮集团(Yum! Brands)的战斗,为农民工争取了权利和薪酬。劳工们对塔可贝尔的农产品供应商进行了工作抵制,举行了长期的绝食抗议以引起人们对他们的关注,进行了230英里的抗议游行,并组织了针对塔可贝尔的消费者抵制活动。尽管移民农场工人通常被视为一个相对弱势的群体,但这些工人还是成功地促使快餐业发生了变化。[122]

民权领袖马丁·路德·金(Martin Luther King Jr.)在20世纪50年代和60年代整个南方一体化运动中对公共关系表现出了卓越的理解。他知道,要消除种族隔离法律,整合午餐柜台、洗手间、饮水机和企业,需要行动、言论和媒体曝光度的结合。他在教堂、酒店房间,甚至监狱里都进行过公共关系活动。

1963年,金和南方基督教领袖会议(the Southern Christian Leadership Conference,一个民权组织)想要做一些十分引人注目的事情,让整个国家都看到种族隔离的罪恶。这场运动的目标是举行非暴力示威和抵抗行动,迫使实行种族隔离的商店和企业向非裔美国人开放。

金和他的同事选择亚拉巴马州的伯明翰(Birmingham)作为他们的目标之一,部分原因是该市的警察局局长是尤金·"公牛"·康纳(Eugene "Bull" Connor)。康纳是一个种族主义者,可以预计他会攻击和平游行者。金的这场运动被称为"C计划",即对抗计划,其中包括新闻发布会、传单以及在数百名记者和摄影师面前举行的示威活动。从1963年4月开始,非裔美国志愿者在街头游行,在种族隔离的午餐柜台静坐,并抵制当地企业。抗议活动一开始,逮捕行动也就开始了。《纽约时报》和《华盛顿邮报》都报道了这个事件。金和他的同事们知道,如果得不到媒体的报道,世界上所有的抗议都将是无效的;如果没有摄影师在场记录事件,被警察殴打也没什么作用。

当时在南方担任新闻记者的戴维·哈伯斯坦(David Halberstam)这样评价民权领袖对公共关系的理解:

> 关键是要把种族隔离这头野兽引诱到光天化日之下。角色挑选至关重要:金和他的助手们意识到,他们需要找到合适的场所,一个反抗可能会很

激烈的地方,以及一个合适的地方官员来扮演反派角色。这两者都不是问题:金毫不费力地找到了像……"公牛"·康纳这样的人,他们在用自己的方式寻找他,就像他在寻找他们一样。[123]

在耶稣受难日(Good Friday)那天,金和拉尔夫·阿伯内西(Ralph Abernathy)参加了游行,因此他们被逮捕。在金入狱期间,他写了《伯明翰狱中来信》(*Letter from Birmingham Jail*),这封信被偷偷送了出来,并作为小册子出版了。他雄辩的言辞,由于是在监狱里写的,更增添了力量,在全国各地被转载。

金被释放后,他和他的追随者加大了赌注。成年人将不再游行和被捕;相反,儿童成了这场运动的先锋。那些出现在世界各地印刷媒体上的图片吸引了人们的注意。斯蒂芬·奥茨(Stephen Oates)在他为金撰写的传记中写道:"数以百万计的美国读者,以及数以百万计的海外读者,都盯着这些照片:警犬扑向年轻的游行者,消防员用喷水枪驱赶他们,挥舞棍棒的警察将一名黑人妇女压在地上。"[124]金因为让年轻人在伯明翰的游行中面临危险而遭到批评。但他迅速做出回应,批评了白人媒体,质问记者:"在我们的种族隔离社会制度滥用和虐待黑人儿童的几个世纪里,你们在哪里?"[125]尽管伯明翰发生了骚乱,金兄弟的房子也被炸毁,但这场运动最终还是成功了。企业主们把饮水机和浴室里"白人"(WHITE)和"有色人种"(COLORED)的标志取了下来,非裔美国人可以在午餐柜台和公交车上吃东西。1963年8月,在伯明翰成功举行的抗议活动为华盛顿大游行奠定了基础。在那次游行中,金发表了著名的"我有一个梦想"(I Have a Dream)演讲。[126]

利用公共关系技巧来促进民权的做法当然没有在20世纪60年代结束。职业运动员通过媒体发声、穿着印有主题信息的球衣、在国歌奏响时下跪,以及其他和平但引人注目的抗议活动,来引起人们对民权问题的关注。2020年8月26日,密尔沃基雄鹿队(the Milwaukee Bucks)拒绝上场参加对阵奥兰多魔术队(the Orlando Magic)的比赛,以此抗议威斯康星州基诺沙附近警察枪击雅各布·布莱克(Jacob Blake)的事件,致使美国职业篮球联赛季后赛暂停。同一天,密尔沃基酿酒人队(the Milwaukee Brewers)也拒绝参加与辛辛那提红人队(the Cincinnati Reds)的美国职业棒球大联盟比赛。这次抵制/罢工迅速蔓延,多场美国职业篮球联赛、美国职业棒球大联盟、美国女子职业篮球联赛和美国职业足球大联盟的比赛被推迟。雄鹿队后卫乔治·希尔(George Hill)向媒体宣读了一份球队声明,称"当我们上场代表密尔沃基和威斯康星时,我们理应打出高水平的比赛,付出最大的努力,并对彼此负责。我们坚持这一标准,此时此刻,我们也要求立法者和执法部门遵守这一标准。"[127]

对"黑人的命也是命"（Black Lives Matter）的支持不仅仅来自球员。雄鹿队的高级副总裁亚历克斯·拉西（Alex Larsy）在Twitter上说："有些事情比篮球更重要。球员和球队今天的立场表明我们已经受够了。够了就是够了。改变需要发生。我为我们的球员感到无比自豪，我们100%支持我们的球员，准备好提供帮助，并带来真正的改变。"[128]

章节回顾

章节小结

公共关系是从19世纪末的新闻代理人业务中发展而来的。宣传公司采用单向传播、欺骗手段和贿赂行为。到20世纪初，铁路和公用事业等大型公司意识到，如果他们希望控制自身形象，就需要与新闻界建立更复杂的关系。

艾维·李和爱德华·L.伯内斯通常被认为是公共关系专业的创始人。李是最早认识到迅速、诚实地与新闻界打交道是为其客户获得正面报道的最佳方式的新闻代理人之一。1906年，他将这种方法编入他的《原则宣言》（Declaration of Principles）中。伯内斯撰写了第一本关于公共关系的书，并教授了第一门关于这个主题的大学课程。

第一次世界大战期间，联邦政府意识到公共关系的价值，并运用各种技术为美国参战争取支持。随着企业受到越来越多的监管，公众开始对企业和政府都产生不信任，公共关系作为一种职业不断发展。

公共关系具有三个主要功能：告知、劝服和整合公众（包括内部和外部）。其中最重要的公众是媒体。有效的公共关系通常包括沟通和行动。公共关系流程包括ROPES模型的五个步骤：（1）研究问题或机会；（2）设定可衡量的目标；（3）规划实现目标所需的沟通活动；（4）评估活动的成功程度；（5）成功地管理通过活动所建立的关系。成功的公司无论是在经济繁荣时期还是危机时期，都致力于与内部、外部和媒体公众进行沟通。为了在危机中生存，公司必须做好准备，保持诚实，必要时真诚道歉，迅速行动，并与各方公众进行沟通。

互联网的兴起和不受主要媒体控制的即时通信迫使公共关系行业加快对问题的响应速度，并处理更广泛的问题。与广告一样，公共关系可以有效利用整合营销传播过程。公共关系被更多的组织所采用，包括企业、政府和激进组织。

关键术语

公共关系（public relations, PR）

公众（public）
新闻代理（press agentry）
工程同意（engineering consent）
意见领袖（opinion leadership）
内部网（intranets）
媒体关系（media relations）
危机（crisis）
物联网（Internet of Things）

问题反馈

1. 宝洁公司是如何利用公共关系来应对汰渍洗衣球的意外和滥用问题？
2. 专业公关与新闻代理有何不同？
3. 列举并解释应对影响组织的危机时出现失误的两种方式。
4. 通过社交媒体与公众互动与通过传统媒体互动有何不同？
5. 在亚拉巴马州伯明翰的耶稣受难日游行中，马丁·路德·金是如何善用公共关系技巧的？
6. 可口可乐如何使用整合营销传播技巧来应对消费者对更多饮料选择的需求？

第五部分

媒体的管理和控制

第十四章　媒介法律：言论自由和公正性

第十五章　媒介伦理：真实性、公正性与道德标准

Sean Gallup / Staff / Getty Images

第十四章 媒介法律：言论自由和公正性

学习目标

在学习本章节之后，你将能够：

1. 解释为何《第一修正案》是代议制民主的重要组成部分；
2. 确认并描述被视为诽谤性言论所需的三个要素；
3. 描述针对四种侵犯隐私类型中的每一种所存在的法律保护；
4. 解释在媒体对审判进行公开报道期间必须维护《第一修正案》这一普遍规则的例外情况；
5. 说明在科恩诉考尔斯媒体案裁决后编辑和记者之间发生的冲突；
6. 描述知识共享是如何起步的，并解释它作为一组替代性版权许可如何运作。

堪萨斯州的匹兹堡（Pittsburg）并不是一个在全国性媒体上经常露面的城市。在2017年4月的第一周之前，过去十年间，《华盛顿邮报》仅有四次提及了该城市。其中一次是在2015年普利策奖获奖诗人詹姆斯·泰特（James Tate）去世的时候[泰特于1965年在那里的堪萨斯州立学院（Kansas State College）获得学士学位]。在此之前，还有2014年匹兹堡州立大学（Pittsburgh State University）的外接手约翰·布朗（John Brown）被亚利桑那红雀队（Arizona Cardinals）选中的时候。此外，还有对在该地出生的一位法官的逝世以及一位未具名的《财富》500强首席执行官在此

出生这一事实的简短提及。

但在2017年4月5日星期三,《华盛顿邮报》网站上阅读量最高的新闻是关于一群匹兹堡高中(Pittsburg High School,简称PHS)的学生,他们通过坚持不懈的新闻调查发现,他们高中新聘校长的教育资历存在问题。3月31日星期五,校报《助推器》(Booster Redux)报道了这一事件,导致新校长埃米·罗伯逊(Amy Robertson)在该周周二晚上的校董事会会议后辞职。

70岁的康纳·巴尔萨泽(Connor Balthazar)告诉《华盛顿邮报》的记者,"关于罗伯逊,有些事情不太说得通"。这则新闻是由六名高中生组成的团队报道的。[1]在他们的报道中,学生们写道:

> 校报《助推器》的工作人员通常会为每位在匹兹堡高中新上任的管理人员写一篇新闻报道。在对罗伯逊的采访过程中,《助推器》的工作人员发现了与罗伯逊本人的资历不相吻合的地方。工作人员向匹兹堡社区学校负责人德斯蒂·布朗(Destry Brown)提出了这些疑问,布朗鼓励《助推器》的记者与罗伯逊联系。
>
> 3月16日,《助推器》的工作人员与即将上任的校长举行了电话会议。《助推器》的顾问埃米莉·史密斯(Emily Smith)和布朗也出席了会议。在电话中,罗伯逊给出了不完整的答案、相互矛盾的日期和不一致的回应。
>
> 电话会议采访结束后,《助推器》的工作人员进行了进一步的在线调查和电话访问,以此确认罗伯逊的教育资质。以下是他们的发现。[2]

这是多么惊人的一系列发现啊!罗伯逊声称拥有加利福尼亚州斯托克顿市科林斯大学(Corllins University)的硕士学位和博士学位,但学生们的调查显示,在房产记录中没有任何迹象表明斯托克顿曾经有过这样一所大学,美国教育部也没有这所大学的记录,没有这所大学活跃的网站,甚至还有一篇网络文章称科林斯大学是一所文凭工厂。罗伯逊还声称他拥有塔尔萨大学(Tulsa University)的戏剧艺术学士学位,虽然塔尔萨大学是一所非常真实的学校,但学生们发现它从未授予过戏剧艺术的学士学位。

报道团队成员之一、匹兹堡高中高年级学生特里纳·保罗(Trina Paul)告诉《堪萨斯城星报》(The Kansas City Star)的记者,学生们只是担心罗伯逊的资历。"她即将成为我们学校的校长,我们希望她是能胜任的,也希望她有合格的教育资历。我们偶然发现了一些大多数人可能认为不合法的资历。"[3]

最后，学生们发表了这篇报道，并紧张地等待结果。学校负责人第二天驳回了学生们的报道，称学区雇用了最合适的候选人。但随后……学校董事会安排了一次特别会议来讨论这篇报道。《威奇托鹰报》(The Wichita Eagle)报道称，获奖的新闻教师、学生们的顾问艾米丽·史密斯(Emily Smith)甚至担心自己可能会被解雇。[4]

相反，传来的消息是新校长已经辞职。当学校董事会开会时，大部分时间都是在行政会议中讨论辞职事宜。但当一切结束时，一位家长站起来对董事会说，学生们应该知道发生了什么，因为是他们发现了新校长的欺骗行为。

史密斯在接受《华盛顿邮报》采访时说，她不得不在这个事件中回避，因为她曾是聘用罗伯逊的遴选委员会(the search committee)的成员。[5]但是，学生们确实得到了来自堪萨斯州和全国的众多记者和专家的帮助。史密斯为她的高中学生所取得的成就感到自豪："每个人都不停地对他们说，'别多管闲事'。他们很困惑，这么明显的事情，成年人却一直没有注意到。"[6]

随着该事件被报道出来以及罗伯逊也提交了辞呈，匹兹堡高中新闻专业的学生们开始因他们的调研而获得全国性的关注。第二天，学生们接到了《早安美国》《华盛顿邮报》《纽约时报》的电话。此外，包括《波士顿环球报》(Boston Globe)"聚焦"团队的记者托德·瓦莱克(Todd Wallack)、《华盛顿邮报》执行主编马蒂·巴伦(Marty Baron)和《华盛顿邮报》政治记者大卫·法伦霍尔德(David Fahrenthold)在内的许多全国顶尖记者在推特上转发了相关内容。[7]这些学生甚至被《赫芬顿邮报》邀请作为嘉宾参加白宫记者协会的晚宴。

最后，学校主管给学生们购买了比萨，对他们的工作表示感谢。史密斯告诉学生们："这可能会是你们一生中做过的最艰难的事情，因为你们在做正确的事，而这并不总是容易的，也并不总是受欢迎的。"[8]在堪萨斯州立大学的一个高中新闻夏令营期间，该校报的顾问表示："我想说一些人真的很支持，他们认为这很棒并且支持孩子们。(但)大多数人真的很生气，因为他们说我们让每个人看起来都很糟糕。"[9]

在许多州，由于美国最高法院对黑兹尔伍德学区诉库尔迈耶案(Hazelwood school District v. Kuhlmeier)的裁决，高中报纸只受到宪法《第一修正案》最低限度的保护，学校负责人本来有权阻止学生发表这篇报道。然而，堪萨斯高中的学生们也同样受到《堪萨斯学生出版法案》(Kansas Student Publications Act)的保护，该法案对管理人员审查学生报纸的时间做出了严格限制[10]（你可以在本章后面关于言论自由和学生的章节中了解更多相关内容）。

在本章中，我们将着眼于既保护又限制我们的隐私、言论自由和新闻自由的法律。我们首先审视美国宪法《第一修正案》，该修正案建立了一个以最低限度限制媒体的法律体系。然后，我们来看看作为管理诽谤、侵犯隐私和公平审判权利的法律，媒体法是如何对个人实施保护的。接下来，我们研究可以施加于新闻界的控制，包括要求新闻报道必须真实、对出版的限制以及对淫秽内容的规范。再往后，我们探讨政府如何以比其他媒体更为严格的方式对广播行业进行监管。最后，我们以对网络媒体的监管结束讨论。

新闻自由的发展

美国宪法《第一修正案》是所有与媒介有关的美国法律的核心。其简单规定：

> 国会不得制定关于下列事项的法律：确立国教或禁止信教自由；剥夺言论自由或新闻自由；剥夺人民和平集会以及向政府请愿申冤的权利。

尽管《第一修正案》规定"国会不得制定法律"，但美国最高法院长期以来一直坚持对言论和新闻界的某些限制。人们没有"在任何地方、任何情况下，以任何方式想说什么就说什么的权利"。[11]让我们看看言论自由和新闻自由的概念是如何形成的，以及政府可以对这种自由作出哪些规定和限制。

根据《第一修正案》学者弗雷德·凯特（Fred Cate）的说法，《第一修正案》是代议制民主的重要组成部分，因为只有人们能够自由开放地讨论公共事务，一个国家的民主体制才会起作用。正是通过自由和公开的言论，社会才会发生变革。《第一修正案》不仅保护大众或传统观念，它保护所有形式的表达，包括冒犯性的观念。甚至某种程度的错误表达也是被允许的，因为真相并非总是清晰的。因此，对于危险观念的表达，解决办法是允许有更多而非更少的交流。[12]《第一修正案》保障的最基本权利是不受政府约束的言论自由。新闻自由的权利是个人表达自身权利的延伸。[13]除了明确提到新闻和言论，《第一修正案》还提供了广泛的其他权利，包括宗教信仰自由、集会权利和向政府请愿的权利。

美国言论自由的根源

在美国殖民地时期，言论并非一直都是自由的。殖民地报纸的出版是需要英国殖民政府颁布执照授权的,每一期报纸的顶部都会印有"经授权出版"的字样。这一标注意味着英国政府认可所出版的内容,编辑们若违背许可,则后果自负。例如,约翰·彼得·曾格(John Peter Zenger)和他的妻子安娜·凯瑟琳·曾格(Anna Catherine Zenger)是美国殖民地时期的独立编辑、印刷商和小企业主。曾格于1733年创办了《纽约新闻报》(New York Journal),与当时的许多编辑一样,他很快就与当局发生了冲突。曾格指责总督威廉·科斯比(William Cosby)政治腐败,因为他更换了与他意见相左的纽约最高法院的法官。[14]作为报复,州长以煽动性诽谤罪(撰写批评政府的文章)将曾格送进了监狱。1735年,该案开庭审理时,曾格聘请著名律师安德鲁·汉密尔顿(Andrew Hamilton)为自己辩护,声称他所写的是事实。震惊的法官辩称其陈述的真实性无关紧要。但是,曾格和汉密尔顿拒绝退让,最终陪审团裁定曾格无罪,由此确立了真相可作为诽谤指控的抗辩理由。在其丈夫在狱期间,安娜·凯瑟琳接管了报纸的运营工作,成为美国第一批女性报纸出版商之一。[15]

言论自由的限制

1791年,各州批准了宪法的前十项修正案,俗称《权利法案》(the Bill of Rights)。但将《权利法案》纳入宪法并没有结束政府限制个人言论自由权利的努力。1798年,就在《权利法案》获批仅仅七年后,国会通过了《外国人与煽动叛乱法案》(the Alien and Sedition Acts),约翰·亚当斯总统(President John Adams)签署了该法案。这些法律规定,任何发表"针对美国政府、国会两院或美国总统的虚假、诽谤或恶意的文字"的人都将受到巨额罚款、监禁或驱逐出境的惩罚。出了名的小心眼的亚当斯总统是联邦党成员,这些法律的通过主要是为了让其对手、民主共和党的托马斯·杰斐逊(Thomas Jefferson)的支持者闭嘴。根据该法案被起诉的人中有詹姆斯·卡伦德(James Callender),这位支持杰斐逊的记者曾曝光联邦财政部部长亚历山大·汉密尔顿(Alexander Hamilton)与玛丽亚·雷诺兹(Maria Reynolds)的婚外情(是的,音乐剧《汉密尔顿》甚至进入了媒介法律章节)。另一位

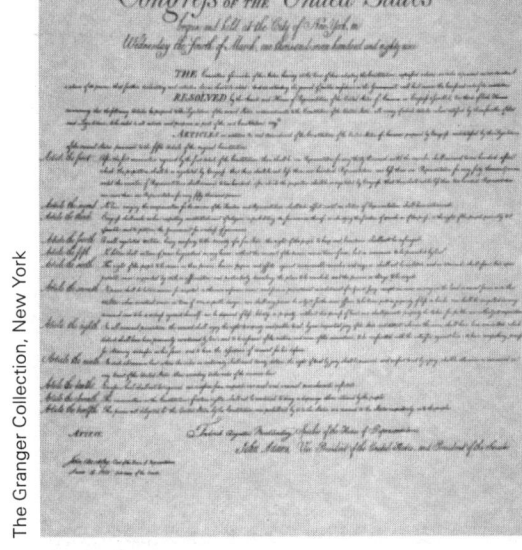

1791年批准的《权利法案》确立了对所有表达形式而不仅仅是流行观点的保护。

是佛蒙特州国会议员马修·里昂（Matthew Lyon），他写道，亚当斯总统"沉溺于对权力的不断争夺，极度渴望虚荣、愚蠢的奉承和自私的贪婪"。[16]杰斐逊当选总统后，最终赦免了所有因该法案受到指控的人。[17]

在第一次世界大战期间，煽动叛乱再次成为一项罪行，当时有1900多人因批评政府、军队征兵或美国参与战争而被根据煽动叛乱法起诉。战后，部分而非全部反言论自由的条款被废除。[18]随后，在1940年，在美国卷入第二次世界大战前夕，国会通过了《史密斯法案》（the Smith Act），鼓吹暴力推翻政府或加入鼓吹暴力推翻政府的团体均属犯罪。[19]

后"9·11"时代

2001年9月11日，美国遭受恐怖分子袭击，45天之后，美国国会通过了《爱国者法案》（USA PATRIOT Act），其名称是"通过提供拦截和阻止恐怖主义所需的适当工具来团结和使美国变得更强大"的缩写。[20]《美国爱国者法案》沿袭了以往战时法律的传统，改变了最大限度地保障公民自由和保护美国免受威胁之间的平衡点。该法案是"秘密4"——没有什么是新鲜的：过去的一切都会再度发生——的又一个例子。

该法案允许司法部进行一系列活动，包括安装窃听器和加强国内监控，它还扩大了恐怖主义的概念范畴。大多数反对该法案的理由来自美国宪法《第四修正案》（the Fourth Amendment），该修正案保护人们免受"不合理的搜查和扣押"（unreasonable searches and seizures）。[21]但也有《第一修正案》的影响。其中最大的影响之一是该法案第215条允许联邦调查局（FBI）通过获取"图书馆记录、医疗保健记录、互联网服务提供商的日志以及其他文件和资料"来核查个人的媒体使用情况。[22]

美国公民自由联盟（the American Civil Liberties Union, ACLU）的贾米勒·贾弗（Jameel Jaffer）说，人们可能被监视这一事实会阻止他们浏览原本可能会看的东西："如果人们认为政府在监视他们看了哪些书或访问了哪些网站，那么很多人就不会去读那些书或访问那些网站了。"[23]该法案还规定，任何人向任何被认定为恐怖组织的组织提供"专家援助"

美国国家安全局利用对《爱国者法案》第215条的广泛理解，为收集几乎所有美国公民的语音信箱和电子邮件数据提供了理由。

(expert assistance)都是犯罪行为,即使没有证据表明这种建议会导致进一步的恐怖主义。

最具争议的是,收到《美国爱国者法案》搜查令的人不能告诉任何人他们已经收到了搜查令。也就是说,任何获得《美国爱国者法案》搜查令的人都失去了言论自由权。自该法案于2001年最初通过以来,它经过了一些修改,减少了对言论自由的限制。其中最重要的修改一项是,现在根据该法案收到搜查令的人有权咨询律师。

《美国爱国者法案》也被用于查明记者的机密消息来源。美国广播公司(ABC)新闻频道的布莱恩·罗斯(Brian Ross)和理查德·埃斯波西托(Richard Esposito)在他们的博客"记事簿"(Blotter)中写道,在他们报道了中央情报局(CIA)在罗马尼亚和波兰的秘密监狱之后,联邦政府一直在追踪他们拨打的电话号码。[24]罗斯指控对他的电话进行的追踪是根据该法案第215条进行的。罗斯说:"这是《美国爱国者法案》中的一项条款,旨在打击恐怖主义——但现在却被用来对付记者。事情归根结底就是这样。"[25]

虽然有各种类似于罗斯所报道的关于第215条可能被滥用的报道,但通过《卫报》(*Guardian*)根据前国家安全局(NSA)员工爱德华·斯诺登(Edward Snowden)泄露的文件所发布的一系列报道,全世界才了解到"元数据"(metadata)的收集程度。你可能还记得第二章提到,斯诺登曾透露,美国国家安全局一直都在收集大量的信息,这些数据显示着"数百万未被怀疑犯罪的美国人谁给谁打电话、通话日期、通话时间、通话时长和频率"。[26]这些数据不包括通话内容,但仅元数据本身就可以确定某人的政治活动、健康问题或个人关系。随着2015年6月《美国自由法案》(*USA FREEDOM*,该法案旨在通过履行公民权利、结束窃听和在线监控来团结和强大美国)的通过,《美国爱国者法案》进行了相当大的修订,其中一个变化是终止了国家安全局大规模收集数百万美国人通话数据的做法。一个由自由民主党人和持自由主义思想的共和党人组成的联盟通过了这些修订。[27]

诽谤与个人保护

尽管在美国新闻审查极为罕见,但个体还是有权利来进行自我保护,以此避免受到媒体的侵害。美国法律允许个人就其认为遭受的任何损害向媒体提起诉讼,而不是事先采取限制措施,防止媒体印刷或传播可能造成损害的材料。对个人免受新闻媒体伤害的保护主要集中在三个问题上：诽谤（libel）、侵犯隐私（invasion of privacy）和获得公平审判的权利（the right to a fair trial）。

一般而言，新闻媒体不能被限制出版某些内容，但要对其所出版的内容负责。这主要通过诽谤法来实现。诽谤是指任何公开发表的、不合理地使某人受到嘲笑或蔑视的言论。一般来说，要构成诽谤言论，需要包含三个要素：诽谤污蔑（defamation）、身份认定（identification）和公开发表（publication）。

诽谤污蔑（Defamation）。诽谤污蔑指以某种方式损害某人的声誉。例如，称呼某人为罪犯或醉汉。如果一份学生报纸刊登了一篇文章，错误地指责新闻学教授史密斯博士（Dr.Smith）在其"大众传播学导论"课程中以100美元的价格出售A类成绩，那么史密斯博士很可能就被诽谤了。

身份认证（Identification）。除非能够证明诽谤污蔑是有指向性的，否则任何人都不能就诽谤提起诉讼；其他读者或观众也必须认同该言论适用于提起诉讼的人。仅仅在文章中不提及此人的名字是不够的。如果一个人能够被认定身份，那么他或她就可以起诉。回到史密斯博士的例子，假设这篇文章没有提到他的名字，只是说大型州立大学（Big State University）的"大众传播学导论"课程的教师收受贿赂以换取分数。如果史密斯博士是这所大学唯一教授这门课程的教师，那么他就已经被确认了身份。

公开发表（Publication）。要构成诽谤，该言论必须被发表或播出，并且除作者和被诽谤者之外还要被其他人看到。[28]

媒体如何在诽谤诉讼中为自己辩护？毕竟，出版物或广播新闻中的很多东西都有可能损害一个人的声誉。至少有两种方法。当一篇文章确实是虚假的或诽谤性的，媒体会参考20世纪60年代具有里程碑意义的案例"《纽约时报》诉沙利文案"（*New York Times Co. v. Sullivan*），本章稍后将对此进行讨论。首先，让我们看看当文章中的材料是真实的、享有特权的或属于意见陈述时所使用的方法。

事实、特权和意见

18世纪早期的"曾格案"（the Zenger case）确立了事实是针对诽谤的绝对抗辩理由。然而，它并不总是一种有效的辩护，因为事实并不总是清楚的。在那篇关于史密斯博士的文章中，学生指控史密斯博士贩卖成绩可能是真的，但要证明史密斯博士真的贩卖了成绩就困难得多了。

在诽谤案件中，维护特权比主张事实要更好辩护。作为针对诽谤的法律辩护，特权指在政府会议、法庭或政府文件中发表的言论不能作为诽谤诉讼的依据。而且,对会议、法庭或政府文件中所发生事情的任何公正和准确的报道也不受诽谤诉讼的影响。[29] 例如,特权辩护保护报道谋杀案审判的记者。记者有权公正准确地报道任何证词,无论其多么具有煽动性,而无须担心被起诉。

意见既非真实也非虚假,因此意见陈述不能作为诽谤诉讼的依据。称某人为白痴或混蛋,都可能不会被认为是诽谤,因为这两个词都表达了观点。社论漫画、模仿作品和评论通常都被视为意见,并在免受诽谤方面有很大的自由度。但请记住,为了得到保护,声明需要明确表达意见。一篇文章写道"在我看来,史密斯博士正在贩卖成绩",很可能会被认为是诽谤:声称某一事实是意见陈述并不能保护作者。

《纽约时报》诉沙利文案

对事实、特权和意见的捍卫源于这样一种观念:媒体发表了它有权发表的东西。但有时,媒体会弄错报道、刊登包含事实错误的广告或在标题中犯错。在这些情况下,媒体很可能会参考1964年的"《纽约时报》诉沙利文案"。[30]

20世纪60年代是美国种族动荡时期,其特点是关于整合学校、午餐柜台和其他公共设施的抗议和骚乱很多,而白人种族隔离主义者声称全国性媒体在干涉与他们无关的地方问题。[31]

1960年3月29日,一个民权组织在《纽约时报》上刊登了整版广告为小马丁·路德·金博士筹款。广告中包括众多知名人士的名字,如哈里·贝拉方特(Harry Belafonte)、马龙·白兰度(Marlon Brando)、纳京高(Nat King Cole)、杰基·罗宾森(Jackie Robinson)以及前第一夫人埃莉诺·罗斯福(Eleanor Roosevelt),并且由联邦广告服务公司(the Union Advertising Service)支付的费用,以支持捍卫小马丁·路德·金和为南方自由而斗争的委员会。[32] 广告中引起麻烦的部分如下:

> 在亚拉巴马州的蒙哥马利(Montgomery),当学生们在州议会大厦的台阶上唱《我的祖国》(*My Country ' Tis of Thee*)之后,他们的领导人被学校开除,满载着枪支和催泪瓦斯的警察包围了亚拉巴马州立大学(the Alabama State College)的校园。当全体学生通过拒绝重新注册以向州当局抗议时,他们学校的餐厅被上锁,州政府试图以饥饿迫使他们屈服。[33]

这是捍卫马丁·路德·金和为南方自由而斗争的委员会刊登在《纽约时报》上的广告，导致警察局局长L.B.沙利文以诽谤罪起诉该报。

这段文字包含了几处错误陈述。学生们并没有唱《我的祖国》，警察也并非真的包围了校园。

尽管广告中没有提到蒙哥马利警察局局长L.B.沙利文（L.B. Sullivan）的名字，但他认为，对警察局的任何指控都是对他的指控。他还指控该广告存在大量事实错误。他要求《纽约时报》撤回这则广告，但该报回应称看不出这则广告对沙利文的声誉有任何负面影响。于是沙利文提起诉讼，加入了针对《纽约时报》尚未审结的另外11起诽谤案件。[34]在最初的三天庭审中，《纽约时报》承认广告中有错误，但沙利文的朋友作证说，他们并未因此看低他，因为他们不相信广告所说的内容。然而，法官指示陪审团，他们可以假定广告中的内容是具有诽谤性的，并且损害了沙利文的声誉。陪审团做出了有利于沙利文的裁决，判决《纽约时报》支付给他50万美元的损害赔偿金。该裁决得到了亚拉巴马州最高法院的支持。

随后该案被提交至美国最高法院，最高法院推翻了下级法院的裁决，做出了有利于《纽约时报》的全面裁决。最高法院本可以通过裁定沙利文在广告中未被指明身份，或者裁决沙利文的声誉未受任何损害来推翻下级法院的判决。但是，它决定利用此案来考虑公众是否有权批评政府。[35]最高法院裁决，仅保护真实陈述是不够的；出于善意针对公职人员的错误陈述也应受到保护。

通过沙利文案，最高法院为诽谤确立了一个新标准。它裁定公职人员必须证明媒体是故意或恶意为之并且对所发布内容的真假毫不在乎。在沙利文案中，最高法院裁定，该报并非恶意为之；充其量只是疏忽大意。最高法院判决的目标之一是帮助防范自我审查——防止出版物因过于害怕犯错而不刊登任何可能有争议的内容。最高法院试图在公职人员保护自身声誉的权利与批评者公开反对该公职人员的权利之间寻求平衡。

自1964年起，沙利文案已经被官方当作诽谤指控的标准，美国最高法院法官克拉伦斯·托马斯（Clarence Thomas）在2019年2月的一份意见书中写到，法院对该案的决定"是伪装成宪法的政策驱动的决定"("were policy-driven decisions masquerading as constitutional law")。他写道，应该允许各州自行决定如何"在鼓励强有力的公共话语与为声誉损害提供有意义的补救措施之间取得可接受的平衡"。[36]托马斯的这一观点没有得到其他法官的任何支持。

诽谤与公众人物

1967年，最高法院将实际恶意标准（the actual malice）扩大到不仅适用于公职人员，还适用于公众人物。沙利文标准（the Sullivan standard）这一延伸背后的理论是，这些人自愿将自己暴露在公众监督之下，从而面临被诽谤的威胁。

诽谤与社交媒体

总体而言，传统媒体和社交媒体在诽谤的认定标准方面几乎没有差异。最大的差别在于，传统媒体有法律人员在作者编写或播报可能存在问题的内容时为其提供建议；而在推特或脸书上的人们则很少这样做。此外，正如律师艾琳·安杰洛蒂（Ellyn Angelotti）所指出的那样，像推特这样的社交媒体让发布可能具有诽谤性的内容变得容易得多。[37]最后，报纸或广播公司通常要对其发布的内容负责，因为它们积极控制以其名义发布的内容，而社交媒体网站自身不对人们使用其服务发布的内容负责。2014年1月，推特上第一个达成和解的诽谤案件是歌手兼名人科特妮·洛芙（Courtney Love）发布的一条推文，暗示她的一名律师被"收买"了。该案件的陪审团做出了有利于洛芙而不利于她的律师的裁决。陪审团裁定洛芙的推文包含虚假信息，但她并不知道这是假的。[38]（学生们请注意：不要以为其他陪审团也会这么裁定！）请务必回顾第九章和第十章，了解更多关于网络和社交媒体法律问题的内容。

近期的诽谤案件

近年来美国最受瞩目的诽谤案件是针对《滚石》（Rolling Stone）杂志的一起报道，该报道讲述了弗吉尼亚大学（University of Virginia）校园兄弟会成员涉嫌轮奸以及大学管理人员据称的冷酷反应。该杂志和记者萨布里纳·鲁宾·厄德利（Sabrina Rubin Erdely）被一名大学管理人员、一群兄弟会成员和三名兄弟会成员起诉。在报道中被指控对强奸指控漠不关心的副院长获得了300万美元的赔偿，兄弟会获得了165万美元的赔偿,而兄弟会成员获得的赔偿金额不详。厄德利在庭审中作证说,该报道于2014年发表后,她不再信任该报道的消息来源,杂志应该撤回这篇报道。[39]

美国最高法院法官克拉伦斯·托马斯(Clarence Thomas)在2019年2月的一份意见书中写道,最高法院在"《纽约时报》诉沙利文案"中的裁决"是伪装成宪法的政策驱动的决定"。

肯塔基州科文顿市科文顿天主教高中(Covington Catholic High School)的学生尼古拉斯·桑德曼(Nicholas Sandmann)起诉了包括《华盛顿邮报》和美国有线电视新闻网在内的多家新闻媒体诽谤,原因是在2019年反堕胎游行期间,在林肯纪念堂的台阶上,他与一名印第安原住民活动家互动的相关报道对他的描述。桑德曼当时与一群学生在一起,其中许多人戴着红色的"让美国再次伟大"(Make American Great Again)的帽子,当时他遇到了印第安原住民活动家内森·菲利普斯(Nathan Phillips)。有关这次相遇的视频和报道引发了一场全国性的辩论,讨论两人相遇时发生了什么。菲利普斯说,桑德曼阻止了他向前走。桑德曼说他表现得很尊重,没有挡住菲利普斯。CNN在2020年1月报道称,它已与桑德曼达成了和解,但未披露和解金额。据《华盛顿邮报》报道,过去新闻机构会解决诽谤索赔,而不是将其诉诸审判,因为案件的费用可能很高。在针对《华盛顿邮报》的诉讼中,联邦法官最初驳回了诉讼中发布的所有33条声明,但最终恢复了其中3条。截至本书撰写时,此案尚未审判。[40][41]

隐私侵犯

你订阅了哪些杂志?你从图书馆借阅了哪些书?你在银行中有多少储蓄?你从音像店租借了哪些电影?你在零售店买了什么?你上周为何去看医生?这些问题让你感到不舒服吗?大多人可能会将这些问题视为隐私。[42]有了所有这些可能获取的信息,在信息时代人们对维持私人生活有什么法律期望呢?宪法并未明确提供对隐私的保护,但隐私权已被暗示,并且这个问题在几个方面有所体现。《第一修正案》的"结社自由"(freedom to associate)条款防止政府要求一个团体向公众公布其成员名单。它还保护个人在自己家中私下拥有任何类型文献的权利。《第四修正案》限制搜查和扣押，《第十四修正案》限制个人信息的披露。在涉及隐私的案件中，法院试图平衡个人保护其隐私和声誉的权利与新闻或专题报道中的公众利益。

一般来说，对以下四种侵犯隐私的行为存在法律保护：

侵入（Intrusion）

尴尬（Embarrassment）

歪曲报道（False light）

盗用（Misappropriation）[43]

侵入指通过身体侵入一个人周围的空间或其所控制的财产来侵犯隐私。新闻记者和摄影师未经允许不得进入私人领地收集新闻，但在某些情况下，新闻采集功能和公众知情权可能会与私人财产权相冲突。例如，一名记者和摄影师因假装是加州一家私人诊所的病人而被起诉侵犯隐私。该诊所由一名无证行医的水管工经营。他们的访问被判定为非法侵入，但这篇报道赢得了众多奖项，并导致诊所被关闭。[44]

法院普遍认为，卧底报道如果不涉及非法侵入，即使不一定符合道德规范，也是合法的（有关侵入的更多信息，请参阅本章后面关于"食品狮"案的部分）。

有些时候，记者遇到的真实信息是如此尴尬和私密，人们有理由认为这些信息不会被公布，尤其是被报道对象并不是那么知名的情况下。一般来说，尴尬的案例很难胜诉。如果信息是真实的，通常会被认为具有新闻价值，这是新闻界在隐私案件中最强有力的辩护。

1975年出现了一起最著名的尴尬案例，当时前美国海军陆战队队员奥利弗·"比尔"·西普尔（Oliver "Bill" Sipple）在萨拉·简·摩尔（Sara Jane Moore）企图向杰拉尔德·R.福特总统开枪时，将她的枪打偏从而救了总统。两天后，《旧金山纪事报》（San Francisco Chronicle）的一位专栏作家暗示，西普尔是同性恋。西普尔起诉《旧金山纪事报》对这一信息进行了不必要的宣传。然而，法院判决西普尔败诉，因为他曾在同性恋杂志上被报道过，也曾参加过同性恋骄傲游行（gay pride parades）。法院还裁定，有关西普尔的信息是合法的新闻。

那么，什么时候隐私的事情没有新闻价值了呢？1961年10月13日，亚拉巴马州的一位妇女走进了当地县集市的一个游乐场。一股气流把她的裙子吹了起来，露出了她的内衣，当地报纸的一名摄影师拍下了这张照片。这名妇女被朋友和亲戚认出，他们拿照片取笑她。她至少给报社打了两次电话，但没有得到同情。该报的编辑说，如果当时他道歉，这件事可能就结束了。但他没有，这名妇女起诉并最终胜诉。[45]《每日时报民主报》诉格雷厄姆案（Daily Times Democrat v.Graham）与西普尔案有何不同？西普尔刚刚救了总统的命，因此成了新闻的一部分。然而，在亚拉巴马州的案件中，这名妇女并没有做任何使自己有新闻价值的事情。

近年来，最引人注目的侵犯隐私案件是胡克·霍根（Hulk Hogan）与八卦网站"高客网"（Gawker）之间的纠纷。霍根是一名职业摔跤手，在20世纪80年代末和90年代非常有名。在21世纪，他和他一个朋友的妻子发生了性关系，那个朋友把他们的行为录了下来［值得注意的是，这位朋友是电台惊悚节目主持人布巴·洛夫·斯彭奇（Bubba the Love Sponge），没错，这是他的合法名字］。有人向高客网发送了一份视频副本，高客网发布了这段视频。霍根起诉高客网侵犯隐私，最初一名法官做出了有利于高客网的裁决，认为根据霍根的公众形象和他曾经对自己性生活的公开讨论，这段视频没有必要被撤下。但随后案件变得复杂起来。科技界亿万富翁彼得·泰尔（Peter Thiel）几年前因被高客网曝光是同性恋而憎恨它，他为霍根的上诉提供了资金。几年前，他曾因高客网公开自己是同性恋而痛恨该网站。这一次，案件由陪审团审理，霍根赢得了1.15亿美元的判决，也因此迫使高客网的老板尼克·丹顿（Nick Denton）在2016年将自己的媒体公司出售给西班牙语媒体巨头UVN。当泰尔参与此案的事实被揭露后，很明显他为上诉提供资金是为了向丹顿和高客网复仇。[46]

歪曲报道与诽谤类似，提起诽谤诉讼的人往往同时提起歪曲报道诉讼。歪曲报道似乎并不是对隐私的侵犯，但这就是法律对待它的方式。[47]当记者发表不真实的陈述，以一种个人无法控制的方式改变了个人的公众形象时，就会出现歪曲报道。《克利夫兰老实人报》（Cleveland Plain Dealer）输掉了一起歪曲报道诉讼，当时记者乔·埃斯特哈斯[Joe Eszterhas，他后来因撰写电影《本能》（Basic Instinct）的剧本而出名]描述了一位贫困的寡妇，她的丈夫几个月前在西弗吉尼亚州的一次桥梁坍塌事故中丧生——尽管他既没有见过也没有与这位妇女说过话。他写道：

玛格丽特·坎特雷尔（Margaret Cantrell）既不谈所发生的事情，也不

2016年3月，胡尔克·霍根（原名特里·博莱亚）在佛罗里达州圣彼得堡出庭作证，指控高客网。由于高客网发布了一段他和他最好朋友的妻子做爱的视频，他对高客网提起了1亿美元的法律诉讼。后来披露，霍根的上诉是由亿万富翁彼得·泰尔资助的，据称他的动机是出于对高客网的报复。

Boyzell Hosey-Pool/Getty Images

谈他们的近况。她在葬礼上戴着一副毫无表情的面具。她是一个骄傲的女人。她的世界已经改变。她说事情发生后，镇上的人提出资助他们，但他们拒绝了。[48]

不管这名女性的名誉是否受损，记者埃泽特哈斯的描述明显是失实的，因为他根本从未接触过她。歪曲报道往往来自环境，而不是有意的欺骗企图。例如，一个关于街头卖淫的电视报道很可能会展示在街上行走的男女，暗示这些妇女是妓女，这些男人是她们的顾客。美国广播公司（ABC）电视台就这样用一篇报道解决了多起诉讼（尽管没有承认有罪）。

侵犯隐私的最后一种形式与前述三种截然不同。盗用指未经他人许可将其姓名或形象用于商业目的。对运动员和名人来说，控制他们的名字和形象的商业使用权是非常重要的，他们从代言中获得的收入可能比参赛或表演挣得还多。例如，1997年，篮球传奇人物迈克尔·乔丹（Michael Jordan）从芝加哥公牛队（the Chicago Bulls）获得的薪酬为3130万美元，而代言收入却超过4000万美元。[49]显然，控制其姓名和形象的使用符合乔丹的经济和财务利益。

那些拿着长焦镜头、以跟踪名人为业的狗仔队呢？电视和电影明星詹妮弗·安妮斯顿（Jennifer Aniston）多次提起侵犯隐私的诉讼，要求停止传播或发布她的半裸照片。目前还不清楚法院会如何裁决她的案件，因为大多数案件都是庭外和解的。安妮斯顿在她的案件中使用了一系列法律策略，包括侵犯版权、侵入和盗用[50]（显然，她对于2005年在GQ杂志封面上刊登的官方授权的裸照并无异议，而当时她的一起诉讼案正在进行中[51]）。2009年，加州州长阿诺德·施瓦辛格（Arnold Schwarzenegger）签署了一项法案，允许对非法发布照片的媒体提起诉讼。一般来说，自由摄影师可能因侵犯隐私法而被起诉，但是购买其照片的出版物却能免于承担责任。言论自由的倡导者认为，加州的法律可能会干扰合法的新闻采集。法律专家质疑加利福尼亚州的法律是否可执行，因为很难证明照片的拍摄时间和地点。[52]

社交媒体与隐私

如果我们去问"明知故问的人"（Captain Obvious），我们在社交媒体网站上发布的东西是否有隐私权，他会立即回答："嗯，没有，显然这就是要分享的。"从实际角度来看，他是对的——一旦有任何东西被发布到互联网上，它一定就会公开。

多年后,前《克利夫兰老实人报》记者乔·埃斯特哈斯在一次签售会上丢失了一件1974年的西装,因为他在一篇报道中描述了一个贫穷的寡妇,她的丈夫几个月前在西弗吉尼亚州的一次桥梁坍塌事故中丧生——尽管他既没有见过也没有和那个女人说过话。

LUCY NICHOLSON / Stringer / Getty Images

如果你想保守某些秘密,就不要发布出来。但是从法律角度来看,你确实得到了一些保护。根据新泽西州地区法院2012年的一项裁决,如果你发布的内容仅对特定群体的人(即"朋友")可见,那么你可能有合理的隐私预期。另外,2009年加州上诉法院的一项裁决认定,有人在聚友网(Myspace)上发布了一系列对其家乡的抱怨文章,但当她的评论被当地报纸转载时,她没有理由起诉侵犯隐私。[53]

隐私与你的智能手机

你的智能手机的内容在多大程度上是隐秘的?如果你拥有一部装有最新操作系统的新款iPhone,那是相当私密的。私密度之高,以至于即使是苹果的工程师都无法进入并读取您的私人消息,即便他们想这么做。而他们也不想。

iPhone的隐私级别在2016年冬天成为一起全国性的争议事件,当时联邦调查局想要获取一部iPhone的访问权限,这部手机为一对已婚夫妇所有,他们在加利福尼亚州圣贝纳迪诺(San Bernardino)的一个县雇员假日聚会上发动了袭击,造成14人死亡,22人受伤。联邦调查局想知道这部手机是否包含有关此次袭击动机的信息,以及伊斯兰极端组织是否对这对夫妇产生了影响。

联邦调查局无法从手机的攻击者和所有者那里获取访问密码——他已被警方击毙。调查人员也不能简单地猜测四位数的访问密码。如果有人多次猜错密码,苹果的软件会关闭手机。在某些设置下,如果你猜错次数过多,手机就会自行清除数据。[54]

联邦调查局希望苹果编写一个新的、特殊版本的手机iOS操作系统,禁用所有反猜测功能,这样联邦调查局就可以迅速对这款手机实施暴力破解。当苹果公司拒绝这样做时,联邦调查局获得了联邦法院的命令,要求苹果公司服从。苹果公司再次拒绝了。苹果公司首席执行官蒂姆·库克(Tim Cook)在一封致消费者的公开信中写道:

以iPhone为代表的智能手机已经成为我们生活中不可或缺的一部分。人们用它们来存储大量的个人信息，从我们的私人谈话到照片、音乐、笔记、日历和联系人、财务信息和健康数据，甚至包括我们去过的地方和要去的地方。所有这些信息都需要受到保护，以防黑客和犯罪分子在我们不知情或未经许可的情况下访问、窃取和使用……损害我们个人信息的安全最终会使我们的个人安全处于危险之中。这就是为什么加密对我们所有人都变得如此重要……我们甚至把这些数据放在我们自己无法获取的地方，因为我们相信你的iPhone里的内容与我们无关。[55]

库克写道，虽然他和苹果公司对这起恐怖袭击感到震惊，并希望帮助联邦调查局，但他们不愿意创建一个绕过iPhone安全系统的后门。苹果在手机上设置了新的增强性安全措施，是因为该公司在"9·11"事件后曾与政府合作，解锁了数十部手机。据透露，苹果和其他大多数大型科技公司以保护国家安全的名义，向政府移交本应安全的数据。[56]对于这起事件，最终联邦调查局和苹果都没有做出让步。相反，据报道，联邦调查局显然雇用了一名黑客，他成功找到了进入这部特定手机的方法，而联邦调查局为此花费超过了100万美元，但联邦调查局拒绝透露具体细节。[57]在2018年4月的另一起案件中，警方试图用他们击毙的一名男子的指纹解锁他的手机。警方将尸体的手指放在手机的传感器上，但他们无法进入手机。法律教授查尔斯·罗斯（Charles Rose）告诉《坦帕湾时报》（*Tampa Bay Times*）的记者，虽然警察的行为是合法的（人死后就没有隐私权了），但"这真的让人难以接受"。[58]

新闻自由和公正审判

新闻自由的权利经常与公正审判的权利相冲突。美国宪法《第六修正案》（*the Sixth Amendment*）保障被指控的个人有权由公正的陪审团审判；《第十四修正案》（*the Fourteenth Amendment*）要求刑事被告在无偏见的陪审团面前得到公正审判。最高法院法官雨果·布莱克（Hugo Black）写道："言论自由和公正审判是我们文明中最珍视的两项政策，要在它们之间做出选择是一项艰巨的任务。"[59]多年来，一直有人指责审前公开干扰了选择公正陪审团的能力，媒体报道会把审判变成马戏团表演。在1994年O.J.辛普森（O.J.Simpson）的谋杀案审判期间，这些抱怨声尤其强烈,该审判吸引了过多的媒体关注。媒体学者马修·D.邦克(Matthew D. Bunker)认为,新闻自由和公正审判之间的冲突并不要求为了其中一项权利而牺牲另一项权利。相反,他认为法官的创造性决策可以同时带来公正的审判和公开的媒体报道。[60]一般规则是,除非有引人注目的国家利益需要规范言论,否则必须维护《第一修正案》。如果言论受到规范,必须以限制最少的方式进行。其背后的逻辑是不应该有官方版本的真相。相反,人们应该能够提出不同的观点来吸引注意力。

新闻自由和公正审判之间最引人注目的冲突之一体现在山姆·谢泼德(Sam Sheppard)博士谋杀案的审判中。这个案子后来被改编成电视剧和电影《亡命天涯》(The Fugitive)。1954年,谢泼德的妻子玛丽莲(Marilyn)被发现在家中被殴打致死。谢泼德是克利夫兰(Cleveland)的一名杰出医生,他为自己辩护,声称自己被妻子的尖叫声吵醒,并与袭击妻子的人搏斗,之后被打昏。

谢泼德的说法并未让警方信服,他很快成为妻子谋杀案的主要嫌疑人。记者发现谢泼德与一名叫苏珊·海耶斯(Susan Hayes)的女子有婚外情。一份报纸的头条标题质问:"山姆·谢泼德为何未入狱?"随着审判开始,克利夫兰的报纸刊出了未来陪审员的姓名、地址以及他们的照片。尽管法官"建议"陪审员在审判期间避免看媒体报道,但他们还是被允许这样做。

谢泼德被判谋杀罪成立,但这一判决被美国最高法院推翻,他获得了重审的机会。这一次他被判无罪。最高法院在"谢泼德诉麦克斯韦尔案"(Sheppard v. Maxwell)[61]中表示,围绕谢泼德受审的"狂欢气氛"剥夺了他享有的正当诉讼程序。但法院也指出,确保被告得到公正审判是法官的责任。如果停止对审判的报道不是一种选择,那么法院能做些什么来避免这个问题?法院提出了若干可能性:[62]

- 对庭审参与者发布禁言令,从一开始就阻止他们与媒体交谈(尽管媒体可以自由报道法庭上发生的任何事情);
- 隔离陪审团;
- 将审判推迟到公众关注度下降的时候;
- 变更审判地点;
- 下令进行新的审判。

除了谢泼德案,过去30年来最重要的新闻自由/公正审判案无疑是蒂莫西·麦克维(Timothy McVeigh)对1995年俄克拉荷马城阿尔弗雷德·P.默拉联邦大厦(Alfred P. Murrah Federal Building)爆炸案的审判,这起爆炸案导致168名受害者死亡,其中包括许多儿童和8名联邦特工。查德·F.奈(Chad F. Nye)在他的《俄克拉荷马城爆炸案审判中的新闻与正义》(*Journalism and Justice in the Oklahoma City Bombing Trials*)一书中阐明了该案件涉及新闻自由/公正审判的11个主要领域,包括以下内容:

- 这一案件的审前宣传直接或间接地影响了俄克拉荷马城地区几乎每一个家庭。
- 庞大的记者团发表了1700多篇报纸报道和900多篇广播报道。
- 在审判被转移至科罗拉多州丹佛市(Denver)之后,俄克拉荷马城民众获取审判入场资格面临着挑战,因为辩方声称麦克维(McVeigh)及其被指控的同谋特里·尼科尔斯(Terry Nichols)在俄克拉荷马州无法得到公正审判。法官下令设置闭路电视直播,将丹佛法庭的审判画面传送到俄克拉荷马城的一座礼堂,让受害者家属能够看到和听到证词。法官还允许无法进入法庭的记者收听审判的音频直播,只要他们承诺不录制或转播任何证词。

最后,美国地方法官理查德·马奇(Richard Match)严格控制了所有参与审判的人,既满足了被告的权利,也满足了公众和媒体观察审判的权利。[63]

测试你的视觉媒介素养:法律保护是否应该延伸到攻击性言论?

测试你的视觉媒介素养:法律保护是否应该延伸至冒犯性言论?

堪萨斯州托皮卡(Topeka)的韦斯特伯勒浸信会教堂(the Westboro Baptist Church)在过去十年中因在美国军人及其他知名人士的葬礼上游行示威而声名狼藉,他们举着写有"上帝憎恨同性恋"(GOD HATES FAGS)和"感谢上帝让士兵死去"(THANK GOD FOR DEAD SOLDIERS)标语的牌子。该教会与其他任何浸信会教派没有联系,通常被描述为主要由其创始人和前领导人弗雷德·菲尔普斯(Fred Phelps)的大家庭组成。该教会辩称,上帝因同性恋问题在惩罚美国,其成员在葬礼上游行示威是为了引起人们对他们团体的关注。[64]菲尔普斯于2014年3月去世,但据报道,

Douglas Graham/Roll Call via Getty Images

你看到这张照片的第一反应是什么?它是否让你感到震惊和愤怒?为什么或为什么不呢?威斯特布路浸信会等团体的成员是否有权在士兵葬礼举办地附近示威?

WBC在非前领导人亲属史蒂夫·德雷恩(Steve Drain)的领导下继续其游行示威活动。[65]

2006年,菲尔普斯家族的成员在兰斯下士马

修·斯奈德（Lance Cpl. Matthew Snyder，在伊拉克阵亡）的葬礼上游行示威。据报道，抗议者被限制在距举行葬礼的教堂约一千英尺的地方。一周后，WBC的一名成员在该教会的网站上发布了一篇"史诗"，讲述了一个贬低斯奈德及其家人的故事，声称斯奈德的父母把他养大是为了"违抗造物主"（defy his creator），还说他们教导他"上帝是个骗子"（God was a liar）。马修的父亲阿尔伯特·斯奈德（Albert Snyder）以故意造成精神痛苦和侵犯隐私为由起诉了菲尔普斯。他最初被判获得1100万美元的赔偿，但后来法官将赔偿金额减至500万美元。随后，联邦上诉法院推翻了这一判决，部分依据是最高法院在"《好色客》诉福尔韦尔案"（*Hustler v. Falwell*）中的裁决——即使是"在大多数人看来粗俗和令人反感"的言论也仍然受到保护。[66]

当斯奈德诉菲尔普斯案被提交至美国最高法院时，公众就菲尔普斯家族的言论自由权与斯奈德家族让儿子安静入土的权利展开了一场广泛的公众辩论。在法庭辩论期间，斯奈德家族的律师作证说："我们说的是一场葬礼。如果背景真的很重要，那就必须是在葬礼的背景下。斯奈德先生只是想以一种私下的、有尊严的方式安葬他的儿子。"[67] 作为回应，弗雷德·菲尔普斯的女儿玛吉·J.菲尔普斯（Margie J. Phelps）辩称，没有宪法禁止她利用葬礼来实现自己的事业。她告诉法庭："当我听到'利用丧亲之痛'这种说法时，我会思考：法院依据的法律原则是什么？这种利用的概念，在法律原则中没有定义，无法指导人们何时可以或何时不可以这样做。"[68]

法院最终以8比1的投票结果判决支持了菲尔普斯家族的抗议权利，认为菲尔普斯家族遵守了当地法律，并保持了距离葬礼所需的一千英尺距离。首席大法官约翰·罗伯茨（Chief Justice John Roberts）代表多数人写道："言论是强大的。它可以激励人们采取行动，让他们喜极而泣或悲痛落泪，而且——就像在这里一样——造成巨大的痛苦。根据摆在我们面前的事实，我们不能通过惩罚发言者来应对这种痛苦。作为一个国家，我们选择了一条不同的道路——保护关于公共问题的即使是有害的言论，以确保我们不会扼杀公共辩论。"[69]

一个奇怪的转折是，WBC在最高法院大法官安东宁·斯卡利亚（Antonin Scalia）的葬礼上游行示威，而斯卡利亚在斯奈德诉菲尔普斯案中与多数人一起投票支持了该教会的游行示威权。[70]

他们是谁？

弗雷德·菲尔普斯是谁？阿尔伯特·斯奈德又是谁？

他们说了些什么？

斯奈德为什么起诉菲尔普斯和韦斯特伯勒浸信会？菲尔普斯和他的家人为什么在退伍军人的葬礼上游行示威？

有什么证据？

法院有什么理由做出有利于斯奈德的裁决？法院有什么理由做出有利于菲尔普斯的裁决？

你和你的同学们是怎么想的？

你同意法院对于菲尔普斯案件的裁决吗？肯定或否定的原因是什么？如果法庭做出了对菲尔普斯不利的裁决，对言论自由会有什么影响？对于WBC的抗议，社区能做些什么（如果有的话）？你认为人们有权利在葬礼上或葬礼附近抗议吗？

法庭内的摄像机

尽管毫无疑问记者和公众有权观看审判，但对于是否应该允许电视和其他摄像机进入法庭存在相当大的争议。支持允许摄像机进入的核心论点是，公开审判的权利属于公众,而非审判的参与者。有线电视网络"法庭电视"(现称为truTV)的创始人史蒂文·布里尔(Steven Brill)认为:

> 电视对审判的报道"让公众有机会看到司法系统的运作,并亲自判断司法系统是否正确运行。(它)可以提升公众对司法制度的理解,反击谣言和猜测,并为防止被告权利受到滥用提供重要保障"。[71]

1917年,电视摄像机首次被允许进入法庭。然而在1935年,当布鲁诺·理查德·豪普特曼(Bruno Richard Hauptmann)因绑架并谋杀飞行员查尔斯·林德伯格(Charles Lindbergh)的孩子而受审时,这场审判就成了一场媒体的闹剧。于是在1937年,法庭全面禁止摄影和摄像。1965年,得克萨斯州行事夸张的金融家比利·索尔·埃斯蒂斯(Billie Sol Estes)的欺诈案审判导致最高法院做出一项裁决,即摄像机进入法庭的时机尚未到来。但法院接着表示,当摄像机变得更小、干扰更少时,情况可能会有所改变。

1995年4月19日,俄克拉荷马城阿尔弗雷德·P.默拉联邦大厦(Alfred P. Murrah Federal Building)发生爆炸,这是美国历史上最致命的本土恐怖主义行为,导致168人丧生。

20世纪70年代至80年代,电子技术的革新带来了小型远程遥控摄像机。1977年,佛罗里达最高法院(the Florida Supreme Court)开始尝试允许对州法院的诉讼程序进行电视报道;到1981年,已有29个州制定了允许部分电视接入的法律。[72] 1999年,美国大部分州已经开始允许摄像机在某种情况下进入法庭,尽管法官通常保留了自由裁量权来控制何时可以使用它们。大多数州限制对陪审员的报道,许多州允许证人拒绝在电视上露面。[73] 21世纪10年代,在伊利诺伊州和明尼苏达州进行的一项实验发现,一般来说,法庭上的电视摄像机并不特别具有干扰性。事实上,明尼苏达州的一名法官报告说,她都忘记了摄像机镜头在那里。[73] 伊利诺伊州的一名法官评论说,法庭不能以如辛普森谋杀案的法庭电视报道那样混乱的情况为例,因为那个案件是"一次失常"。[75] 唯独美国最高法院不允许摄像机进入。然而,国会议员和司法部门成员认为,公众应该能够观看最高法院就重要案件听取口头辩论,比如奥巴马总统的医疗改革法案是否符合宪法。[76]

媒体控制

尽管有《第一修正案》，国会还是多次对言论和新闻界加以限制。这些限制包括禁止虚假广告、诽谤、伪证、淫秽、在战争时期报道部队调动以及教唆谋杀。[77] 让我们详细看看其中的一些限制，以说明"秘密4"——没有什么是新的：过去的一切都会再度发生。

在美国，法律明确规定，新闻界要对发表诽谤性或侵犯个人隐私的材料负责。但同样的法律能否要求新闻界行为合乎道德？或者诚恳地履行职责？记者当然应该遵守道德规范，但法律能要求他们信守承诺或讲真话吗？这个问题已经在几个案例中得到了检验。例如，1982年，共和党人惠洛克·惠特尼（Wheelock Whitney）竞选明尼苏达州州长。在距离选举仅剩一周的时候，惠特尼的竞选团队发现民主党副州长候选人在11年前曾因小偷小摸被捕并被定罪。惠特尼的竞选助理们会怎么利用这个信息？直接向公众披露会让他们看起来像是在进行一场抹黑运动。相反，他们聘请了当地的公关专家丹·科恩（Dan Cohen）向媒体泄露了这一信息。科恩接受了一系列的记者采访，并提出了一项交易：

> 我有一些文件可能与即将到来的选举中的候选人有关，也可能与之无关，如果你能给我一个保密承诺，即我将被视为匿名消息来源，我的名字不会出现在与此相关的任何材料中，而且你们也同意不会追问我消息的来源是谁，那么我会把文件提供给你们。[78]

来自明尼阿波利斯/圣保罗的四名记者同意了科恩的条件，都收到了法庭文件的副本。但一旦拿到文件，媒体的反应有三种不同方式。WCCO电视台决定根本不报道。美联社发布了一篇简短的报道，概述了对这位候选人的指控，但未指明科恩是消息来源。但是，双子城的两家主要报纸《明星论坛报》（Star Tribune）和《先锋报》（Pioneer Press）都不顾记者们的反对，刊登了指明科恩是消息来源的报道。最终，民主党候选人轻松获胜，关于副州长的信息似乎对选举没有产生任何影响。然而，这对科恩造成了影响：他立即被雇主解雇，因为雇主不想冒险冒犯科恩曾帮助攻击过的新政府。

科恩随即向这些报纸发起诉讼，这也就导致了"科恩诉考尔斯媒体案"（Cohen v. Cowles Media）的审判。科恩在法庭上陈诉道，报纸与他签订了口头合同，承诺为他提供的信息保密。但这些报纸辩称，他们刊登科恩的名字并没有做错什么，相反，他们只是刊登了一篇关于政治竞选中的肮脏伎俩的真实且准确的报道。尽管这些报纸显然违反了与科恩的协议，但他们表示，他们有权这样做，因为他们发表的是真相，而这是受《第一修正案》保护的。

初审法院判决科恩胜诉，并判给他20万美元的解雇赔偿金，以及50万美元的惩罚性赔偿金。然而，州上诉法院驳回了惩罚性赔偿金。当案件被提交至美国最高法院时，法官以5比4的投票结果裁定，《第一修正案》不能成为媒体不履行所签订合同的借口。[79]鉴于长期以来关于记者是否应该披露机密消息来源的争论，这个例子也印证了"秘密4"——没有什么是新鲜的：过去的一切都会再度发生。

这一判决引起了新闻界的争议。虽然是消息来源起诉了报纸，但冲突主要发生在编辑和记者之间。编辑能否推翻记者许下的承诺？当地记者工会开始敦促记者不要向编辑透露他们的机密消息来源，除非消息来源同意。报纸出版商则认为，法院不应对新闻职业道德做出判断。在某些情况下，法院并未对新闻界的欺骗行为进行惩罚。例如，1992年，美国广播公司（ABC）的新闻杂志节目《黄金时间直播》（*Primetime Live*）派出卧底记者林恩·戴尔（Lynn Dale）和苏珊·巴内特（Susan Barnett）到食狮公司（Food Lion）应聘食品处理员的工作。该电视台收到心怀不满的工会官员的爆料，称该店一直在清洗、漂白并重新包装已过新鲜期的牛肉、鸡肉和鱼肉。记者（未透露真实职业）佩戴隐藏的麦克风和摄像头记录了该店的不当行为。当这篇报道播出时，美国广播公司指责食狮公司将旧汉堡与新汉堡混合销售，出售包装不当的鸡肉，以及存在其他不卫生的行为。[80]

食狮公司起诉了美国广播公司，但并非如人们预期的那样以诽谤罪起诉。相反，它以简历欺诈和非法侵入罪起诉了该电视台和制片人。尽管报道基本属实，但食狮公司试图惩罚美国广播公司这种激进的（有些人会说不道德的）报道手段。在初审中，食狮公司胜诉，并获得550万美元的赔偿（我们将在第十五章更多地讨论记者撒谎的道德问题）。但法官将赔偿金减至316,402美元，称因在工作申请中撒谎和进入商店封闭区域而赔偿550万美元过高。在此案中，我们看到一家大公司试图阻止新闻机构报道该公司宁愿保密的新闻，这个例子也再次印证了"秘密4"——没有什么是新鲜的：过去的一切都会再度发生。

美国第四巡回上诉法院将赔偿金减至象征性的2美元：1美元为非法侵入，1美元为违反忠诚义务（食品处理员未妥善为雇主服务）。[81]法院明确表示，这并非真正的简历造假或侵权案件，而是一起伪装的诽谤诉讼（在这种情况下，真相将是绝对的辩护理由）。食狮公司辩称该报道损害了其声誉，理应获得赔偿；但法院认为，记者们唯一的过错在于其简历造假。该判决尽管从技术层面上判给美国广播公司象征性的损害赔偿,但维护了记者报道真实信息的权利。

事先限制

在美国,对于新闻界来说,最极端且最不被接受的控制形式是事先限制,即一项司法命令,阻止媒体机构发布某个报道或图片新闻。在美国殖民地时期,事先限制是常态而非例外。所有报纸的出版都需得到英国王室的批准;若未获此许可,便无法出版。但自《第一修正案》获得批准以来,仅有少数情况下禁止报道的发布或播出。有关事先限制的标志性案例是1931年的"尼尔诉明尼苏达州案"(Near v. Minnesota)。杰伊·尼尔(Jay Near)是《星期六新闻报》(*Saturday Press*)的出版商,这是一份具有种族主义色彩和反犹太倾向的报纸。尼尔利用他的报纸指控警方受"犹太匪徒"(Jewish gangster)控制,而不去追捕赌徒和走私犯。明尼苏达州的一家法院禁止了这篇报道的发表,依据是一项州法律:该法律允许检察官压制那些"恶意的、诽谤的和中伤他人的"出版物。

上诉时,美国最高法院裁定政府没有权利仅仅因为一份出版物是冒犯性的就压制它。相反,法院说,政府只能进行事先限制,以禁止在战争期间公布军事情报、煽动推翻政府的或淫秽的内容。由于有关尼尔的所有材料都不属于这些类别,所以他不应该被限制出版这份报纸。这起案件确立了一个重要的先例:虽然淫秽内容和军事机密的发布不受《第一修正案》的保护,但几乎其他所有内容,无论多么令人反感,都受到保护。[82]正如我们在本章多次看到的,仅仅因为处于权力或权威地位的人希望压制某个报道,并不能赋予他们这样做的权利,这体现了"秘密4"——没有什么是新鲜的:过去的一切都会再度发生。

五角大楼文件

事先限制的第二个重要案例出现在1971年,当时联邦政府试图压制有关一份47卷的绝密报告的新闻报道,该报告有个颇具吸引力的标题:"美国在越南政策上的决策过程历史"。当时联邦政府试图压制有关一份机密的、多达47卷的报告的报纸报道,该报告有个颇具吸引力的标题"美国对越南政策决策过程的历史"。这份被称为"五角大楼文件"的报告包含了关于美国如何卷入越南战争的广泛背景信息,甚至可以追溯到杜鲁门政府对法国在印度支那的殖民战争的援助。除了这些冗长的评论外,还有该报告所依据的原始文件副本。[83]

这份报告的作者之一是美国海军陆战队前队员丹尼尔·埃尔斯伯格(Daniel Ellsberg),他曾在兰德公司(RAND Corporation)智囊团工作。虽然他对这份庞大的报告贡献甚微,但他是少数熟悉其全部内容的人之一。埃尔斯伯格深信,如果该报告得以公开,公众的强烈抗议将更快地结束这场战争。于是他开始向国会议员和一些学者泄露文件副本。最终,在1971年3月,他向《纽约时报》记者尼尔·希恩(Neil Sheehan)提供了近七千页的报告,仅保留了他认为应保密的四卷"外交"内容。

希恩带领《纽约时报》的一组记者阅读并核实了这些文件。《纽约时报》内部就发布这些文件的道德问题存在着相当大的争议。

1971年6月13日,经过三个月的努力,《纽约时报》开始发表关于五角大楼文件的报道。1971年6月14日,理查德·尼克松(Richard Nixon)总统的司法部部长要求该报停止发布这些信息,但该报婉言拒绝。1971年6月15日,该系列的第三部分发表,司法部获得了针对《纽约时报》的限制令,阻止其发布任何进一步的报道。正如记者桑福德·昂加尔(Sanford Ungar)所说,"这是美国历史上第一次法院事先限制一家报纸发表特定文章"[84]。埃尔斯伯格开始寻找另一家新闻机构来报道此事。三大广播电视网都拒绝了他,但《华盛顿邮报》却渴望获得这些文件的副本。《华盛顿邮报》的律师告诫该报不要刊登这些报道,因为《纽约时报》已收到了法院禁止发表的命令。但对《华盛顿邮报》的总编辑本·布拉德利(Ben Bradlee)来说,不发表是不可想象的——这违背了新闻业的本质:"当我们掌握了信息却不发表,就如同见死不救,或者不说真话。"[85] 6月18日,《华盛顿邮报》发表了第一篇关于五角大楼文件的报道,6月19日,政府获得了对《华盛顿邮报》的限制令。

此时,这些文件和报道正在全国范围内传播。尽管大约有20家报纸根据五角大楼文件发表了文章,但只有4家被送上法庭:《纽约时报》(the *New York Times*)、《华盛顿邮报》(the *Washington Post*)、《波士顿环球报》(the *Boston Globe*)和《圣路易斯邮报》(the *St. Louis Post-Dispatch*)。[86] 美国最高法院于6月26日听取了关于限制令的辩论,并以6比3的投票结果允许这些报纸继续发表报道。大法官波特·斯图尔特(Potter Stewart)提出了此案的核心问题:发表"五角大楼文件"是否会造成"如此严重和紧迫的危险,以至于有理由事先加以限制?"斯图尔特表示并没有:"对行政政策和权力唯一有效的约束……可能在于一个知情和开明的公民群体,在于一个知情且具有批判性的公众舆论,只有它才能在此保护民主政府的价值观。"[87] 大法官威廉·O.道格拉斯(William O. Douglas)写道,《第一修正案》的主要目标之一就是阻止政府掩盖令人尴尬的信息。事实上,《第一修正案》最初获得批准的原因就是为了制止对揭露政府尴尬信息的人随意指控煽动

ASSOCIATED PRESS/AP Images

丹尼尔·埃尔斯伯格（Daniel Ellsberg，左）被解除了因向媒体泄露五角大楼绝密报告副本的间谍指控，此前有消息透露尼克松政府曾授权侵入埃尔斯伯格的精神病医生办公室。

诽谤罪。法院指出，政府在试图控制"五角大楼文件"的发布时，一直在采取行动，而不是分析。

如今，距离"《纽约时报》诉美国联邦政府案"（*New York Times* Co. v. *United States*[88]，非正式地称为"五角大楼文件案"）已过去了45年有余，其中的教训仍然具有现实意义。尽管五角大楼文件被列为"绝密"，但其中所包含的秘密是令人尴尬的政治秘密，而非危险的军事秘密。[89]1989年，曾在最高法院为政府辩护的欧文·格里斯沃尔德（Erwin Griswold）表示，他在这些文件发表后"从未看到对国家安全构成任何威胁"。[90]但泄露五角大楼文件副本给媒体的埃尔斯伯格呢？埃尔斯伯格发布这些文件的合法性从未真正得到解决。埃尔斯伯格被指控共谋、挪用政府财产和违反《间谍法》（the *Espionage Act*）。但在尼克松政府闯入埃尔斯伯格的精神科医生办公室并对会面进行非法录音的事情曝光后，法院最终宣布审判无效，并驳回了对他的指控。近年来，埃尔斯伯格公开反对海湾战争和伊拉克战争。[91]在"五角大楼文件案"中，各大报纸拼命试图发表他们的文章。但八年后，作者霍华德·莫兰（Howard Morland）和《进步》杂志（the *Progressive*）却希望文章能接受管理规制。莫兰曾是一名空军飞行员，后来成为反核活动家。他认为政府隐瞒了氢弹运作的细节，不是出于安全原因，而是为了压制公众对这种武器的反对。莫兰利用未分类的文件以及对科学家的采访，写了一篇文章解释这种大规模杀伤性武器的工作原理。莫兰和《进步》杂志知道，审查制度会把这篇文章从一本激进杂志上的一篇不起眼的文章变成一个备受全国关注的著名事件。

他们如愿以偿。莫兰的一位前教授向负责管理美国核材料的美国能源部提交了这篇文章的初稿。此外，该杂志的编辑将文章和图稿送交能源部核实准确性。1979年3月1日，威斯康星州的一位地区法院法官对《进步》杂志发出了临时限制令，因为这篇文章对美国构成了"明确而现实的危险"。

起初，政府似乎对莫兰和《进步》杂志的案子很有把握。"尼尔案"（在本章前面有所讨论）已经确立，政府可以审查发布"运输船的出航日期或军队的数量及位置"的出版物。尽管自"尼尔案"以来，涉及国家安全的信息类型已经发生了变化，但可能会提出同样的论点——这篇文章会因为泄露军事机密而损害国家安全（应当指出的是，虽然文章解释了氢弹的工作原理，但并未提供制造氢弹的说明）。

《进步》杂志辩护的核心观点是，文章中不存在机密，因为其中包含的所有材料都可以从非机密来源获得。政府则认为莫兰将材料组织成一篇文章，这使它成为一个安全问题。[92] 在《进步》杂志的案子上诉期间，很多人开始撰写类似的文章。《密尔沃基哨兵报》（Milwaukee Journal Sentinel）的记者乔·曼宁（Joe Manning）重新整理了莫兰的研究，并发表了一篇分为两部分的报道，用简单的语言涵盖了莫兰文章中的三个"秘密"。然后，核爱好者查尔斯·汉森（Charles Hansen）给《麦迪逊新闻连线》（Madison Press Connection）的编辑写了一封长达18页的信，其中概述的信息与莫兰的文章大致相同。1979年9月17日，也就是汉森的信发表的第二天，政府撤诉，宣称其试图压制这些信息的行为是"毫无意义的、多余的、不必要的、无关紧要的"。[93] 1979年11月，《进步》杂志终于以《氢弹秘密：我们如何得知以及为何要讲出来》（The H-Bomb Secret: How We Got It, Why We're Telling It）为标题发表了莫兰的文章，但对该杂志来说，这是一场有点空洞的胜利。[94] 该杂志的编辑们获得了他们想要的关注，但对他们来说不幸的是，所有人都把这个案子视为新闻自由问题，而不是他们所希望的关于核武器的重要辩论。

"五角大楼文件案"和"《进步》杂志案"产生了两个重要影响。第一，政府希望视为机密的大量信息实际上是为公众所知的。第二，在一个自由开放的社会中，要对坚决想公开的信息进行保密是极其困难的。再加上互联网进入可用媒体的范围，几乎任何人都能广泛、轻松地发布任何信息。虽然仍然有可能对发表或播放不当材料的个人和媒体公司进行惩罚，但在美国和西方民主国家，事先审查实际上已经不可能了。

记者和警察

正如我们在第九章中所讨论的那样，2020年春天，明尼阿波利斯警方逮捕了46岁的黑人男子乔治·弗洛伊德（George Floyd），原因是一家便利店店员指控他使用20美元假钞。在逮捕过程中，一名警察用尽全身力气跪在弗洛伊德的脖子上，其他三名警察则在一旁看着。在他被压制期间，弗洛伊德喊道他无法呼吸。根据法医的说法，弗洛伊德在当天晚些时候死于逮捕过程中颈部受到的挤压伤。截至撰写

CNN记者奥马尔·希门尼斯和他的工作人员在电视直播中被捕，当时他们正在报道明尼苏达州明尼阿波利斯市警察杀害乔治·弗洛伊德后发生的抗议和骚乱。希门尼斯只是全国各地抗议活动中被警方逮捕或袭击的众多记者之一。

本书时，四名警察均被解雇，而用膝盖压住弗洛伊德的警察已被指控犯有三级谋杀罪（third-degree murder）、二级谋杀罪（second-degree murder）和二级过失杀人罪（second-degree manslaughter）。[95]在事件发生后的几周里爆发了大规模的抗议和骚乱，大量试图进行事件报道的记者被逮捕。其中最引人注目的是CNN的黑人记者奥马尔·希门尼斯（Omar Jimenez），在明尼阿波利斯进行现场报道时在电视直播中被捕。除了那些被捕的人之外，许多记者还遭到了警方用胡椒球、橡皮子弹和其他防暴弹药的袭击。[96]自由摄影师琳达·蒂拉多（Linda Tirado）在5月29日于明尼阿波利斯报道抗议者与执法部门之间的对抗时，被警方发射的泡沫子弹击中导致左眼失明。蒂拉多当时佩戴了记者证，并戴着护目镜来保护眼睛，但子弹击碎了她的防护装备。[97]她在接受《纽约时报》采访时表示：“我正在寻找下一个镜头，刚放下相机一秒钟，然后我的脸就被炸了。我立即感觉到流血，尖叫着，‘我是记者！我是记者！’”[98]对于蒂拉多来说，唯一的好消息是她只是左眼失明，她还能用右眼拍照。

据美国新闻自由追踪机构报道，截至2020年6月10日，总共发生了400多起因为争取新闻自由而引发的事件，包括以下事件：[99]

- 超过58人被捕
- 54次警察袭击
- 52次催泪瓦斯攻击
- 31次胡椒喷雾攻击
- 87次橡皮子弹/射弹攻击

这些逮捕事件与2014年8月13日发生的情况类似，当时《华盛顿邮报》记者韦斯利·洛厄里（Wesley Lowery）正坐在密苏里州弗格森（Ferguson）的一家麦当劳餐厅，报道迈克尔·布朗（Michael Brown）死亡引发的抗议和暴力事件。布朗是一名手无寸铁的黑人男子，他被弗格森警察开枪打死。布朗之死引发了圣路易斯郊区（St. Louis suburb）的抗议、抢劫和杀戮。那天晚上，麦当劳是记者们常去的地方，那里有食物、可供工作的桌子和用于提交报道的无线网络。

《华盛顿邮报》的一篇报道称,警方起初告诉记者,他们待在餐厅里没问题,但后来又返回并告知记者他们必须离开。洛厄里开始收拾自己的物品,但在收拾时,他打开手机开始录制视频。当他准备离开时,洛厄里说他被推到了一台饮料机前,被铐上了手铐并被逮捕。洛厄里告诉《华盛顿邮报》的记者:

> 这可能是我比任何时候都更害怕的一个时刻,比遭遇催泪瓦斯和橡皮子弹时更害怕,比面对防暴警察时更害怕。我知道有太多没有拒捕的人被袭击或杀害的例子。[100]

《赫芬顿邮报》记者瑞安·赖利(Ryan Reilly)也被逮捕了。在被带到拘留室半小时内,所有被捕的媒体成员都被无罪释放。

但将近一年后,赖利和洛厄里都被指控非法侵入和妨碍警察执法。[101]近40家新闻机构签署了一封来自新闻自由记者委员会(the Reporters Committee for Freedom of the Press)的信,谴责对记者的指控。信中说:"这些记者无法正常工作这一事实已经够麻烦了。但贵办公室在经过整整一年反思警方行动后,现在选择进行刑事起诉,这令人震惊。"[102]并不是所有的新闻机构都对赖利和洛厄里表示同情。为强烈保守派网站Breitbart.com撰稿的约翰·诺尔特(John Nolte)说:"左翼《华盛顿邮报》活动家韦斯利·洛厄里(自称是记者)已在圣路易斯县被正式指控非法侵入和妨碍警察执法"[103]

在他们被捕近两年后,对这两名记者的指控被撤销。[104]许多州都有针对记者的保护新闻秘密法(shield laws),保护记者在某些情况下不必出庭作证(以及泄露消息来源),但目前还没有联邦保护新闻秘密法。许多记者正在大力游说争取出台此类法律。

美国参议院多年来一直在审议制定联邦保护新闻秘密法的法案。2014年版的法案很容易地就在司法委员会(the Judiciary Committee)获得了通过,但从未被提交至参议院进行全体议员投票表决。[105]一些记者对保护新闻秘密法的状况表示担忧,因为它们似乎界定了谁是记者(从而受到保护),而排除了不被视为记者的其他人。《第一修正案》的律师大卫·波德尼(David Bodney)说:"任何试图通过立法来规范我们《第一修正案》权利范围的行为都是令人不安的。"[106]尽管有这些顾虑,波德尼还是支持拟议中的联邦法律。

自20世纪60年代以来,已有数名记者因拒绝在联邦法院作证而被罚款或送进监狱。其中包括目睹毒品犯罪或黑豹党（Black Panther Party）行动的记者，以及一些采访谋杀嫌犯的记者。

2005年，记者马特·库珀（Matt Cooper）和朱迪思·米勒（Judith Miller）因拒绝向联邦大陪审团作证，是谁向他们泄露了一名中情局特工的身份而面临罚款和监禁。最终，他们试图保护的消息来源——副总统顾问I.刘易斯·"滑板车"·利比（I. Lewis "Scooter" Libby Jr.）准许他们作证。《时代》杂志的库珀在其雇主的命令下作证，没有入狱。《纽约时报》的记者米勒在同一案件中因拒绝作证而入狱85天。米勒最终接受了利比的保密承诺，并作出了证明。[107]

言论自由与学生

那些保护成年记者的权利也能同样保护在高中校报工作的学生记者吗？二十五年多以前，美国最高法院裁定答案是否定的。1988年，密苏里州黑泽尔伍德（Hazelwood）的一群高中生起诉学校系统，原因是他们的校长禁止他们在学生报纸上刊登有关怀孕和离婚的文章。最高法院在"黑泽尔伍德诉库尔迈耶案"（Hazelwood v. Kuhlmeier）[108]中裁定，校长可以审查作为课堂作业一部分而制作的学生报纸。其写道：

> 《第一修正案》规定的公立学校学生的权利并不自动与其他环境下成年人的权利等同……学校不需要容忍不符合其"基本教育使命"（basic educational mission）的学生言论，尽管政府不能审查学校以外的类似言论。[109]

法院裁定，学生报纸是课堂练习，而非言论自由的工具，因此管理人员可以审查任何"与合法教学关切合理相关"的内容。[110]

学生们反对这种审查制度的一种方式是创办没有学校赞助的网络报纸。此外，至少有11个州已经通过法律，至少有11个州已经通过法律，恢复高中生在"黑泽尔伍德案"裁决前所拥有的权利。这些法律限制了学生报纸被审查的情况，一般来说，只有当文章"诽谤、淫秽或会对学校活动造成严重干扰"时，才允许学校禁止。[111]有趣的是，在2016年至2017年，密苏里州众议院（the Missouri House）通过了《沃尔特·克朗凯特新声音法案》（the Walter Cronkite New Voices Act），该法案恢复了学生记者在"黑泽尔伍德案"中失去的权利。根据该法案，学生记者要对其报道的内容负责，"除非这些材料是诽谤、侵犯隐私、违反法律的或煽动学生制造成明显且迫在眉睫的危险"。然而，该法案尚未在州参议院获得通过。[112]

另外，也有几起案件涉及学校试图限制学生在其他场所的言论自由。有些学校试图限制学生在博客或诸如Facebook和Myspace等社交网站上的发帖内容。芝加哥地区的三名中学生在其博客上发表了有关一名教师的"淫秽和威胁性"评论后被停学。华盛顿特区的学校禁止学生使用学校提供的电子邮件账户注册Facebook。[113] 印第安纳州的一名学生因在深夜从他声称是自己的电脑上发布了一个带有"F字（脏话）"的语法笑话而被高中开除。[114] 2002年，阿拉斯加州朱诺市（Juneau）的一名高中生约瑟夫·弗雷德里克（Joseph Frederick）被校长黛博拉·莫尔斯（Deborah Morse）勒令停学，原因是当奥运火炬经过他所在的城市时，他在高中对面的街道上举着一个巨大的牌子，上面写着"大麻嗨翻为耶稣"（BONG HiTS 4 JESUS）。[115] 在这起案件中，该校区称学生在宣扬吸毒。学生回应道，"我不是想说任何关于毒品的事。我只是想说点什么。我希望行使我的言论自由权，所以我就这么做了。"[116] 该案被称为"莫尔斯诉弗雷德里克案"（Morse v. Frederick），已于2007年由美国最高法院审理。最高法院在2007年6月25日作出裁定，校长可以惩罚那些"可以合理地被视为"宣扬非法使用毒品的言论。[117]

有趣的是，这名学生得到了美国公民自由联盟（ACLU）、同性恋权利倡导者（gay rights advocates）和基督教法律协会（CLS）的支持（基督教法律协会和同性恋权利组织担心，其他学区可能会利用此案来限制有关宗教或同性恋权利问题的言论）。

许多学生可能没有意识到他们的权利正在受到限制或者他们的权利意味着什么。一项对超过10万名高中年龄段学生的调查发现，36%的学生表示，报纸在发表报道之前应该得到政府的许可，32%的学生表示，媒体"拥有太多为所欲为的自由"。[118]

淫　秽

除了允许对敏感的军事信息进行事先限制外，"尼尔案"还确立了淫秽材料不受《第一修正案》的保护。"淫秽"（obscenity）一词指的是法律上禁止出版的色情内容。这就引出了什么样的材料可被视为淫秽材料的问题。事实证明，无论是对法院还是对社会来说，找到这个问题的答案都是十分困难的。[119]

罗斯诉美国政府案（Roth v. United States）

1957年，在"罗斯诉美国政府案"中，最高法院首次尝试回答"什么构成淫

2002年，学生约瑟夫·弗雷德里克（Joseph Frederick）因展示一块写着"BONG HiTS 4 JESUS"的标语牌子而被高中停学。美国最高法院以5票赞成、4票反对的结果支持了这一决定。

秽"这一问题。[120] 塞缪尔·罗斯（Samuel Roth）经营着一家销售色情书籍、照片和杂志的公司，因通过美国邮政服务（U.S. Postal Service）邮寄淫秽材料而被定罪。他向美国最高法院提出上诉，最高法院最终维持了对他的判决。但更为重要的是，法院借此案件来建构关于《第一修正案》保护范畴的标准。"罗斯案"重申了法院可以对淫秽内容进行规范，且淫秽内容不受《第一修正案》的保护。但法官们也警告说："性和淫秽不是同义词。"[121]

在"罗斯案"中，法院提出了一个由三部分组成的测试来帮助确定某事物是否为淫秽："对于普通人来说，应该用当代社会的标准，作为一个整体加以考量，而不是从主题或材料来判断它的淫秽趣味。"[122] 针对该测试的三个部分可以作出如下分析：

1.淫秽的标准由个体的"社会标准"（community standards）并以"普通人"（average person）的观点来设定。这意味着既不应采用最自由也不应采用最保守的观点，同时不应有全国性的标准。

2.必须从"整体"进行评估。仅仅有一个单独的性露骨部分是不够的，整个作品必须露骨才能算是淫秽。

3.必须引起"淫欲"。这是最难的一点。根据法院的说法，淫欲是指对裸体、性或排泄功能的"加剧、病态或变态"的兴趣。[123]

米勒诉加利福尼亚州案

在最高法院对"米勒诉加利福尼亚州案"（*Miller v. California*）的裁决中，"罗斯案"中确立的标准得到了完善。和罗斯一样，米勒因通过邮件发送淫秽物品而被定罪。"米勒案"维持了"罗斯案"的基本标准，但在两个关键领域产生了进一步的影响。第一，各州已依据这一裁决禁止儿童色情制品，许多州还增加了禁止其他类型内容的法律。

"米勒案"的第二个关键方面是认为"具有严肃文学、艺术、政治或科学价值"的材料不应被禁止。这不仅保护了有关性健康和节育的信息,同时也保护了诸如D.H.劳伦斯(D. H. Lawrence)的小说《查泰莱夫人的情人》(*Lady Chatterley's Love*)之类的色情文学作品。米勒还重申,当地社区可以制定自己的标准。法院表示,不能期望"缅因州(Maine)或密西西比州(Mississippi)的人民被迫接受拉斯维加斯(Las Vegas)或纽约市(New York City)人民可以容忍的行为的描绘。"[124]

信息时代的淫秽

"罗斯案"和"米勒案"的标准都假定淫秽材料是在特定社区的特定地点进行销售的。这两起案件都没有预见到互联网和卫星电视发展所带来的问题。对于位于纽约市网络服务器上的色情内容被西弗吉尼亚州摩根敦(Morgantown)的人浏览,法院能做些什么?真岛理惠子(Rieko Masima)律师发表在《计算机律师》(*Computer Lawyer*)上的一篇文章解释了这个问题:"在面向全国观众的互联网上,信息的发送者既不能控制它将被下载到哪里或通过哪些途径,也不能为不同的社区定制内容。"[125]

按次付费的有线电视和卫星电视也存在类似的问题。1999年,犹他州普罗沃(Provo)一家音像店的老板拉里·W.彼得曼(Larry W. Peterman)被控出租淫秽电影,并似乎要即将入狱。随后,他的律师想出了一个主意,即在法庭街对面的普罗沃万豪酒店(Provo Marriott Hotel)录制所有按次付费可以观看的色情影片。进一步的研究发现,在普罗沃,从有线电视和卫星供应商以及酒店购买成人影片的人远远多于从彼得曼的音像店购买的人。陪审团立即宣布对彼得曼的所有指控均不成立。[126]尽管国会在1996年的《电信法》(*The Telecommunication Act of 1996*)中试图解决这一问题(本章稍后讨论),但法院尚未对如何处理通过卫星或互联网传播的色情内容的本地管制问题作出明确裁决。如同第八章所述,截至2004年,联邦通信委员会开始打击其所谓的广播电视中的"不雅"传播。

媒体行业的版权和监管

在美国历史上,除了版权和合理使用的规定外,印刷媒体基本上是不受监管的。但广播电视媒体从一开始就必然受到控制,原因有二:广播电台和电视台必须满足某些技术标准,以免相互干扰,并且,政府还要有兴趣确保有限的广播频率用于公共利益。让我们看看这些对媒体行业的控制是如何发挥作用的。自1790年美国第一部版权法通过以来，书籍、报纸、杂志、音乐和其他媒体产品的创作者就一直受到保护，以免其作品被他人盗用。在该法律的最初形式中，作品受到14年的保护，并且版权可以再延长14年。然而，这种保护最初仅适用于美国的作者和艺术家。直到19世纪90年代，版权才扩展到其他国家的作者和艺术家的作品。在20世纪60年代和70年代芭芭拉·林格（Barbara Ringer）的领导下，个人版权的保护期从最初的28年延长至创作者去世后50年。1998年，《版权期限延长法案》（the Copyright Term Extension Act）将个人版权延长至创作者去世后70年，将公司版权期限延长至95年。为什么公司版权是95年？如果没有这次延期，米老鼠（Mickey Mouse）早在2003年就进入公共领域了。[127]1998年通过的《数字千年版权法》（Digital Millennium Copyright Act）扩大至保护电子图书、CD和DVD等数字记录材料的版权。

长期以来，未经许可分发电子材料的复制品是非法的，但该法案还规定，生产旨在破解电影、音乐或其他软件复制保护的软件或硬件也是犯罪行为。该法案让用户处于一个奇怪的境地：制作电影DVD的备份供个人使用是合法的，但使用计算机程序制作受保护电影的副本是非法的。[128]2002年，由斯坦福大学法学教授劳伦斯·莱西格（Lawrence Lessig）领导的一个团队创建了一套替代性版权许可，被称为"知识共享"（Creative Commons），它允许作者和艺术家为所创作的作品保留一组有限的权利，而无须受传统版权的所有限制。例如，摄影师可以授权使用其照片，这样任何人只要将照片归功于原创作者就可以不经许可使用该图像。知识共享的主要优势在于，它为创作者在完整版权和将其作品置于公共领域之间提供了一个平衡点。[129]

你可以在我的博客www.ralphehanson.com/?s=copyright上阅读更多关于若干音乐版权问题的法庭裁决，包括齐柏林飞艇乐队的《天堂的阶梯》（Stairway to Heaven），以及有关该问题的多媒体展示。

广播监管的兴衰

广播监管始于1912年的《广播法》（the Radio Act of 1912），该法案在泰坦尼

斯坦福大学法学教授劳伦斯·莱西格领导的一个团队创建了一套替代性版权许可，被称为"知识共享"。

克号沉没后立即通过。然而，这项监管应对的仅仅是点对点传播（point-to-point communication），如船岸广播（ship-to-shore radio）。与此同时，商业广播于1920年开始，当时匹兹堡的KDKA广播电台开播。到1925年，广播公司呼吁政府进行监管，以使这个新兴行业稳定下来。

1927年的《广播法》（the Radio Act of 1927）催生了联邦广播委员会（the Federal Radio Commission）。该法案也是第一个责令广播电台为"公共利益、便利和需要"服务的法案。随着1934年《通信法》（the Communication Act of 1934）的颁布，广播委员会演变为联邦通信委员会（the Federal Communications Commission, FCC）。1934年的法案将所有电子通信，包括有线和无线通信，都纳入联邦通信委员会的监管之下，但是，1927年法案的基本原则仍然保留：[130]

● 广播电台获得电波频段的使用许可，但并不拥有它们。
● 联邦通信委员会有权监管广播电台以确保其为公共利益服务。
● 联邦通信委员会可以告知广播电台使用何种频率和功率以及其发射台的位置。

有关空中广播公正性的规定

除了试图规范不文明的模糊领域外，联邦通信委员会还对广播电视台如何处理政治竞选和有争议的问题进行了监管。联邦通信委员会的平等时间规定要求广播电视台为所有竞选公职的候选人提供等量的广播时间。该规定并非要求广播电视台为候选人提供时间，只是要求他们确保所有候选人都有平等的机会。该规定还指出，如果一家广播电视台向一位候选人提供免费的非新闻时间，就必须向所有候选人提供等量的免费时间。该规定的目的是防止电台在利用宝贵的公共资源时偏袒某一位候选人。[131]

在候选人试图刊登攻击性或诽谤性广告的情况下，平等时间规定受到了争议。由于广播电视台不能编辑或审查政治广告，联邦通信委员会规定广播电视台无须对政治广告中的诽谤性言论负责。关于明确的反堕胎广告，也曾产生过冲突。一些电视台将此类广告中的图文信息安排在午夜至早上6点的"安全港"（safe harbor）时段播出，因为此时孩子们不太可能观看。印第安纳州的国会候选人迈克尔·贝利（Michael Bailey）反对这种安排，称这些明确的广告是其竞选活动的重要组成部分；他说服电视台在黄金时段播出这些广告，尽管许多电视台在播出前都有免责声明。此后，联邦通信委员会表示，涉及堕胎的广告可以安排在"安全港"时段播出。[132] 对于候选人能做的事情也有一定的限制。当《皮条客》（Hustler）出版商拉里·弗林特（Larry Flynt）宣布他将竞选总统，并根据平等时间规定播出色情竞选广告时，联邦通信委员会表示"不审查"条款不适用于"淫秽或不雅的政治声明"（obscene or indecent political announcements）。

比平等时间规定更具争议性的是公平原则（fairness doctrine）。根据1949年的这一规定，广播电视台必须报道有争议的公共利益问题，并就这些问题呈现不同的观点。公平原则并不要求广播电视台为问题的各方提供相同的时间，而是要求其"为讨论重要公共问题上的冲突性观点提供合理的机会"。[133]

对公平原则的主要反对意见是，广播电视台可能会避免报道有争议的问题，因为他们不想呈现极端观点或涵盖问题的各个方面。例如，广播电视台会争辩说，他们不想报道与种族主义有关的问题，因为担心不得不给三K党一个参与的机会。批评者认为，公众受到了损失，因为他们根本没有看到有关问题的报道，而不是所有可能的变化。

联邦通信委员会1985年的一项研究发现，公平原则往往会抑制言论自由，而且由于有线电视等新媒体的出现，这一原则已不再必要。此外，联邦通信委员会每年都要处理根据该规定提出的数千起投诉。1985年该研究报告发表后，联邦通信委员会基本上停止了执行公平原则，并于1987年彻底废除了这一原则。[134]尽管如此，像拉什·林堡（Rush Limbaugh）这样的电视台脱口秀主持人仍继续声称，联邦政府正在考虑恢复公平原则，以使保守派评论员闭嘴。[135]2011年夏天，联邦通信委员会宣布最终将授权公平原则的条款从其监管手册中删除。为什么它在1987年就被废除了，但它仍列在那里？从技术上讲，它仍然是规定，尽管联邦通信委员会几乎25年前就投票反对它的执行。[136]

1996年《电信法》

1996年的《电信法》（the Telecommunications Act）被称为自1934年联邦通信委员会成立以来广播监管方面最大的改革。该法案中最受关注的部分是呼吁创建V芯片（V-chip），它能让父母以电子方式屏蔽具有特定内容评级的材料。但该法案产生的最大影响是放松了限制特定公司所能拥有的广播电视台数量的大部分规则。这推动了许多广播电视资产的迅速更迭以及所有权的日益集中，完成了始于20世纪70年代和80年代的一种趋势[137]（更多关于媒体所有权集中的内容，参见第三章）。

除了呼吁创建V芯片外，1996年《电信法》中的《通信规范法案》条款还试图以类似于广播电视监管的方式对互联网进行监管。

从法律角度弄清楚互联网属于哪种媒介对于国会和法院来说一直是个问题。一方面，互联网在某些方面类似于电视，因为它通过线路传输并在屏幕上显示，而且许多网站是由运营电视网络的同一家公司维护的。另一方面，互联网可以被视为更像报纸或杂志。互联网上有大量的印刷内容，并且报纸在那里也有很强的存在感。此外，与广播甚至有线电视不同，互联网上的频道数量不受限制。但是，与电视和印刷媒体不同，互联网具有很强的人际交流元素，在这方面类似于电话网络（telephone network）。没有一个中央权威机构来控制互联网上什么可以说、什么不可以说。

一些观察人士认为，也许互联网的监管应该效仿电话系统的监管模式。另一些人则表示，互联网可能有资格成为一个开放的公共论坛，根本不需要任何监管。[138] 实际上，互联网具有所有这些媒体（无线电、广播、有线电视、电话、报纸和杂志）的元素。为家庭提供高速互联网服务的公司在一定程度上受到监管，电话和有线电视公司也是如此。《第一修正案》对媒体网站的保护与对印刷媒体的保护类似。个人通过互联网发表言论所承担的责任与在其他任何地方相同。总的来说，互联网公告栏和聊天室的处理方式与电话通信非常相似。在公告栏上发帖的人，而不是提供互联网接入的公司，要对他们所说的话负责，就如同电话公司不对通过其线路发送的诽谤或中伤性的电话或传真负责一样。

互联网上的多层交流使其极难控制。《通信规范法案》试图禁止"淫秽、猥亵、色情、下流或不雅"的互联网信息。该法案遭到了美国图书馆协会（the American Library Association）、电子前沿基金会（the Electronic Frontier Foundation，一个电子通信权利组织）和美国公民自由联盟（the ACLU）等的反对。尽管该法律仅禁止向未成年人传播不雅信息，但似乎不可能将未成年人排除在涉及成年人的讨论之外。

1997年，最高法院以违反宪法限制成年人的言论自由为由推翻了《通信规范法案》。它裁定，未成年人出现在聊天室的可能性并不会剥夺成年人的《第一修正案》权利。大法官约翰·保罗·史蒂文斯（Justice John Paul Stevens）在多数派意见中写道："在民主社会中鼓励言论自由的好处，超过了审查制度理论上但未

2018年2月，抗议者迈克·阿德金斯（Mike Adkins）在华盛顿特区参加了一场抗议活动，支持开放和不受监管的互联网，这是"网络中立行动日"的一部分。

经证实的好处。"[139]唯一可以确定的是，国会将继续考虑如何监管互联网上的交流。

自1997年以来，联邦政府一直试图通过新的立法，在不侵犯成年人言论自由的情况下控制网络上的"不雅"内容。[140]你可以在第十章中阅读更多关于互联网监管的内容。

网络中立性

如果你想引发一场关于通信技术的争论，提出网络中立性这个话题即可。这个术语由哥伦比亚大学法学教授（也是知名作家）吴修铭（Tim Wu）在2003年一篇关于网络歧视的论文中提出，他将中立网络定义为"一种不偏爱某一种应用（比如万维网）而冷落其他应用（比如电子邮件）的互联网"。[141]

当这个想法首次被提出时，包括康卡斯特（Comcast）和美国电话电报公司（AT&T）在内的一些互联网供应商采取了各种手段来控制其客户对互联网的使用，包括禁止他们使用虚拟专用网络（VPN）、禁止使用Wi-Fi路由器，并选择性地降低"点对点文件共享网络"（the peer-to-peer file-sharing network）比特流（BitTorrent）的服务速度。比特流被大量用于分享盗版视频和音频，但它也有合法用途。吴认为，现有的宽带供应商往往会限制那些能从整体上改善互联网的新技术。因此，他呼吁在互联网服务提供商数量有限的当今世界，为内容提供商创造一个公平的竞争环境。[142]

2015年，奥巴马时代的联邦通信委员会制定了全面的网络中立性规则，遭到了所有主要电信公司的反对。这些规则得到了下级法院的支持，并在向美国最高法院上诉的过程中，特朗普时代的联邦通信委员会开始撤销奥巴马时代的规则。2017年12月，联邦通信委员会废除了所有奥巴马时代的规定。新规定允许运营商随意管理其网络，但要求他们披露其政策和程序。[143]

这有可能让互联网提供商向Netflix、Hulu或Facebook等公司收取额外费用，以使它们获得比竞争对手更好/更快的服务。鉴于61%的美国人（以及87%的美国乡村居民）只有一家以上的高速互联网提供商，即使大多数人不喜欢目前的提供商，他们也无法选择更换。[144]代表Google和Facebook等公司的互联网协会（the Internet Association）辩称，网络中立性至关重要，否则互联网供应商将为那些愿意付费的人或他们的自有公司提供优先待遇。[145]例如，康卡斯特是美国居于主导地位的互联网提供商，同时拥有内容公司NBC环球（NBC Universal）。

诸如威瑞森电信（Verizon）和康卡斯特之类的互联网宽带和移动电话提供商

认为，他们无意限制某些公司的服务，也无意因为更快的服务向其他公司收取额外费用，但实际情况仍有待观察。[146]拥有媒体集团华纳传媒（Warner Media）的AT&T表示，它不会将HBO Max视频服务的流媒体时间计算在其移动数据中，而来自Netflix和Disney+等竞争服务的流媒体节目则会消耗客户的数据。这给了AT&T的移动用户一个强大的动力，让他们尽可能多地在AT&T拥有的网络上进行移动观看。[147]

章节回顾

章节小结

美国宪法《第一修正案》规定，国会不得制定有关下列事项的法律：确立国教或禁止信教自由；剥夺言论自由或出版自由；剥夺人民和平集会和向政府请愿申冤的权利。

这一陈述是美国所有媒体法律的核心。该修正案的目的是保护一个民主社会所必需的自由和公开的讨论。尽管《第一修正案》保障了言论自由的权利，但国会已经通过了几部限制这一自由的法律。这些法律包括1798年的《外国人与煽动叛乱法》（Alien and Sedition Acts of 1798）、1917年的《反间谍法》（the Espionage Act of 1917）、1940年的《史密斯法》（the Smith Act of 1940）、2001年的《美国爱国者法案》（the USA PATRIOT Act of 2001）以及控制诽谤、侵犯隐私、公布军事机密和淫秽内容的法律。

通过诽谤法、侵犯隐私法和公正审判的保障，个人权利免受媒体行为的侵害。诽谤指不合理地使某人受到嘲笑或轻视的陈述。一个陈述要构成诽谤，必须包含诽谤污蔑、身份识别和公开发表。一般来说，媒体被允许发布真实的、享有特权或属于意见陈述的诽谤性材料。"《纽约时报》诉沙利文案"确立，想要赢得诽谤诉讼的公职人员必须证明媒体在发布虚假诽谤性陈述时怀有实际恶意。

侵犯隐私有四种基本形式：侵入、尴尬、歪曲报道和盗用。在某些情况下，记者可以通过证明相关报道具有新闻价值来为自己针对侵犯隐私的指控进行辩护。个人获得公正审判的权利和媒体报道审判的权利之间常常存在冲突。最高法院通常裁决，保障被告人得到公正审判的责任在于法官而非媒体。法院还裁决，保护公正审判的权利应尽量减少对新闻自由的限制。这可以通过下达禁言令、隔离陪审团、推迟或改变审判地点或下令重新审判来实现。

自1977年以来，美国法院一直在尝试允许在法庭内设置摄像机。这一政策的支持者认为，电视转播审判能让公众更好地了解司法系统的运作方式。反对者则认为，摄像机具有侵入性，会把审判变成媒体的一场闹剧。

尽管新闻界与整个社会受相同的法律约束，但在大多数情况下，新闻界不受审查制度的约束。政府只允许在某些材料是淫秽的或在战争期间泄露军事机密的情况下，阻止某些信息的公布。迄今为止，只有三起重大案件涉及事先限制：尼尔诉明尼苏达州案、五角大楼文件案和《进步》杂志氢弹报道案。然而，作为课堂活动成果出版的高中报纸并没有得到同等程度的保护。法院已经裁定《第一修正案》不保护淫秽内容，并确定淫秽内容的标准将依据州法律和当地社区标准制定。

一般来说，法律不要求记者在报道新闻时向他们接触的人说实话，并且他们可能需要遵守向消息来源做出的保密口头承诺。虽然许多州都有保护记者免于在法庭上就其工作作证的法律，但联邦层面并无相关法律保护记者免于作证。记者们也有因在发生暴乱和其他形式公民抗命的地区进行报道而被逮捕并受到指控威胁的情况。

自1790年以来，美国版权法一直在保护创造性作品的创作者。近年来，版权法不断更新，延长了具有商业价值的作品的版权期限。此外，该法律还增加了一些条款，使人们更容易合理地使用版权材料。

传统上，广播媒体受到的监管比印刷媒体严格得多，因为它们利用公共电波。它们受到监管既是出于技术原因，也是为了确保它们服务于公众利益。控制广播电视媒体的主要立法分别于1927年、1934年和1996年获得通过。规范互联网的标准仍在不断发展，但它们似乎更类似于对印刷媒体的规定，而非广播媒体的规定。

关键术语

《外国人与煽动叛乱法》（Alien and Sedition Acts）
诽谤（libel）
特权（privilege）
实际恶意（actual malice）
侵入（intrusion）
尴尬（embarrassment）
歪曲报道（false light）
盗用（misappropriation）
事先限制（prior restraint）
保护新闻秘密法（shield laws）
淫秽（obscenity）
平等时间规定（equal time provision）
公平原则（fairness doctrine）
网络中立性（net neutrality）

问题反馈

1. 高中生拥有哪些言论自由的权利？这些权利是否因州而异？为什么？
2. 自"9·11"事件以来，《美国爱国者法案》如何改变了美国人的自由？《美国自由法案》是如何改变《美国爱国者法案》的？

3.为什么美国最高法院裁定公职人员要赢得诽谤诉讼所需达到的标准比普通人更高?

4.按照美国最高法院的解释,为什么学生出版物比成人出版物享有更少的《第一修正案》权利?各州对此作何反应?

5.什么是网络中立性?为何要对它给予重视?美国的网络中立性现状是怎样的?

Win McNamee/Getty Images News/Getty Images

第十五章　媒介伦理：真实性、公正性与道德标准

学习目标

在学习本章节之后，你将能够：

1. 知晓并描述富兰克林·福尔提出的两种判断新闻职业道德的方法；
2. 根据博克模型，在考虑说谎时，至少描述两个需要权衡的因素，并确定与说真话相关的主要伦理问题；
3. 解释一家报纸的错误及随后的道歉是如何成为该社区话题讨论的基础的；
4. 至少描述出两个广告商试图影响电视节目编排的例子；
5. 解释为何媒体迟迟才报道密歇根州弗林特市的水危机。

总统及其他政客使用粗言秽语，已经是屡见不鲜的事情。

林登·约翰逊（Lyndon Johnson）因其粗俗的语言而出名，他最著名的例子之一是"我的确知道鸡屎和鸡肉沙拉之间的区别"。不过，他知道自己的脏话永远不会见诸报端。

众所周知，时任美国副总统乔·拜登（Joe Biden）有时会让自己的热情占据上风。在《平价医疗法案》（*the Affordable Care Act*）的签字仪式上，有人听到拜登对奥巴马总统说："这是一件**了不起的大事。"奥巴马总统在《滚石》杂志上称他

的对手米特·罗姆尼为（Mitt Romney）"胡说八道"，也受到了一些指责。但这两件事都没引起多大轰动。

实际上，是理查德·尼克松总统迫使媒体面对如何报道粗言秽语的问题。尼克松把办公室里的每一次谈话都录了下来，当"水门事件"听证会公开这些录音时，许多人都震惊地听到他嘴里滔滔不绝的脏话。当录音的文字记录公布时，那些令人困扰的词并没有出现；相反，它们现在总是被标志性的短语"脏话已被删除"（expletive deleted）所替代。[1]

2004年，副总统理查德·切尼（Richard Cheney）在参议院与参议员帕特里克·莱希（Patrick Leahy）发生了争执。这场激烈的讨论以切尼让莱希"滚远点"而告终。不同寻常的是，《华盛顿邮报》在报道时未对其进行消音处理，显然是因为切尼曾利用这段话在参议院攻击一名参议员。[2]

这是《华盛顿邮报》自1998年发表《斯塔尔报告》（the Kenneth Starr report）以来第一次使用"F"打头的脏话进行报道。在此之前，对档案的搜索只显示报纸有两次使用过这个词。[3] 美国国家公共广播电台（NPR）选择不使用这个词，而是说副总统使用了一句"粗俗的脏话"（vulgar epithet）。

2006年，美国总统乔治·W.布什（George W. Bush）在俄罗斯的一次晚宴上被拍到与英国首相托尼·布莱尔（Tony Blair）交谈时说："你看，具有讽刺意味的是，他们需要做的是让叙利亚（Syria）阻止真主党（Hezbollah）这样做，而这一切都结束了。"由于这句话不是在特别公开的场合下说的，而且被认为是对他所讨论的黎巴嫩（Lebanon）局势相当诚实的表述，所以没有引起什么风波。在这种情况下，《华盛顿邮报》认为没有必要引用原话。然而，在2018年1月，唐纳德·特朗普总统针对海地、非洲大陆，大概还有中美洲的几个国家发表了一些极其无礼和淫秽的言论，制造了大量新闻。《华盛顿邮报》的报道如下：

特朗普嘲笑对来自"肮脏"国家的移民保护

据几名知情人士透露，周四，国会议员在总统办公室（the Oval Office）讨论作为两党移民协议（a bipartisan immigration deal）的一部分，保护来自海地（Haiti）、萨尔瓦多（El Salvador）和非洲国家的移民时，特朗普总统对议员们感到失望。

"我们为什么要让这些来自肮脏国家的人来这里？"据这些人说，特朗普指的是议员们提到的国家。

特朗普随后表示，美国应该接纳更多来自诸如挪威（Norway）之类国家的人，而他刚好在周三会见了挪威首相。据一位白宫官员称，总统还表示，他愿意接纳更多来自亚洲国家的移民，因为他认为他们有助于美国的经济发展。

此外，据熟悉会议情况的人士透露，总统单独提到了海地，告诉议员们任何协议都不应包括来自该国的移民。

据熟悉会议的人所说，特朗普曾谈道："我们为什么需要那么多的海地人呢？让他们出去。"[5]

当总统或其内阁成员使用冒犯性的语言，尤其是表达冒犯性的想法或观点时，媒体怎么做是恰当的，怎么做是不恰当的，一直存在着相当多的争论。《华盛顿邮报》的执行主编马蒂·巴伦（Marty Baron）告诉《华盛顿人》（*Washingtonian*）杂志的记者：

当总统说话的时候，我们会逐字引用……这是我们的政策。我们很快地讨论了这个问题，但没有争议。[6]

CNN在其滚动字幕中用足了粗俗之词，这是其通常不会去做的事情。在这条新闻爆出当天，福克斯新闻在其主页上倒是没有使用这个粗俗词汇，但在实际报道的标题中使用了"s...hole"。值得一提的是，福克斯新闻当时也报道说，它已经独立证实了总统的此番言论。《纽约时报》在标题中没有使用这个词，但在报道内容中用了。

美国国家公共广播电台（NPR）起初并未使用这个词，而是称之为"粗俗之词"（vulgarity），但随着报道的推进，这家公共广播电台决定谨慎使用这个词——大约每小时用一次。[7]微软全国有线广播电视公司（MSNBC）对这个词的使用因主持人而异。有些主持人反复使用，而雷切尔·玛多（Rachel Maddow）则像她在节目中对待冒犯性语言的一贯做法那样很少使用这个词。

强烈反对特朗普的《纽约每日新闻》（*New York Daily News*）或许采取了最有创意的方式，用了一个基于表情符号的漫画来传达其信息。有些人反复使用这个词，而雷切尔·玛多（Rachel Maddow）却很少使用这个词，因为这是她在节目中常用的攻击性语言。强烈反对特朗普的《纽约每日新闻》（*New York Daily News*）或许采用了最具创意的方式，使用了基于表情符号的漫画（emoji-based cartoon）来传达信息。

当然，推特上因为媒体对这个新闻的报道方式炸开了锅，但最好的一条推文，也是为数不多真正触及主要道德伦理问题的推文之一，出自《华盛顿邮报》的全球舆论编辑凯伦·阿提亚（Karen Attiah），她写道："我希望每一家要就特朗普'肮脏'言论发表愤怒报道的媒体，都能好好审视一下自己对黑人和棕色人种国家的报道。"[8]

在本章中，我们研究并试图理解为何媒体从业者会有这样的行为，以及媒体受众如何评判他们的行为。

伦理原则与决策

"道德"（morality）和"伦理"（ethics）两个词经常被互换使用，但它们是截然不同的两个概念。媒介伦理学者菲利普·帕特森（Philip Patterson）和李·威尔金斯（Lee Wilkins）解释说，道德指的是一种宗教或哲学的行为准则，其可能合理也可能不合理。相比之下，伦理源自古希腊对个人或社会有益的理性决策方式的研究。道德决策取决于个人所秉持的价值观，而伦理决策应当以他人能理解的方式向其解释，无论他们是否接受。简而言之，伦理包括我们在相互冲突的道德原则之间做出选择的方式。[9]

除了构成美国道德核心的犹太教和基督教的基本价值观（the basic Judeo-Christian values）外，美国记者还有大量可供借鉴的相互竞争的伦理原则（这并不是否认美国存在许多其他重要的宗教传统。但最近一项针对记者的调查表明，他们绝大多数来自基督教或犹太家庭）[10]。富兰克林·福尔（Franklin Foer）在《新共和》（New Republic）杂志上撰文指出，评判新闻职业道德有两种方法。第一种考虑的是记者制作新闻产品的过程。如果这个过程存在道德缺陷，比如利益冲突，那么这个产品就有缺陷。他提倡的另一种方法是对产品本身进行评判。除了生产过程，对于结果的伦理质量又能作何评价呢？[11]媒体领导者必须审视影响新闻业的主要伦理原则（均属于福尔提到的两类），思考如何将其应用于新闻决策，并研究在相互冲突的伦理原则之间做出决定的当代模式。

亚里士多德：美德与中庸

伟大的哲学家亚里士多德（Aristotle）是柏拉图（Plato）的学生，也是亚里山大大帝（Alexander the Great）的导师。虽然他生活在2300多年前（约公元前350年），但他在伦理学、逻辑学、自然科学、心理学、政治学和艺术等方面的著述，特别是他对伦理学和人类努力的评论，至今仍然具有重要意义。亚里士多德认为，人类所有努力的最终目标是"善"(the good),而终极的善就是幸福。亚里士多德认为,获得幸福需要找到一个平衡点,即"过度与不足之间恰到好处的点"。[12]推广者将这个价值中位点称为"中庸之道"(golden mean)。

"中庸之道"的经典例子是勇气(courage),它在懦弱的无所作为、胆怯与有勇无谋的鲁莽之间取得了平衡,这两种行为都是不可接受的。勇气的例子也说明了可接受的道德中间地带并不是一个单一的确定位置,其范围取决于个人的能力和优势。[13]根据亚里士多德的观点,要想表现出合乎道德的行为,个人必须做到以下几点:

- 知道自己在做什么;
- 出于道德原因选择自己的行为;
- 出于良好品德而行动。

换言之,亚里士多德强调行动者的性格与意图,以及这些如何决定他或她的行为方式。

媒介伦理学者大卫·L.马丁森(David L. Martinson)告诫记者不要对中庸之道采取过于简单化的看法,认为它仅仅指的是妥协(compromise)。相反,他们必须认识到,找到中庸之道需要美德。马丁森(Martinson)写道:

> 有德行的记者是以一种诚实的方式进行传播,能够让读者或听众更好地了解他或她所生活的社区、国家和世界的现实。在这种传播中,记者会表现出对人的尊严和个人情况的尊重。[14]

为了验证这一原则,不妨看看在弗吉尼亚州夏洛茨维尔的一场白人至上主义骚乱(a white nationalist riot in Charlottesville, Virginia)中,马库斯·马丁(Marcus Martin)被汽车撞倒后在空中飞起的照片,这张照片在"测试你的视觉媒介素养"(Test Your Visual Media Literacy)专栏中有所讨论。报纸编辑在决定是否刊登这张令人不安的照片时,可能需要在敏感性和报道所发生事情的必要性之间找到一个平衡点。一个极端是根本不放照片;另一个极端是刊登一幅关于受害者的图片:画面上的汽车司机冲撞一群抗议者,把他们撞倒后在其痛苦扭动着的身体旁疾驰而过。一个可能的折中方案是刊登正在发生撞击的照片。其他形式的平衡可能是缩小照片的尺寸,将其放在内页而不是体育版的头版,这样它所造成的影响力就会比一张大照片要小一些。刊登这张照片的决定也可以用这样的理由来证明,即编辑出于自身的良好品行,感到有义务帮助读者了解骚乱期间发生的事情。

测试你的视觉媒介素养:"这是一次如此猛烈的撞击"

2017年8月12日,这一天是瑞安·凯利(Ryan Kelly)在弗吉尼亚州夏洛茨维尔市(Charlottesville)的《每日进步报》(the Daily Progress)工作的最后一天。他正准备前往Ardent Craft Ales担任数字和社交媒体协调员。但他把那个星期六选作离职的最后一天,这样在一场大规模的白人至上主义抗议活动预定举行之日,他就不会让报社人手短缺。[15]凯利告诉全国新闻摄影师协会(NPPA)杂志的记者:"我的记者本能想去那里。"

"团结右翼"(Unite the Right)示威游行之所以来到这里,部分原因是南方邦联军队主将罗伯特·E.李(Robert E. Lee)雕像所在的李公园(Lee Park)已更名为解放公园(Emancipation Park)。在示威游行的前一天晚上,镇上有一场火炬游行。示威当天,抗议活动还没有正式开始,白人至上主义者和一群反抗议者之间就爆发了骚乱。

暴徒们不喜欢新闻媒体。一名抗议者用胡椒喷雾袭击了记者,而其他人也向记者身上泼水或投掷鸡蛋。一名非裔美国记者被一名穿着印有希特勒照片T恤的示威者殴打。[16]

凯利走到了街上,但他走上人行道大约20秒后,小詹姆斯·亚历克斯·菲尔茨(James Alex Fields Jr.)驾驶的汽车呼啸而来。汽车冲进反抗议者的队伍,造成1人死亡,19人受伤。[17]

凯利说他立即开始记录现场:"这纯粹是条件反射。多年的新闻摄影经验让我本能地做出反应,是肌肉记忆而非有意构图成就了那些照片。"[18]这张照片本身就是一个凝固的动作瞬间。凯利告诉美国国家公共电台的记者:

> 你会看到太阳镜、鞋子和手机,它们都不在人的头上、脚上和手上。你会看到水在喷溅。有很多非常暴力的细节,以一种你在日常生活中通常不会经历的方式出现……这是一次如此猛烈的碰撞。他在路上行驶得飞快,然后撞上了人群。

随后,凯利和他的编辑韦斯利·赫斯特

ASSOCIATED PRESS

(Wesley Hester)审阅了他下载到笔记本电脑上的图片,以决定发送哪些照片为宜。他们看到人们被抛向空中的照片,知道虽然这张照片令人不安和血腥,但场景是真实生动的,因此便发给了新闻媒体。[19]

这张照片立即产生了影响,通过美联社(the Associated Press)在全国范围内发布。然后,在2018年4月,凯利获得了普利策突发新闻摄影奖(the Pulitzer Prize for spot photography)。颁奖词写道:"在弗吉尼亚州夏洛茨维尔种族主义抗议活动中,一张令人不寒而栗的照片反映了摄影师在捕捉汽车袭击瞬间的反应和专注。"[20]

然而,拍摄一张吸引了全国关注并使他成名的照片并没有让凯利感到高兴。他告诉NPPA,"这感觉就像一场噩梦。"[21]

"这就是新闻,我理解。但获得奖项,尤其是普利策奖的认可,是一种让人难以置信的荣誉。但我不断被提醒,这是以一些人的生命、伤害、情感创伤和创伤后应激障碍(PTSD)为代价的。"[22]

"我很高兴在那一刻我能完成我的工作,尽管我一开始就希望这件事从未发生过。"[23]他补充说,"如果我再也看不到星期六那样的场面,我也会幸福地死去。"[24]

这张照片说明了什么?

这张汽车撞上马库斯·马丁(Marcus Martin)的照片说明了什么?它有什么新闻价值?它能告诉你关于夏洛茨维尔白人至上主义者游行的重要信息吗?

为何这张照片被发布出来了?

你认为报纸和网站为何要发布这张照片?编辑为何决定不刊发这张照片?

你和你的同学们是怎样解读这张照片的？这张照片让你产生了什么样的感觉？这会改变你对夏洛茨维尔骚乱的理解吗？图像比视频更好还是更差？照片或视频是否有明显的血腥画面重要吗？这样就不那么令人心烦了吗？在阅读本章第一部分时，你将有机会思考这张照片并重新审视这些问题。

康德：绝对命令

德国哲学家伊曼努尔·康德（Immanuel Kant）在18世纪的最后几十年发表了他最重要的著作。康德与亚里士多德（Aristotle）的不同之处在于，康德认为道德在于行为本身，而不在于行动者的性格或行为背后的意图。他还提出了犹太教和基督教的价值观，即视人为目的，而不是达成目的的手段。简而言之，康德强调你不能利用别人来实现你的目标。

康德的伦理学始于我们能够推理的概念，因此，我们能够将自己的行为建立在道德推理（moral reasoning）的基础上。正因为如此，人们要对自己的行为负责，有义务以道德的方式行事。

康德在18世纪80年代提出的绝对命令（categorical imperative）的基本内容是："行动起来，就好像你的行动准则将通过你的意志成为普遍的自然法则一样。"[25] 简而言之，康德要求人们考虑如果每个人都以他们自己希望的方式行事，会产生什么样的结果。康德并不是特别担心某个行为的后果；相反，他关注的是行为本身。这并不意味着康德不认为结果重要；只是意味着他认为不道德的行为不能因其可能带来的理想结果而被合理化。

在上述的"暴乱照片"事件中，康德也许会质问摄影师的道德抉择是怎样的。摄影师的决定是说出暴乱中所发生事情的真相。我们是否愿意接受每个人都说出真相的后果？坚持绝对的真相会引发哪些问题？

约翰·斯图尔特·穆勒：功利原则

在电影《星际旅行2：可汗怒吼》（Star Trek II: The Wrath of Khan）中，无情的斯波克（Spock）做出了理性而无私的行为。他为了防止飞船爆炸，拯救"进取号"星际飞船上的全体船员，进入了反应堆室，自己却吸收了致死剂量的辐射。在他临死之际，他用一句格言向他的朋友们证明了自己的行为是正当的："多数人的需要重于少数人或一个人的需要。"就在这一刻，斯波克总结了19世纪伦理哲学家约翰·斯图亚特·穆勒（John Stuart Mill）功利原则（principle of utility）的核心信条：为最多数的人谋求最大的利益。

穆勒并非"功利"这一概念的创造者，但他确实做了大量工作来完善和促进功利主义哲学（utilitarianism philosophy）的发展。穆勒写道，行为的结果在决定什么是道德方面很重要："一种行为的正确性在于其带来的理想结果。"[26]回顾亚里士多德将幸福视为最终公共利益的观念，功利主义认为，美德是为最多数的人提供最大幸福的东西。或者换个角度来说，造成痛苦最少的就是最好的。应用这一原则的挑战在于，同一行为可能同时带来幸福和痛苦。2007年4月，赵承熙（Seung-hui Cho）在弗吉尼亚理工大学开枪射杀了32名学生和教职工，美国全国广播公司（NBC）新闻决定播出赵承熙制作的多媒体光盘中的部分片段，这一决定遭到了广泛批评。受害者的家人和朋友们表示，当他们看到这些视频时，感觉再次受到了伤害。NBC新闻的总裁史蒂夫·卡帕什（Steve Kapas）表示，公司播放光盘中的片段是为了让公众更好地了解所发生的事情。他说，"这是我们最接近了解一个杀手想法的机会"。[27]该电视台接受了给受害者的亲朋好友这一小部分人带来的额外痛苦，以实现为广大公众提供信息这一更大的利益。

穆勒还认为，某些形式的快乐或幸福在道德上优于其他形式。他认为，改善整个社会命运的行动和决策，可能优于那些仅仅提供身体或情感愉悦的行动和决定。[28]运用功利主义的推理，编辑可能会决定刊登这次袭击的照片，因为这将帮助全国各地的人了解发生了什么，尽管对涉事人员来说是很痛苦的。就像凯利在谈到他自己拍摄的夏洛茨维尔袭击事件的照片时所说的那样："也许看到这样一场袭击的恐怖模样，可能会让人们震惊，从而理解到如果没有那张照片他们就无法理解的东西。"[29]

约翰·罗尔斯：无知之幕

当代哲学家约翰·罗尔斯（John Rawls）以功利主义思想为基础展开论述。他的论点是，公正的事物也是公平的：

> 每个人都有平等的权利享有最广泛的基本自由，与其他人的类似自由相兼容……
>
> 社会和经济的不平等应这样安排，即：

约翰·斯图尔特·穆勒被称为"19世纪最有影响力的英语哲学家"。他探索个人在社会中享有思想、意见和行动自由的权利。

London Stereoscopic Company – Hulton Archive

(a) 合理地期望能对每个人都有利；(b) 附加于对所有人开放的职位和职务。[30]

为了确定什么是公平的，记者必须置身于罗尔斯的无知之幕（veil of ignorance）背后。这是一条伦理原则，即当我们做决策时不考虑所涉及人员的地位，也不考虑我们个人在社会体系中的位置，正义就会显现。换句话说，我们不应该问"这对我有什么影响"，在这"无知之幕"背后，每个人都是平等的。遵循这一原则的记者不会质疑他们自己或他们的报道对象是有权还是无权、富有还是贫穷、黑人还是白人、男性还是女性。

在决定如何对待消息来源时，无论喜欢还是不喜欢这个人，记者都应做出同样的决定。他们应该想象一下，如果他们自己是消息来源，并不得不接受报道的结果，那么他们希望如何被对待。新闻自由的价值必须与保护个人隐私获得同等对待，因为在"无知之幕"背后的记者不知道自己是记者还是消息来源。[31]很难说如果使用"无知之幕"，图片编辑会如何处理这张反映骚乱的照片。摄影师凯利承认这张照片为他赢得了全国性的荣誉和关注，尤其是他因此获得了普利策奖。另一方面，他说他很容易就能想象出对于被司机撞倒的人来说，看到这张照片反复出现会是多么痛苦。"这张照片传遍了全世界，不断出现在新闻当中。如果他们对此不满，对不断被提醒痛苦和希瑟（海耶）死亡以及许多人受伤的事实不满，那么对我来说是可以理解的。"

哈钦斯委员会：社会责任与伦理

1947年，由于对新闻界的道德行为存在广泛关切，《时代》杂志的创始人亨利·卢斯（Henry Luce）成立了一个委员会来研究美国新闻界的责任。由学者罗伯特·M.哈钦斯（Robert M. Hutchins）担任主席的委员会得出结论：《第一修正案》本身可能不足以保护公众的言论自由权利，因为少数公司控制了大量可用的传播渠道。虽然政府可能不会限制言论自由，但公司可能会这样做。该报告得出了两个主要结论：

1.新闻界有责任为公众和社会发声；
2.自由媒体没有履行对公众的责任，因为它需要服务于它的商业主人。

源于《哈钦斯报告》（*the Hutchings report*）的新闻界的社会责任理论认为，新闻界对社会负有道德义务（这一理论在第十一章中有详细讨论）。哈钦斯委员会（the Hutchins Commission）对负责任的媒体提出了五项要求：

媒体应在赋予事件意义的情境中,对当天的事件进行真实、全面和明智的报道;

2.媒体应该成为一个交流意见和批评的论坛(也就是说,媒体应该呈现全方位的思想和批评);

3.媒体应当展现社会组成群体的具有代表性的画面;

4.媒体应当呈现并阐明社会的目标与价值观;

5.媒体应当提供全天候的新闻获取途径。

如今,包括博客和播客在内的长尾媒体(long-tail media)使专业记者和公民记者都能够绕过传统媒体(传统大型媒体)并直接面向公众,尽管长尾新闻媒体很难产生像报纸或电视台那样的影响力。然而,这个例子也印证了"秘密2"——没有所谓的"主流媒体"。

运用社会责任的方法(a social responsibility approach),是可以为拍摄汽车袭击的照片辩护的:假设它的目的是让读者更好地了解夏洛茨维尔骚乱期间所发生的事情。

博克的伦理决策模型

鉴于记者必须考虑许多竞争伦理原则,很难决定什么是对的或错的,正如我们对发布一张令人不安的照片这一决策的考虑所表明的那样。但当代伦理学家西塞拉·博克(Sissela Bok)为分析道德状况提供了一个简单的三步模型。

1.问问你的良心——你对该行为有何感受?你的良心告诉你什么是对的?

2.寻找替代方案——是否有另一种方法可以实现相同的目标而不会引发道德问题?是否有专家可以向其请教?

3.与参与其中的每个人进行一场想象中的道德对话,问自己:"我的行为将如何影响他人?"从每一个受其影响的人的角度来讨论所涉及的问题。想想谁会参与进来:消息来源、新闻消费者、广大公众、特殊利益群体,等等。[33]

在博克的《谎言:公共和私人生活中的道德选择》(*Lying: Moral Choice in Public and Private Life*)一书中,她建议咨询专家并举行公开对话。对于在职的记者或编辑来说,完全应用她的方法可能不太实际,但是,扪心自问、考虑替代方案、考虑所有受影响方的观点的这一基本方法是合理的。[34]

真实与新闻

记者们一直声称他们有义务报道真相[35]，而违反这一真相承诺的记者或编辑付出了沉重的代价。1981年，《华盛顿邮报》发现记者珍妮特·库克（Janet Cooke）的一篇关于一名8岁海洛因成瘾儿童的普利策获奖报道是捏造的，该报的公信力遭受重大打击。2003年春，《纽约时报》的年轻记者杰森·布莱尔（Jayson Blair）被揭露为这家美国最负盛名的报纸捏造或剽窃了至少36篇报道，这在整个新闻界引起了轩然大波。这场争议不仅涉及个别记者的不良行为，还涉及这种行为对出版机构的影响以及由此导致的对该机构的信任缺失。问题还在于，出版机构和编辑们缺乏对真相的承诺，他们将引人入胜的故事置于确保这些故事的真实性之前。

在博克关于谎言本质的书中，她指出，在考虑谎言时至少有两个因素需要权衡。首先是说话者是有意传递真相还是试图欺骗人们；其次是陈述本身是真还是假。博克认为，与讲真话有关的主要道德问题是故意欺骗人们"让他们相信我们自己都不相信的东西"。媒介伦理学学者大卫·马丁森（David Martinson）认为，讲真话不仅仅是陈述无误的事实。当对一个谎言进行考量的时候，需要至少权衡两个因素：首先，发言者是否有意传递真相或试图去欺骗人们；其次，话语本身是真实的还是虚假的。博克认为，与讲述真实（truth-telling）相关的主要伦理问题是有意地欺骗人们"让他们相信我们自己都不相信的事情"。[36]媒介伦理学者大卫·马丁森（David Martinson）认为，说真话不仅仅是陈述并非虚假的事实。相反，媒体需要报道"事实的真相"（the truth about the fact）。马丁森认为，媒体过于频繁地询问这个故事是否真实，而不是询问这个故事是否有助于公众理解真相。[37]

非虚构类书籍的真实性也受到了质疑。近年来最著名的造假案例是詹姆斯·弗雷（James Frey）的回忆录《百万碎片》（*A Million Little Pieces*）。2003年出版的《百万碎片》是一本关于犯罪、暴力、毒品、酒精和救赎的回忆录。尽管早期就有人对其基本真实性提出了一些疑问，但它仍是一部广受欢迎的畅销书，许多读者都深深地认可弗雷。[38]

然而，在2006年1月，黑幕调查网站"烟枪"（The Smoking Gun, TSG）报道称，这本书充满了夸大之词和"无数个小谎言"（a million little lies）。[39]TSG对弗雷进行了调查，因为该网站很难找到书中所描述的弗雷被捕的众多照片中的一张（TSG有一个很大的版面专门展示名人的面部照片）。该网站的研究人员在调查中发现，弗雷要么捏造要么大幅美化了他所参与的一起导致一名女孩身亡的火车事故、他在狱中的时间以及一位朋友自杀的细节。[40]在另一本回忆录中，一名美国劳工部前部长伪造了他在国会上的证词。[41]一位著名作家承认，他在泰德·肯尼迪（Ted Kennedy）的传记中加入了想象中的对话。总统传记作家埃德蒙·莫里斯（Edmund Morris）甚至在他为罗纳德·里根（Ronald Reagan）写的传记中把自己写成了一个虚构的人物（他在这本书的序言中承认了这一点）。

相比之下，《纽约时报》已故记者大卫·卡尔（David Carr）在撰写他的回忆录《枪之夜》（*Night of the Gun*），讲述毒品、犯罪、酗酒和单亲身份时，他对多年来与之交往的人进行了视频采访。在书中，他按照自己记忆中事情发生的方式进行了讲述，同时也解释了接受采访的人对相同事件的记忆方式。卡尔在他的回忆录中承认，一个人对事情发生过程的记忆可能是错误的，并且会随着时间而改变，这是许多回忆录作者似乎难以承认的一点（几年来，如果你翻一翻这本书后面的参考文献，就会发现，担任《纽约时报》媒体记者的卡尔是被引用次数最多的人之一）。卡尔于2015年2月因癌症去世。

揭露捏造事实

除了关于外星人与猫王生孩子之类的八卦报道，杂志和报纸上的文章通常都被认为是真实的，或者至少是基于事实的。但偶尔这种基本的假设也会受到质疑。

想想下面的例子：一位25岁的作家斯蒂芬·格拉斯（Stephen Glass）为《新共和》（*The New Republic*）、《滚石》（*Rolling Stone*）、《乔治》（*George*）和《哈珀斯》（*Harper's*）都写过一些令人难以置信的故事。其他一些作家——有人会说是嫉妒的同行——认为格拉斯的故事，以其惯常引人入胜的开篇段落来营造氛围，好得令人难以置信。不幸的是，它们确实不是真的。1998年，格拉斯因在《新共和》上捏造一篇关于青少年黑客的文章而被抓，随后他被解雇，这在整个杂志行业引起了轩然大波。[42]后续调查显示，格拉斯为数十篇文章编造了材料，而这些杂志的事实核查人员却没有任何察觉。

当时《新共和》的编辑查尔斯·莱恩（Charles Lane）说，"我并不希望（格拉斯）倒霉……我只是不想让他再从事新闻工作。"[43]在成为新闻界的不良典型后，格拉斯离开了杂志行业，去读了法学院，并写了一部小说。据报道，在他的小说在评论界和商业上都遭遇失败后，格拉斯曾担任过律师助理，偶尔还在洛杉矶的一个喜剧剧团里工作。[44]格拉斯是如何逃脱捏造事实的惩罚的？首先，这些杂志没有像他们应该做的那样进行事实核查。其次，格拉斯会很晚才提交文章，以至于无法进行核查，并且他会为文章编造佐证，比如在关于黑客的那篇文章中，为陷入困境的高科技公司编造一个虚假的网页和语音邮件消息。[45]在为政治杂志《乔治》撰写的一篇文章中，格拉斯基于匿名消息来源对总统顾问弗农·乔丹（Vernon Jordan）进行了描述。为了逃避事实核查，他说，如果在工作中联系他的消息来源，他就会被解雇。在编辑们发现格拉斯一直在捏造文章后，事实核查人员发现他所引用的消息来源根本就不存在。公平地说，事实核查员的工作流程是为了发现错误，而不是彻底的捏造内容。[46]格拉斯捏造事实的后果之一是，杂志对事实核查重新作出承诺；另一个后果是人们对耸人听闻的故事，尤其是年轻作家写的这类故事，抱有越来越多的怀疑。

关于身份的谎言

前《华盛顿邮报》记者何塞·安东尼奥·瓦尔加斯（Jose Antonio Vargas）曾是一位成功的年轻记者。他所在的报道团队因对弗吉尼亚理工大学校园枪击案的报道获得了普利策奖，他为《纽约客》撰写的关于脸书创始人马克·扎克伯格的人物特写备受赞誉，他还为包括《赫芬顿邮报》和《旧金山纪事报》（San Francisco Chronicle）在内的全美众多媒体撰稿。

瓦尔加斯一直保守到2011年夏天的秘密是，他是一名无证移民，从菲律宾非法入境美国。

瓦尔加斯在为《纽约时报杂志》（New York Times Magazine）撰写的一篇自述文章中坦白了自己的身份。文中讲述了他12岁时从菲律宾来到美国，与在加利福尼亚的祖父母一起生活的经历。16岁时，当他拿着他认为是移民身份卡去机动车管理部门申请驾照时，他才知道自己是持假证入境的。在那里，他被告知他的卡是假的，他不能再回来了。[47]他告诉微软全国广播公司的马多奥（Maddow），他的父母和祖父母打算让他从事一份"地下经济工作"（shadow economy jobs），直到他能找到一位美国公民结婚，从而获得永久居留证（a permanent residency card）。只有一个问题：瓦格斯上高中时公开了自己的同性恋身份。所以，虽然他作为同性恋者公开了性取向，但对自己的移民身份仍守口如瓶。[48]瓦尔加斯一开始想将自己的故事提供给《华盛顿邮报》，但被拒绝了。随后他将其故事兜售给《纽约时报杂志》，该杂志欣然接受。编辑们甚至"撕毁"了已经完成的杂志，将瓦尔加斯的故事放在了封面上。[49]瓦尔加斯的故事和他的自我曝光引起了新闻界相当大的争议，因为瓦尔加斯整个成年生涯都在对自己的移民身份撒谎。[50]曾聘请瓦尔加斯为《旧金山纪事报》撰稿的菲尔·布朗斯坦（Phil Bronstein）写道，他觉得自己被瓦尔加斯欺骗了，尤其是瓦尔加斯写了一些无证工人（undocumented workers）的经历，却没有

2011年夏天，普利策奖获奖记者乔塞·安东尼奥·瓦尔加斯透露，他是一名非法移民，小时候从菲律宾非法进入了美国。

提到他自己也是其中一员。另一方面，布朗斯坦希望瓦尔加斯的故事能促成有意义的移民改革：

> 但如果他能公开，他的故事的影响力——无论是好的还是坏的——以及他的努力，或许能够为政府那沾满政治污垢的轮子加些润滑油，帮助制定合理的移民政策。如果真有那样的效果，我们就应该原谅他的谎言。[51]

瓦尔加斯故事的核心是伦理道德争议：一名新闻记者对于自己的身份撒谎，无论出于何种原因，这都是很麻烦的事情，但如果瓦尔加斯没有对自己的身份造假，他可能就不会成为一名记者。从本质上讲，这就是一个伦理问题的定义。因为伦理涉及的是，当没有正确答案的时候、当所有答案都存在问题的时候、当说出全部真相阻碍说出任何真相的时候，你该怎么做。

披露利益冲突

保持公平和公正是新闻价值观的核心，这已经在前几章中得到了广泛的讨论。然而，有时其他因素会压倒这一价值观，特别是当新闻机构所有者或记者本人的利益与公平和公正的价值观发生冲突时。这种企业利益冲突问题不仅限于压制新闻报道，它还包括积极地促进公司的利益。

2018年春季，福克斯新闻频道主持人肖恩·汉尼提（Sean Hannity）在其收视率很高的晚间节目中多次采访了唐纳德·特朗普总统的律师迈克尔·科恩（Michael Cohen），并批评联邦特工搜查科恩办公室和住宅的行为。但汉尼蒂的问题在于，他没有披露自己也是科恩的客户，这一情况在搜查后在法庭上被曝光。汉尼提的回应有两方面。首先，他说自己不需要遵循新闻伦理，因为他是脱口秀主持人，不是记者。但问题是，有时他又说自己是记者，是评论记者，或是倡导记者。他的第二个无罪声明是，科恩其实不是他的律师。汉尼提说："我从未接受过他的服务，从未收到过发票，也从未支付过迈克尔·科恩律师费。我确实偶尔会和迈克尔·科恩就我遇到的法律问题进行简短的交谈，他是一个很棒的律师。"[52]（不过，科恩把汉尼提列为他的三个客户之一。[53]）汉尼提与线人的这种未公开的关系可被视为利益冲突。

另一个例子来自《华盛顿邮报》。该报纸由杰夫·贝索斯（Jeff Bezos）所有，这位亿万富翁（也是世界上最富有的人）还是亚马逊公司（Amazon.com）的首席执行官和大股东。为了解决这种利益冲突，《华盛顿邮报》的记者们每次报道亚马逊的相关新闻时，都会提到贝索斯是该报的所有者。传统上，当记者对与自己有利害关系的公司或朋友进行有利报道时，或者对他们不喜欢的人进行负面报道时，这种利益冲突就会被识别出来。

福克斯新闻频道主持人肖恩·汉尼提（右）在2017年7月采访了小唐纳德·特朗普的律师迈克尔·科恩，他没有透露自己也是他的客户。汉尼提否认科恩实际上是他的律师，尽管科恩在法庭文件中表示他是。汉尼提与科恩的这种未公开的关系可被视为利益冲突。

在过去的十年里，随着媒体公司规模的扩大和集中，所有者自身的利益冲突问题日益严重。报纸总是声称会将其业务与新闻编辑部分开，但公众有时很难这样看待。

识别虚假新闻是消费者的责任

你知道当某件事看起来好得令人难以置信时，你总是会被警告要小心吗？当你在网上看到一则报道并自言自语道："对！这正是我所想的那样。"的时候，这种情况更是如此。[54]

以《西雅图论坛报》（*Seattle Tribune*）的报道为例：

爆料：特朗普的安卓设备被认为是近期白宫泄密的源头

如果你最近在社交媒体上有看到#DitchTheDevice的话题标签，这是因为，根据几份私人情报报告，最近白宫发生的多起泄密事件的源头是特朗普总统的未加密安卓设备。

在过去的几周里，特朗普总统和他的行政管理部门都对白宫内部向媒体透露的信息表示极度失望。

近期的泄密内容包括有关他的行政命令（在他发布这些命令之前）、白宫工作人员之间的争斗和混乱、与外国领导人[特别是澳大利亚总理马尔科姆·特恩布尔（Malcolm Turnbull）和墨西哥总统恩里克·培尼亚·涅托（Enrique Peña Nieto）]的机密对话、白宫工作人员因不知道如何开灯而在黑暗中开会，以及特朗普总统穿着浴袍在白宫闲逛。[55]

2017年3月，这个故事反复在社交媒体上出现，由不喜欢特朗普总统且热衷于认为其政府的泄密来自入侵他安卓智能手机的黑客的人们发布。但精明的读者应该能够很快识别出这是捏造的——如果你愿意，可以说是假新闻。

首先，所谓特朗普政府泄露的文件，不太可能被一个不是特别懂技术的人存储在智能手机上（这不是对特朗普总统的批评——仅仅是对事实的陈述。他既不使用电脑，也不使用特别现代的智能手机；我们的大多数其他总统也不用）。

这个故事能被觉察出不对，是因为它有点太老套了；这有点太幸灾乐祸了："如果特朗普是因为他用来发那些早间推文的手机而遭殃，那不正好吗？"这个故事完全符合特朗普批评者的许多幻想。

因此，有疑虑的读者首先应该做的是寻找有关网站的信息。在《西雅图论坛报》（Seattle Tribune）网站的免责声明页面上，这句话一清二楚：

> 《西雅图论坛报》是一家新闻和娱乐讽刺网络出版物。《西雅图论坛报》可能使用真名，也可能不使用，通常以半真实或大多虚构的方式。《西雅图论坛报》上的所有新闻文章都是虚构的，多半是讽刺性的新闻。

然而，这并不是一个完全诚实的声明。关于特朗普总统及其手机的故事在讽刺的意义上并不有趣——它显然是"假新闻"，还带有真实故事的链接。它旨在吸引读者阅读一篇吸引人的故事，这样这些人就会看到论坛报页面上的那些广告，并且有希望点击它们。

你还应该注意到，这份出版物的名字听起来很像一个非常可靠的新闻来源——《西雅图时报》（the Seattle Times）。但这是《西雅图论坛报》（Seattle Tribune），选择这个名字极有可能是为了故意让不知情的读者感到困惑。

所以，当你想在Facebook上发布一些让你愤怒或自我满足的故事的链接之时，为什么不寻找出自可靠的新闻来源的有声誉的报道，而是急于转发那些"标题党"式的编造的故事呢？回顾一下关于可靠和不可靠新闻来源的图表，并尽量选择那些来自最可靠且偏见最少的来源的报道。记住"秘密5"——所有媒体都具有社交性。

照片与真相

在记者面临的许多最棘手的伦理案例中，照片似乎都处于核心位置。无论是播放科伦拜恩高中枪击案的现场电视视频、醉驾事故后个人悲痛的瞬间，还是2001年9月11日的惨状，编辑们始终都不得不在对读者的敏感度、对消息来源的考量以及准确报道新闻的决心之间取得平衡。现在他们还有了新的工具，比如Adobe Photoshop这样的软件，能够对照片进行数字化处理，有时会生成与初始照片相差极大的图像。

照片总是很容易被处理。摄影师在拍摄时会在脑海中形成特定的画面，从而选择胶片、镜头和角度。暗房技术提升了摄影师控制图像的能力。但是现在，若照片通过电子方式改变，几乎可以做到让人无法察觉。实际上，现今出版的所有照片在尺寸、形状、颜色和对比度等方面都经过了数字化处理。例如，本书中的许多照片的明暗对比度在准备印刷过程中都经过了调整，以使它们看起来更好。

因此，问题就变成了"处理多少算是过度？"请记住这里有一些议题：

- 可接受的照片处理程度是多少？
- 观众是否应当知道一张照片被修改的程度？
- 故意修图是否会改变观众对图像的反应？

2008年，在一个在线新闻摄影公告栏上展开了一场激烈的讨论，讨论的是一位大学报纸顾问坚持要求摄影师把一幅马丁·路德·金日游行的照片中的天空变得更蓝。公告栏上的大多数摄影师对这一要求感到愤怒，称加深天空的颜色是完全不道德的。但是，有多少摄影师在看到苍白的冬日天空时，会毫不犹豫地把天空的蓝色加深呢？或者，如果这张照片是在前数码时代拍摄的，有多少摄影师会选择以色彩而闻名的柯达彩色胶卷（Kodak's Kodachrome film）？[56]

在一个类似的、简单的层面上，《查尔斯顿公报》（*Charleston Gazette*，以下简称《公报》）的一名摄影师因为从一名记者的麦克风上移除一家电视台的标志而受到处罚。西弗吉尼亚电台（West Virginia radio）名人霍比·科切弗尔personality Hoppy Kercheval）注意到了这张修改过的照片并对其进行了评论，随后《公报》（*Gazette*）在Facebook上发布了一份道歉声明，并附上了那张未修改过的照片：

> 《公报》的一名摄影师在今天的头版照片中遮住了麦克风上一家电视台的名称，这超出了我们的标准范围。除摄影师外，《公报》内部无人知晓

这张照片的处理情况。我们的摄影师明白，在新闻照片中改变现实是不可接受的。摄影师认为他的行为有助于将照片的焦点引向主体。但他这样做是错误的。这是一起孤立事件。我们将采取纪律处分，确保此类事件不再发生。[57]

杂志对照片的处理首次引起公众关注是在1982年，当时《国家地理》的编辑们"移动"了一座埃及金字塔，以便让金字塔的照片能适合杂志的封面。这种改变没有持久的道德意义——如果摄影师从一个稍微不同的角度重新拍摄照片，也会产生类似的效果——但它迫使杂志行业正视记者改变图像所带来的影响。[58]（见专栏15.1）

专栏15.1　数字照片处理标准

《夏洛特观察家报》（*The Charlotte Observer*）为如何编辑数码照片整理了一套非常具体的指导方针。其标准如下：

- 类似于在传统暗房中进行的"躲避和燃烧"（dodging and burning）是可以被接受的。
- 颜色不能更改。
- 背景不能被删除或"积极调色"。
- 需要下载原始的、未经编辑的图像文件。
- 数字修饰（克隆）只能用于去除图像上的灰尘斑点等。
- 唯一可以违反这些规则的是带有清晰标记的照片，并且可以清楚地被视为插图。

资料来源：肯尼·埃比（Kenny Irby），"《夏洛特观察报》照片校正/编辑指南"，波因特（Poynter），2003年9月25日。

关于照片数字处理的冲突时有发生。2006年6月，美国主要的西班牙语报纸《新先驱报》（*El Nuevo Herald*）刊登了一张照片，照片中似乎有四名古巴妓女在哈瓦那（Havana）招揽游客，而两名警察在一旁观望。唯一的问题是，这些妓女实际上并不在那里——她们是编辑用数字手段添加进去的。[59]在另一个案例中，《洛杉矶时报》（*Los Angeles Times*）的一名摄影师在2003年被解雇，因为他把两张美国士兵监督伊拉克难民的照片叠加在一起，使这张照片更有戏剧性。但是，有时这些改变的幅度较小，其目的是帮助而不是欺骗。在西班牙发生一起火车恐怖爆炸事件之后，一些报纸用数字手段移除了轨道旁的一只断臂，因为他们认为这一画面对于一份面向家庭的报纸来说过于恐怖。

新闻中的错误及其后果

所有传播者,如记者、新闻主播等,都应该意识到他们不会总是做出正确的决定;他们会犯错,也会搞错事实。其中一些错误相对较小,只有极少数人会注意到。其他错误则较大,可能会对传播者所在的组织构成生存威胁。因此,虽然尽可能避免过多的错误和道德误判肯定是正确的,但传播者也需要做好应对自身行为后果的准备。

对于媒体来说,道歉是一件棘手的事。通常他们的道歉形式是"如果有人感到被冒犯了,我们很抱歉你这么想",这种道歉太无力了,几乎毫无意义。有时,他们还可能淡化错误的严重性。但有时道歉可以作为讨论最初问题的跳板。

2010年的秋天就发生过这样一件事情,当时缅因州的《波特兰先驱报》(*Portland Press Herald*)在头版刊登了一篇发人深省的长篇报道,内容是当地庆祝穆斯林斋月结束的仪式。这篇通常会被认为相对没有争议的报道,却引发了极大争议,因为当年斋月的最后一天碰巧是9月11日。更让该报棘手的是,他们计划把所有关于"9·11"周年的报道都放在9月12日的周日版。民众的反应迅速而激烈。写信的、发电子邮件的和打电话的人都对这份报纸没有在头版刊登关于"9·11"周年纪念的报道感到失望。很多人还对当天头版有关于斋月的报道感到不满。9月12日周日,也就是该报计划对"9·11"周年进行大量报道的那天,该报刊登了以下道歉声明:

> 9月12日,周日,也就是《波特兰先驱报》计划对"9·11"周年纪念日进行广泛报道的日子,该报发表了以下道歉声明:
>
> 我们周五的新闻决策冒犯了许多读者,我们对此深表歉意。
>
> 很多人认为周六头版关于当地庆祝斋月结束的报道和照片有冒犯之意,尤其是在9月11日这一天,当时我们的国家和全世界都在向9年前"9·11"恐怖袭击中的遇难者致敬。
>
> 我们承认,我们至少在报道的平衡性以及将其置于头版显著位置这两点上犯了错误。
>
> 你们今天看到的是之前计划好的对"9·11"事件的报道。我们认为,周年纪念后的次日是对当地和其他地方举行的关于"9·11"事件纪念活动报道的适当时机。
>
> 事后看来,很明显,我们本应以不同的方式处理这件事,并对"9·11"周

年纪念所激起的痛苦记忆更加敏感。[60]

然而，道歉并不是故事的尾声。为何不是呢？因为有些人认为这份道歉是在说美国的伊斯兰和平信徒和2001年袭击美国的恐怖分子之间有联系。

这是随后美国国家公共广播电台（NPR）的《媒体面面观》（On the Media, OTM）播出的一则报道的核心主题。在这篇报道中，《媒体面面观》的鲍勃·加菲尔德（Bob Garfield）与《新闻先驱报》（Press Herald）的编辑兼出版人理查德·康纳（Richard Connor）进行了一次有点对抗性的访谈。在采访中，加菲尔德试图让康纳承认，道歉让"伊斯兰教和激进恐怖分子之间产生了联系"。康纳拒绝这样做。如果你听了这个节目，有几件事就变得很清楚：康纳显然度过了糟糕的一周，并且厌倦了因报纸对该事件的报道而受到各方的批评，而加菲尔德显然试图让康纳为他的言论负责。[61]所有这些导致了康纳在9月19日发表的对9月12日道歉的后续声明，这次没受到那么多关注。康纳写道：

> 我辜负了我写作上的偶像E.B.怀特（E. B. White），他在经典的《风格元素》（Elements of Style）中提出的指导原则是："省略不必要的词语。"
>
> 如果我上周遵循了这条规则，我会对关于"9·11"事件对我们报纸的批评做出如下回应："我们对当地斋月仪式结束的报道非常出色，我们为此感到自豪。在'9·11'周年纪念日这一天，我们没有充分报道'9·11'事件，在我看来，这也本应成为头版新闻。"
>
> 为什么我会在上周的专栏里省略掉其他词呢？
>
> 它们缺乏准确性，导致了错误描述和误解。它们被用来证明一个谬论，即谎言比真相传播得更快。它们大多让那些别有用心或有政治企图的人得以扭曲和误解。
>
> 我本想为我们没有刊发的内容道歉——在纪念日当天头版没有关于"9·11"的报道，这一天勾起了我们深沉且未愈合的伤痛。我绝不是为我们在显著位置刊登了一张为我们当地穆斯林社区祈祷的醒目照片而道歉。[62]

康纳在这里所说的可能是他上周就应该说的——该报很好地报道了斋月，却没有在9月11日做好对"9·11"周年纪念日的报道。这次道歉特别好，因为它不是谈论"可能冒犯到了谁"，而是报纸作出判断的质量。

当新闻传播太快：科比·布莱恩特之死

合众国际通讯社（United Press International news agency）一直以其座右铭而闻名："先得到它，但首先要把它做好。"（Get it first, but first get it right）[63] 这一座右铭凸显了记者在处理快速突发新闻时所面临的复杂情况。这在2020年1月26日篮球传奇人物科比·布莱恩特（Kobe Bryant）和他的女儿在直升机坠毁事故中丧生这一事件中表现得非常明显。和往常一样，最初的报道也存在不一致和相互冲突的细节。有时是因为匆忙报道，而有时则是因为事件的发展速度超过了已经发出的报道。

《华盛顿邮报》的媒体专栏作家玛格丽特·沙利文（Margaret Sullivan）写道，早期关于科比之死的很多新闻都是不准确的，包括特朗普总统发布的一条关于遇难人数的错误推文、BBC播放的是勒布朗·詹姆斯（LeBron James）而非科比的视频片段，以及关于科比之死的推特热门页面上有最近去世的性侵犯者杰弗里·爱泼斯坦（Jeffrey Epstein）的照片。另一方面，《洛杉矶时报》（Los Angeles Times）在一条推文中承认了他们对所发生事件的不确定性，该推文写道："我们知晓了有关科比·布莱恩特的报道，目前正在调查。一旦我们能够确认任何事情，就会在这里更新。"[64]

其他问题更多地与时间安排而非准确性有关。

英国《卫报》（Guardian）陷入了困境，他们提前安排了一条推文在那个周日发布，宣布科比·布莱恩特在NBA历史得分榜上被勒布朗·詹姆斯挤出了第三位。《卫报》优雅地处理了这个尴尬的失误，发推文称：

> 对于发布关于科比·布莱恩特在NBA历史得分榜上失去第三位的推文，我们毫无保留地表示歉意。
>
> 这是在我们得知科比·布莱恩特不幸去世之前提前安排的。这条推文本不应该发布——现在已经删除。[65]

更具争议性的是《华盛顿邮报》的政治记者费利西娅·桑梅兹（Felicia Sonmez）发布的一系列推文。在有关科比去世细节流出之际，她分享了另一家媒体有关科比强奸指控的一个久远的、准确的报道链接。不到一个小时，这位记者就收到了超过一万条评论和电子邮件，指责她分享该报道，并对她进行辱骂和死亡威胁。这位记者最终删除了这些推文。不久之后，《华盛顿邮报》让她放了行政长假

（administrative leave）并评论道："她的推文显示出她糟糕的判断力，这损害了她的同事的工作。"[66]邮报的管理层也对她的推文超出其报道领域提出批评。

《华盛顿邮报》的媒体评论家埃里克·温普尔（Erik Wemple）不同意管理层的观点，他写道，这位记者所做的只是在推文中分享了《野兽日报》（Daily Beast）一篇精彩报道的链接，该报道讲述了对科比的指控历史，解释了指控为何被撤销，并讨论了科比如何解决随后的民事诉讼。温普尔为桑梅兹辩护，并指出，如果记者因为在推文中涉及分配给他们的报道领域之外的主题而被停职，"那么整个新闻编辑部都应该休行政假"。温普尔调查了《华盛顿邮报》的社交媒体指南。以下是他的发现：

- 提供信息（Be informative）。社交媒体鼓励分享个体经验，但我们应该在个人信息和有用信息之间取得平衡。
- 事实核查（Fact-check）。社交网络上的信息需要像其他任何信息一样进行核实。在将行为或言论归因于个人和组织之前，要努力核实其真实性。
- 负责（Take ownership）。如果你错误地转发或推送了错误信息，请在后续的推文/更新中纠正你的错误，并努力提供更准确的链接。[67]

这里没有"他们"：萨戈矿难

2006年1月4日星期三，美国各大报纸上出现的头条新闻，很少有像这样残酷的新闻错误。这些报纸大肆宣扬在西弗吉尼亚州的萨戈煤矿（Sago Mine）被困的所有煤矿工人在地下被困两天后被发现生还，而实际上，13人中只有1人生还。

2006年1月2日凌晨，一场可能由闪电引发的爆炸将13名矿工困在了萨戈煤矿的深井之下。据《华盛顿邮报》的时间线，大约在星期二晚上9点，第一具尸体在矿井里被发现。[68]

在晚上11点45分，在隧道深处两英里多的地方发现了一名活着的矿工。此时，混乱不堪。据《华盛顿邮报》报道，在凌晨12点18分，救援指挥中心听到一名救援人员的报告，称发现12名矿工生还。显然，这一早期报告被无意中听到，并立即在祈祷奇迹发生的人群中传播开来。教堂的钟声开始响起。人们哭泣、歌唱、欢呼。

据《查尔斯顿每日邮报》（Charleston Daily Mail）报道，当时的西弗吉尼亚州州长乔·曼钦（Joe Manchin）曾来到矿井，与家属一同等待，并请求确认这一好消息。尽管他没有得到确认，但曼钦说，他很快就被喜悦的情绪所感染："我们和民众一起出去,他们说,'他们找到了他们。'我们沉浸在这场庆祝活动中。我说,'这是所有奇迹中的奇迹发生了。'"[69]一则来自州长的声明似乎意味着某种程度上的官方确认。但在接下来的半小时内,报告开始传至指挥中心,称只有一名矿工生还——这些报告直到将近凌晨3点才传达给家属或媒体。

一些晨报,如西弗吉尼亚州的《查尔斯顿公报》和丹佛市现已停刊的《落基山新闻》(Rocky Mountain News),在午夜左右(或许更早一点)就开始印刷。报纸在突发新闻上必须做出非常艰难的抉择,而且与电视不同,他们一旦出错就会留下永久性的印记。例如,《落基山新闻》的早期版本头条是"他们还活着"(They're Alive)。这一标题在最终版中得到了更正。

全国性的报纸对这件事的报道也存在问题。周三,《今日美国》(USA Today)可能是全美发行最好的报纸,周三将头版的三分之一用于这个救援报道。周四,媒体开始对这个报道的失误进行深入调查。

据行业新闻周刊《编辑与出版人》(Editor & Publisher)报道,发行量为11000份的西弗吉尼亚州埃尔金斯(Elkins)的午后日报《山间报》(Inter-Mountain)不仅在印刷版,而且在其网站上都正确报道了这个事件。《编辑与出版人》引用了《山间报》编辑琳达·斯基德莫尔(Linda Skidmore)对该报处理此新闻的描述:"我感到很幸运,我们是一份下午报纸,而且我们有我们现有的员工。我们有一名记者整晚都在现场,而且我一直在和她通电话。"斯基德莫尔还描述了这个错误的新闻是如何像滚雪球一样越滚越大的:

> 我当时在和记者贝姬·瓦格纳(Becky Wagoner)通电话,我在CNN和福克斯上听到了她在那里听不到的消息……就在广播播出前,大约午夜时分,她听说矿工还活着。她谈到听到教堂的钟声响起,人们欢呼雀跃——但没有官方消息。[70]

瓦格纳回忆说:"我们通过CNN得知他们还活着,然后这个消息像滚雪球一样传到ABC,然后传到福克斯,就像房子着火了一样。"瓦格纳说,当消息传开时,她正在煤矿运营商——国际煤炭集团公司设立的媒体信息中心。她说:"很多媒体都去了遇难矿工家属所在的教堂,但我没有离开,因为每一次官方新闻发布会都是在这里举行的,我们并没有得到任何官方消息。""有些地方不对劲。然后我们听到报告说,有12辆救护车进入(矿区),但只有1辆车出来了。有太多的炒作,以至于没有人考虑到没有(官方)更新。"[71]

当时我在西弗吉尼亚州居住,周二晚上睡觉时,网上的报道宣称矿工们已经生还。然而,周三早上我坐下来吃早餐、看当地报纸的时候,立刻明显感觉到这个报道有问题。美联社的报道写道:

> 遇难者家属和州长曼钦三世(Joe Manchin III)说,周二晚上,在煤矿爆炸发生超过41小时后,被困的12名矿工被发现生还。
>
> 在亲属们聚集地的一座教堂里,钟声响起,家庭成员欣喜若狂地尖叫着跑了出来。
>
> 亲属们大喊着:"他们还活着!"曼钦说救援人员告诉他矿工已找到。
>
> "他们告诉我们,他们那里还有12个幸存者,"曼钦说,"我们有些人员需要医疗照顾。"
>
> 消息传来几分钟后,几百人在寒冷的夜色中齐声唱起了赞美诗《你是多么伟大》(How Great Thou Art)。[72]

是什么线索让我察觉到了?读者如何从字里行间看出这个报道有问题?

除了州长之外,没有引用其他官方消息来源。为什么记者没有引用煤矿公司的消息?

州长发表声明时指出,"他们告诉我们……"没有具体的名字——只有"他们"。我

在西弗吉尼亚州萨戈矿难期间,美国各地的报纸和电视新闻机构都在紧迫的截止日期和不准确的信息中挣扎。虽然最初的报道说一些矿工幸存下来,但悲惨的事实是,其中12人已经遇难。

Karen Bleier/AFP/Getty Images

高中的新闻学老师朱迪思·芬克(Judith Funk)总是批评我们使用这个词,她会问:"'他们'是谁?"萨戈的这个事件可能是"秘密7"中最令人悲伤的例子之一——这里(根本)没有"他们"。

后来,报道称:"该公司没有立即证实这一消息。"

目前还不清楚矿工的情况以及他们是在哪里被发现的。

总之，这篇报道读起来像是在传播二手消息。媒体在这个报道中怎么会犯如此大的错误？

- 存在午夜截稿这一可以理解的问题。在这种情况下，处理突发新闻是非常困难的。但新闻机构本可以在报道中更明确地强调信息未经证实的性质。
- 新闻机构已经太习惯于传播源自博客和谣言领域的未经证实的信息，因为他们害怕被"抢先报道"。故事不必一定真实，只要有这个故事就行。当我们谈论关于政客不当行为的谣言时，这种行为也许可以被理解（尽管我并非真这么认为）。但当我们谈论普通人的生活时，这种不负责任的态度是不可接受的。
- 新闻事实与记者所期望的报道不符。媒体，尤其是全国性的新闻媒体，一直在寻找一个"奇迹般的故事"，在这个故事里，人们的祈祷会得到回应，一切都会好起来。当记者们以为找到了这样的故事时，他们就进行了报道。可悲的是，事实并非如此。

那么，为确保此类情况不再发生，记者们应该怎么做？《今日美国》的马克·梅莫特（Mark Memmott）在西弗吉尼亚大学（West Virginia University）关于萨戈事件新闻报道的一个小组讨论中发言称：

> 我们的责任是提出许多问题，并对归因和消息来源保持谨慎，确保我们不仅要告知人们我们所知道的，还要告知人们我们所不知道的。我们没有看到任何人从那个矿井里出来。我们也没有真正与任何了解矿井内部情况的人交谈。我们从家属那里听说，他们从别人那里听说，在某些情况下，他们甚至无法确切地告诉现场记者消息来源是谁。[73]

伦理规范的执行

媒体应该如何处理伦理道德议题？这些问题是记者个人的责任吗？还是编辑的责任？是否应该有一个专门负责人了来处理伦理道德议题？也许一套应用得当的道德准则可以提供足够的指导。在现实中，人们使用了各种各样的方法。本节简要介绍一些系统处理伦理道德议题的选择。

监察员

监察员（ombudsman），从购买或消费新闻的人的角度出发，也被称为读者代表或受众代言人。桑德斯·拉蒙特（Sanders LaMont）是《萨克拉门托蜜蜂报》（*Sacramento Bee*）的前监察员，他认为监察员是新闻道德流程中必不可少的一部分，因为监察员将新闻消费者与新闻机构（无论是杂志、报纸、网站、广播电台还是有线新闻台）联系起来。

"监察员"（ombudsman）一词源于19世纪初在瑞典公民与政府之间进行调解的人。从那时起，它就被用来描述在两个群体之间进行调解的任何人。新闻监察员（news ombudsmen）有各种各样的任务要执行：

- 倾听读者或观众的关切——读者往往热衷于有人采纳他们的观点，而新闻编辑部的员工可能并非如此。艾奥瓦州《锡达拉皮兹公报》（*Cedar Rapids Gazette*）的前监察员肯尼思·斯塔克（Kenneth Starck）对《美国新闻业评论》（*American Journalism Review*）表示："新闻机构需要这样一群员工，他们能够从新闻编辑部的喧嚣中抽身出来，以自己的深思熟虑、智慧，富有同理心地与那些积极向新闻机构提供意见的人交流，并传达出自己对工作的见解。"[74]

- 定期撰写专栏或评论——诸如《纽约时报》和美国国家公共电台（NPR）等新闻机构的监察员会定期在网上发布评论，有时也会在新闻版面或广播中发布。

- 为新闻工作人员定期撰写备忘录——《华盛顿邮报》的前监察员定期撰写博客，对员工进行赞扬和批评；他还为周日的社论版面撰写专栏。[75]

直至2003年夏天，《纽约时报》都没有监察专员，因为管理层认为这项工作应由编辑完成。然而，随着记者布莱尔捏造新闻的丑闻曝光，出版商小阿瑟·苏兹伯格（Arthur Sulzberger Jr.）任命了两名编辑担任监察员，并强制执行新闻编辑部的标准。[76]

尽管监察员的地位在近些年有所下降，但这些内部媒体评论员仍发挥着重要作用。波因特学院（Poynter）的伦理学家凯利·麦克布赖德（Kelly McBride）列举了几个例子：[77]

- ESPN的唐·奥尔迈尔（Don Ohlmeyer）讨论了备受争议的节目《决定》（*The Decision*），该体育频道播出了勒布朗·詹姆斯在2010年做出的从克利夫兰（Cleveland）转会迈阿密（Miami）的决定。

- NPR的爱德华·舒马赫–马托斯（Edward Schumacher-Matos）撰写了一篇三万五千字的评论，批评该电视台2011年对南达科他州美国土著儿童寄养问题的调查系列报道。

尽管设有监察员的新闻机构数量在减少，西蒙·杜门科（Simon Dumenco）在《广告时代》中写道，他认为这些读者代表不那么必要，因为网上有出色的新闻批评网站。[78]

伦理准则

新闻机构有着各种需要注意的伦理准则。职业记者协会（the Society of Professional Journalists）有一个广泛的道德伦理准则，包括三条主要原则：

1.寻求真相并尽可能全面地进行报道；

2.独立行动；

3.尽量减少伤害。

除了这些原则和随附的准则外，该组织的伦理手册还包含了一系列案例研究和其他伦理准则的集合，以帮助新闻工作者做出合乎伦理的决策。在引言中，作者认为伦理不仅仅是一套理想；它们是新闻工作者的所作所为，从而产生良好的报道。[79] 显然，单一的伦理准则已无法涵盖美国众多不同新闻机构所遇到的所有问题。新闻学教授亚历克斯·S.琼斯（Alex S. Jones）在《哥伦比亚新闻评论》（*Columbia Journalism Review*）上撰文质疑："对于《纽约时报》、《国家问询报》和《人物》杂志，你甚至期望有一套共同的标准吗？"[80]

根据《纽约时报》伦理专栏作家杰弗里·L.塞格林（Jeffrey L. Seglin）的说法，伦理准则想要发挥效力，就不能仅仅是静态文件而已。它必须成为新闻机构日常开展业务的核心。[81]塞格林警告说，如果不是如此，伦理问题将会继续出现。《纽约时报》的管理层显然在布莱尔被发现为该报捏造和抄袭新闻的一年前，没有跟进一名助理编辑对他的投诉。

《辛辛那提问询报》（*Cincinnati Enquirer*）因对香蕉公司金吉达（Chiquita）的一篇揭露性报道而陷入困境。这篇报道可能准确，也可能不准确，但这篇关于该公司商业行为的高度批评性文章，源于记者用偷来的访问代码听取的两千条语音邮件消息。该报最终向该公司道歉，并支付了1400万美元的庭外和解金。但在撰写这篇报道之前，记者每年都会签署一份报社的《公司伦理准则》。

在以上这些案件以及其他案件中，当事人显然知道他们的行为是错误的，并且违反了其出版物的伦理准则。

伦理与说服性传播

我们在媒体上看到的许多内容并非新闻工作者创作的消息，而是广告和公关专业人士为影响人们的行为而创作的有说服力的形象。于是，对于那些试图操纵公众舆论的人来说，"什么构成合乎伦理的行为"这一问题便出现了。[82]当今广告业存在若干伦理问题，包括广告的真实性以及广告商对其广告周边新闻内容的预期控制程度。

在第二次世界大战期间，广告行业组建了广告委员会（the Advertising Council），负责对不道德行为的管控。该组织旨在全面推动广告业和商业发展。其首要职能之一是协助为战时紧缩政策争取支持。广告委员会开展了一场宣传活动，以阻止对稀缺资源的囤积、促进战争债券的购买和鼓舞士气。战后，它致力于各类公共利益活动，以维持该组织在战争期间树立的正面形象。近年来，广告委员会发布了一系列令人印象深刻的公共服务广告，其中最著名的当属"坚决说不"（Just Say No）和"这就是吸毒后的大脑"（This Is Your Brain on Drugs）的宣传活动。[83]

斯纳普（Snapple）公司声称他们的饮料是用"地球上最好的原料"制成的。但什么是"最好的原料"？棒约翰宣传"更好的食材，更好的披萨"。这是真的吗？同样重要的是，消费者认为这种说法是真的吗？

通常，处方药和药品广告的真实性须遵循高标准，而声称一件衣服比另一件更时尚的证明标准则低得多。然而，一家狗粮公司曾被要求证明狗确实更喜欢某一品牌而非另一个品牌，方法是展示狗对两种竞争品牌的食量。[84]许多组织都在密切关注广告的真实性。联邦贸易委员会（FTC）调查了多起投诉。2014年，联邦贸易委员会对一些公司进行了整顿，这些公司为减肥药做了欺骗性的声明。[85]美国商业改善局委员会（the Council of Better Business Bureaus）的国家广告司（the National Advertising Division）也调查了关于虚假广告的指控。委员会代表冈纳·瓦尔德曼（Gunnar Waldman）说："我们甚至关心那些看似琐碎或'不那么重要'的案件。利害攸关的问题——广告中的真相——总是比产品本身牵涉更广。"[86]

广告主管迈克尔·德韦克（Michael Dweck）说，声称自己是"最好的"是危险的："因此，我们唯一能做的声明应该是足够幽默、夸张和牵强的，以至于没有人会把它们当真。"[87]广告巨头奥美集团（Ogilvy & Mather）的克里斯·沃尔（Chris Wall）表示，只要公司的广告属实，他们就没什么好担心的："最有力的广告往往从根本上是真实的。诀窍在于找到一个诚实的卖点来宣传产品，然后以一种打动人心、吸引注意、令人铭记的方式呈现出来。"[88]

有时对媒体内容的担忧来自广告商而非媒体评论家。广告商可能想要控制其宣传信息周边的素材，希望避免出现批评其产品的报道，或者只是为了将自身与高质量内容联系起来。例如，加利福尼亚的一群汽车经销商从《圣何塞水星报》（San

Jose Mercury News)撤回了所有广告,因为该报刊登了一篇向购买者解释如何阅读新车出厂发票的文章,从而使购买者在谈判中处于更有利的地位。[89]还有些时候,广告抵制是由那些不想与某个节目的政治观点有关联的广告商推动的。2012年,当红保守派电台脱口秀主持人拉什·林堡(Rush Limbaugh)在广播中称一名法律系学生和节育倡导者为"荡妇",至少有45家广告商撤回了对《拉什·林堡秀》(Rush Limbaugh Show)的赞助。[90]

偶尔,公司希望提前了解杂志即将出版的几期中将包含什么样的内容,以便决定是否在其中投放广告。一些出版商认为这只是让重要广告商了解其广告效果的一种方式。然而,美国杂志编辑协会(the American Society of Magazine Editors)警告称"一些广告商可能将这种早期预警误认为是公开邀请,从而向出版商或编辑施压,要求修改甚至删掉相关文章。"[91]

广告商也试图对电视节目施加影响。想要在电视上,特别是广播电视上找到"适合全家观看"的节目来赞助,变得越来越困难。热播剧《老友记》(Friends)为NBC吸引了大量观众,但它同时具有生动的故事情节和低俗的幽默。像消费品巨头强生(Johnson & Johnson)这样的公司希望赞助那些父母和孩子可以一起观看的节目,这样他们就能看到邦迪创可贴、婴儿爽身粉、美林(退烧药)和胃能达(抗酸药)的广告。为了解决这个问题,强生与宝洁、可口可乐和福特等公司一起成立了一个名为"全美广告主协会家庭娱乐联盟"(ANA代表全美广告主协会)的组织,以推动开发全家都能接受的节目。该组织早在1998年就以"家庭友好型节目论坛"(Family Friendly Programming Forum)的形式出现,它并不是抵制或批评面向成人的节目,只是想推广其成员在做广告时不会感到尴尬的节目。2000年,该论坛资助开发的第一部电视剧《吉尔莫女孩》(Gilmore Girls)开播。[92]自那以后,该论坛相继开发了《俏妈新上路》(The New Adventures of Old Christine)、《丑女贝蒂》(Ugly Betty)和《胜利之光》(Friday Night Lights)等剧集。同时,它也开始与YouTube合作制作适合家庭观看的节目。[93]

公共关系中的伦理道德

在公共关系中,人们很容易拿道德缺失开玩笑,但公关公司无视道德行为则会自身自危。美国公共关系协会(PRSA)成立于1948年,并于1954年确立了其自身的伦理道德准则,这么做不仅是为了改善行业行为,也是为了在从业者"普遍……被视为狡猾的骗子"之际改善该行业的形象。准则的最初版本写道:"我们承诺以专业的方式行事,向公众提供真实、准确、公平和负责的信息。"该准则于1999年进行了大幅修订和澄清(见专栏15.2)。

通过公关发动战争

在1991年的海湾战争期间(Persian Gulf War),如何平衡真实需求、公共利益和客户利益所带来的伦理挑战,成了一家公关公司所面临的重大问题。外国政府经常聘请公关公司来代表其在美国的利益,但很少有国家聘请大型公司来为该国参与一场战争进行宣传。[94]

当时美国最大的公关公司伟达公关(Hill & Knowlton)受雇于"自由科威特公民"(Citizens for a Free Kuwait)组织(该组织由科威特政府成员组成)。这场公关活动旨在为科威特争取同情,激发对伊拉克和萨达姆·侯赛因(Saddam Hussein)的反对情绪,并为美国参与打击伊拉克争取支持。该活动遵循了游说国会、召开新闻发布会、发布新闻稿以及制作视频新闻稿等典型套路。[95]真正在整个行业引发争议并引发道德质疑的是有证词表明伟达公关安排了相关人员在国会人权核心小组(the Congressional Human Rights Caucus)面前作证。一群美国代表于1990年10月10日就伊拉克入侵科威特问题举行了听证会。听证会的核心是一名15岁的科威特女孩奈拉(Nayirah)的目击者证词。奈拉称她目睹了伊拉克入侵后的暴行:

> 我当时就在那里,亲眼看到伊拉克士兵持枪进入医院,走进……放着婴儿保育箱的房间。他们把婴儿从保育箱里抱出来,带走了保育箱,把婴儿留在冰冷的地板上等死。[96]

奈拉的证词显然是有效的。老布什总统(H. W. Bush)在六个不同的场合提到了"22个'像柴火一样被扔在地板上的'婴儿"。[97]两年后,记者约翰·R.麦克阿瑟(John R. MacArthur)透露,此前身份未明的奈拉事实上是科威特驻美国大使的女儿,而这位大使是科威特王室成员。麦克阿瑟和其他人未发现该事件属实的证据,美国广播公司新闻报道称该事件"几乎肯定是假的"。[98]由于奈拉的证词并非是在宣誓后提供的,因此,没有人质疑伟达公关行为的合法性。该公司代表"自由科威特公民"(Citizens for a Free Kuwait)组织为其行为辩护,但事实上,它并未对奈拉的说法进行调查以核实其真实性。[99]无论真假,这份证词本身肯定不足以让美国发动伊拉克战争;相反,这是一场精心策划的公关活动,目的是让伊拉克看起来是邪恶的,而让科威特显得是一个需要援助的受害者。

为谁服务：客户还是公众？

公关从业者所面临的最难的伦理问题之一，是在为客户利益服务和为公众利益服务之间存在冲突。新闻学教授戴维·马丁森（David Martinson）认为，公关从业者可以通过日常的小规模实践，将重要的诚信道德原则内化，并为公众利益服务。然后，当罕见的道德困境出现时，从业者就习惯于以合乎道德的方式行事。[100]

专栏15.2　美国公共关系协会的职业价值观声明

以下是美国公共关系协会的职业价值观声明：
本声明介绍了美国公共关系协会成员的核心价值观，从更广泛的意义上说，还介绍了公共关系专业的核心价值。这些价值观为《会员道德规范》奠定了基础，并为公共关系的专业实践树立了行业标准。

这些价值观是指导我们行为和决策过程的基本信念。我们相信，我们的职业价值观对整个职业的完整性至关重要。

倡议
- 我们作为负责任的倡导者，为我们所代表的人服务，为公众利益服务。我们提供思想、事实和观点的发言权，以帮助知情的公众参与辩论。

诚实
- 在促进我们所代表的人的利益以及与公众沟通时，我们坚持准确性和真实性的最高标准。

专业知识
- 我们获取并负责任地使用专业知识和经验。我们通过持续的专业发展、研究和教育来提升专业水平。我们在广泛的机构和受众之间建立相互理解、彼此信赖的关系。

独立
- 我们为我们的代理人提供客观的法律咨询。我们要对自己的行为负责。

忠诚
- 我们忠诚于我们的服务对象，同时履行我们为公众利益服务的义务。

公平
- 我们公平地对待客户、雇主、竞争对手、同行、供应商、媒体和公众。我们尊重所有的意见，支持言论自由的权利。

资料来源：《美国公共关系学会道德准则》，美国公共关系学会，https://www.prsa.org/about/ethics/prsa-code-of-ethics。

如同早先探讨的那样，亚里士多德认为，道德行为源于中庸之道，或者说是两种极端行为或信仰之间的平衡。这是否意味着公关从业者能够在撒谎和说实话之间找到平衡？不会。马丁森表示，公关从业者必须始终信守真相，但也可能在服务公众利益和服务客户利益之间妥协。公关从业者必须服务于客户的最大利益，但不得损害其对公众的专业和道德义务。

媒体与代表性

在热门音乐剧《汉密尔顿》的结尾,大部分演员都站在舞台上问这个问题:"谁生,谁死,谁讲述你的故事?"(Who lives, who dies, who tells your story?)就像从副总统阿伦·伯尔(Aaron Burr)到乔治·华盛顿总统(George Washington)再到汉密尔顿的遗孀伊丽莎(Hamilton's widow Eliza)这样的人物一样,们不仅需要问自己如何讲述我们的故事,还需要问谁的故事被讲述。媒体呈现(media representation)是新闻业和流行文化中的一个重大问题,因为它决定了谁能看到自己被描绘。我们能看到与我们的长相、声音相似,那些和我们关心同样事情的人吗?那么,哪些故事会被报道呢?

早在密歇根州弗林特市的水污染危机成为全国性新闻之前,它就已经成为当地媒体的重要新闻。弗林特是一座老工业城市,人口大约有10万,主要以黑人为主。这座城市经济落后,早先的汽车行业也逐渐远离后并不再复苏。[101]

2013年秋天,弗林特遭遇了严重的财政问题。问题如此严重,以至于城市失去了自治的权力,取而代之由国家任命的应急管理人员管理。这位管理人员找到的降低成本的一种方法是将该市的水源从底特律市政供水改为取自弗林特河的水。

除了一些纯度问题(其中有几个)外,河水中的氯化物含量很高,具有腐蚀性。[102]最早发现弗林特市的水有问题的是当地的一家通用汽车(GM)工厂,那里的员工意识到当地的水正在腐蚀工厂生产的汽车零部件。但除了腐蚀新的汽车零部件外,这种水还从通往弗林特家庭的含铅供水设备中浸出铅和其他重金属。[103]结果表明,这种水的铅含量极高。据弗吉尼亚理工大学(Virginia Tech)的一组研究人员称,从当地某些水龙头流出的液体可能会被美国环境保护署视为"有毒废物"(toxic waste)。[104]

早在2014年5月,当地报纸《弗林特日报》(Flint Journal)就刊登了关于水"浑浊或起泡"的报道。到了9月,该报又因细菌污染发布了有关煮沸水的公告的报道。10月,该报报道称,通用汽车的工厂(GM plant)因为腐蚀而更换了供水商。

关于弗林特的水的报道来自几个新闻源,包括为密歇根州美国公民自由联盟(American Civil Liberties Union)工作的调查记者库尔特·盖耶特(Curt Guyette)。盖耶特受雇调查密歇根州的应急管理法。当他开始深入调查时,他发现了有关弗林特家庭水龙头流出"褐色有异味的水"的投诉。[105]

这起事件花了相当长的时间才公之于众,因为它实在太可怕了,令人难以置信。盖耶特在接受公共广播电台的《媒体在线》(On the Media)采访时说:"要不是弗林特的市民们坚持不懈地努力，坚决不相信他们的政府告诉他们的水是安全的这种谎言，我们现在也不会坐在这里谈论这个问题。"密歇根广播电台（Michigan Radio）是一家公共广播新闻服务机构，从2014年6月开始报道这起事件，其中有关于市民对该市水的气味和味道的投诉的新闻。2015年1月，在美国媒体真正开始关注这起事件的整整一年前，密歇根广播电台就报道了该市的水违反了《安全饮用水法案》（the Safe Drinking Water Act），因为高浓度的氯化物正在造成其他水质问题。[106]

尽管是这起事件的早期报道者之一，密歇根广播电台的记者史蒂夫·卡莫迪（Steve Carmody）仍然对他花了很长时间才真正揭露这个事实感到不满。他在接受《哥伦比亚新闻评论》（Columbia Journalism Review）采访时表示："2014年5月或6月，当人们说他们不能喝这种水时，我却从州政府官员那里得到'别担心，这是安全的'这样的回答，这真让我难受。这一直让我耿耿于怀。我应该更早发现的。这会困扰我的整个职业生涯。"[107]

当地的美国广播公司（ABC）、哥伦比亚广播公司（CBS）、美国全国广播公司（NBC）和福克斯电视台（Foxtelevision）的分支机构也积极报道了河水的大肠杆菌污染以及通用汽车决定停止使用当地水的事件。2015年1月，底特律的《自由新闻报》（Free Press）和《底特律新闻报》（Detroit News）也开始报道这起事件，但在持续报道了一个半月后，这起事件基本上算平复了，直到2015年9月。《自由新闻报》的专栏作家南希·卡夫（Nancy Kaffer）因发表了多篇有关此次危机的深入文章而受到赞誉。[108]

直到2016年1月，大多数广播和有线电视新闻网对其报道都很少，除了《雷切尔·玛多秀》（the Rachel Maddow Show），该节目从2015年12月开始将弗林特水危机作为一个主要的持续报道事件。据《媒体事务》（Media Matters）报道，在紧急状态被宣布之前，《雷切尔·玛多秀》对这个事件的报道比其他所有全国电视新闻机构的总和还要多。[109]

甚至在这起事件引起全美关注、密歇根州宣布弗林特进入紧急状态之后，到2016年夏天，该市的水仍然经常不能饮用。报道这起事件是密歇根广播电台的一项重要任务，在其21名员工中，最多时有6人投入报道这一事件。但卡莫迪说这个事件永远不会真正结束。他告诉《哥伦比亚新闻评论》："我知道在我任期的最后一天，我还会做一篇关于弗林特水质的报道。不是因为这是我工作的最后一天，而是因为我觉得我必须这么做，也不是因为这是一个周年纪念日，而是因为从现在起16年之后，它仍然会伤害这个社区的人。"[110]

《纽约时报》前公共编辑沙利文（Sullivan）在2016年1月写道，《纽约时报》在报道弗林特水危机时犯了大错。该报早在2015年3月就报道了弗林特的问题。但之后，该报花了六个多月的时间才对这起事件进行了更多的报道。针对此事，《纽约时报》的编辑们为他们的所作所为进行了辩护，指出如果增加在弗林特工作的记者人数，他们就会错过其他重要的中西部报道。[111]

通过网络媒体攻击女性

互联网是一个可怕的地方。想要看看有多可怕吗？看看有关女性在电子游戏、漫画书或其他极客流行文化领域中所扮演角色的报道评论就知道了。用不了多久，你可能就会听到"玩家门"（gamergate）和"社会正义战士"（social justice warriors）这两个词，同时还伴随着强奸和谋杀的骚扰威胁。

玩家门，通常表述为"#玩家门"，最初是对女性游戏开发者佐伊·奎因（Zoë Quinn）、她基于文本的讲述自身抑郁经历的游戏《抑郁探索》（*Depression Quest*）以及她的个人性生活发起的攻击。奎因的前男友发表了一系列长博客，指责奎因与另外五个男人有染，其中一些男人从事游戏行业或游戏新闻工作。奎因被指责利用女性的身份来推广她的电子游戏，并使电子游戏世界女性化。

据博客网站Gawker称，不久之后，"#玩家门"背后的人扩大了他们的批评范围，声称他们真正关心的是电子游戏行业的道德问题，而不是某个特定女性游戏开发者的行为。[112]这就引出了"社会正义战士"，即"#SJW"。根据2015年版的《牛津英语词典》（*the Oxford English Dictionary*），"社会正义战士"是一个非正式的、贬义的名词，指的是"表达或推动社会进步观点的人"。但对于"#玩家门"运动的成员来说"社会正义战士"是那些在极客文化中推动女性角色增强的人。[113]

该运动的成员对游戏开发者奎因和游戏社区的其他女性进行了严重的辱骂。奎因的家庭住址、手机号码、密码和裸照都被公布在网上。她收到了网友的威胁，说想要强奸然后杀了她。有人在Tumblr上发帖称："如果我在某个活动上看到你在做小组讨论，我真的会杀了你。"另一个人写道："在你要么自杀要么被我强奸致死之前，我不会停止传播你的恶心裸照，我要让你的生活变成人间地狱。"[114]

其他收到类似威胁甚至更糟糕威胁的人还包括女权主义游戏和文化评论家安妮塔·萨尔基西安（Anita Sarkeesian，她曾帮助宣传第七章中讨论的有关女性在电影中角色的贝克德尔测试）和游戏工作室Giant Spacekat的联合创始人布里安娜·吴（Brianna Wu）。

第十五章　媒介伦理：真实性、公正性与道德标准　545

在《星球大战：最后的绝地武士》(Star Wars: The Last Jedi)中饰演罗斯·蒂科(Rose Tico)的女演员凯莉·玛丽·陈(Kelly Marie Tran)，在遭受数月的社交媒体骚扰后，删除了她在Instagram上的所有帖子。陈是《星球大战》中首批担任主要角色的有色人种女性之一，因其外貌、亚裔血统和表演而受到批评[117]。[黑人女演员露皮塔·尼永奥(Lupita Nyong'o)在新三部曲中饰演主角玛兹·卡纳塔(Maz Kanata)，但这是一个动作捕捉角色，实际上看不到女演员本人]。在新三部曲中饰演蕾伊的黛茜·雷德利(Daisy Ridley)在2017年离开了Instagram，因为她发现社交媒体"对她的心理健康不利"。[118]

《华盛顿邮报》的数字文化评论家凯特琳·杜威(Caitlin Dewey)写道：

> 不管"玩家门"一开始是什么样子的，现在它已经演变成一场互联网文化战争。一方是独立游戏开发者和评论家，其中很多是女性，她们提倡在游戏中更多地包容。另一方则是一群形形色色的尖酸刻薄的反对者……他们深信自己被"左倾"和/或腐败的媒体操纵，以及那些就是不想让他们的游戏发生变化的传统主义者。[115]

布里安娜·吴是游戏工作室Giant Spacekat的软件工程师兼开发主管，该公司主要制作以女性为主角的游戏。吴是三名被游戏社区网暴和发送死亡威胁的女性之一，此前她在网上发表了关于游戏行业厌女症的帖子。此时她正站在一张她创作的电子游戏角色的海报旁边。

在游戏/漫画/极客文化世界里，并非只有女性受到严重的网络骚扰。现在就职于福克斯体育(Fox Sports)的艾琳·安德鲁斯(Erin Andrews)，在2008年曾为ESPN工作。当时她正被电视台派往纳什维尔(Nashville)出差，被人偷拍了她脱衣服的视频。一年后，这段视频被上传到网上并被广泛分享。

在安德鲁斯对拍摄视频的酒店提起的诉讼中，安德鲁斯作证说："这种事每天都在我的生活中发生，要么我收到一条推文，要么有人在报纸上发表评论，要么有人把视频截图发送至我的推特，要么在看台上有人朝我大喊，然后我马上就又回到了那种状态。"[116]安德鲁斯因为这段视频受到了广泛的骚扰，甚至有人指责她自己制作这段视频是为了作秀。

表象与电影

本书的一个主要议题，一直是多元化在我们生活的这个媒介世界中的重要性，而这也是本版最新修订的核心重点。

我们在第二章中讨论过的培养分析（cultivation analysis）理论的开创者、媒体学者乔治·格伯纳（Jeorge Gerbner）在1994年写道：

> 中产阶级的白人男性在数量和权力上占据主导。女性角色占三分之一。年轻人占实际人口比例的三分之一，老年人占五分之一。其他大多数少数族裔的代表性甚至更低。这样的角色阵容为冲突、暴力以及中年白人男性权力投射的故事搭建了舞台。[119]

2017年，派蒂·杰金斯（右）执导盖尔·加朵（左）主演《神奇女侠》。

自那以后发生了多大的变化？可能很多，也可能没有你想的那么多。

漫威的《黑豹》（*Black Panther*）取得了巨大的成功，目前在美国国内票房榜上排名第三，在北美收获了近7亿美元票房。从某种程度上说，这应该不足为奇。年度和历史票房排行榜前列都有漫威电影。有两部《复仇者联盟》（*Avengers*）电影跻身历史前十名，还有许多漫威宇宙电影跻身前五十名。但排名榜首的是一位知名度较低的漫威英雄在其首部电影中的表现，且片中没有其他复仇者成员。

为什么？

一种解释是，这部电影讲述了一种与我们习以为常的不同类型的故事。在这个故事中，英雄、恶棍、明星、导演和编剧都是黑人。这个故事起源于一个神秘的非洲国家。字幕中的角色说的是科萨语（Xhosa），这是南非的一种官方语言。《每日秀》（*Daily Show*）主持人特雷弗·诺亚（Trevor Noah）曾在《黑豹》（*Black Panther*）中为一台计算机配音，他在一段独白中说，听到他在故乡约翰内斯堡成长过程中说的语言是一种不可思议的体验。"有字幕，但我觉得，我不需要字幕！我不需要你的字幕！现在这只属于我！其他人别听！这让我想起了我的妈妈。"[120]

迪士尼院线发行总裁戴夫·霍利斯（Dave Hollis）表示："很明显，代表性很重要，每次我们满足这一需求，观影者都会做出回应。我们努力制作能引起全球观众共鸣的电影，这意味着要制作能让人们在银幕上看到自己身影的电影。"[121]

尽管取得了这些进展，但代表性工作仍有很长的路要走。2017年发布的报告《编剧室中的种族问题：好莱坞如何粉饰塑造美国的故事》（*Race in The Writers' Room: How Hollywood whitewash The Stories That Shape America*）指出，只有4.8%的电视编剧是黑人，2016—2017年三分之二的电视剧中没有黑人编剧。那些确实有大量黑人编剧团队的剧集通常由黑人剧集制片人执导。在试图将多样化主题融入故事时，让有色人种担任管理角色很重要。一位黑人编剧表示："我认为在普通编剧室里，让非白人讨论种族问题不太合适，因为你寡不敌众，人们会变得过于保守。"[122]

好莱坞一直需要有人提醒他们，代表性对生意有好处。2012年，由詹妮弗·劳伦斯主演（Jennifer Lawrence）、根据苏珊娜·柯林斯（Suzanne Collins）的小说改编的《饥饿游戏》（*The Hunger Games*）讲述了一个关于儿童兵的不同但非常受欢迎的故事。为好莱坞博客"Wrap"撰稿的杰里米·弗斯特（Jeremy Fuster）认为，《饥饿游戏》的成功帮助了一系列以女性为主角的动作片，如《疯狂的麦克斯：狂暴之路》（*Mad Max: Fury Road*）、《新星球大战》（*New Star Wars*）系列电影以及DC扩展宇宙中的《神奇女侠》（*Wonder Woman*）。[123]

尽管有像由以色列出生的女演员盖尔·加朵（Gal Gadot）主演、派蒂·杰金斯（Patty Jenkins）执导的《神奇女侠》这样的成功影片，但好莱坞仍执着于为男性而拍、由男性讲述的电影。据娱乐行业杂志《视相》（*Variety*）的一份报告，在好莱坞，只有不到15%的制片人与女性签约。《饥饿游戏》系列的制片人尼娜·雅各布森（Nina Jacobson）与福克斯有合作协议，她表示："女性在市场上的价值似乎是人们不断学习的一课。它每次发生时都需要重新被确认，比如：《神奇女侠》。"[124]

章节回顾

章节小结

媒介伦理是一个复杂的话题，因为它涉及的是一个必须做普通人在普通情况下不会做的事情的机构。媒介伦理借鉴了一系列哲学原则,包括基本的犹太教–基督教价值观、亚里士多德关于美德和平衡行为(中庸之道)的思想、康德的绝对命令、穆勒的功利原则、罗尔斯的"无知之幕"和哈钦斯委员会的社会责任伦理。当代记者解决伦理问题的一种方法是使用博克模型进行道德决策。

新闻记者、专业通讯员和新闻消费者经常面临一系列伦理问题。这些问题包括以下方面:

- 记者需要致力于讲述真相。这包括不提供虚假或编造的报道,讲述真实的故事,且无意欺骗观众。这可能要求记者不仅提供事实,还要提供相关背景。真实不仅需要记者承诺,也需要其所在的组织承诺。
- 消费者和记者都需要识别虚假新闻,并且不在社交媒体上分享从而不使其继续传播。
- 照片的真实性和适当性——照片可能是最具争议的媒体材料之一,既因为其令人不安的内容,也因为它们可以用数字编辑工具进行修改。
- 利益冲突——拥有新闻机构的公司的利益有时可能与所报道新闻的性质相悖。记者不仅需要准确地描绘其母公司,而且不能对与该组织母公司有关的公司给予特殊照顾。
- 当记者和其他通讯员犯错误、片面报道或行为不当的时候,视情况进行纠正并道歉。处理这些问题可能需要设立监察员或制定道德准则。

在第二次世界大战期间,广告业开始注重对自身形象的保护。广告中的主要伦理问题包括以下几点:

- 真实性——证明诸如"味道好极了"或"这是最好的"之类的说法是真实的,这有多么重要?
- 体验——对于广告而言,通过让受众感到震撼来获取关注度,是否合适?
- 媒体控制——广告商是否有权控制其广告周围的编辑材料?

在公共关系行业,从业者需要努力平衡客户利益与公众利益。当客户试图影响公众支持某个问题(如发动战争)时,这可能会成为问题。

在新闻和娱乐媒体中,公平展现女性、少数群体和非沿海地区社区的问题一直存在。这包括国家媒体不关注发生在有色人种社区的故事;通过网络媒体对女性的攻击;流行文化中对少数群体叙事的代表性不足。

关键术语

道德(morals)

伦理或伦理学(ethics)

中庸之道(golden mean)

绝对命令(categorical imperative)

功利原则(principle of utility)

无知之幕(veil of ignorance)

监察员(ombudsman)

"玩家门"(#gamergate)

社会正义战士(social justice warriors)

问题反馈

1. 报纸和其他新闻机构是如何决定什么时候刊登来自政客（如总统或副总统）的粗俗或侮辱性语言的？
2. 两个相互竞争的伦理原则如何导致我们做出不同的伦理决策？
3. 当警察要求记者离开抗议和暴力现场时，记者有义务留下来报道吗？为什么或为什么不？哪些因素可能影响你对这个问题的回答？
4. 广告商能够决定他们投放广告的媒体内容吗？他们能够否决在某些类型内容旁边投放广告吗？为什么或为什么不？
5. "玩家门"话题标签（#gamergate）是关于什么的？它是如何被使用的？
6. 为什么女性和有色人种的代表性在娱乐媒体中很重要？

关键术语

头版头条（above the fold）：一个用于指显著新闻报道的术语；它源于在大张报纸的头版正中间折页上方设置新闻报道的做法。

实际恶意（actual malice）：对已发布报道的真实性或虚假性不计后果的漠视；在美国最高法院对"《纽约时报》诉沙利文案件"做出裁决后，这成为公众人物或公职人员诽谤案原告的标准。

广告（advertising）：美国市场营销协会将其定义为"由明确的赞助商针对组织、产品、服务或想法所进行的任何有偿的非个人传播形式"。

软广告（advertorial）：在杂志中设计得看起来像编辑内容而非付费广告的广告材料。

宣传广告（advocacy ads）：旨在推广特定观点而非产品或服务的广告。可以由政府、企业、行业协会或非营利组织赞助。

议程设置理论（agenda-setting theory）：一种媒介效果理论，该理论指出媒体不是告诉公众该思考什么，而是让公众思考什么——因此公共话语的条款由媒体所报道的内容来设定。

聚合网站（aggregator sites）：一些用于网址导航的网站，它们通过不同的在线资源收集信息，并将其放置在固定的位置。

半岛电视台（Al Jazeera）：最大且收视率最高的阿拉伯语卫星新闻频道。位于卡塔尔，拥有4000万的固定观众。

《外国人与煽动叛乱法》（Alien and Sedition Acts）：1798年通过的法律，将批评美国政府定为犯罪行为。

字母表（alphabets）：一种书写形式，其中字母代表单个的发音。基于声音的字母书写形式仅需几十个独特的符号就能写出任何单词。

模拟录音（analog recording）：一种机电录音方法，其中声音被转换为类似的电信号，然后应用于录音介质。模拟录音介质包括醋酸酯或乙烯基圆盘和磁带。

附属或次级市场（ancillary, or secondary, markets）：国内票房以外的电影收入来源。包括海外票房、视频版权、电视版权以及周边和产品植入。

阿帕网（ARPAnet）：高级研究计划署网络；首个覆盖全美的计算机网络，成为互联网的第一个主要组成部分。

雅达利（Atari）：一家早期的电子游戏公司，以中国古代战略棋盘游戏象棋中的"将军"命名。

增强现实（augmented reality）：电脑或智能手机将在线图像实时添加到现实生活的照片或视频中的技术。

大逃杀游戏（battle royale games）：一种电子游戏，一百名玩家进入数字竞技场，最后一个存活的玩家获胜。

《海湾诗篇》（Bay Psalm Book）：马萨诸塞湾殖民地的清教徒在北美出版的第一本书。这本书共出版了50多个版本，迄今为止已出版125年。

四大电视网（Big Four networks）：我们今天所知的广播电视版图——三大电视网加上福克斯电视网。

三大电视网（Big Three networks）：最早的广播电视网——全国广播公司（NBC）、哥伦比亚广播公司（CBS）、美国广播公司（ABC）。

整批预订（block Bookings）：要求剧院老板预

订一系列电影才能获得几部受欢迎的主打影片。这一制度最终被认定违反了《反垄断法》。

大片时代（blockbuster Era）：从20世纪70年代末至今的一个时期，电影制片厂制作相对昂贵的影片，这些影片拥有庞大的、预先确定的观众群体。这些电影通常充满特效，与有线电视交易和营销搭售，如果能够吸引大量回头客，可能会带来巨额利润。

品牌形象（brand image）：附着于品牌及相关产品的形象，赋予产品一种个性或身份，使其在类似产品中脱颖而出，并留在消费者的脑海中。

品牌名称（brand name）：附着在预包装消费品上的一个词或短语，以便通过广告更好地向公众推广，并使消费者能够将特定产品与竞争对手区分开来。

实体店（brick-and-mortar stores）：有实际店面可供购物的商店。

英伦入侵（British invasion）：20世纪60年代，英国人对经典的美国摇滚、蓝调和R&B的演绎改变了摇滚乐，披头士乐队（the Beatles）以及后来的滚石乐队（the Rolling Stones）和谁人乐队（the Who）等在国际上广受欢迎。

宽带服务（broadband service）：通过有线电视提供商的有线电视调制解调器或电话公司的数字用户线路实现高速连续的互联网连接。

企业对企业（贸易）广告［business-to-business（trade）ads］：直接向其他企业而非普通消费者市场推广产品和服务的广告。

绝对命令（categorical imperative）：康德关于道德义务的观念，即我们的行为方式应该是我们愿意让其他人都采取的方式；也称为普遍性原则。

连锁企业（chains）：控制大量报纸和其他媒体机构的公司。

渠道（channel）：用于传输编码信息的媒介。

市民新闻（citizen journalism）：由非专业记者创作的新闻，通常通过互联网传播。

混乱（clutter）：大量的商业广告、宣传以及其他非节目性的信息和干扰，在广播、电视以及现在的互联网上争夺消费者的注意力。

传播（communication）：我们如何通过信息在多个层面进行社交互动。

社区天线电视（community antenna television, CATV）：有线电视的一种早期形式，用于在电视信号较差的社区转播广播频道。

社区报刊（community press）：为个别社区或郊区而不是整个大都市区提供服务的周报和日报。

光盘（compact disc, CD）：一种在20世纪80年代初期开始普遍使用的数字录制介质。CD可以保存大约70分钟的数字音乐。

计算机生成图像（computer-generated imagery, CGI）：借助数字化计算机创建的电影特效。有时也称为计算机动画。

概念专辑（concept album）：由独唱艺术家或团体创作的专辑，其中的所有歌曲围绕一个共同主题或者一个故事，而非不相关的热门歌曲或翻唱的集合。

储存在用户本地终端上的数据（cookie）：网站创建的小文件，用于识别访问者并可能跟踪他们在网站和网络上的行为。

相关性（correlation）：通过对事件的选择、评价和解释来赋予新闻结构的过程。媒体通过社论、评论、广告和宣传进行有说服力的传播，并通过提供表明每个新闻项目重要性的线索来协助相关过程。

乡村音乐（country music）：最初被称为乡巴佬或"老式"音乐，这一类型从爱尔兰和苏格兰民间音乐、密西西比蓝调和基督教福音音乐演变而来，并在20世纪五六十年代通过所谓的纳什维尔之声发展起来。

翻唱（cover）：由原始艺术家以外的人录制（或翻唱）的歌曲。在20世纪50年代，白人音乐家通常会翻唱最初由黑人艺术家演奏的歌曲，但现在艺术家们通常会翻唱所有类型的音乐。

每千人成本（CPM）：目标受众每千次曝光的成本——媒体策划评估中会使用的一个数字。

危机（crisis）：任何被公众视为损害组织声誉或形象的事件。并非所有问题都会发展为危机，但一旦发展为危机，就会损害组织的声誉。

培养分析（cultivation analysis）：一种分析电视观看效果的方法，该方法认为观看大量电视节目会改变个人对周围世界性质的看法。

"剪断线缆"（cut the cord）：用基于互联网的流媒体视频服务取代诸如有线电视或卫星电视等传统的付费视频服务。

解码（decoding）：将来自大众媒体的信息翻译为接收者易于理解的形式，并解释信息本身含义的过程。

人口统计学（demographics）：对受众的性别、种族、民族背景、收入、学历、年龄、受教育程度等进行研究；这是一种常用于分析产品和节目的潜在市场的方法。

数字原生代（digital native）：没有传统媒体遗

留的在线媒体；纯在线媒体。

数字录音（digital recording）：一种录制声音的方法（如用于制作CD），包括以二进制信息的计算机可读格式存储音乐。

廉价小说（dime novels）：价格低廉的平装书，售价低至五美分（尽管叫这个名字）。它们在内战时期特别受欢迎。

直接行为信息（direct-action message）：一种旨在让消费者去某个特定地点做特定事情的广告信息，比如购买产品、获取服务或参与某种行为。

直播卫星（direct-broadcast satellite, DBS）：一种近地轨道卫星，通过小型、披萨大小的卫星天线提供电视节目；DBS是有线电视的竞争对手。

迪斯科（disco）：20世纪70年代大量制作的电子俱乐部舞曲的名称，它起源于城市男同性恋亚文化，具有显著的黑人和拉丁裔特征。迪斯科从诸多方面定义了20世纪70年代的流行文化、时尚以及电影的表现与风格。

家庭小说（domestic novels）：19世纪由女性创作并为女性而写的小说，讲述了女性克服巨大困难最终在繁荣的中产阶级家庭中立足的故事。

驾车时间（drive time）：市区早上和下午的通勤时间；自由受限的观众使得这段时间成为广播广告的热门时段。

电子书阅读器（e-book readers）：用于查阅（有时是销售）电子书和其他文本的便携式设备。这其中最受欢迎的是亚马逊Kindle系列。

富足经济（economy of abundance）：在这种经济中，有多少人想要或有能力购买多少商品，就有多少商品可供选择。

电子邮件（electronic mail, email）：通过网络从一个计算机用户发送给另一个用户的消息。

尴尬（embarrassment）：隐私侵犯，指记者发表关于一个人的真实但令人尴尬且不具新闻价值的内容。

表情符号（emojis）：从日语借来的词，指在短信和社交媒体消息中表达想法和情感的小图标。

编码（encoding）：将发送者的想法转化为消息并为消息传输做准备的过程。

工程共识（engineering consent）：将心理学和动机原理应用于影响公众舆论和为特定立场创造公众支持。

娱乐（entertainment）：旨在娱乐观众的一种媒体传播。

平等时间条款（equal time provision）：联邦通信委员会的一项政策，要求广播电台为所有竞选公职的候选人提供等量的广播时间。

电子竞技（eSports）：有组织的供观众观看的电子游戏团队竞赛。

伦理（ethics）：一种决定对个人或社会有益的事情的理性方式。伦理提供了一种在相互竞争的道德原则之间进行选择的方法，并帮助人们在没有明确对错答案的情况下做出决定。

公平原则（fairness doctrine）：联邦通信委员会以前的一项政策，要求电视台"为就公共重要问题的冲突观点提供合理的讨论机会"。

假新闻（fake news）：一个用于描述讽刺新闻、错误和捏造、党派性标题党、外国政治操纵以及一般用途媒体批评的术语。

歪曲报道（false light）：记者发表不真实的言论，以其无法控制的方式改变个人的公众形象，从而侵犯隐私。

故事片（feature-length film）：时长超过一小时的院线电影。

美国联邦通信委员会（Federal Communications Commission, FCC）：负责监管电信（包括无线电和电视广播）的联邦机构。

字体（font）：具有特定大小和样式的字形的所有字符。今天，字体这个术语通常与"typeface（字型）"一词互换使用。

类型化电台（format radio）：一种旨在吸引特定受众的广播节目风格。包括乡村音乐、当代热门歌曲、全脱口秀、全体育和怀旧金曲。

45转光盘（45-rpm disc）：这种唱片格式是20世纪40年代后期由RCA发明的。它音质优良，但每面只能容纳约四分钟的音乐。不过，它是向青少年推销热门流行歌曲的理想格式。

#游戏门（#gamergate）：一系列针对电子游戏行业中女性从业者的攻击，被认为是对电子游戏新闻伦理的批判。

地理学（geographics）：对人们居住地点的研究；一种通常用于分析产品和节目的潜在市场的方法。

女子组合（girl groups）：由几位女歌手组成的音乐组合，她们一起和声。像谢丽斯（the Shirelles）、罗内特（the Ronettes）和香格里拉（the Shangri-Las）这样的组合，以女性和声和高制作价值为特色，在20世纪50年代末和60年代初特别受欢迎。

广播的黄金时代（golden age of radio）：从20世纪20年代末到40年代的一段时期，在此期间广播是家庭娱乐的主导媒介。

中庸之道（golden mean）：亚里士多德的观念，即道德行为的源头是达到平衡，即"过度与缺陷之间恰到好处的平衡点"。

留声机（gramophone）：埃米尔·贝利纳（Emile Berliner）发明的一种机器，可以在平面光盘而不是圆筒上播放预先录制的声音。

群体传播（group communication）：一个人与两个或更多人进行交流的传播。传播者和接收者的角色可以不断变化。

黑客伦理（hacker ethic）：一套来自交互式计算早期的价值观，认为用户应该对自己的计算机系统有绝对控制权，并能自由访问这些计算机上包含的所有信息。黑客伦理在很大程度上形塑了互联网的发展。

半色调（halftone）：通过将照片分解成一系列点的方法产生的图像，这些点以灰色的阴影出现在印刷页面上。

高清广播（HD radio）：有时也称为高清晰度广播（high-definition radio），这项技术为听众提供CD品质的声音和多个节目频道的选择，但并未获得高度普及。

高清电视（high-definition television, HDTV）：一种高质量数字广播的标准，具有高分辨率图像、宽屏格式和增强的声音。

高保真（high fidelity, hi-fi）：一种技术组合，使录音能够比以前的录音技术更精确地再现音乐，具有更高的高音和更深的低音。

嘻哈（hip-hop）：起源于20世纪70年代和80年代的一种文化运动，具有四个主要元素：MCing，即在音乐上说唱；DJing，即从多个来源播放录制音乐；B-boying，一种舞蹈风格；以及涂鸦艺术。

超文本（hypertext）：包含链接的格式材料，使读者可以轻松地从一个部分移动到另一个部分，从一个文档移动到另一个文档。最常用的超文本文件是网页。

超文本标记语言（hypertext markup language, HTML）：网络的三个主要组成部分之一；用于创建和格式化网页的编程语言。

超文本传输协议（hypertext transfer protocol, http）：网络的三个主要组成部分之一；一种通过互联网从服务器向网络浏览器发送文本、图形或其他任何内容的方法。

表意文字（ideograph）：一种代表单词或短语的抽象符号。汉语、韩语和日语的书写形式都使用了表意文字。

包容性访问（inclusive access）：学校从教科书出版商那里获得教科书和其他课程材料的电子授权，以便所有学生都能以较低的成本使用它们。

间接行为信息（indirect-action message）：一种旨在建立产品形象和需求的广告信息，没有关于在特定时间和地点采取特定行动的明确的敦促。

工业化（industrialization）：从在小商店中使用人力或水力手工完成的工作，到在使用蒸汽动力或电力等能源的工厂中大规模生产商品的过程。

网络红人（influencers）：社交媒体名人，他们利用自己的身份，以付费赞助商的形式进行产品和品牌推广。

即时通信（instant messaging, IM）：允许两个或更多用户实时聊天、举行跨越多个城市甚至国家的虚拟会议，并跟踪当前登录系统的"好友"的电子邮件系统。

整合营销传播（integrated marketing communication, IMC）：使用广告、公共关系、促销和互动媒体来接触关键受众的总体传播策略。

互联网（internet）："一组多样化的独立网络相互连接，为其用户提供单一、统一网络的外观"；一种融合了人际传播、群体传播以及大众传播元素的与众不同的大众媒体。

物联网（Internet of Things）：通过我们周围的非电脑设备收集数据，并通过网络进行数据传输。

人际传播（interpersonal communication）：两个人之间有意或无意的交流，可以是口头的或非口头的。

内联网（intranets）：旨在与组织内人员进行通信的计算机网络。它们用于改善双向内部沟通，并包含允许直接反馈的工具。它们是与内部公众交流的工具。

人内传播（intrapersonal communication）：与自己进行的传播。也就是你如何为周围的世界赋予意义。

侵入（intrusion）：通过物理侵入他人身体周围空间或其控制的财产来侵犯隐私。

活动电影放映机（kinetoscope）：由托马斯·爱迪生开发的一种早期西洋镜式电影放映系统，仅供个人观看。

传统媒体（legacy media）：传统媒体通常为大公司所有，可能包括报纸、杂志、图书出版商和电视网络。

诽谤（libel）：无正当理由使某人受到嘲笑或蔑视的公开声明；要构成诽谤，必须满足诽谤、指认和公开这三个要素。

莱诺铸排机（Linotype）：一种让操作者在键盘上打字而不是手工挑选每个字母的排字机。直到20世纪70年代光刻排版变得普遍之前，莱诺铸排机一直都是排版的标准。

地方性广告（local advertising）：旨在吸引人们光顾本地商店、企业或服务提供商的广告。地方有线电视系统（local cable television systems）：直接向消费者家中提供有线电视服务的公司。

慢转唱片（long-playing record, LP）：哥伦比亚唱片公司于1948年推出的一种唱片格式。更耐用的LP可以在两面各再现长达23分钟的高品质音乐，这是对78转唱片的技术改进。

长尾（long tail）：分布曲线中的一部分，这一部分中的人数量有限但有兴趣购买大量不同产品。

大众传播（mass communication）：个人或机构运用技术将信息传送给大规模的混合受众，并且他们当中大多人是不认识信息发送方的。

大众媒体（mass media）：用于传送大众传播信息的技术工具或渠道。

冷酷世界症候群（mean world syndrome）：许多经常观看暴力电视节目的人所产生的认知，认为世界比现实和统计数据所表明的更加危险和暴力。

媒介素养（media literacy）：人们对于什么是媒体、媒体行业的运作、媒体传递的信息、媒体在社会中所起的作用以及受众如何对这些媒体及其信息作出反应的理解。

媒体策划（media planning）：成功广告活动的核心过程，包括确定使用哪种媒体、以最优的价格购买媒体，以及随后对于购买效果的评估。

媒体关系（media relations）：公关专业人士和媒体成员之间的双向互动，包括新闻发布会、新闻稿、视频新闻发布或采访等。通常，媒体关系涉及在媒体的标准节目或新闻内容中放置未付费的信息。

消息（message）：发送者向接收者传输的内容。

盗用（misappropriation）：未经他人许可将其姓名或形象用于商业目的而侵犯隐私的行为。

移动广告ID（mobile advertising ID）：移动设备上的唯一ID，以便广告商识别哪个设备正在访问其信息。

现代化（modernization）：在这一社会进程中，人们从一出生起就有一个身份和角色，以决定他们想成为谁、他们想在哪里生活、他们想做些什么以及他们想向世界如何展现自己。

道德（morals）：基于宗教或哲学原则的个人行为准则。道德以理性或非理性的方式定义对与错。

马赛克（Mosaic）：第一个易于使用的图形网络浏览器，由伊利诺伊大学厄巴纳-香槟分校的一群学生程序员开发。

MP3：动态图像专家组音频第三层的缩写；一种将CD或其他数字录音中的音乐压缩为可在互联网上轻松交换的计算机文件的标准。

多厅影院（multiplex）：有3到20个影厅，共用一个售票处和特许摊位的一组电影院。最初主要流行于郊区，多厅影院取代了城市中原有的装饰派艺术风格影院。

全国性广告（national advertising）：旨在为全国可用的产品或服务建立需求，且不引导消费者前往当地零售或服务网点的广告。

网络中立性（net neutrality）：要求互联网服务供应商向所有在线内容供应商提供平等访问权限的规则。

网络（network）：为大量广播电台提供通用节目的公司。

噪声（noise）：对信息传输的干扰，包括语义噪声、机械噪声和环境噪声。

非标记音乐（non-notated music）：不以书面形式存在的音乐，例如民谣或爵士独奏。

淫秽（obscenity）：法律上禁止出版的露骨色情内容。

监察员（ombudsman）：代表出版物读者的观点，站在购买或消费新闻的人的立场；也称为读者代表或受众倡导者。

开放式合同（open contract）：一种允许广告公司在任何出版物（最终也包括在广播电台）而非仅在少数几个出版物上提供广告版面的协定。

意见领袖（opinion leaders）：有影响力的社区成员，他们投入大量时间学习自己专长的领域，例如政治。消息不太灵通的朋友和家庭成员经常就该主题向他们寻求建议。

意见领导（opinion leadership）：一种两步式的说服过程，利用受尊重和有影响力的个人传递信息，希望能影响社区成员，而不仅仅依靠大众媒体来传递信息。

分组交换（packet switching）：一种将长信息分解成几个更小的部分或包，并通过计算机网络独立传输的方法。每个信息包都沿着它们各自的路线到达接收计算机，在那里它们又被重新组合成原始信息。

纸（paper）：由棉绒或木浆制成的书写材料；于公元前240年至公元前105年间由中国人发明。

纸莎草纸（papyrus）：一种由纸莎草制成的早期纸张，大约在公元前3100年由埃及人发明。

羊皮纸（parchment）：一种由山羊皮或绵羊皮制成的早期纸张，比纸莎草纸更耐用。

便士报（penny press）：一种在19世纪流行起来的价格低廉、广泛发行的报纸，是美国最早的主要靠广告收入和大量读者支撑的媒体。

五角大楼文件（Pentagon Papers）：一份由美国国防部部长委托编写的47卷绝密报告，解释美国是如何卷入越南战争并作战的。

人员测量仪（people meter）：尼尔森媒体研究公司使用的一种电子设备，用于记录人们所观看的电视节目。

留声机（phonograph）：托马斯·爱迪生发明的早期录音机，录制的声音在圆筒上进行播放。

表音文字（phonography）：一种书写系统，其中符号代表语音而非物体或概念。最广泛使用的表音字母包括英语中使用的拉丁/罗马字母和用于书写俄语的西里尔字母。

新闻摄影（photojournalism）：利用照片在印刷品中描绘新闻的一种方式。

象形文字（pictograph）：一种史前的书写形式，由在岩石或洞穴墙壁上的绘画组成。

大码模特（plus-sized model）：穿着均码或更大码服装的女时装模特。

播客（podcast）：一种以MP3压缩音乐文件格式制作的音频节目，用户可以在线收听，也可以下载到电脑或MP3播放器上。播客有时也包含视频内容。

宝可梦（Pokémon）：一系列以玩家收集"宝可梦"相互竞争的游戏和其他媒体产品。自1996年在日本推出以来，在全球范围内广受欢迎。

《乒乓》（Pong）：一款乒乓模拟游戏，是第一个在商业上取得成功的电子街机游戏。

新闻代理（press agentry）：一种早期的公共关系形式，包括从新闻代理向媒体发送材料，几乎没有任何互动和反馈的机会。新闻代理通常涉及目前被认为具有欺骗性和不道德的行为。

效用原则（principle of utility）：约翰·斯图尔特·穆勒的原则，即道德行为源于为最多数人创造最大利益的行为。

按需印刷（print on demand）：一种出版形式，实体书只有在被订购或图书经销商小批量印刷额外副本时才会进行印制。

事先限制（prior restraint）：阻止媒体机构发布报道或图片的司法命令。

特权（privilege）：针对诽谤的法律辩护，认为在政府会议、法庭或政府文件中所作的声明不能作为诽谤诉讼的依据。

制作人（producers）：将合适的歌曲、词曲作者、技术人员和表演者组合在一起创作出一张专辑的人；一些观察人士认为制作人是热门专辑的重要催化剂。

产品整合（product integration）：将产品或付费服务整合到媒体内容的核心议题之中。这在电视节目或电影中最为常见，但在书籍、杂志文章、网页甚至歌曲中也可以找到。

《制片法典》（Production Code）：从20世纪30年代至1968年现行电影分级制度启用前，行业强制实施的控制电影内容的规则。

校样（proofs）：准备印刷的排版页面，寄给书籍作者进行最后的校正。

心理统计学（psychographics）：人口统计学、生活方式特征和产品使用情况的组合；一种通常用于分析产品和节目潜在市场的方法。

公众（public）：任何具有共同兴趣和目标的人群组，包括由组织内部人员组成的内部公众和由组织外部人员组成的外部公众。

美国公共电视网（Public Broadcasting Service，PBS）：一家非营利性广播网络，提供广泛的公共服务和教育节目。其资金来源包括政府拨款、私营企业赞助和观众支持。

公共关系（public relations，PR）："在组织与其成败所依赖的公众之间建立和维持互利关系的管理职能。"

公益广告（public service ads）：旨在宣传非营利机构和政府机构信息的广告。这些广告通常由广告专业人士和媒体免费制作和发布，其中许多是由广告委员会制作的。

宣传模式（publicity model）：一种大众传播过程的模型，即媒体不关注内容是什么，而是关注如何使一个人、一个概念或一件事情变得重要。

出版商（publishers）：从作者手中购买初稿并将其制成书籍向公众销售的公司。

种族唱片（race records）：唱片行业在1949年之前使用的一个术语，指流行黑人艺术家的唱片。这一术语后来被更多种族中立的术语所取代，例如R&B、灵魂乐和都市音乐。

《无线电音乐盒备忘录》（Radio Music Box memo）：大卫·萨诺夫在1915年写下的想法，概述了电台作为大众媒体的潜力。

说唱音乐（rap music）：这一流派起源于20世纪70—80年代纽约市的嘻哈文化。它诞生于一些俱乐部，这些俱乐部里的DJ播放音乐、将不同的唱片与声音重新混合在一起，并站在台上说话（或说唱）。

收视率（rating point）：所有实际观看特定节目的潜在电视观众的百分比。一个收视率表示大约有114万观众。

接收者（receiver）：大众传播信息的受众。

接收模式（reception model）：一种大众传播过程的批判理论模型，关注受众在对信息进行解码时如何从媒体内容中获取和创造意义。

仪式模式（ritual model）：一种大众传播过程的模型，将媒体使用视为受众参与的互动仪式。它关注受众群体（接收者）消费媒介信息的方式和原因。

摇滚乐（rock'n'roll）：一种在广播中流行起来的音乐风格，它结合了白人乡村音乐、黑人节奏和蓝调的元素。

轮转印刷机（rotary press）：1814年发明的蒸汽动力印刷机，其印刷速度比旧式手动平板印刷机快许多倍。

卫星广播（satellite radio）：由通信卫星广播的数字信号提供的无线电服务。在订阅用户的支持下，这项服务的覆盖范围比地面广播更广，并能够提供不同于企业所拥有的地面电台节目。然而，它成本高昂，且不提供当地的报道，比如交通报道和天气预报等。

抄写室（scriptoria）：修道院中专供僧侣准备早期手抄书籍的抄写房间。

传送者（sender）：通过大众传播媒介传播信息的来源。

传送者—信息—渠道—接收者模式或传输模式（Sender Message Channel Receiver, SMCR）：一个过时但在识别大众传播过程中的参与者方面仍有用的模型。

连载小说（serial novels）：以单章节分期出版和销售的小说。

份额（share）：正在使用的电视机中调至特定节目的电视机比例。

新闻盾牌法（shield laws）：给予记者特殊保护以免于在法庭上就其报道和消息来源作证的法律。

电波怪杰（shock jock）：像霍华德·斯特恩这样的广播名人，通过在空中发表令人震惊和冒犯性的言论吸引听众。

短头部分（short head）：分布曲线中大量人群对有限数量的产品有购买兴趣的部分。

小型媒体（small media）：替代媒体，如传真机、复印机、摄像机和个人网站，用于传播若通过传统大众媒体渠道发布可能会被政府压制的新闻和信息。

肥皂剧（soap operas）：主要针对女性的日间连续剧。

社会正义战士（social justice warriors, #SJW）：在"游戏门"社区和其他地方使用的一个负面术语，用来描述那些倡导社会进步事业，尤其是女性平等的人。

社会学习理论（social learning theory）：个人通过观察他人的行为以及这些行为的后果来学习的过程。

社交媒体（social media）：允许用户生成内容、评论、标记并与朋友或其他志同道合的人建立交际的网站。

社交音乐（social music）：人们在家里或其他社交场合为他人演奏和演唱的音乐。在收音机、录音机以及后来的电视还没有出现之前，这是最容易为大多数人提供音乐的方式。

社会化（socialization）：教育年轻人和新成员了解某个群体或社会的价值观、社会规范和知识的过程。

标准数字电视（standard digital television）：一种数字广播标准，允许在一个模拟信号所占据的广播频率空间内同时容纳六个频道。

地位授予（status conferral）：媒体报道使个人在公众眼中获得显著地位的过程。

流媒体音频（streaming audio）：通过互联网传输的音频节目。

制片厂体系（studio system）：一种类似工厂的电影制作方式，包括演员和导演在内的所有人都直接为电影制片厂工作。制片厂同时几乎完全控制了发行系统。

潜意识广告（subliminal advertising）：据说深埋于广告中的信息，以至于无法被有意识地感知。没有证据表明潜意识广告是有效的。

监视/监控（surveillance）：媒体帮助我们延伸我们的感官的方式，让我们对身边世界有更多的了解。

扫描期（sweeps）：尼尔森媒体研究公司每年都会对各电视台的观众规模进行四次测量调查。

符号互动论（symbolic interactionism）：个体通过基于社会公认的符号进行互动而产生意义的过程。

同步配乐（synchronized soundtrack）：与电影中的动态画面同步的音效、音乐和声音。

协同作用（synergy）：两个项目结合后的力量大于它们各自力量之和。在媒体业务中，协同作用意味着大公司可以利用其各个部门的优势成功推广其内容。

有声电影（talkie）：有同步声音的电影；这类电影很快取代了无声电影。

目标定位（targeting）：试图让特定产品或服务来吸引狭义上的群体的过程。通常使用人口统计学、地理统计学和心理统计学特征来定位群体。

TCP/IP协议（TCP/IP）：TCP代表传输控制协议，它控制着互联网上数据的发送方式；IP代表互联网协议，它为互联网上的每台计算机提供地址。这些协议提供了通用规则和地址转换，使不兼容的计算机也可以相互通信。

电报（telegraph）：第一个使用电线远距离发送信息的系统，1844年由塞缪尔·莫尔斯发明。

拉美电视剧（telenovelas）：在拉丁美洲和美国都很受欢迎的西班牙语肥皂剧。

电视网（television networks）：为全国各地的地方电视台提供节目的公司；由地方附属电视台选择要播出的节目。

地面广播电台（terrestrial radio）：调幅广播（AM）和调频广播（FM）。

核心创意（the big idea）：每个广告活动的目标——一个能吸引人们的注意力，让他们注意、记住并采取行动的广告观念。

商业书籍（trade books）：以精装本或大开本平装本形式出售的一般大众小说和非小说类书籍。

图灵测试（Turing Test）：由数学家艾伦·图灵开发的一种测试，用于测验一个人是否可以区分他自己是在与一个人还是一台机器进行沟通交流。这是对人工智能的一种测试。

铸字模具（type mold）：一种模具，往其中倒入熔化的铅，从而重复生成相同的单个字母，无须单独手工铸刻每个字母。

统一资源定位符（uniform resource locator, URL）：网络三大组件之一；网页上内容的地址。

大学出版社和小型出版社（university and small presses）：小规模的出版社，发行数量有限的涵盖专业主题的书籍。它们通常会得到大学或组织机构的资助。

使用与满足理论（uses and gratifications theory）：一种研究大众传播的方法，它根据受众的期望和需求来研究受众进行媒体使用的原因。

视频点播（video on demand, VOD）：允许消费者随时通过光纤线路订购电影、新闻或其他节目的电视频道。

录像机（videocassette recorder, VCR）：一种家庭录像机，观众可以永久性地复制电视节目，从而选择他们想要观看节目的时间。

水门事件（Watergate scandal）：由白宫幕僚授权，发生在水门办公室和公寓区的民主党全国委员会总部的盗窃案。随后被揭露的掩盖行为导致尼克松于1974年辞去总统职务。《华盛顿邮报》的两名记者鲍勃·伍德沃德和卡尔·伯恩斯坦报道了水门事件丑闻。

网络日志/博客（weblog, blog）：万维网上超文本链接和评论的集合，可以相对轻松地创建并发布在网上。博客可以是公开的日记、照片集或新闻评论。

洗白（whitewashing）：让白人演员扮演非白人角色，或将原本是有色人种的角色改写为白人。

无线电报（wireless telegraph）：由古列尔莫·马可尼命名，一种使用无线电波传输信息的点对点通信工具。

万维网（World Wide Web）：由蒂姆·伯纳斯-李开发的系统，允许用户使用标准软件查看和链接存储于世界任何地方的文档。

黄色新闻（yellow journalism）：一种令人震惊、耸人听闻的报道风格，源于约瑟夫·普利策和威廉·伦道夫·赫斯特之间的报纸发行之争。

区域覆盖（zoned coverage）：报纸将新闻报道或广告定位到具体的城市或市场的特定区域。

参考文献

第一章

1. "A Guide to Coronavirus-Related Words," *Merriam-Webster*, March 18, 2020, http://www.merriam-webster.com/words-at-play/coronavirus-words-guide/covid-19.
2. Marc Stein, "For Danilo Gallinari, the N.B.A. Shutdown Wasn't So Sudden," *New York Times*, March 15, 2020, http://www.nytimes.com/2020/03/15/sports/basketball/danilo-gallinari-italy.html.
3. Independent Auditor's Report, "National Collegiate Athletic Association and Subsidiaries," Deloitte, 2018.
4. Adrian Wojnarowski, "Sources: NBA, ESPN Working on Televising H-O-R-S-E Competition," *ESPN*, April 4, 2020, http://www.espn.com/nba/story/_/id/28995745/sources-nba-espn-working-televising-h-o-r-s-e-competition.
5. Richard Trenholm, "Marvel, James Bond and More: These Are the New Movie Release Dates for 2020 and 2021," *CNET*, April 2, 2020, http://www.cnet.com/news/coronavirus-movie-delays-2020-and-2021-blockbusters-postponed/; Sarah Whitten, "Disney Pixar's 'Onward' Coming to Digital and Disney+ Earlier Due to Coronavirus Outbreak," *CNBC*, March 20, 2020, http://www.cnbc.com/2020/03/20/disney-pixars-onward-coming-to-digital-and-disney-early.html; Brad Brevet, "Status Update On BoxOfficeMojo Amid COVID-19 Concerns," *Box Office Mojo*, March 17, 2020, http://www.boxofficemojo.com/article/ed2758804484/?ref_=bo_hm_hp.
6. Playbill Staff, "Broadway Goes Dark Amid Coronavirus Concerns." *Playbill*, March 12, 2020, http://www.playbill.com/article/broadway-goes-dark-amid-coronavirus-concerns.
7. Lucia Tonelli, "'Hamilton' Sing Along Alert: Stuck-at Home Fans Can Submit Videos For a Chance to Be Part of #HamAtHome," *Town & Country*, March 25, 2020, http://www.townandcountrymag.com/leisure/arts-and-culture/a31929879/hamilton-casts-fans-for-saturday-night-on-broadway video-coronavirus-initative/.
8. Aaron Blackman, personal communication with the author, December 30, 2019.
9. George Gerbner, "Mass Media and Human Communication Theory," in *Human Communication Theory: Original Essays*, ed. Frank E. X. Dance (New York: Holt, Rinehart, and Winston, 1967), 40–60.
10. Larry G. Ehrlich, *Fatal Words and Friendly Faces: Interpersonal Communication in the Twenty-First Century* (Lanham, MD: University Press of America, 2000), 82.
11. Aaron Blackman, personal communication with the author, December 30, 2019.
12. Denis McQuail, McQuail's Mass Communication Theory, 6th ed. (Thousand Oaks, CA: SAGE, 2010); Benjamin Compaine et al., eds., Who Owns the Media? (White Plains, NY: Knowledge Industry, 1982); Harold Lasswell, "The Structure and Function of Communication in Society," in *Mass Communications*, ed. Wilbur Schramm (Urbana: University of Illinois Press, 1960); Charles R. Wright, *Mass Communication: A Sociological Perspective*, 3rd ed. (New York: Random House, 1986).
13. Aaron Blackman, personal communication with the author, December 30, 2019.
14. W. James Potter, *Media Literacy*, 9th ed. (Thousand Oaks, CA: SAGE, 2019).
15. Ibid.
16. Ibid.
17. Dana Stevens, "*Wonder Woman*," *Slate*, June 1, 2017, http://www.slate.com/articles/arts/movies/2017/06/wonder_woman_starring_gal_gadot_reviewed.html.
18. Arthur Asa Berger, *Media Analysis Techniques*, 6th ed. (Thousand Oaks, CA: SAGE, 2019).
19. Elizabeth Findell, "In Dustup Over 'Wonder Woman' Screenings, Alamo Offers Men Free DVDs," *Austin American Statesman*, August 7, 2017, https://www.statesman.com/article/20170808/NEWS/308089791.
20. Casey Rackman, "This Is for Everyone Who's Obsessed With Robin Wright in 'Wonder Woman,'" *BuzzFeed*, June 5, 2017, https://www.buzzfeed.com/caseyrackham/for-everyone-who-wants-to-be-robin-wright-in-wonder-woman?utm_term=.qc3P6KGM2#.ooNaPXDZY.
21. Potter, *Media Literacy*.
22. Richard Brody, "The Hard-Won Wisdom of 'Wonder Woman,'" *New Yorker*, June 6, 2017, https://www.newyorker.com/culture/richard-brody/the-hard-won-wisdom-of-wonder-woman.
23. Potter, *Media Literacy*.
24. Wright, *Mass Communication*.
25. McQuail, *McQuail's Mass Communication Theory*.
26. Daniel Victor, "Step Aside, Ellen DeGeneres: The New Retweet Champion Is a Nugget-Hungry Teenager," *New York Times*, May 9, 2017, https://www.nytimes.com/2017/05/09/technology/wendys-nuggets-twitter.html.
27. Frank Ahrens, "Anti-indecency Forces Opposed," *Washington Post*, March 26, 2005.
28. Shankar Vedantam, "Two Views of the Same News Find Opposite Biases," *Washington Post*, July 24, 2006.
29. McQuail, *McQuail's Mass Communication Theory*.
30. Neil Postman, *Amusing Ourselves to Death: Public Discourse in the Age of Show Business* (New York: Penguin Books, 1985).
31. Robert Nelson, "Television and the Public Decline of Public Discourse," *Civic Arts Review*, vol. 3(1990): 1. Excerpt used with permission.
32. John Koblin, "Premature CBS Report of Tom Petty's Death

Sets Off an Outpouring," *New York Times*, October 2, 2017, https://www.nytimes.com/2017/10/02/business/media/tom-petty-cardiac-arrest.html.

33. "Internet/Broadband Fact Sheet," *Pew Research Center*, February 5, 2018, http://www.pewinternet.org/fact-sheet/internet-broadband/.

34. Katie Crowe, "Cartoonist Earns Readership, Freelance Deals With 'Girls With Slingshots' Strip," *Frederick News-Post*, April 2013.

35. Anna Pearce, "The Transcontinental Disability Choir: Four Ways to Do It Right," *Bitch Media*, November 25, 2009, http://bitchmagazine.org/post/four-ways-to-do-it-right.

36. Crowe, "Cartoonist Earns Readership, Freelance Deals."

37. Alyssa Rosenberg, "Danielle Corsetto on the End of Her Long Running Comic 'Girls With Slingshots,'" *Washington Post*, March 19, 2015, https://www.washingtonpost.com/news/act-four/wp/2015/03/19/danielle-corsetto-on-the-end-of-her-long-running-comic-girls-with-slingshots/.

38. Danielle Corsetto, "Patreon Is Basically Keeping Me Alive While I Figure Out What I'm Doing Next," *Patreon*, accessed May 7, 2018, https://www.patreon.com/girlswithslingshots.

39. Ben H. Bagdikian, *The New Media Monopoly* (Boston: Beacon Press, 2004).

40. Jenn Chen, "Important Instagram Stats You Need to Know for 2020," *Sprout Social*, January 23, 2020, https://sproutsocial.com/insights/instagram-stats/.

41. Linda Pershing and Margaret R. Yocom, "The Yellow Ribboning of the USA: Contested Meanings in the Construction of a Political Symbol," *Western Folklore* 55, no. 1 (1996); Jack Santino, "Yellow Ribbons and Seasonal Flags: The Folk Assemblage of War," *The Journal of American Folklore* 105, no. 415 (1992); George Mariscal, "In the Wake of the Gulf War: Untying the Yellow Ribbon," *Cultural Critique*, no. 19 (1991).

42. Brooke Gladstone, "Never the Same Mainstream Twice," *WNYC*, November 24, 2006, https://www.wnycstudios.org/podcasts/otm/segments/129641-never-the-same-mainstream-twice.

43. A. J. Katz, "2019 Ratings: Fox News Averages Largest Prime Time Audience Ever, Is No. 1 Basic Cable Network for the Year," *TVNewser*, January 2, 2020, www.adweek.com/tvnewser/2019-ratings-fox-news-averages-its-largest-prime-time-audience-ever-and-is-no-1-on-basic-cable/424382/; A. J. Katz, "2019 Ratings: CNN Finishes as a Top 10 Basic Cable Network for 3rd Straight Year," *TVNewser*, January 2, 2020, http://www.adweek.com/tvnewser/2019-ratings-cnn-remains-a-top-10-basic-cable-network-for-3rd-straight-year/424385/.

44. A. J. Katz, "Q4 Evening News Ratings: ABC World News Tonight Is No. 1 in Total Audience, NBC Nightly News Earns Tight Win in A25-54," *TVNewser*, January 3, 2020, http://www.adweek.com/tvnewser/q4-evening-news-ratings-abc-world-news-tonight-delivers-largest-total-audience-while-nbc-nightly-news-earns-tight-win-in-a25-54/424398/.

45. Jennifer Harper, "Hannity Ranked No. 1 Among the Top 100 Talk Radio Gods," *Washington Times*, June 6, 2019, http://www.washingtontimes.com/news/2019/jun/6/inside-the-beltway-talk-radio-gods-rank-sean-hanni/.

46. Daniel Middleton, *TheDiamondMinecart*, YouTube, www.youtube.com/user/TheDiamondMinecart/featured.

47. Todd Spangler, "YouTube Now Has 2 Billion Monthly Users, Who Watch 250 Million Hours on TV Screens Daily," *Variety*, May 3, 2019, https://variety.com/2019/digital/news/youtube-2-billion-users-tv-screen-watch-time-hours-1203204267/.

48. Daniel Fienberg, "'The Rocky Horror Picture Show: Let's Do the Time Warp Again': TV Review," *Hollywood Reporter*, October 17, 2016, https://www.hollywoodreporter.com/review/rocky-horror-picture-show-lets-938951.

49. Hal R. Varian, "File-Sharing Is the Latest Battleground in the Clash of Technology and Copyright," *New York Times*, April 7, 2005.

50. Erik Barnouw, *Tube of Plenty: The Evolution of American Television*, 2nd rev. ed. (New York: Oxford University Press, 1990).

51. Shearon A. Lowery and Melvin L. DeFleur, *Milestones in Mass Communication*, 3rd ed. (White Plains, NY: Longman, 1995).

52. Stan Soocher, *They Fought the Law: Rock Music Goes to Court* (New York: Schirmer Books, 1999).

53. Jesse Sheidlower, "If You Seek Amy's Ancestors," *Slate*, March 2009, http://www.slate.com/id/2214106.

54. Wright, *Mass Communication*.

55. Ibid.; Robert K. Merton, "Patterns of Influence: A Study of Interpersonal Influence and of Communications Behavior in a Local Community," *Communications Research* 1949 (1948): 180–219.

56. Case McDermott, Twitter post, *Twitter*, October 2, 2017, 8:30 a.m., https://twitter.com/caseymcdermott/status/914830013425491968.

57. Andrew Perrin, "Digital Gap Between Rural and Nonrural America Persists," *Pew Research Center*, May 31, 2019, www.pewresearch.org/fact-tank/2019/05/31/digital-gap-between-rural-and-nonrural-america-persists/.

58. AllBlackBerry, "The Evolution of BlackBerry in Pictures," *CrackBerry*, October 1, 2007, https://crackberry.com/evolution-blackberry-pictures.

59. David Pogue, "Apple Waves Its Wand at the Phone," *New York Times*, January 11, 2007, https://www.nytimes.com/2007/01/11/technology/11pogue.html.

60. T-Mobile, "Exclusive T-Mobile Phone Boasts an Intuitive Touch Screen and QWERTY Keyboard, Plus Popular Google Products and Fresh, New Applications," September 23, 2008, https://newsroom.t-mobile.com/news-and-blogs/t-mobile-unveils-the-t-mobile-g1-the-first-phone-powered-by-android.htm.

61. Cecilia Kang, "Mobile Internet Use to Surge," *Washington Post*, February 6, 2013, https://www.washingtonpost.com/business/technology/mobile-internet-use-to-surge/2013/02/06/9eeaa086-6fdd-11e2-a050-b83a7b35c4b5_story.html?utm_term=.ad02c992568d.

62. Darrell M. West, "Ten Facts About Mobile Broadband," *Brookings*, December 8, 2011, https://www.brookings.edu/research/ten-facts-about-mobile-broadband/.

63. Todd Spangler, "YouTube Now Has 2 Billion Monthly Users, Who Watch 250 Million Hours on TV Screens Daily," *Variety*,

May 3, 2019, https://variety.com/2019/digital/news/youtube-2-billion-users-tv-screen-watch-time-hours-1203204267/; J. Clement, "Facebook Users Worldwide 2020," *Statista*, April 30, 2020, http://www.statista.com/statistics/264810/number-of-monthly-active-facebook-users-worldwide/; Lucy Handley, "Super Bowl Draws Lowest TV Audience in More Than a Decade, Early Data Show," *CNBC*, February 5, 2019, www.cnbc.com/2019/02/05/super-bowl-draws-lowest-tv-audience-in-more-than-a-decade-nielsen.html.

64. Josh Constine, "Facebook Now Has 2 Billion Monthly Users . . . and Responsibility," *Techcrunch*, June 27, 2017, https://techcrunch.com/2017/06/27/facebook-2-billion-users/; Frank Pallotta and Brian Stelter, "Super Bowl 50 Audience Is Third Largest in TV History," *CNN*, February 8, 2016, http://money.cnn.com/2016/02/08/media/super-bowl-50-ratings/index.html.

65. Ellie Hensley, "Dan Cathy: Pinewood Atlanta Studios Hosting 'Largest Film Production Ever,'" *Atlanta Business Chronicle*, March 1, 2017, https://www.bizjournals.com/atlanta/news/2017/03/01/dan-cathy-pinewood-atlanta-studios-hosting.html.

第二章

1. Megan Twohey, "Harvey Weinstein Is Fired After Sexual Harassment Reports," *New York Times*, October 8, 2017, https://www.nytimes.com/2017/10/08/business/harvey-weinstein-fired.html; Jodi Kantor and Megan Twohey, "Harvey Weinstein Paid Off Sexual Harassment Accusers for Decades," *New York Times*, October 5, 2017, https://www.nytimes.com/2017/10/05/us/harvey-weinstein-harassment-allegations.html.

2. Sarah Almukhtar, Michael Gold, and Larry Buchanan, "After Weinstein: 71 Men Accused of Sexual Misconduct and Their Fall From Power," *New York Times*, February 8, 2018, https://www.nytimes.com/interactive/2017/11/10/us/men-accused-sexual-misconduct-weinstein.html.

3. Bethonie Butler, "Matt Lauer Accused of Raping a Former Colleague in Ronan Farrow's New Book," *Washington Post*, October 9, 2019, https://www.washingtonpost.com/arts-entertainment/2019/10/09/matt-lauer-accused-raping-former-colleague-ronan-farrows-new-book/.

4. Brian Stetler, "Les Moonves Is Out at CBS After Harassment Allegations, Corporate Battle," *CNNMoney*, September 9, 2018, https://money.cnn.com/2018/09/09/media/les-moonves-cbs/index.html.

5. Kantor and Twohey, "Harvey Weinstein Paid Off Sexual Harassment Accusers for Decades."
Ibid.

6. Ramin Setoodeh, "Ashley Judd Reveals Sexual Harassment by Studio Mogul," *Variety*, October 6, 2015, http://variety.com/2015/film/news/ashley-judd-sexual-harassment-studio-mogul-shower-1201610666/.

7. Jan Ransom, "Harvey Weinstein Is Found Guilty of Sex Crimes in #MeToo Watershed," *New York Times*, February 24, 2020, http://www.nytimes.com/2020/02/24/nyregion/harvey-weinstein-trial-rape-verdict.html.

8. Jan Ransom, "Harvey Weinstein Wanted to Testify. His Lawyers Stopped Him," *New York Times*, February 11, 2020, http://www.nytimes.com/2020/02/11/nyregion/harvey-weinstein-trial.html?searchResultPosition=1.

9. W. James Potter, *Media Literacy*, 3rd ed. (Thousand Oaks, CA: SAGE, 2005).

10. Melvin L. DeFleur and Sandra Ball-Rokeach, *Theories of Mass Communication*, 5th ed. (New York: Longman, 1989); Ferdinand Tönnies, *Gemeinschaft und Gesellschaft*, trans. Charles P. Loomis (East Lansing: Michigan State University Press, 1957).

11. DeFleur and Ball-Rokeach, *Theories of Mass Communication*.

12. Stanley Rothman, "Introduction," in *The Mass Media in Liberal Democratic Societies*, ed. Stanley Rothman (New York: Paragon House, 1992).

13. DeFleur and Ball-Rokeach, *Theories of Mass Communication*.

14. Gerald Mast, "Introduction," in *The Movies in Our Midst: Documents in the Cultural History of Film in America*, ed. Gerald Mast (Chicago: University of Chicago Press, 1982).

15. Anthony A. Leiserowitz, "Day After Tomorrow. Study of Climate Change Risk Perception." *Environment*, (November 2004): 23–44.

16. Shearon A. Lowery and Melvin L. DeFleur, *Milestones in Mass Communication*, 3rd ed. (White Plains, NY: Longman, 1995).

17. Stephen Ansolabehere, Shanto Iyengar, and Adam Simon, "Shifting Perspectives on the Effects of Campaign Communication," in *Do the Media Govern? Politicians, Voters, and Reporters in America*, ed. Shanto Iyengar and Richard Reeves (Thousand Oaks, CA: SAGE, 1997).

18. Paul Lazarsfeld, Bernard Berelson, and Hazel Gaudet, *The People's Choice*, 3rd ed. (New York: Columbia University Press, 1968).

19. Brooke Gladstone, "Trail of Years," *On the Media*, February 23, 2007, http://www.onthemedia.org/transcripts/2007/02/23/07.

20. Ansolabehere et al., "Shifting Perspectives on the Effects of Campaign Communication."

21. Yan Su, "Exploring the Effect of Weibo Opinion Leaders on the Dynamics of Public Opinion in China," *Global Media China* 4, no. 4 (December 2019): 493–513, https://doi.org/10.1177/2059436419866012.

22. Sujin Choi, "The Two-Step Flow of Communication in Twitter Based Public Forums," *Social Science Computer Review* 33, no. 6 (December 2015): 696–711, https://doi.org/10.1177/0894439314556599.

23. James W. Carey, *A Cultural Approach to Communication From Communication as Culture* (New York: Routledge, 1992).

24. Denis McQuail, *McQuail's Mass Communication Theory*, 6th ed. (Thousand Oaks, CA: SAGE, 2010).

25. DeFleur and Ball-Rokeach, *Theories of Mass Communication*; Denis McQuail, *McQuail's Mass Communication Theory*, 5th ed. (Thousand Oaks, CA: SAGE, 2005); Potter, *Media Literacy*.

26. Doris A. Graber, *Processing the News: How People Tame the Information Tide*, 2nd ed. (New York: Longman, 1988).

27. David Hinckley, "Rush and Sean Tops in Talk," *Daily News*, December 10, 2005.

28. Graber, *Processing the News*; Lazarsfeld et al., *People's Choice*.

29. Editorial Board, "Young Voters, Motivated Again," *New York Times*, February 21, 2016, http://www.nytimes.com/2016/02/22/

opinion/young-voters-motivated-again.html.
30. Arthur Asa Berger, *Media Analysis Techniques*, 3rd ed. (Thousand Oaks, CA: SAGE, 2005).
31. Ibid.
32. Potter, *Media Literacy*.
33. Alex Ross, "A Field Guide to the Musical Leitmotifs of 'Star Wars,'" *New Yorker*, January 3, 2018, https://www.newyorker.com/culture/culture-desk/a-field-guide-to-the-musical-leitmotifs-of-star-wars.
34. Marshall McLuhan, *Understanding Media: The Extensions of Man* (New York: McGraw-Hill, 1964).
35. McQuail, *McQuail's Mass Communication Theory*, 6th ed.
36. Joshua Meyrowitz, "Shifting Worlds of Strangers: Medium Theory and Changes in 'Them' Versus 'Us,'" *Sociological Inquiry* 67, no. 1 (1997): 59–71.
37. Joshua Meyrowitz, *No Sense of Place* (New York: Oxford University Press, 1985).
38. McQuail, *McQuail's Mass Communication Theory*, 6th ed.
39. Jürgen Habermas, *The Theory of Communicative Action*, vol. 1, trans. Thomas McCarthy (Boston: Beacon Press, 1984).
40. Matthew Forney, "Testing Beijing's Limits: In the Quest for China's Lucrative—and Elusive—TV Market, Did Murdoch Bend the Rules?," *Time*, September 5, 2005; Ken Auletta, *Googled: The End of the World as We Know It* (New York: Penguin Press, 2009).
41. Ben H. Bagdikian, *The Media Monopoly,* 2nd ed. (Boston: Beacon Press, 1987), xvi.
42. Chris Anderson, *The Long Tail* (New York: Hyperion, 2006).
43. Potter, *Media Literacy*; Shearon A. Lowery and Melvin L. DeFleur, *Milestones in Mass Communication*, 3rd ed. (White Plains: Longman, 1995); McQuail, *McQuail's Mass Communication Theory*, 6th ed.
44. Elihu Katz, "The Two-Step Flow of Communication," in *Mass Communications*, ed. Wilbur Schramm (Urbana: University of Illinois Press, 1960).
45. Harold Lasswell, "The Structure and Function of Communication in Society," in *Mass Communications*, ed. Wilbur Schramm (Urbana: University of Illinois Press, 1960).
46. Robert K. Merton, *Social Theory and Social Structure*, enlarged ed. (New York: Free Press, 1968).
47. Lasswell, "The Structure and Function of Communication in Society."
48. Charles R. Wright, *Mass Communication: A Sociological Perspective*, 3rd ed. (New York: Random House, 1986).
49. Everette E. Dennis, Justin D. Martin, and Robb Wood, "Social Media: Sharing Information and Connecting Online Nearly Universal," in *Media Use in the Middle East, 2015* (Northwestern University in Qatar, 2015), April 15, 2015, http://www.mideastmedia.org/survey/2015/chapter/social-media.html#.
50. Travis M. Andrews, "Omarosa Manigault Newman: From the White House to the 'Big Brother' House," *Washington Post*, January 29, 2018, https://www.washingtonpost.com/news/morning-mix/wp/2018/01/29/omarosa-manigault-newman-from-the-white-house-to-the-big-brother-house/.
51. "Investors Now Go Online for Quotes, Advice," Pew Research Center for the People and the Press, June 11, 2000.

52. Wright, *Mass Communication*; Meyrowitz, *No Sense of Place*.
53. Meyrowitz, *No Sense of Place*.
54. Everett M. Rogers, William B. Hart, and James W. Dearing, "A Paradigmatic History of Agenda-Setting Research," in *Do the Media Govern?*, ed. Shanto Iyengar and Richard Reeves (Thousand Oaks, CA: SAGE, 1997).
55. Lowery and DeFleur, *Milestones in Mass Communication*.
56. Ibid.
57. Brian Stelter, "'Ashamed': Ex-PR Exec Justine Sacco Apologizes for AIDS in Africa Tweet," CNN.com, December 22, 2013, http://www.cnn.com/2013/12/22/world/sacco-offensive-tweet/index.html.
58. Albert Bandura, "Social Cognitive Theory of Mass Communication," in *Media Effects: Advances in Theory and Research*, ed. Jennings Bryant and Dolf Zillman (Hillsdale, NJ: Erlbaum, 1994).
59. Elihu Katz, Jay G. Blumler, and Michael Gurevitch, "Utilization of Mass Communication by the Individual," in *The Uses of Mass Communications: Current Perspectives on Gratifications Research*, ed. Jay G. Blumler and Elihu Katz (Thousand Oaks, CA: SAGE, 1974).
60. Berger, *Media Analysis Techniques*.
61. George Herbert Mead, *Mind, Self, and Society* (Chicago: University of Chicago Press, 1934).
62. Robert K. Merton, "The Thomas Theorem and the Matthew Effect," *Social Forces* 74, no. 2 (December 1, 1995): 379–422.
63. Michael J. Socolow, "The Hyped Panic Over 'War of the Worlds,'" *The Chronicle of Higher Education*, October 24, 2008; Wright, *Mass Communication*.
64. Joanne Ostrow, "Authority on Media Violence Says Don't Blame TV for Columbine," *Denver Post*, April 25, 1999.
65. George Gerbner et al., "Growing Up With Television: The Cultivation Perspective," in *Media Effects: Advances in Theory and Research*, ed. Jennings Bryant and Dolf Zillman (Hillsdale: Erlbaum, 1994).
66. Lowery and DeFleur, *Milestones in Mass Communication*, 278.
67. Gerbner et al., "Growing Up With Television."
68. Wilson Biographies, "Gerbner, George," *Wilson Web*, hwwilsonweb.com.
69. Ibid.
70. Stephen Eric Bronner, *Critical Theory: A Very Short Introduction* (New York: Oxford University Press, 2011), 106.
71. Ibid., 115.
72. Werner J. Severin and James W. Tankard, *Communication Theories: Origins, Methods, and Uses in the Mass Media*, 5th ed. (New York: Longman, 2001).
73. Lisa de Moraes, "Fighting Words From a Bantamweight," *Washington Post*, July 2, 1999; Eils Lotozo, "Getting Real: No Skinny Models in *Grace* Magazine," *Hamilton Spectator*, September 5, 2002.
74. Nicole Bitette, "Nina Agdal Calls Out Magazine That Body-Shamed Her for Not Being a Sample Size," *New York Daily News*, January 13, 2018, http://www.nydailynews.com/life-style/nina-agdal-calls-magazine-body-shaming-article-1.3755107.
75. Ana Colón, "Nina Agdal Spoke Out About Body Shaming in

Fashion—and It Landed Her a New Campaign," *Glamour*, April 3, 2018, https://www.glamour.com/story/nina-agdal-aerie-real-campaign-interview.
76. Eric Schlabs, "Regulating Weight in the Fashion Industry," *The Regulatory Review*, July 27, 2016, http://www.theregreview.org/2016/07/27/schlabs-regulating-weight-in-the-fashion-industry/.
77. Stuart Elliott, "For Everyday Products, Ads Using the Everyday Woman," *New York Times*, August 17, 2005; Theresa Howard, "Dove Ads Enlist All Shapes, Styles, Sizes," *USA Today*, August 29, 2005; Rebecca Traister, "Move Over, Dove Ads: Nike's Posteriors and Scraped Knees Bring a Greater Dose of Reality to Marketing," *Chicago Sun-Times*, August 23, 2005.
78. Madeline Jones, "Plus Size Bodies, What Is Wrong With Them Anyway?" *PLUS Model Magazine*, January 8, 2012, http://plus-model-mag.com/2012/01/plus-size-bodies-what-is-wrong-with-them-anyway/.
79. Nicole Spector, "What Makes Someone 'Most Beautiful' Is Changing, Study Says," *NBC News*, October 11, 2017, http://www.nbcnews.com/better/health/how-beauty-standard-has-changed-1990-how-it-hasn-t-ncna809766.
80. Ibid.
81. Cleve R. Wooston Jr., "A Photographer Unexpectedly Snapped Her Picture at Homecoming. Then, Modeling Agencies Called," *Washington Post*, October 31, 2017, https://www.washingtonpost.com/news/grade-point/wp/2017/10/31/a-photographer-unexpectedly-snapped-her-picture-at-homecoming-then-modeling-agencies-called/.
82. Janelle Okwodu, "How a Viral Photo Turned Anok Yai Into the Model of the Moment," *Vogue*, November 7, 2017, https://www.vogue.com/article/anok-yai-sudanese-model-viral-sensation-modeling-contract.
83. Alexander Breindel, "'Average' Photo Brings Teen Stardom," *Resource*, November 7, 2017, http://resourcemagonline.com/2017/11/average-photo-brings-teen-stardom/82278/.
84. Wooston, "A Photographer Unexpectedly Snapped Her Picture at Homecoming."
85. Sabrina Barr, "Anok Yai Becomes First Black Model to Open Prada Runway Show Since 1997," *Independent*, February 27, 2018, http://www.independent.co.uk/life-style/fashion/anok-yai-prada-open-show-black-model-milan-fashion-week-a8230361.html.
86. Katy Waldman, "Lena Dunham Responds to the *Vogue* Haters," *Slate*, January 17, 2014, www.slate.com/blogs/xx_factor/2014/01/17/lena_dunham_response_to_vogue_photoshop_criticism_fashion_magazines_are.html.
87. Jessica Roy, "Kate Winslet's Contract States L'Oréal Can't Retouch Her Photos," *Cut*, October 23, 2015, http://nymag.com/thecut/2015/10/kate-winslets-loral-contract-no-retouching.html.
88. Anna Davies, "People Are Getting Surgery to Look Like Their Snapchat Selfies." *BBC*, April 19, 2018, www.bbc.co.uk/bbcthree/article/9ca4f7c6-d2c3-4e25-862c-03aed9ec1082.
89. A. J. Willingham, "Social Media Filters Mess With Our Perceptions so Much, There's Now a Name for It." *CNN*, August 10, 2018, http://www.cnn.com/2018/08/10/health/snapchat-dysmorphia-cosmetic-surgery-social-media-trend-trnd/index.html.
90. Chiu, Allyson Chiu, "Patients Are Desperate to Resemble Their Doctored Selfies. Plastic Surgeons Alarmed by 'Snapchat Dysmorphia,'" *Washington Post*, August 6, 2018, http://www.washingtonpost.com/news/morning-mix/wp/2018/08/06/patients-are-desperate-to-resemble-their-doctored-selfies-plastic-surgeons-alarmed-by-snapchat-dysmorphia/.

第三章

1. Jose Antonio Vargas, "The Face of Facebook," *New Yorker*, September 20, 2010, https://www.newyorker.com/magazine/2010/09/20/the-face-of-facebook.
2. Tony Romm and Craig Timberg, "Cambridge Analytica Shuts Down Amid Scandal Over Use of Facebook Data," *Washington Post*, May 2, 2018, https://www.washingtonpost.com/news/the-switch/wp/2018/05/02/cambridge-analytica-shuts-down-amid-scandal-over-use-of-facebook-data/.
3. Roger McNamee, "I Mentored Mark Zuckerberg. But I Can't Stay Silent," *Time*, January 17, 2019, https://time.com/5505441/mark-zuckerberg-mentor-facebook-downfall/.
4. Katherine Bindley, "Why Facebook Still Seems to Spy on You," *Wall Street Journal*, February 28, 2019, www.wsj.com/articles/facebook-ads-will-follow-you-even-when-your-privacy-settings-are-dialed-up-11551362400.
5. Ryan Tracy and Emily Glazer, "Facebook Settlement Expected to Mandate Privacy Committee," *Wall Street Journal*, July 22, 2019, http://www.wsj.com/articles/ftc-to-announce-5-billion-facebook-settlement-as-soon-as-this-week-11563816621?mod=djem10point.
6. J. Clement, "Facebook Users Worldwide as of 1st Quarter 2020," Statista, January 30, 2020, www.statista.com/statistics/264810/number-of-monthly-active-facebook-users-worldwide/.
7. J. Clement, "Most Popular Mobile Messaging Apps Worldwide as of October 2019," Statista, November 20, 2019, http://www.statista.com/statistics/258749/most-popular-global-mobile-messenger-apps/.
8. J. Clement, " Number of Monthly Active Twitter Users Worldwide From 1st Quarter 2020 to 1st Quarter 2019," Statista, August 14, 2019, http://www.statista.com/statistics/282087/number-of-monthly-active-twitter-users/.
9. D&B Hoovers, "Company Profile: Facebook, Inc.," http://www.hoovers.com/company-information/cs/company-profile.facebook_inc.f1fe73cc6a208e18.html.
10. D&B Hoovers, "Company Profile: Apple Inc.," http://www.hoovers.com/company-information/cs/company-profile.apple_inc.4c9baa063908dbd8.html; D&B Hoovers, "Company Profile: Alphabet Inc.," http://www.hoovers.com/company-information/cs/company-profile.alphabet_inc.67543c15188bf061.html; D&B Hoovers, "Company Profile: Comcast Corporation," http://www.hoovers.com/company-information/cs/company-profile.comcast_corporation.42bb142511eab416.html.
11. Ben Bagdikian, *The Information Machines: Their Impact on Men*

and the Media (New York: Harper & Row, 1971).
12. John Tebbel, *The Media in America* (New York: Crowell, 1974).
13. Ibid.
14. Ibid.
15. Michael Schudson, *The Power of News* (Cambridge, MA: Harvard University Press, 1995).
16. Margaret A. Blanchard, ed., *History of the Mass Media in the United States* (Chicago: Fitzroy Dearborn, 1998).
17. Linda Werthheimer, ed., *Listening to America: Twenty-Five Years in the Life of a Nation, as Heard on National Public Radio* (Boston: Houghton Mifflin, 1995). NPR, "NPR Fact Sheet," https://www.npr.org/documents/about/press/NPR_Fact_Sheet.pdf; NPR, "Sponsor *Morning Edition*, the Nation's Number One Morning Drive Program." Schudson, *Power of News*.
18. Jeanine Poggi, "Hulu Tops 28 Million Users, Announces New Binge-Watch Ad Format at NewFronts." *Ad Age*, May 1, 2019, https://adage.com/article/special-report-newfronts/hulu-tops-28-million-users-announces-new-binge-watch-ad-format-newfronts/2168261?utm_source=ad-age-digital-wednesday&utm_medium=email&utm_campaign=20190501&utm_content=hero-headline.
19. "Internet/Broadband Fact Sheet," *Pew Research Center*, February 5, 2018, http://www.pewinternet.org/fact-sheet/internet-broadband/; "Mobile Fact Sheet," *Pew Research Center*, February 5, 2018, http://www.pewinternet.org/fact-sheet/mobile/; Center for Technology, Media & Telecommunications, "Digital Media Trends Survey: A New World of Choice for Digital Consumers," 12th ed., Deloitte Insights, 2018, https://www2.deloitte.com/content/dam/insights/us/articles/4479_Digital-media-trends/4479_Digital_media%20trends_Exec%20Sum_vFINAL.pdf; "Average Circulation of the Wall Street journal as of July 2017 (in thousands)," Statista, https://www.statista.com/statistics/193788/average-paid-circulation-of-the-wall-street-journal/.
20. D&B Hoovers, "Company Profile: The Walt Disney Company," http://www.hoovers.com/company-information/cs/company-profile.the_walt_disney_company.432c15c5e0758b7d.html.
21. PBS, "Walt Disney's Life: Timeline," *American Experience*.
22. Richard Schickel, "Walt Disney," *Time*, December 7, 1998.
23. "The House of the Mouse," *New Internationalist*, December 1998.
24. Suzy Wetlaufer, "Common Sense and Conflict," *Harvard Business Review*, January/February 2000; Wilson Biographies, "Walt Disney," http://vweb.hwwilsonweb.com.
25. Ken Auletta, *The Highwaymen* (New York: Random House, 1997).
26. D&B Hoovers, "Company Profile: The Walt Disney Company."
27. Peter Schweizer and Rochelle Schweizer, *Disney: The Mouse Betrayed* (Washington, DC: Regnery, 1998); Robert F. Hartley, *Marketing Mistakes and Successes*, 7th ed. (New York: Wiley, 1998); Maureen Fan, "A Bumpy Ride for Disneyland in Hong Kong," *Washington Post*, November 20, 2006.
28. Steven Zeitchik, "Disney and Justice Dept. Reach Agreement, Smoothing the Way for Fox Acquisition," *Washington Post*, June 27, 2018, https://www.washingtonpost.com/news/business/wp/2018/06/27/disney-and-doj-reach-agreement-smoothing-the-way-for-fox-acquisition/?utm_term=.d6c0772cc5c1.
29. Bloomberg News, "Disney Is Dropping the Fox Name from 20th Century Studios." *Ad Age*, January 17, 2020, https://adage.com/article/bloomberg-news/disney-dropping-fox-name-20th-century-studios/2228526?utm_source=ad-age-digital-friday&utm_medium=email&utm_campaign=20200117&utm_content=hero-headline.
30. M. B., "What Is the Endgame for Disney+?" *The Economist*, November 11, 2019, http://www.economist.com/prospero/2019/11/11/what-is-the-endgame-for-disney-.
31. Frank Pallotta, "Disney CEO Bob Iger Is About to Take the Biggest Risk of His Career," *CNN*, November 8, 2019, https://www.cnn.com/2019/11/08/media/disney-bob-iger-risk-takers/index.html.
32. Jonathan Seff, "First Look: iTunes Store Movies: What You Need to Know." *Macworld*, September 21, 2006, http://www.macworld.com/article/1053017/itunesmovies.html.
33. Todd Spangler, "Disney Plus Signed Up 24 Million U.S. Subscribers in November and Took Bite Out of Netflix, Analysts Estimate," *Variety*, December 18, 2019, https://variety.com/2019/digital/news/disney-plus-24-million-us-subscribers-netflix-q4-churn-1203447210/.
34. M. B., "What Is the Endgame for Disney+?"
35. Steven Zeitchik, "In a Surprise Move, Disney Chief Executive Robert Iger Steps Down and Is Replaced by a Theme-park Lieutenant," *Washington Post*, February 25, 2020, http://www.washingtonpost.com/business/2020/02/25/disney-names-bob-chapek-ceo-robert-iger-become-executive-chairman/.
36. Wayne Friedman, "21st Century Fox to Be Fox Entertainment," *Television News Daily*, February 7, 2019, http://www.mediapost.com/publications/article/331637/21st-century-fox-to-be-fox-entertainment.html.
37. Brooks Barnes, "Disney Drops Fox From Names of Studios It Bought From Rupert Murdoch," *New York Times*, January 17, 2020, http://www.nytimes.com/2020/01/17/business/media/disney-fox-name.html.
38. "Fox Annual Report 2019," Fox Corporation, January 27, 2019.
39. Auletta, *Highwaymen*.
40. A. J. Katz, "The Top Cable Networks of April 2018," *AdWeek*, May 2, 2018, http://adweek.it/2rdSiWw.
41. James Rufus Koren, "Murdoch Family Becomes Second Largest Disney Shareholder With Fox Deal," *Los Angeles Times*, December 14, 2017, http://www.latimes.com/business/la-fi-disney-fox-sale-shareholder-20171214-story.html; Matthew Garrahan, "Murdoch Family to Hold Less Than 5% of Disney After Fox Sale," *Financial Times*, December 13, 2017, https://www.ft.com/content/5c52993a-e02c-11e7-a8a4-0a1e63a52f9c.
42. Jonathan Mahler and Jim Rutenberg, "Part 3: The Future of Fox: An Even More Powerful Political Weapon," *New York Times*, April 3, 2019, http://www.nytimes.com/interactive/2019/04/03/magazine/new-fox-corporation-disney-deal.html.
43. Jonathan Mahler and Jim Rutenberg, "Part 2: Inside the Succession Battle for the Murdoch Empire," *New York Times*, April 3, 2019, http://www.nytimes.com/interactive/2019/04/03/

magazine/james-murdoch-lachlan-succession.html.
44. Brian Fung, "It's Official: AT&T–Time Warner Is a Done Deal," *Washington Post*, June 14, 2018, https://www.washingtonpost.com/news/the-switch/wp/2018/06/14/its-official-att-time-warner-is-a-done-deal/?noredirect=on&utm_term=.741566bc3c02.
Clair Atkinson, "Time Warner Is Now Warner Media, and a Lot of Executives Are Leaving," *NBC News*, June 15, 2018, https://www.nbcnews.com/card/time-warner-now-warner-media-lot-executives-are-leaving-n883781.
45. D&B Hoovers, "Company Profile: Warner Media, LLC"; Alger, *Megamedia*; AOL Time Warner, "2002 Annual Report."
46.48. D&B Hoovers, "Company Profile: Warner Media, LLC."
47. Joe Nocera, "RIP, Time Inc. It Was Fun While It Lasted," *Bloomberg*, November 27, 2017, https://www.bloomberg.com/view/articles/2017-11-27/rip-time-magazine-meredith-will-make-you-fade-away.
48. Alex Sherman, "John Stankey's Challenge: Making AT&T's $100 Billion Bet on Time Warner Pay Off," *CNBC*, June 7, 2019, http://www.cnbc.com/2019/06/07/john-stankey-warnermedia-ceo-one-year-profile-departures-silos.html.
49. Joan E. Solsman, "HBO Max Launches May 27: Discounts, Free Upgrades, Shows and Movies to Expect," *CNET*, October 30, 2019, http://www.cnet.com/news/hbo-max-launch-dates-prices-shows-movies-to-expect/.
50. D&B Hoovers, "Company Profile: Viacom Inc.," http://www.hoovers.com/company-information/cs/company-profile.viacom_inc.6747d8b05f13db09.html; D&B Hoovers, "Company Profile: CBS Corporation," http://www.hoovers.com/company-information/cs/company-profile.cbs_corporation.21bc71ea9265b776.html.
51. Rani Molla and Peter Kafka, "Here's the Chart That Explains Why CBS and Viacom Want to Merge," *Recode*, February 1, 2018, https://www.recode.net/2018/1/18/16906042/cbs-viacom-merger-media-market-landscape-streaming; William D. Cohan, "'Betrayal,' 'Blackmail,' and 'Elder Abuse'?: The Battle for Sumner Redstone's Affection—and Fortune—Gets Even Weirder," *Vanity Fair*, May 3, 2018, https://www.vanityfair.com/news/2018/05/sumner-redstone-shari-redstone-manuela-herzer-complaint.
52. Benjamin Mullin and Joe Flint, "Viacom–CBS Deal Drama Was Worthy of the Fall Lineup," *Wall Street Journal*, August 13, 2019, http://www.wsj.com/articles/behind-the-scenes-viacom-cbs-deal-drama-was-worthy-of-the-fall-lineup-11565729372.
53. Steven Zeitchik, "CBS, Viacom to Reunite, Hoping to Take on Disney and Netflix," *Washington Post*, August 13, 2019, http://www.washingtonpost.com/business/2019/08/13/cbs-viacom-reunite-hoping-take-disney-netflix/.
54. Edmund Lee, "CBS and Viacom to Reunite in Victory for Shari Redstone," *New York Times*, August 13, 2019, http://www.nytimes.com/2019/08/13/business/cbs-viacom-merger.html; D&B Hoovers, "Company Profile: The Walt Disney Company," https://www.dnb.com/business-directory/company-profiles.the_walt_disney_company.42cf1f7156420b0a5454d50d9a70043f.html.
55. Brian Steinberg, "Wall Street Has Mixed Response to Viacom–CBS Merger," *Variety*, August 13, 2019, https://variety.com/2019/biz/news/viacomcbs-merger-wall-street-response-1203301437/.
56. Bertelsmann, "Financial Figures," https://www.bertelsmann.com/investor-relations/bertelsmann-at-a-glance/financial-figures/.
57. Alger, *Megamedia*.
58. "New Chapter," *Economist*, February 10, 2001; D&B Hoovers, "Company Profile: Bertelsmann SE & Co. KGaA," http://www.hoovers.com/company-information/cs/company-profile.bertelsmann_se__co_kgaa.89b5c24e863d43d7.html.
59. Jack Ewing, "Bertelsmann's Creed: Inner Growth," *Businessweek*, March 17, 2005, http://www.bloomberg.com/news/articles/2005-03-17/bertelsmanns-creed-inner-growth; Julie Bosman, "Penguin and Random House Merge, Saying Change Will Come Slowly," *New York Times*, July 1, 2013, http://www.nytimes.com/2013/07/02/business/media/merger-of-penguin-and-random-house-is-completed.html.
60. Frank Gibney Jr., "Napster Meister," *Time*, November 13, 2000; D&B Hoovers, "Company Profile: Bertelsmann SE & Co. KGaA."
61. Jack Ewing, "Bertelsmann's Slimmer Profile Generates Thinner Profits," *Businessweek*, September 6, 2006, http://www.bloomberg.com/news/articles/2006-09-05/bertelsmanns-slimmer-profile-generates-thinner-profits; Bertelsmann, "Annual Report 2017"; D&B Hoovers, "Company Profile: Bertelsmann SE & Co. KGaA."
62. D&B Hoovers, "Company Profile: Bertelsmann SE & Co. KGaA."
63. D&B Hoovers, "Company Profile: Comcast Corporation"; D&B Hoovers, "Company Profile: Alphabet Inc."
Alger, *Megamedia*.
64. Auletta, *Three Blind Mice: How the TV Networks Lost Their Way* (New York: Random House, 1991).
65. Howard Kurtz, "Comcast–NBC Deal Possible," *Washington Post*, October 1, 2009; Paul Tobin, "Vivendi Wants to Exit NBC, Deal Is Complex, CFO Says," *Bloomberg*, November 19, 2009, www.bloomberg.com; Shira Ovide and Amy Schatz, "Comcast–NBC Deal Would Draw Lengthy Scrutiny in Washington," *Wall Street Journal*, November 16, 2009; Brian Stelter and Tim Arango, "Comcast-NBC Deal Wins Federal Approval," *New York Times*, January 18, 2011, http://mediadecoder.blogs.nytimes.com/2011/01/18/f-c-c-approves-comcast-nbc-deal/.
66. Amy Chozick and Brian Stelter, "Comcast Buys Rest of NBC in Early Sale," *New York Times*, February 12, 2013, http://mediadecoder.blogs.nytimes.com/2013/02/12/comcast-buying-g-e-s-stake-in-nbcuniversal-for-16-7-billion/?_php=true&_type=blogs&smid=tw-share&_r=0.
67. Meg James, "Comcast to Own All of Media Giant," *Los Angeles Times*, February 13, 2013, http://articles.latimes.com/2013/feb/13/business/la-fi-ct-comcast-ge-20130213.
68. Wayne Friedman, "Comcast Q3 Sees More Video Subscriber Losses, Stronger Broadband Business," *Television News Daily*, October 25, 2019, http://www.mediapost.com/publications/article/342419/comcast-q3-sees-more-video-subscriber

-losses-stro.html?utm_source=newsletter&utm_medium=email&utm_content=readmore&utm_campaign=115824&hashid=6mTu5BmoGXoc5CFuFDoRPPm4utY.

69. D&B Hoovers, "Company Profile: Comcast Corporation"; D&B Hoovers, "Company Profile: NBCUniversal Media, LLC," http://www.hoovers.com/company-information/cs/company profile.nbcuniversal_media_llc.109556adb7a28138.html.

70. D&B Hoovers, "Company Profile: Comcast Corporation"; George Szalai, "NBCUniversal to Acquire DreamWorks Animation in $3.8B Deal," *Hollywood Reporter*, April 28, 2016, http://www.hollywoodreporter.com/news/comcast-acquire-dreamworks-animation-888103.

71. D&B Hoovers, "Company Profile: Comcast Corporation."

72. Wayne Friedman, "Comcast Q3 Sees More Video Subscriber Losses, Stronger Broadband Business," October 24, 2019, *Television News Daily*, http://www.mediapost.com/publications/article/342419/comcast-q3-sees-more-video-subscriber-losses-stro.html?utm_source=newsletter&utm_medium=email&utm_content=readmore&utm_campaign=115824&hashid=6mTu5BmoGXoc5CFuFDoRPPm4utY.

73. Google, "Google News Help," https://support.google.com/news/answer/106259?hl=en&ref_topic=2428790.

74. D&B Hoovers, "Company Profile: Alphabet Inc."

75. D&B Hoovers, "Company Profile: Alphabet Inc."

76. Google, "About: Google Doodles," https://www.google.com/doodles/about.

77. Pamela Hutchinson, "Lotte Reiniger: Animated Film Pioneer and Standard-Bearer for Women," *Guardian*, June 2, 2016, http://www.theguardian.com/film/2016/jun/02/lotte-reiniger-the-pioneer-of-silhouette-animation-google-doodle.

78. "44th Anniversary of the Birth of Hip Hop," *Google*, August 11, 2017, https://www.google.com/doodles/44th-anniversary-of-the-birth-of-hip-hop.

79. Avi Selk, "18 Years of Google Doodles and the People Who Hate Them," *Washington Post*, April 2, 2018, https://www.washingtonpost.com/news/acts-of-faith/wp/2018/04/02/18-years-of-google-doodles-and-the-people-who-hate-them/?utm_term=.32be94587dff.

80. U.S. Securities and Exchange Commission, "Form 10-K Annual Report for the Fiscal Year Ended December 31, 2017: Alphabet Inc."

81. Google, "About: Google Doodles."

82. Auletta, *Googled: The End of the World as We Know It* (New York: Penguin Press, 2009), 35.

83. Ibid., 38.

84. Tony Romm and Elizabeth Dwoskin, "FTC Approves Settlement with Google over YouTube Kids Privacy Violations," *Washington Post*, July 19, 2019, http://www.washingtonpost.com/technology/2019/07/19/ftc-approves-settlement-with-google-over-youtube-kids-privacy-violations/.

85. Brent Kendall and John D. McKinnon, "Justice Department Is Preparing Antitrust Investigation of Google," *Wall Street Journal*, June 1, 2019, http://www.wsj.com/articles/justice-department-is-preparing-antitrust-investigation-of-google-11559348795?mod=hp_lead_pos1.

86. Margaret Sullivan, "Google and Facebook Sucked Profits from Newspapers. Publishers Are Finally Resisting," *Washington Post*, June 5, 2019, http://www.washingtonpost.com/lifestyle/style/google-and-facebook-sucked-profits-from-newspapers-publishers-are-finally-resisting/2019/06/04/d5fa2aaa-86de-11e9-98c1-e945ae5db8fb_story.html.

87. D&B Hoovers, "Company Profile: Apple Inc."

88. Peter Burrows and Ronald Grover, "Steve Jobs's Magic Kingdom," *Businessweek*, January 26, 2006.

89. Tim Berners-Lee, *Weaving the Web* (New York: HarperCollins, 1999).

90. D&B Hoovers, "Company Profile: Apple Inc."; John Markoff, "Oh, Yeah, He Also Sells Computers," *New York Times*, April 25, 2004.

91. Jefferson Graham, "Jobs Has a Knack for Getting His Way," *USA Today*, January 25, 2006.

92. D&B Hoovers, "Company Profile: Pixar," http://www.hoovers.com/company-information/cs/company-profile.pixar.e5d158d2aed147f3.html.

93. Burrows and Grover, "Steve Jobs's Magic Kingdom." Auletta, *Googled*.

94. Brandon Keim, "Twitter Analysis: Massive Global Mourning for Steve Jobs (Infographic)," *Wired*, October 7, 2011, http://www.wired.com/epicenter/2011/10/global-mourning-for-steve-jobs/.

95. Timothy B. Lee, "How Google Passed Apple to Become the World's Most Valuable Company," *Vox*, May 12, 2016, http://www.vox.com/2016/2/4/10911364/google-apple-most-valuable.

96. Paul R. La Monica, "Apple Inches Closer to $1 Trillion Market Value," *CNN Money*, May 7, 2018, http://money.cnn.com/2018/05/07/investing/apple-trillion-dollar-market-value/index.html, and Jack Nicas, "Apple reaches $2 trillion, punctuating big tech's grip," *New York Times*, Aug. 19, 2020, https://www.nytimes.com/2020/08/19/technology/apple-2-trillion.html.

97. Chris Anderson, *The Long Tail* (New York: Hyperion, 2006).

98. Ibid.

99. Ed Christman, "Walmart to Cut Its CD Stock by Nearly Half," *Billboard*, April 8, 2014.

100. Ed Christman, "Best Buy to Pull CDs, Target Threatens to Pay Labels for CDs Only When Customers Buy Them," *Billboard*, February 2, 2018, https://www.billboard.com/articles/business/8097929/best-buy-to-pull-cds-target-threatens-to-pay-labels-for-cds-only-when.

101. "Bill Patrizio Appointed as President and CEO of Napster," *Napster*, February 8, 2018, https://blog.napster.com/2018/02/08/bill-patrizio-appointed-as-president-and-ceo/.

102. Andrew Flanagan, "Where's the Long Tail? Spotify Touts Its Artist Discovery," *Billboard*, May 26, 2016, https://www.billboard.com/articles/business/7385830/wheres-the-long-tail-spotify-artist-discovery.

103. Ibid.; Napster, "About Us," https://us.napster.com/about.

104. Alina Selyukh, "Long Kept Secret, Amazon Says Number of Prime Customers Topped 100 Million," *NPR*, April 18, 2018, https://www.npr.org/sections/thetwo-way/2018/04/18/603750056/long-kept-secret-amazon-says-number-of-prime-customers-topped-100-million.

105. Ibid.
106. Ibid.
107. Ibid.
108. Michael Liedtke, "Now Starring on the Internet: YouTube.com," *USA Today*, April 9, 2006.
109. Charlie Rose, "A Conversation with the YouTube Co Founders," August 11, 2006, https://charlierose.com/videos/13874.
110. D&B Hoovers, "Company Profile: Youtube, LLC," http://www.hoovers.com/company-information/cs/company-profile.youtube_llc.c21e009f1fe74a2c.html.
111. Todd Spangler, "YouTube Now Has 2 Billion Monthly Users, Who Watch 250 Million Hours on TV Screens Daily," *Variety*, May 3, 2019, https://variety.com/2019/digital/news/youtube-2-billion-users-tv-screen-watch-time-hours-1203204267/; Daisuke Wakabayashi, "YouTube Is a Big Business. Just How Big Is Anyone's Guess," *New York Times*, July 24, 2019, http://www.nytimes.com/2019/07/24/technology/youtube-financial-disclosure-google.html.
112. YouTube, "YouTube for Press," https://www.youtube.com/yt/press/statistics.html.
113. Rose, "A Conversation with the YouTube Co-Founders."
114. Diane Mermigas, "Mermigas on Media," *Hollywood Reporter*, October 24, 2006.
115. 119. Ibid.
116. Ibid.

第四章

1. Katy Waldman, "John Green Is a Hero of the Teen Internet. Is He to Blame for the Controversy Around Him?" *Slate*, July 7, 2015, http://www.slate.com/blogs/browbeat/2015/07/07/john_green_author_of_paper_towns_and_tfios_is_the_most_loved_and_hated_person.html; Alison Flood, "John Green: Having OCD Is an Ongoing Part of My Life," *Guardian*, October 14, 2017, http://www.theguardian.com/books/2017/oct/14/john-green-turtles-all-the-way-down-ocd-interview.
2. "Number of Stations by Format," *News Generation*, https://www.newsgeneration.com/broadcast-resources/number-of-stations-by-format/.
3. D&B Hoovers, "Company Profile: Twenty-First Century Fox, Inc.," http://www.hoovers.com/company-information/cs/company-profile.twenty-first_century_fox_inc.0b822046e0ab357c.html.
4. David Lindquist, "John Green's 'The Fault in Our Stars' Is a Play for the First Time, and It's Close to Home," *Indianapolis Star*, October 4, 2019, http://www.indystar.com/story/entertainment/arts/2019/10/03/john-greens-the-fault-our-stars-play-first-time/2434133001/?utm_source=oembed&utm_medium=onsite&utm_campaign=storylines&utm_content=news&utm_term=2730392002.
5. Annlee Ellingson, "SpaceX Plans to Spin off Starlink, Take It Public," *Bizjournals.com*, February 6, 2020, www.bizjournals.com/losangeles/news/2020/02/06/spacex-plans-to-spin-off-starlink-take-it-public.html.
6. Margaret Talbot, "The Teen Whisperer: How the Author of 'The Fault in Our Stars' Built an Ardent Army of Fans," *New Yorker*, https://www.newyorker.com/magazine/2014/06/09/the-teen-whisperer; Flood, "John Green."
7. David Lindquist, "'Vlogbrothers' John and Hank Green Plan Tour Stop in Carmel," *Indianapolis Star*, February 20, 2020, www.indystar.com/story/entertainment/arts/2020/02/14/john-green-plans-carmel-appearance-vlogbrothers-partner-hank/4762592002/.
8. Flood, "John Green."
9. Ibid.
10. Alexandra Alter, "John Green Tells a Story of Emotional Pain and Crippling Anxiety. His Own," *New York Times*, October 10, 2017, https://www.nytimes.com/2017/10/10/books/john-green-anxiety-obsessive-compulsive-disorder.html.
11. Ibid.
12. Ibid.
13. Talbot, "Teen Whisperer."
14. Waldman, "John Green Is a Hero of the Teen Internet."
15. Alter, "John Green Tells a Story of Emotional Pain and Crippling Anxiety."
16. James D. Hart, *The Popular Book: A History of America's Literary Taste* (New York: Oxford University Press, 1950).
17. Brian Feldman, "If Emojis Are the Future of Communication Then We're Screwed," *Cut*, April 11, 2016, http://nymag.com/thecut/2016/04/people-often-disagree-about-what-emoji-mean.html.
18. Katherine Connor Martin, "New Words Notes January 2018," *Oxford English Dictionary*, January 2018, https://public.oed.com/the-oed-today/recent-updates-to-the-oed/january-2018-update/new-words-notes-january-2018/.
19. Ibid.
20. Ibid.; Bill Katz, *Dahl's History of the Book*, 3rd English ed. (Metuchen, NJ: Scarecrow Press, 1995).
21. Katz, *Dahl's History of the Book*.
22. Ibid.; John J. Goldman and Eileen V. Quigley, "Gutenberg Bible Is Sold for Record $4.9 Million," *Los Angeles Times*, October 23, 1987, http://articles.latimes.com/1987-10-23/news/mn-10733_1_bids.
23. Katz, *Dahl's History of the Book*.
24. Ibid.
25. Stephen E. Ambrose, *Undaunted Courage* (New York: Simon & Schuster, 1996).
26. "Our Latest Update: April 2020," Oxford English Dictionary, https://public.oed.com/updates/.
27. Jonathan Dent, "It's Time to Kvell about Some Awesomesauce New Words: The OED January 2020 Update," Oxford English Dictionary, 2020, https://public.oed.com/blog/new-words-notes-for-january-2020/.
28. Katz, *Dahl's History of the Book*.
29. Hart, *Popular Book*.
30. Katz, *Dahl's History of the Book*.
31. Ibid.
32. Hart, *Popular Book*.
33. Ibid.
34. Katz, *Dahl's History of the Book*.
35. Chris Anderson, *The Long Tail* (New York: Hyperion, 2006).

36. Derek Haines, "How Many Kindle eBooks Are There on Amazon?" *Just Publishing Advice*, May 15, 2018, https://justpublishingadvice.com/how-many-kindle-ebooks-are-there/.
37. Katz, *Dahl's History of the Book*.
38. Doreen Carvajal, "Book Publishers Seek Global Reach and Grand Scale," *New York Times*, October 19, 1998.
39. "About Us," Penguin Random House, http://www.penguinrandomhouse.com/about-us/.
40. David Streitfeld, "Book Report," *Washington Post*, March 14, 1999.
41. Florence Shinkle, "University Presses Seize Upon a Silver Lining," *St. Louis Post-Dispatch*, October 12, 1998.
42. Jim Milliot and Claire Kirch, "Fast-Growing Independent Publishers, 2017," *Publishers Weekly*, April 7, 2017, https://www.publishersweekly.com/pw/by-topic/industry-news/publisher-news/article/73281-fast-growing-independent-publishers-2017.html.
43. Jim Milliot, "Cottage Door Press to Acquire Parragon Assets," *Publishers Weekly*, April 5, 2018, www.publishersweekly.com/pw/by-topic/industry-news/publisher-news/article/76512-cottage-door-press-to-acquire-parragon-assets.html.
44. Hannah Hess, "Senators Propose Rebranding GPO as Government Publishing Office," *Roll Call*, January 22, 2014, www.rollcall.com/news/senators_propose_rebranding_gpo_as_government_publishing_office-230308-1.html; Steve Vogel, "Marking JFK Anniversary, GPO Releases Digital Warren Commission Report," *Washington Post*, November 18, 2013, www.washingtonpost.com/blogs/federal-eye/wp/2013/11/18/marking-jfk-anniversary-gpo-releases-digital-warren-commission-report/.
45. Robert Kiely, "Armageddon, Complete and Uncut," *New York Times*, May 13, 1990, www.nytimes.com/books/97/03/09/lifetimes/king-stand.html.
46. Bureau of Labor Statistics, "Occupational Outlook Handbook: Writers and Authors," U.S. Department of Labor, https://www.bls.gov/ooh/media-and-communication/writers-and-authors.htm.
47. D&B Hoovers, "Company Profile: Ingram Book Group LLC," http://www.hoovers.com/company-information/cs/company profile.ingram_book_group_llc.aaf76ac5e3fa7ef5.html; Ingram, "Book Distribution Worldwide," http://www.ingramcontent.com/publishers/distribution.
48. James Shapiro, "Wariness Greets the Latest Round in the Publishing Wars," *Chronicle of Higher Education*, November 27, 1998.
49. Jim Milliot, "PW's Top News Stories of 2019," *Publishers Weekly*, January 3, 2020, www.publishersweekly.com/pw/by-topic/industry-news/publisher-news/article/82094-pw-s-top-news-stories-of-2019.html.
50. Stuart Lauchlan, "B&N Nukes the NOOK With a 15 March Deadline for Customers to Save Content," *Diginomica*, March 7, 2016, http://diginomica.com/2016/03/07/bn-nukes-the-nook-with-a-15-march-deadline-for-customers-to-save-their-content/; Barnes & Noble, "Barnes & Noble Reports Fiscal 2018 Year-End Financial Results," *Business Wire*, June 21, 2018, https://www.businesswire.com/news/home/20180621005588/en/Barnes-Noble-Reports-Fiscal-2018-Year-End-Financial; D&B Hoovers, "Company Profile: Barnes & Noble Education Inc.," http://www.hoovers.com/company-information/cs/company profile.barnes__noble_education_inc.7799ff43c256e6cb.html.
51. Jill Schlesinger, "Small Bookstores Are Booming after Nearly Being Wiped Out," *CBS News*, November 23, 2018, www.cbsnews.com/news/small-bookstores-are-booming-after-nearly being-wiped-out-small-business-saturday/?fbclid=IwAR2rrz5PUWIHxioCdw2d1iEBK29b3OMVpMbBJJ2EOYzbMrqos1sq-AhtvjM.
52. Carmen Nobel, "How Independent Bookstores Thrived in Spite of Amazon," *Quartz*, November 26, 2017, https://qz.com/1135474/how-independent-bookstores-thrived-in-spite-of-amazon/.
53. Ryan Raffaelli, "Reframing Collective Identity in Response to Multiple Technological Discontinuities: The Novel Resurgence of Independent Bookstores," Harvard Business School, November 15, 2017.
54. J. Gerry Purdy, "Inside Mobile: Why eBooks and eBook Readers Will Eventually Succeed," *eWeek.com*, October 13, 2008, https://www.eweek.com/mobile/inside-mobile-why ebooks-and-ebook-readers-will-eventually-succeed.
55. Doug Levy, "Amazon.com Amazes: On-line Gamble Pays Off With Rocketing Success," *USA Today*, December 24, 1998; Elisabeth Bumiller, "On-line Booksellers: A Tale of Two C.E.O.s," *New York Times*, December 8, 1998.
56. Noor Javed, "Digital Reader Meets Skeptics at Literary Fest," *Toronto Star*, September 29, 2008.
57. Gaby Del Valle, "The High Cost of College Textbooks, Explained," *Vox*, March 6, 2019, www.vox.com/the goods/2019/3/6/18252322/college-textbooks-cost-expensive pearson-cengage-mcgraw-hill.
58. Stephanie Zimmermann, "College Students' Latest Headache? Digital Access Fees on Top of Rising Textbook Prices*,*" *Chicago Sun-Times*, September 13, 2019, https://chicago.suntimes.com/consumer-affairs/2019/9/13/20863263/college-students textbook-savings-online-digital-access-code-cengage-mcgraw hill-merger-student-debt.
59. David Gernon, "Students Are Spending Less on Books by Smart Buying," *CNBC*, August 8, 2017, https://www.cnbc.com/2017/08/08/one-smart-money-lesson-college-freshmen can-learn-from-seniors.html.
60. Eric Johnson, "'The $300 Textbook Is Dead,' Says the CEO of Textbook Maker Pearson," *Vox*, August 2, 2019, https://www.vox.com/recode/2019/8/2/20750863/john-fallon-pearson education-textbook-digital-aida-teachers-kara-swisher-recode decode-podcast.
61. Marc Parry, "Students Get Savvier About Textbook Buying," *Chronicle of Higher Education*, January 27, 2013.
62. "Global E-Textbook Rental Market Growth Opportunities and Forecast 2017–2021," Orbis Research, November 17, 2017, http://orbisresearch.com/reports/index/global-e-textbook-rental market-2017-2021.
63. Jennifer Howard, "For Many Students, Print Is Still King," *Chronicle of Higher Education,* January 27, 2013.
64. Zimmermann, "College Students' Latest Headache?"
65. Lindsay McKenzie, "'Inclusive Access' Takes Off," *Inside

66. *Higher Ed*, November 7, 2017, https://www.insidehighered.com/news/2017/11/07/inclusive-access-takes-model-college-textbook-sales.
66. Ibid.
67. Del Valle, "The High Cost of College Textbooks."
68. Lindsay McKenzie, "Messy Merger Forecast for 'McCengage'," *Inside Higher Ed*, February 19, 2020, www.insidehighered.com/news/2020/02/19/cengage-and-mcgraw-hill-navigate-challenging-merger-delay.
69. Hart, *Popular Book*.
70. Ibid., 93.
71. Katz, *Dahl's History of the Book*.
72. Romance Writers of America, "Romance Fiction Statistics."
73. Dana Flavelle, "Torstar Eyes Convergence," *Toronto Star*, May 2001.
74. Jeff Ayers, "Janet Evanovich Works Hard at Her Easy-to-Read Stephanie Plum Novels," *Seattle Post-Intelligencer*, June 23, 2006.
75. Allen Pierleoni, "Doubling Up: With Her Wisecracking Heroines Stephanie Plum and Alexandra Barnaby, Novelist Janet Evanovich Is on the Move," *Sacramento Bee*, December 5, 2005.
76. Carol Memmott, "Janet Evanovich by the Numbers," *USA Today*, June 25, 2009; Rachel Donadio, "Promotional Intelligence," *New York Times*, March 21, 2006, www.nytimes.com/2006/05/21/books/review/21donadio.html?pagewanted=all&_r=0.
77. Julie Bosman, "A Classic Turns 50, and Parties Are Planned," *New York Times*, May 25, 2010.
78. Roger Cohen, "In Re: Marketing Parameters for Great American Novel," *New York Times*, March 25, 1990.
79. Jeff Gordinier, "Elvish Lives!" *Entertainment Weekly*, December 14, 2001.
80. Douglas A. Anderson, "Note on the Text," in *The Lord of the Rings*, J. R. R. Tolkien (New York: Houghton Mifflin, 1994); Brian Bethune, "The Lord of the Bookshelves," *Maclean's*, December 23, 2002; Gordinier, "Elvish Lives!"; Lev Grossman et al., "Feeding on Fantasy," *Time*, December 2, 2002; Karen Raugust, "Licensing Hotline," *Publishers Weekly*, July 2, 2001.
81. Library of Congress, "Selections From the Cuneiform Tablets Collection: About the Collection," http://international.loc.gov/intldl/cuneihtml/about.html; Katz, *Dahl's History of the Book*.
82. Katz, *Dahl's History of the Book*, 50.
83. Katz, *Dahl's History of the Book*.
84. St. Catherine's Monastery, "Library," http://www.sinaimonastery.com/index.php/en/library; Brigit Katz, "Lost Languages Discovered in One of the World's Oldest Continuously Run Libraries," *Smithsonian Magazine*, September 5, 2017, https://www.smithsonianmag.com/smart-news/long-lost-languages-found-manuscripts-egyptian-monastery-180964698/.
85. Katz, *Dahl's History of the Book*.
86. Katz, *Dahl's History of the Book*; American Library Association, "Number of Libraries in the United States," http://libguides.ala.org/numberoflibraries.
87. Omaha Public Library, "Book Clubs," https://omahalibrary.org/book-clubs/.
88. Kaitlyn Tiffany, "What Public Libraries Will Lose Without Net Neutrality," *Verge*, December 14, 2017, https://www.theverge.com/2017/12/14/16772582/public-libraries-net-neutrality-broadband-access-first-amendment.
89. American Library Association, "Top Ten Most Challenged Books Lists," http://www.ala.org/bbooks/frequentlychallengedbooks/top10.
90. Editorial Board, "Lust and Liberties," *Indianapolis Star*, October 5, 1998.
91. "Book Bans Bring Storm of Debate," *Omaha World-Herald*, September 28, 1998.
92. Chris Taylor, "The Truth About Banned Books Is Stranger Than You Think," *Mashable*, October 1, 2015, http://mashable.com/2015/10/01/banned-books-truth/.
93. Associated Press, "School District Pulls 'Mockingbird' from Reading List," October 13, 2017, *AL.com*, www.al.com/news/2017/10/mississippi_school_district_pu.html.
94. William Breyfogle, "Librarians See Banned Books Week as a Wake-Up Call to Society," *Milwaukee Journal Sentinel*, September 25, 1997.
95. George Takei, "George Takei Recounts Internment's Long Shadow," *High Country News*, November 11, 2019, www.hcn.org/issues/51.19/books-george-takei-recounts-internments-long-shadow?fbclid=IwAR1CkhHCUbpDKrIAnuGmv3bMdV2M81V_oo8NCkKGn_ZAuS2RU7Js7MOpsRU.
96. George Gene Gustines, "A Graphic Novel Remembers Attica," *New York Times*, February 14, 2020, www.nytimes.com/2020/02/14/books/big-black-stand-at-attica-graphic-novel.html.
97. Hart, *Popular Book*.
98. PBS, "Huck Finn Teacher's Guide: About the Book: *Adventures of Huckleberry Finn*," 2000, www.pbs.org/wgbh/cultureshock/teachers/huck/aboutbook.html.
99. Amy E. Schwartz, "Huck Finn Gets the Revisionist Treatment," *Washington Post*, January 10, 1996.
100. Paul Vallely, "They Will Not Be Silenced," *Independent*, February 14, 1998.
101. Barbara Crossette, "Iran Drops Rushdie Death Threat, and Britain Renews Teheran Ties," *New York Times*, September 1998.
102. Douglas Jehl, "New Moves on Rushdie Exposing Iranian Rifts," *New York Times*, October 21, 1998.
103. "Author Banned by British Air," *New York Times*, September 1998.
104. Sarah Lyall, "Rushdie, Free of Threat, Revels in 'Spontaneity,'" *New York Times*, September 26, 1998.
105. Henry Foy, "Rushdie Speech Cancelled Amid Death Threats, Protests," Reuters, January 24, 2012, http://in.reuters.com/article/india-rushdie-cancel-idINDEE80N0AT20120124.
106. Neal, "Sherry Jones Reacts to UK Jewel of Medina Firebombing," *GalleyCat*, September 28, 2008, http://www.adweek.com/galleycat/sherry-jones-reacts-to-uk-jewel-of-medina-firebombing/8806?red=as.
107. Vallely, "They Will Not Be Silenced"; "Write and Wrong—Taslima Has the Courage of Conviction," *Statesman* (India),

October 22, 1998; Melvyn Bragg, "Forging Links With the Writers in Chains," *Times* (London), February 9, 1998.
108. Anderson, *Long Tail*, 40.
109. Jacob Weisberg, "Book End: How the Kindle Will Change the World," *Slate*, March 21, 2009.
110. Lauren Goode, "Amazon Finally Makes a Waterproof Kindle, After 10 Years of Kindles," *Verge*, October 11, 2017, https://www.theverge.com/2017/10/11/16453860/new-amazon-oasis-kindle-waterproof-10th-anniversary.
111. Ibid.
112. Jonathan Segura, "No More E-Books vs. Print Books Arguments, OK?," *NPR*, January 31, 2012, http://www.npr.org/sections/monkeysee/2012/01/31/146140663/no-more-e-books-vs-print-books-arguments-ok.
113. Ibid.
114. Ezra Klein, "Will Books Survive eBooks?," *Washington Post*, May 20, 2011, https://www.washingtonpost.com/blogs/wonkblog/post/will-books-survive-ebooks/2011/05/19/AFHNqz7G_blog.html.
115. Michael Kozlowski, "Global Audiobook Trends and Statistics for 2018," *Good e-Reader*, December 17, 2018, https://goodereader.com/blog/audiobooks/global-audiobook-trends-and-statistics-for-2018.
116. Peter Schrag, *Test of Loyalty: Daniel Ellsberg and the Rituals of Secret Government* (New York: Simon & Schuster, 1974).
117. Janet Reitman, "Snowden and Greenwald: The Men Who Leaked the Secrets," *Rolling Stone*, December 4, 2013, www.rollingstone.com/politics/news/snowden-and-greenwald-the-men-who-leaked-the-secrets-20131204.
118. "Missing the Point of WikiLeaks," *Economist*, December 1, 2010, www.economist.com/blogs/democracyinamerica/2010/12/after_secrets; Marshall Soules, "Harold Adams Innis: The Bias of Communications & Monopolies of Power," *Malaspina University-College*, 2007, www.media-studies.ca/articles/innis.htm.
119. Harold Innis, *Empire and Communications* (Toronto: Dundurn, 2007).
120. Alexander John Watson, "Introduction to the Second Edition," in *The Bias of Communication*, 2nd ed., ed. Harold Innis (Toronto: University of Toronto, 2008).
121. Anderson, *Long Tail*.
122. Ingram, "Book Distribution Worldwide."
Jim Milliot, "Print Sales Up Again in 2017," *Publisher's Weekly*, January 5, 2018, https://www.publishersweekly.com/pw/by-topic/industry-news/bookselling/article/75760-print-sales-up-again-in-2017.html.

第五章

1. Paul Farhi, "*Washington Post* to Be Sold to Jeff Bezos, the Founder of Amazon," *Washington Post*, August 5, 2013, http://www.washingtonpost.com/national/washington-post-to-be-sold-to-jeff-bezos/2013/08/05/ca537c9e-fe0c-11e2-9711-3708310f6f4d_story.html.
2. Paul Farhi, "Jeffrey Bezos, *Washington Post*'s Next Owner, Aims for a New 'Golden Era' at the Newspaper," *Washington Post*, September 3, 2013, http://www.washingtonpost.com/lifestyle/style/jeffrey-bezos-washington-posts-next-owner-aims-for-a-new-golden-era-at-the-newspaper/2013/09/02/30c00b60-13f6-11e3-b182-1b3bb2eb474c_story.html; Craig Timberg and Jia Lynn Yang, "The Sale of the *Washington Post*: How the Unthinkable Choice Became the Clear Path," *Washington Post*, August 6, 2013, http://www.washingtonpost.com/business/technology/2013/08/06/46216532-fed7-11e2-9711-3708310f6f4d_story.html.
3. Victor Luckerson, "Jeff Bezos Makes His First Major Move at the *Washington Post*," *Time*, March 19, 2014, http://www.time.com/30243/jeff-bezos-makes-his-first-major-move-at-the-washington-post/.
4. Kyle Pope, "Revolution at the *Washington Post*," *Columbia Journalism Review*, November 2016, http://www.cjr.org/q_and_a/washington_post_bezos_amazon_revolution.php.
5. Ken Doctor, "'Profitable' *Washington Post* Adding More Than Five Dozen Journalists," *POLITICO*, December 27, 2016, http://www.politico.com/media/story/2016/12/the-profitable-washington-post-adding-more-than-five-dozen-journalists-004900.
6. Pope, "Revolution."
7. Joe Pompeo, "'When Your Owner Is Richer Than God, It's Easier to Get Uppity': Discontent at the *Washington Post* as the Union Targets Jeff Bezos," *Vanity Fair*, June 2018, http://www.vanityfair.com/news/2018/06/washington-post-union-jeff-bezos.
8. Pete Vernon, "Trump's War on the *Washington Post*," *Columbia Journalism Review*, April 6, 2018, http://www.cjr.org/the_media_today/trump-amazon-bezos.php.
9. Paige Leskin, "Jeff Bezos' Nudes Were Reportedly Leaked When His Girlfriend Lauren Sanchez Sent Them to Her Brother, in a New Twist to the Dramatic Saga—Here's Everything We Know so Far," *Business Insider*, January 27, 2020, http://www.businessinsider.com/jeff-bezos-national-enquirer-investigation-timeline-2019-2.
10. Jim Rutenberg and Karen Weise, "Jeff Bezos Accuses *National Enquirer* of 'Extortion and Blackmail,'" *New York Times*, February 7, 2019, http://www.nytimes.com/2019/02/07/technology/jeff-bezos-sanchez-enquirer.html.
11. Brian McNair, *News and Journalism in the UK* (London: Routledge, 1994).
12. Bill Katz, *Dahl's History of the Book,* 3rd English ed. (Metuchen, NJ: Scarecrow Press, 1995).
13. James D. Hart, *The Popular Book: A History of America's Literary Taste* (New York: Oxford University Press, 1950).
14. Michael Schudson, *Discovering the News* (New York: Basic Books, 1978).
15. Katz, *Dahl's History of the Book*, 218.
16. Hazel Dicken-Garcia, *Journalistic Standards in Nineteenth Century America* (Madison: University of Wisconsin Press, 1989).
17. Schudson, *Discovering the News*.
18. George H. Douglas, *The Golden Age of the Newspaper* (Westport, CT: Greenwood Press, 1999).
19. McNair, *News and Journalism in the UK*.
20. Ibid.
21. Schudson, *Discovering the News*, 60.

22. Dicken-Garcia, *Journalistic Standards in Nineteenth-Century America*, 52.
23. Kevin J. Delaney, "Bill Gates: If Anybody Says We Don't Need the Media, That's a Little Scary," *Quartz*, February 14, 2017, https://qz.com/909840/bill-gates-if-anybody-says-we-dont-need-the-media-thats-a-little-scary/.
24. Paul H. Weaver, *News and the Culture of Lying* (New York: Free Press, 1994).
25. George Juergens, *Joseph Pulitzer and the New York World* (Princeton, NJ: Princeton University Press, 1966).
26. Brooke Kroeger, *Nellie Bly: Daredevil, Reporter, Feminist* (New York: Times Books, 1994).
27. Ibid.
28. Michael L. Carlebach, *The Origins of Photojournalism in America* (Washington, DC: Smithsonian Institution Press, 1992).
29. James Playsted Wood, *Magazines in the United States*, 3rd ed. (New York: Ronald Press Company, 1971).
30. Louis Joughin, "Introduction," in *The Shame of the Cities*, ed. Lincoln Steffens (New York: Hill and Wang, 1957).
31. Wood, *Magazines in the United States*.
32. Ibid.
33. Vicki Goldberg, *Margaret Bourke-White* (New York: Harper & Row, 1986).
34. Ibid.
35. 35. Ibid.
36. 36. Ibid., 259.
37. D&B Hoovers, "Company Profile: Time Inc.," http://www.hoovers.com/company-information/cs/company-profile.time_inc.66ca6f856feacdea.html; David Carr and Ravi Somaiya, "Saddled With Debt, Time Inc. Sets a Lonely Course in a Shifting Market," *International New York Times*, June 10, 2014.
38. Joe Nocera, "RIP, Time, Inc. It Was Fun While It Lasted," *Bloomberg*, November 27, 2017, https://www.bloomberg.com/view/articles/2017-11-27/rip-time-magazine-meredith-will-make-you-fade-away.
39. William S. Paley, *As It Happened: A Memoir* (Garden City, NY: Doubleday, 1979).
40. Ben H. Bagdikian, *The New Media Monopoly* (Boston: Beacon Press, 2004).
41. Paley, *As It Happened*.
42. Edward Bliss, *Now the News: The Story of Broadcast Journalism* (New York: Columbia University Press, 1991).
43. Richard Zoglin, "Inside the World of CNN: How a Handful of News Executives Make Decisions Felt Round the World," *Time*, January 6, 1992.
44. Ken Auletta, *Three Blind Mice: How the TV Networks Lost Their Way* (New York: Random House, 1991).
45. Peter Johnson, "Fox News Enjoys New View—From the Top," *USA Today*, April 4, 2002.
46. Brian Lowry, "On Cable News, It's All Shoutmanship," *Los Angeles Times*, March 5, 2003; A. J. Katz, "The Top Cable Networks of April 2018," *TVNewser*, May 2, 2018, https://www.adweek.com/tvnewser/the-top-cable-networks-of-april-2018/363575.
47. Katerina Eva Matsa, "Fewer Americans Rely on TV News; What Type They Watch Varies by Who They Are," *Pew Research Center*, January 5, 2018, http://www.pewresearch.org/fact-tank/2018/01/05/fewer-americans-rely-on-tv-news-what-type-they-watch-varies-by-who-they-are/.
48. 48. McNair, *News and Journalism in the UK*.
49. 49. Bagdikian, *New Media Monopoly*.
50. "The State of the News Media 2016," *Pew Research Center*, June 15, 2016, https://www.journalism.org/2016/06/15/state-of-the-news-media-2016/2006/.
51. Michael Barthels, "Newspapers Fact Sheet," *Pew Research Center*, July 9, 2019, https://www.journalism.org/fact-sheet/newspapers/.
52. 52. Ibid.
53. Jonathan O'Connell and Rachel Siegel, "America's Two Largest Newspaper Chains Are Joining Forces. Will It Save Either?" *Washington Post*, August 5, 2019, http://www.washingtonpost.com/business/2019/08/05/gannett-merge-with-gatehouse-media/.
54. Barbara Allen, "Gannett Layoffs Underway at Combined New Company," *Poynter*, February 28, 2020, www.poynter.org/business-work/2020/gannett-layoffs-underway-at-combined-new-company/.
55. Johnnie L. Roberts, "The Paperless Paper," *Newsweek*, October 28, 2008.
56. Sinéad O'Brien, "The Last of the Color Holdouts," *American Journalism Review*, December 1997, 15.
57. "Newspapers: Circulation at the Top 5 U.S. Newspapers Reporting Monday-Friday Averages," *Pew Research Center*, September 30, 2014, https://www.pewresearch.org/wp-content/uploads/sites/8/2017/05/state-of-the-news-media-report-2014-final.pdf.
58. James McCartney, "*USA Today* Grows Up," *American Journalism Review*, September 1997.
59. 59. "Newspapers."
60. "USA Today," Nieman Journalism Lab, http://www.niemanlab.org/encyclo/usa-today/.
61. Rob Lenihan, "Marking *Times*'s Color Milestone," *Editor & Publisher* 131, no. 39 (1998).
62. D&B Hoovers, "Company Profile: The New York Times Company," http://www.hoovers.com/company-information/cs/company-profile.the_new_york_times_company.2aefe2f2b952d93c.html.
63. Mario R. Garcia, "Color for a New Millennium," *Editor & Publisher* 131, no. 39 (1998).
64. Ben Bradlee, *A Good Life: Newspapering and Other Adventures* (New York: Simon & Schuster, 1995).
65. Claire Atkinson, "The *Washington Post* Still Plays Catch-Up, but Is Gaining on the *Times*," *NBC* News, December 28, 2017, https://www.nbcnews.com/news/us-news/washington-post-still-plays-catch-gaining-times-n833236.
66. Charles Rappleye, "Are New Ideas Killing the *L.A. Times*?" *Columbia Journalism Review*, November/December 1994.
67. 67. "Pulitzer Prizes for the *Los Angeles Times*," *Los Angeles Times*.
68. Jeremy Barr, "Journalists Boycott Disney Films After *L.A. Times* Snub," *Hollywood Reporter*, November 6, 2017, http://www.hollywoodreporter.com/news/journalists-boycott-disney-films-la-times-snub-1055338?utm_source=sailthru&utm_medium=email&utm_

term=ABN_MorningMediaNewsfeed&utm_campaign=MorningMediaNewsfeed_Newsletter_2017110708&s_id=57e9a1372ddf9c7ef38aa7e8.

69. Sydney Ember and Brooks Barnes, "Disney Ends Ban on *Los Angeles Times* Amid Fierce Backlash," *New York Times*, November 7, 2017, https://www.nytimes.com/2017/11/07/business/disney-la-times.html; Emily VanDerWerff, Twitter post, November 7, 2017, 12:33 p.m., https://twitter.com/tvoti/status/927952033788735490.

70. Jock Lauterer, *Community Journalism: Relentlessly Local*, 3rd ed. (Chapel Hill: University of North Carolina Press, 2006).

71. Charles Bermant, "Hometown Newspapers Use Web to Strengthen Communities," *CNN*, August 21, 1998, http://www.cnn.com/TECH/computing/9808/21/hometown.idg/.

72. Michael Barthel, Jesse Holcomb, Jessica Mahone, and Amy Mitchell, "Civic Engagement Strongly Tied to Local News Habits," *Pew Research Center*, November 1, 2016, http://assets.pewresearch.org/wp-content/uploads/sites/13/2016/11/02163924/PJ_2016.11.02_Civic-Engagement_FINAL.pdf.

73. Erik Wemple, "*Storm Lake Times* Pulitzer Winner: 'They Give You 15 Grand. That's Worth It,'" *Washington Post*, April 10, 2017, https://www.washingtonpost.com/blogs/erik-wemple/wp/2017/04/10/storm-lake-times-pulitzer-winner-they-give-you-15-grand-thats-worth-it/?utm_term=.9ef48e885ec1.

74. Doris A. Graber, *Mass Media and American Politics*, 7th ed. (Washington, DC: CQ Press, 2006).

75. 75. Ibid.

76. 76. Ibid.

77. Herbert Gans, *Deciding What's News* (New York: Pantheon Books, 1979).

78. Emily Witt, "Calling B.S. in Parkland, Florida," *New Yorker*, February 17, 2018, https://www.newyorker.com/news/news-desk/three-days-in-parkland-florida.

79. 79. Gans, *Deciding What's News*.

80. Stanley Rothman, "Introduction," in *The Mass Media in Liberal Democratic Societies*, ed. Stanley Rothman (New York: Paragon House, 1992).

81. Jay Rosen, "So Whaddaya Think: Should We Put Truthtelling Back Up There at Number One?" *PressThink*, January 12, 2012, http://pressthink.org/2012/01/so-whaddaya-think-should-we-put-truthtelling-back-up-there-at-number-one/.

82. Jay Rosen, "The View From Nowhere: Questions and Answers," *PressThink*, November 10, 2010, http://pressthink.org/2010/11/the-view-from-nowhere-questions-and-answers/.

83. Ibid.

84. Recode Staff, "Full Transcript: New York University Journalism Professor Jay Rosen," *Recode*, February 3, 2017, https://www.recode.net/2017/2/3/14503050/full-transcript-new-york-university-journalism-professor-jay-rosen-trump-facts.

85. Ibid.

86. Jeffrey Gottfried, Michael Barthel, and Amy Mitchell, "Trump, Clinton Voters Divided in the Main Source for Election News," *Pew Research Center*, January 18, 2017, http://www.journalism.org/2017/01/18/trump-clinton-voters-divided-in-their-main-source-for-election-news/.

87. Shawn Langlois, "How Does Your Favorite New Source Rate on the 'Truthiness' Scale? Consult This Chart," *MarketWatch*, December 17, 2016, https://www.marketwatch.com/story/how-does-your-favorite-news-source-rate-on-the-truthiness-scale-consult-this-chart-2016-12-15.

88. Ibid.

89. "1370 Journalists Killed Between 1992 and 2020," *Committee to Protect Journalists*, https://cpj.org/data/killed/?status=Killed&motiveConfirmed%5B%5D=Confirmed&type%5B%5D=Journalist&start_year=1992&end_year=2020&group_by=year.

90. Martin Baron, "Remarks by *Washington Post* Executive Editor Martin Baron at the 2018 Fourth Estate Awards," *Washington Post*, November 30, 2018, http://www.washingtonpost.com/amphtml/pr/2018/11/30/remarks-by-washington-post-executive-editor-martin-baron-fourth-estate-awards/?utm_term=.dbdcd245a543&__twitter_impression=true.

91. "Journalism in Syria, Impossible Job?" *Reporters Without Borders for Freedom of Information*, November 6, 2013, https://rsf.org/en/reports/journalism-syria-impossible-job; Elle Shearer, "In Syria, Freelancers Like James Foley Cover a Dangerous War Zone With No Front Lines," *Washington Post*, August 22, 2014, http://www.washingtonpost.com/opinions/in-syria-freelancers-like-ames-foley-covera-dangerous-war-zone-with-no-front-lines/2014/08/22/25e4bfda-295b-11e4-86ca-6f03cbd15c1a_story.html; Karen DeYoung and Adam Goldman, "Islamic State Claims It Executed American Photojournalist James Foley," *Washington Post*, August 20, 2014, http://www.washingtonpost.com/world/national-security/islamic-state-claims-it-beheaded-american-photojournalist-james-foley/2014/08/19/42e83970-27e6-11e4-86ca-6f03cbd15c1a_story.html.

92. "Two Photojournalists Killed in Libyan City of Misrata," *BBC News*, April 21, 2011, http://www.bbc.co.uk/news/uk-13151490.

93. David W. Dunlap, James Estrin, and Kerri Macdonald, "Parting Glance: Tim Hetherington," *New York Times*, April 2011, https://lens.blogs.nytimes.com/2011/04/20/parting-glance-tim-hetherington/.

94. Derek Hawkins, "Army Combat Photographer Snapped One Last Picture—Seconds Before an Explosion Killed Her," *Washington Post*, May 3, 2017, https://www.washingtonpost.com/news/morning-mix/wp/2017/05/03/army-combat-photographer-snapped-one-last-picture-seconds-before-an-explosion-killed-her/?utm_term=.04483af4cea6.

95. "BBC's Alan Johnston Is Released," *BBC News*, July 4, 2007, http://news.bbc.co.uk/2/hi/6267928.stm.

96. Howard Kurtz, "Mission Impossible?" *Washington Post*, August 28, 2006, http://www.washingtonpost.com/wp-dyn/content/blog/2006/08/28/BL2006082800239.html.

97. Charles A. Simmons, *The African American Press* (Jefferson, NC: McFarland, 1998).

98. Ibid.

99. Roland E. Wolseley, *The Black Press, U.S.A.*, 2nd ed. (Ames: Iowa State University Press, 1990).

100. Simmons, *African American Press*.

101. Wolseley, *Black Press, U.S.A.*

102. Jessica Madore Fitch, "Four Companies Vying for *Chicago*

Defender," *Chicago Sun-Times*, May 1, 2000; Jim Romenesko, "*Chicago Defender* Lays Off Top Editors, Falls Months Behind on Rent," *Poynter*, October 24, 2011, https://www.poynter.org/news/chicago-defender-lays-top-editors-falls-months-behind-rent.

103. Mitchell Armentrout, "'An Essential Force in American History,' *Chicago Defender* to Stop Print Publication," *Chicago Sun-Times*, July 5, 2019, https://chicago.suntimes.com/business/2019/7/5/20683442/chicago-defender-ends-print-edition-digital-only-platform.

104. "Trends and Facts on Hispanic and African-American News: State of the News Media," *Pew Research Center*, July 9, 2019, http://www.journalism.org/fact-sheet/hispanic-and-black-news-media/.

105. "El Nuevo Herald," *McClatchy*, 2016, http://www.mcclatchy.com/2012/06/27/2739/el-nuevo-herald.html; "Hispanic and African-American New Media Fact Sheet." Brooke Gladstone, "Tale of Two *Heralds*," *WNYC*, October 6, 2006, http://www.wnyc.org/story/128569-tale-of-two-heralds/.

106. Eytan Avriel, "*NY Times* Publisher: Our Goal Is to Manage the Transition From Print to Internet," *Haaretz*, February 8, 2007.

107. "Future Forum," *Ad Age*, September 20, 1999.

108. Jennifer Saba, "All the News That's Fit to Swipe," *Breaking Views*, July 26, 2017, https://www.breakingviews.com/considered-view/new-york-times-could-risk-all-digital-bet/?utm_source=CNN+Media%3A+Reliable+Sources&utm_campaign=272bb71487-EMAIL_CAMPAIGN_2017_06_06&utm_medium=email&utm_term=0_e95cdc16a9-272bb71487-81549889.

109. Michael Meyer, "Brick by Brick," *Columbia Journalism Review*, June 26, 2014, http://www.cjr.org/cover_story/washington_post_jeff_bezos.php?page=all.

110. WashPostPR, "*Washington Post* Executive Editor Martin Baron on Journalism's Transition From Print to Digital," *Washington Post*, April 8, 2015, https://www.washingtonpost.com/pr/wp/2015/04/08/washington-post-executive-editor-martin-baron-on-journalisms-transition-from-print-to-digital/.

111. Ibid.

112. Jill Lepore, et al., "Does Journalism Have a Future?" *New Yorker*, January 28, 2019, http://www.newyorker.com/magazine/2019/01/28/does-journalism-have-a-future.

113. Laura Owen, "Most Americans Think That Local News Is Doing Well Financially, and Not Many Pay for It," *Nieman Lab*, March 26, 2019, http://www.niemanlab.org/2019/03/most-americans-think-that-local-news-is-doing-well-financially-and-not-many-pay-for-it/.

114. Julie Bosman, "How the Collapse of Local News Is Causing a 'National Crisis,'" *New York Times*, November 20, 2019, https://www.nytimes.com/2019/11/20/us/local-news-disappear-pen-america.html?smtyp=cur&smid=fb-nytimes.

115. Anna Clark, "How an Investigative Journalist Helped Prove a City Was Being Poisoned With Its Own Water," *Columbia Journalism Review*, November 3, 2015, http://www.cjr.org/united_states_project/flint_water_lead_curt_guyette_aclu_michigan.php.

116. Denise Robbins, "Analysis: How Michigan and National Reporters Covered the Flint Water Crisis," *Media Matters for America*, February 2, 2016, https://www.mediamatters.org/research/2016/02/02/analysis-how-michigan-and-national-reporters-co/208290.

117. Paul Donoughue, "Why All Your Favourite Songs Sound the Same," *ABC News* (Australia), January 22, 2018, www.abc.net.au/news/2018-01-16/why-all-your-favourite-songs-sound-the-same/9329180.

118. Jeremy Littau, "The Crisis Facing American Journalism Did Not Start With the Internet," *Slate*, January 26, 2019, https://slate.com/technology/2019/01/layoffs-at-media-organizations-the-roots-of-this-crisis-go-back-decades.html.

119. Adam Gabbatt, "US Newspapers Face 'Extinction-Level' Crisis as Covid-19 Hits Hard," *Guardian*, April 9, 2020, http://www.theguardian.com/media/2020/apr/09/coronavirus-us-newspapers-impact?CMP=share_btn_fb&fbclid=IwAR2te-Dp88QHubmZxjXjJRun0t-VzJW6vgZsvOHT1AHis6vqvD119lLJL2c.

120. Penelope Muse Abernathy, *The Expanding News Desert* (Chapel Hill: University of North Carolina Press, 2018), 1–104.

121. Ibid.

122. Wendy Guild Swearingen, "Halpern Takes on Graphic Narrative," *Buffalo Spree*, May 2017, http://www.buffalospree.com/Buffalo-Spree/May-2017/Halpern-takes-on-graphic-narrative/.

123. Michael Cavna, "Cartooning Pulitzer Goes to a Game Changer: An Electronic Comic Book by Two Creators," *Washington Post*, April 16, 2018, https://www.washingtonpost.com/news/comic-riffs/wp/2018/04/16/cartooning-pulitzer-goes-to-a-game-changer-an-electronic-comic-book-by-two-creators/.

124. Bruce Headlam, "*Times* Journalists Use Words, Photos, Graphics, and Video. And Now, a Comic Strip," *New York Times*, May 12, 2017, https://www.nytimes.com/2017/05/12/insider/times-journalists-use-words-photos-graphics-and-video-and-now-a-comic-strip.html.

125. Swearingen, "Halpern Takes on Graphic Narrative."

第六章

1. Joe Coscarelli, "Kendrick Lamar Wins Pulitzer in 'Big Moment' for Hip-Hop," *New York Times*, April 16, 2018, https://www.nytimes.com/2018/04/16/arts/music/kendrick-lamar-pulitzer-prize-damn.html.

2. Michael Paulson, "Lin-Manuel Miranda, Creator and Star of 'Hamilton,' Grew Up on Hip-Hop and Show Tunes," *New York Times*, April 12, 2015, https://www.nytimes.com/2015/08/16/theater/lin-manuel-miranda-creator-and-star-of-hamilton-grew-up-on-hip-hop-and-show-tunes.html.

3. Ibid.

4. Anthony Tommasini and Jon Caramanica, "Exploring 'Hamilton' and Hip-Hop Steeped in Heritage," *New York Times*, August 27, 2015, https://www.nytimes.com/2015/08/30/theater/

exploring-hamilton-and-hip-hop-steeped-in-heritage.html.
5. Ibid.
6. Mark Binelli, "'Hamilton' Creator Lin-Manuel Miranda: The *Rolling Stone* Interview," *Rolling Stone*, June 1, 2016, https://www.rollingstone.com/music/features/hamilton-creator-lin-manuel-miranda-the-rolling-stone-interview-20160601.
7. Ibid.
8. Daniel Kreps, "Lin-Manuel Miranda, Ben Platt Release New Song for March for Our Lives," *Rolling Stone*, March 19, 2018, https://www.rollingstone.com/music/news/lin-manuel-miranda-shares-new-song-for-march-for-our-lives-w518009; Sidney Madden, "Lin-Manuel Miranda's Latest Hamildrop Features Many Elizas," *NPR*, April 30, 2018, https://www.npr.org/sections/allsongs/2018/04/30/607065531/lin-manuel-mirandas-latest-hamildrop-features-all-the-elizabeths.
9. John Lynch, "For the First Time in History, Hip-Hop Has Surpassed Rock to Become the Most Popular Music Genre, According to Nielsen," *Business Insider*, January 4, 2018, http://www.businessinsider.com/hip-hop-passes-rock-most-popular-music-genre-nielsen-2018-1.
10. Kelly McBride, "NPR's New Public Editor: I Thought Listening to the News Would Be Easier," *NPR*, April 22, 2020, http://www.npr.org/sections/publiceditor/2020/04/22/839650891/nprs-new-public-editor-i-thought-listening-to-the-news-would-be-easier.
11. Neil Baldwin, *Edison: Inventing the Century* (New York: Hyperion, 1995).
12. Roland Gelatt, *The Fabulous Phonograph, 1877–1977* (New York: Macmillan, 1977).
13. Baldwin, *Edison*.
14. Gelatt, *Fabulous Phonograph*.
15. Ibid., 63.
16. Charles Hamm, "The Phonograph as Time-Machine" (paper presented at *The Phonograph and Our Musical Life*, Brooklyn College, New York, 1980).
17. Gelatt, *Fabulous Phonograph*.
18. Ken C. Pohlmann, "The Last Compact Disc," *Stereo Review*, May 1996.
19. Isaac Asimov, *Isaac Asimov's Biographical Encyclopedia of Science and Technology*, rev. ed. (New York: Avon Books, 1972).
20. Ibid.; Kenneth Bilby, *The General: David Sarnoff and the Rise of the Communications Industry* (New York: Harper & Row, 1986).
21. Bilby, *General*.
22. Ibid., 39.
23. Ibid.
24. Ibid.
25. Burton Paulu, *Television and Radio in the United Kingdom* (Minneapolis: University of Minnesota Press, 1981).
26. Ibid.
27. Lewis J. Paper, *Empire: William S. Paley and the Making of CBS* (New York: St. Martin's Press, 1987).
28. Muriel G. Cantor and Suzanne Pingree, *The Soap Opera*, ed. F. Gerald Kline, The Sage Commtext Series (Thousand Oaks, CA: SAGE, 1983).
29. Christine Fix, "*General Hospital* Celebrates 13,000 Episodes," *Soaps*, February 20, 2014, http://soaps.sheknows.com/general-hospital/news/37373/general-hospital-celebrates-13000-episodes.
30. Ibid.
31. Julius Lester, "Foreword," in *Playing the FM Band: A Personal Account of the Free Radio*, ed. Steve Post (New York: Viking Press, 1974), vii.
32. Nina Huntemann, "Corporate Interference: The Commercialization and Concentration of Radio Post the 1996 Telecommunications Act," *Journal of Communication Inquiry* 23, no. 4 (1999): 390–407.
33. Roy Bragg, "Clear Channel: Owning the Waves," *San Antonio Express-News*, February 4, 2003, 1; Kenneth Creech, *Electronic Media Law and Regulation*, 3rd ed. (Boston: Focal Press, 2000).
34. "House Members Call on FCC Inspector General to Investigate Hidden Studies on Media Consolidation," *US Fed News*, September 21, 2006.
35. L. A. Lorek, "FCC Review Could Clip Clear Channel; Commission Might Limit Ownership of Radio Stations," *San Antonio Express-News*, May 17, 2003, 1.
36. Seth Fiegerman, "End of an Era: Clear Channel Rebrands as iHeartMedia," *Mashable*, September 16, 2014, https://mashable.com/2014/09/16/clear-channel-iheartmedia/.
37. D&B Hoovers, "Company Profile: Iheartmedia, Inc.," https://www.dnb.com/business-directory/company-profiles.cc_media_holdings_inc.ab9301d5f8b46459ea80184bb5d056b3.html.
38. Debbie Weingarten, "America's Rural Radio Stations Are Vanishing—and Taking the Country's Soul with Them," *Guardian*, June 6, 2019, http://www.theguardian.com/tv-and-radio/2019/jun/06/radio-silence-how-the-disappearance-of-rural-stations-takes-americas-soul-with-them.
39. Jeff Smith, "Radio Automation," *Radio*, May 1, 2006, 22.
40. "Audio and Podcasting Fact Sheet," *Pew Research Center*, June 16, 2017, http://www.journalism.org/fact-sheet/audio-and-podcasting/?utm_content=buffer60d03&utm_medium=social&utm_source=twitter.com&utm_campaign=buffer; Jeremy Laukkonen, "The Problem with HD Radio," *Lifewire*, March 21, 2017, https://www.lifewire.com/problem-with-hd-radio-534510; Edison Research, "The Infinite Dial 2020," http://www.edisonresearch.com/wp-content/uploads/2020/03/The-Infinite-Dial-2020-from-Edison-Research-and-Triton-Digital.pdf.
41. Sirius XM Holdings Inc., "Investor Relations," http://investor.siriusxm.com/investor-overview/default.aspx#reports-tab4.
42. Cecilia Kang, "Liberty Extends $530 Million Loan to Bail Out Sirius XM," *Washington Post*, February 18, 2009; D&B Hoovers, "Company Profile: Liberty Media Corporation," http://www.hoovers.com/company-information/cs/company-profile.liberty_media_corporation.06a24bdf96f162ec.html.
43. Ana Marie Cox, "Howard Stern and the Satellite Wars," *Wired*, March 2005.
44. Libby Copeland, "Is Howard Stern Going Soft or Just Getting Sharper?" *Washington Post*, December 14, 2015, https://www.washingtonpost.com/lifestyle/is-howard-stern-going-soft-or-just-getting-sharper/2015/12/13/691d8cfe-9ddc-11e5-a3c5

-c77f2cc5a43c_story.html.
45. Leonard Wiener, "Radio's Next Wave: 9 Kinds of Latin Music," *U.S. News & World Report*, August 2, 1999, 70.
46. Edison Research, "The Infinite Dial 2018," http://www.edisonresearch.com/infinite-dial-2018/.
47. Edison Research, "The Infinite Dial 2020."
Ibid.
48. "Which Smart Speaker Should You Buy?" *CNET*.
49. Adam Clark Estes, "Don't Buy Anyone an Echo," *Gizmodo*, December 5, 2017, https://gizmodo.com/dont-buy-anyone-an-echo-1820981732.
50. Matt Day, "Amazon Workers Are Listening to What You Tell Alexa," *Bloomberg*, April 10, 2019, http://www.bloomberg.com/news/articles/2019-04-10/is-anyone-listening-to-you-on-alexa-a-global-team-reviews-audio.
51. "Audio and Podcasting Fact Sheet."
52. Byron Acohido, "Radio to the MP3 Degree: Podcasting," *USA Today*, February 9, 2005; Marco R. della Cava, "Podcasting: It's All Over the Dial," *USA Today*, February 9, 2005; Erika Gonzalez, "Podcast Power: Diversity of Free Audio Programs Expands as Technology Catches On," *Rocky Mountain News*, September 23, 2005, 26D.
53. Benny Evangelista, "Jobs Announces iTunes Will Accommodate Podcasts," *San Francisco Chronicle*, May 23, 2005.
54. Nelson Branco, "Rob Cesternino Leads the Reality Tribe," *24 Hours Toronto*, November 25, 2015.
55. Mike Bloom, "How Rob Cesternino and 'Rob Has a Podcast' Changed the Face of *Survivor* Coverage," *Parade*, February 10, 2020, https://parade.com/993161/mikebloom/rob-cesternino-survivor-podcast-interview/.
56. Nelson Branco, "Rob Cesternino Leads the Reality Tribe."
57. Edison Research, "The Infinite Dial 2020;" "Audio and Podcasting Fact Sheet."
58. Ronald Byrnside, "The Formation of a Musical Style: Early Rock," in *Contemporary Music and Music Cultures*, ed. Charles Hamm, Bruno Nettl, and Ronald Byrnside (Englewood Cliffs, NJ: Prentice-Hall, 1975).
59. James Miller, *Flowers in the Dustbin: The Rise of Rock and Roll, 1947–1977* (New York: Simon & Schuster, 1999).
60. Gerald Early, *One Nation Under a Groove: Motown and American Culture* (Hopewell, NJ: Ecco Press, 1995).
61. Miller, *Flowers in the Dustbin*.
62. Ibid., 31.
63. Byrnside, "Formation of a Musical Style."
Miller, *Flowers in the Dustbin*.
64. Ibid., 72.
65. Ibid., 83.
66. Ibid., 105.
67. Ibid., 37.
68. Early, *One Nation Under a Groove*.
69.71. Ibid., 105.
70. Allan F. Moore, *The Beatles: Sgt. Pepper's Lonely Hearts Club Band* (Cambridge, UK: Cambridge University Press, 1997); Patricia Romanowski, Holly George-Warren, and Jon Pareles, eds., *The New Rolling Stone Encyclopedia of Rock & Roll*, completely revised and updated ed. (New York: Rolling Stone Press, 1995).
71. Moore, *Beatles*.
72. Early, *One Nation Under a Groove*.
73. Miller, *Flowers in the Dustbin*.
74. Moore, *Beatles*.
75. Christopher John Farley, "A Hitmaker and a Gentleman," *Time*, November 11, 1996, 90; "New Babyface/David E. Talbert Musical Set Premiering at Beacon Theater," *PR Newswire*, May 2001; "Bio," Babyface, http://www.babyfacemusic.com/.
76. Romanowski et al., *New Rolling Stone Encyclopedia of Rock & Roll*.
77. Ibid.
78. Mickey Hess, ed., *Hip Hop in America: A Regional Guide* (New York: Greenwood Press, 2010), viii.
79. Hess, *Hip Hop in America*, xi.
80. Brian Longhurst, *Popular Music and Society* (Cambridge, UK: Polity Press, 1995).
81. Marina Terkourafi, *Language of Global Hip Hop* (London: Continuum International, 2010).
82. Laura Atallah, "This Syrian Rapper Risked Everything For Freedom. Now He Wants the World to Listen," *Huck*, August 2017, https://www.huckmag.com/art-and-culture/music-2/syrian-rapper-berline-exile-mohammad-abu-hajar/.
83.85. Ibid.
84. Bruce Feiler, "Gone Country," *New Republic*, February 5, 1996, 19–20.
85. Bobby Reed, "'Murder' Numbers; Country Radio Makes a Killing—Is It Killing Country?" *Chicago Sun-Times*, October 8, 2000.
86. David Browne et al., "100 Greatest Country Artists of All Time," *Rolling Stone*, June 15, 2017, https://www.rollingstone.com/country/lists/100-greatest-country-artists-of-all-time-w486191.
87.89. Feiler, "Gone Country."
90. Ibid.
88. "Radio Today 2013: How America Listens to Radio," *Arbitron*, 2013, http://www.arbitron.com/downloads/Radio_Today_2013_execsum.pdf; Nielsen, "Tops of 2015: Audio," *Media and Entertainment*, December 17, 2015, http://www.nielsen.com/us/en/insights/news/2015/tops-of-2015-audio.html.
89. "Number of Stations by Format," *News Generation*, https://www.newsgeneration.com/broadcast-resources/number-of-stations-by-format/.
90. Richard Corliss, "Look Who's Talking," *Time*, January 23, 1995, 22–25.
91. Judy Rene Sims, "Talk, Talk, Talk: Opinion or Fact?" *Journalism History* 22 (Winter 1997): 173; Jeffrey Gottfried, Michael Barthel, Elisa Shearer, and Amy Mitchell, "The 2016 Presidential Campaign—A News Event That's Hard to Miss," *Pew Research Center*, February 4, 2016, http://www.journalism.org/2016/02/04/the-2016-presidential-campaign-a-news-event-thats-hard-to-miss/.
92.95. Corliss, "Look Who's Talking."
Brian Stelter, "For Conservative Radio, It's a New Dawn, Too," *New York Times*, December 22, 2008.

93. Jennifer Harper, "Hannity Ranked No. 1 Among the Top 100 Talk Radio Gods," *Washington Times*, June 6, 2019, www.washingtontimes.com/news/2019/jun/6/inside-the-beltway-talk-radio-gods-rank-sean-hanni/.
94. Rodney Ho, "Rush Limbaugh Tops Talkers Heavy Hundred for Ninth Year in Row," *Atlanta Journal-Constitution*, March 26, 2015, http://radiotvtalk.blog.ajc.com/2015/03/26/rush-limbaugh-tops-talkers-heavy-hundred-for-ninth-year-in-row/.
95. Copeland, "Is Howard Stern Going Soft?"; Polly Mosendz, "Opie and Anthony No More: Inside the Nasty Breakup of Radio's Most Notorious Shock Jocks," *Newsweek*, April 9, 2015, http://www.newsweek.com/opie-and-anthony-no-more-inside-nasty-break-radios-most-notorious-shock-jocks-321186; Ben Sisario, "Howard Stern and SiriusXM Sign New Deal for 5 Years," *New York Times*, December 15, 2015, http://www.nytimes.com/2015/12/16/business/media/howard-stern-and-siriusxm-reach-new-deal.html.
96. "Hispanic and African American News Media Fact Sheet," *Pew Research Center*, August 7, 2017, http://www.journalism.org/fact-sheet/hispanic-and-african-american-news-media/.
97. Arbitron, "Hispanic Radio Today," 2011 edition (Arbitron, 2011).
98. Della de Lafuente, "Look Who's Talking: Putting a Face on Hispanic Radio," *Adweek*, September 17, 2007.
99. "Audio and Podcasting Fact Sheet."
100. "Tops of 2019: Radio," *Nielsen*, December 18, 2018, http://www.nielsen.com/us/en/insights/article/2019/tops-of-2019-radio/.
101. Radio Ink, "ESPN Radio Shows Headed for TV Simulcast," *RadioInk*, March 20, 2018, https://radioink.com/2018/03/20/espn-radio-shows-headed-for-tv-simulcast/.
102. Joseph P. Kahn, "Macho in the Morning: 'Guy Talk,'" *Boston Globe*, September 7, 1999, A1.
103. Linda Werthheimer, ed., *Listening to America: Twenty-Five Years in the Life of a Nation, as Heard on National Public Radio* (Boston: Houghton Mifflin, 1995).
104. William Buzenberg, "The National Public Radio Idea," *Nieman Reports* 51, no. 2 (1997): 32.
105. "*NPR* Audience," *National Public Media*, http://nationalpublicmedia.com/npr/audience/; NPR, "NPR Fact Sheet," https://www.npr.org/documents/about/press/NPR_Fact_Sheet.pdf.
106. NPR, "NPR Fact Sheet"; NPR, NPR, "Sponsor *Morning Edition*, the Nation's Number One Morning Drive Program."
107. Brian Steinberg, "'Good Morning America' Bounces Back Against NBC's 'Today,'" *Variety*, January 23, 2018, http://variety.com/2018/tv/news/good-morning-america-today-tv-ratings-2-1202673687/.
108. NPR, "NPR Fact Sheet"; NPR, "Public Radio Finances," https://www.npr.org/about-npr/178660742/public-radio-finances.
109. 113. "Audio and Podcasting Fact Sheet."
110. 114. NPR, "NPR Fact Sheet."
111. Brian Longhurst, *Popular Music and Society* (Cambridge, UK: Polity Press, 1995).
112. Ken Auletta, *The Highwaymen* (New York: Random House, 1997), 293.
113. Richard Crawford, "Introduction: The Phonograph and the Scholar" (paper presented at *The Phonograph and Our Musical Life*, Brooklyn College, New York, 1980).
114. Chris Bonastia, "Sucking in the '70s," *New Republic*, January 30, 1995, 11–12.
115. 119. Miller, *Flowers in the Dustbin*.
116. "The Walkman Man," *People*, October 18, 1999, 132.
117. RiShawn Biddle, "Personal Soundtracks," *Reason*, October 1999, 58–59.
118. 122. Ibid.
119. 123. Ibid.
120. "The State of the News Media 2009: Audio," *Pew Research Center*, https://assets.pewresearch.org/files/journalism/State-of-the-News-Media-Report-2009-FINAL.pdf.
121. Doug Williams, personal communication with the author, February 12, 2016.
122. Kevin Kelly, "The Technium: 1,000 True Fans," *KevinKelly.com*, March 4, 2008, https://kk.org/thetechnium/1000-true-fans/.
123. David Carr, "At Sundance, Kickstarter Resembled a Movie Studio, but Without the Egos," *New York Times*, January 30, 2012, https://mediadecoder.blogs.nytimes.com/2012/01/30/at-sundance-kickstarter-resembled-a-movie-studio-but-without-the-egos/?_php=true&_type=blogs&_r=0.
124. "Wild Ponies: Galax," Kickstarter, https://www.kickstarter.com/projects/wildponies/wild-ponies-galax.
125. Brendan Farrington, "Independent Musicians Turn to Social Media to Recoup Wages," Associated Press, April 16, 2020, https://apnews.com/e9d74420e020032f7c30775794afceff?fbclid=IwAR3AplG1ip5mx6VJyWFIIaJZvUkc6GvGwje9MULzXIYmMS1jr89eVStX3qo.
126. Joshua Friedlander, Mid-Year 2019 RIAA Music Revenues Report, *RIAA*, 2019, pp. 1–3, www.riaa.com/wp-content/uploads/2019/09/Mid-Year-2019-RIAA-Music-Revenues-Report.pdf.
127. Gael Fashingbauer Cooper, "Groovy! Vinyl Records Will Soon Outsell CDs for First Time since 1986," *CNET*, September 7, 2019, www.cnet.com/news/vinyl-records-will-soon-outsell-cds-for-the-first-time-since-1986/.
128. Keith Caulfield, "U.S. Vinyl Album Sales Hit Nielsen Music Era Record High in 2017," *Billboard*, January 3, 2018, https://www.billboard.com/articles/columns/chart-beat/8085951/us-vinyl-album-sales-nielsen-music-record-high-2017; Nielsen Music, "2017 U.S. Music Year-End Report," *Nielsen*, https://www.nielsen.com/us/en/insights/report/2018/2017-music-us-year-end-report/#; Elias Leight, "Vinyl Is Poised to Outsell CDs for the First Time Since 1986," *Rolling Stone*, January 16, 2020, http://www.rollingstone.com/music/music-news/vinyl-cds-revenue-growth-riaa-880959/.
129. Stephanie McKay, "Vinyl Records Get Their Groove Back; Record Store Day Celebrates Format's Return," *Edmonton (Alberta) Journal*, April 20, 2013, D10.
130. Williams, personal communication.

第七章

1. Richard Trenholm, "Marvel, James Bond and More: These Are the New Movie Release Dates for 2020 and 2021," *CNET*, April 2, 2020, http://www.cnet.com/news/coronavirus-movie-delays-2020-and-2021-blockbusters-postponed/.
2. Sarah Whitten, "Disney Pixar's 'Onward' Coming to Digital and Disney+ Earlier Due to Coronavirus Outbreak," *CNBC*, March 20, 2020, http://www.cnbc.com/2020/03/20/disney-pixars-onward-coming-to-digital-and-disney-early.html.
3. Rebecca Rubin, "Does Anyone Win in AMC Theatres' Fight With Universal Pictures?" *Variety*, April 30, 2020, http://www.variety.com/2020/film/news/amc-theatres-universal-pictures-dispute-movie-theaters-1234592899/.
4. Sophie Maerowitz, "What to Post On Social Media in a Global Crisis: 7 Communicators Weigh In," *PRNEWS*, April 3, 2020, http://www.prnewsonline.com/what-to-post-social-media-covid-communications#.Xodd7ccR_Us.twitter.
5. Brent Lang, "Theater Owners Chief on Plans to Reopen Cinemas After Coronavirus Crisis," *Variety*, April 29, 2020, http://www.variety.com/2020/film/features/theaters-reopening-plan-coronavirus-john-fithian-1234592228/.
6. Bryce Jensen, interview with the author, May 4, 2020.
7. Bryce Jensen, interview with the author, May 4, 2020.
8. Neil Baldwin, *Edison: Inventing the Century* (New York: Hyperion, 1995).
9. Eadweard Muybridge, "The Attitudes of Animals in Motion (1882)," in *The Movies in Our Midst: Documents in the Cultural History of Film in America*, ed. Gerald Mast (Chicago: University of Chicago Press, 1982).
10. Gerald Mast and Bruce F. Kawin, *A Brief History of the Movies*, 6th ed. (Needham Heights, MA: Allyn & Bacon, 1996); John Fell, *A History of Films* (New York: Holt, Rinehart and Winston, 1979).
11. Mast and Kawin, *Brief History of the Movies*.
12. National Association for the Advancement of Colored People Boston Branch, "Fighting a Vicious Film: Protest Against 'The Birth of a Nation,'" in *The Movies in Our Midst: Documents in the Cultural History of Film in America*, ed. Gerald Mast (Chicago: University of Chicago Press, 1982).
13. Mast and Kawin, *Brief History of the Movies*.
14. Linda Arvidson Griffith, "When the Movies Were Young (1925)," in *The Movies in Our Midst: Documents in the Cultural History of Film in America*, ed. Gerald Mast (Chicago: University of Chicago Press, 1982).
15. Gerald Mast, "Introduction," in *The Movies in Our Midst: Documents in the Cultural History of Film in America*, ed. Gerald Mast (Chicago: University of Chicago Press, 1982).
16. Mast and Kawin, *Brief History of the Movies*; *Fortune* Magazine Staff, "Loew's Inc. (1939)," in *The Movies in Our Midst: Documents in the Cultural History of Film in America*, ed. Gerald Mast (Chicago: University of Chicago Press, 1982); New York Center for Visual History, *American Cinema: The Studio System* (Burlington, VT: Annenberg/CBP, 1994), videotape.
17. Steven Bach, *Final Cut: Dreams and Disaster in the Making of "Heaven's Gate"* (New York: William Morrow, 1985).
18. Mast, "Introduction."
19. Fitzhugh Green, "A Soldier Falls," in *The Movies in Our Midst: Documents in the Cultural History of Film in America*, ed. Gerald Mast (Chicago: University of Chicago Press, 1982).
20. Douglas Gomery, "Warner Bros. Innovates Sound: A Business History," in *The Movies in Our Midst: Documents in the Cultural History of Film in America*, ed. Gerald Mast (Chicago: University of Chicago Press, 1982).
21. Harry Geduld, "The Voice of the Vitaphone (1975)," in *The Movies in Our Midst: Documents in the Cultural History of Film in America*, ed. Gerald Mast (Chicago: University of Chicago Press, 1982).
22. Ralph L. Henry, "The Cultural Influence of the 'Talkies,'" in *The Movies in Our Midst: Documents in the Cultural History of Film in America*, ed. Gerald Mast (Chicago: University of Chicago Press, 1982), 291.
23. Gilbert Seldes, "Talkies' Progress (1929)," in *The Movies in Our Midst: Documents in the Cultural History of Film in America*, ed. Gerald Mast (Chicago: University of Chicago Press, 1982).
24. *United States v. Paramount Pictures, Inc.*, 334 U.S. 131 (1948).
25. Mast, "Introduction"; Michael Conant, "The Paramount Case and Its Legal Background (1961)," in *The Movies in Our Midst: Documents in the Cultural History of Film in America*, ed. Gerald Mast (Chicago: University of Chicago Press, 1982).
26. Mast and Kawin, *Brief History of the Movies*.
27. Daniel Engber, "Will the 3-D Revival Go the Way of Pixar's *Up*?" *Slate*, June 2, 2009, https://slate.com/culture/2009/06/will-the-3-d-revival-go-the-way-of-pixar-s-up.html.
28. Will Greenwald and Jamie Lendino, "What Is 4K (Ultra HD)?" *PC Magazine*, October 19, 2017, https://www.pcmag.com/article2/0,2817,2412174,00.asp.
29. *Fortune* Magazine Staff, "Color and Sound on Film (1930)," in *The Movies in Our Midst: Documents in the Cultural History of Film in America*, ed. Gerald Mast (Chicago: University of Chicago Press, 1982).
30. Gwilym Mumford, "'Max Max: Fury Road'—Black and Chrome Edition Review—A Gem Drained of Color," *Guardian*, April 28, 2017, http://www.theguardian.com/film/2017/apr/28/mad-max-fury-road-black-and-chrome-edition-review-george-miller.
31. Tom Philip, "'Logan: Noir' Makes the New Feel Old Again," *GQ*, May 18, 2017, https://www.gq.com/story/logan-noir-makes-the-new-feel-old-again.
32. Garth Jowett, *Movies as Mass Communication.*, book 4, The SAGE Commtext Series (Thousand Oaks, CA: SAGE, 1980).
33. Elwin Green, "Big Screen Boom Goes Bust; Rash of Theater Closings Raises the Question: What to Do With an Empty Multiplex," *Pittsburgh Post-Gazette*, August 4, 2005, C1; "Number of U.S. Movie Screens," *National Association of Theater Owners*, http://www.natoonline.org/data/us-movie-screens/.
34. Thomas Schatz, "The Return of the Hollywood Studio System," in *Conglomerates and the Media*, ed. Eric Barnouw (New York: New Press, 1997).
35. Mast and Kawin, *Brief History of the Movies*.
36. Corey Chichizola, "Why Marvel Movies Are So Successful, According to 'Infinity War's' Paul Bettany," *Cinema Blend*,

March 27, 2018, https://www.cinemablend.com/news/2393731/why-marvel-movies-are-so-successful-according-to-infinity-wars-paul-bettany.

37. "Top Lifetime Grosses," *Box Office Mojo*, https://www.boxofficemojo.com/chart/top_lifetime_gross/?ref_=bo_lnav_hm_shrt.
38. Leonard Klady, "Tara Torpedoes *Titanic* as the Real B.O. Champ," *Variety*, March 2–8, 1998.
39. Steven Zeitchik, "Is Netflix Killing the Movie Theater? Not so Fast," *Washington Post*, December 24, 2018, http://www.washingtonpost.com/business/is-netflix-killing-the-movie-theater-not-so-fast/2018/12/24/7a16dbf8-037d-11e9-8186-4ec26a485713_story.html.
40. Arthur Asa Berger, *Media Analysis Techniques*, 3rd ed. (Thousand Oaks, CA: SAGE, 2005).
41. Carol Cling, "Room With a View: Audiences Paying for IMAX Experience of Summer Blockbusters," *Las Vegas Review Journal*, July 17, 2009; Scott Mendelson, "'Gravity' Passes $100M in IMAX," *Forbes*, February 7, 2014, http://www.forbes.com/sites/scottmendelson/2014/02/07/gravity-passes-100m-worldwide-in-imax/2/.
42. Jowett, *Movies as Mass Communication*, 127.
43. Anthony D'Alessandro, "Imax CEO Richard Gelfond on Large-Format Future: 'Avengers: Age of Ultron,' Rivals, TV Shows & Adult Fare," *Deadline*, April 21, 2015, http://deadline.com/2015/04/imax-richard-gelfond-interview-avengers-age-of-ultron-star-wars-force-awakens-game-of-thrones-1201413428/.
44. David Sims, "Why Hollywood Should Pay Attention to *Dunkirk*," *Atlantic*, July 10, 2017, https://www.theatlantic.com/entertainment/archive/2017/07/why-hollywood-should-pay-attention-to-dunkirk/533094/?ex_cid=SigDig; "*Avengers: Endgame* Was Filmed With IMAX Cameras," April 2, 2019, https://www.imax.com/news/avengers-endgame-was-filmed-with-imax-cameras.
45. Maria Bartiromo, "Bartiromo: IMAX CEO Gelfond Has Global Outlook," *USA Today*, July 22, 2014, http://www.usatoday.com/story/money/columnist/bartiromo/2014/07/21/movies-bartiromo-imax-gelfond/12821501/.
46. J. W. Elphinstone, "Watercooler: DVDs' Popularity Passes VCRs'," New Year's Resolutions, Bad Publicity," Associated Press Financial Wire.
47. Dan Frost, "Consumers Changing DVD Buying Habits," *San Francisco Chronicle*, September 5, 2005, E1.
48. Sarah Whitten, "The Death of the DVD: Why Sales Dropped More Than 86% in 13 Years," *CNBC*, November 8, 2019, https://www.cnbc.com/2019/11/08/the-death-of-the-dvd-why-sales-dropped-more-than-86percent-in-13-years.html.
49. Scott Bowles, "'Sky Captain' Takes CGI to Limit," *USA Today*, September 14, 2004.
50. Larry Carroll, "Reaching for the Sky," *FilmStew.com*, January 2004.
51. "*Sky Captain and the World of Tomorrow*," *Box Office Mojo*, http://boxofficemojo.com/movies/?id=skycaptain.htm.
52. "*300*," *Box Office Mojo*, http://boxofficemojo.com/movies/?id=300.htm.
53. Brandon Gray, "Hordes Drive '300' to Record," *Box Office Mojo*, March 12, 2007, http://boxofficemojo.com/news/?id=2268&p=.htm.
54. Variety Staff, "Half of Screens to Be Digital by 2013," *Variety*, November 12, 2007, https://variety.com/2007/film/news/half-of-screens-to-be-digital-by-2013-1117975781/?jwsource=cl.
55. Motion Picture Association of America, "2017 THEME Report."
56. Peter Suderman, "There's One Great Reason to See Quentin Tarantino's *The Hateful Eight* in Theaters," *Vox*, January 4, 2016, http://www.vox.com/2016/1/4/10707828/hateful-eight-70mm-roadshow.
57. Ben Kenigsberg, "Tarantino's 'The Hateful Eight' Resurrects Nearly Obsolete Technology," *New York Times*, November 11, 2015, http://www.nytimes.com/2015/11/12/movies/tarantinos-the-hateful-eight-resurrects-nearly-obsolete-technology.html.
58. Carolyn Giardina, "'Ready Player One' in 70mm Film Opens on 22 Screens," *Hollywood Reporter*, March 30, 2018, https://www.hollywoodreporter.com/behind-screen/ready-player-one-70mm-film-opens-22-screens-1098364.
59. Dade Hayes, "Bombs Away: Biz Disavows Duds," *Variety*, March 20–26, 2000, pp. 7–8.
60. "Movie Budgets," *Numbers*, https://www.the-numbers.com/movie/budgets/all.
61. Brooks Barnes, "With $218 Million Haul, 'Black Panther' Smashes Box Office Records," *New York Times*, February 18, 2018, https://www.nytimes.com/2018/02/18/movies/black-panther-box-office-records.html.
62. "Movie Budgets," *Numbers*.
63. Ray Subers, "Weekend Report: 'Stars' Align for 'Fault,' Cruise Misses with 'Edge,'" *Box Office Mojo*, June 8, 2014, http://www.boxofficemojo.com/news/?id=3855&p=.htm; "Domestic Box Office For 2014," *Box Office Mojo*, http://www.boxofficemojo.com/yearly/chart/?yr=2014&p=.htm.
64. Brad Brevet, "'Black Panther' Tops $600M Domestically While 'I Can Only Imagine' Surprises With $17M Debut," *Box Office Mojo*, March 18, 2018, https://www.boxofficemojo.com/article/ed4217439236/; "*I Can Only Imagine*," *Box Office Mojo*, http://www.boxofficemojo.com/movies/?id=icanonlyimagine.htm.
65. Susan Wloszczyna, "What Makes a Film a Phenom?" *USA Today*, May 12, 2006.
66. "Movie Budgets," *Numbers*; "*Ready Player One*," *Box Office Mojo*, http://www.boxofficemojo.com/movies/?id=readyplayerone.htm; "*The Post*," *Box Office Mojo*, http://www.boxofficemojo.com/movies/?id=untitledstevenspielberg.htm.
67. Michael Brice-Saddler, "Pence Said Georgia 'Ain't Hollywood,' and He's Right. More Box Office Hits Are Shot in Georgia," *Washington Post*, November 2, 2018, http://www.washingtonpost.com/business/2018/11/02/pence-said-georgia-aint-hollywood-hes-right-more-box-office-hits-are-shot-georgia/?utm_term=.76329ec954d8.
68. Steven Zeitchik, "Why Hollywood Isn't Actually in a Rush to Leave Georgia," *Washington Post*, May 31, 2019, http://www.washingtonpost.com/business/2019/05/31/why-hollywood-isnt-actually-rush-leave-georgia/?utm_term=.87b950cf2d54.
69. Nicquel Terry Ellis, "'Hollywood of the South:' After a Decade, Industry Leaders Succeed in Making Atlanta a Hub for Filmmakers of Color," *USA Today*, March 1, 2020, http://www

.usatoday.com/story/news/2020/03/01/industry-leaders-say-tyler-perry-has-paved-the-way-for-filmmakers-of-color-to-succeed-in-georgia/4747702002/.

70. "*Slumdog Millionaire*," *Box Office Mojo*, https://boxofficemojo.com/movies/?id=slumdogmillionaire.htm.

71. Victoria Young, "Bolly Good Show," *Sun Herald*, June 30, 2002, 1.

72. Rani Singh, "Shah Rukh Khan—The Biggest Movie Star In the World," *Forbes*, December 26, 2015, https://www.forbes.com/sites/ranisingh/2015/12/26/shah-rukh-khan-the-biggest-movie-star-in-the-world/.

73. Rama Lakshmi, "Hooray for Bollywood: Oscar Bid Lifts Hopes," *Washington Post*, March 24, 2002.

74. Young, "Bolly Good Show."
Elham Khatami, "Is Bollywood Coming to Hollywood?" *CNN*, February 23, 2009, http://www.cnn.com/2009/SHOWBIZ/Movies/02/23/bollywood.hollywood/index.html.

75. Roger Ebert, "'Lagaan' Brings Out the Best of Bollywood," *Chicago Sun-Times*, June 7, 2002, 33.

76. Jeremy Fuster, "Will 'Black Panther' Finally Open Hollywood's Floodgates for More Diverse Studio Movies?" *Wrap*, February 2018, https://www.thewrap.com/will-black-panther-blockbuster-hollywood-floodgates-studio/.

77. Fuster, "Will 'Black Panther' Finally Open Hollywood's Floodgates?"

78. Emily Yahr, "Audiences Show Up to Movies With People of Color. So Why Are #OscarsSoWhite Again?" *Washington Post*, January 14, 2016, https://www.washingtonpost.com/news/arts-and-entertainment/wp/2016/01/14/oscarssowhite-again/; Emily VanDerWerff, "Oscars 2016: The Nominees Are Blindingly White. Again," *Vox*, January 14, 2016, http://www.vox.com/2016/1/14/10767662/oscar-nominations-2016-so-white.

79. Yahr, "Audiences Show Up to Movies With People of Color."

80. Jessica Contrera, "Here's What the People Boycotting the Oscars Are Watching Instead," *Washington Post*, February 28, 2016, https://www.washingtonpost.com/news/arts-and-entertainment/wp/2016/02/28/heres-what-the-people-boycotting-the-oscars-are-watching-instead/.

81. Kickstarter, "'Hair Love' Oscar Shows a Route to Better Representation in Hollywood," *Medium*, February 11, 2020, https://medium.com/kickstarter/hair-love-oscar-shows-a-route-to-better-representation-in-hollywood-57033f4901b3.

82. Charles Solomon, "'Hair Love': 3 Men and a Little Girl(With a Lot ofCurls)," *NewYork Times*, August 29, 2019, http://www.nytimes.com/2019/08/29/movies/hair-love.html?searchResultPosition=2.

83. Karen Attiah, "Why Chadwick Boseman's fight for African accents in 'Black Panther' was so important." Sept. 1, 2020, *The Washington Post*, https://www.washingtonpost.com/opinions/2020/09/01/why-chadwick-bosemans-fight-african-accents-black-panther-was-so-important.

84. Manohla Dargis, Wesley Morris, and A. O. Scott, "Oscars So White? Or Oscars So Dumb? Discuss," *New York Times*, January 15, 2016, https://www.nytimes.com/2016/01/24/movies/oscars-so-white-or-oscars-so-dumb-discuss.html.

85. VanDerWerff, "Oscars 2016."

86. Joey Nolfi, "People of Color Win Majority of Acting Oscars for the First Time in History," *Entertainment Weekly*, February 24, 2019, https://ew.com/oscars/2019/02/24/people-of-color-oscar-history/amp/?__twitter_impression=true.

87. Princess Weekes, "Disney+ Adds Disclaimer to Problematic Movies Citing 'Outdated Cultural Depictions,'" *The Mary Sue*, November 14, 2019, http://www.themarysue.com/disney-adds-disclaimer-to-problematic-movies-citing-outdated-cultural-depictions/.

88. THR Staff, "'Tom and Jerry' Cartoons Get 'Racial Prejudices' Disclaimer on iTunes," *Hollywood Reporter*, October 3, 2014, http://www.hollywoodreporter.com/news/tom-jerry-cartoons-get-racial-737969.

89. Ana Swanson, "The Real Reason Matt Damon Was Brought in to Save Ancient China," *Washington Post,* August 9, 2016, https://www.washingtonpost.com/news/wonk/wp/2016/08/09/the-real-reason-matt-damon-was-brought-in-to-save-ancient-china/?hpid=hp_hp-more-top-stories_mattdamon-0830pm%3Ahomepage%2Fstory.

90. Amanda Hess, "Asian-American Actors Are Fighting for Visibility. They Will Not Be Ignored," *New York Times*, May 25, 2016, http://www.nytimes.com/2016/05/29/movies/asian-american-actors-are-fighting-for-visibility-they-will-not-be-ignored.html.

91. Kyle Buchanan and Brooks Barnes, "'Parasite' Earns Best Picture Oscar, First for a Movie Not in English," *New York Times*, February 10, 2020, http://www.nytimes.com/2020/02/09/movies/parasite-movie-oscars-best-picture.html.

92. Lisa Katayama, "The Bechdel Test for Women in Movies," *Boing Boing*, July 22, 2010, http://www.boingboing.net/2010/07/22/the-bechdel-test-for.html; Rachel Sklar, "The Bechdel Test for Movies (and Media?)," *Mediaite*, July 22, 2010, http://www.mediaite.com/online/the-bechdel-test-for-movies-and-media/.

93. Jeff Guo, "Researchers Have Found a Major Problem With 'The Little Mermaid' and Other Disney Movies," *Washington Post*,January 25, 2016, https://www.washingtonpost.com/news/wonk/wp/2016/01/25/researchers-have-discovered-a-major-problem-with-the-little-mermaid-and-other-disney-movies/.

94. John Collier, "Censorship and the National Board (1915)," in *The Movies in Our Midst: Documents in the Cultural History of Film in America*, ed. Gerald Mast (Chicago: University of Chicago Press, 1982).

95. Ellis Paxson Oberholtzer, "Sex Pictures (1922)," in *The Movies in Our Midst: Documentsin the Cultural History of Film in America*, ed. Gerald Mast (Chicago: University of Chicago Press, 1982).

96. J. R. Rutland, "State Censorship of Motion Pictures," in *The Movies in Our Midst: Documents in the Cultural History of Film in America*, ed. Gerald Mast (Chicago: University of Chicago Press, 1982).

97. Mast and Kawin, *Brief History of the Movies*.

98. "The Sins of Hollywood (1922)," in *The Movies in Our Midst: Documents in the Cultural History of Film in America*, ed. Gerald Mast (Chicago: University of Chicago Press, 1982).

99. Motion Picture Producers and Distributors of America, "The Don'ts and Be Carefuls (1927)," in *The Movies in Our Midst: Documents in the Cultural History of Film in America*, ed. Gerald Mast (Chicago: University of Chicago Press, 1982).

100. Mast, "Introduction," xix.
101. Raymond Moley, "The Birth of the Production Code (1945)," in *The Movies in Our Midst: Documents in the Cultural History of Film in America*, ed. Gerald Mast (Chicago: University of Chicago Press, 1982).
102. Motion Picture Producers and Distributors of America, "The Motion Picture Production Code of 1930s," in *The Movies in Our Midst: Documents in the Cultural History of Film in America*, ed. Gerald Mast (Chicago: University of Chicago Press, 1982); Amy Wallace, "MPAA's Dozen Judge Movies for Millions," *Los Angeles Times*, July 18, 1999, A1.
103. Charles Lyons, *The New Censors: Movies and the Culture Wars* (Philadelphia: Temple University Press, 1997).
104. Gary Arnold, "Between PG & R; Valenti Says New Rating Possible by Next Week," *Washington Post*, June 23, 1984, C1.
105. Ibid.
106. "Top Lifetime Grosses by MPAA Rating: G, Domestic," *Box Office Mojo*, http://www.boxofficemojo.com/alltime/domestic/mpaa.htm?page=G&sort=rank&order=ASC&p=.htm; "Top Lifetime Grosses by MPAA Rating: R, Domestic," *Box Office Mojo*, http://www.boxofficemojo.com/alltime/domestic/mpaa.htm?page=R&sort=rank&order=ASC&p=.htm.
107. Conner Schwerdtfeger, "Why Logan Needed to Be Rated-R, According to James Mangold," *Cinema Blend*, https://www.cinemablend.com/news/2308982/why-logan-needed-to-be-rated-r-according-to-james-mangold.
108. Jerome Hellman, "Problems With Movie Ratings Go Beyond Categories," *Los Angeles Times*, August 23, 1999, F3.
109. Wallace, "MPAA's Dozen Judge Movies for Millions." Ibid.
110. Pamela McClintock, "MPAA Tries to Remove NC-17 Stigma," *Variety*, March 10, 2007, https://variety.com/2007/film/news/mpaa-tries-to-remove-nc-17-stigma-1117960864/.
111. Joan Graves, "Survey Shows 93% of Parents Find Film Ratings Helpful in Making Movie Choices," *Motion Picture Association of America*, November 30, 2015, http://www.mpaa.org/cara/#.V1l5rpMrI_U.
112. Chris Anderson, *The Long Tail* (New York: Hyperion, 2006), p. 110.
113. Chris Anderson, "Briefly Noted From Australia," *Long Tail*, December 22, 2006, http://www.longtail.com/the_long_tail/2006/12/briefly_noted_f.html.
114. Richard Corliss, "Blair Witch Craft," *Time*, August 16, 1999, pp. 58–64; Timothy L. O'Brien, "The Curse of the Blair Witch," *Talk*, February 2002, p. 81.
115. Charlotte O'Sullivan, "Film: Hell Is Other People. We Should Know: The Makers of *Blair Witch Project*, Ed Sanchez and Daniel Myrick, on the Nightmare of Collective Filmmaking," *Independent*, October 22, 1999, 13.
116. O'Brien, "Curse of the Blair Witch."
117. Glenn Whipp, "Searching for 'Blair Witch' a Decade Later," *Los Angeles Times*, July 11, 2009.
118. Ibid.
119. "Domestic Box Office Weeklies For 2020," *Box Office Mojo*, as of May 13, 2020, https://www.boxofficemojo.com/weekly/.
120. Brandon Gray, "'Brokeback Mountain' Most Impressive of Tepid 2005," *Box Office Mojo*, February 25, 2006, http://www.boxofficemojo.com/news/?id=2012.
121. Michael Medved, "Hollywood's Disconnect," *USA Today*, July 25, 2005.
122. Tim Purtell, "Our Favorite Year," *Entertainment Weekly*, April 1994.
123. Motion Picture Association of America, "2017 THEME Report."
124. Cogley, "Report on Blacklisting."
125. Motion Picture Association of America, "2017 THEME Report."
126. Zeitchik, "Is Netflix Killing the Movie Theater?"
127. R. T. Watson, "Trading Places: Global Box Office Dethroned by Spending on Home Entertainment." *Wall Street Journal*, March 21, 2019, http://www.wsj.com/articles/trading-places-global-box-office-dethroned-by-spending-on-home-entertainment-11553173204.
128. Justin McCarthy, "In U.S., Library Visits Outpaced Trips to Movies in 2019." *Gallup*, April 13, 2020, https://news.gallup.com/poll/284009/library-visits-outpaced-trips-movies-2019.aspx?fbclid=IwAR0Ue_iUFmQxk3OGecetOWhy5RVsxtZWo2xk8pAd6VwvOXjm2cNDKc7Ovx4.
129. Schatz, "Return of the Hollywood Studio System."
130. "*Transformers: Revenge of the Fallen*," *Box Office Mojo*, http://boxofficemojo.com/movies/?id=transformers2.htm.
131. "Digital Domain Collaborates With Michael Bay on 'Transformers: Revenge of the Fallen' Movie Tie-Ins," *CGArena*, January 7, 2009, http://www.cgarena.com/archives/news/transformers_tieins.html.
132. Sarah Mahoney, "Kmart Launches Transformers Tie-In," *Marketing Daily–Media Post News*, June 1, 2009, http://www.mediapost.com/publications/article/107088/kmart-launches-transformers-tie-in.html.
133. Garrett Kessler, "2010 Camaro Stars in Transformers: Revenge of the Fallen, the Game," *Edmunds Inside Line*, June 30, 2009; "Latest Buzz: Chevrolet Unveils Camaro 'Transformers' Edition," *USA Today*, July 22, 2009, http://content.usatoday.com/communities/driveon/post/2009/07/68495117/1.

第八章

1. Ben Cohen, Joshua Robinson, and Joe Flint, "Sports Industry Reels From Coronavirus Fallout," *Wall Street Journal*, March 29, 2020, http://www.wsj.com/articles/sports-industry-reels-from-coronavirus-fallout-11585517192?mod=djem10point. Stephen Battaglio and Meg James, "No Summer Olympics in Tokyo. Why It Matters to NBC," *Los Angeles Times*, March 24, 2020, http://www.latimes.com/entertainment-arts/business/story/2020-03-24/olympics-postponement-nbc-ad-sales-coronavirus.
2. Laine Higgins, "The Big Bill for Canceling March Madness Has Arrived at the NCAA," *Wall Street Journal*, March 26, 2020, http://www.wsj.com/articles/ncaa-schools-to-see-fewer-funds-next-year-11585256379?mod=article_inline.
3. Frank Pallotta, "What It's Like to Host ESPN's SportsCenter

Without Sports," *CNN*, May 10, 2020, http://www.cnn.com/2020/05/10/media/espn-sportscenter-scott-van-pelt-coronavirus/index.html.

4. Lillian Rizzo and David Marcelis, "Live Sports Are Canceled. But Don't Expect a Cable-TV Refund," *Wall Street Journal*, April 18, 2020, http://www.wsj.com/articles/live-sports-are-canceled-but-dont-expect-a-cable-tv-refund-11587211201; Dan Gartland, "ESPN's NBA H-O-R-S-E Competition Was Tough to Watch," *Sports Illustrated*, April 13, 2020, http://www.si.com/extra-mustard/2020/04/13/espn-nba-horse-tournament-highlights.

5. Cohen, Robinson, and Flint, "Sports Industry Reels."

6. JR Radcliffe, "40 Years Ago, the First Live ESPN Game Ever Broadcast Was a Slow-Pitch Softball Game in Wisconsin. How Did It Happen?" *Milwaukee Journal Sentinel*, August 28, 2019, http://www.jsonline.com/story/sports/2019/08/28/e-60-espn-commemorates-its-first-broadcast-softball-game-lannon-wisconsin/1902053001/.

7. David Dugan, "Big Dreams, Small Screen," *WGBH Educational Foundation*, 1997.

8. Neil Postman, "Electrical Engineer Philo Farnsworth," *Time*, March 29, 1999, http://content.time.com/time/magazine/article/0,9171,990620,00.html.

9. Ibid.

10. Erik Barnouw, *Tube of Plenty: The Evolution of American Television*, 2nd rev. ed. (New York: Oxford University Press, 1990).

11. Postman, "Electrical Engineer Philo Farnsworth." Barnouw, *Tube of Plenty*.

12. John Carman, "The 20 Series That Changed the Tube," *San Francisco Chronicle*, May 24, 1998; Deborah Felder, *The 100 Most Influential Women of All Time: A Ranking Past and Present* (Secaucus, NJ: Carol Publishing Group, 1996); Douglas McGrath, "The Good, the Bad, the Lucy: A Legacy of Laughs; The Man Behind the Throne: Making the Case for Desi," *New York Times*, October 14, 2001.

13. Fred Kaplan, "Costs of High-Definition TV Make Its Future Look Fuzzy," *Boston Globe*, July 25, 2000.

14. Christopher Carey, "Ready or Not, High-Definition Television Starts on Sunday," *St. Louis Post-Dispatch*, November 1, 1998.

15. Patrick R. Parsons and Robert M. Frieden, *The Cable and Satellite Television Industries* (Needham Heights, MA: Allyn & Bacon, 1998).

16. Robert W. Crandall and Harold Furchtgott-Roth, *Cable TV: Regulation or Competition?* (Washington, DC: Brookings Institution, 1996).

17. Ibid.

18. Priscilla Painton, "The Taming of Ted Turner," *Time*, January 1992.

19. Ibid.

20. "Prince of the Global Village," *Time*, January 6, 1992.

21. Parsons and Frieden, *Cable and Satellite Television Industries*.

22. Ken Auletta, *Three Blind Mice: How the TV Networks Lost Their Way* (New York: Random House, 1991).

23. Parsons and Frieden, *Cable and Satellite Television Industries*.

24. "Industry Data," NCTA, 2020, http://www.ncta.com/industry-data.

25. Barnouw, *Tube of Plenty*.

26. Wayne Friedman, "Dish Posts Gains in Total Pay TV Subs, Net Income," *MediaPost*, February 22, 2017, https://www.mediapost.com/publications/article/295682/dish-posts-gains-in-total-pay-tv-subs-net-income.html; Todd Spangler, "AT&T Loses Record 385,000 Traditional Pay-TV Subscribers in Q3, Posts Gains for DirecTV Now," *Variety*, October 24, 2017, https://variety.com/2017/biz/news/att-directv-q3-2017-record-pay-tv-loss-1202598165/.

27. Satellite Broadcasting & Communications Association, "Facts & Figures," April 10, 2012, www.sbca.com/receiver-network/industry-satellite-facts.htm; "Americans Cutting the Cable TV Cord at Increasing Pace," *eMarketer*, December 10, 2015, https://www.emarketer.com/Article/Americans-Cutting-Cable-TV-Cord-Increasing-Pace/1013327.

28. Mark Dawidziak, "Satellite Television Providers to Include Local Programming," *Plain Dealer*, December 17, 1999.

29. Spangler, "AT&T Loses Record 385,000 Traditional Pay-TV Subscribers."

30. J. W. Elphinstone, "Watercooler: DVDs' Popularity Passes VCRs', New Year's Resolutions, Bad Publicity," *Associated*, December 19, 2006; Megan Garber, "58% of Americans Still Have a VCR in Their Homes," *Atlantic*, January 8, 2014, http://www.theatlantic.com/technology/archive/2014/01/58-of-americans-still-have-a-vcr-in-their-homes/282859/.

31. Richard Mullins, "VCR's Demise Fast Forwards in Brave New World of DVDs," *Tampa Tribune*, December 20, 2006; Wayne Freidman, "As Streaming TV Rises, DVR Penetration Slows," *MediaPost*, December 9, 2013, http://www.mediapost.com/publications/article/215069/as-streaming-tv-rises-dvr-penetration-slows.html; DTVE Reporter, "US Netflix Use Tops DVR Ownership for the First Time," *Digital TV Europe*, March 7, 2017, https://www.digitaltveurope.com/2017/03/07/us-netflix-use-tops-dvr-ownership-for-the-first-time/.

32. Leichtman Research Group, "75% of US Households Have a DVR, Netflix, or Use On-Demand," *Leichtman Research Group*, January 2, 2015.

33. Joelle Tessler, "Senate OKs 4-Month Delay to Digital TV Changeover," *USA Today*, January 27, 2009; Leslie Cauley, "Switch to Digital Television (DTV) Went Remarkably Well," *USA Today*, June 15, 2009; Associated Press, "800,000 Callers Phone Digital TV Hotline," *USA Today*, June 14, 2009.

34. Paul Farhi, "A Defining Moment for TV? As Digital Broadcast Age Begins, the Outlook Is Far From Clear," *Washington Post*, November 1, 1998.

35. Ibid.

36. "Expansion Teams Count Too," *Research Notes*, 2Q 2017, https://www.leichtmanresearch.com/wp-content/uploads/2018/03/LRG-Research-Notes-2017-06.pdf.

37. Auletta, *Three Blind Mice*.

38. Anthony Smith, "Television as a Public Service Medium," in *Television: An International History*, ed. Anthony Smith (New York: Oxford University Press, 1995).

39. Laurence Jarvik, *PBS: Behind the Screen* (Rocklin, CA: Prima, 1997).

40. Ibid., 37.

41. Emily Steel, "'Sesame Street' to Air First on HBO for Next 5

Seasons," *New York Times*, August 13, 2015, http://www.nytimes.com/2015/08/14/business/media/sesame-street-heading-to-hbo-in-fall.html.

42. Ken Auletta, *The Highwaymen* (San Diego, CA: Harcourt Brace, 1998).

43. Michael Schneider, "Top Rated Shows of 2019: Super Bowl LIII, 'The Big Bang Theory,' 'Game of Thrones' Dominate," *Variety*, December 27, 2019, https://variety.com/2019/tv/news/top-rated-shows-2019-game-of-thrones-big-bang-theory-oscars-super-bowl-1203451363/.

44. "Intro to Nielsen Ratings: Basics and Definitions," *Spotted Ratings*, September 3, 2013, http://www.spottedratings.com/2013/09/intro-to-nielsen-ratings-basics-and.html.

45. David Lieberman, "Nielsen Pegs TV Households at 119.6M for 2017–18 Season," *Deadline*, August 25, 2017, http://deadline.com/2017/08/nielsen-pegs-tv-households-119-6m-2017-18-season-1202156331/.

46. James R. Walker and Douglas A. Ferguson, *The Broadcast Television Industry* (Needham Heights, MA: Allyn & Bacon, 1998).

47. Auletta, *Three Blind Mice*.

48. Ibid.

49. Derek Thompson, "ESPN Is Not Doomed," *Atlantic*, May 1, 2017, https://www.theatlantic.com/business/archive/2017/05/espn-layoffs-future/524922/.

50. Michael Schneider, "100 Most-Watched TV Shows of 2018–19: Winners and Losers," *Variety*, May 21, 2020, https://variety.com/2019/tv/news/most-watched-tv-shows-highest-rated-2018-2019-season-game-of-thrones-1203222287.

51. Cynthia Littleton and Daniel Holloway, "TV's Dead Zone: How the Cable Sector Is Killing Off Struggling Networks," *Variety*, March 21, 2017, https://variety.com/2017/tv/features/overcrowded-cable-sector-esquire-spike-fyi-1202012647/ and https://pmcvariety.files.wordpress.com/2017/03/0321_041-nu.pdf; Daily Kos Staff, "If You Have Cable, You Are Subsidizing Fox News. It Might Be Time to Cut the Cord Here's How," *Daily Kos*, March 31, 2020, www.dailykos.com/stories/2020/3/31/1933075/-If-you-have-cable-you-are-subsidizing-Fox-News-It-might-be-time-to-cut-the-cord-Here-s-how; Rizzo and Marcelis, "Live Sports Are Canceled. But Don't Expect a Cable-TV Refund."

52. Joe Flint, "Netflix Reveals New Data on Overseas Growth Amid Stiffer U.S. Competition," *Wall Street Journal*, December 16, 2019, www.wsj.com/articles/netflix-says-90-of-subscriber-growth-comes-from-overseas-11576532846?mod=djem10point; "Industry Data."

53. John Koblin, "Netflix's Opaque Disruption Annoys Rivals on TV," *New York Times*, January 17, 2016, http://www.nytimes.com/2016/01/18/business/media/disruption-by-netflix-irks-tv-foes.html?rref=collection%2Ftimestopic%2FNetflix%20Inc.

54. Robert P. Laurence, "NBC Program Executive Says Network Has Lagged on Ethnic Diversity," *San Diego Union-Tribune*, July 1999.

55. Dave Itzkoff, "Why Hank Azaria Won't Play Apu on 'The Simpsons' Anymore," *New York Times*, February 25, 2020, https://www.nytimes.com/2020/02/25/arts/hank-azaria-simpsons-apu.html.

56. Fresh Air, "Actor Randall Park Says 'Fresh Off The Boat' Is Comedy Without the Cliché," *NPR*, October 14, 2015, www.npr.org/2015/10/14/448278570/actor-randall-park-says-fresh-off-the-boat-is-comedy-without-the-clich.

57. Kat Chow, "In Its Season Finale, 'Fresh Off The Boat' Is Still Wrestling with Authenticity," *NPR*, April 22, 2015, www.npr.org/sections/codeswitch/2015/04/22/401466130/in-its-season-finale-fresh-off-the-boat-is-still-wrestling-with-authenticity.

58. Meron Mogos, "Primetime Television: The New Color-Blind Medium?" *Huffington Post*, January 29, 2013, www.huffingtonpost.com/meron-mogos/diversity-in-primetime-tv_b_2574898.html.

59. "That's So Raven, Episode Guide" IMDb, http://www.imdb.com/title/tt0300865/; Personal communication, March 29, 2018.

60. Sarah Hughes, "American Television's Real Scandal," *Guardian*, October 22, 2012, http://www.theguardian.com/lifeandstyle/2012/oct/22/american-television-real-scandal.

61. Tonya Pendleton, "Kerry Washington Talks 'Scandal' Shocker and Why It's Great to Be a Black Woman on TV," *BlackAmericaWeb*, February 16, 2015, http://blackamericaweb.com/2015/02/16/kerry-washington-talks-scandal-shocker-and-why-its-great-to-be-a-black-women-on-tv/.

62. Madeline Berg, "Note to Networks: Diversity on TV Pays Off," *Forbes*, February 22, 2017, https://www.forbes.com/sites/maddieberg/2017/02/22/note-to-networks-diversity-on-tv-pays-off/#79a76ea03d0a.

63. Shadow and Act, "ABC Names Its First African American President—Channing Dungey," *IndieWire*, February 17, 2016.

64. "QuickFacts: United States," U.S. Census Bureau, 2019, http://www.census.gov/quickfacts/fact/table/US.

65. David Adams, "ABC, CBS, NBC, Fox . . . Univision?," *St. Petersburg Times*, June 5, 2005; Michael Schneider, "Novela Energizes Univision," *Variety*, October 4, 2009; Steve Baron, "Univision Network Out-Delivered at Least One English-Language Network on 6 Nights Last Week Among Adults 18–34," *TV by the Numbers*, September 1, 2015, http://tvbythenumbers.zap2it.com/2015/09/01/univision-network-out-delivered-at-least-one-english-language-network-on-6-nights-last-week-among-adults-18-34/; Amanda Kondolojy, "Univision Sets Milestone as No. 4 Network in February Sweeps Ahead of NBC in Key Demos," *TV by the Numbers*, February 27, 2013, https://tvbythenumbers.zap2it.com/2013/02/27/univision-sets-milestone-as-no-4-network-in-february-sweeps-ahead-of-nbc-in-key-demos/171192/; Michael Schneider, "Most Watched Television Networks: Ranking 2015's Winners and Losers," *TV Insider*, December 28, 2015, http://www.tvinsider.com/article/62572/most-watched-tv-networks-2015/; "State of the News Media 2015," *Pew Research Center*, April 29, 2015, https://assets.pewresearch.org/wp-content/uploads/sites/13/2017/05/30142603/state-of-the-news-media-report-2015-final.pdf; Rick Porter, "NBC and CBS Lead 2016–17 Season, and Congratsto NBC on Its '17–'18 Victory," *TV by the Numbers*, May 24, 2017, http://tvbythenumbers.zap2it.com/more-tv-news/nbc-and-cbs-lead-2016-17-season-and-congrats-to-nbc-on-its-17-18-victory/.

66. Cara Lombardo, Benjamin Mullin, and Miriam Gottfried, "Univision Suitor Seeks to Recruit CBS Chief to Front Bid," *Wall Street Journal*, January 28, 2020, http://www.wsj.com/articles/univision-suitor-seeks-to-recruit-cbs-chief-to-front-bid-11580256086?mod=djem10point.
67. Marcela Valdes, "Jorge Ramos Is Not Walter Cronkite," *New York Times*, August 31, 2015, http://www.nytimes.com/2015/08/31/magazine/jorge-ramos-is-not-walter-cronkite.html.
68. Lee Romney, "Markets: Univision Shares Drop Over Azteca News," *Los Angeles Times*, September 9, 2000.
69. Keach Hagey, "Inside Telemundo's Battle with Univision for American Hispanics," *Wall Street Journal*, March 16, 2018, https://www.wsj.com/articles/inside-telemundos-battle-with-univision-for-american-hispanics-1521198000.
70. Michael Schneider, "Most-Watched Television Networks: Ranking 2017's Winners and Losers," *Indiewire*, December 28, 2017, http://www.indiewire.com/2017/12/highest-network-ratings-2017-most-watched-hbo-cbs-espn-fx-msnbc-fox-news-1201911363/; BET Networks, "BET Networks Goes From the Altar to a Ratings Honeymoon as 'GUCCI MANE & KEYSHIA KA'OIR: THE MANE EVENT' Is Now the #1 Cable Series Premiere of the 2017/18 Season," *Business Wire*, October 18, 2017, https://www.businesswire.com/news/home/20171018006614/en/BET-Networks-Altar-Ratings-Honeymoon-"GUCCI-MANE.
71. Greg Braxton, "BET on the Past and Future of a Dream," *Los Angeles Times*, May 6, 2000.
72. BET Networks, "BET Networks Goes from the Altar to a Ratings Honeymoon."
73. Stuart Elliott, "General Motors Is Significantly Increasing Its Efforts to Aim Pitches at Black Consumers," *The New York Times*, September 23, 1999.
74. Barnouw, *Tube of Plenty*, 467.
75. Rani Molla, "Americans Are Spending More Time on Media Thanks to Multitasking," *Recode*, October 9, 2017, https://www.recode.net/2017/10/9/16447820/americans-time-spent-media-multitasking-emarketer.
76. "American Time Use Survey Summary," Bureau of Labor Statistics, June 27, 2017, https://www.bls.gov/news.release/atus.nr0.htm.
77. Robert Kubey and Mihaly Csikszentmihalyi, *Television and the Quality of Life: How Viewing Shapes Everyday Experience* (Hillsdale, NJ: Erlbaum, 1990)
78. Victoria J. Rideout, Ulla G. Foehr, and Donald F. Roberts, *Generation M2: Media in the Lives of 8–18 Year-Olds* (Menlo Park, CA: Henry J. Kaiser Family Foundation, 2010).
79. Kubey and Csikszentmihalyi, *Television and the Quality of Life*.
80. Shearon A. Lowery and Melvin L. DeFleur, *Milestones in Mass Communication*, 3rd ed. (White Plains, NY: Longman, 1995).
81. Terry Gross, "Actress Mary Tyler Moore," *NPR*, October 30, 1995, http://www.npr.org/templates/story/story.php?storyId=1108624.
82. Elizabeth Kolbert, "What's a Network TV Censor to Do?" *New York Times*, May 23, 1993.
83. Warren Berger, "Censorship in the Age of Anything Goes; Where Have You Gone, Standards and Practices?" *New York Times*, September 20, 1998.
84. Stephen Farber, "They Watch What We Watch," *New York Times*, May 7, 1989.
85. David Zurawik, "Ratings Deal Signed; TV: Starting Oct. 1, Symbols Will Give Parents More Clues About Content. Except on NBC," *Baltimore Sun*, July 11, 1997.
86. Joshua Meyrowitz, *No Sense of Place* (New York: Oxford University Press, 1985), 117.
87. William A. Henry III, "History as It Happens; Linking Leaders as Never Before, CNN Has Changed the Way the World Does Its Business," *Time*, January 6, 1992, 24–27.
88. Berger, "Censorship in the Age of Anything Goes."
89. " US-TV-MA (Sorted by Popularity Ascending)," IMDb, https://www.imdb.com/search/title?certificates=US:TV-MA.
90. Associated Press, "A Closer Look at Broadcast Indecency," *First Amendment Center*, March 23, 2004.
91. Ibid.
92. Brendan Sasso, "Supreme Court Won't Take Up Janet Jackson 'Wardrobe Malfunction' Case," *Hill*, June 29, 2012, https://thehill.com/blogs/hillicon-valley/technology/235629-supreme-court-wont-take-up-janet-jackson-case.
93. Frances Martel, "Wardrobe Malfunction! Nancy Grace Lets a Nipple Slip During DWTS Performance (NSFW)," *Mediaite*, September 26, 2011, www.mediaite.com/tv/wardrobe-malfunction-nancy-grace-lets-a-nipple-slip-during-dwts-performance/.
94. Associated Press, "Some Stations Hesitate to Air 9/11 Documentary," *First Amendment Center*, September 5, 2006; Lisa de Moraes, "Where Aired, 'Private Ryan' Draws a Crowd," *Washington Post*, November 13, 2004, http://www.washingtonpost.com/wp-dyn/articles/A46922-2004Nov12.html.
95. Associated Press, "'Saving Private Ryan' Not Indecent, FCC Rules," *First Amendment Center*, March 1, 2005.
96. Adam Sherwin, "Amateur 'Video Bloggers' Under Threat From EU Broadcast Rules," *Times* (London), October 17, 2006.
97. Gene Policinski, "Censorship in the Name of Decency?" *First Amendment Center*, September 5, 2006.
98. Crandall and Furchtgott-Roth, *Cable TV*.
99. David Liberman and Laura Petrecca, "Deal Has Some ABC Affiliates Feeling Uneasy," *USA Today*, October 12, 2005, http://www.usatoday.com/tech/products/services/2005-10-12-abc-ipod-iger_x.htm.
100. *Hoover's Company Records—In-Depth Records: Netflix Inc.* (Austin, Texas: Hoover's Inc., 2012).
101. Meg James, "HBO Says Its HBO Now Streaming Service Has 800,000 Paying Subscribers," *Los Angeles Times*, February 10, 2016, http://www.latimes.com/entertainment/envelope/cotown/la-et-ct-streaming-service-hbo-now-subscribers-20160210-story.html.
102. Farhad Manjoo, "Why Media Titans Would Be Wise Not to Overlook Netflix," *New York Times*, January 13, 2016, http://www.nytimes.com/2016/01/14/technology/why-media-titans-need-to-worry-about-netflix.html?rref=collection%2Ftime

103. Chris Lindahl, "'Hamilton' Is the Surest Way for Disney+ to Challenge Netflix at the Event-Streaming Game," *IndieWire*, May 12, 2020, www.indiewire.com/2020/05/hamilton-disney-plus-release-means-huge-subscriber-gains-1202230837/.
104. Prospero, "What Is the Endgame for Disney+?" *Economist*, November 11, 2019, http://www.economist.com/prospero/2019/11/11/what-is-the-endgame-for-disney-.
105. Jim Romenesko, "My Valentine's Day Break-Up With Comcast," *JimRomenesko.com*, April 17, 2012.
106. Josh Herr, "The Long, Slow Death of Cable Just Reached a Tipping Point," *Yahoo Finance*, March 12, 2015, http://finance.yahoo.com/news/long-slow-death-cable-just-152700220.html.
107. Todd Spangler, "CBS All Access Available to Amazon Prime Members in U.S. as Add-On Channel," *Variety*, January 5, 2018, https://variety.com/2018/digital/news/cbs-all-access-amazon-prime-channel-1202654346/.
108. Brian Fung, "Comcast Rolls Out Trial of New Plan: Unlimited Data for an Extra $35," *Washington Post*, November 2, 2015, https://www.washingtonpost.com/news/the-switch/wp/2015/11/02/your-phone-company-already-limits-your-data-your-cable-company-could-be-next/.
109. DTVE Reporter, "US Netflix Use Tops DVR Ownership for the First Time."
110. Luke Russert, Alex Moe, Halimah Abudullah, and Corky Siemaszko, "'Spirit of History': House Democrats Hold Sit-In on Gun Control," *NBC News*, June 22, 2016, https://www.nbcnews.com/news/us-news/house-democrats-hold-sit-gun-control-n597041.
111. Rep. Eric Swalwell, *Periscope*, https://www.pscp.tv/RepSwalwell/1DXxylkZMoyJM.
112. Russell Berman, "When House Democrats Turned Out the Lights on Republicans," *Atlantic*, June 22, 2016, http://www.theatlantic.com/politics/archive/2016/06/when-democrats-turned-out-the-lights-on-republicans/488321/.
113. Taylor Lorenz, "How Rep. Eric Swalwell Became the Snapchat King of Congress," *Hill*, April 27, 2016, http://thehill.com/homenews/news/277737-swalwell-snapchat; "Democratic Sit-In Over Gun Violence Continues," *C-SPAN*, June 22, 2016, https://www.c-span.org/video/?411624-1/democratic-sit-continues-house-adjournment-july-5&live=.
114. Erik Wemple, "Covering Sit-in by House Democrats, C-SPAN Makes History via Periscope," *Washington Post*, June 22, 2016, https://www.washingtonpost.com/blogs/erik-wemple/wp/2016/06/22/covering-sit-in-by-house-democrats-c-span-makes-history-via-periscope/.
115. Cecilia Kang and Will Hobson, "Periscope and Other New Apps Threaten TV's Golden Egg: Live Sports," *Washington Post*, May 5, 2015, https://www.washingtonpost.com/business/economy/new-apps-threaten-tv-networks-golden-egg-live-sports/2015/05/05/b5d0b836-f347-11e4-84a6-6d7c67c50db0_story.html; Garrett Sloane, "Pirated NFL, MLB Games Proliferate on Facebook Live," *AdAge*, August 21, 2017, https://adage.com/article/digital/nfl-mlb-games-found-pirated-facebook-live-streams/310176.

第九章

1. Jane C. Timm, "Trump Says He's No Longer Taking Hydroxychloroquine," *NBC News*, May 25, 2020, http://www.nbcnews.com/politics/donald-trump/trump-says-he-s-no-longer-taking-hydroxychloroquine-n1214301.
2. "George Floyd Protests: Misleading Footage and Conspiracy Theories Spread Online" *BBC*, June 2, 2020, http://www.bbc.com/news/52877751;DaisukeWakabayashi,Davey Alba, andMarcTracy, "Bill Gates, at Odds with Trump on Virus, Becomes a Right-Wing Target,"*NewYorkTimes*,April 17, 2020,https://www.nytimes.com/2020/04/17/technology/bill-gates-virus-conspiracy-theories.html.
3. Edison Research, "The Infinite Dial 2020," www.edisonresearch.com/wp-content/uploads/2020/03/The-Infinite-Dial-2020-from-Edison-Research-and-Triton-Digital.pdf; Ian Sherr, "Bill Gates Calls COVID-19 Vaccine Conspiracy Theories 'Stupid,' but Many Believe Them," *CNET*, June 4, 2020, http://www.cnet.com/news/bill-gates-calls-wrongful-covid-19-vaccine-conspiracy-theories-stupid-but-many-people-believe-them/; Drew Harwell, "Is Your Pregnancy App Sharing Your Intimate Data With Your Boss?" *Washington Post*, April 10, 2019, http://www.washingtonpost.com/technology/2019/04/10/tracking-your-pregnancy-an-app-may-be-more-public-than-you-think/?arc404=true.
4. Joseph Cox, "I Gave a Bounty Hunter $300. Then He Located Our Phone," *Vice*, January 8, 2019, https://www.vice.com/en_us/article/nepxbz/i-gave-a-bounty-hunter-300-dollars-located-phone-microbilt-zumigo-tmobile.
5. Joanna Stern, "iPhone Privacy Is Broken . . . and Apps Are to Blame," *Wall Street Journal*, May 31, 2019, http://www.wsj.com/articles/iphone-privacy-is-brokenand-apps-are-to-blame-11559316401?mod=hp_lead_pos8.
6. MarieC.Baca, "These Apps May Have Told Facebook About the Last Time You Had Sex," *Washington Post*, September 17, 2019, http://www.washingtonpost.com/technology/2019/09/10/these-apps-may-have-told-facebook-about-last-time-you-had-sex/; Harwell, "Is Your Pregnancy App Sharing Your Intimate Data With Your Boss?"
7. Geoffrey Fowler, "It's the Middle of the Night. Do You Know Who Your iPhone Is Talking To?" *Washington Post*, May 28, 2019, http://www.washingtonpost.com/technology/2019/05/28/its-middle-night-do-you-know-who-your-iphone-is-talking/.
8. Jennifer Valentino-DeVries, Natasha Singer, Michael H. Keller, and Aaron Krolik, "Your Apps Know Where You Were Last Night, and They're Not Keeping It Secret," *New York Times*, December 10, 2018, http://www.nytimes.com/interactive/2018/12/10/business/location-data-privacy-apps.html.
9. Stern, "iPhone Privacy Is Broken."
10. National Research Council, *The Internet's Coming of Age* (Washington, DC: The National Academies Press, 2001), 29.
11. "Scientist Who Transformed the Internet," *Irish Times*, June 24, 2000.
12. Peter Grier, "In the Beginning, There Was ARPANET," *Air Force Magazine*, January 1997, 66.
13. Barnaby J. Feder, "Donald W. Davies, 75, Dies; Helped Refine Data Networks," *New York Times*, June 4, 2000.
14. Katie Hafner and Matthew Lyon, *Where Wizards Stay Up Late* (New York: Simon & Schuster, 1996).
15. Ibid.

16. Ibid.
17. Joseph Gallivan, "A Bit More Backbone: Internet II Is in the Wings," *Independent*, February 25, 1997; Jeffrey R. Young, "Internet2 Spurs Equipment Upgrades, but Use in Research Remains Limited," *Chronicle of Higher Education*, August 13, 1999; "About Us," Internet2, http://www.Internet2.edu/about-us/.
18. Stephen Segaller, *Nerds 2.0.1: A Brief History of the Internet* (New York: TV Books, 1998).
19. Ibid.
20. Ibid.
21. Jamie Tolentino, "Why Are People Still Using SMS in 2015?" *TNW*, February 16, 2015, http://thenextweb.com/future-of-communications/2015/02/16/people-still-using-sms-2015/.
22. Josh Constine, "AOL Instant Messenger Is Shutting down After 20 Years," *Tech Crunch*, October 6, 2017, http://social.techcrunch.com/2017/10/06/aol-instant-messenger-shut-down/.
23. John Abbruzzese, "The Rise and Fall of AIM, the Breakthrough AOL Never Wanted," *Mashable*, April 15, 2014, http://mashable.com/2014/04/15/aim-history/.
24. Segaller, *Nerds 2.0.1*.
25. Tim Berners-Lee, *Weaving the Web* (New York: HarperCollins, 1999), 4.
26. Anick Jesdanun, "From Two Users to 7 Million, Web's Come a Long Way," *Associated Press*, December 24, 2000.
27. Segaller, *Nerds 2.0.1*, 288.
28. Ibid., 291.
29. Ibid.
30. Kirsten Grind, Sam Schechner, Robert McMillan, and John West, "How Google Interferes With Its Search Algorithms and Changes YourResults," *Wall Street Journal*, November 15, 2019, http://www.wsj.com/articles/how-google-interferes-with-its-search-algorithms-and-changes-your-results-11573823753?mod=djem10point.
31. Grind, et al., "How Google Interferes With Its Search Algorithms."
32. Peter Sayer, "Yahoo's Legal Battle Over Nazi Items Continues," *Infoworld*, August 24, 2004, http://www.infoworld.com/article/2664810/application-development/yahoo-s-legal-battle-over-nazi-items-continues.html.
33. Susannah Fox and Lee Rainie, "The Web at 25 in the U.S.," *Pew Research Center*, February 27, 2014, https://www.pewresearch.org/internet/2014/02/27/the-web-at-25-in-the-u-s/.
34. Andrew Perrin and Madhu Kumar, "About Three-in-Ten U.S. Adults Say They Are 'Almost Constantly' Online," *Pew Research Center*, July 25, 2019, http://www.pewresearch.org/fact-tank/2019/07/25/americans-going-online-almost-constantly/.
35. Edison Research, "The Infinite Dial 2020."
36. "Three Technology Revolutions," *Pew Research Center*, https://www.pewresearch.org/internet/three-technology-revolutions/; "Mobile Phone Ownership Over Time," *Pew Research Center*, June 12, 2019, https://www.pewresearch.org/internet/fact-sheet/mobile/; Andrew Perrin and Maeve Duggan, "American's Internet Access: 2000–2015," *Pew Research Center*, June 26, 2015, https://www.pewresearch.org/internet/2015/06/26/americans-internet-access-2000-2015/; Monica Anderson, Andrew Perrin, and JingJing Jiang, "11% of Americans Don't Use the Internet. Who Are They?" *Pew Research Center*, March 5, 2018.
37. Chris Anderson and Michael Wolff, "The Web Is Dead. Long Live the Internet," *Wired*, August 17, 2010, http://www.wired.com/2010/08/ff_webrip/.
38. "Digital News Fact Sheet," *Pew Research Center*, June 6, 2018.
39. Amy Mitchell and Jesse Holcomb, "State of the News Media 2016," *Pew Research Center*, June 15, 2016, https://www.journalism.org/2016/06/15/state-of-the-news-media-2016/2010/.
40. Berners-Lee, *Weaving the Web*.
41. Austin Bunn, "Human Portals," *Brill's Content*, May 2001.
42. LexisNexis, "Blogs."
43. Howard Kurtz, "After Blogs Got Hits, CBS Got a Black Eye," *Washington Post*, September 20, 2004; Alessandra Stanley, "The TV Watch; Signing Off, Rather's Wish for Viewers Is Still 'Courage,'" *New York Times*, March 10, 2005.
44. Eric Johnson, "How Apple Obsessive John Gruber Built Daring Fireball, the World's Most Powerful One-Man Media Company," *Recode*, June 30, 2016, https://www.recode.net/2016/6/30/12053348/john-gruber-daring-fireball-apple-podcast-recode-media.
45. Michael E. Miller, "'Humans of New York': Obama's Comment Is Big Moment for Beloved, Controversial Blog," *Washington Post*, September 4, 2015, https://www.washingtonpost.com/news/morning-mix/wp/2015/09/04/humans-of-new-york-obamas-comment-is-big-moment-for-beloved-controversial-blog/?tid=pm_national_pop_b.
46. Ibid.
47. Kristyn Martin, "Coronavirus Social Distancing Rules Change How Humans of New York Tells Stories," *Yahoo*, March 19, 2020, http://www.yahoo.com/lifestyle/coronavirus-social-distancing-rules-humans-of-new-york-205759876.html.
48. Kathryn Dill, "Here's the Tumblr Founder's Favorite Tumblr (and Why It Matters)," *Inc.*, February 20, 2013, http://www.inc.com/kathryn-dill/whats-your-favorite-tumblr-founder-david-karp.html.
49. Evan Hill, Ainara Tiefenthäler, Christiaan Triebert, Drew Jordan, Haley Willis and Robin Stein, "How George Floyd Was Killed in PoliceCustody." May 31, 2020, *TheNewYork Times*, https://www.nytimes.com/2020/05/31/us/george-floyd-investigation.html.
50. Derrick Bryson Taylor, "George Floyd Protests: A Timeline." July 10, 2020, *The New York Times*, https://www.nytimes.com/article/george-floyd-protests-timeline.html.
51. Flora Carmichael, Alistair Coleman, Joice Etutu, Jack Goodman, ShayanSardarizadeh,MariannaSpring,OlgaRobinson andBenStrick, "George Floyd protests: Misleading footage and conspiracy theories spreadonline."BBCNews,https://www.bbc.com/news/52877751.
52. Nazila Fathi, "In a Death Seen Around the World, a Symbol of Iranian Protests," *New York Times*, June 23, 2009.
53. Ibid.
54. Hiawatha Bray, "Finding a Way Around Iranian Censorship," *Boston Globe*, June 19, 2009.
55. Gary Gentile, "Hollywood Net Survivor: IFILM Hopes to Build Media Company," *Billings Gazette*, October 24, 2000, http://billingsgazette.com/business/technology/hollywood-net-survivor-ifilm-hopes-to-build-media-company-from/article_d8cf30d6-55c0-5c6b-a648-1e41c31a6f02.html.
56. Glenn Kenny, "Fandor: A Streaming Rabbit Hole Worth Falling Down," *New York Times*, April 7, 2017, https://www.nytimes.com/2017/04/07/movies/fandor-a-streaming-rabbit

-hole-worth-falling-down.html.
57. Jon Healey, "Pay-Per-View Sites Offer New Options for Computer Movie-Viewing," *San Jose Mercury News*, May 21, 2000.
58. Segaller, *Nerds 2.0.1*, 125.
59. Ibid, 152.
60. StevenLevy,*Hackers*(NewYork:PenguinBooks, 1994);StevenLevy, "The Day IGot Napsterized,"*Newsweek*,May 28, 2001, 23–31.
61. "Presidential Election Results: Donald J. Trump Wins," *New York Times*, August 9, 2017, http://www.nytimes.com/elections/results/president.
62. Philip Bump, "Donald Trump Will Be President Thanks to 80,000 People in Three States," *Washington Post*, December 1, 2016, https://www.washingtonpost.com/news/the-fix/wp/2016/12/01/donald-trump-will-be-president-thanks-to-80000-people-in-three-states/.
63. Carol D. Leonnig, Tom Hamburger, and Rosalind S. Helderman, "Russian Firm Tied to Pro-Kremlin Propaganda Advertised on Facebook During Election," *Washington Post*, September 6, 2017, https://www.washingtonpost.com/politics/facebook-says-it-sold-political-ads-to-russian-company-during-2016-election/2017/09/06/32f01fd2-931e-11e7-89fa-bb822a46da5b_story.html; Greg Miller and Adam Entous, "Declassified Report Says Putin 'Ordered' Effort to Undermine Faith in U.S. Election and Help Trump," *Washington Post*, January 6, 2017, https://www.washingtonpost.com/world/national-security/intelligence-chiefs-expected-in-new-york-to-brief-trump-on-russian-hacking/2017/01/06/5f591416-d41a-11e6-9cb0-54ab630851e8_story.html; Raffi Khatchadourian, "Julian Assange, a Man Without a Country," *New Yorker*, August 21, 2017, https://www.newyorker.com/magazine/2017/08/21/julian-assange-a-man-without-a-country; Adrian Chen, "A So-Called Expert's Uneasy Dive Into the Trump-Russia Frenzy," *New Yorker*, February 22, 2018, https://www.newyorker.com/tech/elements/a-so-called-experts-uneasy-dive-into-the-trump-russia-frenzy; Selina Wang, "Twitter Finds 1,062 More Accounts Linked to Russian Agency," *Bloomberg*, January 19, 2018, https://www.bloomberg.com/news/articles/2018-01-19/twitter-finds-1-062-more-accounts-linked-to-russian-agency?ex_cid=SigDig; Garrett Sloane, "Facebook Says Content Wasn't the Problem With Russian Election-Season Ads," *Ad Age*, October 3, 2017, https://adage.com/article/digital/facebook-content-problem-foreign-ads/310739/.
64. Chen, "A So-Called Expert's Uneasy Dive."
65. Nate Silver, "How Much Did Russian Interference Affect the 2016 Election?" *FiveThirtyEight*, February 16, 2018, https://fivethirtyeight.com/features/how-much-did-russian-interference-affect-the-2016-election/.
66. Jamie Portman, "Confronting Cyberspace," *Calgary Herald*, June 11, 1995.
67. Ibid.
68. Segaller, *Nerds 2.0.1*, 359.
69. Thomas Standage, *The Victorian Internet* (New York: Berkley Books, 1998), xvii–xviii.
70. "Individuals Using the Internet (% of Population)," *World Bank*, https://data.worldbank.org/indicator/it.net.user.zs.
71. Salvador Rodriguez, "60% of World's Population Still Won't Have Internet by the End of 2014," *Los Angeles Times*, May 7, 2014, http://www.latimes.com/business/technology/la-fi-tn-60-world-population-3-billion-Internet-2014-20140507-story.html; "ICT Facts and Figures—the World in 2015," *ITU*.
72. Ibid.
73. Perrin and Duggan, "American's Internet Access: 2000–2015."
74. Berners-Lee, *Weaving the Web*.
75. Leslie Regan Shade, "Is There Free Speech on the Net? Censorship in the Global Information Infrastructure," in *Cultures of the Internet*, ed. Rob Shields(Thousand Oaks, CA: SAGE, 1996).
76. Berners-Lee, *Weaving the Web*, 80.
77. Daniel Jacobson, "API Update: New Transcript API and Much More," *NPR*, July 29, 2009, http://www.npr.org/blogs/inside/2009/07/api_update_transcript_api_and.html.
78. Frank Ahrens, "2002's News, Yesterday's Sell-Off," *Washington Post*, September 9, 2008.
79. Hayley Tsukayama, "Apple TV Review: If the Future of Television Is Apps, Sign Me Up," *Washington Post*, October 30, 2015, https://www.washingtonpost.com/news/the-switch/wp/2015/10/30/apple-tv-review-if-the-future-of-television-is-apps-sign-me-up/.

第十章

1. Aaron Calvin, "Meet Carson King, the 'Iowa Legend' Who's Raised More Than $1 Million for Charity off of a Sign Asking for Beer Money," *Des Moines Register*, September 24, 2019, http://www.desmoinesregister.com/story/sports/college/iowa-state/football/2019/09/24/meet-carson-king-whos-raised-over-1-million-charity-asking-beer-money-childrens-hospital-tweet/2427538001/.
2. Tim Jamison, "Iowa Oktoberfest Pulls Busch Light Over Carson King Controversy," *Quad-City Times*, September 26, 2019, http://qctimes.com/news/state-and-regional/iowa/iowa-oktoberfest-pulls-busch-light-over-carson-king-controversy/article_1a5af2af-845b-5613-a872-bbea41c7b23b.html.
3. "This Saturday Is Now Carson King Day in Iowa, by Gubernatorial Decree," *Gazette*, September 25, 2019, http://www.thegazette.com/subject/news/government/this-saturday-is-now-carson-king-day-in-iowa-by-gubernatorial-decree-20190925.
4. Julia Reinstein, "The Reporter Fired in the Iowa Milkshake Duck Scandal Said He Feels 'Abandoned' by the *Des Moines Register*," *BuzzFeed*, September 30, 2019, http://www.buzzfeednews.com/article/juliareinstein/des-moines-register-iowa-reporter-fired-aaron-calvin-carson?utm_source=dynamic&utm_campaign=bfsharefacebook&ref=mobile_share&fbclid=IwAR1OvHgVCRPQ74YSCtt_tp1_5qttQFNjPnCuOyOPaZX616hiYkYgayzYS8.
5. Vanessa Miller, "Carson King's UI Children's Hospital Campaign Reaches $2.95 Million," *Gazette*, October 1, 2019, http://www.thegazette.com/subject/news/carson-king-busch-light-childrens-hospital-fundraiser-3-million-iowa-state-university-of-iowa-20191001?utm_campaign=magnet&utm_source=entity_page&utm_medium=related_articles.
6. Ralph Hanson, "Is There Ever Grace for Being Stupid on Social Media?" *Living in a Media World*, April 15, 2020, http://www.ralphehanson.com/2018/07/28/is-there-ever-grace-for-being

-stupid-on-social-media/.
7. Susana Polo, "So Here's the Slut-Shaming, Homophobic Post on Superheroes by . . . the Director of *Guardians of the Galaxy*," *The Mary Sue*, November 28, 2012, http://www.themarysue.com/james-gunnsuperhero-sex-post/.
8. Megan McArdle, "People Are Getting Fired for Old Bad Tweets. Here's How to Fix It," *Washington Post*, July 24, 2018, http://www.washingtonpost.com/opinions/we-need-a-statute-of-limitations-on-bad-tweets/2018/07/24/a84e335c-8f7d-11e8-b769-e3fff17f0689_story.html.
9. M. Chethan and Mohan Ramanathan, "Social Knowledge: The Technology Behind," in *Social Knowledge: Using Social Media to Know What You Know*, ed. John P. Girard and JoAnn L. Girard (Hershey, PA: Information Science Reference, 2011).
10. Matt Stevens, "As the Hashtag Celebrates Its 10th Birthday, Are We #Blessed?" *New York Times*, August 23, 2017, https://www.nytimes.com/2017/08/23/business/hashtag-anniversary-twitter.html.
11. "Who Uses YouTube, WhatsApp and Reddit," *Pew Research Center*, June 12, 2019, http://www.pewresearch.org/internet/chart/who-uses-youtube-whatsapp-and-reddit/; Edison Research, "The Infinite Dial 2020," http://www.edisonresearch.com/wp-content/uploads/2020/03/The-Infinite-Dial-2020-from-Edison-Research-and-Triton-Digital.pdf.
12. Richard Waters, "How to Get Seriously Rich in Two Easy Moves," *Financial Times*, October 10, 2006, 25.
13. Charlie Rose, "YouTube Co-founders," interview by Charlie Rose, PBS, August 11, 2006.
14. Ibid.
15. "Who Uses YouTube, WhatsApp and Reddit."
16. Jose Antonio Vargas, "Letter From Palo Alto: The Face of Facebook," *New Yorker*, September 13, 2010, http://www.newyorker.com/reporting/2010/09/20/100920fa_fact_vargas.
17. Edison Research, "The Infinite Dial 2020"; David Cohen, "2.1 Billion People Use Facebook's Family of Apps on a Daily Basis," *Adweek*, July 26, 2019, http://www.adweek.com/digital/2-1-billion-people-use-facebooks-family-of-apps-on-a-daily-basis/.
18. Ashley Carman, "Facebook Groups Are Falling Apart Over Black Lives Matter Posts," *Verge*, June 5, 2020, http://www.theverge.com/2020/6/5/21279319/facebook-group-moderation-black-lives-matter-movement.
19. Raisa Bruner, "A Brief History of Instagram's Fateful First Day," *Time*, July 16, 2016, http://time.com/4408374/instagram-anniversary/.
20. Anthony Ha, "Instagram Is Testing a New Way for Celebrities and Influencers to Identify Their Sponsored Posts," *Tech Crunch*, June 14, 2017, https://techcrunch.com/2017/06/14/instagram-sponsored-posts/.
21. Jenn Chen, "Important Instagram Stats You Need to Know for 2020," *Sprout Social*, May 6, 2020, http://sproutsocial.com/insights/instagram-stats/.
22. Kurt Wagner, "Here's Why Facebook's $1 Billion Instagram Acquisition Was Such a Big Deal," *Recode*, April 9, 2017, https://www.recode.net/2017/4/9/15235940/facebook-instagram-acquisition-anniversary.
23. Aaron Smith and Monica Anderson, "Social Media Use in 2018," *Pew Research Center*, March 1, 2018, http://www.pewinternet.org/2018/03/01/social-media-use-in-2018/.
24. Edison Research, "The Infinite Dial 2020."
25. Smith and Anderson, "Social Media Use in 2018."
26. J. Clement, "Snapchat Daily Active Users 2019," *Statista*, April 23, 2020, http://www.statista.com/statistics/545967/snapchat-app-dau/.
27. Kevin Roose, "Snapchat's New Test: Grow Like Facebook, Without the Baggage," *New York Times*, November 15, 2017, https://www.nytimes.com/2017/11/15/business/snapchats-new-test-grow-like-facebook-without-the-baggage.html.
28. Taylor Lorenz, "How Rep. Eric Swalwell Became the Snapchat King of Congress," *Hill*, April 27, 2016, http://thehill.com/homenews/news/277737-swalwell-snapchat.
29. Kevin Maney, "Short & Tweet," *Upstart*, February 11, 2009; Britney Fitzgerald, "Twitter Use Is on the Rise, Daily Use Doubles: Pew," *Huffington Post*, June 1, 2012, http://www.huffingtonpost.com/2012/06/01/twitter-use-stats-growth_n_1559716.html?ref=technology; "Company," Twitter, https://about.twitter.com/company.
30. Jon Swartz, "Twitter Has Millions Tweeting in Public Communication Service," *USA Today*, May 26, 2009.
31. Dominic Rushee, "What Makes Twitter Worth a Billion Dollars?" *Sunday Times*, September 27, 2009.
32. Jacob Kastrenakes, "Twitter Says People Are Tweeting More, but Not Longer, With 208-Character Limit," *Verge*, February 8, 2018, https://www.theverge.com/2018/2/8/16990308/twitter-280-character-tweet-length.
33. Michael J. Socolow, "The Trouble With TikTok," *POLITICO Magazine*, November 2, 2019, http://www.politico.com/magazine/story/2019/11/02/the-trouble-with-tiktok-229890.
34. Casey Newton, "The Mounting Pressures on TikTok," *Revue*, November 4, 2019, http://www.getrevue.co/profile/caseynewton/issues/the-mounting-pressures-on-tiktok-208003.
35. Jacob Kastrenakes, "TikTok Now Lets Parents Set Restrictions on Their Kids' Accounts," *Verge*, April 16, 2020, http://www.theverge.com/2020/4/16/21222817/tiktok-family-pairing-linked-accounts.
36. Hannah Donovan and Geneviève Patterson, "How TikTok Decides Who to Make Famous," *TechCrunch*, February 17, 2020, https://techcrunch.com/2020/02/17/how-tiktok-decides-who-to-make-famous/.
37. Nolan D. McCaskill, "Trump Credits Social Media for His Election," *Politico*, October 20, 2017, https://www.politico.com/story/2017/10/20/trump-social-media-election-244009.
38. Ibid.
39. S. A. Miller, "The Match Made in Heaven: Trump and Twitter," *Washington Times*, December 28, 2017, https://www.washingtontimes.com/news/2017/dec/28/donald-trumps-twitter-use-changed-presidential-pol/.
40. Nicholas Carr, "Why Trump Tweets (and Why We Listen)," *Politico*, January 26, 2018, https://www.politico.com/magazine/story/2018/01/26/donald-trump-twitter-addiction-216530.
41. Tamara Keith, "From 'Covfefe' to Slamming CNN: Trump's Year in Tweets," *NPR*, December 20, 2017, https://www.npr.org/2017/12/20/571617079/a-year-of-the-trump-presidency-in-tweets.

42. John Herrman and Charlie Savage, "Trump's Blocking of Twitter Users Is Unconstitutional, Judge Says," *New York Times*, May 23, 2018, https://www.nytimes.com/2018/05/23/business/media/trump-twitter-block.html.
43. Abby Ohlheiser, "The One Word That Lets Politicians Get Away with Breaking the Rules on Social Media," *Washington Post*, September 25, 2019, http://www.washingtonpost.com/technology/2019/09/25/newsworthiness-one-word-that-lets-politicians-get-away-with-spreading-misinformation-social-media/.
44. Ohlheiser, "The One Word That Lets Politicians Get Away with Breaking the Rules."
45. Davey Alba, Kate Conger, and Raymond Zhong, "Twitter Adds Warnings to Trump and White House Tweets, Fueling Tensions," *New York Times*, May 29, 2020, http://www.nytimes.com/2020/05/29/technology/trump-twitter-minneapolis-george-floyd.html?action=click&module=Spotlight&pgtype=Homepage.
46. Chip Stewart, "Guest Blog Post: Executive Orders and Social Media," *Living in a Media World*, June 1, 2020, http://www.ralphehanson.com/2020/05/30/guest-blog-post-executive-orders-social-media/.
47. Unless otherwise noted, the material from this history of video games is drawn from the following sources: Brian J. Wardyga, *The Video Games Textbook: History, Business, Technology* (Boca Raton, FL: CRC Press, 2018); Tristan Donovan, *Replay: The History of Video Games* (East Sussex, UK: Yellow Ant, 2010); Steven L. Kent, *The Ultimate History of Video Games* (New York: Three Rivers Press, 2001).
48. Alan Cowell, "Overlooked No More: Alan Turing, Condemned Code Breaker and Computer Visionary," *New York Times*, June 2019, http://www.nytimes.com/2019/06/05/obituaries/alan-turing-overlooked.html.
49. Donovan, *Replay*.
50. Douglas Martin, "Ralph H. Baer, Inventor of First System for Home Video Games, Is Dead at 92," *New York Times*, December 7, 2014, http://www.nytimes.com/2014/12/08/business/ralph-h-baer-dies-inventor-of-odyssey-first-system-for-home-video-games.html.
51. Leslie Berlin, "The Inside Story of 'Pong' and Nolan Bushnell's Early Days at Atari," *Wired*, November 15, 2017, http://www.wired.com/story/inside-story-of-pong-excerpt/.
52. Donovan, *Replay*.
53. Wardyga, *Video Games Textbook*.
54. Donovan, *Replay*.
55. Wardyga, *Video Games Textbook*.
56. "Domestic Box Office For 1981," *Box Office Mojo*, www.boxofficemojo.com/year/1981/.
57. Donovan, *Replay*.
58. Ibid.
59. Kent, *Ultimate History of Video Games*.
60. Wardyga, *Video Games Textbook*.
61. Donovan, *Replay*.
62. Tom Huddleston Jr., "How 'Animal Crossing' and the Coronavirus Pandemic Made the Nintendo Switch Fly Off Shelves," *CNBC*, June 2, 2020, http://www.cnbc.com/2020/06/02/nintendo-switch-animal-crossing-and-coronavirus-led-to-record-sales.html.
63. Donovan, *Replay*.
64. Ibid.
65. Ibid.
66. Ibid.
67. Raymond Hernandez, "Clinton Urges Inquiry Into Hidden Sex in Grand Theft Auto Game," *New York Times*, July 14, 2005, http://www.nytimes.com/2005/07/14/nyregion/clinton-urges-inquiry-into-hidden-sex-in-grand-theft-auto-game.html.
68. Chris Plante, "Herman Cain Breaks Five-Year Silence on Pokémon," *Verge*, July 19, 2016, http://www.theverge.com/2016/7/19/12227602/pokemon-go-nintnedo-herman-cain.
69. Mansoor Iqbal, "Pokémon GO Revenue and Usage Statistics (2020)," *Business of Apps*, June 23, 2020, http://www.businessofapps.com/data/pokemon-go-statistics/.
70. I would like to thank Charley Reed, a communications graduate student at the University of Nebraska at Omaha, for his research and work on the video game section of this chapter.
71. Andrew Edwards, "Video Games? Microsoft Pitches Xbox 360 as an Entertainment Hub," *Silicon Valley News*, June 4, 2012; Paul Tassi, "Twitch Starts Swinging YouTube-Like Copyright Sledgehammer [Updated]," *Forbes*, August 7, 2014, http://www.forbes.com/sites/insertcoin/2014/08/07/twitch-starts-swinging-youtube-like-copyright-sledgehammer/.
72. Jim Rutenberg, "Obama Aims TV Ads at Younger Voters," *New York Times*, October 8, 2008, https://thecaucus.blogs.nytimes.com/2008/10/08/obama-aims-tv-ads-at-younger-voters.
73. Seth Schiesel, "Finding Community in Virtual Town Squares," *New York Times*, November 5, 2005.
74. Max Cherney, "This Violent Videogame Has Made More Money Than Any Movie Ever," *MarketWatch*, April 9, 2018, https://www.marketwatch.com/story/this-violent-videogame-has-made-more-money-than-any-movie-ever-2018-04-06.
75. "All Time Worldwide Box Office Grosses," *Box Office Mojo*, http://www.boxofficemojo.com/alltime/world/.
76. Pamela McClintock, "Global 2015 Box Office: Revenue Hits Record $38 Billion-Plus," *Hollywood Reporter*, January 3, 2016, http://www.hollywoodreporter.com/news/global-2015-box-office-revenue-851749; Chris Morris, "Level Up! Video Game Industry Revenues Soar in 2015," *Fortune*, February 16, 2016, http://fortune.com/2016/02/16/video-game-industry-revenues-2015/.
77. Ken Paulson, "Court's Video-Game Ruling Shields Emerging Media," *First Amendment Center*, June 27, 2011.
78. Amanda Lenhart, Joseph Kahne, Ellen Middaugh, Alexandra Macgill, Chris Evans, and Jessica Vitak, "Teens, Video Games and Civics," *Pew Research Center*, September 16, 2008, https://www.pewresearch.org/internet/2008/09/16/teens-video-games-and-civics/.
79. Amanda Lenhart, Sydney Jones, and Alexandra Macgill, "Pew Internet Project Data Memo: Adults and Video Games," in *Pew Internet and American Life Project* (Washington, DC: Pew Foundation, 2008).
80. Dave Thier, "20,000 People Are Watching a Fish Play Pokémon

on Twitch," *Forbes*, August 8, 2014, http://www.forbes.com/sites/davidthier/2014/08/08/20000-people-are-watching-a-fish-play-pokemon/; Jason Koebler, "An Exclusive Interview With the Fish Playing Pokémon," *Motherboard*, August 8, 2014, https://www.vice.com/en_us/article/vvbzey/an-exclusive-interview-with-the-fish-playing-pokemon.

81. German Lopez, "Why Amazon Spent $970 Million to Buy Twitch," *Vox*, August 26, 2014, http://www.vox.com/2014/8/26/6067085/amazon-twitch-tv-video-games-live-streaming-league-of-legends-dota-2.

82. Mike Hume, "Travis Scott Will Go on a 'World Tour' inside Fortnite," *Washington Post*, April 20, 2020, http://www.washingtonpost.com/video-games/2020/04/20/travis-scott-fortnite-concert/.

83. Aaron Blackman, "Guest Blog Post: Ninja Reshapes Streaming Video Games in 2018," *Living in a Media World*, May 1, 2018, https://www.ralphehanson.com/2018/05/01/guest-blog-post-ninja-reshapes-streaming-video-games-in-2018/. Thanks to Aaron Blackman for his guest blog post at *Living in a Media World* on which this section is based.

84. The material on eSports is drawn from the guest post written by my colleague Aaron Blackman at "Heroes of the Dorm on ESPN 2," *Living in a Media World*, April 12, 2016, www.ralphehanson.com/2016/04/12/guest-blog-post-heroes-of-the-dorm-on-espn2/; Kellen Beck, "Premium eSports Shows Are Heading to Hulu," *Mashable*, October 9, 2017, https://mashable.com/2017/10/09/hulu-esports-esl/.

85. Huddleston,. "How 'Animal Crossing' and the Coronavirus Pandemic Made the Nintendo Switch Fly Off Shelves.

86. Gene Park, "Alexandria Ocasio-Cortez Is Now Playing Animal Crossing. And She's Visiting Her Followers," *Washington Post*, May 8, 2020, http://www.washingtonpost.com/video-games/2020/05/07/alexandria-ocasio-cortez-is-now-playing-animal-crossing-shes-visiting-her-followers/.

87. Imran Khan, "In Extraordinary Times, Ramadan Finds a Place in Animal Crossing," *Washington Post*, May 15, 2020, http://www.washingtonpost.com/video-games/2020/05/15/ramadan-animal-crossing/.

88. Hume, "Travis Scott Will Go on a 'World Tour' Inside Fortnite."

89. Travis Andrews, "Thousands Gathered Saturday for a Music Festival. Don't Worry: It Was in Minecraft," *Washington Post*, April 15, 2020, http://www.washingtonpost.com/technology/2020/04/15/minecraft-music-festival-american-football-nether-meant/.

90. "How Diverse Are Video Gamers—and the Characters They Play?" *Nielsen*, March 24, 2015, http://www.nielsen.com/us/en/insights/news/2015/how-diverse-are-video-gamers-and-the-characters-they-play.html.

91. Kiva Bay, "Fat Basement Dweller," *Medium*, December 8, 2015, https://medium.com/@kivabay/fat-basement-dweller-f49f12dd8ac3.

92. Leif Johnson, "This Game Is Forcing Some Players to Be Women, and They're Freaking Out," *Motherboard*, April 10, 2016, http://motherboard.vice.com/read/this-game-is-forcing-some-players-to-be-women-and-theyre-freaking-out.

第十一章

1. David Remnick, "Postscript: Marie Colvin, 1956–2012," *New Yorker*, February 22, 2012, https://www.newyorker.com/news/news-desk/postscript-marie-colvin-1956-2012.

2. Anne Barnard, "Syrian Forces Aimed to Kill Journalists, U.S. Court Is Told," *New York Times*, April 9, 2018, https://www.nytimes.com/2018/04/09/world/middleeast/syria-marie-colvin-death.html.

3. Dana Priest, "War Reporter Marie Colvin Was Tracked, Targeted, and Killed by Assad's Forces, Family Says," *Washington Post*, July 9, 2016, https://www.washingtonpost.com/world/national-security/war-reporter-marie-colvin-was-tracked-targeted-and-killed-by-assads-forces-family-says/2016/07/09/62968844-453a-11e6-88d0-6adee48be8bc_story.html?tid=sm_fb.

4. Barnard, "Syrian Forces Aimed to Kill Journalists."

5. Priest, "War Reporter Marie Colvin Was Tracked."

6. Evgenia Peretz, "The Girls at the Front," *Vanity Fair*, June 22, 2002, https://www.vanityfair.com/culture/2002/06/female-war-correspondents-200206.

7. Ibid.

8. Ibid.

9. Marie Colvin, "Marie Colvin: 'Our Mission Is to Report These Horrors of War With Accuracy and Without Prejudice,'" *Guardian*, February 22, 2012, https://www.theguardian.com/commentisfree/2012/feb/22/marie-colvin-our-mission-is-to-speak-truth.

10. John C. Nerone, ed., *Last Rights: Revisiting Four Theories of the Press* (Urbana and Chicago: University of Illinois Press, 1995), 153.

11. Denis McQuail, *McQuail's Mass Communication Theory*, 6th ed. (Thousand Oaks, CA: SAGE, 2010).

12. McQuail, *McQuail's Mass Communication Theory*, 176.

13. Bob Garfield, "Pulling the Plug," *On the Media*, May 18, 2007, http://www.wnyc.org/story/129427-pulling-the-plug/; Associated Press, "Anti-Chavez TV Company Struggles to Survive," *San Diego Union-Tribune*, May 22, 2012, http://www.sandiegouniontribune.com/sdut-anti-chavez-tv-company-struggles-to-survive-2012may22-story.html; Silvia Higuera, "Venezuela's Supreme Court: Inter-American Court's Ruling on RCTV Is 'Unenforceable,'" *Journalism in the Americas Blog*, September 22, 2015, https://knightcenter.utexas.edu/blog/00-16310-venezuelas-supreme-court-inter-american-courts-ruling-rctv-unenforceable; "RSF Index 2018."

14. Nerone, *Last Rights*.

15. Siebert et al., *Four Theories of the Press*.

16. Nerone, *Last Rights*.

17. Alan Wells, "Introduction," in *World Broadcasting: A Comparative View*, ed. Alan Wells (Norwood, NJ: Ablex, 1996).

18. Ken Auletta, *The Highwaymen* (San Diego, CA: Harcourt Brace, 1998), 209.

19. Ibid., 209–210.

20. Rowland Lorimer and Mike Gasher, *Mass Communication in Canada*, 5th ed. (Don Mills, ON: Oxford University Press, 2004).

21. Ibid.; Brian Morton, "Feature Film Sector Slows as TV Production Ramps Up," *Vancouver Sun*, May 28, 2012, https://www.pressreader.com/canada/vancouver-sun/20120528/281822870848372; Toronto City Council Economic Development Committee, "Film and Television Industry Facts," *ACTRA Toronto*, April 2015, http://www.actratoronto.com/advocacy/industry-facts/; "Profile 2017: Economic Report on the Screen-Based Media Production Industry in Canada," *Canadian Media Producers Association*, https://telefilm.ca/wp-content/uploads/cmpa2017engfeb08.pdf.
22. Bob Garfield, "God Is Great (Funny, Too)," *On the Media*, May 18, 2007, http://www.wnyc.org/story/129430-god-is-great-funny-too/.
23. Ibid.
24. "2020 World Press Freedom Index."
25. Lorimer and Gasher, *Mass Communication in Canada*.
26. "2020 World Press Freedom Index."
27. Matthew Rusher, "Western Europe," in *World Broadcasting: A Comparative View*, ed. Alan Wells (Norwood, NJ: Ablex, 1996), 45.
28. Alan Wells, "United Kingdom," in *World Broadcasting: A Comparative View*, ed. Alan Wells (Norwood, NJ: Ablex, 1996).
29. Geoffrey Wheatcroft and Stephen Sandy, "Who Needs the BBC?" *Atlantic Monthly*, March 2001, 53.
30. "BBC's Combined Global Audience Revealed at 308 Million," *BBC*, May 21, 2015, https://www.bbc.co.uk/mediacentre/latestnews/2015/combined-global-audience.
31. "Africa's Dramas Played Out on the Beeb," *Economist*, January 1999, 44.
32. Ibid.
33. Kevin Williams, *European Media Studies* (London: Hodder Arnold, 2005); "Facts & Figures," *Association of Commercial Television in Europe*, 2012, http://www.acte.be/; "Our Sector," *Association of Commercial Television in Europe*, https://acte.be/about-us/our-sector.
34. Graber, *Mass Media and American Politics*.
35. Brian Love, "Refile-No Rule, No Regrets for French Cartoonists in Mohammad Storm," *Reuters*, September 19, 2012, http://www.reuters.com/article/film-protests-charlie-idUSL5E8KJE6320120919.
36. Mark Memmott, "Why You're Not Seeing Those 'Charlie Hebdo' Cartoons," *NPR*, January 10, 2015, http://www.npr.org/sections/thetwo-way/2015/01/10/376098073/why-youre-not-seeing-those-charlie-hebdo-cartoons.
37. Margaret Sullivan, "With New *Charlie Hebdo* Cover, News Value Should Have Prevailed," *New York Times*, January 14, 2015, https://publiceditor.blogs.nytimes.com/2015/01/14/with-new-charlie-hebdo-cover-news-value-should-have-prevailed/.
38. Aaron Blake, "How Do Americans Feel About Muhammad Cartoons?" *Washington Post*, January 7, 2015, https://www.washingtonpost.com/news/the-fix/wp/2015/01/07/how-do-americans-feel-about-muhammad-cartoons/.
39. Flemming Rose, "Why I Published Those Cartoons," *Washington Post*, February 19, 2006.
40. Daryl Cagle, "Two Kinds of Offensive Cartoonists," *Cagle Cartoons*, February 13, 2006, http://www.caglecartoons.com/column.asp?ColumnID=%7B3FA565D3-2A09-4772-8135-174B4DDF1AD4%7D.
41. Philip Kennicott, "Clash Over Cartoons Is a Caricature of Civilization," *Washington Post*, February 4, 2006.
42. Ibid.
43. Agence France-Presse, "Danish Cartoonist Attacker Has 10-Year Sentence Confirmed," *Vancouver Sun*, May 2, 2012.
44. Angela Charlton, "Depictions Put Press Freedoms to the Test," *Star-Ledger*, February 7, 2006.
45. Christopher Dickey, Mark Hosenball, and Geoffrey Cowley, "A Needless Tragedy," *Newsweek*, September 22, 1997.
46. Larysa Pyk, "Legislative Update: Putting the Brakes on Paparazzi," *Journal of Art and Entertainment Law* 187, no. 9 (1998).
47. Associated Press, "Magazine Fined Over Picture of Diana and Dodi," *Ottawa Citizen*, April 29, 1998.
48. Ester Laushway, "What Price Privacy?" *Europe*, October 1997.
49. "Whose Life Is It Anyway?" *Economist*, March 9, 2002.
50. Jane Kirtley, "Privacy for Sale," *American Journalism Review*, March 2001.
51. Adam Satariano, "What the G.D.P.R, Europe's Tough New Data Law, Means for You," *New York Times*, May 6, 2018, https://www.nytimes.com/2018/05/06/technology/gdpr-european-privacy-law.html.
52. Tony Romm, "France Fines Google Nearly $57 Million for First Major Violation of New European Privacy Regime," *Washington Post*, January 21, 2019, http://www.washingtonpost.com/world/europe/france-fines-google-nearly-57-million-for-first-major-violation-of-new-european-privacy-regime/2019/01/21/89e7ee08-1d8f-11e9-a759-2b8541bbbe20_story.html.
53. Samuel Gibbs, "Google to Extend 'Right to Be Forgotten' to All Its Domains Accessed in EU," *Guardian*, February 11, 2016, https://www.theguardian.com/technology/2016/feb/11/google-extend-right-to-be-forgotten-googlecom.
54. Farhad Manjoo, "'Right to Be Forgotten' Online Could Spread," *New York Times,* August 5, 2015, http://www.nytimes.com/2015/08/06/technology/personaltech/right-to-be-forgotten-online-is-poised-to-spread.html.
55. David Meyer, "People Have Asked Google to Remove 2.4 Million Links About Them: Here's What They Want to Forget," *Fortune*, February 28, 2018, http://fortune.com/2018/02/28/google-right-to-be-forgotten-europe-reasons-eu/.
56. Donnalyn Pompper, "Latin America and the Caribbean," in *World Broadcasting: A Comparative View*, ed. Alan Wells (Norwood, NJ: Ablex, 1996).
57. Thomas L. McPhail, *Global Communication: Theories, Stakeholders, and Trends* (Malden, MA: Blackwell, 2006).
58. "2016 World Press Freedom Index – Leaders Paranoid About Journalists," Reporters Without Borders, https://rsf.org/en/news/2016-world-press-freedom-index-leaders-paranoid-about-journalists.
59. "1305 Journalists Killed Between 1992 and 2018," *Committee to Protect Journalists*.
60. Amanda Erickson, "'Where I Work . . . It Is Dangerous to Be Alive':

A Slain Mexican Journalist's Prescient Speech," *Washington Post*, May 16, 2017, https://www.washingtonpost.com/news/worldviews/wp/2017/05/16/where-i-work-it-is-dangerous-to-be-alive-a-slain-mexican-journalists-prescient-speech/?hpid=hp_no-name_hp-in-the-news%3Apage%2Fin-the-news&utm_term=.46061fc03428.

61. "2020 World Press Freedom Index."
62. Nicole Gaouette, "Mideast's Clash of Images," *Christian Science Monitor*, October 21, 2000.
63. "141 Journalists Killed in Syria Between 2011 and 2018/Motive Confirmed," *Committee to Protect Journalists*, accessed June 22, 2020, https://cpj.org/data/killed/mideast/syria/?status=Killed&motiveConfirmed%5B%5D=Confirmed&type%5B%5D=Journalist&cc_fips%5B%5D=SY&start_year=2011&end_year=2018&group_by=location/.
64. "2020 World Press Freedom Index."
65. "Journalism in Syria, Impossible Job?" *Reporters Without Borders*, November 6, 2013, https://rsf.org/syrie-journalism-in-syria-impossible-job-06-11-2013,45424.html; Elle Shearer, "In Syria, Freelancers Like James Foley Covers a Dangerous War Zone with No Front Lines," *Washington Post*, August 22, 2014, www.washingtonpost.com/opinions/in-syria-freelancers-like-james-foley-covera-dangerous-war-zone-with-no-front-lines/2014/08/22/25e4bfda-295b-11e4-86ca-6f03cbd15c1a_story.html; Karen DeYoung and Adam Goldman, "Islamic State Claims It Executed American Photojournalist James Foley," *Washington Post*, August 20, 2014, http://www.washingtonpost.com/world/national-security/islamic-state-claims-it-beheaded-american-photojournalist-james-foley/2014/08/19/42e83970-27e6-11e4-86ca-6f03cbd15c1a_story.html.
66. "RSF Index 2018"; "122 Journalists Killed in Syria Between and 2018/Motive Confirmed."
67. Ibid.
68. Joby Warrick and Swati Sharma, "The Ordeal of *Post*Reporter Jason Rezaian," *Washington Post*, January 16, 2016, https://www.washingtonpost.com/world/the-washington-posts-jason-rezaian-has-now-spent-a-full-year-in-an-iranian-jail/2015/07/21/811bb46e-2cd7-11e5-bd33-395c05608059_story.html.
69. "2015 Prison Census: 199 Journalists Jailed Worldwide,"*Committee to Protect Journalists,* December 1, 2015.
70. Karen DeYoung and Carol Morello, "Freeing a Reporter: Secret Diplomatic Talks and Private Back Channels," *Washington Post*, January 17, 2016, https://www.washingtonpost.com/world/national-security/freeing-jason-secret-diplomatic-talks-and-private-back-channels/2016/01/17/aaf01484-bc7d-11e5-829c-26ffb874a18d_story.html.
71. Andrew Roth, "*Post* Owner Jeff Bezos Flies Reporter Jason Rezaian to U.S. After Iran Release," *Washington Post*, January 22, 2016, https://www.washingtonpost.com/world/middle_east/post-reporter-rezaian-flies-to-us-after-release-by-iran-checkups-in-germany/2016/01/22/b47273ba-c09e-11e5-bcda-62a36b394160_story.html.
72. Editorial Board, "Iran's Appalling Treatment of Journalists Has Not Ended," *Washington Post*, January 24, 2016, https://www.washingtonpost.com/opinions/irans-appalling-treatment-of-journalists-has-not-ended/2016/01/24/58d8bc42-c131-11e5-bcda-62a36b394160_story.html.
73. "RSF Index 2020."
74. Kai Hafez, ed., *Mass Media, Politics, and Society in the Middle East* (Cresskill, NJ: Hampton Press, 2001).
75. Ibid.
76. Fred Strickert, "War on the Web," *Christian Century*, May 16, 2001.
77. Ibid.
78. I would like to thank Charley Reed, a communications graduate student at University of Nebraska at Omaha, for his research and work on the new media coverage of the Iranian protests section of this chapter.
79. Ali Arouzi, "Iran to Media: No Cameras Allowed," *World Blog*, June 16, 2009, http://worldblog.nbcnews.com/_news/2009/06/16/4376296-iran-to-media-no-cameras-allowed; Brian Stelter, "Journalism Rules Are Bent in News Coverage From Iran," *New York Times*, June 29, 2009; Brian Stelter, "In Coverage of Iran, Amateurs Take the Lead," *New York Times: Media Decoder*, June 17, 2009, https://mediadecoder.blogs.nytimes.com/2009/06/17/in-coverage-of-iran-amateurs-take-the-lead/; Gaurav Mishra, "The Digital News Lifecycle: Why Breaking News on Twitter Isn't News Anymore," *MSFS 556 at Georgetown University*, January 18, 2009.
80. Everette E. Dennis, Justin D. Martin, and Robb Wood, "Media Use in the Middle East, 2016," Northwestern University in Qatar, March 9, 2016, http://www.mideastmedia.org/survey/2016/.
81. "Media Use in the Middle East, 2019," Northwestern University in Qatar, 2020, http://www.mideastmedia.org/survey/2019/.
82. "Media Use in the Middle East, 2019."
83. "Media Use in the Middle East, 2019."
84. Hussein Y. Amin, "The Middle East and North Africa," in *World Broadcasting: A Comparative View*, ed. Alan Wells (Norwood, NJ: Ablex, 1996).
85. Peter Feuilherade, "Analysis: Politics Affect Funding of Arab Satellite TV Stations," *BBC Monitoring International Reports* (2007).
86. Christophe Ayad, "Middle East Media Pluralism via Satellite," *UNESCO Courier*, January 2000.
87. Isabel Hilton, "'Al-Jazeera': And Now, the Other News," *New York Times*, March 6, 2005.
88. Brooke Gladstone, "Al-Nielsens," *On the Media*, December 16, 2005, https://www.wnycstudios.org/podcasts/otm/segments/128910-al-nielsens.
89. Mark Memmott, "Former Marine in Media Glare as He Joins Al-Jazeera," *USA Today*, September 28, 2005.
90. Hilton, "'Al-Jazeera.'"
91. "Al Jazeera Journalists Freed From Egypt Prison," *Al Jazeera*, September 23, 2015, http://www.aljazeera.com/news/2015/09/al-jazeera-journalists-pardoned-egypt-150923112113189.html.
92. Tawana Kupe, "New Forms of Cultural Identity in an African Society," *Innovation: The European Journal of Social Science* 8, no. 4 (1995).

93. Ibid.
94. Abu-Bakarr Jalloh, "Reporters Without Borders: 'Press Freedom in Africa Remains Grim,'" *Deutsche Welle*, http://www.dw.com/en/reporters-without-borders-press-freedom-in-africa-remains-grim/a-18423623.
95. Keita, "In Africa, Development Still Comes at Freedom's Expense."
96. Osabuohien P. Amienyi and Gerard Igyor, "Sub-Saharan Africa," in *World Broadcasting: A Comparative View*, ed. Alan Wells (Norwood, NJ: Ablex, 1996).
97. Jean Huteau, "Media Self-Control, the South's New Option," *UNESCO Courier*, April 2000.
98. Amienyi and Igyor, "Sub-Saharan Africa."
99. Richard Harrington, "'World Beat' Rattles Pop Music Scene," *Toronto Star*, June 18, 1988.
100. Jim Miller, "Simon's Spirit of Soweto," *Newsweek*, November 17, 1986.
101. Bob Young, "Bongo Maffin Sets Message to Dance Beat," *Boston Herald*, August 16, 2002.
102. Miller, "Simon's Spirit of Soweto."
103. Harrington, "'World Beat' Rattles Pop Music Scene."
104. Hsiang-Wen Hsiao, "Asia," in *World Broadcasting: A Comparative View*, ed. Alan Wells (Norwood, NJ: Ablex, 1996).
105. BS Reporters, "DTH, Digital Cable Penetration to Drive TV Growth: Report," *Business Standard*, September 20, 2014, http://www.business-standard.com/article/companies/dth-digital-cable-penetration-to-drive-tv-growth-report-114092000020_1.html.
106. Uday Sahay, ed., *Making News: Handbook of Media in Contemporary India* (New Delhi: Oxford University Press, 2006).
107. Gaurav Mishra, "Social Media and Citizen Journalism in the 11/26 Mumbai Terror Attacks: A Case Study," *Gauravonomics*, November 28, 2008, http://www.gauravonomics.com/.
108. Brooke Gladstone, "Detailed Coverage," *On the Media*, December 5, 2008, http://www.wnyc.org/story/131229-detailed-coverage/.
109. "2020 World Press Freedom Index."
110. Ralph Hanson, "Media Twitter: On Bed Bugs, the NYT and Thin-Skinned Columnists," *Living in a Media World*, August 2019, http://www.ralphehanson.com/2019/08/28/media-twitter-on-bed-bugs-the-nyt-and-thin-skinned-columnists/.
111. "World Press Freedom Index 2016."
112. Joanna Slater and Shams Irfan, "Internet Service Limps Back to Kashmir after Nearly Six-Month Blackout," *Washington Post*, January 27, 2020, http://www.washingtonpost.com/world/asia_pacific/internet-service-limps-back-to-kashmir-after-nearly-six-months-blackout/2020/01/27/298b34fe-40d2-11ea-abff-5ab1ba98b405_story.html.
113. "China," *CASBAA*, http://www.casbaa.com/advertising/countries/china.
114. "China Profile—Media," *BBC News*, April 26, 2016, http://www.bbc.com/news/world-asia-pacific-13017881.
115. "China's Media Landscape," *AHK*, https://china.ahk.de/market-info/chinas-media-landscape.
116. Sarah Lacy, "Tudou: A Push Towards Mobile Video and Profits," *Washington Post*, November 7, 2009, http://www.washingtonpost.com/wp-dyn/content/article/2009/11/08/AR2009110801808.html.
117. "2020 World Press Freedom Index."
     Ibid.
118. Hiroshi Tokinoya, "Japan," in *World Broadcasting: A Comparative View*, ed. Alan Wells (Norwood, NJ: Ablex, 1996).
119. "2020 World Press Freedom Index."
120. Douglas Wolk, "Manga, Anime Invade the U.S.," *Publishers Weekly*, March 12, 2001.
121. "2020 World Press Freedom Index."
122. Nicole Gaouette, "Get Your Manga Here," *Christian Science Monitor*, January 8, 1999.
123. Milton Mayfield et al., "Manga and the Pirates: Unlikely Allies for Strategic Growth," *Advanced Management Journal* 65, no. 3 (2000).
124. Ibid.
125. Calvin Reid, "Asian Comics Delight U.S. Readers," *Publishers Weekly*, December 23, 2002.

第十二章

1. Tiffany Hsu, "Popular YouTube Toy Review Channel Accused of Blurring Lines for Ads," *New York Times*, September 4, 2019, www.nytimes.com/2019/09/04/business/media/ryan-toysreview-youtube-ad-income.html.
2. Amanda Perelli, "The World's Top-Earning YouTube Star Is an 8-Year-Old Boy Who Made $22 Million in a Single Year Reviewing Toys," *Business Insider*, October 20, 2019, www.businessinsider.com/8-year-old-youtube-star-ryan-toysreview-made-22-million-2019-10.
3. Whyte, Alexandra. "Why Aren't There Laws Protecting Kid Influencers?" Kidscreen" Archive," August 12, 2019, http://kidscreen.com/2019/08/12/why-arent-there-laws-protecting-kid-influencers/.
4. Chavie Lieber, "Toy Unboxing Videos Have Taken Over YouTube. Some Experts Say They Exploit Kids," *Vox*, March 2019, www.vox.com/the-goods/2019/3/22/18275767/toy-unboxing-videos-youtube-advertising-ethics.
5. Hsu, "Popular YouTube Toy Review Channel Accused of Blurring Lines."
6. Lieber, "Toy Unboxing Videos Have Taken Over YouTube."
7. Elizabeth Chuck, "Hit YouTube Channel Ryan ToysReview Accused of Deceiving Kids Into Watching Sponsored Content," *NBC News*, September 10, 2019, http://www.nbcnews.com/tech/tech-news/hit-youtuber-ryan-toysreview-accused-deceiving-kids-watching-sponsored-content-n1052006.
8. Hsu, "Popular YouTube Toy Review Channel Accused of Blurring Lines."
9. Charlie Jones, "Should Children Watch Toy Unboxing Videos?" *BBC News*, December 9, 2019, http://www.bbc.com/news/uk-england-beds-bucks-herts-49975644.
10. Hsu, "Popular YouTube Toy Review Channel Accused of Blurring Lines."

11. George E. Belch and Michael A. Belch, *Advertising and Promotion: An Integrated Marketing Communications Perspective* (Boston: Irwin McGraw-Hill, 1998).
12. Pamela Walker Laird, *Advertising Progress* (Baltimore: Johns Hopkins University Press, 1998).
13. James W. Carey, "Advertising: An Institutional Approach," in *Advertising in Society*, ed. Roxanne Hoveland and Gary B. Wilcox (Lincolnwood, IL: NTC Business Books, 1989).
14. Laird, *Advertising Progress*.
15. Michael Schudson, "Historical Roots of Consumer Culture," in *Advertising in Society*, ed. Roxanne Hoveland and Gary B. Wilcox (Lincolnwood, IL: NTC Business Books, 1989).
16. Laird, *Advertising Progress*.
17. Carey, "Advertising."
18. Schudson, "Historical Roots of Consumer Culture."
19. Laird, *Advertising Progress*.
20. Michael Sebastian, "*Ladies' Home Journal* Ends Monthly Publication, Lays Off All Staff," *Ad Age*, April 24, 2014, https://adage.com/article/media/ladies-home-journal-fold-131-years-print/292839/.
21. James B. Twitchell, *Adcult USA: The Triumph of Advertising in American Culture* (New York: Columbia University Press, 1996), 73.
22. Ibid.
23. Ibid., 93.
24. Suzanne Goldenberg, "Big Ag Spending Millions to Defeat GMO Labeling Campaigns," *AlterNet*, October 24, 2014, http://www.alternet.org/big-ag-spending-millions-defeat-gmo-labeling-campaigns; "Colorado Mandatory Labeling of GMOs Initiative, Proposition 105 (2014)," *Ballotpedia*, https://ballotpedia.org/Colorado_Mandatory_Labeling_of_GMOs_Initiative,_Proposition_105_(2014).
25. "Public Service Advertising That Changed a Nation," *Ad Council*, 2014; Karen Egolf, "Ad Council Offers New Responsible Fatherhood PSAs," *Ad Age*, June 15, 2011, http://adage.com/article/goodworks/ad-council-offers-responsible-fatherhood-psas/228199/.
26. Eugene H. Fram, S. Prakash Sethi, and Nobuaki Namiki, "Newspaper Advocacy Advertising: Molder of Public Opinion," *USA Today Magazine*, July 1993, 90.
27. Belch and Belch, *Advertising and Promotion*.
28. Michael Schudson, "Advertising as Capitalist Realism," in *Advertising in Society*, ed. Roxanne Hoveland and Gary B.
29. Wilcox (Lincolnwood, IL: NTC Business Books, 1989).
30. Herschell Gordon Lewis, *Advertising Age Handbook of Advertising* (Lincolnwood, IL: NTC Business Books, 1999).
31. E. J. Schultz, "'Got Milk' Dropped as National Milk Industry Changes Tactics," *Ad Age*, February 24, 2014, http://adage.com/article/news/milk-dropped-national-milk-industry-tactics/291819/.
32. Mike Snider, "Hunt for PlayStation 2 Becomes Easier for Shoppers," *USA Today*, March 22, 2001.
33. Nancy Giges, "Coke's Switch a Classic," in *Advertising Age: The Principles of Advertising at Work*, ed. Esther Thorson (Lincolnwood, IL: NTC Business Books, 1989).
34. Jack Honomichl, "Missing Ingredients in 'New' Coke's Research," in *Advertising Age: The Principles of Advertising at Work*, ed. Esther Thorson (Lincolnwood, IL: NTC Business Books, 1989).
35. Giges, "Coke's Switch a Classic."
36. Phil Edwards, "New Coke Debuted 30 Years Ago. Here's Why It Was a Sugary Fiasco," *Vox*, April 23, 2015, http://www.vox.com/2015/4/23/8472539/new-coke-cola-wars.
37. Schudson, "Historical Roots of Consumer Culture." Laird, *Advertising Progress*.
38. Lewis, *Advertising Age Handbook of Advertising*.
39. C. Bruce Bartels, "Ad Agencies Must Look to Customers to Change," *Boston Business Journal*, December 30, 1994.
40. Dylan Matthews, "One in Five Beers Sold in America Is a Bud Light," *Vox*, April 16, 2014, www.vox.com/2014/4/16/5620170/one-in-five-beers-sold-in-america-is-a-bud-light; Jeremy Mullman, "In Juvenile Bud Light Lime Spot, This Butt's for You," *Ad Age*, September 8, 2009, https://adage.com/article/adages/juvenile-bud-lime-spot-butt-s/138877/.
41. Bartels, "Ad Agencies Must Look to Customers to Change."
42. David Ogilvy, *Confessions of an Advertising Man* (New York: Atheneum, 1963), 90.
43. Ibid., 105.
44. Alf Nucifora, "Advertising 101: How to Get the Best Out of Your Media Buy," *Houston Business Journal*, October 16, 1998.
45. Bradley Johnson, "What's Up at Agencies? Revenue, Jobs, Stocks—and Digital," *Ad Age*, May 1, 2016, http://adage.com/article/agency-news/agency-report-web-mainbar/303704/; "Marketing Fact Pack 2018," *Ad Age*, December 18, 2017.
46. Bradley Johnson, "Agency Report: U.S. Agency Revenue Jumped 7.7% in 2010," *Ad Age*, April 25, 2011, http://adage.com/article/agency-news/agency-report-u-s-agency-revenue-jumped-7-7-2010/227162/.
47. Esther Thorson, ed., *Advertising Age: The Principles of Advertising at Work* (Lincolnwood, IL: NTC Business Books, 1989).
48. Twitchell, *Adcult USA*.
49. Rick Edmonds, Emily Guskin, Tom Rosenstiel, and Amy Mitchell, "Newspapers: Building Digital Revenues Proves Painfully Slow," *Pew Research Center*, April 11, 2012, https://www.pewresearch.org/wp-content/uploads/sites/8/2017/05/State-of-the-News-Media-Report-2012-FINAL.pdf.
50. "State of the News Media 2015," *Pew Research Center*, April 29, 2015, https://assets.pewresearch.org/wp-content/uploads/sites/13/2017/05/30142603/state-of-the-news-media-report-2015-final.pdf.
51. Lewis, *Advertising Age Handbook of Advertising*; "The State of the News Media 2009: Newspapers," *Pew Research Center*, https://assets.pewresearch.org/files/journalism/State-of-the-News-Media-Report-2009-FINAL.pdf.
52. Katerina-Eva Matsa, Jane Sasseen, and Amy Mitchell, "Magazines: Are Hopes for Tablets Overdone?" *Pew Research Center*, 2012.
53. "About Digital Billboard Technology," Outdoor Advertising Association of America, https://oaaa.org.
54. "Marketing Fact Pack 2018."
55. Twitchell, *Adcult USA*; Outdoor Advertising Association of

America, "2017 YE: Total OOH Revenue $7.7 Billion (Printed and Digital)," http://oaaa.org/Portals/0/Public%20PDFs/F&F%20-%20OOH%20by%20Format%20Pie%20Chart%20-%20YE%202017.pdf.

56. Louise Story, "Times Sq. Ads Spread via Tourists' Cameras," *New York Times*, December 11, 2006.

57. Michael Learmonth, "Online Advertising Spending Expected to Be Down for 2009," *Ad Age*, October 19, 2009, https://adage.com/article/digital/online-advertising-spending-expected-2009/139785.

58. "Mobile Continues to Steal Share of US Adults' Daily Time Spent With Media," *eMarketer*, April 22, 2014, http://www.emarketer.com/Article/Mobile-Continues-Steal-Share-of-US-Adults-Daily-Time-Spent-with-Media/1010782.

59. "US Time Spent With Media," *eMarketer*, October 2017, http://www.emarketer.com/Report/US-Time-Spent-with-Media-eMarketers-Updated-Estimates-2017/2002142.

60. David Berkowitz, "The Converging Paths of Mobile Advertising," *Ad Age*, January 22, 2014, http://adage.com/article/digitalnext/converging-paths-mobile-advertising/291204/.

61. Rebecca Piirto Heath, "Psychographics: Q'est-Ce Que C'est," *Marketing Tools*, November/December 1995.

62. Emanuel H. Demby, "Psychographics Revisited: The Birth of a Technique," *Marketing Research* 6, no. 2 (1994).

63. "VALS," *Strategic Business Insights*, www.strategicbusinessinsights.com/vals/.

64. Ibid.

65. Joshua Meyrowitz, *No Sense of Place* (New York: Oxford University Press, 1985), 104.

66. Theresa Howard, "Being True to Dew," *Brandweek*, April 24, 2000.

67. Richard Linnett, "A New Dew; A Soft Drink Finds Deliverance," *Print*, November/December 2000.

68. Duane Stanford, "Mountain Dew Wants Some Street Cred," *Businessweek*, April 26, 2012, http://www.businessweek.com/articles/2012-04-26/mountain-dew-wants-some-street-cred; Christopher Heine, "Mountain Dew Fiasco Shows Brands Desperately Want Street Cred," *AdWeek*, May 1, 2013, http://www.adweek.com/news/advertising-branding/mountain-dew-fiasco-shows-brands-desperately-want-street-cred-149079.

69. Barbara Thau, "Courting the Gay Consumer," *HFN*, February 2006.

70. Charles A. Jaffe, "Dealers Say Wooing Gay, Lesbian Customers Is Good Business," *Automotive News*, January 31, 1994.

71. Brett Chase, "Advertisements Land in Gay Publications," *Des Moines Business Record*, August 8, 1994.

72. Thau, "Courting the Gay Consumer"; "Marketing to Gay and Lesbian Consumers" (Rivendell Media, 2008).

73. "Old Navy Responds to Racist Trolls for an Ad With an Interracial Couple." *Digiday*, 2 May 2016, https://digiday.com/marketing/old-navy-interracial-couple-tweet/.

74. Kashmir Hill, "How Target Figured Out a Teen Girl Was Pregnant Before Her Father Did," *Forbes*, February 16, 2012, http://www.forbes.com/sites/kashmirhill/2012/02/16/how-target-figured-out-a-teen-girl-was-pregnant-before-her-father-did/.

75. Charles Duhigg, "How Companies Learn Your Secrets," *New York Times*, February 16, 2012, http://www.nytimes.com/2012/02/19/magazine/shopping-habits.html.

76. Kim Rotzoll, James E. Haefner, and Charles H. Sandage, "Advertising and the Classical Liberal World View," in *Advertising in Society*, ed. Roxanne Hoveland and Gary B. Wilcox (Lincolnwood, IL: NTC Business Books, 1989).

77. M. Night Shyamalan, *The Sixth Sense: A Conversation With M. Night Shyamalan* (Burbank, CA: Hollywood Pictures Home Video, 2000), DVD.

78. Chuck Ross, "NBC Blasts Beyond the 15-Minute Barrier," *Ad Age*, August 7, 2000.

79. "Network, Cable Messages Buried in Commercial Avalanche," *Chicago Sun-Times*, May 30, 2006.

80. Sheree Johnson, "New Research Sheds Light on Daily Ad Exposures," *SJ Insights*, September 29, 2014, https://sjinsights.net/2014/09/29/new-research-sheds-light-on-daily-ad-exposures/.

81. Brian Steinberg, "Spike's Supersized Ad Breaks Buck TV's Clutter-Busting Trend," *Ad Age*, September 13, 2010.

82. Jill Disis, "Fox Wants to Cut Commercial Time to 2 Minutes Per Hour," *CNN*, March 6, 2018, https://money.cnn.com/2018/03/06/media/fox-advertising-commercial-time/index.html; Jeanine Poggi, "NBC Universal Promises to Slash TV Commercials by 20 Percent," *Ad Age*, February 28, 2018, http://adage.com/article/media/nbcu-promises-reduce-tv-commercials-20-percent/312548/; Tony Maglio, "NBCUniversal to Cut Number of Commercials Across All Networks by 20 Percent," *Wrap*, February 28, 2018, https://www.thewrap.com/nbcuniversal-cut-number-commercials-across-networks-20-percent/.

83. Dick Morris, "Break Through the Clutter," *Chain Store Age*, December 2000.

84. Diedtra Henderson, "Rise of Celebrity Testimonials Spurs FDA Scrutiny," *Boston Globe*, October 30, 2005.

85. Martha Rogers and Christine A. Seiler, "The Answer Is No: A National Survey of Advertising Industry Practitioners and Their Clients About Whether They Use Subliminal Advertising," *Journal of Advertising Research* 34, no. 2 (1994).

86. J. Leo, "Hostility Among the Ice Cubes," *U.S. News & World Report*, July 15, 1991; J. Levine and J. L. Aber, "Search and Find," *Forbes*, September 2, 1991.

87. Tom O'Sullivan, "Ridley Scott Returns to Ads With Orange Blitz," *Marketing Week*, April 2, 1998.

88. Bob Garfield, "Breakthrough Product Gets Greatest TV Spot," *Ad Age*, January 10, 1994.

89. Bradley Johnson, "The Commercial, and the Product, That Changed Advertising," *Ad Age*, January 10, 1994.

90. Ibid.

91. Lenore Skenazy, "Keep Targeting Kids and the Parents Will Start Targeting You," *Ad Age*, May 19, 2008.

92. Thorson, *Advertising Age*; Carole Shifrin, "Ban on TV Ads to Children Is Proposed," *Washington Post*, February 25, 1978.

93. Caroline E. Mayer, "TV Ads Entice Kids to Overeat, Study Finds," *Washington Post*, December 7, 2005.

94. Annys Shin, "Ads Aimed at Children Get Tighter Scrutiny; Firms to Promote More Healthful Diet Choices," *Washington

Post, November 15, 2006.
95. J. Michael McGinnis, Jennifer Appleton Gootman, and Vivica I. Kraak, *Food Marketing to Children and Youth: Threat or Opportunity?* (Washington, DC: Institute of Medicine of the National Academies, 2005), https://www.books.nap.edu/openbook.php?record_id=11514&page=1.
96. "Marketing Fact Pack 2018."
97. Ibid.
98. Ken Auletta, *Googled: The End of the World as We Know It* (New York: Penguin Press, 2009).
99. Louise Story, "Marketers Demanding Better Count of the Clicks," *New York Times*, October 30, 2006.
100. Jefferson Graham, "Google to Experiment With Newspaper Ad Sales Online; Search Giant to Offer Print Options to Customer Base," *USA Today*, November 6, 2006.
101. "Google's Digital-Ad Dominance Is Harming Marketers and Publishers, Says New Study," *Ad Age*, May 18, 2020, https://adage.com/article/digital/googles-digital-ad-dominance-harming-marketers-and-publishers-says-new-study/2257576?utm_source=ad-age-digital&utm_medium=email&utm_campaign=20200518&utm_content=hero-headline.
102. Michael Sebastian, "Brands Pay This Instagrammer $15,000 to Include Their Products in a Picture," *Ad Age*, May 20, 2015, http://adage.com/article/digital/brands-pay-instagrammer-15-000-include-products-a-picture/298709/; Kayleen Schaefer, "How Bloggers Make Money on Instagram," *Harper's Bazaar*, May 20, 2015, http://www.harpersbazaar.com/fashion/trends/a10949/how-bloggers-make-money-on-instagram/.
103. Anthony Ha, "Instagram Is Testing a New Way for Celebrities and Influencers to Identify Their Sponsored Posts," *TechCrunch*, June 14, 2017, https://techcrunch.com/2017/06/14/instagram-sponsored-posts/.
104. Jason Aten, "The FTC Is About to Crack Down on Influencer Ads on Instagram, TikTok, and YouTube," *Inc.*, February 13, 2020, http://www.inc.com/jason-aten/the-ftc-is-about-to-crack-down-on-influencer-ads-on-instagram-tiktok-youtube.html.
105. Edgar Alvarez, "YouTube Stars Are Blurring the Lines Between Content and Ads," *Engadget*, March 6, 2020, http://www.engadget.com/2017-07-25-youtube-influencers-sponsored-videos.html.
106. Todd Spangler, "Miquela, the Uncanny CGI Virtual Influencer, Signs With CAA (EXCLUSIVE)," *Variety*, May 6, 2020, https://variety.com/2020/digital/news/miquela-virtual-influencer-signs-caa-1234599368/?fbclid=IwAR0EPWZqXpuv85T3139R2BxTdWMrF-ikQpw4F9z4JirevhNy4Ba-WD0gOsM.
107. Dawn Edmiston, "An Examination of Integrated Marketing Communication in U.S. Public Institutions of Higher Education," *International Journal of Educational Advancement* no. 3/4 (2009).
108. Neil Strauss, "Elon Musk: The Architect of Tomorrow," *Rolling Stone*, November 15, 2017, https://www.rollingstone.com/culture/features/elon-musk-inventors-plans-for-outer-space-cars-finding-love-w511747.
109. Mark Wnek, "There's Advertising and Marketing, and Then There's Elon Musk," *Ad Age*, February 8, 2018, http://adage.com/article/special-report-super-bowl/advertising-marketing-elon-musk/312307/.
110. Andrew Gilman, "Too Early for the Tylenol Playbook to Work for Boeing's 737 Max," *PR Daily*, September 9, 2019, http://www.prdaily.com/too-early-for-the-tylenol-playbook-to-work-for-boeings-737-max/.
111. David Griner, "With a $0 Ad Budget, Tesla Just Pulled Off One of the Greatest Marketing Stunts Ever," *Ad Week*, February 7, 2018, https://www.adweek.com/brand-marketing/with-a-0-ad-budget-tesla-just-pulled-off-one-of-the-greatest-marketing-stunts-ever/.
112. Brian Clark, "Don't Waste Your Time With Native Advertising (Do This Instead)," *Say Daily*, February 27, 2014, https://www.saydaily.com/2014/02/dont-waste-your-time-with-native-advertising-do-this-instead.
113. Demian Farnworth, "Copyblogger's 2014 State of Native Advertising Report," *Copyblogger*, April 7, 2014, http://www.copyblogger.com/native-advertising-2014/.
114. Lucia Moses, "The *Washington Post*'s Native Ads Get Editorial Treatment Borrowing From the Newsroom," *Ad Week*, March 3, 2014, http://www.adweek.com/news/press/washington-posts-native-ads-get-editorial-treatment-156048.
115. Antony Young, "Native Advertising Is Making Media Brands Count for More, Not Less," *Ad Age*, May 29, 2013, https://adage.com/article/digitalnext/media-native-good-news/241727/.
116. Demian Farnworth, "12 Examples of Native Ads (and Why They Work)," *Copyblogger*, April 14, 2014, http://www.copyblogger.com/examples-of-native-ads/.
117. Erik Sass, "Consumers Can't Tell Native Ads From Editorial Content," *Media Post*, December 31, 2015, http://www.mediapost.com/publications/article/265789/consumers-cant-tell-native-ads-from-editorial-con.html.
118. Misbaah Mansuri, "Native Advertising Spends to Double Up Globally: Experts," *Exchange4Media*, December 28, 2017, http://www.exchange4media.com/advertising/native-advertising-spends-to-double-up-globally-experts_87772.html.
119. "Gildan: Not Your Dad's Underwear," *Onion Labs*.
120. Ibid.; Julie Moos, "The *Atlantic* Publishes Then Pulls Sponsored Content From Church of Scientology," *Poynter*, January 15, 2013, https://www.poynter.org/news/atlantic-publishes-then-pulls-sponsored-content-church-scientology.
121. Jeff Sonderman, "*Atlantic* Introduces Sponsored Content Guidelines That Address the Scientology Incident," *Poynter*, January 30, 2013, https://www.poynter.org/news/atlantic-introduces-sponsored-content-guidelines-address-scientology-incident.
122. DTVE Reporter, "US Netflix Use Tops DVR Ownership for the First Time," *Digital TVEurope*, March 7, 2017, https://www.digitaltveurope.com/2017/03/07/us-netflix-use-tops-dvr-ownership-for-the-first-time/.
123. Julie Bosman, "TV and Top Marketers Discuss the State

of the Medium," *New York Times*, March 24, 2006; Julie Bosman, "A Match Made in Product Placement Heaven," *New York Times*, May 31, 2006.
124. Paul Davidson, "Ad Campaigns for Your Tiny Cellphone Screen Get Bigger: Marketers Leverage Growth in Text Messaging, Wireless Web," *USA Today*, August 9, 2006.
125. "Mobile Fact Pack," *Ad Age*, October 17, 2016, http://adage.com/d/resources/resources/whitepaper/mobile-fact-pack.
126. "Marketing Fact Pack 2018."
127. Kathryn Koegel, "Unilever Turkey's Cornetto Ice Cream Wins Global Media Awards," *Ad Age*, February 15, 2011, https://adage.com/article/global-news/mobile-marketing-campaigns-u-s/148886/.
128. Stuart Elliott, "More Products Get Roles in Shows, and Marketers Wonder If They're Getting Their Money's Worth," *New York Times*, March 29, 2005.
129. Ibid.
130. Andrew Adam Newman, "Once a Seldom-Heard Word, Pregnancy Is Now in the Spotlight," *New York Times*, April 2, 2009.
131. Doreen Carvajal, "Placing the Product in the Dialog, Too," *New York Times*, January 17, 2006.
132. Hannah Knowles, "Chick-Fil-A Had Big Plans for National Sandwich Day." *Washington Post*, November 1, 2019.
133. "Top 500 Chain Restaurant Report," *Technomic*, April 20, 2020, https://www.restaurantbusinessonline.com/top-500-chains.
134. Emily Heil, "Now Popeyes Is Trolling America by Inviting People to Make Their Own Chicken Sandwiches," *Washington Post*, September 12, 2019, http://www.washingtonpost.com/news/voraciously/wp/2019/09/12/now-popeyes-is-trolling-america-by-inviting-people-to-make-their-own-chicken-sandwiches/.
135. Emily Heil, "Chick-Fil-A Drops Donations That Angered LGBTQ Groups, and Conservative Leaders Cry Betrayal," *Washington Post*, November 18, 2019, http://www.washingtonpost.com/news/voraciously/wp/2019/11/18/chick-fil-a-drops-donations-that-angered-lgbt-groups-and-conservatives-cry-betrayal/.
136. Julie Jargon. "You Want Snark With Those Fries? No One Is Safe From Wendy's Tweets," *Wall Street Journal*, July 25, 2017, https://www.wsj.com/articles/you-want-snark-with-those-fries-no-one-is-safe-from-wendys-tweets-1500995026?mod=article_inline.
137. Laura Reiley, "In the Chicken Sandwich Wars, the Beef Burger Still Reigns Supreme," *Washington Post*, October 29, 2019, www.washingtonpost.com/business/2019/10/29/chicken-sandwich-wars-beef-burger-still-reigns-supreme/.

第十三章

1. Moise and Sharon Terlep, "P&G Grapples With How to Stop a Tide Pods Meme," *Wall Street Journal*, January 20, 2018, https://www.wsj.com/articles/p-g-grapples-with-how-to-stop-a-tide-pods-meme-1516449600; Lindsey Bever, "Teens Are Daring Each Other to Eat Tide Pods. We Don't Need to Tell You That's a Bad Idea," *Washington Post*, January 17, 2018, https://www.washingtonpost.com/news/to-your-health/wp/2018/01/13/teens-are-daring-each-other-to-eat-tide-pods-we-dont-need-to-tell-you-thats-a-bad-idea/.
2. Laura Santhanam, "Kids Got Sick Eating Detergent Long Before the Tide Pod Challenge," *PBS NewsHour*, January 26, 2018, https://www.pbs.org/newshour/health/kids-got-sick-eating-detergent-long-before-the-tide-pod-challenge.
3. Bever, "Teens Are Daring Each Other to Eat Tide Pods."
4. "Don't Eat the Laundry Pods. (Seriously. They're Poison.)," *College Humor*, March 31, 2017, https://www.youtube.com/watch?v=pM6wanZOLtk.
5. Alex Abad-Santos, "Why People Are (Mostly)Joking About Eating TidePods,"*Vox*,January 19, 2018, https://www.vox.com/2018/1/4/16841674/tide-pods-eating-meme-tide-pod-challenge.
6. Bever, "Teens Are Daring Each Other to Eat Tide Pods."
7. Diana Bradley, "Tide Unleashes Its Secret Weapon Against the Tide Pod Challenge: Gronk," *PR Week*, January 16, 2018, https://www.prweek.com/article/1454684; Bever, "Teens Are Daring Each Other to Eat Tide Pods."
8. Nicholas Rice, "Ice-T Drops by 'Tonight Show' With PSA Warning Teens About Dangers of Tide Pod Challenge," *Billboard*, January 25, 2018, https://www.billboard.com/articles/news/television/8096217/tonight-show-ice-t-tide-pod-challenge.
9. Michael O'Brien, "What We Can Learn From the Tide Pod Challenge Besides the Obvious," *Next Page*, February 1, 2018, https://gonextpage.com/2018/02/01/what-we-can-learn-from-the-tide-pod-challenge/.
10. Santhanam, "Kids Got Sick Eating Detergent Long Before the Tide Pod Challenge"; Tide, "At Tide Safety Comes First, and It Never Stops," https://tide.com/en-us/safety.
11. Abad-Santos, "Why People Are (Mostly) Joking About Eating Tide Pods."
12. O'Brien, "What We Can Learn From the Tide Pod Challenge Besides the Obvious."
13. Blair Nicole Nastasi, "Four PR Lessons to Learn From the Tide Pod Challenge," *Forbes*, March 26, 2018, https://www.forbes.com/sites/forbesagencycouncil/2018/03/26/four-pr-lessons-to-learn-from-the-tide-pod-challenge/.
14. "Brand Crisis Management: Responding to the Tide Pod Challenge," *Knowledge@Wharton*, January 25, 2018, http://knowledge.wharton.upenn.edu/article/fallout-tide-pod-challenge/.
15. Marvin N. Olasky, *Corporate Public Relations: A New Historical Perspective* (Hillsdale, NJ: Erlbaum, 1987).
16. Ibid.
17. Cynthia E. Clark, "Differences Between Public Relations and Corporate Social Responsibility: An Analysis," *Public Relations Review* 26, no. 3 (September 2000): 363–380.
18. Olasky, *Corporate Public Relations*.
19. Ibid.
20. H. Frazier Moore and Frank B. Kalupa, *Public Relations: Principles, Cases, and Problems*, 9th ed. (Homewood, IL: Irwin, 1985).
21. John C. Stauber and Sheldon Rampton, *Toxic Sludge Is Good for You: Lies, Damn Lies, and the Public Relations Industry* (Monroe, ME: Common Courage Press, 1995).
22. Olasky, *Corporate Public Relations*.
23. Ray Eldon Hiebert, *Courtier to the Crowd: The Story of Ivy Lee and the Development of Public Relations* (Ames: Iowa State

University Press, 1966), 4–5.
24. Edward L. Bernays, *Public Relations* (Norman, OK: University of Oklahoma Press, 1952).
25. Hiebert, *Courtier to the Crowd*.
26. Ibid.
27. Bernays, *Public Relations*, 159.
28. Stauber and Rampton, *Toxic Sludge Is Good for You*.
29. Robert McG. Thomas Jr., "Henry Rogers, 82, Press Agent Who Built Hollywood Stars," *New York Times*, May 1, 1995, http://www.nytimes.com/1995/05/01/obituaries/henry-rogers-82-press-agent-who-built-hollywood-stars.html?src=pm.
30. Deborah Arthurs, "Rihanna's Steamy Armani Adverts Voted the Sexiest of 2011 (and Let's Not Forget Miranda Kerr's and Kate Moss Too)," *Daily Mail*, December 28, 2011, http://www.dailymail.co.uk/femail/article-2079455/Rihannas-steamy-Armani-adverts-voted-sexiest-2011.html.
31. Jim Romenesko, "Ad Age *Did Not* Name Rihanna's Armani Ad Year's Sexiest," *JimRomenesko.com*, December 30, 2011.
32. Thomas, "Henry Rogers, 82, Press Agent Who Built Hollywood Stars."
33. Bernays, *Public Relations*, 71.
34. Shearon A. Lowery and Melvin L. DeFleur, *Milestones in Mass Communication*, 3rd ed. (White Plains, NY: Longman, 1995).
35. Bernays, *Public Relations*, 73.
36. Moore and Kalupa, *Public Relations*.
37. Bernays, *Public Relations*.
38. Scott M. Cutlip, Allen H. Center, and Glen M. Broom, *Effective Public Relations* (Upper Saddle River, NJ: Prentice-Hall, 2000).
39. Raymond Moley, "The Birth of the Production Code (1945)," in *The Movies in Our Midst: Documents in the Cultural History of Film in America*, ed. Gerald Mast (Chicago, IL: University of Chicago Press, 1982).
40. Olasky, *Corporate Public Relations*.
41. Kathleen S. Kelly, "Stewardship; The Fifth Step in the Public Relations Process," in *Handbook of Public Relations*, ed. Robert Lawrence Heath and Gabriel M. Vasquez (Thousand Oaks, CA: SAGE, 2001).
42. Ibid.
43. Lucy Handley, "People Are Eating Tide Laundry Pods and This Is What Owner P&G Is Doing About It," *CNBC*, January 22, 2018, https://www.cnbc.com/2018/01/22/people-are-eating-tide-laundry-pods-and-this-is-what-pg-is-doing.html.
44. "Brand Crisis Management"; Moise and Terlep, "P&G Grapples With How to Stop a Tide Pods Meme."
45. "Brand Crisis Management"; Moise and Terlep, "P&G Grapples With How to Stop a Tide Pods Meme"; O'Brien, "What We Can Learn From the Tide Pod Challenge."
46. Shoroush Vosoughi, Deb Roy, and Sinan Aral, "The Spread of True and False News Online," *Science* 359, no. 6380 (March 9, 2018): 1146–1151, http://science.sciencemag.org/content/359/6380/1146.full; Abad-Santos, "Why People Are (Mostly) Joking About Eating Tide Pods."
47. O'Brien, "What We Can Learn From the Tide Pod Challenge"; Bradley, "Tide Unleashes Its Secret Weapon."
48. Bradley, "Tide Unleashes Its Secret Weapon"; "Brand Crisis Management."
49. "Brand Crisis Management"; Abad-Santos, "Why People Are (Mostly) Joking About Eating Tide Pods."
50. Moore and Kalupa, *Public Relations*.
51. Jerry Lazar, "Foot-in-Mouth Disease," *Electronic Business* 26, no. 6 (2000).
52. David P. Bianco, ed., *PR News Casebook: 1,000 Public Relations Case Studies* (Potomac, MD: Gale Research, 1993).
53. Karleen Murphy, "10 Common Intranet Complaints—and How to Resolve Them," *Ragan.com*, May 14, 2014, http://www.ragan.com/InternalCommunications/Articles/48317.aspx.
54. David E. Williams and Bolanle A. Olaniran, "Exxon's Decision-Making Flaws: The Hypervigilant Response to the *Valdez* Grounding," *Public Relations Review* 20, no. 1 (1994).
55. David McCormack, "The Pulling Power of the 'Dark Side,'" *Guardian*, January 22, 2007.
56. Bradley, "Tide Unleashes Its Secret Weapon"; Abad-Santos, "Why People Are (Mostly) Joking About Eating Tide Pods."
57. Susanne Courtney, "Measuring PR," *Marketing Magazine*, October 30, 2000.
58. Bever, "Teens Are Daring Each Other to Eat Tide Pods"; Nastasi, "Four PR Lessons to Learn."
59. David Taylor, "Safety Is No Laughing Matter," *P&G News*, January 22, 2018, http://news.pg.com/blog/KeepingUsSafe.
60. Lazar, "Foot-in-Mouth Disease."
61. Sinéad Baker. "Boeing's Response to the 737 Max Crisis Confused and Frightened People, Making It Hard to Believe Its Apologies, Experts Say," *Business Insider*, May 19, 2019, http://www.businessinsider.com/boeing-737-max-crisis-response-confusing-hard-to-trust-experts-2019-5.
62. Kara Alaimo, "What We Learned From 2019's Worst PR Disasters," Bloomberg, December 30, 2019, http://www.heraldnet.com/business/what-we-learned-from-2019s-worst-pr-disasters/.
63. Baker, "Boeing's Response to the 737 Max Crisis."
64. Natalie Kitroeff, "Boeing Employees Mocked F.A.A. and 'Clowns' Who Designed 737 Max," *New York Times*, January 9, 2020, http://www.nytimes.com/2020/01/09/business/boeing-737-messages.html.
65. Shannon Bond and Avie Schneider, "Trump Threatens to Shut Down Social Media After Twitter Adds Warning to His Tweets," *NPR*, May 27, 2020, http://www.npr.org/2020/05/27/863011399/trump-threatens-to-shut-down-social-media-after-twitter-adds-warning-on-his-twee?utm_source=dlvr.it&utm_medium=twitter.
66. William J. Small, "Exxon Valdez: How to Spend Billions and Still Get a Black Eye," *Public Relations Review* 17, no. 1 (1991).
67. Williams and Olaniran, "Exxon's Decision-Making Flaws."
68. Wayne L. Pines, "Myths of Crisis Management," *Public Relations Quarterly* 45, no. 3 (2000).
69. Lazar, "Foot-in-Mouth Disease."
70. Alex Edge, "Yamaha Offers Buyback Option for 2006 R6 Owners," *Motorcycle Daily*, February 14, 2006, http://www.motorcycledaily.com/2006/02/14february06_r6buyback/.
71. John Holusha, "Exxon's Public-Relations Problem," *New York Times*, April 21, 1989.
72. Dana James, "When Your Company Goes Code Blue," *Marketing News*, November 6, 2000.
73. Williams and Olaniran, "Exxon's Decision-Making Flaws."

74. N. R. Kleinfield, "Tylenol's Rapid Comeback," *New York Times*, September 17, 1983.
75. Moore and Kalupa, *Public Relations*.
76. Kleinfield, "Tylenol's Rapid Comeback."
77. Jeff Blyskal and Marie Blyskal, *PR: How the Public Relations Industry Writes the News* (New York: Morrow, 1985).
78. Ibid.; Kleinfield, "Tylenol's Rapid Comeback."
79. Small, "Exxon Valdez."
80. Holusha, "Exxon's Public-Relations Problem."
81. Williams and Olaniran, "Exxon's Decision-Making Flaws."
82. Holusha, "Exxon's Public-Relations Problem"; Small, "Exxon Valdez."
83. Williams and Olaniran, "Exxon's Decision-Making Flaws."
84. Small, "Exxon Valdez."
85. Anne C. Mulkern, "BP's PR Blunders Mirror Exxon's, Appear Destined for Record Book," *New York Times*, June 10, 2010, http://www.nytimes.com/gwire/2010/06/10/10greenwire-bps-pr-blunders-mirror-exxons-appear-destined-98819.html.
86. Jonathan Bernstein, "Crisis Manager University: My Top 5 Internet-Related Crisis Management Tips," http://www.bernsteincrisismanagement.com.
87. Carole M. Howard, "Technology and Tabloids: How the New Media World Is Changing Our Jobs," *Public Relations Quarterly* 45, no. 1 (2000).
88. Jonathan Bernstein, "Who Are These Bloggers, and Why Are They Saying Those Terrible Things?" *Associations Now*, October 2006.
89. Pamela Seiple, *How to Leverage Social Media for Public Relations Success*, (Cambridge, MA: HubSpot, 2012), https://cdn2.hubspot.net/hub/53/file-13204195-pdf/docs/hubspot_social_media_pr_ebook.pdf.
90. E. J. Schultz, "Dip Dilemma: Is Kraft Running Out of Velveeta?" *Ad Age*, January 7, 2014, http://adage.com/article/news/dip-dilemma-kraft-running-velveeta/290932/; Jenn Harris, "Kraft Confirms Velveeta Shortage, a.k.a. Cheesepocalypse," *Los Angeles Times*, January 10, 2014, http://www.latimes.com/food/dailydish/la-dd-velveeta-confirms-liquid-gold-cheesepocalypse-shortage-20140110-story.html.
91. "The #Cheesepocalypse Is Real: Your Reactions to the Velveeta Shortage," *People*, January 8, 2014, https://people.com/food/velveeta-shortage-cheesepocalypse/.
92. Harris, "Kraft Confirms Velveeta Shortage, a.k.a. Cheesepocalypse"; Sandi Moynihan, "#Cheesepocaplypse: Surviving the Super Bowl Without Velveeta," *Washington Post*, February 1, 2014, http://www.washingtonpost.com/blogs/style-blog/wp/2014/02/01/cheesepocalypse-surviving-the-super-bowl-without-velveeta/.
93. Jack Neff, "How 'Cheesepocalypse' Helped Velveeta Bond With Its Biggest Fans," *Ad Age*, March 24, 2014, http://adage.com/article/media/cheesepocalypse-helped-velveeta-bond-biggest-fans/292297/?utm_source=daily_email&utm_medium=newsletter&utm_campaign=adage&ttl=1396317492.
94. Christie Dedman, "Why the Velveeta Cheesepocalypse Shortage May Be a Good Thing," *AL.com*, January 14, 2014, http://blog.al.com/bargain-mom/2014/01/why_the_velveeta_cheesepocalyp.html.
95. Stephanie Clifford, "Video Prank at Domino's Taints Brand," *New York Times*, April 16, 2009.
96. Emily Bryson York, "What Domino's Did Right—and Wrong—in Squelching Hubbub Over YouTube Video; Pizza Purveyor Faulted for Waiting to Respond but Did Well in the End," *Ad Age*, April 20, 2009.
97. Ibid.
98. Raymund Flandez, "Domino's Response Offers Lessons in Crisis Management," *Wall Street Journal*, April 20, 2009, http://blogs.wsj.com/independentstreet/2009/04/20/dominos-response-offers-lessons-in-crisis-management/.
99. Alice Gomstyn, "Brown's, Domino's and Beyond: Business Felled by Crime, Scandal," *ABC News*, October 1, 2009, http://abcnews.go.com/Business/browns-chicken-dominos-crimes-hurt-stores-restaurants/story?id=8706183.
100. Linda Tischler, "Pop Artist: David Butler," *Fast Company*, September 10, 2009, https://www.fastcompany.com/570/pop-artist-david-butler.
101. Phil Edwards, "New Coke Debuted 30 Years Ago. Here's Why It Was a Sugary Fiasco," *Vox*, April 23, 2015, http://www.vox.com/2015/4/23/8472539/new-coke-cola-wars.
102. Ibid.
103. Scott Cuppari, "The Integrated Marketing Communications of Coca-Cola Freestyle," filmed December 2015 at PRSSA 2015 National Conference, Atlanta, GA, video, 38:47, https://www.youtube.com/watch?time_continue=192&v=9xZ9HA7kcV8.
104. Tischler, "Pop Artist."
105. Joe Peters, "How IoT Is Changing Prototyping," *Best Techie*, February 21, 2018, https://www.besttechie.com/how-iot-is-changing-prototyping/.
106. Jack in the Box, "Jack in the Box Introduces New Signature Coca-Cola Freestyle Beverage, Jumpin' Jack Splash," *Business Wire*, May 22, 2017, https://www.businesswire.com/news/home/20170522005395/en/Jack-Box%EF%83%92-Introduces-New-Signature-Coca-Cola-Freestyle%EF%83%92.
107. Tom Spigolon, "Coke Unveils Custom Drink Mix Featuring DouglasOlympicChampion," *MDJOnline*, January 22, 2018, http://www.mdjonline.com/neighbor_newspapers/west_georgia/business/coke-unveils-custom-drink-mix-featuring-douglas-olympic-champion/article_ecf4564a-ff8a-11e7-8be8-9b3b9e81efb4.html.
108. Cuppari, "Integrated Marketing Communications of Coca-Cola Freestyle."
109. David L. Altheide and Robert P. Snow, *Media Worlds in the Postjournalism Era* (Hawthorne, NY: Aldine De Gruyter, 1991).
110. Blyskal and Blyskal, *PR*.
111. Dana Harris, "Flack Pack Hits Burnout Track," *Variety*, April 17–23, 2000.
112. Moore and Kalupa, *Public Relations*; Tim LaPira, "How Much Lobbying Is There in Washington? It's DOUBLE What You Think," *Sunlight Foundation*, November 25, 2013, http://sunlightfoundation.com/blog/2013/11/25/how-much-lobbying-is-there-in-washington-its-double-what-you-think/.
113. "Lobbying Database," *Open Secrets*, June 11, 2016, http://www.opensecrets.org/lobby/.
114. Moore and Kalupa, *Public Relations*; LaPira, "How Much Lobbying Is There in Washington?"

115. Betsy Rothstein, "Capital Living: The Fine Art of Flacking," *Hill*, February 22, 2006.
116. Ibid.
117. Betsy Rothstein, "Capital Living: Doing the Write Thing," *The Hill*, January 3, 2007.
118. Jennifer Rubin, "Sarah Huckabee Sanders Has Lost All Credibility," *Chicago Tribune*, May 4, 2018, http://www.chicagotribune.com/news/opinion/commentary/ct-sarah-huckabee-sanders-lies-20180504-story.html.
119. Moore and Kalupa, *Public Relations*.
120. Randy Sumpter and James Tankard, "The Spin Doctor: An Alternative View of Public Relations," *Public Relations Review* no. 1 (1994).
121. Ibid.
122. Daniel Zwerdling, "Fast-Food Deal a Big Win for Small Migrants' Group," *NPR*, June 16, 2005, http://www.npr.org/templates/story/story.php?storyId=4706271.
123. David Halberstam, "And Now, Live From Little Rock," *Newsweek*, September 29, 1997.
124. Stephen B. Oates, *Let the Trumpet Sound* (New York: Harper & Row, 1982).
125. Ibid.
126. Martin Luther King Jr., *The Autobiography of Martin Luther King Jr.*, ed. Clayborne Carson (New York: Warner Books, 1998); Steven Kasher, *The Civil Rights Movement: A Photographic History, 1954–68* (New York: Abbeville Press, 1996).
127. Ben Golliver, "Sports come to a halt: NBA, WNBA, MLB, MLS postpone games as players protest Jacob Blake shooting." Aug.
128. 2020, *The Washington Post*, https://www.washingtonpost.com/sports/2020/08/26/bucks-boycott-nba-playoff-game/.
129. Alex Lasry. Twitter. Aug. 26, 2020, https://twitter.com/AlexanderLasry/status/1298722513304748032.

第十四章

1. Samantha Schmidt, "These High School Journalists Investigated a New Principal's Credentials. Days Later, She Resigned," *Washington Post*, April 5, 2017, https://www.washingtonpost.com/news/morning-mix/wp/2017/04/05/these-high-school-journalists-investigated-a-new-principals-credentials-days-later-she-resigned/.
2. Ralph Hanson, "High School Journalism Students in Pittsburgh, Kansas Take Down High School Principal With Questionable Credentials," *Living in a Media World*, April 6, 2017, https://www.ralphehanson.com/2017/04/06/high-school-journalism-students-in-pittsburg-kansas-take-down-high-school-principal-with-questionable-credentials/.
3. Mará Rose Williams, "New Pittsburg, Kan., High School Principal Resigns After Student Journalists Question Her Credentials," *Kansas City Star*, April 4, 2017, http://www.kansascity.com/news/local/article142682464.html.
4. Oliver Morrison, "How a Teacher Prepared Her Students to Take on the Adults and Win," *Wichita Eagle*, April 27, 2017, http://www.kansas.com/news/state/article147239239.html.
5. "Emily Smith From Pittsburg Named Jackie Engle Award Winner," *KSPAOnline*, April 21, 2015, https://www.kspaonline.org/news/2015/04/21/emily-smith-from-pittsburg-named-jackie-engel-award-winner/.
6. Schmidt, "These High School Journalists Investigated a New Principal's Credentials."
7. Hanson, "High School Journalism Students in Pittsburg, Kansas Take Down High School Principal."
8. Dylan Lysen, "Journalism Teacher Recounts Lack of Community Support for National Story," *Manhattan Mercury*, July 18, 2017, https://themercury.com/news/journalism-teacher-recounts-lack-of-community-support-for-national-story/article_0cd1323c-243d-5850-b96d-6755d3211302.html.
9. Ibid.
10. Mike Hiestand, "Understanding 'Anti-Hazelwood' Laws," *NSPA*, http://studentpress.org/nspa/its-the-law-understanding-anti-hazelwood-laws/.
11. Fred H. Cate, *Privacy in the Information Age* (Washington, DC: Brookings Institution, 1997).
12. Ibid.
13. "Legal Information Institute," *Cornell University Law School*, http://www.law.cornell.edu.
14. Kenneth Creech, *Electronic Media Law and Regulation*, 3rd ed. (Boston: Focal Press, 2000).
15. Ben H. Bagdikian, "Not Just Another Business," *University of Arizona*, 1996.
16. Ronald G. Shafer, "The Thin-Skinned President Who Made It Illegal to Criticize His Office," *Washington Post*, September 8, 2018, http://www.washingtonpost.com/news/retropolis/wp/2018/09/08/the-thin-skinned-president-who-made-it-illegal-to-criticize-his-office/.
17. Herbert N. Foerstel, *Banned in the Media* (Westport, CT: Greenwood Press, 1998).
18. Creech, *Electronic Media Law and Regulation*; Foerstel, *Banned in the Media*.
19. Don R. Pember and Clay Calvert, *Mass Media Law*, 2005–2006 ed. (New York: McGraw-Hill, 2005).
20. David L. Hudson Jr., "Libraries and First Amendment," *First Amendment Center*, May 25, 2004, http://www.firstamendmentcenter.org/patriot-act.
21. Ibid.
22. Ibid.
23. Ibid.
24. Brian Ross and Richard Esposito, "Federal Source to ABC News: We Know Who You're Calling," *ABC News*, May 17, 2006.
25. Patrick W. Gavin, "ABC's Ross: Anti-Terrorism Tools Turned on Journos," *Adweek*, May 17, 2006, http://www.adweek.com/fishbowldc/abcs-ross-anti-terrorism-tools-turned-on-journos/3459.
26. Harley Geiger, "Issue Brief: Bulk Collection of Records Under Section 215 of the PATRIOT Act," *Center for Democracy and Technology*, February 10, 2014, https://cdt.org/blog/issue-brief-bulk-collection-of-records-under-section-215-of-the-patriot-act/.
27. Cindy Cohn and Dia Kayyali, "Understanding the New USA FREEDOM Act: Questions, Concerns, and EFF's Decision to Support the Bill," *Electronic Frontier Foundation*, August 7, 2014,

http://www.eff.org/deeplinks/2014/08/understanding-new-usa-freedom-act-questions-concerns-and-effs-decision-support; Erin Kelly, "Senate Approves USA Freedom Act," *USA Today*, June 2, 2015, http://www.usatoday.com/story/news/politics/2015/06/02/patriot-act-usa-freedom-act-senate-vote/28345747/.

28. Rodney A. Smolla, *Law of Defamation* (New York: Clark Boardman Company, 1988).
29. Barbara Dill, *The Journalist's Handbook on Libel and Privacy* (New York: Free Press, 1986).
30. 376 U.S. 254 (1964).
31. Dill, *Journalist's Handbook on Libel and Privacy*.
32. W. Wat Hopkins, *Actual Malice: Twenty-Five Years after* Times v. Sullivan (New York: Praeger, 1989).
33. Ibid., 12.
34. Ibid.
35. Ibid.
36. Adam Liptak, "Justice Clarence Thomas Calls for Reconsideration of Landmark Libel Ruling," *New York Times*, February 19, 2019, http://www.nytimes.com/2019/02/19/us/politics/clarence-thomas-first-amendment-libel.html.
37. Ellyn Angelotti, "How Courtney Love and U.S.'s First Twitter Libel Trial Could Impact Journalists," *Poynter*, January 14, 2014, https://www.poynter.org/news/how-courtney-love-and-uss-first-twitter-libel-trial-could-impact-journalists.
38. Carlo Allegri, "Courtney Love Wins Twitter Libel Case," *CBS News*, January 24, 2014, http://www.cbsnews.com/news/courtney-love-wins-twitter-libel-case/.
39. Eriq Gardner, "*Rolling Stone* Settles Last Remaining Lawsuit over UVA Rape Story," *Hollywood Reporter*, December 21, 2017, https://www.hollywoodreporter.com/thr-esq/rolling-stone-settles-last-remaining-lawsuit-uva-rape-story-1069880; Moriah Balingit, "*Rolling Stone* Reporter Says 'Jackie' Deceived Her About U-Va. Gang Rape," *Washington Post*, October 20, 2016, https://www.washingtonpost.com/local/education/rolling-stone-reporter-says-jackie-deceived-her-about-u-va-gang-rape/2016/10/20/77151476-967e-11e6-bc79-af1cd3d2984b_story.html.
40. Paul Farhi, "Federal Judge Reinstates Libel Lawsuit Filed by Covington Catholic Teen against *Washington Post*," *Washington Post*, October 28, 2019, http://www.washingtonpost.com/lifestyle/style/federal-judge-reinstates-libel-lawsuit-filed-by-covington-catholic-teen-against-washington-post/2019/10/28/30155c52-f9ae-11e9-ac8c-8eced29ca6ef_story.html.
41. Paul Farhi, "CNN Settles Libel Lawsuit with Covington Catholic Student," *Washington Post*, January 7, 2020, http://www.washingtonpost.com/lifestyle/style/cnn-settles-libel-lawsuit-with-covington-catholic-student/2020/01/07/f0b21842-319e-11ea-91fd-82d4e04a3fac_story.html.
42. Cate, *Privacy in the Information Age*.
43. Deckle McLean, *Privacy and Its Invasion* (Westport, CT: Praeger, 1995).
44. Dill, *Journalist's Handbook on Libel and Privacy*.
45. Ibid.
46. Molly Roberts, "We Should Be Afraid of Peter Thiel," *Washington Post*, January 12, 2018, https://www.washingtonpost.com/blogs/post-partisan/wp/2018/01/12/trump-isnt-the-only-menace-to-a-free-press/; Jeffrey Toobin, "Gawker's Demise and the Trump-Era Threat to the First Amendment," *New Yorker*, December 12, 2016, https://www.newyorker.com/magazine/2016/12/19/gawkers-demise-and-the-trump-era-threat-to-the-first-amendment.
47. Pember and Calvert, *Mass Media Law*.
48. Roy L. Moore and Michael D. Murray, *Media Law and Ethics*, 3rd ed. (New York: Erlbaum, 2008), 577.
49. Oscar Dixon, "Jordan Reclaims Richest Athlete Title," *USA Today*, December 1, 1997.
50. Associated Press, "Jennifer Aniston Settles Lawsuit With 'Invasive' Photographer," *Fox News*, September 2, 2006; "Blogger Sued Over Topless Aniston Photo," *ABC News*, February 21, 2007.
51. "Aniston Warns Over Topless Photos," *Smoking Gun*, December 5, 2005, http://www.thesmokinggun.com/documents/crime/aniston-warns-over-topless-photos.
52. Dionne Searcey, "A New California Law Places Paparazzi Under the Spotlight," *Wall Street Journal*, October 29, 2009.
53. Adrean S. Taylor, "Common Law Invasion of Privacy Claims in Social Media [Guest Post]," *Wassom.com*, July 2, 2013, http://www.wassom.com/common-law-invasion-of-privacy-claims-in-social-media-guest-post.html.
54. Stuart Dredge and Danny Yadron, "Apple Challenges 'Chilling' Demand to Decrypt San Bernardino Shooter's iPhone," *Guardian*, February 17, 2016, https://www.theguardian.com/technology/2016/feb/17/apple-challenges-chilling-demand-decrypt-san-bernadino-iphone?CMP=share_btn_link.
55. Tim Cook, "A Message to Our Customers," *Apple*, February 16, 2016, https://www.apple.com/customer-letter/.
56. Kim Zetter, "Apple's FBI Battle Is Complicated. Here's What's Really Going On," *Wired*, February 18, 2016, https://www.wired.com/2016/02/apples-fbi-battle-is-complicated-heres-whats-really-going-on/.
57. Russell Brandom, "Apple's San Bernardino Fight Is Officially Over as Government Confirms Working Attack," *Verge*, March 28, 2016, http://www.theverge.com/2016/3/28/11317396/apple-fbi-encryption-vacate-iphone-order-san-bernardino; Ellen Nakashima, "FBI Paid Professional Hackers One-Time Fee to Crack San Bernardino iPhone," *Washington Post*, April 12, 2016, https://www.washingtonpost.com/world/national-security/fbi-paid-professional-hackers-one-time-fee-to-crack-san-bernardino-iphone/2016/04/12/5397814a-00de-11e6-9d36-33d198ea26c5_story.html.
58. Kathryn Varn, "Cops Use Dead Man's Finger in Attempt to Access His Phone. It's Legal, but Is It OK?" *Tampa Bay Times*, April 21, 2018, http://www.tampabay.com/news/publicsafety/Cops-used-dead-man-s-finger-in-attempt-to-access-his-phone-It-s-legal-but-is-it-okay-_167262017.
59. Matthew D. Bunker, *Justice and the Media: Reconciling Fair Trials and a Free Press* (Mahwah, NJ: Erlbaum, 1997).
60. Ibid.
61. 284 U.S. 333 (1966).
62. Ibid.; Kyle Niederpruem, "Big Trials Prompt Judges to Issue More Gag Orders," *Quill*, June 1997.

63. Ralph E. Hanson, Review of *Journalism and Justice in the Oklahoma City Bombing Trends* by Chad F. Nye, *Journalism & Mass Communication Educator* 70, no. 4 (December 2015), 438–440.
64. Garrett Epps, "Westboro Baptist Church's Surreal Day in Court," *Atlantic*, October 6, 2010, http://www.theatlantic.com/national/archive/2010/10/westboro-baptist-churchs-surreal-day-in-court/64167/.
65. Caitlin Dickson, "This Man Is the Future of Westboro Baptist Church," *Daily Beast*, March 24, 2014, https://www.thedailybeast.com/this-man-is-the-future-of-westboro-baptist-church.
66. Stuart Taylor Jr., "Court, 8–0, Extends Right to Criticize Those in Public Eye," *New York Times*, January 25, 1988, http://www.nytimes.com/1988/02/25/us/court-8-0-extends-right-to-criticize-those-in-public-eye.html.
67. Robert Barnes, "Court Considers Westboro Baptist Church's Anti-Gay Protests at Military Funerals," *Washington Post*, October 6, 2010, http://www.washingtonpost.com/wp-dyn/content/article/2010/10/06/AR2010100603950.html.
68. Ibid.
69. John G. Roberts, "*Snyder v. Phelps* Excerpt: Roberts's Majority Opinion in Westboro Church Case," *Washington Post*, March 2, 2011, http://www.washingtonpost.com/wp-dyn/content/article/2011/03/02/AR2011030203069.html.
70. Mark Joseph Stern, "Westboro Baptist Church to Protest Scalia's Funeral, Exercising a Right He Voted to Protect, *Slate*, February 19, 2016, http://www.slate.com/blogs/the_slatest/2016/02/19/westboro_baptist_church_to_protest_scalia_s_funeral.html.
71. Steven Brill, "Cameras Belong in the Courtroom," *USA Today Magazine*, July 1996.
72. Joshua Sarner, "Comment: Justice, Take Two: The Continuing Debate Over Cameras in the Courtroom," *Seton Hall Constitutional Journal* (2000).
73. "Cameras in the Courtroom," *Quill*, September 1999.
74. Associated Press, "Minnesota Tests Cameras in the Courtroom," *Pioneer Press*, March 9, 2012, http://www.twincities.com/localnews/ci_20147979/pilot-project-tests-photo-coverage-minn-courts.
75. Lisa Balde and Phil Rogers, "Judges Enthusiastic About Cameras in the Courtroom," *NBC Chicago*, January 24, 2012, http://www.nbcchicago.com/news/local/Illinois-Supreme-Court-Approves-Cameras-in-Trial-Courtrooms-137966308.html.
76. Zoe Tillman, "Judges, Attorneys Debate Cameras in the Courtroom," *BLT: The Blog of LegalTimes*, March 28, 2012, https://legaltimes.typepad.com/blt/2012/03/judges-attorneys-debate-cameras-in-the-courtroom.html.
77. Bunker, *Justice and the Media*.
78. Elliot C. Rothenberg, *The Taming of the Press:* Cohen v. Cowles Media Company (Westport, CT: Praeger, 1999).
79. *Cohen v. Cowles Media Company*, 501 U.S. 663 (1991).
80. Lisa de Moraes, "With Appeals Court Ruling, ABC Won't Pay Food Lion's Share," *Washington Post*, October 21, 1999; Sue Anne Pressley, "Food Lion Challenges ABC's Newsgathering; Lawsuit Attacks Hidden Cameras," *Washington Post*, December 12, 1996; James C. Goodale, "Shooting the Messenger Isn't So Easy," *New York Law Journal*, December 3, 1999.
81. Goodale, "Shooting the Messenger Isn't So Easy." See also *Food Lion v. ABC*, 194 F. 3d 505 (4th Cir. 1999).
82. Bunker, *Justice and the Media*; Creech, *Electronic Media Law and Regulation*. See also *Near v. Minnesota,* 283 U.S. 697 (1931).
83. Sanford J. Ungar, *The Papers and the Papers* (New York: Dutton, 1972).
84. Ibid.
85. Ben Bradlee, *A Good Life: Newspapering and Other Adventures* (New York: Simon & Schuster, 1995).
86. Ungar, *Papers and the Papers*.
87. Ibid., 242.
88. 403 U.S. 713 (1971).
89. Peter Schrag, *Test of Loyalty: Daniel Ellsberg and the Rituals of Secret Government* (New York: Simon & Schuster, 1974).
90. Robert G. Kaiser, "Public Secrets," *Washington Post*, June 11, 2006, https://www.washingtonpost.com/archive/opinions/2006/06/11/public-secrets/eb49a7f6-18ae-491c-9f55-12ec38c968b7/?utm_term=.c71d6acb1e10.
91. Duncan Campbell, "It's Time to Take Risks," *Guardian*, December 10, 2002, http://www.guardian.co.uk/books/2002/dec/10/biography.usa.
92. Foerstel, *Banned in the Media*.
93. Howard Morland, *The Secret That Exploded* (New York: Random House, 1981).
94. Foerstel, *Banned in the Media*.
95. Evan Hill, Ainara Tiefenthäler, Christiaan Triebert, Drew Jordan, Haley Willis, and Robin Stein, "How George Floyd Was Killed in Police Custody," *New York Times*, May 31, 2020, https://www.nytimes.com/2020/05/31/us/george-floyd-investigation.html.
96. Michael J. Socolow, "Guest Blog Post—Caught in the Crossfire: Journalism's 'Objectivity' Problem in Times of Civil Unrest," *Living in a Media World*, June 1, 2020, https://www.ralphehanson.com/2020/06/01/guest-blog-post-caught-in-the-crossfire-journalisms-objectivity-problem-in-times-of-civil-unrest/.
97. Josh Verges, "Journalist Blinded During Protest Sues Minneapolis Police, State Patrol," *Pioneer Press*, June 10, 2020, https://www.twincities.com/2020/06/10/journalist-blinded-during-protest-sues-minneapolis-police-state-patrol/.
98. Katelyn Burns, "Police Targeted Journalists Covering the George Floyd Protests," *Vox*, May 31, 2020, https://www.vox.com/identities/2020/5/31/21276013/police-targeted-journalists-covering-george-floyd-protests?fbclid=IwAR3pK2zm-vQfgnwVnPABzXsyDzd_JzYKllsJXOpz11eqtxb3L7C3PAEaRU0.
99. U.S. Press Freedom Tracker, Twitter post, June 10, 2020, 12:09 p.m., https://twitter.com/uspresstracker/status/1270750066165166080.
100. Mark Berman, "*Washington Post* Reporter Arrested in Ferguson," *Washington Post*, August 13, 2014, https://www.washingtonpost.com/news/post-nation/wp/2014/08/13/

washington-post-reporter-arrested-in-ferguson/.
101. Ravi Somaiya and Ashley Southall, "Arrested in Ferguson Last Year, 2 Reporters Are Charged," *New York Times*, August 10, 2015, http://www.nytimes.com/2015/08/11/us/arrested-in-ferguson-2014-washington-post-reporter-wesley-lowery-is-charged.html.
102. Benjamin Mullin, "Major News Outlets Condemn Charges Against Reports in Ferguson Arrests," *Poynter*, August 18, 2015, http://www.poynter.org/2015/major-news-outlets-condemn-charges-against-reporters-in-ferguson-arrests/366985/.
103. John Nolte, "Ferguson: *Washington Post* Reporter Charged With Trespassing, Interfering With Police Officer," *Breitbart*, August 11, 2015, http://www.breitbart.com/big-journalism/2015/08/11/ferguson-washington-post-reporter-charged-with-trespassing-interfering-with-police-officer/.
104. Niraj Chokshi, "Ferguson-Related Charges Dropped Against *Washington Post* and *Huffington Post* Reporters," *Washington Post*, May 19, 2016, https://www.washingtonpost.com/news/post-nation/wp/2016/05/19/ferguson-related-charges-dropped-against-washington-post-and-huffington-post-reporters/?utm_term=.5041ce024aa8.
105. Cora Currier, "Pressure, Potential for a Federal Shield Law," *Columbia Journalism Review*, June 13, 2014, http://www.cjr.org/behind_the_news/shield_law_risen_etc.php.
106. Casey Murray and Kirsten B. Mitchell, "Would a Shield Law Matter?" *News Media and the Law* 30, no. 3 (2006), 4.
107. Ibid.; Howard Kurtz, "No More Miller Time," *Washington Post*, September 30, 2005, http://www.washingtonpost.com/wp-dyn/content/blog/2005/09/30/BL2005093000363.html.
108. 484 U.S. 260 (1988).
109. Ibid.
110. Mark Goodman, "Freedom of the Press Stops at the Schoolhouse Gate," *Nieman Reports*, Spring 2001.
111. Goodman, "Freedom of the Press Stops at the Schoolhouse Gate"; "Missouri," *New Voices*.
112. "The Legislation," *New Voices*; "Missouri"; Kaitlin DeWulf, "Missouri House Overwhelmingly Passes Student Press Freedom Bill," *Student Press Law Center*, March 16, 2016, http://www.splc.org/article/2016/03/missouri-house-overwhelmingly-passes-student-press-freedom-bill.
113. Tara Bahrampour and Lori Aratani, "Teens' Bold Blogs Alarm Area Schools," *Washington Post*, January 17, 2006, A01.
114. "Austin Carroll, Indiana High School Student, Expelled for Tweeting Profanity," *Huffington Post*, March 25, 2012, http://www.huffingtonpost.com/2012/03/25/austin-carroll-indiana-hi_n_1378250.html.
115. Case argued before the U.S. Supreme Court, March 19, 2007; 551 U.S. 393 (2007).
116. Robert Barnes, "Justices to Hear Landmark Free-Speech Case," *Washington Post*, March 13, 2007, A03; Charles Lane, "Court Backs School on Speech Curbs," *Washington Post*, June 26, 2007, A06.
117. Ibid.
118. Liz Harper, "First Amendment Understanding Lacking," *PBS*, February 7, 2005.
119. Edward Donnerstein, Daniel Linz, and Steven Penrod, *The Question of Pornography* (New York: Free Press, 1987).
120. 354 U.S. 476 (1957).
121. U.S. Supreme Court, "Samuel Roth, Petitioner v. United States of America, David S. Alberts, Appellant," *Communications & the Law* 21, no. 4 (1999).
122. Donnerstein et al., *Question of Pornography*, 149
Ibid., 149–151.
123. Franklin Mark Osanka and Sara Lee Johann, *Sourcebook on Pornography* (Lexington, MA: Lexington Books, 1989).
124. Rieko Mashima, "Problem of the Supreme Court's Obscenity Test Concerning Cyberporn," *Computer Lawyer* 16, no. 11 (1999).
125. Timothy Egan, "Erotica Inc.—A Special Report; Technology Sent Wall Street Into Market for Pornography," *New York Times*, October 23, 2000.
Edward Rothstein, "The Owners of Culture vs. the Free Agents," *New York Times*, January 18, 2003.
126. Amy Harmon, "New Visibility for 1998 Copyright Protection Law, With Online Enthusiasts Confused and Frustrated," *New York Times*, August 13, 2001.
127. Minjeong Kim, "The Creative Commons and Copyright Protection in the Digital Era: Uses of Creative Commons Licenses," *Journal of Computer-Mediated Communication* 13, no. 1 (2007).
128. Creech, *Electronic Media Law and Regulation*.
129. Linda Harowitz, "Laying the Fairness Doctrine to Rest: Was the Doctrine's Elimination Really Fair?" *George Washington Law Review* 58, no. 994 (1990).
130. Creech, *Electronic Media Law and Regulation*.
131. Harowitz, "Laying the Fairness Doctrine to Rest."
132. Thomas Blaisdell Smith, "Reexamining the Reasonable Access and Equal Time Provisions of the Federal Communications Act," *Georgetown Law Journal* 74, no. 1491 (1986); Creech, *Electronic Media Law and Regulation*; Dan Fletcher, "The Fairness Doctrine," *Time*, February 20, 2009.
133. Rush Limbaugh, "Mr. President, Keep the Airwaves Free," *Wall Street Journal*, February 20, 2009, https://www.wsj.com/articles/SB123508978035028163.
134. Brooks Boliek, "FCC Finally Kills Off Fairness Doctrine," *Politico*, August 23, 2011, http://www.politico.com/news/stories/0811/61851.html; Dylan Matthews, "Everything You Need to Know About the Fairness Doctrine in One Post," *Washington Post*, August 23, 2011, http://www.washingtonpost.com/blogs/ezra-klein/post/everything-you-need-to-know-about-the-fairness-doctrine-in-one-post/2011/08/23/gIQAN8CXZJ_blog.html.
135. Creech, *Electronic Media Law and Regulation*.
136. Ibid.
137. Cecilia Kang, "FCC to Draft Net Neutrality Rules, Taking Step Toward Web Regulation," *Washington Post*, October 23, 2009.
138. Foerstel, *Banned in the Media*.
139. Tim Wu, "Network Neutrality, Broadband Discrimination," *Journal on Telecommunications and High Technology Law*, Vol. 2 (2003), http://www.jthtl.org/content/articles/V2I1/

JTHTLv2i1_Wu.PDF.
140. Klint Finley, "Net Neutrality: Here's Everything You Need to Know," *Wired*, March 25, 2018.
141. Ibid.
142. Salvador Rizzo, "Will the FCC's Net Neutrality Repeal Grind the Internet to a Halt?" *Washington Post*, March 5, 2018, https://www.washingtonpost.com/news/fact-checker/wp/2018/03/05/will-the-fccs-net-neutrality-repeal-grind-the-internet-to-a-halt/.
143. Ibid.
144. Ibid.
145. Nilay Patel, "HBO Max Won't Hit AT&T Data Caps, but Netflix and Disney Plus Will," *Verge*, June 2, 2020, https://www.theverge.com/2020/6/2/21277402/hbo-max-att-data-caps-netflix-disney-plus-streaming-services-net-neutrality.

第十五章

1. "A Brief History of Presidential Profanity," *Rolling Stone*, December 10, 2012, https://www.rollingstone.com/politics/lists/a-brief-history-of-presidential-profanity-20121210.
2. Helen Dewar and Dana Milbank, "Cheney Dismisses Critic With Obscenity," *Washington Post*, June 25, 2004, http://www.washingtonpost.com/wp-dyn/articles/A3699-2004Jun24.html.
3. Howard Kurtz, "Post Editor Explains Decision to Publish Expletive," *Washington Post*, June 26, 2004, http://www.washingtonpost.com/wp-dyn/articles/A5109-2004Jun25.html.
4. Jeannine Aversa, "Bush Utters Expletive on Hezbollah Attacks," *Washington Post*, July 17, 2006, http://www.washingtonpost.com/wp-dyn/content/article/2006/07/17/AR2006071700205.html.
5. Josh Dawsey, "Trump Derides Protections for Immigrants From 'Shithole' Countries," *Washington Post*, January 12, 2018, https://www.washingtonpost.com/politics/trump-attacks-protections-for-immigrants-from-shithole-countries-in-oval-office-meeting/2018/01/11/bfc0725c-f711-11e7-91af-31ac729add94_story.html.
6. Benjamin Freed, "*Washington Post*: 'When the President Says It, We'll Use It Verbatim,'" *Washingtonian*, January 11, 2018, https://www.washingtonian.com/2018/01/11/washington-post-president-says-well-use-verbatim/.
7. Elizabeth Jensen, "NPR's Approach to a Reported Presidential Profanity Evolves," *NPR*, January 12, 2018, https://www.npr.org/sections/ombudsman/2018/01/12/577631226/nprs-approach-to-a-reported-presidential-profanity-evolves.
8. Karen Attiah, Twitter post, January 11, 2018, 8:29 p.m., https://twitter.com/KarenAttiah/status/951627280991703040.
9. Philip Patterson and Lee Wilkins, *Media Ethics, Issues and Cases* (New York: McGraw-Hill, 2002).
10. Doug Underwood, "Secularists or Modern Day Prophets? Journalists' Ethics and the Judeo-Christian Tradition," *Journal of Mass Media Ethics* 16, no. 1 (2001).
11. Franklin Foer, "The Wayward Critic," *New Republic*, May 15, 2000.
12. Larry Z. Leslie, *Mass Communication Ethics* (Boston: Houghton Mifflin, 2000).
13. Patterson and Wilkins, *Media Ethics, Issues and Cases*.
14. David L. Martinson, "Ethical Decision Making in Public Relations: What Would Aristotle Say?" *Public Relations Quarterly* 45, no. 3 (2000).
15. Tom Burton, "Ryan Kelly: The Story of the Charlottesville Photo," *NPAA*, April 22, 2018, https://nppa.org/news/ryan-kelly-story-charlottesville-attack.
16. Bryan McKenzie, "White Nationalist Rally Turns Fatal," *Daily Progress*, August 12, 2017, http://www.dailyprogress.com/news/local/ohio-man-charged-with-second-degree-murder-after-car-plows/article_ef4ba358-7f6a-11e7-84cf-8f840f442510.html.
17. Ibid.
18. Aric Jenkins, "A Charlottesville Photographer Took His Tragic, Pulitzer Prize–Winning Shot on His Last Day. Now He Works for a Brewery," *Time*, April 16, 2018, http://time.com/5242423/ryan-kelly-photograph-pulitzer-prize-charlottesville/.
19. Burton, "Ryan Kelly."
20. The 2018 Pulitzer Prize Winner in Breaking News Photography: Ryan Kelly of *The Daily Progress*, Charlottesville, Va.," *Pulitzer Prizes*, http://www.pulitzer.org/winners/ryan-kelly-daily-progress.
21. Burton, "Ryan Kelly."
22. Rachelle Hampton, "It Was a Cleansing Day," *Slate*, May 24, 2018, https://slate.com/human-interest/2018/05/ryan-kelly-pulitzer-winner-on-photographing-charlottesville-and-a-wedding.html.
23. Alisa Chang, "Pulitzer-Winning Photographer Made Charlottesville Photo on His Last Day the Job," *NPR*, April 17, 2018, https://www.npr.org/2018/04/17/603351974/pulitzer-prize-winning-photographer-discusses-far-right-rally-at-charlottesville.
24. Jenkins, "A Charlottesville Photographer Took His Tragic, Pulitzer Prize-Winning Shot on His Last Day."
   Leslie, *Mass Communication Ethics*.
25. Patterson and Wilkins, *Media Ethics, Issues and Cases*.
26. Howard Berkes, Barbara Bradley Hagerty, and Jennifer Ludden, "NBC Defends Release of Va. Tech Gunman Video," *NPR*, April 19, 2007, www.npr.org/templates/story/story.php?storyId=9604204.
27. Leslie, *Mass Communication Ethics*.
28. Hampton, "It Was a Cleansing Day."
29. Elizabeth Blanks Hindman, "Divergence of Duty: Differences in Legal and Ethical Responsibilities," *Journal of Mass Media Ethics* 14, no. 4 (1999).
30. Patterson and Wilkins, *Media Ethics, Issues and Cases*.
31. Hampton, "It Was a Cleansing Day."
    Patterson and Wilkins, *Media Ethics, Issues and Cases*.
32. Sissela Bok, *Lying: Moral Choice in Public and Private Life* (New York: Pantheon Books, 1978).
33. David L. Martinson, "Ethical Decision Making in Public Relations: What Would Aristotle Say?" *Public Relations Quarterly* 45, no. 3 (2000).
34. Sissela Bok, *Lying: Moral Choice in Public and Private Life* (New York: Vintage Books, 1979), 14.
35. David L. Martinson, "Ethical Decision Making in Public Relations."

36. Adam Kirsch, "He Wrote What They Wanted," *New York Sun*, January 11, 2006; "A Million Little Lies," *Smoking Gun*, January 8, 2006, http://www.thesmokinggun.com/documents/celebrity/million-little-lies.
37. Ibid.
38. Scott Eyman, "It's My Story (and I'll Lie If I Want to)," *Palm Beach Post*, February 21, 2006.
39. Steven Brill, "Rewind: What Book Reviews Don't Review," *Brill's Content*, August 1999.
40. Paul Tullis and Lorne Manly, "Slipping Past the Fact Checkers: How Magazines Do and Do Not Check Their Stories," *Brill's Content*, July/August 1998.
41. Ann Reilly Dowd, "The Great Pretender: How a Writer Fooled His Readers," *Columbia Journalism Review*, July/August 1998.
42. "Shattered Glass," *Vanity Fair*, October 2007.
43. Tullis and Manly, "Slipping Past the Fact Checkers."
44. Dowd, "Great Pretender."
45. Jose Antonio Vargas, "My Life as an Undocumented Immigrant," *New York Times*, June 22, 2011, http://www.nytimes.com/2011/06/26/magazine/my-life-as-an-undocumented-immigrant.html.
46. Jamil Smith, "Putting a Face to the Name 'Illegal,'" *MSNBC*, June 29, 2011, www.msnbc.com/rachel-maddow-show/putting-face-the-name-illegal.
47. Frances Martel, "The *Washington Post* Turned Down Jose Vargas' Illegal Immigrant Story," *Mediaite*, June 22, 2011, http://www.mediaite.com/online/the-washington-post-turned-down-jose-vargas-illegal-immigrant-story/.
48. Mike Pesca, "Journalist Jose Vargas' Illegal Immigration Revelation," *On the Media*, June 24, 2011, http://www.wnyc.org/story/142816-journalist-jose-vargas-illegal-immigration-revelation.
49. Phil Bronstein, "I Was Duped by Jose Vargas, Illegal Immigrant," *Bronstein at Large*, June 22, 2011, https://blog.sfgate.com/bronstein/2011/06/22/i-was-duped-by-jose-vargas-illegal-immigrant/.
50. Erik Wemple, "Sean Hannity Cannot Tweet His Way Out of Journalistic Corruption," *Washington Post*, April 19, 2018, https://www.washingtonpost.com/blogs/erik-wemple/wp/2018/04/19/sean-hannity-cannot-tweet-his-way-out-of-journalistic-corruption/.
51. Paul Farhi, "Sean Hannity Had a Lot to Say About Michael Cohen Lately. But He Left a Few Things Out," *Washington Post*, April 16, 2018, https://www.washingtonpost.com/lifestyle/style/sean-hannity-had-a-lot-to-say-about-michael-cohen-lately-but-he-left-a-few-things-out/2018/04/16/c795b2f2-41b3-11e8-8569-26fda6b404c7_story.html.
52. Ibid.
53. Lance Morrow, "Journalism After Diana," in *The Media and Morality*, ed. Robert M. Baird, William E. Loges, and Stuart E. Rosenbaum (Amherst, NY: Prometheus Books, 1999), 101.
54. Ralph Hanson, "Searching for a Miracle: Media Lessons From the West Virginia Mine Disaster," *Montana Journalism Review* (2006).
55. "Asked to Do Something Unethical," *SportsShooter*, January 29, 2008, http://www.sportsshooter.com/message_display.html?tid=28059.
56. Ralph Hanson, "Lesson of the Day: Don't Photoshop Details Out of News Photos," *Living in a Media World*, December 3, 2013, www.ralphehanson.com/2013/12/03/lesson-of-the-day-dont-photoshop-details-out-of-news-photos/.
57. Gil Klein, "Computer Graphics Now Allow Subtle Alteration of News Photos," *Christian Science Monitor*, August 1, 1985.
58. Richard L. Connor, "A Note of Apology to Readers," *Portland Press Herald*, September 19, 2010, www.pressherald.com/note-of-apology.html.
59. Bob Garfield, "For Some, an Apology Offends," *On the Media*, September 17, 2010, http://www.wnyc.org/story/132914-for-some-an-apology-offends/.
60. Richard L. Connor, "Remembering E. B. White's Sage Advice," *Portland Press Herald*, September 19, 2010, http://www.pressherald.com/news/remembering_e_b_-whites-sage-advice_2010-09-19.html.
61. UPI Stylebook and Guide to Newswriting, 4th ed., Bruce Cook and Harold Martin, eds. (Sterling, VA: Capital Books, Inc., 2004), 291.
62. Margaret Sullivan, "Media Coverage of Kobe Bryant's Death Was a Chaotic Mess, but There Were Moments of Grace," *Washington Post*, January 27, 2020, http://www.washingtonpost.com/lifestyle/style/media-coverage-of-kobe-bryants-death-was-a-chaotic-mess-but-there-were-moments-of-grace/2020/01/27/d825ade4-4106-11ea-aa6a-083d01b3ed18_story.html.
63. Guardian News, Twitter post, January 26, 2020, 3:26 p.m., https://twitter.com/guardiannews/status/1221529969245020165.
64. Paul Farhi, "*Washington Post* Reporter Who Tweeted About Kobe Bryant Rape Allegations Placed on Administrative Leave," *Washington Post*, January 28, 2020, http://www.washingtonpost.com/lifestyle/style/washington-post-suspends-reporter-who-tweeted-about-kobe-bryant-rape-allegations-following-his-death/2020/01/27/babe9c04-413b-11ea-b5fc-eefa848cde99_story.html.
65. Erik Wemple, "The *Post*'s Misguided Suspension of Felicia Sonmez Over Kobe Bryant Tweets," *Washington Post*, January 2020, www.washingtonpost.com/opinions/2020/01/27/posts-misguided-suspension-felicia-sonmez-over-kobe-bryant-tweets/.
66. Tamara Jones and Ann Scott Tyson, "After 44 Hours, Hope Showed Its Cruel Side," *Washington Post*, January 5, 2006.
67. "Manchin at a Loss to Explain Rescue Miscommunication: Governor Says He Got Caught Up in Families' Celebration," *Charleston Daily Mail*, January 4, 2006.
    Joe Strupp, "Local W. Va. Paper Says Skepticism Helped It Avoid Mining Story Goof," *Editor & Publisher*, January 4, 2006.
68. Ibid.
69. Ibid.
70. Vicki Smith, "Family Members Report 12 Trapped Miners Are Alive," *Charleston Gazette*, January 4, 2006.
71. Jennifer Dorroh, "The Ombudsman Puzzle," *American Journalism Review*, February/March 2005, https://ajrarchive.org/article.asp?id=3824.
72. Andrew Alexander, "Welcome to the Omblog," *Washington Post*, May 4, 2009, http://www.voices.washingtonpost.com/ombudsman-blog/2009/05/welcome_to_the_omblog.html.
73. Sanders LaMont, "Lending an Ear," *Organization of News*

Ombudsmen, 1999.

74. Kelly McBride, "NPR Ombud's Latest Report Raises Important Questions, but It's Not Without Flaws," *Poynter*, August 15, 2013, https://www.poynter.org/news/npr-ombuds-latest-report-raises-important-questions-its-not-without-flaws.

75. Simon Dumenco, "Is the Newspaper Ombudsman More or Less Obsolete? Five Reasons Why Having a 'Public Editor' at the *Times* and Other Papers No Longer Makes Much Sense," *Ad Age*, March 24, 2008.

76. Jay Black, Bob Steele, and Ralph Barney, *Doing Ethics in Journalism* (Birmingham, AL: EBSCO Media, 1993).

77. Alex S. Jones, "Facing Ethical Challenges: The Integrity/Judgment Grid," *Columbia Journalism Review*, November/December 1999.

78. Jeffrey L. Seglin, "Codes of Ethics: Why Writing Them Is Not Enough," *Media Ethics*, Spring 2002.

79. Robert Jackall and Janice M. Hirota, *Image Makers: Advertising, Public Relations, and the Ethos of Advocacy* (Chicago: University of Chicago Press, 2000)

80. Patterson and Wilkins, *Media Ethics, Issues and Cases*.

81. Rogier van Bakel, "Tall-Claims Court," *The Christian Science Monitor*, February 14, 2000.

82. "Health Claims," *Federal Trade Commission*, August 20, 2014, http://www.ftc.gov/news-events/media-resources/truth-advertising/health-claims.

83. Van Bakel, "Tall-Claims Court."
 Ibid.

84. Ibid.

85. M. L. Stein, "Auto Dealers Banned From Boycotting Calif. Media Outlets," *Editor & Publisher*, April 19, 1995.

86. M. J. Lee, "45 Companies Yank Ads From Rush," *Politico*, March 6, 2012, http://www.politico.com/news/stories/0312/73675.html.

87. News Services, "Is *Esquire* Slip a Step Up for Mankind?" *Star Tribune*, July 12, 1997.

88. Jim Edwards, "Nicetv," *Brill's Content*, March 2001.

89. Valerie Kuklenski, "All in the Family; Advertisers Praise—and Fund—Shows for Everyone," *Daily News of Los Angeles*, December 7, 2006; Stuart Elliot, "Marketers, Seeking Family Show, Hold Script Contest," *New York Times*, http://www.nytimes.com/2012/01/23/business/media/marketers-seeking-family-shows-hold-a-script-contest.html; "About," ANA Alliance for Family Entertainment.

90. John C. Stauber and Sheldon Rampton, *Toxic Sludge Is Good for You: Lies, Damn Lies and the Public Relations Industry* (Monroe, ME: Common Courage Press, 1995).

91. Ibid.; Susanne A. Roschwalb, "The Hill & Knowlton Cases: A Brief on the Controversy," *Public Relations Review* 20, no. 3 (1994).

92. Stauber and Rampton, *Toxic Sludge Is Good for You*, 173.

93. Mary McGrory, "PR Ploy Exaggerated Case Against Iraq," *St. Louis Post-Dispatch*, January 16, 1992.

94. Robert L. Koenig, "Testimony of Kuwaiti Envoy's Child Assailed," *St. Louis Post-Dispatch*, January 9, 1992.

95. Cornelius B. Pratt, "Hill & Knowlton's Two Ethical Dilemmas," *Public Relations Review* 20, no. 3 (1994).

96. Martinson, "Ethical Decision Making in Public Relations."

97. Anna Clark, "How an Investigative Journalist Helped Prove a City Was Being Poisoned With Its Own Water," *Columbia Journalism Review*, November 3, 2015, http://www.cjr.org/united_states_project/flint_water_lead_curt_guyette_aclu_michigan.php.

98. Denise Robbins, "Analysis: How Michigan and National Reporters Covered the Flint Water Crisis," *Media Matters for America*, February 1, 2016, https://www.mediamatters.org/research/2016/02/02/analysis-how-michigan-and-national-reporters-co/208290.

99. Bob Garfield, "Figuring Flint Out," *On the Media*, January 22, 2016, https://www.wnycstudios.org/podcasts/otm/segments/figuring-flint-out.

100. Christopher Ingraham, "This Is How Toxic Flint's Water Really Is," *Washington Post*, January 15, 2016, https://www.washingtonpost.com/news/wonk/wp/2016/01/15/this-is-how-toxic-flints-water-really-is/.

101. Garfield, "Figuring Flint Out."

102. Robbins, "Analysis."

103. Anna Clark, "How Covering the Flint Water Crisis Has Changed Michigan Radio," *Columbia Journalism Review*, February 16, 2016, http://www.cjr.org/united_states_project/michigan_radio_flint_water_crisis.php.

104. Robbins, "Analysis."

105. Robbins, "Analysis"; Julie Hinds, "Rachel Maddow's Dedication to Covering Flint Water Crisis Wins Her an Emmy," *Detroit Free Press*, October 6, 2017, https://www.freep.com/story/entertainment/2017/10/06/rachel-maddow-emmy-flint-water-crisis/740242001/.

106. Clark, "How Covering the Flint Water Crisis Has Changed Michigan Radio."

107. Margaret Sullivan, "Should the *Times* Have Been a Tougher Watchdog in Flint?" *New York Times*, January 27, 2016, http://publiceditor.blogs.nytimes.com/2016/01/27/flint-water-margaret-sullivan-new-york-times-public-editor/.

108. Jay Hathaway, "What Is Gamergate, and Why? An Explainer for Non-Geeks," *Gawker*, October 10, 2014, http://gawker.com/what-is-gamergate-and-why-an-explainer-for-non-geeks-1642909080.

109. Abby Ohlheiser, "Why 'Social Justice Warrior,' a Gamergate Insult, Is Now a Dictionary Entry," *Washington Post*, October 7, 2015, https://www.washingtonpost.com/news/the-intersect/wp/2015/10/07/why-social-justice-warrior-a-gamergate-insult-is-now-a-dictionary-entry/.

110. Caitlin Dewey, "In the Battle of Internet Mobs vs. the Law, the Internet Mobs Have Won," *Washington Post*, February 17, 2016, http://www.washingtonpost.com/news/the-intersect/wp/2016/02/17/in-the-battle-of-internet-mobs-vs-the-law-the-internet-mobs-have-won/.

111. Caitlin Dewey, "The Only Guide to Gamergate You Will Ever Need to Read," *Washington Post*, October 14, 2014, https://www.washingtonpost.com/news/the-intersect/wp/2014/10/14/the-only-guide-to-gamergate-you-will-ever-need-to-read/.

112. Kristen Chuba, "'Star Wars' Actress Kelly Marie Tran Leaves Social Media After Months of Harassment," *Variety*, June 5, 2018, https://variety.com/2018/biz/news/star-wars-kelly

-marie-tran-leaves-social-media-harassment-1202830892/.
113. Bonnie Burton, "*Star Wars* Actor Kelly Marie Tran Deletes Instagram Posts After Harassment," *CNET*, June 5, 2018, https://www.cnet.com/news/star-wars-actor-kelly-marie-tran-deletes-instagram-after-harassment/.
114. Sarah Kaplan, "The Ordeal of Sportscaster Erin Andrews: 'Oh, My God . . . I Was Naked All Over the Internet,'" *Washington Post*, March 1, 2016, https://www.washingtonpost.com/news/morning-mix/wp/2016/03/01/the-ordeal-of-espns-erin-andrews-target-of-nude-peephole-videos-and-sexist-affronts/.
115. George Gerbner, "TV Violence and the Art of Asking the Wrong Question," *Center for Media Literacy*, http://www.medialit.org/reading-room/tv-violence-and-art-asking-wrong-question.
116. Randall Colburn, "Trevor Noah Had a Cameo in *Black Panther* That People Are Only Just Noticing," *AV Club*, May 22, 2018, https://news.avclub.com/trevor-noah-had-a-cameo-in-black-panther-that-people-ar-1826223867.
117. Jeremy Fuster, "Will 'Black Panther' Finally Open Hollywood's Floodgates for More Diverse Studio Movies?" *Wrap*, February 21, 2018, https://www.thewrap.com/will-black-panther-blockbuster-hollywood-floodgates-studio/.
118. Rebecca Sun, "Just 4.8 Percent of TV Writers Are Black, Study Finds," *Hollywood Reporter*, November 1, 2017, http://www.hollywoodreporter.com/news/just-48-percent-tv-writers-are-black-study-finds-1053675.
119. Fuster, "Will 'Black Panther' Finally Open Hollywood's Floodgates?"
120. Dave McNary, "Facts on Pacts: Studios Have Few First-Look Deals With Women," *Variety*, October 25, 2017, http://variety.com/2017/biz/news/studios-first-look-deals-women-1202598087/?ex_cid=SigDig.